经以济世

继往开来

贺教育部

社科司网上项目

成果文献

李龙林
麻山有人

教育部哲学社会科学研究重大课题攻关项目
"十三五"国家重点出版物出版规划项目

女性高层次人才成长规律与发展对策研究

RESEARCH ON THE GROWTH RULES AND DEVELOPMENT COUNTERMEASURES OF FEMALE TOP TALENTS

罗瑾琏 等著

中国财经出版传媒集团
经济科学出版社
Economic Science Press

图书在版编目（CIP）数据

女性高层次人才成长规律与发展对策研究/罗瑾琏等著.
—北京：经济科学出版社，2019.9
教育部哲学社会科学研究重大课题攻关项目
ISBN 978-7-5218-0691-5

Ⅰ.①女… Ⅱ.①罗… Ⅲ.①女性-人才成长-研究-中国 Ⅳ.①C964.2

中国版本图书馆 CIP 数据核字（2019）第 142894 号

责任编辑：赵　芳　胡蔚婷
责任校对：杨晓莹
责任印制：李　鹏

女性高层次人才成长规律与发展对策研究

罗瑾琏　等著

经济科学出版社出版、发行　新华书店经销
社址：北京市海淀区阜成路甲 28 号　邮编：100142
总编部电话：010-88191217　发行部电话：010-88191522
网址：www.esp.com.cn
电子邮件：esp@esp.com.cn
天猫网店：经济科学出版社旗舰店
网址：http://jjkxcbs.tmall.com
北京季蜂印刷有限公司印装
787×1092　16 开　30.25 印张　580000 字
2019 年 9 月第 1 版　2019 年 9 月第 1 次印刷
ISBN 978-7-5218-0691-5　定价：106.00 元
（图书出现印装问题，本社负责调换。电话：010-88191510）
（版权所有　侵权必究　打击盗版　举报热线：010-88191661）
QQ：2242791300　营销中心电话：010-88191537
电子邮箱：dbts@esp.com.cn

课题组主要成员

首席专家 罗瑾琏

主要成员 刘晓霞　欧阳莛　朱　荧　杨光华
　　　　　　杨一佳　贺晨辉　孙彩霞　陈　珍
　　　　　　李鲜苗　肖　薇　霍伟伟　汪小莹
　　　　　　于桂兰　闫淑敏　钟　竞　谢晋宇

编审委员会成员

主　任　吕　萍
委　员　李洪波　柳　敏　陈迈利　刘来喜
　　　　樊曙华　孙怡虹　孙丽丽

总　序

哲学社会科学是人们认识世界、改造世界的重要工具，是推动历史发展和社会进步的重要力量，其发展水平反映了一个民族的思维能力、精神品格、文明素质，体现了一个国家的综合国力和国际竞争力。一个国家的发展水平，既取决于自然科学发展水平，也取决于哲学社会科学发展水平。

党和国家高度重视哲学社会科学。党的十八大提出要建设哲学社会科学创新体系，推进马克思主义中国化、时代化、大众化，坚持不懈用中国特色社会主义理论体系武装全党、教育人民。2016年5月17日，习近平总书记亲自主持召开哲学社会科学工作座谈会并发表重要讲话。讲话从坚持和发展中国特色社会主义事业全局的高度，深刻阐释了哲学社会科学的战略地位，全面分析了哲学社会科学面临的新形势，明确了加快构建中国特色哲学社会科学的新目标，对哲学社会科学工作者提出了新期待，体现了我们党对哲学社会科学发展规律的认识达到了一个新高度，是一篇新形势下繁荣发展我国哲学社会科学事业的纲领性文献，为哲学社会科学事业提供了强大精神动力，指明了前进方向。

高校是我国哲学社会科学事业的主力军。贯彻落实习近平总书记哲学社会科学座谈会重要讲话精神，加快构建中国特色哲学社会科学，高校应发挥重要作用：要坚持和巩固马克思主义的指导地位，用中国化的马克思主义指导哲学社会科学；要实施以育人育才为中心的哲学社会科学整体发展战略，构筑学生、学术、学科一体的综合发展体系；要以人为本，从人抓起，积极实施人才工程，构建种类齐全、梯队衔接的高校哲学社会科学人才体系；要深化科研管理体制改革，发挥高校人才、智力和学科优势，提升学术原创能力，激发创新创造活力，建设中国特色新型高校智库；要加强组织领导、做好统筹规划、营造良好学术生态，形成统筹推进高校哲学社会科学发展新格局。

哲学社会科学研究重大课题攻关项目计划是教育部贯彻落实党中央决策部署的一项重大举措，是实施"高校哲学社会科学繁荣计划"的重要内容。重大攻关项目采取招投标的组织方式，按照"公平竞争，择优立项，严格管理，铸造精品"的要求进行，每年评审立项约40个项目。项目研究实行首席专家负责制，鼓励跨学科、跨学校、跨地区的联合研究，协同创新。重大攻关项目以解决国家现代化建设过程中重大理论和实际问题为主攻方向，以提升为党和政府咨询决策服务能力和推动哲学社会科学发展为战略目标，集合优秀研究团队和顶尖人才联合攻关。自2003年以来，项目开展取得了丰硕成果，形成了特色品牌。一大批标志性成果纷纷涌现，一大批科研名家脱颖而出，高校哲学社会科学整体实力和社会影响力快速提升。国务院副总理刘延东同志做出重要批示，指出重大攻关项目有效调动各方面的积极性，产生了一批重要成果，影响广泛，成效显著；要总结经验，再接再厉，紧密服务国家需求，更好地优化资源，突出重点，多出精品，多出人才，为经济社会发展做出新的贡献。

作为教育部社科研究项目中的拳头产品，我们始终秉持以管理创新服务学术创新的理念，坚持科学管理、民主管理、依法管理，切实增强服务意识，不断创新管理模式，健全管理制度，加强对重大攻关项目的选题遴选、评审立项、组织开题、中期检查到最终成果鉴定的全过程管理，逐渐探索并形成一套成熟有效、符合学术研究规律的管理办法，努力将重大攻关项目打造成学术精品工程。我们将项目最终成果汇编成"教育部哲学社会科学研究重大课题攻关项目成果文库"统一组织出版。经济科学出版社倾全社之力，精心组织编辑力量，努力铸造出版精品。国学大师季羡林先生为本文库题词："经时济世 继往开来——贺教育部重大攻关项目成果出版"；欧阳中石先生题写了"教育部哲学社会科学研究重大课题攻关项目"的书名，充分体现了他们对繁荣发展高校哲学社会科学的深切勉励和由衷期望。

伟大的时代呼唤伟大的理论，伟大的理论推动伟大的实践。高校哲学社会科学将不忘初心，继续前进。深入贯彻落实习近平总书记系列重要讲话精神，坚持道路自信、理论自信、制度自信、文化自信，立足中国、借鉴国外，挖掘历史、把握当代，关怀人类、面向未来，立时代之潮头、发思想之先声，为加快构建中国特色哲学社会科学，实现中华民族伟大复兴的中国梦做出新的更大贡献！

教育部社会科学司

前言

2010年1月，全国妇联启动了"女性高层次人才成长状况研究与政策推动项目"，旨在推动女性高层次人才的成长。2011年国务院颁布的《中国妇女发展纲要（2011~2020年）》也指出未来十年是我国全面建设小康社会的关键时期，经济的飞速发展为妇女的发展既提供了机遇也带来巨大挑战，因此更加需要优化妇女发展环境，提高妇女地位，让女性人才及时抓住发展机遇。

女性人才成长是贯彻落实人才强国战略的基本要求，促进女性人才成长也是推动女性事业创新发展的内在需求，关注女性人才成长在我国已达到一个前所未有的高度，而女性高层次人才更是推动行业进步的重要力量，她们在各自领域表现优异，贡献与影响力突出。关注女性高层次人才成长的规律，不仅能全面呈现目前我国女性高层次人才成长发展的图景，而且还能对其成长规律的探索对于广大女性人才的成长，推动女性人才整体的发展与进步提供重大的借鉴意义。

本书是教育部哲学社会科学研究重大课题攻关项目《女性高层次人才成长规律与发展对策研究》的研究成果。项目从2011年伊始，课题组成员先后针对女性高层次人才共收集了208个案例样本，以及2 920家上市公司的6 860个观测样本用于实证分析，并运用质性研究、案例研究以及实证研究等多种研究方法完成对女性高层次人才系统全面的探索研究：从女性领导者职业成功组织情境的剖析到女性领导者职业成长进阶规律，从女性职业发展与工作—家庭关系研究到女性高层次人才社会网络与成长关系，从女性经营管理人才和女性科技人才的个体—组织匹配影响因素到成长规律，从女性人才职业生涯的

M形轨迹到拐点突破的"三明治"创业者创业行为影响因素以及影响路径。这些探索拓展完善了女性人才的研究理论体系。

针对这些研究,课题组陆续出版了"女性高层次人才成长规律与发展对策研究"系列丛书《驱动女性领导者职业成功的组织情境》《企业女性领导者职业成长的进阶规律》《职业女性的发展与工作—家庭关系研究》《企业女性管理者政治技能对职业成功的影响研究》专著4部,发表了《企业女性领导者的心理进阶:职业困境与突破机制的案例研究》《女性高管职业身份建构的扎根理论研究》《性别视角下"中国三明治"创业者创业行为研究》等研究论文共29篇,并培养了优秀的硕士生8名和博士生4名。研究成果中的《职业角色认同驱动下自我效能感与企业女性领导者职业成长追踪研究》还荣获2013年度上海市妇联妇女儿童理论研究优秀成果一等奖。

摘　要

科技的飞速发展推动人类社会不断进步，随着信息化进程的不断深入，世界各地的联系也越来越紧密，但与此同时也让我们处于一个越来越动态的环境中。社会变化的多样化、动态化与复杂化，不断向我们传递一个信号，即世界未来的发展需要多样化的人才。全球经济增长格局、商业发展路径和技术变革创新发生了深刻变化，越来越多的女性正在凭借她们宜人性、注重伦理关怀、责任心强等特质参与职场竞争之中。女性角色、影响力在发生着变化，世界各国对女性高层次人才的培养与利用也逐渐在全球范围内引发新一轮对女性的关注，在欧洲诸多国家已经立法要求女性董事会成员要达到董事会比例的30%，而我国也越来越注重女性人才的成长发展，2015年习近平主席在全球妇女峰会的发言中就强调女性是推动社会发展和进步的重要力量，没有妇女解放和进步，就没有人类解放和进步。[①] 我国处于产业结构升级转型的关键时期，对多样化人才的需求不断扩大，而女性高层次人才正是我国经济转型的重要力量。

商业社会中对女性人才的发展尤为关注。一方面，已有研究表明，女性积极参与高管团队有助于企业绩效提升，为企业在激烈的竞争中积累优势；另一方面，在当下商业环境中女性人才发展也有着巨大潜力。著名咨询公司麦肯锡2009年发布的《女性领导在危机中与危机后的优势》报告中指出，女性领导者的惯常领导行为能帮助组织应对危机。同时，越来越多的企业已经启动开发女性发展潜力的项目，例如，

---

① 资料来源：人民网，http://politics.people.com.cn/n/2015/0928/c1024-27640018.html.

我国的伊利集团早在 2011 年就推行了试点深挖女性领导者价值的计划，尤其在奶粉事业部，大部分的产品针对母婴市场，因此女性领导者更能理解目标客户的需求；滴滴出行公司也于 2016 年推出"滴滴女性联盟"计划，培养女性管理后备力量；国际招聘公司 Harvey Nash 与香港大学商学院合作达成的 2017 年女性董事计划，旨在通过赋权女性领导者获得胜任董事会职位所需的自信与技能，发挥国际人才市场上女性高管人才的全部潜力。此外，互联网技术的发展促使越来越多的女性投身"创业大军"中，女性正全面参与商业社会活动。"她时代"的女性力量不可忽视。

因此，基于时代发展趋势与女性领导潜力的崛起，本书对女性高层次人才的成长规律进行了全面系统的研究，主要运用扎根研究的方法，探究女性高层次人才中经营管理人才和科技人才的成长规律，并将其凝练为匹配规律、要素规律、进阶规律以及制胜规律。首先，针对国内外女性人才成长以及性别差异方面的研究成果进行了全面梳理；其次，以女性高层次人才为调研对象，通过对探索性案例研究、理论和权威机构调研报告的多结构分析，试图通过从女性高层次人才整体概况到分类别的深入研究，探究女性高层次人才成长 M 轨迹中拐点的形成特征及其突破策略，以此丰富女性领导学研究，深化女性职业生涯发展理论，为提升女性高层次人才的管理实践提供理论基础和现实建议。

本书分为基础篇、探索篇、规律篇与对策篇四个篇章。

基础篇对本书的研究对象女性高层次人才给予了界定，即在各自领域表现优异、做出突出贡献、具有一定影响力和关键性作用并获得较高职位的女性人才；同时将女性高层次人才分为女性经营管理人才、女性科技人才与女性政治人才三大类，并对每类人才给予明确界定划分。此外，我们利用文献梳理的方式探讨了女性高层次人才的总体特征与三类女性高层次人才的类别特征。为了明确目前学术界关于女性高层次人才研究的情况，我们还对国内外女性高层次人才研究进展进行了梳理，展现目前国内外女性高层次人才研究的不同侧重点。基础篇还对国家 1995～2015 年发布的女性人才政策进行了整理与分析，并基于国家统计局数据分析了女性经济参与的效应以及高管团队中女性参与对企业绩效的影响效应。基础篇在明确女性高层次人才涵义的同时，通过分析女性经济参与效应强调促进女性高层次人才发展的重大意义。

探索篇主要研究女性高层次人才成长的影响因素、职业发展路径及高层女性领导的职场境遇等问题。首先，根据以往学者们的研究成果，从微观的个人层面、中观的组织与家庭层面到宏观的社会层面来探析女性高层次人才成长过程中的影响因素。其次，依据职业发展阶段理论，并结合女性高层次人才的特点，发现女性高层次人才的职业发展的成长过程具有嵌入性、职业重心具有双重性、职业发展模式具有多样性的典型特征。不同的职业发展领域，她们的职业发展路径也有所不同，女性企业高层次人才的职业发展分为工作期、事业期和价值实现期三个阶段，受到职业价值观与自我效能感的驱动，寻求工作、家庭与社会角色三重身份的平衡。通过扎根访谈的研究方法，我们发现我国高校女教授的职业认同随着职业成长阶段的递进而逐渐加深，其职业发展路径呈 M 状，而美国高校女教授的职业成长路径呈倒 U 状。最后，对女性高层次人才在职业成长中面临的一些特殊的职场境遇，象征主义任命、"玻璃悬崖""蜂皇现象"与楷模效应进行了开放式探讨与剖析。

规律篇采用质性研究方法，运用扎根理论、释义要素分析、关键事件分析等研究方法，搜集一手和二手素材以获得女性高层次人才职业历程中的关键事件。主要以女性经营管理人才为对象，关注她们心理和行为表现以及与组织层面影响因素间的相关关系，深入挖掘女性职业成长过程中的多个动态演化性规律：聚焦于女性经营管理人才的个体心理资本要素关系及对职业成长影响作用的要素规律；意在探索女性经营管理人才职业成长的个体和组织层面关键因素相互影响的匹配规律；采用释意过程提炼女性经营管理人才的共同成长要素，以阐释其职业成长的进阶规律；通过分析女性经营管理人才在组织变革过程中的认知特征和行为特征，继而探究其战略领导能力的变革制胜规律。此外，为全面研究对象类别，该篇还从个体—组织匹配的视角，扩充分析了女性科技人才的职业成长匹配规律，建立并丰富了女性经营管理人才和女性科技人才研究的资料库，经多方验证分析研究，最终提出女性高层次人才成长的要素规律、进阶规律、匹配规律、制胜规律。

对策篇首先以麦肯锡2007~2016年"女性至关重要"系列报告为主线，归纳出女性领导力效应、性别多样化生态系统以及性别平等的测量与效应三个主题，强化女性发展至关重要的概念；然后我们选取了9份国内女性调研报告进行主题分析并与"女性至关重要"系列报告对比分析，以展现全球背景下国内女性人才的成长环境与现状。其次，通过扎根的方法对比分析中外女性科技人才成长环境与成长路径的差异，展现出国内与国外女性高层次人才发展的社会、组织、制度、文化背景等方面的异同；结合探索篇和规律篇的研究结论，我们发现女性高层次人才成长路径中总会遇到显性与隐性的障碍，形成她们成长路径中的"瓶颈"，诸如组织权力结构不均、工作—家庭双重压力、玻璃天花板组织境遇等阻碍了女性高层次人才潜力的释放。因此，我们提出"三明治创业"这一概念，通过对"三明治创业者"案例进行扎根研究，为处于职业发展困境中的女性描绘另一种可行的职业成长蓝图，鼓励与启发女性高层次人才职业拐点的自我突破，寻求职业发展新机遇。最后，针对本书中女性高层次人才面对的诸多问题与困境，我们从社会、政府、组织以及女性自身四个维度为促进女性高层次人才成长出谋划策，以期对女性高层次人才未来的职业成长提供参考。

Abstract

The rapid development of science and technology promotes the progress of human society. With the continuous deepening of the informatization process, the links in the world are becoming closer. However, it also puts us in an increasingly dynamic environment at the same time. The diversity, dynamism and complication of social changes are constantly sending us a signal that the future development of the world needs diverse talents. The global economic growth pattern, business development paths, and technological innovations have undergone profound changes. New developments have also been made in terms of women's roles and influence. Women are participating in the workplace competition by virtue of their agreeableness, ethical care, and strong sense of responsibility. The training and hiring of female top talents in various countries in the world has gradually are triggered a new round of awareness for women on a global scale. Many European countries have already enacted legislations, requiring female board members to achieve a quota of 30%. China also pays more and more attention to the growth and development of female talents. Chinese President Xi Jinping's speech at the Global Women's Summit in 2015 emphasized that women are the creators of material and spiritual civilizations, important forces in promoting social development and progress. Especially in the crucial period of upgrading and restructuring of Chinese industrial structure, the demand for diversified talents continues to expand; female top talents are an important force for economic transformation of China.

The development of female talent in the business field is particularly of great concern. On the one hand, studies have shown that women's active participation in executive team contributes to the improvement of corporate performance and allows companies to accumulate advantages in the fierce competition. On the other hand, McKinsey's 2009 report "Women leaders, a competitive edge in and after the crisis" points out that the habitual leadership of women leaders is helpful for organizations dealing with a crisis. An increasing number of companies have launched projects to discover and develop women staffs' potential. Yili Group has implemented a program to excavate the value of female leaders since 2011, especially in the milk powder division, of which most of the products target the maternal and child supplies market, due to the fact that female leaders can understand the needs of targeted customers better. DiDi company has also launched the "DiDi Women's Network" program in 2016 to cultivate managerial female talent pool. Harvey Nash, an international recruitment company, has cooperated with the Business School of Hong Kong University to launch the Women's Directorship Programme, aiming at empowering women leaders with more confidence and skills to fill the board position competently. In addition, the development of Internet has motivated more women to join the "startup army". As a result, women are fully participating in commercial and social activities. Considering all the phenomena above, the power of women cannot be ignored in She – Era.

Based on the above social background, this book has conducted a comprehensive and systematic study of the laws of female top talents' career development. It has mainly used the method of grounded theory to explore the career development laws of female top talents in management, science and technology field among talents and classifies these laws into matching law, factor law, advancing law, and winning law. First of all, we comprehensively reviewed the domestic and overseas research related to women's talent growth and gender differences. Secondly, through the multi-structural analysis of exploratory case studies, theories and research reports of authoritative organizations, we investigated female top talents and attempted to explore the forming characteristics and the breakthrough strategies of the inflection point in the "M" trajectory, which will enrich the research on women's leadership, deepen women's professional career development theory, and provide theoretical basis and practical suggestion for enhancing the female top talents.

This book includes four parts: basic part, exploration part, law part and countermeasures part.

The basic part gives a definition of the female top talents, who demonstrate outstanding performance in their respective fields, have significant contributions, play a key role, and obtain higher positions. Female top talents are divided into management talents, science and technology talents and politics talents, with each class of talents defined clearly. In addition, we reviewed the literature to explore the overall characteristics of female top talents and the characteristics among each class of female top talents. In order to clarify the current situation of academic research on female top talents, we have also reviewed the research progress of female top talents at home and abroad, showing the different focuses of research. The basic part also reviews and analyzes the female talent policies developed by the Chinese government from 1995 to 2015, and uses the data of the National Bureau of Statistics to analyze the effects of women's economic participation and their influence on business performance by joining top management teams. The first part clarifies the meaning of female top talents, meanwhile emphasizes the significance of promoting female top talents development by analyzing the effects of women's economic participation.

The exploration part focuses on the factors that influence the growth of female top talents, their career development path, and the workplace situation of top-management female leaders. First of all, based on previous scholars' research results, we analyzed the influencing factors in the growth of female top talents from micro level of individuals, the medium level of organizations and families and the macro level of society. Secondly, based on the professional development stage theory and the characteristics of female top talents, we found that the growth process of female top talents presents embeddedness, professional focus is dual, and the career development models are diversified. In different fields, female professional development paths are also different. The career development of enterprises female top talents in enterprises is divided into three stages: work period, career period and value realization period. They are driven by professional values and self-efficacy, seeking the balance of work, family and social roles. Through interview research method, we found that the professional identity of female professors in Chinese universities has gradually deepened as the professional growth stage progresses. The career development path is M-shape, while the career development path of female professors in American universities is inverted U-shape. Finally, we conducted an open discussion and analysis of the special workplace conditions faced by female top talents in career advancement, such as tokenism appointment, glass cliff, the queen bee phenomenon and model effects.

The law part uses qualitative research methods, such as grounded theory method, paraphrasing factors analysis, key event analysis and other research methods to collect primary and secondary data to capture key events in female top talents' career paths. We mainly focus on talented female managers, pay attention to their behavioral and psychological performance and the correlations among organizational-level influencing factors, and dig the multiple dynamic evolutionary laws in the process of female professional growth: The factor law focus on the individual psychological capital elements of and the impact on career growth. The matching law is intended to explore the mutual influence of key factors at individual and organizational levels in the career advancement of talented female managers. The advancing law adopts the interpretation process to refine the common growth factors of talented female managers. The winning law analyzes the cognitive and behavioral characteristics of talented female managers in the process of organizational change, and then explores their strategic leadership capabilities. In addition, this part also expands and analyzes the matching law of career development of science and technology female talents from the perspective of individual-organization matching, and builds and enriches the database of female top talents. After multiple verification analysis and research, we finally put forward the factor law, advancing law, matching law, and winning law for the growth of female top talents.

The countermeasure part firstly reviewed and analyzed the "Women Matter" series of reports of McKinsey from 2007 to 2016, and summarized the three themes of female leadership effect, gender diversified ecosystem, and gender equality measurement and effect, which strengthened the important concept of women development. In addition, we selected 9 domestic women's research reports for analysis and compared them with the "Women Matter" series of reports to demonstrate the growth environment and status of domestic women talents in a global context. Secondly, we use grounded theory research method to compare and analyze the differences in the growth environment and growth path of science and technology female talents at home and abroad, which reflects the similarities and differences in the society, organization, system and cultural background of female top talents development at home and abroad. Combining the research conclusions of the exploration and law parts, we find that women are always facing explicit and implicit obstacles in the growth path, such as the uneven distribution of organization power, work-family double pressures, glass ceilings, and other situations which hinder the release of female top talents potential. Therefore, we propose the concept of "sandwich entrepreneurship" and conduct grounded research on "sandwich entrepreneurs" cases to portray a viable career growth blueprint for women who are in a difficult situation. This blueprint encourages and inspires the breakthrough of female top talents seeking new opportunities for career development. Finally, in view of many problems and difficulties faced by female top talents in this study, we propose strategies for promoting the growth of female top talents from the four dimensions of society, government, organization and women, so as to provide references for female top talents' future career advancement.

目 录

基础篇

第一章 女性高层次人才相关概述与研究进展 3

    第一节　女性高层次人才界定　3

    第二节　女性高层次人才分类　6

    第三节　女性高层次人才特征　14

    第四节　女性高层次人才成长规律界定与类别　27

    第五节　国内外女性高层次人才研究进展　29

第二章 女性高层次人才现状 32

    第一节　女性经营管理人才发展现状　33

    第二节　女性创业人才的发展现状　37

    第三节　女性科技人才发展现状　39

    第四节　女性政治人才发展现状　44

第三章 女性人才政策演进分析与女性经济参与效应 49

    第一节　女性人才政策文本分析　50

    第二节　政策文本权威性以及交互关系分析　55

    第三节　劳动力市场中女性参与对经济发展的影响效应　61

    第四节　高管团队中女性参与对企业绩效的影响效应　66

探索篇

第四章 ▶ 女性高层次人才职业成长的影响因素　75

第一节　个体层面　76
第二节　家庭层面　90
第三节　组织层面　96
第四节　社会层面　110

第五章 ▶ 女性高层次人才的职业发展　117

第一节　女性高层次人才的职业发展阶段　117
第二节　女性高层次人才的职业发展特征　121
第三节　女性高层次人才的职业发展路径　124

第六章 ▶ 女性高层领导的职场境遇　145

第一节　象征主义任命　145
第二节　"玻璃悬崖"　152
第三节　"蜂皇现象"　157
第四节　楷模效应　160
第五节　职场境遇对比　164

规律篇

第七章 ▶ 研究框架与研究方法　171

第一节　研究框架　171
第二节　研究方法　172

第八章 ▶ 女性经营管理人才职业成长要素规律　177

第一节　研究设计　177
第二节　资料整理与编码分析　179
第三节　职业成长的互动机制要素　189
第四节　职业成长的传导机制要素　191

第五节　职业成长的反馈机制要素　196
　　第六节　职业成长要素动态演化规律总结　198

第九章 ▶ 女性经营管理人才职业成长匹配规律　205

　　第一节　研究设计　206
　　第二节　资料整理与编码分析　208
　　第三节　职业成长的个体—组织匹配　213
　　第四节　职业成长的个体—组织匹配效果　217

第十章 ▶ 女性经营管理人才职业成长进阶规律　220

　　第一节　研究设计　220
　　第二节　职业成长的心理进阶释意要素研究　225
　　第三节　女性经营管理人才的职业成长分析　258
　　第四节　女性经营管理人才的进阶规律特性　265

第十一章 ▶ 女性经营管理人才职业成长制胜规律　268

　　第一节　文献回顾　268
　　第二节　研究设计　274
　　第三节　资料整理与编码分析　279
　　第四节　女性经营管理人才变革警觉　285
　　第五节　女性经营管理人才变革推动　292

第十二章 ▶ 女性科技人才职业成长匹配规律　299

　　第一节　研究设计　299
　　第二节　个体—组织匹配对女性科技人才职业成长的影响阐释　301

对策篇

第十三章 ▶ 全球背景下看"女性至关重要"　311

　　第一节　女性领导力效应　312
　　第二节　性别多样化生态系统　317
　　第三节　聚焦中国环境的女性调研报告解读与麦肯锡对比　326

第十四章 ▶ 中外女性科技人才成长文化环境与成长路径对比　340

　　第一节　中外女性科技人才成长文化环境对比　341
　　第二节　中外女性科技人才成长路径对比　346

第十五章 ▶ "三明治创业"作为职业生涯拐点的突破口　349

　　第一节　"三明治创业"问题的提出　350
　　第二节　研究过程　359
　　第三节　"三明治创业"行为影响因素　368
　　第四节　"三明治创业"认知转换箴规　376
　　第五节　"三明治创业者"性别差异对比　381

第十六章 ▶ 中国女性高层次人才发展对策　391

　　第一节　社会环境引导女性高层次人才的积极发展　392
　　第二节　政府指导推动女性高层次人才的队伍建设　394
　　第三节　组织支持打通女性高层次人才的成长通道　396
　　第四节　自我认知以实现女性价值与职业成功　400

参考文献　406
后记　449

Contents

Basic Part

Chapter 1 Female Top Talents Overview and Research Progress   3

    1. 1   Definition of Female Top Talents   3

    1. 2   Classification of Female Top Talents   6

    1. 3   Characteristics of Female Top Talents   14

    1. 4   The Defination and Classification of Growth Laws of Female Top Talents   27

    1. 5   Research Progress of Female Top Talents at Home and Abroad   29

Chapter 2 Status of Female Top Talents   32

    2. 1   The Development Status of Talented Female Managers   33

    2. 2   The Development Status of the Female Entrepreneurial Talents   37

    2. 3   The Development Status of the Female Science and Technology Talents   39

    2. 4   The Development Status of the Female Political Talents   44

Chapter 3 Analysis on the Evolution of Female Talent Policy and the Effect of Women's Economic Participation   49

    3. 1   Female Talents Policy Text Analysis   50

3.2 Policy Text Authority and Interactive Relationship Analysis　55

3.3 Impact of Female Participation on the Economic Development in the Labor Market　61

3.4 Influence of Female Participation on Corporate Performance in Senior Executive Team　66

Exploration Part

Chapter 4　Factors Influencing Career Growth of Female Top Talents　75

4.1　Individual Level　76

4.2　Family Level　90

4.3　Organization Level　96

4.4　Social Level　110

Chapter 5　Career Development of Female Top Talents　117

5.1　The Career Development Stage of Female Top Talents　117

5.2　The Career Development Characteristics of Female Top Talents　121

5.3　The Career Development Path of Female Top Talents　124

Chapter 6　Workplace Situation of Female Senior Leaders　145

6.1　Tokenism Appointment　145

6.2　"Glass Cliff"　152

6.3　"The Queen bee"　157

6.4　Model Effect　160

6.5　Comparison of Workplace Situations　164

Law Part

Chapter 7　Research Framework and Research Methods　171

7.1　Research Framework　171

7.2　Research Methods　172

Chapter 8　The Factor Law of Career Growth of Talented Female Managers　177

8.1　Research Design　177

8.2 Data Collation and Coding Analysis　179

8.3 Interactive Mechanism Elements of Career Growth　189

8.4 Conduction Mechanism Elements of Career Growth　191

8.5 Feedback Mechanism Elements of Career Growth　196

8.6 Summary of Dynamic Evolution Rules of Career Growth Elements　198

Chapter 9　The Matching Law of Career Growth of Talented Female Managers　205

9.1 Research Design　206

9.2 Data Collation and Coding Analysis　208

9.3 Individual-organization Match for Career Growth　213

9.4 The Matching Effect of Individual-organization in Career Growth　217

Chapter 10　The Advanced Law of Career Growth of Talented Female Managers　220

10.1 Research Design　220

10.2 Research on Psychological Advanced Factors of Career Growth　225

10.3 Analysis of Career Growth of Talented Female Managers　258

10.4 The Characteristics of Advanced Law of Talented Female Managers　265

Chapter 11　The Winning Law of Career Growth of Talented Female Managers　268

11.1 Literature Review　268

11.2 Research Design　274

11.3 Data Collation and Coding Analysis　279

11.4 Change Alertness of Talented Female Managers　285

11.5 Change to Promote of Talented Female Managers　292

Chapter 12　The Matching Law of Career Growth of Female Science and Technology Talents　299

12.1 Research Design　299

12.2 The Influence of Individual-organization Match on the Career Growth of Female Science and Technology Talents　301

Countermeasure Part

Chapter 13　Looking at Women Matter in the Global Context　311

13.1　Female Leadership Effect　312

13.2　Gender Diversified Ecosystem　317

13.3　Comparison of Women's Research Report Focusing on China's Environment and McKinsey's　326

Chapter 14　Comparison of Cultural Environment and Growth Path for the Female Science and Technology Talents at Home and Abroad　340

14.1　Comparison of Cultural Environment for the Female Science and Technology Talents at Home and Abroad　341

14.2　Comparison of Growth Path of Female Science and Technology at Home and Abroad　346

Chapter 15　"Sandwich Entrepreneurship" as a Breakthrough in Career Turning Point　349

15.1　The Issue of "Sandwich Entrepreneurship"　350

15.2　Research Process　359

15.3　Influencing Factors of "Sandwich Entrepreneurship" Behavior　368

15.4　Cognitive Conversion Rules of "Sandwich Entrepreneurship"　376

15.5　Gender Differences Contrast of "Sandwich Entrepreneurs"　381

Chapter 16　Female Top Talents Development Strategies in China　391

16.1　Social Environment Guides the Positive Development of Female Top Talents　392

16.2　Government Guidance to Promote the Development of Female Top Talents　394

16.3　Organizations Support to Open the Growth Channel of Female Top Talents　396

16.4　Self-cognition to Achieve Female Value and Career Success　400

References　406

Postscript　449

基础篇

第一章

女性高层次人才相关概述与研究进展

第一节 女性高层次人才界定

一、高层次人才界定

人才是一个国家与社会最宝贵的财富,"十三五"规划开局之年,中央颁布了《关于深化人才发展体制机制改革的意见》,其中提到要把人才发展纳入国家治理体系和治理能力现代化的大框架中来,要真正从一个人才大国转变为人才强国。尤其党的十八大提出要实施创新驱动发展战略,向创新型国家转型,所谓创新驱动实质是人才的驱动,人才是创新实践的主导者,因此要实现向创新型国家的转变,最主要的落脚点仍然在人才的培养与开发。高层次人才作为人才队伍中的中坚力量,他们的能力与素质更是一个国家核心竞争力的体现。因此,注重对高层次人才队伍的建设更具战略意义。《国家中长期人才发展规划纲要(2010~2020年)》也强调高层次人才在整个人才队伍建设中的引领作用,并提出"人才的层次、性别结构趋于合理"的战略目标。

高层次人才发展也引起了学术界的广泛关注,但是关于高层次人才还没有统一的定义。蔡学军等(2003)认为,高层次人才就是在国家人才结构中居于高层顶端部分的人才，是在我国政治、经济、军事、科技、教育和文化等领域中以其创造性劳动为社会发展和人类进步做出突出贡献的人。赵光辉（2005）认为，需要动态地看待高层次人才，不同国家、不同地区、不同时期高层次人才有不同的内涵和外延，即使在同一国家、同一时期的不同层次、不同类型的高校，这一人才群体也表现出不同的特征。王晓燕（2007）认为，高层次人才的工作是不可替代的，高层次人才相对于普通人表现的更为具有创新性、合作能力等。李光红（2007）认为，高层次人才应该从知识水平、心智模式、基本素质、能力结构和业绩成果这五个方面来评价，经过集成与优化，在某一方面有所突破，或能够全面发展的人才才能归为高层次人次啊。陈婵（2009）则从高层次人才作用地位来划分高层次人才，即要是在一个国家、一个地区或一个企业发展中起到骨干和核心推动作用，是人才队伍中的精华。李燕萍和郭伟（2010）从高层次人才工作的领域来界定其概念认为，高层次人才是人才群体中善于治党、治国的领导人才，高水平的科学技术人才，熟悉国际国内市场、具有现代管理知识和能力的企业家，掌握先进技术、工艺和技能的高技能人才，哲学社会科学领域的专家学者等。

虽然国内学术界关于高层次人才的定义还没有统一的观点，但是基本共识是确切的，即高层次人才是相对一般人才而言，在一定领域、行业中具有较强业务能力、科研水平及战略眼光的高端领军人才。

二、女性高层次人才的界定

女性人才的发展代表一个国家以及地区的文明发展程度，也直接关系着国家的和谐稳定发展。《2016年劳动力市场发展报告》中指出虽然中国女性劳动力参与率在下降，但中国女性劳动力参与率仍高出世界平均水平。习近平总书记在2015年全球妇女峰会上也指出，妇女是推动社会发展和进步的重要力量。没有妇女的解放和进步，就没有人类的解放和进步。并表示中国会更加积极贯彻男女平等基本国策，发挥妇女半边天作用，支持妇女实现人生理想和梦想。①

女性人才的开发利用会带来"性别红利"，女性充分参与社会发展及经济活动能够显著拉动经济增长，为企业和社会带来稳定收益。通过开发女性人才，释放女性工作技能，继而实现全球经济增益。麦肯锡2015年发布的报告《平等的力量：性别平等如何为全球经济创造12万亿美元的增长》指出，全球来看，如果各国的性别平等发展速度赶上所在地区里表现最佳的国家，2025年全球的

---

① 资料来源：人民网，http://politics.people.com.cn/n/2015/0928/c1024-27640018.html。

GDP 将增加 12 万亿美元，相当于通常情况下女性对全球 GDP 增量贡献的两倍。而在充分实现男女平等的情景下，缩小性别差距将使 2025 年的 GDP 增加 28 万亿美元，相当于中国和美国当前经济总量之和。若我国到 2025 年全面消除职场性别差距，预计可以帮助我国创造 4.2 万亿美元的潜在经济推力或者正常经济运行条件下 20% 的 GDP 增长。亚洲及远东经济委员也曾估测，仅在亚太地区由于女性缺乏必要的就业途径，一年有超过 400 亿美元的损失。蒋莱（2014）的研究表明，性别红利来源于女性的盈利能力与消费能力，开发利用女性带来的性别红利具有重大的战略意义。在整体股指下降或波动性较大的时期，积极吸纳女性员工的企业，其股票表现更稳定。女性董事比例更高，参与度更高的企业，股东的回报更高。随着女性经济参与程度的增加，她们拥有更多可支配的资金，而 80% 的家庭消费决策都由女性决定或受到女性影响，且女性有着不同于男性的消费行为与购物偏好，对于资金的利用更科学合理。由此可见，开发女性人才，促进女性的社会经济参与意义重大。

女性高层次人才是女性人才中的精英，在各行各业起到模范带头作用，但是女性高层次人才的成长与发展过程并不平坦，我国高层次女性人才的数量和质量与妇女在经济社会中的参与程度还不相适应，与国家经济社会发展及当今世界潮流还有一定的差距。因此，2010 年 1 月全国妇联启动了"女性高层次人才成长状况研究与政策推动项目"，旨在推动女性高层次人才的成长，促进女性人才特别是女性高层次人才成长，这一项目是人才强国战略的重要内容，是促进社会进步和社会和谐的重要力量，是贯彻落实男女平等基本国策的战略性举措，体现了我国妇女的地位在不断提升。

对于女性高层次人才的界定而言，不同的学者看法还有所差异。刘洪德（2010）认为，女性高层次人才是高层次人才属性与女性自然属性相结合的人才，她们具备较强的创新意识、创新能力、合作能力及敬业精神，拥有强烈事业心和社会责任感，并有能力为社会发展和人类进步带来重大促进作用。孟祥斐和徐延辉（2012 年）认为，女性高层次人才一般是指受过高等教育、具有中级以上职称或担任中高级职务的女性，包括党政机关副处级以上职务或中级以上职称的女领导干部；高校及科研院所等事业单位具有副高以上职称的女学者、女专家、女性中高层领导者；企业（含国有、私营、三资企业）具有部门经理以上职务的女性中高层管理者、女技术工作者、女企业主等。

上述学者对女性高层次人才的界定或者从女性高层次人才的特质出发定义，或者仅依据职位进行定义。虽然从不同的方面阐释了女性高层次人才的内涵，但是在具体划分时，容易产生歧义。笔者认为对女性高层次人才概念的界定，重点是高层次，高层次不仅仅指职位的高低，更重要的是在自己所处的领域中能发挥关键作用，并具有较高影响力。因此，将女性高层次人才定义为在各自领域表现优异、做出突出贡献、具有一定影响力和关键性作用并获得较高职位的女性人才，主要包括女性经营管理人才、女性科技人才、女性政治人才三个类别。其中，女性经营管理人才定位于总监级别及以上，具体包括董事长、首席执行官、总裁、副总裁、总监等高层经理；女性科技人才定位于副高及以上，副教授、副研究员可等同于工程系列的高级职称；教授、研究员可等同于工程系列的正高级职称；女性政治人才定位于副局级以上，具体包括正副局级、厅级和省部级政治领导干部。

第二节　女性高层次人才分类

女性高层次人才的范围非常广泛，既可以是专业技术领域的女性拔尖人才，也可以是工商企业界的优秀女性，或者是党政团队中的骨干女性。前中国女企业家协会会长赵地就将女性高层次人才分为三类：女性科学家、女性企业家和担任副厅级以上行政级别的女性党政领导干部。《国家中长期人才发展规划纲要（2010～2020年）》中提出女性高层次人才包括女性高层次党政人才和企业经营管理人才、专业技术人才三大类。女性高层次专业技术人才又细分为科学研究人才、教育教学、工程技术人才三种类型（全国专业技术人才工作会议，2009）。

虽然上述对女性高层次人才类别的具体表述不一致，但可以归纳出女性高层次人才主要涉及三个领域：一是科学技术人才，她们处于时代与科技发展前沿，凝聚了智慧和力量，推动着科学进步；二是工商领域的高层管理人才，她们能影响企业的重大决策，是推动企业发展的核心力量；三是政府部门中的杰出女性领导干部，她们在关键岗位发挥着作用，是政府骨干力量。

值得注意的是，在"大众创新，万众创业"的大背景下，创业队伍不断扩大，越来越多的女性也开始加入创业队伍进行创业，女性创业者不仅为国家的社会发展经济增长做出了贡献，而且也为国家的经济活动增添了活力。2015年阿里巴巴发布的《互联网+她时代：女性创业者报告》中指出，在全球67个经济体中，传统领域的女性创业者仅占女性全部人口的3.6%，和男性创业者群体存在巨大总量差距，传统企业的女性企业家更是屈指可数，然而在互联网背景下，女性创业者却能够占据"半边天"。她们利用互联网带来的便利以及涌现出的新的商业模式，在互联网创业的浪潮中，不断发掘着自己的潜能。胡怀敏和肖建忠（2007）认为，女性创业主要有两种动机：一种是生存驱动，这种女性的创业往往机会成本较小，为了改善自己的生存状况而创业，创业不仅能提高她们的生活水平，并且给予她们一种能控制自己命运、实现自我的感觉，生存型创业对社会成本要求较小；另一种创业动机即机会型创业，这一类型的女性创业者具有企业家的特征，她们能敏锐地发现商业机会，并且有很强的决断力与魄力，在创业的过程中，她们积累的人力资本、社会资本以及自己的工作经验能帮助她们创业成功。金瑾（2010）认为，女性除了出于生存或机会创业外，也有可能是成就型的创业，女性由于不满意现有工作条件或前景，促使女性自我意识觉醒，产生了实现自我价值、提高自我素质的需求。还有一群女性创业群体，她们虽然经历着来自职业发展、家庭生活等多重压力，但却试图保留自身理想，在数年的职场生涯之后，开始尝试拥有一份自己能完全掌控的事业，这类创业者被称为"三明治"创业者。

互联网时代的女性创业更多是主动型的创业，她们身上往往有着企业家的特质，如决断力、敏锐的市场洞察力、明确的理想追求，她们不同于传统印象中女性的形象。钱永红（2007）就指出，女性创业者是女企业家群体中的一部分，是自己创办企业并独立运营的企业所有者或经营者。因此，我们在此也将女性创业者归于企业经营管理人才，但是由于女性创业人才的特殊性，在之后的章节中，我们也会单独地分析女性创业人才。

综上所述，本书将女性高层次人才划分为三类：一类是企业运营中负责战略决策的女性经营管理人才，包括女性创业人才；一类是处于科学技术研究前沿的女性科技人才；最后一类是服务民众的女性政治人才。

一、女性经营管理人才

当今世界，国家之间综合实力的竞争，集中体现在各个国家企业之间的竞争，而社会发展经历过资源竞争、资本竞争后，企业之间的竞争重心已转移到人才的竞争。尤其在注重创新与创造的互联网时代，人才是创新创造的主体，人才能发挥最大的能动性，为企业抓住合适的发展机会。

经营管理人才掌握着企业的决策权，能根据市场信号进行资源配置，并提升企业竞争力。经营管理人才的水平与能力直接关系着企业经营的质量与效益，他们是企业的核心员工。而女性经营管理人才是经营管理人才中的女性，女性经营管理人才是三种女性高层次人才中占比最大，也是参与国家经济发展最普遍的女性人才。

（一）女性经营管理人才的界定

学术界目前尚未明确界定女性经营管理人才，鉴于女性经营管理人才属于经营管理人才中的一部分，因此，我们可以先对经营管理人才进行界定。

马士斌（2004）从两个方面界定了经营管理人才，首先，从层次（纵向）上看，经营管理人才是指在企业中从事经营管理，并具有这方面的知识与技能，能利用这些技能进行创造性工作，对企业以及社会贡献较大的人才。其次，从类别（横向）上看，经营管理人才包含两类：一类是从事经营的人才（仅仅负责生产的人才）；一类是从事经营管理过程的人才（管理生产过程）。这一概念虽然从两个方面界定了经营管理人才，但是其范围仍然较窄，主要强调经营管理人才的创造性，尤其界定仅包含了生产型企业，而在互联网时代下，企业的类型已经得到了极大的丰富，因此，在界定经营管理人才的概念时，我们不应局限于企业的类型。

冯淑华（2005）并没有严格区分经营管理人才，认为经营管理人才是一个泛化的概念，区别于企业中的一般所有者和其他的普通员工，是企业的高层经理或管理人员，企业家也属于经营管理人才。明确而言，凡是在企业中负责战略性决策，并直接对企业经营活动以及经营效益负责的高级管理人员就是经营管理人才。

路兴永（2006）利用排除法将经营管理人才界定为企业现有员工中，除去专业技术人才以及专门技能人才之外的人。比如在职能部门任职的人，从事销售、策划的人才，以及管理生产部门的人，都可以称为经营管理人才。这一界定比较笼统，没有规定一个清晰的边界，将企业中大部分职工都囊括在内，并没有突出人才的概念。陈超（2011）从经营管理人才发挥的作用上界定了这一概念，即在企业中发挥领导作用的人才，为了实现企业的战略目标，他们合理有效地配置企业的资源，进行计划、组织、领导、控制企业活动。胡雪梅（2011）认为，企业经营管理人才是领导企业生产经营活动，并推动企业的生产要素进行组合，为企业和社会创造财富的组织者。

李树鑫（2014）强调了经营管理人才的综合素质和专门技能，认为经营管理人才是具有丰富的经营管理技能，并能在管理企业的经营事务中进行创造性劳动以推动企业发展的专门人才。此外，经营管理人才的综合素质较高，不仅能促进企业的成长还能对社会发展做出重要贡献。

还有学者专门研究了中小企业与国有企业中的经营管理人才。因为企业性质与规模的不同，其对经营管理人才要求的细节方面会有所不同，如国有企业中的经营管理人才除了要求综合素质高，负责国有企业战略决策外，还需要做到忠实地代表与维护国有资产，正确履行国有资产出资人的职责，要成为一个有良知的国有企业经营管理者（黄伟，2008）。

从上述各位学者的界定我们可以看到，经营管理人才不仅需要有专门的经营管理技能，还需要有较高的综合素质，并能利用自身技能进行创造性的工作，发挥管理职能。在此，我们不区分企业的性质，将经营管理人才界定为具有丰富的经营管理技能，综合素质良好，在企业中通过计划、组织、领导、协调和控制企业的经营活动，发挥自己的专业技能进行创造性工作，并推动企业成长，为社会发展做出贡献的人才。女性经营管理人才是经营管理人才的女性群体，她们在企业经营发展中也发挥着重要作用。

（二）女性经营管理人才的分类

在操作概念上，马士斌（2004）按决策权限将经营管理人才分为三类：一是董事人才。即董事会成员，包含董事长、其他董事以及董事会秘书，主要负责企业经营活动中的重大决策，如投融资活动、组织结构调整、企业高层人员的任免决策等。二是高层经理人才。包含总经理、副总经理、总工程师等，他们主要负责执行董事会的战略决策，同时也会在董事会授权范围内对企业的经营活动进行决策，也包含一些中短期的决策。他们是企业经营过程的管理人才。三是经营或经营管理专业人才。

本书根据职位将女性经营管理人才定位于总监级别及以上，具体包括董事长、首席执行官、总裁、副总裁、总监等高层经理中的女性。

二、女性创业人才

（一）女性创业人才的界定

在女性高层次人才界定部分提到，我们将女性创业人才归为女性经营管理人才中的一种，女性创业人才在创业公司中扮演的角色就是一个公司的领导者，并且她们表现出企业家的特质，因此，大部分学者认为女性创业人才属于女性经营管理人才。但是鉴于当前"大众创新，万众创业"的时代背景，女性创业人才不断增多，且女性创业的形式与内容得到极大丰富，女性创业人才在创业动机、创业形式等方面存在一定的特殊性，其与创业相关的品质以及能力与女性经营管理人才也存在明显区别，因此有必要对女性创业人才进行单独的辨识与讨论。

相对于女性创业人才这一概念，学者们更多的是使用女性创业者这一概念。

拉沃伊（Lavoie，1985）指出，女性创业者是开创了一项事业，并承担相应的风险及管理责任，同时负责日常的经营管理事务的女性。巴特纳（Buttner，1997）认为，女性创业者是指女性创建了一家企业，拥有其50%及以上的所有权，并且经营超过一年。从这一定义我们可以看到并不是所有创建了新的企业或事业的女性都能称为女性创业者，她们还要运用自己的经营能力，使新创公司顺利地运营一年以上。国内也有一些学者对女性创业者的概念进行了界定。童亮等（2004）就将同时满足以下三个条件的女性称为女性创业者：一是参与了企业的创建过程；二是拥有企业部分产权；三是参与企业的经营管理。这一定义表明女性创业者和女性企业家的内涵相差不大。黄逸群（2007）将女性创业者定义为对企业的创立有正面积极的推动作用，参与企业实际经营并拥有经营权的女性。

根据上述学者的定义，本书发现虽然研究这方面的界定表述不一致，但是都强调女性创立一项新的事业或企业，并拥有创立企业的所有权或经营权。学者们的定义中没有直接说明女性创业者需要创新与革新精神，但是女性创业者开创一份属于自己的事业就已经体现出了创新精神，且女性创业者在创立企业后通常担任企业中的领导职位，负责企业的运营决策。因此，我们将女性创业人才定义为独立或与他人合作创立新的事业或企业，并为企业的经营管理负主要责任，具有一定创新精神的女性。

（二）女性"三明治"创业人才

本书通过对女性创业人才的研究发现，在女性创业人才中存在一群特殊的创业群体，她们的创业目的以及创业背景不同于其他的创业群体，我们称其为"三明治"创业人才。具体而言，女性"三明治"创业人才是指30岁上下，感受到来自事业、发展、生活、家庭等多层次压力，处在生活中的夹层状态却同时又试图保留自身理想的女性，也就是"三明治一代"。她们在数年高质量的职场生涯过程中，积累了丰富的先前经验之后，开始尝试想拥有一份自己能完全掌控的事业，从而实现职业的突破。尤其她们中的许多人，在生育之后决定不再重返冲锋陷阵的职场，转而开始时间更灵活自由的创业活动，将更多的时间分配给家庭。

相比较于其他创业人才而言，对于女性三明治创业人才来说，创业更大程度是一种心灵需求，是寻求"生活创新"、自我突破的一种方式。她们都在试图通过自己的奋斗努力达到心中的愿景。中国人说，三十而立，四十而不惑，正是这样一群从"立"到"不惑"的有志青年们构成了"中国社会未来10年的中坚力量"。马云在2017年达沃斯论坛上也提到"关注那些30岁左右的一代，因为他们会成为全球性的一代，他们会改变世界，会成为世界的建造者"。而女性"三明治"创业人才也有别于刚刚毕业的大学生创业者，有别于社会中"创一代"

的先驱，她们是现今站在国家所提倡的自主创业的前沿者，是新生创业者的领路人。

三、女性科技人才

女性科技人才是科技人才的重要组成部分，要想明确女性科技人才的含义，首先需要明确科技人才的含义。大部分学者在对科技人才进行研究时，其说法存在不一致性，有将科技人才称为专业技术人才的，也有将科技人才称为科研人才的。因此有必要先对专业技术人才、科研人才与科技人才的概念进行梳理。

于娟英（2006）认为，专业技术人才是指取得专业技术职称或从理工农医学系毕业的大专院校的人才，以及在企事业单位中提拔出来的从事这些领域生产、研究、教学的专业人员和从事专业技术业务管理工作的专业人员。张丽棉（2009）认为，专业技术人才不仅应技术熟练，能将技术成果转化为经济动力，还应具有良好的个人品德、个人魅力、个人涵养和个人素质，她所提及的专业技术人才包括在企业中从事专业技术的生产、研发的专业技术人员，也包括企业或研究所的项目经理、技术主管、工程师、研究员、副研究员、一般专业技术人员等技术管理人员和技术骨干。王文静（2014）提出从概念上看，专业技术人才包括三重含义：一是专业技术人才往往接受过相对系统专业的培养，有丰富的知识储备；二是已经掌握了相关的专业技能；三是有意识地利用自己的专业知识储备和专业技能进行创新。虽然这些活跃在各行各业的专业技术人才具体的专业技能不同，但是他们都具有丰富的专业知识以及专业技能，并能利用这些专业知识技能进行创新，促进科技进步、经济增长、社会发展。

由上述学者的观点可见，专业技术人才包括的范围非常广泛，包含各个行业、领域中的专家、技术人员、技术管理人才。专业技术人才这一人才类别中也会根据专业技能的熟练度、工作价值的高低进行人才层次的划分。

科研人才需要积累的知识更丰富，培养的过程更漫长，对科研探索精神要求更高。女性科研人才数量不足，成为顶级科研人才的更是寥若晨星。2009年中国女科技人员中具有高级专业技术职称的女性数量只占总数的25.7%，而在两院院士中，女性只占总数的6%。[①] 联合国教科文组织也把科研领域的女性问题列为一项全球性挑战，培养开发高层次女性专业技术人才已成为当务之急。

李超等（2015）认为，科研人才是指在社会劳动中，掌握特定的专业知识和技能，并有较高的创造力和科研探索精神，为科研发展和人类进步做出卓越性贡

---

① 资料来源：央视网，http://news.cntv.cn/20111104/104806.shtml。

献的人。张利华等（2006）认为，科研人才不仅包括现在正在从事科技活动，有知识、有能力，能够进行创造性劳动并在科技活动中做出贡献的人员，还应包括有潜力的科研人才。总的而言，人们对科研人才的一种比较典型的观点是指有较高学历或学位、有较高学术造诣，为培养高级人才、发展科学技术、促进高校和社会发展，在某方面或多方面做出了较大甚至是突出贡献的人。初秋月（2013）将女性科研人才定义为受过良好的高等教育，并掌握了某一领域专业的知识与才能，具有优秀的科研能力，有突出的科研成果，并能为社会发展做出突出贡献的女性。

科技人才是我国特有的一种关于人才的分类，且学术界对科技人才也没有准确的定义，科技人才的内涵会随着时代的变化而变化，因为在社会的不同发展阶段，所需要的科技人才层次以及数量是不同的。1987年出版的《人才学词典》中将科技人才定义为："是科学人才和技术人才的略语。是在社会科学技术劳动中，以自己较高的创造力、科学的探索精神，为科学技术发展和人类进步做出较大贡献的人。"肖军飞（2013）认为，只要是为科学研究和技术发展做出贡献的人力资源，不论其贡献是在科技发展的哪一个阶段都属于科技人才，可以包括各类科技活动人员、专业技术人员、科学家和工程师等。这一界定较为宽泛，无法突出科技人才特殊性与价值性。林桂安（2007）认为，科技人才的概念主要包含四个要点：一是具有专门的知识和技能；二是从事科学和技术工作；三是具有较高的创造力；四是对科学技术发展和人类进步做出较大贡献。这四个要点概括了科技人才的实质，既强调了科技人才的特质，也强调了科技人才的作用。

本书将女性科技人才界定为受过高等教育、具有专门的技能与知识、有较高的创造力以及钻研精神、在高等院校以及科研院所或企业单位工作、为科学发展与技术进步做出重大贡献的杰出女性。具体包含科研人才、工程师、科学家等从事科学技术研究的人员，职位定位于副高及以上，副教授、副研究员可等同于工程系列的高级职称；教授、研究员可等同于工程系列的正高级职称。

通过对上述梳理与分析，可以发现，专业技术人才的范围更广泛，这类人才更注重工作实践，而科技人才的概念更注重人才的探索与创新精神、研究能力以及研究成果的适用性。从现实状况来看，专业技术人才与科技人才是一种合作的关系，科技人才需要从专业技术人才的工作中发现问题，并通过研究解决现实问题，而专业技术人才可以从科技人才的研究成果中得到启发，创造性地应用于工作中。而科研人才的概念与科技人才的内涵重合度较高，且大部分学者在进行研究时，并不会刻意区分这两个概念。

四、女性政治人才

政治人才作为国家公共事务的管理者，是很重要的人力资源，重视政治人才的培养与运用才能提高政府部门的办事效率，更好地为人民服务，并提升政府部门的形象。而女性政治人才作为政治人才中重要的组成部分，在落实党的政策路线方针、为人民服务，以及实现社会主义现代化道路上发挥着重要的积极作用。

在界定女性政治人才的含义之前，首先需要界定女性政治人才供职单位的确切含义。女性政治人才一般供职于国家政权机关，国家政权机关有广义与狭义之分，广义上的国家政权机关指能行使国家权力的各个机构，从中央到地方的司法、立法与行政机关；而狭义上的国家权力机关就只是指行使行政职能的机关（陈尧，2005）。因此，政治人才简单而言，就是在这些国家政权机关中任职的人才。

2003年，中共中央国务院在北京召开全国人才工作会议时，将政治人才界定为在社会政治及相关领域从事政治实践活动的专门人才，包括政治领袖、政府首脑、政治活动家及职业政治宣传、教育、组织工作者等，并提出了三点政治人才应具备的素质：首先，需要有坚定的政治信仰，恪守政治原则；其次，具备终身学习的习惯与自我更新的能力；最后，必须具有职业道德，诚信笃实（悠然，2006）。

宋铁鹏（2006）认为可以被称为政治人才的人必须满足三个条件：一是要在通才的基础上对某一个专业方面有深入研究并掌握专业技能；二是要懂得领导哲学，具备领导才能；三是要公正公平、爱岗敬业、立党为公、执政为民。白凯（2008）从职位的角度出发将政治人才分为三类：一是处于地、厅、司、局等高层的政治人才；二是处于县级的中层党政管理人才；三是基础人才。穆雨栋（2013）从政治人才的特征上界定了其含义，政治人才是在政府部门岗位上工作的，并能胜任岗位要求，是各类人才资源中处于引领地位的人才，他们有服务公共性、效益间接性、成本综合性、素质要求特殊性、成长的不完全主导性、岗位的有限性和变动性等特有特征。

石凌（2006）将政治人才分为政治领导人才与基层政治人才两类。政治领导人才指能胜任政府领导岗位工作，担任领导职位，已经或能够在领导岗位上做出重大贡献并得到大多数认可的贡献的人。基层政治人才是指县副局以上职位，在县级政府部门工作，经过专业培训或实践锻炼，在工作中取得一定的成绩，得到群众认可的管理人员。

一名合格的政治领导人才要在思想上与党保持高度一致，忠于马列主义和中国特色社会主义理论体系，坚定不移地走中国特色社会主义道路，将为人民服务牢记于心，有较强的协调沟通能力和组织领导能力，政绩突出，清正廉洁，得到群众认可，德才兼备。

胡桂华（2005）认为，政治领导人才只是以职位来进行划分的，具体是指在政府部门任领导职位，有一定的知识水平和领导能力，具有职位赋予的相关权力并承担义务，在公共事务管理上能发挥重大作用的国家公务人员。肖鸣政（2005）认为，政治领导人才是在政府部门发挥决策、组织、领导、协调等管理作用的人才。他们肩负着将党和国家的政策方针落实的职责，此外他们也要组织研究所任职区域的重大问题。政府部门的领导干部包括人民代表大会及其常委委员会选举出来或直接任命的各级政府人员，由于这类人才由国家权力机关选举产生，因此，他们的产生与任免是按照国家相关法律规定的程序进行的。

由于本书主要研究的是女性高层次人才的成长规律，所以对于女性政治人才而言，我们关注供职于国家政权机关的女性领导，她们拥有相关的领导才能与优秀的品德，具有较高的为人民服务的意识，在岗位上做出过重大贡献。具体定位于副局级以上，包括正副局级、厅级和省部级女性政治领导干部。

第三节 女性高层次人才特征

由于我国传统文化与历史惯性思考的缘由，传统的性别文化根深蒂固，女性成长为高层次人才需要克服重重困难，其成长道路并不平坦。通过对女性高层次人才的研究，我们能发现各个类别女性高层次人才共有以及特有的一些特征。对女性高层次人才特征的研究，有利于引导我们对女性高层次人才的成长规律的研究与总结。

国家发展对女性高层次人才需求正大幅增加，也越来越重视培养与开发女性高层次人才。学术界对女性高层次人才的研究也不断深入，涉及女性高层次人才的方方面面。刘津言（2012）通过对企业中女性高层次管理人才的问卷调查研究社会网络对其的作用机制发现，网络规模、网络异质性、关系强度对女性高层次管理人才成长存在正向的影响，而网络密度对其存在负向的影响，宜人性作为大五人格特质的一种，调节了社会网络与女性高层次管理人才的关系。李玲玉（2013）采用实证研究的方法研究了企业中女性高层次管理人才与组织匹配对其职业成功的影响。张烨（2016）通过对管理学部杰青基金获得者的CV分析以及文献计量，研究了高层次人才的学术成长特征。谢焕男（2014）则通过对山西省女性高层次人才的研究，分析了其成长现状的特征以及成长规律的特征。

总之，学术界已对女性高层次人才这一重要群体展开了多方面的研究，形成了丰富的研究成果。女性高层次人才之所以能成长为高层次的人才也不是偶然，因此，十分有必要对女性高层次人才这一群体展现出来的特征进行总结。但是具体而言，每一类别的女性高层次人才由于其所在领域、成长环境、最终取得的成就不同，每一类别也有各自不同的特征。因此，我们先对女性高层次人才的共同特征进行总体概述，再对每一类别人才进行详细阐述。

一、女性高层次人才总体特征

（一）集聚特征

（1）年龄集聚：以中青年为主。女性高层次人才的年龄多集中于36~45岁这一年龄段，35岁以下的女性高层次人才很少，46~55岁这一年龄段的女性高层次人才虽比36~45岁人数少，但是仍占据一定的比例，而56岁之后的女性高层次人才就急剧减少了（谢焕男，2014）。

国内的研究发现，早些年国内的女性企业家开始创业的年龄比国外女性创业平均年龄大，大部分集中在40~49岁（费涓洪，2004）。谢雅萍和周芳（2012）对福建省女性创业人才的研究表明，近些年来女性创业者的年龄年轻化了，主要集中在30~50岁，且女性创业者人数均匀地分布在各个年龄段。借着互联网的平台优势与商业模式的不断革新，年轻女性创业的比例也不断增加，并且创业的领域与形式有了更多的选择。张烨（2016）和牛珂等（2012）的研究都表明，成长为高层次科技人才的周期更漫长，"杰出青年"一般需要18.5年，因此，高层次科技人才的年龄主要集中在41岁左右。

成为高层次人才的过程十分漫长，对于科技人才而言，需要积累丰富的专业知识与技能；对于女性经营管理人才而言，需要积累工作经验与社会资本；对于女性政治人才而言，社会资本与政治技能积累的重要性不言而喻。段华洽等（2010）对我国地方性政治领导人才进行研究发现女性政治人才的平均年龄达到49岁，比其他类别的女性高层次人才更年长。无论是知识、经历或社会资本的积累，都需要历经一段时间，成为高层次人才是一个厚积薄发的过程，因此也就不难理解为何女性高层次人才大部分都集中于40岁左右的年龄。

（2）学历集聚：本科以上学历为主。女性高层次人才的学历通常都较高，通过对女性高层次人才概念的界定我们可以知道，成为高层次人才必要条件之一就是对专业知识的掌握与储备，而通过学校等公共教育机构的学习能系统地获取专业知识并锻炼自身的学习能力。根据第三期中国妇女社会地位调查，其中对高层次女性人才的调查结果显示，女性高层人才具有大学本科及以上学历的占81.4%，比男性高7.1个百分点，可以说接受系统且高层次的学历教育是影响日后能否成为高层次人才的必要条件。女性高层次人才的平均受教育年限达到13.8年远远高于非高层次女性的8.8年（马冬玲，2014），对其求学经历进行深入的分析又发现，34%的女性毕业于国内重点大学，且有约30%的女性在求学期间担任过班级或社团的学生干部。这一数据证明了良好的教育资源与能力的锻炼对成长为高层次人才的重大意义。

对创业女性的研究发现，创业女性的受教育程度普遍高于男性，根据史清琪（2008）的研究，大专文化程度以上的女性创业者占到58%，而男性创业者为54%，硕士学历以上的女性创业者比男性创业者多出5%。

对女性高层次人才而言，教育是必不可少的，不仅能为其积累人力资本，也是其开展工作或研究的基础与根本。因此，良好的教育成为女性高层次人才成长的必要条件。

（3）地域集聚：集中分布在东部沿海地区。地域上分布的特点不仅仅是女性高层次人才中存在的，这一特征更多的是高层次人才的群体特征。高层次人才主要集中在我国东部地区，而中、西部高层次人才紧缺，且城市高层次人才比乡镇多。

由于不同地区社会经济以及教育发展水平不一致，总体而言东部强于中、西部。不同地域人才接受的教育水平、发展的平台存在较大差异，高层次人才可以利用的资源以及发展的机会都不平衡。尤其是中、西部文化水平相对落后，女性接触教育的机会更少，能成长为高层次人才的可能性也更低，相对落后的经济文化水平极大地限制了女性发展的可能，这一现实情况亟需改善。谢焕男（2014）通过对山西省的女性高层次人才的研究也证实了这一现状，且从女性高层次人才的城乡分布来看，女性高层次人才主要集中在城镇。

牛珩和周建中（2012）通过利用CV分析法对我国的高层次科技人才研究发现，高层次科技人才也主要集中在东部以及沿海发达的地区，浙江与江苏尤其集中，而高层次科技人才最少的是贵州、新疆和宁夏等经济文化发展较为落后的地区。这一特点可能与当地经济教育资源以及人才策略联系紧密。高层次科技人才需要更多的文化以及教育的积淀，对经济基础与教育资源的要求更高，这些正是经济较发达的地区能提供的，因此，高层次科技人才出现了地域上人才聚集的现象。

虽然目前而言中、西部地区的女性高层次人才数量与需求不平衡，需求远远大于供给，但是我们也可以期待在国家西部大开发与中部崛起计划的推动下，高层次人才的地域分布情况能得到改善。

领域集聚：女性经营管理人才大多集聚在第一、第三产业；女性科技人才集聚在人文社科类等研究领域；女性政治人才集聚在妇联、外交、教育、卫生等部门。本书研究的三类女性高层次人才都具有领域集聚的特征。

女性经营管理人才大多集聚在第一、第三产业。第三期中国妇女社会地位调查显示，在业女性在第一、第二、第三产业的比重分别为45.3%、14.5%和40.2%，妇女从事第二、第三产业的比例比10年前提高了25个百分点。女性创业人才的创业领域也通常选择服务业、零售业等轻资产行业（景木南，2016），而根据国务院新闻办公室2015年9月发布的《中国性别平等与妇女发展》白皮书，互联网领域的创业女性更是占到互联网创业人群的55%。

女性科技人才集聚在人文社科类等研究领域。根据《2016中国科技统计年鉴》发布的数据来看，人文社科类高等学校的R&D人员达到45万人，女性R&D人员达到22万，占比48.9%，接近50%，相比之下，38万人的理工农医类高等学校中，女性R&D人员偏少，只有11万人，仅仅占到28.9%；从两院院士的数据中，我们也能窥见一斑，截至2017年3月，750名中科院院士中，只有6%是女性，827名工程院院士中，也只有4%是女性，由于两院院士的评选只涉及理工农医等领域，女性院士的数据也从侧面反映出，在理工农医等领域中的女性科技人才偏少。

女性政治人才集聚在妇联、外交、教育、卫生等部门。女性政治人才虽然均在国家政权机关任职，但是具体分析其负责事务以及任职部门却发现，女性政治人才多数分管教育、文化、卫生、民族、宗教等事务（中国妇女研究网，2017）；曾任国务院侨务办公室主任的裘援平在担任正部级领导之前，有过外交经历，曾先后在中共中央对外联络部、中国驻阿根廷使馆和中央外事办公室工作过。①

（二）内在特征

（1）气质特征：宜人性明显。苏珊（2006）最先对女性特质（femininity）给予定义，主要指反映在女性心理上的性别角色特征。女性高层次人才具体表现出明显的宜人性、热心、愿意信赖他人、善于合作等气质特征。

首先，相对于男性，女性更加敏感，且更有亲和力，对自己周围的环境观察入微，加上女性生来就更加敏感，因此，女性在与人交往上更加善解人意（许美娜，2008）。石春玲（2006）认为，女性是富有同情心、温柔贤淑的。刘楠（2009）认为，女性这种心理特质主要是有富有亲和力、坚韧、吃苦耐劳、理性、

---

① 资料来源：国务院侨务办公室，http://www.gqb.gov.cn/leader/qiuyp.shtml。

注重细节。女性更关心他人的感受，更愿意帮助他人，倾听他人意见，这是一种无意识的自主行为。她们也更愿意与他人合作，且语言表达能力优于男性，她们的沟通更有效，也更愿意与人沟通，通过沟通达到双方甚至多方的"共赢"。在这种合作过程中，女性表现出明显的牺牲精神，积极努力地平衡多方利益（王圆圆，2014）。女性高层次人才在工作以及与人合作的过程中，就积极地发挥着这些独特品质，工作中留意细节，合作中更愿意倾听他人意见，注重他人的感受。

（2）价值观特征：重视社会价值。女性高层次人才相对于非高层次的人才而言，所追求的价值不一样，女性高层次人才更看重工作的社会价值，而不仅仅局限于工作给其带来的经济利益，物质上的满足已不再是其继续追逐的唯一目标，也不再认为工作只是其谋生的手段，她们中的大多数人开始追求自身更大价值的实现，包括职位的提升和权力、名誉的获得以及个人获得尊重、信任等；同时，这些女性更倾向于得到社会的关注和认可，希望通过自己的努力为社会贡献自身的价值。正因如此，女性高层次人才的工作情况也较为稳定，她们不会随意地因为经济利益而变换自己的工作，根据高层次人才群体的调查，75%以上的女性高层次人才在目前任职单位工作超过10年（谢焕男，2014）。并且绝大多数的女性高层次人才对自己的工作相当满意，工作强度在自己的可接受范围内，收入水平也比较满意，对于自己工作岗位的前途十分看好。

（3）自我效能感特征：随阅历不断增强。自我效能感是指对自身能否实现预期目标的信念，这一信念最终影响未来，是一种主观的评价。女性高层次人才对自己出色地完成任务的自信度高，自我效能感高，遇到工作困境也不会轻言放弃，她们对自身的能力十分信任，并且相信努力付出和结果是成正比的，不会因为自己是女性，就降低标准，失败了就可以原谅。这也体现了女性百折不挠、坚韧的品性。自我效能感与突破困境是相互促进的，当女性高层次人才凭借高水平的自我效能感以及韧性克服困难后，这一正向结果会增强她们的自我效能感，并解决更多的难题。

此外，女性高层次人才能主动地进行自我开发，定期更新自己的知识技能，根据第三期中国妇女社会地位的调查报告显示，95.9%的女性高层人才"能够主动进行知识、技能更新"，93.7%的女性高层人才"能够经常与同事、同行交流对工作、专业的想法"，79.1%的女性高层人才"对自己的发展有明确规划"。她们不断挖掘自己的潜能，在工作与社会参与中积极发挥自己的才能，得到他人与社会的认可，这一过程又进一步地强化了其自我效能感。她们有着强烈的竞争意识，不断丰富自己的技能，降低自己的可替代性。整体而言，女性高层次人才对于职业有很高的进取心，对于自身的职业发展也十分积极主动，成就意识较强，她们的自我效能感会随着阅历的丰富不断增强。

（三）关系特征

（1）原生家庭：精神富养。女性成长为高层次人才并不是偶然，原生家庭在其中起到了很大的作用。家庭因素对女性的影响是潜移默化的，女性最主要的成长环境即家庭，家庭教育对女性能力的培养、综合素质的养成影响重大，对女性教育培养的重视程度直接关系到女性是否能成才。在对女性高层次人才的调查中发现，大部分女性都认为正是家庭的教育以及父母对自己的投资培养，让自己摒弃了传统的性别观念，追求个人理想与实现更大的人生价值，并激励自己为促进社会发展贡献力量（谢焕男，2014）。现任滴滴出行总裁的柳青曾表示："父亲对我影响最大的还是精神层面的东西，他培养了我的性格、意志和品质，让我受益终生。"杨敏玲（1993）和蔡璧如（1999）对创业女性的研究都表明，大部分女性创业者的父母有过创业经验，这种家庭创业的氛围对女性的影响较大。

（2）新生家庭：自由和谐。在对女性高层次人才的调查中发现，超过60%的女性对其婚姻家庭生活表示满意，且大部分女性表明其配偶支持自己的职业成长。家庭中重要的事情，双方会相互讨论，其配偶会征求自己的意见，对于自己想要做的事情，配偶也总是持支持的态度。大多数女性高层次人才的婚姻中，夫妻双方是一种平等的地位，甚至丈夫会更多地听取自己的意见。对于家庭劳务，女性高层次人才的家庭基本都是持男女共同承担的态度，不像传统观念中，家务劳动全是女性一人承担，因此，配偶或父母为女性高层次人才减轻了许多负担（谢焕男，2014）。

根据王语（2014）的调查，72.5%的女性创业者认为自己的创业过程离不开家庭的支持，女性创业人才的成功与家庭的支持尤为相关。女性高层次人才组建自己的家庭后，如何平衡工作压力与家庭事务几乎是每个女性都需要面对的问题。女性高层次人才的职业发展离不开家庭的支持，配偶对家务劳动以及子女养育的分担极大减轻了女性高层次人才的家庭负担，且大部分女性高层次人才表示，配偶对自己职业发展的支持是自己的事业能有进一步发展的重要原因。

（3）社会关系：努力构建。大量的研究都表明良好社会关系对女性职业成功、职业成长有重大作用，尤其是当女性在谋求更高职位或更好资源时（Ibarra，1997）。梅斯和塔伦诺（Metz & Tharenou，2001）的研究也指出，女性经营管理人才的职位越高，社会关系在其谋求进一步发展时越起到明显作用。

对于女性创业人才而言，其社会关系主要来源于三个方面：一是以配偶和家人为代表的家庭关系网络，这是她们最为核心的关系网络；二是以同事朋友为代表的交际关系网络，这层关系网络在女性创业过程中有时也能起到关键作用；三是女性创业者参加的社会组织，如中国女性企业家协会等，这类社会资本的积累比较浅薄，但有时也有助于女性创业过程（王语，2014）。

女性科技人才的社会关系主要来源于师门和同学，以及与其他研究领域的科技人才的合作。与其他研究领域科技人才的合作在管理学领域最为突出，论文合著是普遍的形式，且论文的合著与产出存在正向的关联（张烨，2016）。科学研究发展至今，越来越注重跨领域合作，跨领域的合作往往能取得研究领域上新的突破。

社会关系对女性政治人才的重要性更是不言而喻，社会关系对她们及时获得信息、积极构建社会网络关系作用重大。本书对中外女性政治人才的研究发现，女性政治人才的社会关系来自两个方面：一是资源自治，女性通过自己的努力来获得所需要的社会资源；二是来自组织支持，女性高层次政治人才在职业成长中得到较多的来自组织方面的组织支持、上级支持以及制度方面的机遇。研究表明，职业支持、上级支持、提供技能培训机会和组织资源等与职业成功显著正相关（Ng，Eby & Sorensen et al.，2005）。

对高层次人才群体的研究发现，女性高层次人才更积极地参与所在社区的活动，这一比例达到10.1%，而男性只有1.9%；主动参与公益的活动比例达到85.8%，也高于男性；且有2%的女性会参与民间互助组织，而男性几乎没有；但是女性高层次人才参加专业组织或行业组织的活动较少（谢焕男，2014）。大部分女性高层次人才都很关心国内外大事，诸如住房养老类的民生问题、社会安全问题等。从上述数据可以看出女性高层次人才更愿意与基层接触，对自己生活的社会十分关心，会积极主动地做出贡献，改善社会现状。

二、女性经营管理人才特征

（1）拥有强烈的使命感。谢菲尔（Shephedr，1993）的研究指出，女性经营管理人才有一种强烈的使命感，这种使命感来自女性生育与养育下一代的自然本能，来自于女性在社会中担任其他角色的经验转移，比如妻子与母亲的角色。尤其是担任母亲这一角色，女性会在这一过程中自然地表现出强烈的责任感，且担任母亲这一角色的时期很漫长，这一过程正是女性具有吃苦耐劳、富有牺牲精神的体现。因此，女性经营管理人才在工作中表现出来的责任心与果敢来源于社会角色的经验，这也是女性经营管理人才的优势。

由于强烈的使命感，女性在经营管理的过程中会花更多的时间去思考企业整体的布局，在这种不断思考与推进的过程中，女性经营管理者本身不仅得到了成长，这种使命感得到实现，而且也的确推动企业的发展（许美娜，2008）。

（2）外向性的人格特质。女性经营管理人才具有外向性和开放性的人格特质,她们天生拥有与他人进行交际的意愿,具备积极的心理状态、较强的社会交际能力,同时对待工作中的挑战和困难持开放和探索的态度(张万英,2007)。在工作中,她们认为自己与男性员工并无不同,可以通过自己的努力获得与男性相同的成就,而其自身倾向于与组织中的其他成员进行交流,分享自己的知识和经验,拥有较强的亲和力和沟通协调能力,帮助她们与同事之间建立并保持良好的关系,获得支持和拥护。

(3)积极乐观的工作心态。心理学家的研究表明,男性与女性对于失败的事件归因存在不同,男性倾向于将失败的原因归结于内因,认为是自己做得还不够好,思考不周全或能力不够,很少考虑环境的影响,从而产生消极负面的情绪。而女性则不一样,她们通常将失败的原因更多地归结于外部环境,很少认为主要原因在于自己,也很少受到事件失败的影响。因此,当再次遇到相似的事情时,男性会主动避开,认为自己的能力尚不能很好地处理,而女性则认为只要外部环境改善了,自己就能较好地处理(许美娜,2008)。这种对待失败心理上对比表明,女性更积极乐观。

关培兰和罗东霞(2009)对女性创业者的心理特征研究也发现,女性创业者更乐观,能从困境中发现希望,女性细心、耐心、敏锐的特点使女性更能沉着冷静地面对苦难,并抓住市场机会。

(4)互动型的领导风格。女性的领导风格是更注重与他人的协作(肖薇,2013),相对于男性而言,女性领导会展现更多柔性的策略,侧重领导的关系构建、民主以及变革。爱泼斯坦和奥利瓦雷斯(Epstein & Olivares,1991)认为,女性展现出来的领导风格可以被称为"互动型的风格",因为女性领导者倾向于营造一种轻松的氛围,让员工积极主动地参与过程,自在地表达自己的想法。伊格(Eagly,2003)的研究结果也表明,女性领导对事物的洞察更敏感,更关心他人利益,更友好。马洛斯等(Marloes et al.,2001)认为,女性领导者采用最多的是授权的方式,总是鼓励他人的参与,并赋予他人权利,给予自主权,并主动地分享信息。因此整体而言,女性经营管理人才的领导风格是强调参与性与协作性的,希望从自己的领导中看到多方共赢的结果。

(5)注重伦理关怀。女性经营管理人才倾向于将自我视为社会以及组织中的一部分,女性更注重自身与外界的关系,如与员工、组织、社会等,因此,女性也十分关注与外界的关系是否合乎伦理道德。卡罗尔·吉利根(Carol Gilligan)在其1982年出版的《不同的声音——心理学理论与妇女发展》一书中指出,女性倾向于将道德视为对他人的一种责任,强调对外界做到符合社会道德,并尊重他人遵循的伦理规范,主动关注他人,奉行人道主义的精神。而女性又是责任感十分强烈的群体,因此对于外界的伦理道德十分看重,也会主动地对员工表达伦理关怀。

（6）善利用直觉决策。企业经营管理中的决策并不是所有都是基于信息进行决策的。在时间以及资源充足的情形下，经营管理人才会根据这些信息，深思熟虑后进行决策。然而在商业竞争中，许多决策是紧迫且难以获得充足的信息，决策者需要在短时间内做出会影响整个组织的重大决策。这种时候，决策者只能依靠自己多年的经验与直觉。依靠直觉做出的决策很难深入分析背后的过程，但是结果往往是好的。女性整体而言天生就比男性更敏感，观察入微，她们能感受到周围环境细微的变化，在这种环境中发现问题、确定目标的能力更强，凭借她们敏锐的直觉能窥探到事物的本质，因此做出恰当的决策（许美娜，2008）。

三、女性创业人才特征

女性创业人才在企业成立之后所表现出来的特征与女性经营管理人才并无多大差别，比如自我效能感高、积极乐观等。因此，这里我们要总结的女性创业人才的特征主要是女性在创业过程中展现出与女性经营管理人才不同的特征。

早期学者们对女性创业人才特征的研究主要从性别对比的角度，且许多学者都证明了女性创业者在人口统计学特征（年龄、婚姻状况、家中排行老大等）、学历背景以及心理特质（成就动机、风险倾向）等方面与男性创业者对比，相似性大于异质性（Schwarta，1976；Geoffee，Scase，1985；Longstreth，Stafford & Mauldin，1987），且这种对比都是通过描述性统计分析展示的。

虽然在许多方面，男女创业者存在更多相似点，但是也有些许差异。比如学历方面，男女创业者学历大部分都较高，但是学习的领域存在不同，男性更多学习的是理工科、商科等相关的专业，而女性创业者则更多文科类的工作。再如，在创业前的工作经历方面，女性创业者一般在比较稳定的工作单位任职，比如企事业单位，工作经历不如男性丰富，并且平均来说，男性的创业经历也比女性多（景木南，2016）。

随后关于创业研究更多地关注于创业动机、创业行为等领域，且发现女性创业者与男性创业者在创业动机、风险承担、创立企业规模上存在较大差异。

（1）工作投入时间长。根据谢雅萍（2012）的研究，女性创业者每天花在工作上的时间平均达到9.16小时，工作时长高于8小时，此外仍需要花费1.67小时处理家务，1.10小时用于学习。2016年女性社交服务平台睿问联合零点咨询共同发布的首份《中国创业女性生存现状白皮书》指出，81.8%的创业女性明显感到工作时间变长。企业在初创阶段，相关的规章制度还未规范、运作流程还未成熟、人员配置还不充分，许多细小的事情都需要创业者亲力亲为，因此，花费在工作上的时间比在固定单位供职的女性更长。

(2) 风险承担倾向较低。虽然女性创业者相对于其他女性高层次人才承担风险的意识与能力更高，但是相对于男性创业者，女性创业者的风向承担倾向与精力都明显低于男性（Sexton & Bowman，1990）。具体体现在女性创业者的资金来源、创立企业的规模和创业领域上，诸多学者的研究都表明，女性创业者的起始资金来源于家庭积蓄或亲友的借款（费涓洪，2004；胡怀敏，朱雪忠，2006）。根据费涓洪（2005）对上海私企女业主的调查发现，女性创业者创立的企业偏小，60%的企业员工数量都在 10 人以下，且资产规模比男性创业者创建的企业小。蔡莉等（2005）对长春市的 500 家创业企业进行调研，发现女性创业者创建的企业，其成立时间也较短，主要集中在 2 年以内。男女创业者创立企业涉及的行业存在很大不同，男性通常选择农业、工业、加工业；而女性更倾向于选择服务业、零售业等轻资产行业（景木南，2016；杨敏玲，1993；蔡璧如，1999）。

(3) 创业动机丰富。女性创业者与男性创业者在个体特征上无明显差异，但是女性的创业动机更广泛（王飞绒，2011）。斯科特（Scott，1986）对男性与女性创业者创业的动机进行对比发现两者存在差异，女性更多的是为了改善生活困境，更好地平衡家庭事务与工作以及突破自我，而男性更喜欢事物在自己的掌控中。胡怀敏和肖建（2007）对我国女性创业者的研究表明，女性创业者的创业更多的是出于生存目的，并凭借自身坚忍不拔的品质以及对商业环境敏锐的洞察力开展创业活动。钱永红（2007）通过对创业者的半结构化访谈发现，女性创业动机不同于男性的两个重要促发因素是女性对自身的性别角色认同和对家庭的承诺。但是在物质已经极大丰富的今天，女性创业者的动机已经发生了转变，由之前的寻求经济状况的改善转变为实现自我价值的追求。费涓洪（2005）对上海 30 位私企女性业主的研究发现，她们的创业动机不是追求经济利益，而是追求更自在的工作环境与人际关系，以及更灵活更便于自己掌控的工作，实现自我价值。女性"三明治"创业者是一类典型的代表，她们进行创业主要是为了实现自身理想，是一种成就型的创业动机。

(4) 独特的个性特征。女性创业者既拥有女性敏锐的观察力、细心以及足够的耐心，又拥有像男性一样对成功的渴望、自信心以及决断力。女性创业者的耐心能帮助她们更好地处理企业内部以及与外部关联的错综复杂的关系，使企业的关系网络更融洽，而她们敏锐的观察力能帮助她们及时发现市场机会，并获得先发优势。她们的自信与果断等在其创业过程中是不可缺少的品质，初创企业稳定性较差，创业者常常要在短时间内做出重大决定，这一决策过程果断与自信必不可少（王语，2014）。

本书从性别对比的角度出发，对女性"三明治"创业人才创业行为的影响因素以及影响路径进行了深入研究,并总结了这一类特殊的女性创业人才的相关特征。

女性"三明治"创业人才主要是为了追求自身的理想,希望创建一份自己能掌握的事业而开始创业的。她们创业的目的不再简单地为了改善生活条件,更多地是为了证明自己的价值与实现自身的理想,找到真正的自我。

(1) 女性"三明治"创业者更依赖行业经验。相对于男性创业者,女性创业者先前经验构成中更加侧重于行业经验的积累,而相对缺乏职能经验的汲取,主要体现在女性创业者具有较好的社会资本与行业波动程度方面,这是由于女性创业者所进行的创业领域往往与之前工作行业职能不相关。有些创业女性的创业领域与其自身兴趣有一定的关系,先前工作领域与新创业领域两个行业的相关性较低,波动程度相对较大。但女性三明治创业者并没有因此处于劣势地位,相反其兴趣型创业成功率较男性创业者更为显著。

(2) 女性"三明治"创业者注重领导与沟通效能感的感知。相对于男性创业者,女性创业者在创业效能感构成中更加侧重于领导与沟通效能感的感知,而相对缺乏学习与迁移效能感的感知,主要体现在女性创业者更加强调沟通、协调人际关系和集体的成功。女性创业者更富有同情心,能够更加设身处地为团队成员着想、善于倾听,对待员工不是简单地发号施令、以权压人或控制他人、一味追求绩效与产出,而是努力通过引导、说服、合作、影响和标杆等方式来达到管理的目的。

(3) 女性"三明治"创业者追求人身自由的创业动机。在寻求成就认可作为成就型创业动机的基础前提下,男性与女性创业者在获得人身自由和追寻自我突破方面各有不同的侧重。具体来说,女性创业者更加注重人身自由的获得,一方面,她们厌倦了被人指派任务,无法随心所欲地处理问题的工作内容;另一方面,在生育之后她们不再想继续从事朝九晚五的工作,而是需要灵活的工作时间安排,将更多的时间投入家庭生活中,从而获得家庭与生活的平衡。

(4) 女性"三明治"创业者能较好地规避"经验陷阱"。女性创业者由于创业领域与先前工作领域的低相关性,即前后行业波动性较大,相关的管理与技术经验较难继承与转移,从而较好地摆脱了这一"经验陷阱",在面对新的问题与决策时并未思维固化,发散思维,在创业过程中不断强化其通过先前的知识存量所形成独特的先前经验,保持开放的心态,善于撬动工作创业领域之外的广泛的社会网络关系和资源来汲取新的知识和信息,而非"锁定"其先前经验之中,使得这一消极影响更为平缓。

(5) 女性"三明治"创业者易陷入"膨胀的控制错觉"中。女性"三明治"创业者深陷于这种路径"锁定"当中,主要是由于其过于侧重创业领导与沟通效能感，如自身对未知市场洞察与决策能力的信心，以及对团队成员管理沟通能力的盲目自信，注重感性交流，使其无意识地产生对自身创业、领导、沟通与决策等能力盲目自信的信念，进而陷入"膨胀了的控制错觉"当中，通过知觉系统将风险弱化，进而做出一些他人看来超出自身能力范围的事情。

四、女性科技人才特征

由于女性科技人才主要从事技术研发以及科研工作，她们有着与科学技术研发相关的独特特征。

（1）知识结构完善。牛珩和周建中（2012）对我国"百人计划""长江计划"和"杰出青年"的研究发现，高层次科技人才一般学历背景都在博士以上，且大部分都有留学经历，或者是在国外取得博士学历，或者曾经在国外做过访问学者，在国外做过访问学者的比例最高达到留学经历的70%。

叶忠海（2005）对上海科技学术带头人的研究表明，高层次科技人才的知识网络结构由三个层次组成。最核心的一层即科技人才的专业知识，这一层最为深厚；第二层即围绕专业知识的相关学科的基础知识，这些知识在一些细小琐碎的方面会促进她们的科学技术研究；第三层也即最外层，是基本的哲学、经济、计算机、语言相关方面的知识，这一层次的知识确保她们正确地开展科学技术研究。科技人才整体形成了基础宽、功能厚、综合能力强、适应性大的智能素质特征。

（2）成就动机强烈。科学技术研究主要着眼于世界先进水平。这种高水平的目标牵引着高层次科技人才不断突破自我，并实现自身价值最大化，推动国家的科学技术水平发展。这些高科技人才表示做科学技术研究最重要的是百折不挠、锐意进取的精神，这种精神在他们身上体现得淋漓尽致。科学技术研究常常会碰到困境，只有不轻言放弃的科技人才才能取得最终的成功。女性科技人才在这一方面拥有优势，由于女性天生的特性，她们的坚韧性以及承受能力都高于男性。

（3）工作创新性高。女性科技人才从事的是研发与科研工作，她们需要在现有的科学技术水平上开发属于自己的研究成果，解决前人尚未解决或急需解决的问题，因此这一创造过程充满了创新性，因为需要创造一个未知的技术或成果（叶忠海，2005）。这一创新性的特点也决定了女性科技人才所从事工作的高价值性，创造出的全新研究成果对社会进步、科技发展和转化为经济推动力，其价值都是难以衡量的。

（4）师承关系良好。进行科学技术研究的高层次科技人才需要优秀的导师进行指导，张烨（2016）对管理学部杰青基金获得者的研究就表明，高层次科技人才会依据师门呈现人才集聚的现象，管理学部杰青基金获得者的博士导师在其研究领域都有一定名望与成就，且导师的研究方法、治学态度、人际关系对学生的影响巨大，在高层次科技人才自己开展研究中这些方面都得以体现。因此对科技人才而言，好的导师对其成长与成才起到关键作用。

五、女性政治人才特征

女性政治人才区别于其他高层次人才主要是其工作性质不同，她们担任领导时的领导风格与女性经营管理人才无重大差别。由于女性政治人才在政府机关部门任职，其工作更主要是服务公众，因此我们主要关注与其工作性质相关的特征。

（1）为民服务意识强烈。女性政治人才最主要的职责是为公众服务，确保社会秩序正常，追求公共利益的最大化。因此，对于女性政治人才最主要的特征即为民服务的意识。女性政治人才富有爱心、耐心与同情心，她们在工作中更亲民，善于从他人的角度出发思考问题，为他人着想。在工作中有冲突的地方，她们也能更平和地应对，避免冲突扩张，她们树立的形象与国家主张的以人为本的科学发展观高度融合，也促进了政府服务部门亲民形象的建立（王圆圆，2014）。

（2）成长路径稳定过程缓慢。由于女性政治人才在体制内工作，其成长方向较为固定，自己往往无法选择发展的方向，也无法掌控成长的过程。此外由于我国公务员的选拔制度，政治人才的数量都是有规划的、变动的，对于政治人才的培养也是根据计划实施，因此，政治人才的数量是有限定的（石凌，2006）。由于培养的计划性，这也意味着女性政治人才的成长比较缓慢。且政治人才担任领导干部的期限是限定的，如果在任期内表现出不相适应的现象，就很难获得再次担任领导职务的机会。而其他女性高层次人才则不会有这样的问题，如果在一个任职单位表现不甚理想，她们还有选择的余地。

（3）政治面貌多为中共党员。目前女性中共中央领导人与女性全国人大常委会副委员长均为中共党员；2位女性全国政协副主席均为中共党员，其中一位是台盟中央主席，国家级机构中的女性政治人才的党派分布比较均匀。

段华洽等（2010）对地方党政机关领导人才的研究表明，在其调查的186名党政人才中，除了一人党派信息不全，其余均为党员，且入党时间较长，党龄在20年以下的不足3%，且平均党龄有28年左右。可见我国女性政治人才的思想觉悟较高，在为人民服务的过程中，能紧跟党的指导思想，不断更新自己的理论知识。

第四节 女性高层次人才成长规律界定与类别

一、人才成长规律界定

世间万物皆有规律可循，根据唯物辩证法，规律就是事物的内在联系，是一般性的，也是必然的。规律不以人的意志为转移，是某些表象的本质特征或不同事物之间的普遍联系，规律具有反复性，只要一定的条件满足，则符合这种规律的事件或现象会再次发生。人才的成长是一个动态的过程，能否成长为人才不仅仅与内在的素质相关，也离不开外在环境的作用，而无论人才成长的内在条件、成才渠道、成长路径、成长环境等多么不同，总有一些人才成长规律普遍地存在于不同类别的人才中，而不同类别的人才又有其特定的成长规律。

国外关于人才成长规律的研究较早，且提出了许多成熟的理论。霍尔（Hall，2002）主要关注于人才的职业发展阶段，并提出人才职业成长分为四个阶段，分别是探索阶段、尝试阶段、创业阶段和维持阶段。在每一个阶段个体都需要重新输入要求与特征并据此继续学习相关知识并积累经验，以适应新的职业发展阶段。国外对于人才成长规律主要采用实证方法，从社会网络（Seibert et al.，2001）、组织支持（Ng et al.，2005）、能力（Hopkins & Bilimoria，2008）、价值观（Kuchinke et al.，2008）等角度探讨了人才成长过程中的影响因素。可见国外关于人才成长规律的研究主要从成长阶段以及影响因素等方面着手。

国内的学者虽然也有从人才成长阶段以及影响因素对其成长规律进行研究，但国内的研究更倾向于将人才成长规律进行归纳。从不同的角度以及不同的层次或不同的人才类别总结了相应的人才成长规律。原中国人事科学研究院院长王通迅（2006）认为，人才成长规律是对人才成长过程中各种本质联系的概括与归纳，是事实加大概率的真理，具有相当大的普遍性的共识。胡蓓和翁清雄（2007）认为，人才成长规律是属于社会科学范畴的概念，指在人才成长的过程中，在一定的条件下可以重复的人才成长变换关系。而胡爱清（2010）更强调人才成长规律中人的能动性，人才成长是伴随着个体自然状态的变化而发生的，而人才成长的规律是个体在不同的群体、组织、环境的作用下，利用自己的能动性，在自己的成长过程中不断总结经验并付诸实践的规律。杨淞月（2012）更强调规律的重要性，认为人才成长规律是指人在社会成长过程中参与劳动创造的规律，这种规律反映了内外各种因素的内在必然联系。

就具体的规律而言，叶忠海（2005）认为，高层次人才的成长需要经过多次转化，一般而言总是从非人才向潜人才，从潜人才向准人才转化，由潜人才向显人才，再由显人才向高级显人才转化。王通讯（2006）提出人才成长的八条规律，即"师承效应规律""扬长避短规律""最佳年龄规律""马太效应规律""期望效应规律""共生效应规律""累积效应规律""综合效应规律"。胡蓓和翁清雄（2007）又将人才成长规律分为三大类：一是以扬长避短规律、最佳年龄规律、优势积累规律、有效的实践成才规律为代表的内因规律；二是以马太效应和时势造就效应为代表的外因规律；三是以师承效应规律、共生效应规律、综合效应规律和竞争选择规律为代表的内因与外因交互作用规律。马振华（2010）对高技能人才的研究总结出高技能人才的成长规律，主要分为三个层次：一是个体成长规律；二是高技能人才群体的成长规律；三是高技能人才的社会成长规律。

但是也有学者提出由于人才成长受到内因外因以及两类因素共同作用的影响，人才成长的过程会存在越阶的现象。如金宏章（1996）认为，人才成长的历程并不只是简单地按照循序渐进或螺旋式上升的规律进行的，在一定条件下是不连续的、跳跃式成长的。因此，众多学者赞同人才成长规律分为一般性规律与特殊性规律，一般性规律是不论历史条件、社会条件、人才条件等因素，人才成长在大概率上会遵循的规律；而特殊性规律是特定的历史条件、社会条件、人才类型所特有的成长规律（孙姗，2011；杨淞月，2012；荫海龙，2015）。

不同类型的人才其成长规律就存在差异。朱江（2003）认为，政治人才的成长规律主要有五类，即"德才兼备规律""适才适用规律""培用结合规律""机制整合规律""智能叠加规律"。孙姗（2011）总结了应用型高级专门人才的基本成长规律，包含实践成才律、师承效应律、聚焦成才律、勤奋成才律、协调发展律。白春礼（2007）利用科学社会学研究方法，对以两院院士为代表的杰出科技人才的成长过程进行研究，总结出杰出科技人才的成长规律，即科技人才在一定的社会历史条件下表现出来的特点，而这些特点又是在科技人才的自身素质与外部环境交互过程中展现出来的。袁曦临和曹春和（2009）指出，科研人才的学术成长主要分为四个阶段：第一阶段是成长期，此时科研人才仍处在不断学习的阶段，具有积极的探索精神以及不断创新的意识，但是其研究领域还不确定，且工作方向尚不稳定；第二阶段是稳定期，此阶段科研人才已取得一定的研究成果，但是仍在寻求更多的机会创造更多的科研成果；第三阶段是创造期，此时科研人才已有较丰富的学术研究成果，有一定的学术威望，能获得优质的学术资源，已经进入成才期，因此他们希望获得更好的发展平台帮助自己将研究思想转化为研究成果；第四阶段即衰退期，这一阶段科研人才已取得丰厚的学术成就，甚至成为某一研究领域的权威，但是科研人才此时已走到人生的中老年阶段，其创作的定力与精力可能大不如前，会影响其科研产出。

二、女性高层次人才成长规律类别

女性高层次人才除了符合一般人才成长的规律外，还存在高层次人才以及女性人才特有的成长规律。本书研究的三种类别女性高层次人才，她们的成长规律既有相似之处，又有其特殊的特征。将女性高层次人才规律总结归纳出来，可以为尚在成长过程中的女性人才提供指导与帮助，并解答一些疑惑，促使更多女性人才成长为女性高层次人才。本书运用扎根研究的方法，探究了女性高层次人才中经营管理人才、科技人才和政治人才的成长规律，并将这些规律归纳为匹配规律、要素规律、进阶规律以及制胜规律。

匹配规律探究了女性高层次人才与组织的一致性匹配与互补性匹配，其中，一致性匹配又包含个体与组织目标的一致性匹配、个体与组织价值观的匹配、个体人格特质与组织氛围的匹配；互补性匹配探究了个体特征刚好能够满足组织需要时发生的匹配。本书的研究发现女性高层次人才与组织的匹配对她们的组织承诺、工作满意度、工作绩效以及职业成长均存在正向的影响。要素规律则聚焦于女性经营管理人才的个体心理资本要素，归纳出女性经营管理人才的职业成长互动机制要素、传导机制要素、反馈机制要素以及职业成长要素动态演化规律。进阶规律主要从个体层面视角，通过质性的研究方法探寻女性经营管理人才职业成长的进阶驱动性因素，采用释意过程提炼其关键和共同成长要素。制胜规律将女性领导和战略变革进行结合，探究女性在变革警觉实现上的认知特征以及在组织变革推进过程中的行为特征，总结出了女性经营管理人才的组织变革制胜规律，包含变革警觉规律与变革推动规律。

第五节　国内外女性高层次人才研究进展

国际上对性别的研究以及中国妇女理论的研究皆始于20世纪80年代（Joshi et al., 2015；王金玲，2000）。近年来，国内外研究者们依托管理学、社会学、心理学等不同的学科视角，并结合社会经济发展、科学进步的进程与组织管理实践推进对女性高层次人才的发展进行了探讨，并取得了丰硕的研究成果。其中，我国女性高层次人才研究在研究思路、研究对象、研究方法及学科视角等方面具有以下四个特征。

第一，从研究思路上看，主要分为两条路径：一种是通过男性、女性差异的比较来研究女性高层次人才（贾增科，2017；曾建国，1989）。例如，谢焕男（2014）根据第三期中国妇女社会地位调查问卷所设定的高层次人才选项标准，对陕西省进行调查，并将同领域的男性高层次人才作为参照群体，从而通过对比分析，对女性高层次人才群体的发展现状、共性特征、面临的困境进行研究。贾增科（2017）认为，性别歧视已经不是目前造成女性科技人才缺失的最主要的原因。而是男女两性的智能结构存在的差异：男性更适合推理，女性更适合情感体验和感知，导致女性相比男性在科学领域有着天然劣势，加之传统的性别角色定位，才是导致我国女性科技人才高端缺位的主要因素。另一种是直接从职业生涯发展、职场心理、社会角色、工作—家庭关系、人力资本与社会资本、退休意愿等角度深入探讨女性人才发展中的相关论题（田蕴祥，2012；所静等，2015；霍红梅，2016；谢菊兰等，2015）。例如，李成彦等（2012）以女性创业者为例，认为不同性别角色的认定导致了女性创业人才在领导风格上的差异，双性化者多采用高定规、高关怀的领导方式，女性化者多采用高关怀的方式，而男性化者则多采用高定规方式。孟祥斐和徐延辉（2012）发现，女性高层次人才的性别意识呈正"U"形，随着年龄的增长，性别意识会趋于传统，但到了一定年龄阶段后，则又会趋于现代化。

第二，从研究对象上看，主要包含对女性经营管理人才、女性科技人才、女性政治人才及女性创业人才的多领域研究。例如王丹丹（2012）以徐州地区高校中获得博士学位、具有副教授以上职称、担任处级及以上干部的三类人才作为研究对象，探讨女性高层次人才的整体职业发展与社会支持情况。赵云（2015）以2010年黑龙江省第三期妇女社会地位调查数据，以党政人才、专业技术人才和企业管理人才的自我感觉健康状况、受教育水平、家庭地位满意度、政治参与度以及成长规律进行了分析。随着经济发展，也有学者将研究视线扩展到女性创业人才身上，并对女性创业人才与其他女性高层次人才之间的差异、成长特征与职业发展状况进行了探讨分析（费涓洪，2005；谢雅萍，2012）。

第三，从研究方法上看，以地区性的实证研究较多，质性研究还较少。目前的研究成果中，主要包括对微观数据分析和宏观现状问题描绘与对策建议两种。学者们通过对黑龙江省、湖北省、辽宁省、福建省、山东省、北京市、天津市等省市的女性高层次人才进行问卷调查、访谈得到的微观数据分析来探讨本地区的女性高层次人才发展现状与存在的问题，剖析影响其发展的因素，最后提出有针对性的发展对策建议（赵云，2015；刘筱红和陈奕，2012；霍红梅，2016；丁述磊，2018）。还有学者对当前社会环境下，少数民族的女性高层次人才发掘与培养中所面临的问题进行了探讨（许典利，2017）。另外，有学者认为，自改革开放以来，我国女性高层次人才数量有所增长、地位得到上升，但总体而言，仍然不占主导地位，在高科技、数学、工程等领域缺位较为严重（孙欣，2011）。这种女性高层次人才匮乏现象的产生是由历史、经济、就业、家庭、生理、心理和教育等多方面因素所导致的（张艳，1998）。

第四，从学科视角上看，随着女性高层次人才研究的深入和发展，从管理学、社会学、心理学以及多学科、跨学科交叉的研究越发丰富。刘津言（2012）从管理学视角出发，通过对企业中女性高层次管理人才的问卷调查研究社会网络对其的作用机制发现，网络规模、网络异质性、关系强度对女性高层次管理人才成长存在正向的影响，而网络密度对其存在负向的影响，且人性作为大五人格特质的一种调节了社会网络与女性高层次管理人才的关系。李玲玉（2013）采用实证研究的方法研究了企业中女性高层次管理人才与组织匹配对其职业成功的影响。中国女性社会学研究作为妇女研究的一个重要分支，虽然近年来取得了较大发展，但仍处于发展阶段。王金玲（2000）从社会学视角切入，对女性社会学研究中的价值立场、研究理念、研究方法、研究内容等进行了梳理与分析。此外，曾建国（1989）透过心理学视角来探讨男性、女性的性别角色是如何形成的、两者之间是否存在心理差异以及差异程度、影响成因等关于性别角色社会化的问题。通过心理学的实验分离范式等分析在男性为主体的男权社会中，形成的"男强女弱、男优女劣"等内隐性的性别刻板印象所产生的对女性人才职业发展的性别效应（徐大真，2003）。随着研究的深入，多学科、跨学科的交叉也促进研究者们不断拓展与深化理论基础，通过社会角色理论、包容型发展理论、风险社会理论等来解释我国女性高层次人才成长过程与规律（田蕴祥，2012；刘筱红和施远涛，2011）。

此外，从国际前沿研究来看，国外学者们较为关注性别与领导的话题探讨（Eagly & Heilman，2017）。对于女性高层次人才的研究主题包括了几个方面：社会普遍存在的性别偏见、性别刻板印象及其威胁对女性发展的制约（Souchon et al.，2010；Derks et al.，2016）、女性领导高层缺位的缘由（Eagly & Karau，2002；Heilman，1983、2012；Kumra et al.，2014）、在当今商业环境中女性领导所处的组织与团队情境以及她们面临的譬如象征主义任命、临危受命、蜂皇与楷模角色等职场境遇（Kanter，1977；Haslam & Ryan，2008；Derks et al.，2016）、管理实践中女性领导对组织绩效的作用与价值以及科学、技术、工程和数学等男性主导的学科领域中女性高层次人才所产生的楷模效应（Campbell & Minguez-Vera，2008；Gordini & Rancati，2017；Jessica，2010）。本书在第六章将以高层女性领导的职场境遇为主线对上述所涉的国际学者们研究的典型论题进行阐述与解释。

第二章

女性高层次人才现状

近年来,"女性力量""她时代"等与女性相关的词频频被提起,各个领域都开始重视对女性人才的培养与发展。西方诸多国家已经立法要求女性董事会成员要达到董事会比例的30%。我国也越来越注重女性人才的成长。自1995年第四次世界妇女大会后,我国就将"男女平等"列为基本国策,并于不同时期发布相应的《中国妇女发展纲要》,1990年、2000年、2010年开展三期中国妇女社会地位调查,全面客观反映中国妇女社会地位的状况和变化,同时相继出台了多项促进女性人才发展的政策,并积极设立相关机构,保障妇女权益与促进女性人才的成长。

我国的诸多企业也已经意识到女性人才的重要性,阿里巴巴创始人马云在2017年的中国挪威商业峰会中就表示相信未来属于女性,并表示阿里巴巴集团的领导层中有33%都是女性,没有她们的贡献,集团不可能发展如此迅速。由新加坡国立大学李光耀公共政策学院与亚洲协会联合发布的《上升到顶端:亚太地区女性领导力调查报告》中亚洲协会会长丁文嘉就指出:"亚洲已是全球经济增长的核心,而女性力量也在崛起。在过去三十年里,其他任何领域都没有像她们一样发展得如此之快。"

全国妇联自2009年8月联合有关部门开始实施"女性高层次人才成长状况研究与政策推动项目",力求在深入了解女性高层次人才发展现状的基础上,为女性高层次人才的成长营造良好的政策环境。

第一节 女性经营管理人才发展现状

一、全球概况：女性经营管理人才发展进展缓慢

（1）成长过程中女性人才分流显著。2016年美世咨询公司在调查了世界各地近600家企业的130万名女性后发布了《女性成长，则百业俱兴》全球报告。报告显示，全球范围内，普通女性员工在公司的劳动力比例已达到40%，在管理人员、高级管理人员、领导层中女性所占比例分别为33%、26%和20%。可见，女性在企业中的比例随着管理层级的上升而减少，领导层的女性占比与公司女性员工占比不一致，女性人才在企业的职业成长中分流明显。

而公益组织向前一步（lean in）和麦肯锡（McKinsey）对雇佣超过460万员工的132家美国公司研究发布的报告《2016年职场女性》（Women in the Workplace，2016）也证实了《女性成长，则百业俱兴》报告的结论。报告显示，美国的职业女性在职场中的每个阶段都未得到足够重视，尤其是在被提升成为经理，这第一个关键的职场提升中女性比例低于男性，这也导致了只有更少的女性可以被提升至领导者的地位，女性获得可以提升其职业发展的人脉、投入以及机会也更少。这就导致了公司中层级越高，女性人数越少，由图2-1可以看出公司基层的男女比例还算平衡，而随着管理层次的上升，女性的比例越来越少，到了高管（C-SUITE）层次，女性比例只占到1/5。

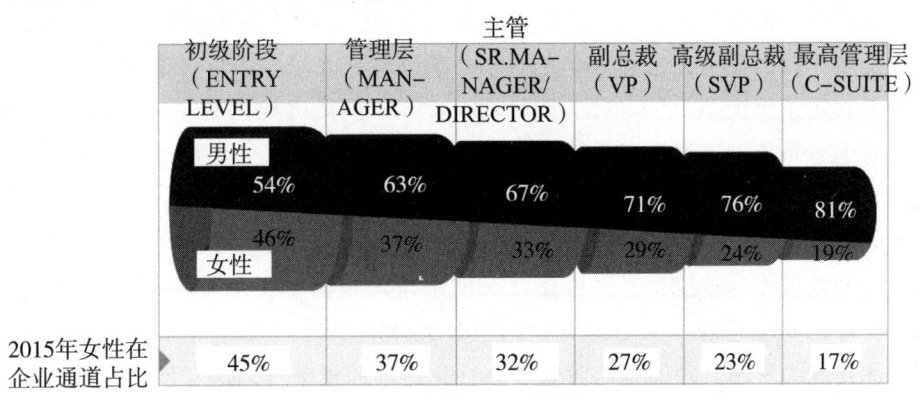

	初级阶段 （ENTRY LEVEL）	管理层 （MAN- AGER）	主管 （SR.MA- NAGER/ DIRECTOR）	副总裁 （VP）	高级副总裁 （SVP）	最高管理层 （C-SUITE）
男性	54%	63%	67%	71%	76%	81%
女性	46%	37%	33%	29%	24%	19%
2015年女性在企业通道占比	45%	37%	32%	27%	23%	17%

图2-1 2016年美国公司各层次性别占比

资料来源：麦肯锡报告 Women in the Workplace, 2016.

如果企业按照当前的速度发展，到 2025 年，女性在专业和管理职位中的比例在全球范围内将只能达到 40% 的水平。从区域的预计来看，南美洲和澳洲的女性占比会有较大提升，分别从 2015 年的 36% 和 35% 增长到 2025 年的 49% 和 40%；美国和加拿大的女性占比仅仅提高 1%，从 39% 到 40%；欧洲的女性占比不会变化，仍然保持在 37% 的水平；亚洲的女性占比排名仍会是最低，占比数仅仅从 2015 年的 25% 提高到 28%。

（2）女性高管比例离 30% 目标值仍有差距。联合国妇女署曾建议企业的女性高管比例达到 30%，尽管从全球来看，女性高管比例已经得到提升，但是距离 30% 这一目标值仍有一定的差距。根据京都天华（Grant Thornton）发布的《国际商业问卷调查报告》相关数据，2012 年时，在全球企业高级管理层中，女性仅占 21%。在受访的 40 个国家（地区）中，俄罗斯的女性高层比例达到 46%，位列第一；中国香港、中国台湾分别为 33%、27%；日本比例最低，只有 5% 的企业管理层为女性。而在受访的中国大陆企业中，女性高管比例为 25%。数据还显示，在中国女性高管担任的职务中，45% 的女性担任首席运营官职位，41% 的女性担任人力资源总监，39% 的女性担任首席财务官，而女性担任首席执行官的比例仅为 9%。

（3）女企业家数量增幅明显。从女企业家数量来看，在全球企业家中，女企业家的比例已从 20 世纪 80 年代的不足 10%，快速上升到目前约 20% 的比例。在中国，女企业家数也已超过 2 900 万，约占全国企业家总数的 1/4（中国性别平等与妇女发展，2015）。不过，中国女性管理的企业仍以中小企业为主。

（4）企业对性别多样化投入加大。麦肯锡公司在 2012 年《女性至关重要》的报告中也指出，许多企业正在加大投资，促进人才的多元化发展，但尚未看到实效。在所调查的 235 家代表企业中，绝大多数公司都十分重视性别差异和多元文化发展。数据显示，超过 90% 的公司已将女性人才培养项目付诸实践，63% 的公司都制定了至少 20 个不同的项目，约 40% 的公司已建立起了一套非常稳固、均衡的生态系统。这种生态系统主要包括三个支撑部分：一是管理层的承诺。公司的 CEO 和高管团队带头支持性别的差异化发展，并会在组织中设置一定的女性高管数量比例和发展目标。二是女性职业发展计划。公司会设计女性人才培训项目帮助她们提升技能，提供群体社交网络帮助她们掌握企业的行为规范标准，提高女性的职业理想。三是综合性的辅助元素。这些元素包括修正不公平的指标、优化人力资源管理流程与策略、人性化的辅助机制等，这有助于共同缓解女性的职业发展压力。

但是根据美世 2016 年《女性成长，则百业俱兴》的报告，全球只有 57% 的企业高管有致力于发展企业多样化与包容性的举措，也只有 29% 的公司会分别根据性别来审核绩效并评级，在接受调查的企业中，提供以女性为中心的退休和储蓄计划的公司全球范围更是只有9%。多数公司并没有专注于开发完整的人才梯队，也没有专注于能确保女性在企业中取得更大程度职业成功的核心实践与企业文化变革。

尽管女性领导力正在提升，但在数量上，女性领导者仍占少数，女性高管数量占比远低于女性人口数量比例，女企业家也只占到了企业家人数的1/5。虽然公司在如何公正地维护女性权益上已开始有所作为，但是距离达到真正完全发挥释放女性才能还有很长的路要走，对于如何培养和发挥自己的领导力，更多的职业女性还需要学习怎样充分展现自己的实力，建立起影响力。

从女性经营管理人才的全球概况中，我们发现，女性经营管理人才在职业成长过程中经历着明显的分流，随着管理层次增加，女性占比越来越少，且这一现状短时间内难以改善；而且目前而言，高管团队中女性占比离30%的目标值尚有一段距离。女性经营管理人才发展仍不尽如人意，但是这种较为不利的局面已经开始有了改变，首先是女性企业家的数量不断增加，逐渐开放的社会环境、不断进步的科学技术以及生活方式的改变，让更多女性开始开创自己的事业；此外，越来越多的企业认识到女性人才的重要作用，在企业中开始倡导女性发挥关键作用，投入资金发起女性人才发展计划，开发女性潜在能力，鼓励女性实现自我价值。全球女性经营管理人才的发展的确在艰难中前行，但我们相信随着女性自身观念的转变以及企业政府等各界的关注与投入，女性经营管理人才的发展会取得显著的进步。

二、我国现状：女性经营管理人才发展稳中趋好

（1）女性企业家数量扩大，女高管多任非核心职务。根据2015年我国国务院新闻办公室发布的《中国性别平等与妇女发展》白皮书，中国女企业家群体不断壮大，女企业家约占企业家总数的1/4。根据中国女企业家协会发布的《2016中国女企业家发展调查报告》，在当前经济下行压力的背景下，女性经营的企业的业绩相对更好，在调查企业中，2016年上半年的销售利润率平均为20.95%，超过男性经营企业。

根据致同会计师事务所2016年发布的《国际商业调查报告》，全球女性高管占比相较上年有所增加，达到25%。中国大陆地区的女性高管平均比例增加至30%，排名全球第九位，没有女高管的企业比例由去年的25%降至今年的16%，低于33%的全球平均水平。

尽管女性高管比例有所增加，但我国女性高管很少跻身为公司的核心领导

团队，人力资源总监是女高管担任最多的职务，占总数的 23%，其次是财务总监，比例为 21%。仅有 9% 的女高管担任企业首席执行官或执行董事等关键职务。

我国女性的企业家人数以及高管占比均优于世界平均水平，但是她们仍面临着诸多阻碍其职业发展的问题。《2016 中国女企业家发展调查报告》中就指出，相对于男性企业家，女性企业家除了要面对市场竞争压力外，在其成长过程中，需面临更多来自社会、传统文化和个人生活等方面的多重压力。

（2）女性经营管理人才仍面临工作—家庭关系平衡挑战。女性企业家经营企业需要付出更多的时间与精力。调查显示，女性企业家用于"事业"的时间最多，达 50.5%，其次是"家庭"，占 20.6%，再次是"健康""培训""社会活动"，最少的是"业余爱好"。诸多女企业家都表示希望有更多的时间陪伴孩子，但是她们也表示，家人对其事业都表示高度的支持与理解。

2016 年 1 月，励媖中国（Lean In China）发布了《2016 年中国女性、职业与幸福感白皮书》，这一报告显示，70.32% 的职业女性都认为事业和家庭同等重要，想兼顾事业和家庭。且整体而言，相对于事业有成，有一个健康的身心、美满的家庭以及较高的幸福感才是女性认为的真正意义上的成功。

职业女性在被问及工作中遇到的最大挑战时，排在前三的挑战分别是"工作和生活平衡（86.3%）""生育造成的职业中断（73.63%）""家庭责任与支持另一半的事业（70.42%）"。可以看到排名前三的挑战都与家庭有关，而不是通常认为的"缺乏导师""性别歧视""缺乏自信"等，虽然这些因素对女性职业发展存在一定的影响，但是不是最主要的因素，最主要的挑战仍来自家庭。

（3）女性领导者仍被企业需要。虽然女性领导者的数量与质量在一定程度上得到了提高，但是根据《2016 年中国女性、职业与幸福感白皮书》，参与调查的女性中，只有 24.49% 受访者公司的高层领导是女性，大多数女性（74.9%）认为企业需要更多的女性领导者。值得庆幸的是，有近 50% 的女性认为她们有机会成为企业的高层管理者。

越来越多的企业已经认识到女性领导力的巨大潜力，并积极帮助女性成长发展，如 2017 年 3 月，滴滴出行公司就宣布成立女性职业成长计划——滴滴女性联盟，并公布 2017~2018 年工作规划，以"Be Great, Be You"为口号，激发公司多元文化氛围，推动高潜能女性更快成长，创造更有利于女性职场发展的工作环境。这是中国互联网公司第一个推出的针对女性职业发展的计划。滴滴公司表示给予公司女性员工全面的职业支持是公司核心价值的一部分，且滴滴出行的女性员工占比已达到 40%，而根据招聘公司（Hiring Solved）的一项研究，美国硅谷排名前 25 位的科技公司中，只有 19.6% 的女性员工。

从我国女性企业家数量以及女性高管占比可以看出，我国的女性经营管理人才在这些指标上优于世界大部分国家，在女性经营管理人才越来越被重视以及需要的情况下，我国的女性经营管理人才发展会呈现越来越好的面貌。

第二节　女性创业人才的发展现状

一、女性创业人才迅速崛起

根据全球创业观察（The Global Entrepreneurship Monitor，GEM），2012 年女性报告（Women's Report），全球 67 个经济体中，全球每百名女性中有 3.6 名在创业，有 1.26 亿名女性正在开创或经营自己的新创企业，9 800 万名女性企业家在经营已经建立的企业。2017 年万事达卡首次发布全球女性创业者指数，旨在衡量全球 54 个国家和地区中女性创业者取得的成就以及发展的现状，根据这一创业指数显示，低收入的发展中国家，一般女性企业家的比例较高，乌干达女性创业者指数为 34.8%，位居榜首，其次是博兹瓦纳（34.6%）、新西兰（33.3%）、俄罗斯（32.6%）、奥地利（32.4%）、孟加拉国（31.6%）等。中国女性创业者指数分值为 61.3，全球排名第 31 位。印度、埃及和阿联酋这几个国家的女性创业指数最低。这一结果表明，这些地区针对女性的性别歧视对女性创新创业、发展女性领导力已造成巨大的阻碍，抑制了经济活力。

在我国"大众创新，万众创业"的背景下，越来越多的人投身创业大军中，在这一队列中，我们也时常能看到女性创业者的身影，2016 年睿问联合零点咨询共同发布了首份《中国创业女性生存现状白皮书》，这一报告中指出，女性创业者已占据了创业者群体中的半壁江山，而女性创业队伍中，"80 后"群体占比超五成，是女性创业的主力军。根据 2015 年我国国务院新闻办公室发布的《中国性别平等与妇女发展》白皮书，在互联网领域创业者中，女性占比达到 55%。

实际上，新时代的中国女性一直都具有创业精神，根据波士顿咨询公司 2014 年的资料显示，2012 年，中国创业女性占 18~64 岁年龄段人口比例的 11%，这一数据与美国相当，相较于英国等欧洲国家的女性，我国女性创业的活力更高。

二、女性创业呈现出新面貌

（1）女性创业动机从"生存型创业"向"机会型创业"转变。与20世纪90年代的女性创业相比，如今的女性创业外部创业环境、创业需求、动力、观念已经发生了巨大的变化。20世纪的女性创业主要以"生存型创业"为主，创业的动力也仅来源于改善生存条件，且社会对女性创业抱有一定的成见，虽然我国1995年就制定了"男女平等"的基本国策，但是传统的社会性别观念仍然认为"女子无才便是德"，这些传统观念给女性创业造成了很大的阻碍。

而今天互联网时代给了更多女性平等的创业机会，女性在获取信息资源等方面的渠道也更多了，女性接受了更系统的教育，比传统的女性更具进取心，且对自我认识较清楚，更关心前途与未来，对实现自身的理想抱负有着强烈的渴望。因此，现今女性创业主要以"机会型创业"为主，以实现自身理想、证明自身价值为动力。

（2）女性创业人才理智务实。中国企业家智库联手木兰汇公益基金会发布的2017年《中国女性创业报告》中指出，四成以上的女性在创业之前有过商业经历，许多创业女性都十分理性，一般都在商业领域积累了一定的经验与资本后，再开始创业。此外，女性创业者都很务实，她们一旦开始创业就会专注于企业的产品、服务以及目标顾客的需求，而不是像资本市场上，先打造一个概念，迅速将它炒热捞金。

（3）女性创业人才创业领域不断拓展。在信息技术时代，女性创业的范围也越来越广，不再局限于传统的服务、零售等行业，女性创业有更多的选择，越来越多的女性进入原来男性主导的科技领域与金融行业等。根据2017年《中国女性创业报告》的数据，15%的女性在金融领域开创事业，而企业行业也达到8%，生命科学与新能源达到2%。

三、女性人才创业过程承受多重压力

虽然如今女性创业已经打开了一个新的局面，但是女性创业人才还承受着巨大的压力。

首先，近六成的女性创业者认为自己肩负着来自工作与家庭的双重压力，以及在男性主导的商业领域中存在潜在的性别偏见。但是值得庆幸的是，大多数女性创业者都会自觉地平衡家庭与事业，其配偶一般也具备一定的从商经验，无论是否共同创业，他们都能更好地理解对方。

其次，女性创业者存在融资难的现象，根据科技危机（Tech Crunch）2016年的一项研究显示，2010~2015年，全球仅有10%的风险投资流向了女性。《青年参考杂志》2015年4月发表的一篇文章指出，女性创立的企业每年存在的财务缺口达到2 600亿~3 200亿美元（约合人民币1.6万亿~2万亿元），其中最受影响的是中型企业。小微企业可以找小微信贷机构融资，传统的银行更愿意贷款给大型企业，中型企业难以从这两种途径融资，只能另寻融资途径与方法。

最后，女性创业者的社会资本较薄弱。《2017胡润全球白手起家女富豪榜》中来自12个国家的88位全球白手起家10亿美元女富豪上榜，中国诞生了56位白手起家10亿美元女富豪，位列第一，占全球64%。从这一数据可以看出，我国的女性创业者大多比较独立，更倾向于选择独立创业，不过这也带来了一定的问题，2017年《中国女性创业报告》的调查就显示，女性创业者的社会网络比较单薄，社交圈存在一定的同质化现象，不像男性创业者那样善于搭建社会网络，并从中发现合作的机会。有女性创业者就表示，自己一直在寻找合伙人与投资人，但是这一过程十分艰难。

第三节　女性科技人才发展现状

一、女性科技人才群体庞大，但尖端缺位

女性科技人才作为科技人才队伍中的重要组成部分，为促进我国的科技进步做出了重大贡献。党和国家也越来越重视女性科技人才的培养，我国女性科技人才的队伍不断壮大。根据《2016中国科技统计年鉴》全国来看，截至2015年，研究与试验发展人员（R&D）已达548万人，其中，女性研究与试验发展人员多于145万人，占到整个研究与试验发展人员的26.46%。

尽管我国女性科技人才不断增多，但是高端女性科技人才仍然缺失，这仍是女性科技人才队伍中面临的主要的问题。全球来看，女性科研者的处境也不容乐观，截至2009年，809位诺贝尔奖得主中，只有44位为女性，其中，获得和平奖和文学奖的女性更多，共有27位。而诺贝尔奖自1901年颁发到2015年的百余年间，共有575名科学家荣获了诺贝尔科学奖（生理学或医学奖、物理学奖及化学奖），而女性仅有16位，占比不到3%，其中，居里夫人是唯一一位两次获得诺贝尔奖的女性，我国中医研究院终身研究员兼首席研究员、青蒿素研究开发

中心主任屠呦呦是唯一获得诺贝尔科学奖的亚洲女性科学家。

2015年两会期间,以中国科协副主席、中国工程院院士陈赛娟为代表的9位政协委员,提交了一份名为《陈赛娟等9位委员代表科协界的联合发言——更好发挥女性科技工作者的作用》的报告,报告指出,截至2011年底,我国女性科技人力资源已达2491万人,占全国科技人力资源总量的40%,但"863"计划专家委员会中女性占6.8%,主题专家组中女性占5.1%;"973"计划专家顾问组中女性仅占2.1%。中科院2015年度公示的第一批"百人计划"候选人名单中,90人中,只有11位女性,仅占到12.2%的比例。此外,科技高层决策的战略层面上,女性科技人才比例也很少,缺乏话语权,难以为女性科技工作者谋取同等条件下的利益。

根据调查,多数部门和单位仍实行女性高级专业技术人员比男性提前5年退休;女性科技工作者在孕哺、照料幼子阶段科研工作发生中断且难于接续;女性科技专业高校毕业生进入科技工作领域存在困难的问题比较普遍;专门针对女性科技人才的政策措施仍显缺乏。

女性科技人才潜力未被完全开发,尖端女性科技人才缺失这一问题,已引起了广泛关注,科学技术部和全国妇联于2011年11月发布了《关于加强女性科技人才队伍建设的意见》,强调要充分认识做好女性科技人才工作的重要意义,大力培养女学生的科学兴趣,扩大女性在科技领域的就业机会,加强女性科技人才继续教育和知识更新,大力培养造就创新型女性科技人才,推动女性科技人才参与科技管理与重大政策咨询,支持孕哺期女性科研人员的科研活动,加大对女性科技人才的激励和保障,加强对女性科技人才资源的统计和评估,努力营造促进女性科技人才发展的良好氛围。

虽然,科学技术部与全国妇联已经开始采取措施改善这一现状,但是女性科技人才高端缺席仍旧存在,女性科技人才在学术科研职业发展过程中的比例逐渐减少,呈现出金字塔结构。两院院士是我国科技人才结构中位于金字塔顶端的人才,然而截至2017年3月,中国科学院750名院士中,只有6%是女性。827名中国工程院院士中,也只有4%的女性。2001~2017年,中国科学院增选的女性院士比例都较低,甚至2003年与2007年没有1位增选的女院士,2015年增选了9位女院士,已是历年来数量和比例的最高(见表2-1)。

表2-1　　2001~2017年新当选中科院院士中女性当选人比例

年份	新当选院士人数(位)	女性当选人数(位)	女性占比(%)
2001	56	8	14.29
2003	58	0	0

续表

年份	新当选院士人数（位）	女性当选人数（位）	女性占比（%）
2005	51	1	1.96
2007	29	0	0
2009	35	5	14.29
2011	51	1	1.96
2013	53	2	3.77
2015	61	9	14.75
2017	61	3	4.92

资料来源：中科院网站 http://casad.cas.cn，不包含外籍院士。

从1994年中国工程院第一次遴选院士以来，女性当选工程院院士的比例较低，除了1996年达到20%的比例外，其余年份均未超过10%，甚至2009年与2011年没有1位女性工程院院士（见表2-2）。

表2-2　　1994~2017年新当选工程院院士中女性当选人比例

年份	新当选院士人数（位）	女性当选人（位）	女性占比（%）
1994	96	6	6.25
1995	216	9	4.17
1996	20	4	20
1997	116	6	5.17
1999	112	9	8.03
2001	81	1	1.23
2003	58	2	3.44
2005	50	4	8
2007	32	1	3.12
2009	48	0	0
2011	54	0	0
2013	51	3	5.88
2015	60	3	5
2017	67	4	5.97

资料来源：笔者根据中国工程院网站整理（http://www.cae.cn/cae/html/main/index.html），不包含外籍院士。

从两院院士中女性的占比可以看出，女性科技领军人物较少，确实存在高端女性科技人才缺失的问题。

二、科技人才群体中性别失衡与性别不平等并存

女性科技工作者最多的教育行业，其发展现状也不容乐观，高校教授群体中存在较大的性别差距。根据《2016 中国科技统计年鉴》发布的数据来看，截至 2015 年，全国高等学校的 R&D 人员合计达到 83 万人，其中，女性 R&D 人员达到 34 万人，占到 41% 的比例。相比全国 R&D 人员中，女性 24.46% 的占比，更多的女性研究与试验发展人员在高等学校工作，其中，理、工、农、医类高等学校 R&D 人员达到 38 万人，女性 R&D 人员达到 11 万人，占比 28.9%；而人文社科类高等学校的 R&D 人员达到 45 万人，女性 R&D 人员达到 22 万人，占比 48.9% 接近 50%。因此，高校中和女性 R&D 更多地集中在人文社科类专业。

根据王立铭 2016 年发布的《女性学者严重流失：国内学术机构性别问题调查报告》，早在多年前，我国高校男女毕业生比例已达到均衡，然而在到了教授层次，仅有 25% 的受访教授认为自身所在的学术机构中教授的性别比例相当。反之，却有多达 67% 的受访教授发现女性教授"较少"或"极少"，仅有 9% 的受访者发现男性教授数量占劣势。中国科学院原党组副书记方新表示，我国毕业的女硕士女博士数量并不低，2009 年博士毕业人数中，女博士占到 33%，生物医学方面的女性科研人才更多，但是越往上发展女性人数越少，可见，在沿着学术职业发展的金字塔发展时，大量的女性学者流失了。

在王文铭报告调查的 7 所不同地域高校的理、工、医、人文、社科等学科领域，都是男性教授占主导地位，在调查的超过 1 000 名教授中，女性教授仅占到总体的两成，其中还包括认为女性占优势的人文学科领域。在教师晋升过程中，也存在女性学者比例不断减少的现象，在初级职称的教师（讲师、副教授）中，女性还占有四成的比例，然而，到教授级别只有两成的比例了。因此，不仅在学生转换为学术研究者的过程中，存在女性的流失，即便踏上学术研究之路后，在学术职业生涯上，仍然存在女性研究者的流失。据此我们可以发现，在国内的学术研究领域，相比于男性，一开始进入学术研究领域的女性就偏少，而成长为教授或资深研究者的过程中，也存在大量女性学者的流失。

虽然"男女平等"自 1995 年已成为我国的一项基本国策，显性的性别不

平等踪迹已难寻，但是并不代表性别不平等现象不再存在，看不见的组织文化与隐形的两性权利不平等仍然影响着女性的成长，这一现象称为"第二代性别偏见"。

首先，根据王立铭的报告，在其调查的男性教授中有 1/4 确实存在性别倾向，他们普遍认为自己指导的男学生，学习积极性高、工作能力更强，比女学生更优秀。而大部分女性教授没有明显的性别偏向，认为男女学生相差不大。男性教授本就在学术领域占据主导地位，他们对女性学生性别上的偏见，极有可能会导致女学生怀疑自己的学术研究能力，并进一步影响选择是否要继续科学研究。

其次，性别不平等存在于文化与体制中。女教授表示即使在学术机构中，自己仍然会感受到来自社会整体、研究机构甚至同事的性别偏见，怀疑自己的研究能力，是否更关注家庭与孩子而失去了对科研的热情与兴趣，以及女性成为学术研究者是否合适。在制度上，女教授指出也存在许多不利于女性学术成长的政策与规定。虽然现在女教授的退休年龄也已延迟到 60 岁，延长了女性的学术生涯，但是在对学术研究者定期的考核与晋升中，并没有考虑到女性学术研究者的特殊性，不管是否刚刚生育，或是否仍处于哺乳期，学术上的考核却无法延期。

因此，性别不平等现象一直存在于学术机构中，并影响女性学术者的学术生涯，这种性别不平等不仅仅体现在女性研究者难以获得高级职称上，更体现在女性研究者的学术研究环境中，甚至体现在关于学术研究的政策上。

总体来看，当前我国女性科技人才虽然取得了一定程度的发展，但其真正的才能还未完全释放。2016 年中国科技部印发了《"十三五"国家科技人才发展规划》指出，"十三五"是我国全面建成小康社会的决胜阶段，也是我国转型成为创新型国家的关键阶段，因此，我国的重大战略与社会经济发展对科技创新提出了更迫切的要求。科技人才是科技创新的主体，科技创新水平能否与国家发展要求及速度相配，关键还是看科技人才的结构与质量，以及其科研成果是否能促进满足国家战略发展要求。

只有不断优化调整我国科技人才的结构与分布才能使科技人才的供给与需求相匹配。活跃在科学研究与技术创新一线的女性科技人才，凭着女性坚忍不拔、锐意进取的精神，在科学研究领域取得了一系列高水平的科技成果，她们是我国科技人才中一道靓丽的风景，展现了我国女性科技人才自信自强、巾帼不让须眉的风采英姿。在国家发展转型的关键时期，我们也可以期待女性科技人才紧跟科技发展潮流，响应国家发展需要，不断攀登科学研究新的高峰，为国家战略转型关键时期贡献力量，谱写女性科技人才的华丽篇章。

第四节 女性政治人才发展现状

一、全球概况：女性政治人才地区发展不均

世界各国议会中的女议员比例一直是国际社会公认的评价各国女性政治参与程度的一个重要标志，也是衡量各国女性政治人才发展状况的重要指标。根据全国妇联妇女研究所的统计，2015年，全球女议员比例为22.6%，较上年增长了0.5个百分点。目前全球有超过1/4的国家（地区）的议会中女议员占比达到并超过30%。

（1）全球女议员比例有所增长。2015年，在全球议会选举新增席位中，女议员占到25%，使女性在议员中的占比达到22.6%，较10年前提升了6.4个百分点。[①]

（2）女议员比例超过30%的国家（地区）分布更广，高于40%的国家大幅增多。2015年，全球67个国家（地区）的女议员比例达到30%，地域分布遍及各大洲，而10年前则主要集中在北欧地区。20年前，只有1个国家女议员比例超过40%，2015年则有14个国家女议员比例超过40%。[②]

（3）全球女性国家元首或政府首脑人数与历史最高纪录持平。《2015女性参政地图》报告数据显示，2015年1月1日，全球共有30个国家的女性部长比例达到30%及以上，其中，芬兰、佛得角、瑞典、法国和列支敦士登居前五位。此外，全球国家元首或政府首脑中的女性人数上升，共19人，与历史最高纪录持平。其中，欧洲和美洲的女性国家元首或政府首脑分别为9人和6人。

就全球而言，欧洲是女性政治人才最密集、发展最好的地区，西班牙"平等法"规定任一性别在议会选举的候选人名单上都不得超过60%，这使得西班牙女议员占比上升到40%；英国女议员占议会总人数的比例达到了29.4%。而亚洲地区的女性议员比例发展不均，新加坡国会女议员人数由之前的24人下降到22人，占议会总人数的23.9%；而斯里兰卡的女性议员占比不足5%。

---

①② 资料来源：中国妇女研究网，http://www.wsic.ac.cn/researchproduction/88101.htm。

二、我国现状：女性政治人才在政治舞台上发挥着越来越重要的作用

我国是一个人民当家作主的国家，这其中当然也包括女性。女性改变了政治，从刚硬到柔和，从单调灰暗变得多姿多彩；政治也改变了女性，从柔弱到坚强，从只知油盐柴米到心怀天下苍生。

自中华人民共和国成立以来，我国许多女性领导人以其独特的魄力和魅力，成为政坛上的"铿锵玫瑰"。她们积极参与国家事务管理，在政治舞台中发挥着重要作用。

根据中国妇女研究网2017年3月9日发布的一则新闻显示，在现任的省份领导队伍中，有近百名女干部担任主要领导职务。

值得一提的是，2017年4月11日，国务院总理李克强发布《中华人民共和国国务院令第678号》，任命林郑月娥为中华人民共和国香港特别行政区第五任行政长官①，这是自香港特区成立以来的首位女性行政长官。

在两会代表中，女性代表比例不断上升，根据2015年《中国性别平等与妇女发展》白皮书的统计，自1954年的第一届全国人大到第十二届全国人大，女性代表比例从12%上涨到23.4%，由表2-3可以看出，自第四届全国人民代表大会中女性代表比例达到22.6%后，从第五届至第十一届女性代表比例均在21%左右波动，第十二届女性代表比例相较第十一届才增长了2.1%。2013年全国政协十二届一次会议女委员比例为17.8%，比20年前提高了4.1个百分点。

表2-3　　　　　历届全国人民代表大会女性代表比例

届别	年份	代表总数（位）	女代表人数（位）	女代表占代表总数比重（%）
第一届	1954	1 226	147	12.0
第二届	1959	1 226	150	12.2
第三届	1964	3 040	542	17.8
第四届	1975	2 885	653	22.6
第五届	1978	3 497	740	21.2
第六届	1983	2 978	632	21.2
第七届	1988	2 970	634	21.3

---

① 资料来源：中华人民共和国中央人民政府，http://www.gov.cn/premier/2017-04/11/content_5184874.htm。

续表

届别	年份	代表总数（位）	女代表人数（位）	女代表占代表总数比重（%）
第八届	1993	2 978	626	21.0
第九届	1998	2 979	650	21.8
第十届	2003	2 984	604	20.2
第十一届	2008	2 987	637	21.3
第十二届	2013	2 987	699	23.4

资料来源：《中国统计年鉴（2016）》。

就2018年两会代表而言，女性代表比例上涨到26%，相较2013年上涨了2.6个百分比。34个省份中，有6个省份的女性代表人数超过联合国30%的目标（见表2-4）。虽然全国两会女性代表比例仍未达到联合国确定的女性在权力机构中占比30%的目标，但是我们能看到女性代表人数逐渐增加，女性代表的话语权也在增强，相信在不久的将来就能实现30%的目标。

表2-4 2018年两会女性代表数据

地区	女性代表人数（位）	代表人数（位）	女性代表占比（%）
北京市	13	55	24
天津市	11	42	26
河北省	34	125	27
山西省	16	70	23
内蒙古自治区	15	58	26
辽宁省	32	102	31
吉林省	15	64	23
黑龙江省	24	92	26
上海市	13	59	22
江苏省	33	150	22
浙江省	26	94	28
安徽省	32	113	28
福建省	22	69	32
江西省	20	81	25
山东省	47	175	27
河南省	43	172	25

续表

地区	女性代表人数（位）	代表人数（位）	女性代表占比（%）
湖北省	30	118	25
湖南省	31	118	26
广东省	44	162	27
广西壮族自治区	29	89	33
海南省	6	25	24
重庆市	16	61	26
四川省	36	148	24
贵州省	20	72	28
云南省	29	91	32
西藏自治区	5	20	25
陕西省	19	68	28
甘肃省	13	54	24
青海省	4	21	19
宁夏回族自治区	4	21	19
新疆维吾尔自治区	13	61	21
香港特别行政区	5	36	14
澳门特别行政区	4	12	33
台湾地区	4	13	31
总计	708	2 711	26

资料来源：笔者根据2018年全国两会代表委员名单大全整理。

这些女性代表在两会上提出诸多保护女性权益的提案，为促进我国女性地位的提升不懈努力，提案主要集中在"消除性别歧视"与女性生育等问题上。性别不平等现象一直存在，尤其是职场上，女性更容易遭受隐形的歧视。2014年，全国政协委员、全国妇联副主席孟晓驷就直批了劳动市场上的性别歧视。[1] 而随着全面"二孩"政策的推行，未婚未育女性更容易在职场上受到不公平待遇。就女性生育问题，全国政协委员、民盟中央妇女委员会主任尚邵华在2015年参加两会时，建议推进和完善生育保险社会统筹体制，对女性就业较为集中的行业和部门，女性达到一定比例的企业，在核定工资、成本、福利、税收等方面给予优

---

[1] 资料来源：人民网，http://gd.people.com.cn/n2/2016/0308/c123932-27885387.html。

惠。① 可见两会的女性代表能真正地为女性发声，关注女性面临的诸多问题，并积极思考解决对策。

根据 2015 年我国国务院新闻办公室发布的《中国性别平等与妇女发展》白皮书，2015 年我国共有女外交官 1 695 人，占外交官总体的 30.7%，其中，女大使 12 人、女总领事 19 人、女参赞 132 人，分别占同级外交官的 7.9%、24.4% 和 30.4%。中国妇女组织积极参与联合国举办的有关性别平等与妇女发展重要公约的审议活动，担任联合国《消除对妇女一切形式歧视公约》委员会委员，在《消除对妇女一切形式歧视公约》《北京宣言》和《行动纲领》等国际公约和文书执行情况的审议中，撰写和递交非政府组织影子报告，并就性别平等与妇女发展的相关议题开展形式多样的交流对话活动。

---

① 资料来源：新华网，http://www.xinhuanet.com//politics/2015-03/07/c_127555511.htm。

第三章

女性人才政策演进分析与
女性经济参与效应

自中华人民共和国成立以来，国家与社会越来越重视女性人才的培养，在国家领导人的强烈号召以及不懈努力中，我国的女性人才政策进展迅速，表明了我国对切实维护和保障女性在国家政治、经济和社会生活中的平等地位和各项权益以及培养女性人才的高度重视。

虽然国家对女性人才的发展越来越重视，在两会提案，中国妇联与社会各界的督促中，出台了一系列有利于女性人才发展与培养的政策。但是由于我国"男尊女卑"以及"女子无才便是德"的传统观念影响，我国女性长期以来难以获得与男性等同的教育资源与社会地位，且诸多女性被传统观念影响，不会积极主动地追求自己的理想，因此，我国女性人才的培养发展之路异常艰辛。

随着社会的发展，越来越多的女性能享受教育资源，但是由于传统观念的影响，并非所有的女性都有机会接受教育，尤其是农村的女性。根深蒂固的传统观念以及社会文化对我国女性人才的发展造成了极大的阻碍，我国对女性人才的发展关注较晚，1995年才正式将"男女平等"列为基本国策，并逐步颁布一系列与女性人才发展相关的政策。

如今我国女性人才队伍逐步扩大，尤其截至2011年底，我国女性科技人力资源已达2 491万人，占全国科技人力资源总量的40%；女性创业的机会也越来越多，根据2016年发布的首份《中国创业女性生存现状白皮书》，女性创业者已占据创业队伍的半壁江山；女性政治人才在国家事务以及政治舞台上的话语权也越来越强。

女性人才队伍的发展壮大离不开国家政策的支持,因此,需要对我国的女性人才政策进行系统的分析,总结其成效与不足,并为进一步的女性人才政策出台提供建议。虽然我国已推行了诸多促进女性人才发展的政策,但我国尚未达到真正的男女平等,只能说显性上的男女平等确实已经实现,然而隐形的性别歧视却仍然如影随形,如"女性玻璃天花板""玻璃悬崖""女性象征主义任命"等现象,要解决这些问题的根本还是要全面地实现男女平等,不仅仅是表面的,更要深入每一个有可能产生隐形性别歧视的领域,这也对我国的男女平等方面政策的制定提出了更高的要求。因此,我们关注女性人才政策时,不仅需要关注与女性人才明确相关的政策,也需要关注男女平等的政策。

而在国家女性人才相关政策的大力支持下,越来越多的女性参与到经济活动中,女性的参与为整个社会的经济发展、文明进步做出了不可磨灭的贡献。在女性人才繁荣发展的时代,企业高管团队中也涌现越来越多的女性人才,她们凭借自身的智慧与胆识不断推动企业发展进步,进一步分析女性参与经济活动的影响效应与女性参与高管团队对企业绩效的影响有利于女性发现自身价值,实现与激发更多女性潜能。

第一节 女性人才政策文本分析

一、女性人才政策文本选择

公共政策通常是政治系统的产出,因此,政策文本通常以条例规章、法律法令、法庭裁决、行政决议以及其他形式出现(朱春奎,2015)。本书所称的女性人才政策文本是指中国权威政策制定主体为保障和促进男女平等、女性发展而以正式书面形式颁布的各种法规性文件的总称。由于目前我国关于女性高层次人才的政策较少,而女性高层次人才政策的发展其实也包含在女性人才政策的发展过程中,因此,我们这里关注女性人才政策和男女平等政策,而没有局限于女性高层次人才政策中。

本书对女性人才政策文本的选择仅限于国家层面,即由全国人大、中共中央国务院以及各部委、党组织等单独或联合颁布的各种男女平等以及促进女性人才发展的政策文件，而不包括地方政府颁布的男女平等和女性人才政策文件。在文本的选择上遵循权威性、公开性和相关性原则。所谓权威性与公开性是指政策文本是由国家权威主体以公开出版或刊登的方式对社会公布的男女平等和女性人才政策，未公开或无法查阅的男女平等和女性人才政策文件不在选择范围之内；相关性是指涉及男女平等以及女性人才的政策文件。

需特别说明的是，自1995年我国将"男女平等"确定为基本国策以来，到目前为止，中国还没有一部完整的关于男女平等和女性人才政策的汇编，所以本书研究中所有政策文本都是笔者通过查阅中国政府网、中国妇女研究网、北大法宝等权威网站和数据库收集整理出来的。其中，政策主题检索关键词为男女平等、性别平等、社会性别、妇女发展、女性人才，发布时间为1995年9月4日~2015年12月31日，最终合计得到搜索结果365篇。剔除掉已经失效的6篇、行业规定10篇和不具有引导规范作用的通知、奖励、公告等文本文件69篇，最终选定1995年第四次世界妇女大会至2015年20年间的280篇政策文本作为中国男女平等以及女性人才政策的研究样本。

二、女性人才政策文本的数量发展

针对280篇政策研究样本，笔者首先按颁布年份进行了数量趋势分析，其次根据时间节点与重大政策颁布时间分析了女性人才政策的演变过程。

1995年第四次世界妇女大会以来，中国政府每年颁布的男女平等和女性人才政策数量增长趋势从图3-1的统计中得以体现。从图3-1可得出：（1）整体来看，自1995年以来，男女平等和女性人才相关政策的发文数量整体呈现曲折上升的趋势，平均下来男女平等和女性人才相关政策每年发文量达到14篇。（2）从1995年至2003年，男女平等和女性人才相关政策的颁布数量处于较低水平，这一时期平均每年的政策颁布量为3篇，合计只占政策样本总量的9.64%。这一时期相关发文量较小可能是因为我国关于男女平等和女性人才相关政策的制定才刚刚起步，经验不足。（3）从2004年开始，男女平等和女性人才相关政策发文量开始增加，至2011年发文创历史新高，达到48篇，2012年的发文量仍保持较高水平，有32篇，这两年的发文量合计占到样本总量的28.5%。此时正值第三个《中国妇女发展纲要（2011~2020年）》开始之际，一方面说明我国在男女平等和女性人才政策制定上经验相对已经成熟；另一方面表明男女协调全面发展在未来越来越受到国家的重视。

图 3-1　中国女性人才政策年度发文数量

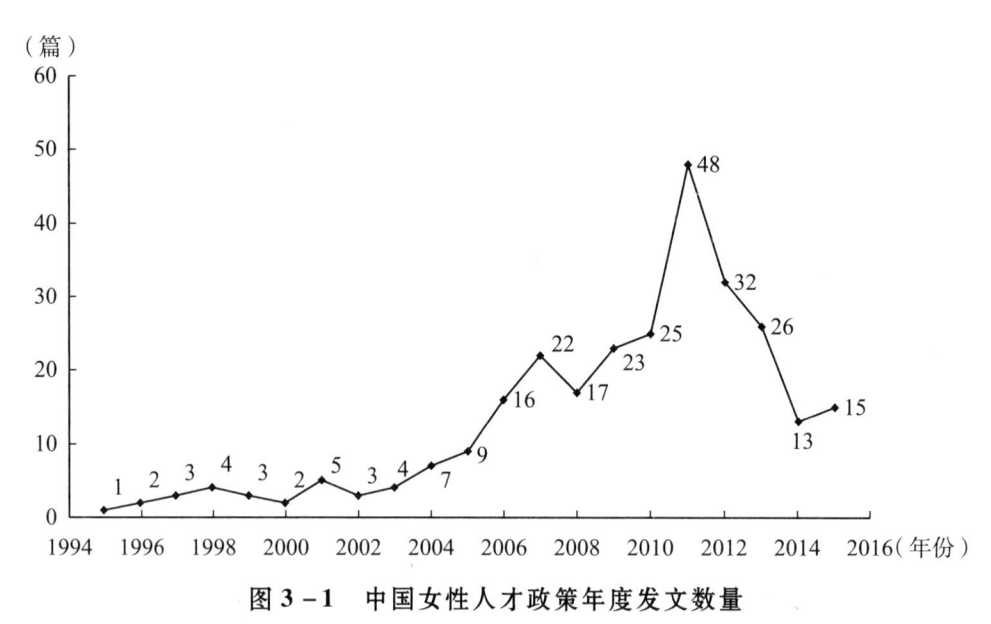

资料来源：中国政府网、中国妇女研究网、北大法宝等权威网站和数据库。

1995 年第四次世界妇女大会的召开，成为全世界提高妇女地位、促进性别平等的里程碑。同年，男女平等纳入我国的基本国策。2005 年 8 月，全国人大常委会对《中华人民共和国妇女权益保障法》进行了修订，修正案特别突出了反对性别歧视的立法理念。除了在总则中明确指出消除对妇女一切形式的歧视外，还在各个专门章节中明令禁止教育、就业、财产权益享有上的性别歧视，并强化保障措施和法律责任。这一修正案的通过表明中国的性别平等立法正在从保护妇女权益发展到反对和惩处性别歧视，开始了性别平等立法理念的重大转变，同时开启了政策发文的高潮。2010 年十二届五中全会审议通过了《中华人民共和国国民经济和社会发展第十二个五年规划纲要》，纲要再次重申深入贯彻男女平等基本国策，同时强调妇女儿童事业全面发展，这一年男女平等年发文量爆发增长，并逐渐达到政策发文的顶峰。可以看到，在男女平等政策发展阶段的关键节点驱动之下，都会带来一波政策发文的浪潮。这也因为关键节点上的政策带有纲领性和发展指导性的意义，后续的政策往往是围绕节点政策的详细补充和具体的落实，逐步丰富完善男女平等的相关立法。

三、女性人才政策文本总体演进分析

1995 年第四次世界妇女大会的召开开启了我国男女平等发展进程的新纪元。在此之前，虽然我国的政策制定与执行基本上没有主观故意的性别歧视，但是因为性别平等尚未明确成为我国公共政策制定的基本价值目标,所以在政策中少有从性别的视角考虑对两性利益的影响是否公平,也导致了在历史文化环境影响下女性发展在各个方面受到很大的限制和不公平的对待。

目前,国内学者比较认可的观点是将 1995 年第四次世界妇女大会之后我国男女平等和女性人才政策的演进分为两个阶段:前十年(1995~2005 年)、后十年(2005~2015 年)。前十年男女平等的社会性别意识从缺少社会认知,到逐步深入人心,并逐渐成为经济社会各领域政策制定的指导思想和基本原则。后十年女性在经济社会发展中的重要地位已经确立,政策制定的方向开始转向以人为本、促进男女性别的全面协调发展(陶宝山等,2012),此外越来越多的领域意识到女性人才的开发利用能创造更多的价值。2005 年,我国在"2005 年联合国第四次世界妇女大会十周年会议"上通过了《北京+10 宣言》,郑重承诺:实施性别观念主流化策略,为提高女性地位实现男女平等国家机制提供充足的资源和强有力的政治支持。① 这标志着性别平等已经确立为我国公共政策的基本价值目标,男女平等的观念已逐渐深入人心,并开始显露一定成效,为促进新时期决策的男女平等全面统筹发展奠定了坚实基础。

另外,也有学者按照妇女发展纲要的实施进展将 1995 年第四次世界妇女大会以来的政策演变分成三个阶段,即《中国妇女发展纲要(1995~2000 年)》《中国妇女发展纲要(2001~2010 年)》和《中国妇女发展纲要(2011~2020 年)》。根据这三份纲要的思想,国家和地方各有关职能部门相应地制订了各部门及地方性的纲要实施方案,形成了国家级妇女发展纲要、地方妇女发展规划与有关部门妇女纲要实施方案相配套、全国性目标与地方性目标相补充、整体行动计划与部门、跨部门行动计划相结合、终期目标与阶段性目标相结合的目标体系。如表 3-1 所示:三个中国妇女发展纲要将 1995 年第四次世界妇女大会后我国男女平等和女性人才政策发展进程划分为三个阶段,每个阶段我国都会提出一定时期男女平等和女性人才政策的发展目标。而 2005 年是 1995 年世界妇女大会召开 10 周年,在男女平等发展进程上具有重要的意义。2005 年颁布的《中华人民共和国妇女权益保障法(2005 修正)》从原则上赋予女性在政治、经济、文化、社会和家庭生活等各方面享有与男子平等的权利,从政策主题来看,这是国家颁布男女平等相关政策以来,首次全面地强调女性与男性享有同样的权利,而不仅仅局限于男女不平等的某一方面,因此,在政策主题方面成为我国男女平等政策和女性人才政策发展的分水岭。

---

① 资料来源:国务院妇女儿童工作委员会,http://www.nwccw.gov.cn/2017-04/07/content_147287.htm。

表3-1 女性人才政策发布情况

年份	政策事件	发文主体	部分政策条例
1995	《中国妇女发展纲要（1995～2000年）》	国务院	（1）在全国城乡实现男女同工同酬； （2）逐步提高女性接受各级、各类教育的比例，全面提高妇女劳动者的素质，积极培养各类女性专业技术人才； （3）提倡夫妻共同承担家务劳动和抚育子女； （4）积极开发适合妇女特点的就业领域和就业方式，为妇女提供更多的就业机会
2001	《中国妇女发展纲要（2001～2010年）》	国务院	（1）企业事业单位招聘专业技术和管理人员，不得以性别为由拒绝录用符合条件的女性，在聘用合同中不得含有性别歧视的内容； （2）改善学科领域的性别分布结构，培养高新技术和现代管理领域的女性专业人才； （3）开展生殖保健科学研究，提高对严重危害妇女健康疾病的预防和治疗水平
2011	《中国妇女发展纲要（2011～2020年）》	国务院	（1）完善科技人才政策，探索建立多层次、多渠道的女性科技人才培养体系，依托国家重点实验室、重大科研项目和重大工程建设项目，聚集、培养女性专业技术人才和技能人才； （2）完善创业扶持政策，采取技能培训、税费减免、贷款贴息、跟踪指导等措施，支持和帮助妇女成功创业； （3）性别平等原则在环境与发展、文化与传媒、社会管理与家庭等相关政策中得到充分体现
2005	《中华人民共和国妇女权益保障法（2005修正）》	全国人民代表大会常务委员会	（1）妇女在政治、经济、文化、社会和家庭生活等各方面享有与男子平等的权利； （2）国家保障妇女享有与男子平等的政治权利； （3）国家保障妇女享有与男子平等的劳动权利和社会保障权利； （4）国家保障妇女享有与男子平等的财产权利

续表

年份	政策事件	发文主体	部分政策条例
2015	《中华人民共和国妇女权益保障法（2015修正）》	全国人民代表大会常务委员会	（1）国家保障妇女享有与男子平等的劳动权利和社会保障权利； （2）在晋职、晋级、评定专业技术职务等方面，应当坚持男女平等的原则，不得歧视妇女； （3）国家保障妇女享有与男子平等的人身权利

资料来源：中国政府网、中国妇女研究网、北大法宝等权威网站和数据。

第二节　政策文本权威性以及交互关系分析

一、制定政策文本的主体构成及权威性分析

制定政策文本的主体，即政策的颁布部门。对我国女性人才政策的发文主体以及发布数量进行分析，可以准确地反映我国女性人才政策发展进程涉及的部门、各部门地位以及各部门之间的协作关系。

综观280份样本，中国女性人才政策制定共涉及14个部门之多，其中劳动和社会保障部在2008年与人事部合并为人力资源和社会保障部，有36份样本是由2个及以上部门联合发布。上述14个发文主体按其权威性可分为3个层次：以全国人大代表和人大常委会为最高层次，其次是国务院、国务院办公厅、最高人民法院和最高人民检察院，第三层是国务院下属机构和党中央下属组织。具体发布主体及其分布情况如图3-2所示。

从14个权威主体的发文总量来看，工青妇的发文数量最多，达62项之多，占到总发文量的22.1%，其次是国家卫生和计划生育委员会和民政部，总发文66项，占到总发文量的23.6%。工青妇指中华全国总工会、青年团中央和全国妇女联合会组成的组织团体，隶属于党组织，它是党开展群众工作的重要力量。工青妇组织作为我国政策法律的下行执行组织和监督机构，针对男女平等发展和女性人才的各个层面制定了详细的方针和发展规划，同时又对男女平等和女性人才政策文件的执行起到了很好的宣传和推动作用，是我国推动男女平等全面协调发展和女性人才培养至关重要的坚实力量。国家卫生和计划生育委员会和民政部是国务院下属机构组织，和工青妇都属于第三层权威主体，在男女平等和女性人

才政策的执行和推进中却是最为关键的环节。

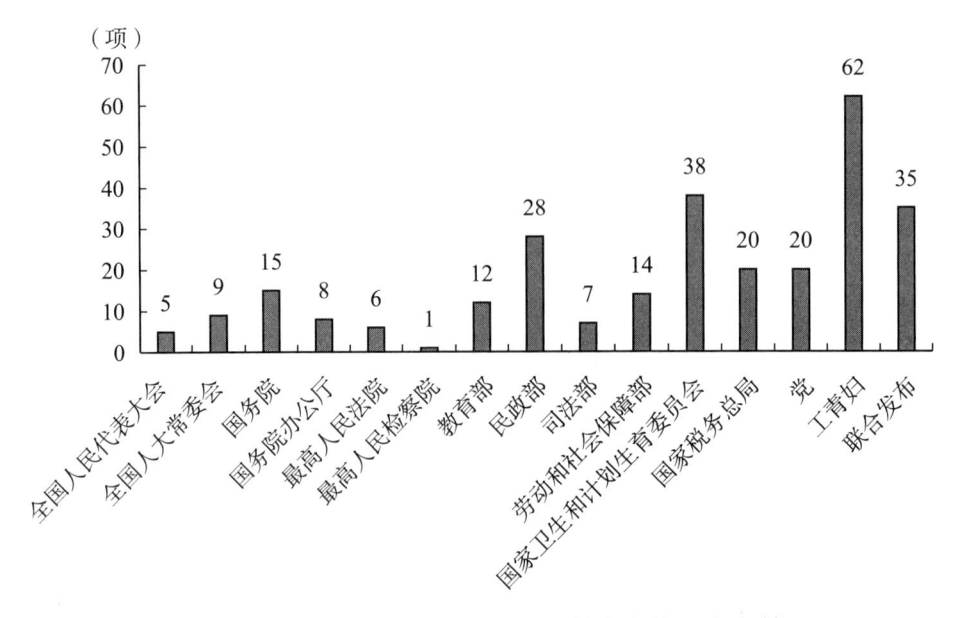

图 3-2　女性人才政策文本主要制定主体及发文量

资料来源：中国政府网、中国妇女研究网、北大法宝等权威网站和数据库。

全国人民代表大会以及全国人大常委会作为发文主体中权威性最高的机构，共颁布了 14 项男女平等和女性人才政策，虽然只占到发文数量的 5%，但是也起到了保障性作用，为了更全面、更细致地保障女性的权益，全国人大常委会对《中华人民共和国妇女权益保障法》修正过两次，从社会发展的基本层面确保我国女性的权益得到保障。

国务院作为发文主体中权威性仅次于全国人民代表大会以及全国人大常委会的机构，共颁布了 15 项相关政策，虽然也只占到 5.35% 的比例，但是国务院却在促进男女平等尤其是女性人才的发展上起到了重大作用。自 1995 年以来，国务院三次颁布《中国妇女发展纲要》，以妇女发展为主要目标，从多层次、多方面确保妇女能获得充足的发展资源与机会，最大可能地发挥女性在社会发展、经济活动以及各领域的作用。可以说国务院发布的政策能为进一步实现男女平等和促进女性人才发展起到很好的指引作用。

二、政策主题分布与发文主体的交互关系

透过政策主题可以了解政策文本的主旨与目的；通过政策主题与权威主体的

交互关系分析，可以反映不同政府部门在制定男女平等政策方面的职能与偏好。笔者通过对 280 份男女平等政策文本主旨及内容的分析，归纳了 8 类政策主题，如表 3-2 所示。

表 3-2　　政策主题分布情况

发文主体	综合	平等就业	教育培训	卫生保健	劳动安全	家庭地位	决策管理	性别歧视	创新创业	其他
全国人民代表大会	▲									
全国人大常委会	▲									
国务院	▲	▲	▲		▲		▲	▲	▲	▲
国务院办公厅		▲	▲				▲		▲	
最高人民法院		▲			▲			▲		
最高人民检察院										
教育部		▲	▲			▲				
民政部				▲		▲		▲		▲
司法部					▲			▲		
劳动和社会保障部		▲	▲		▲		▲			
国家卫生和计划生育委员会				▲	▲					
国家税务总局									▲	▲
中共中央		▲								
工青妇		▲	▲	▲	▲	▲	▲	▲	▲	▲
联合发布		▲	▲	▲	▲	▲	▲	▲	▲	▲

注：▲代表男女平等政策主要权威部门制定所包含的主题领域。
资料来源：中国政府网、中国妇女研究网、北大法宝等权威网站和数据库。

表 3-2 显示，对于男女平等政策制定而言，全国人大及常委会职能集中表现为制定具有最高效力的法律，其政策文件通常涵盖男女平等发展的方方面面，带有全局性、宏观性和重大基础性，对于具体政策方面涉及很少。属于第二层面的国务院颁布的政策文本中涉及的男女平等主体比较多，涉及平等就业、教育培训、劳动安全、决策管理、性别歧视、创新创业，但是关于具体的实施措施却鲜有涉及，只是起到引导和带领作用。第三层面组织机构众多，都是党中央和国务院为更好地落地执行各项政策而设立。除了工青妇之外，其他第三层面组织机构制定政策都有一定的侧重点，如教育部更关注妇女儿童培训教育；民政部关注保障女性的家庭地位；劳动和社会保障部维护妇女平等就业择业权；工青妇发布的

政策涉及主题较广，涵盖了除了综合方面的所有主题，这也与工青妇的主要职能符合，主要负责监督、执行、倡导、评估男女平等和女性人才政策。政策主题分布从侧面反映了我国女性人才政策制定过程中权威主题之间的相关关联、层次分工和协调复杂性。

三、政策文本主题与发文时间的交互关系

通过发文时间和政策文本主题的交互分析，可以看到每个阶段国家关注的男女平等发展重点，政策的每次演变都和历史的烙印密不可分，和当时我国社会经济发展状况密不可分。按照马克思的说法：男女平等的实现程度是衡量社会文明进步的重要标志。笔者按照三次妇女发展纲要为时间节点对三个阶段的政策主题分布进行统计，结果如表3-3所示。

表3-3　　　　政策文本主题与发文时间的交互关系　　　　单位：项

政策主题	综合	平等就业	教育培训	卫生保健	劳动安全	家庭地位	决策管理	性别歧视	创新创业	总和
1995～2000年	1	3	2	1	1	3	1	3	1	16
2001～2010年	10	34	17	21	12	4	7	15	10	130
2011～2015年	11	14	20	16	8	7	22	7	29	134
总和	22	51	39	38	21	14	30	25	40	280

资料来源：中国政府网、中国妇女研究网、北大法宝等权威网站和数据库。

表3-3显示，除了我国的最高权力机关——全国人民代表大会和全国人大常委会从法律的角度赋予男性和女性最基本的人身权利，各法律阶层基本都是围绕男性和女性的平等就业、教育培训、卫生保健、劳动安全、家庭地位、决策管理、性别歧视和创新创业这八个主题展开。具体考察三个阶段的主题分布看到：

在第一阶段（1995～2000年），女性的平等就业问题和家庭地位是国家关注的重点问题。虽然1978年开始改革开放后，我国的就业压力和就业形式得到了很大改善和补充，偏远地区的封建陋习逐步得到改善，女性开始在家庭中占到主要地位。但是，由于传统文化以及社会习俗的影响，男女平等的观念尚未成为社会共识，相应的制度并不完善，我国女性在教育、政治、管理等领域依然饱受歧视，女性人才的培养政策更为薄弱，在政府机关、企业高层等层次女性的占比远远不足1/3，女性在整个社会环境中的仍处于不利地位，尚未关

注到女性人才的培养，这一阶段关于男女平等和女性人才相关的政策制定处于起步阶段。

第二阶段（2001~2010年）是我国女性发展关键的十年，国家明显加强了对男女平等和女性人才发展的关注与投入。十年来，国家将妇女发展纳入国民经济和社会发展总体规划，不断完善保障妇女权益的法律体系，强化政府管理责任，加大经费投入，加强社会宣传动员，有力推动了"纲要"的实施。截至2010年，"纲要"确定的主要目标基本实现，我国在促进妇女发展和男女平等方面取得了重大进展。妇女享有社会保障的程度普遍提高，贫困妇女状况进一步改善；妇女参政水平不断提高，社会参与意识进一步增强；妇女受教育水平稳步提高，男女受教育差距进一步缩小；妇女健康水平明显提高，人均预期寿命进一步延长；保障妇女权益的立法、执法力度持续加大，妇女权益进一步得到保障；男女平等基本国策进一步深入人心，妇女发展的社会环境得到大幅改善（周泽将等，2012）。这一阶段关于男女平等和女性人才政策的制定发布数量是第一阶段的8倍之多，除了家庭地位外的7个政策主题的相关发文数量都明显增加，女性无论是从教育、就业还是社会参与上都得到了较好的发展，越来越多的女性在社会的各行各业中发挥作用。

在第三阶段（2011~2020年），《中国妇女发展纲要》设立了4大基本原则：全面发展、平等发展、协调发展、妇女参与，女性创新创业、决策管理、教育培训等成为新的时代焦点。进入新的阶段以来，我国的男女平等取得了重大成就，女性的潜力得到了有效开发，在各个领域出现了许多女性卓越人物，如前中国女首富、蓝思科技CEO周群飞、中国首个诺贝尔医学奖获得者屠呦呦教授、格力电器掌门人董明珠等。她们以卓越的才能和不凡的智慧为国家争得了荣誉，为社会带来了财富。各行各业都涌现出杰出的女性，发展女性人才为社会进步、经济发展、科技创新带去的巨大利益，使得社会观念从显性性别歧视转变为接受男女平等再到对女性才能和贡献的认可。这些都是我国男女平等和女性人才发展中取得的重要成果。

总体来说，虽然我国对男女平等和女性人才的关注起步较晚，每一阶段关于男女平等和女性人才的政策关注点都不同，但是自1995年颁布第一部《中国妇女发展纲要（1995~2000年）》以来，我国关于男女平等和促进女性人才发展的政策所取得的成效是显著的。人的发展需要环境和政策的支持，随着国际竞争日趋激烈，女性发展将成为我国更为重要的战略要地，相信之后我国关于女性政策的制定与颁布也会更侧重于女性人才的培养与发展。

四、女性人才政策制定尚需解决的问题

综上对男女平等和女性人才相关的政策文本的总体演进分析以及政策数量发展、政策制定的权威主体构成、政策主题及年度分布政策文本的特别说明和它们之间的交互关系等的统计分析和反思，笔者认为当前我国男女平等以及女性人才政策尚存在以下三方面问题需要解决。

第一，效力高的政策体现性别平等少、效力低的政策体现性别平等多。第一层面的发文主体在政策制定中往往要涉及方方面面的法律保护，因此在性别平等方面多是点到而不会具体阐释如何落地执行、设立什么阶段目标等问题。虽然相关部门制定的有关政策对男女平等问题进行了细化和补充，但往往达不到预期的理想效果。

第二，不同层面的政策之间存在冲突和无法衔接之处。女性人才的政策体系应该是一个有机的整体，层层深入，相互补充。但是由于我国的政策权威主体纵向差距较大，使得思想传递过程中出现误差。

第三，男女平等和女性人才的政策效果缺乏科学的评估机制。自1995年第四次世界妇女大会以来，男女平等成为我国的基本国策，从全国人大到基层组织相继颁布各种政策措施来提升我国的男女平等水平。表面上看，我国的男女平等发展确实取得了显著的成果，女性就业率得到了显著提升，教育程度得到提高，妇女地位得到改善，但是，我国与发达国家相比处于什么位置、我国各地区男女平等发展到什么程度、相关政策的落实情况，这些问题都需要一套科学的评估机制来考察。所谓知己知彼，因地制宜，建立一套完善的男女平等和女性人才发展政策效果评估机制将意义重大，评估结果为我国制定下一步女性人才的政策起到指引作用。

整体而言，随着我国经济的发展和社会文明程度的提高，中国对男女平等的重视程度越来越高，女性人才相关政策关注的主题慢慢从女性就业转变为决策管理，到现在的创新创业。到目前为止，女性的教育水平得到了显著提高，劳动参与水平和高管任职比例得到了大幅改善。从1995年第四次世界妇女大会召开后，男女平等被纳入我国基本国策始，到2016年"十三五"规划开始实施的关键年头，针对女性发展的政策主题经历了家庭地位、平等就业、教育培训、决策管理、创新创业，政策发文的主题构成从当初的以中共人大代表、国务院为核心慢慢渗透到省、市和地方政府，政策制定的内容更加全面详细，可行性越来越强，这为保障我国男女平等的发展建立了牢固的基础。

第三节 劳动力市场中女性参与对经济发展的影响效应

一、女性经济参与和经济发展的定义

女性经济参与,又称女性市场参与或女性劳动参与,一般指女性参与劳动市场进行生产建设的行为。根据世界经济论坛(World Economic Forum)每年发布的全球性别差异报告,全球性别差异指数包括四个指标:女性经济参与(economic participation and opportunity)、教育投入(educational attainment)、健康(health and survival)和政治权利(political empowerment)。其中,女性经济参与是和男性参与经济活动相比较(female-to-male ratio)的状况,包含五个维度:劳动参与比率(labor force participation)、薪酬平等(wage equality for similar work)、预期收入(estimated earned income)、高级管理(legislator, senior official, and managers)、专业技术人员(professional and technical workers)。与男性劳动参与率的同一性和稳定性不同,女性劳动参与率由于受到如宗教、文化风俗、教育、婚姻、生育、产业结构等诸多因素的影响,不仅在不同的国家或地区之间,甚至同一国家或地区的不同时期间,都显示出极大的差异性。这种不断变化的差异性以及导致这种差异性的不同因素,是我国在推动男女平等发展,制定相关政策需要思考并着手解决的问题。

经济发展,一般用一国(地区)的 GDP 增长率来描述。国内生产总值(gross domestic product,GDP)是指在一定时期内(一个季度或一年),一个国家或地区的经济中所生产出的全部最终产品和劳务的价值,常被公认为衡量国家经济状况的最佳指标。它不但可以反映一个国家的经济表现,还可以反映一国的国力与财富。

二、基于国家统计局数据的女性经济参与影响效应分析

(一)样本选择和数据来源

笔者选取了 2006~2015 年的女性经济参与影响因素和 GDP 增速作为研究对

象。世界经济论坛从2006年起每年会发布一本权威的世界性别差异报告，对全球参与排名的100多个国家的性别平等发展水平进行评价打分排名，结果受到国际公认。因此，我们借鉴世界性别差异报告里面对女性经济参与的定义分成5个维度，数据样本来源于国家统计局的数据库，这5个指标的比例综合反映了女性经济参与的水平，且相关性非常显著。GDP增速作为反映一国经济发展快慢的指标，是国际通用标准，笔者认为其可以用来作为被解释变量评估女性经济参与在宏观层面的影响效应。

（二）回归模型和变量定义

为了实证检验女性经济参与特征对经济发展的影响，我们根据国内外现有研究文献建立了以下实证回归模型：

$$\Delta GDP = \beta_0 + \beta_1 \times LP + \beta_2 \times WE + \beta_3 \times EI + \beta_4 \times SM + \beta_5 \times TW + \xi \quad (3.1)$$

其中，ΔGDP 为 GDP 增速；LP 为女性劳动参与比例，根据国家统计局准则，女性劳动参与比例等于女性劳动参与人数除以男性劳动参与人数；WE 为男女薪酬比例，即男女相同劳动薪酬的比值；EI 为预期收入比例，即男女预期收入的比值；SM 为女性高管人数和男性高管人数的比值；TW 为女性和男性技术人员人数的比值。

（三）数据统计结果

1. 描述性统计结果

表 3-4 描述了中国女性经济参与指数和 GDP 增速在 2006~2015 年的分布情况。从表 3-4 中可以发现，在 2006~2015 年我国女性经济参与指数平均为 0.670，世界平均经济参与指数为 0.612，远远领先于世界平均水平，说明在实行《中国妇女发展纲要（2001~2010 年）》期间，我国女性经济参与水平都属于较高水平。在 2014 年以前，中国经济参与指数都高于世界平均，但这种差距在慢慢缩小，到 2014 年则被世界平均水平赶超，说明全球来看，各国（地区）也越来越重视女性经济参与，整体水平在不断提高，十年间提高了 0.096，而我国的增长仅有 0.036，增长幅度缓慢，需要国家相关政策的重点支持和社会意识的变革（张琨等，2013）。此外，十年间我国 GDP 增速经历了过山车式的变化，从 14.2% 的飞速发展到 6.9% 的平稳过渡，直观反映了我国经济快速发展的黄金十年。女性作为市场经济里面重要的人力资源，特别是随着女性教育水平的不断提升，越来越多的接受过高等教育的女性进入劳动市场，参与经济发展，提供了充足的劳动力，女性参与经济对经济发展的促进作用开始得到世界各国的重视。

表 3-4　　中国女性经济参与指数和 GDP 增速的年度分布

项目	2006年	2007年	2008年	2009年	2010年	2011年	2012年	2013年	2014年	2015年	平均
中国经济参与指数	0.621	0.648	0.692	0.696	0.693	0.683	0.675	0.675	0.656	0.657	0.670
世界平均经济参与指数	0.596	0.577	0.587	0.594	0.590	0.588	0.599	0.601	0.696	0.692	0.612
GDP 增速（%）	12.7	14.2	9.6	9.2	10.3	9.5	7.7	7.7	7.3	6.9	9.51

表 3-5 描述了按照世界经济论坛划分的我国女性经济参与指标在 2006~2015 年的分布情况。从表 3-5 中可以看出，女性劳动参与的比例较高，平均就业率达到 46.4%，但是整体上中国女性经济参与相比男性全部处于劣势，特别是劳动参与率、相同工作的薪酬比、预期收入和高管人员都比男性在经济参与中的占比要少，在高管人数中，女性高管甚至不到男性高管人数的 1/5，形势不容乐观，大部分女性在高管团队中仅仅起到象征主义作用，对企业决策起不到任何决定作用。在技术人员指标上，2008~2015 年，女性和男性的人数刚好持平，可以看出女性在经济参与中大部分依然处于管理阶层的中低水平。

表 3-5　　中国女性经济参与指标年度分布

年份	劳动参与	薪酬平等	预期收入	高管人员	技术人员
2006	0.84	0.61	0.66	0.14	0.82
2007	0.86	0.69	0.64	0.14	0.82
2008	0.86	0.74	0.64	0.20	1.00
2009	0.91	0.71	0.65	0.20	1.00
2010	0.88	0.70	0.68	0.20	1.00
2011	0.88	0.69	0.65	0.20	1.00
2012	0.88	0.66	0.65	0.20	1.00
2013	0.88	0.66	0.64	0.20	1.00
2014	0.84	0.63	0.64	0.20	1.00
2015	0.84	0.65	0.62	0.20	1.00

2. 多变量回归分析结果

笔者先将女性经济参与的各项指标和经济参与指数做多变量线性回归，结果如表3-6所示，女性经济参与的五个指标：劳动参与、薪酬平等、预期收入和技术人员对经济参与指数的影响效应非常显著，且全部为正向影响。劳动参与和薪酬平等对经济参与指数的影响系数分别达到0.232、0.295，技术人员的比例和高管人数比例这两个解释变量存在多重共线性，对经济参与指数的影响效应一致。

表3-6　　　　　　女性经济参与指标与经济参与指数

模型	非标准化系数		标准系数	t	Sig.
	B	标准误差	试用版		
（常量）	-0.009	0.021		-0.428	0.686
劳动参与	0.232	0.027	0.224	8.692	0
薪酬平等	0.295	0.014	0.484	21.270	0
预期收入	0.176	0.032	0.115	5.570	0.003
技术人员	0.171	0.007	0.542	26.036	0

注：因变量为经济参与指数。

笔者将女性经济参与的各项指标和GDP增速做线性回归，结果如表3-7所示。女性经济参与的五个指标对GDP增速的影响效应非常显著。女性劳动参与比例、薪酬平等水平和预期收入比对GDP增速有显著正向影响，其中，薪酬和收入对GDP增速的影响因子较高。但是技术人员对GDP增速的影响呈显著的负相关，技术人员比例的影响系数则为-30.362，负向影响非常明显，由于高管人员比例和技术人员比例存在多重共线性，影响效应一致，因此可见女性参与高管的比例对GDP具有负面影响。

表3-7　　　　　　女性经济参与指标与GDP增速

模型	非标准化系数		标准系数	t	Sig.
	B	标准误差	试用版		
（常量）	0.931	6.019		0.155	0.883
劳动参与	4.273	7.614	0.041	0.561	0
薪酬平等	25.715	3.957	0.423	6.499	0.001
预期收入	37.437	8.998	0.246	4.160	0.009
技术人员	-30.362	1.870	-0.967	-16.234	0

注：因变量为GDP增速。

三、女性经济参与影响效应结果阐释

我国女性人才相关政策在促进女性走出家庭、参与经济方面确实取得了非常大的成就，正如我们目前感知的一样，男性和女性在工作的各个方面似乎都实现了性别平等，甚至女性的地位在某些领域都超过了男性（孙元等，2008）。

但是，反观前文的回归分析结果，我们看到政策产生的效应在经济发展层面并不是都能产生正向影响，甚至会阻碍经济的发展。我们不禁反思，是什么原因导致经济发展的表现背离了当初政策制定的初衷，是政策执行的还不够深入彻底，还是政策的结果效应本身只是一种象征，或者政策本身关注的主题就是一个错误。结合当前实际，笔者做出如下解释：

首先，女性人才相关政策制定的初衷就是为了促进女性发展，提高我国的男女平等水平，因此，我们在考察政策效果时，不仅仅需要考虑经济发展这一被解释变量，女性人才成长和男女平等的发展水平涉及社会发展的诸多方面，其中，男女平等的发展水平就可以用来衡量社会文明的发展程度。而社会文明的进步包含诸多方面，我国一直提倡建设富强、民主、文明、和谐的社会主义现代化国家，经济发展促进富强，男女平等体现民主和谐，因此，女性人才政策和经济发展产生的悖论是关注的结果效应差异导致的。

其次，薪酬平等和预期收入更能激发女性的生产工作动力，创造更多的价值，因为目前大部分女性仍然从事的是中低层的工作。妇女研究所学者马冬玲研究了女性领导的临界规模与组织性别歧视现象的关系，指出组织领导团队中的女性比例达到30%能够有效减少性别歧视现象，这种作用在政治、经济和研究领域以及体制内外组织中均存在，而我国女性高管参与的比例还远远没达到临界规模，这对企业乃至社会整体的性别意识产生很大的负面影响，因此，女性员工在遭遇不公平对待的情况下容易做出反生产行为。

最后，随着经济增长，女性劳动参与比例逐渐上升，然而大部分女性从事的依然是附加价值相对较低的工种，如行政、服务员、低层白领，高管人员和技术人员正如表3-5中展现的那样，女性参与高管团队的比例不到男性人数的1/5，她们往往在团队中起到象征的作用，在团队决策时无法真正左右决策，甚至会因为附和、犹豫等影响决策推动，降低企业绩效。

第四节 高管团队中女性参与对企业绩效的影响效应

一、女性参与高管团队和企业绩效的定义

（1）女性高管。在目前的研究中有以下几种关于女性高管的定义。一种观点是按照《中华人民共和国公司法》中相关规定，女性高级管理人员是指公司的经理、副经理、财务负责人及上市公司董事会秘书和公司章程规定的其他人员中的女性管理者。另外一种观点是从广义及狭义层面定义高管团队，广义层面而言，女性高管包括董事会、监事会和高层经理人员中的女性，包括女性董事长、女性CEO、CFO在内的全部女性管理人员；狭义层面而言，单单指女性高层经理人员。笔者从所获得的数据量化情况角度考虑，采用女性高管的定义为广义层面，也就是指包括董事会、监事会及高层经理人员中的女性（祝继高等，2012）。

（2）企业绩效。目前对企业绩效的评价方法大多分为三类：第一类是采用调整的方法，通过调整某些财务指标，使之更能反映企业的实际经济情况，反映企业未来的价值，这种类型的主要代表就是经济增加值法；第二类是对财务指标进行补充，通过非财务指标的扩充来弥补评价体系的不足，这方面的代表是平衡计分卡；第三类是抓住企业"关键"，即结合企业的战略发展需要，选取企业中更能够反映企业战略方面能力发展水平的关键要素对企业绩效水平加以评价，这方面的主要代表是关键绩效指标法（任颋等，2010；李江雁，2014）。

二、基于国泰安数据库的女性高管参与对企业绩效的影响分析

（一）样本选择和数据来源

笔者研究的初始样本为 2013~2015 年沪市所有上市公司，剔除金融企业（公司治理比较特殊）、ST、*ST、暂停上市、退市的情况及数据缺失的公司后，一共得到 2 920 家上市公司的 6 860 个观测样本，部分董事会性别构成数据经抽样与上市公司公布的年度报告进行核对和更正。在研究中，高层管理团队指包括

董事会、监事会及高层经理人员在内的所有高层管理人员。笔者所使用的财务报表及高管团队相关信息数据来源于国泰君安数据库。数据处理和统计分析工作由手工统计计算整理及 Excel 2003 和 SPSS 统计分析软件完成。

在获得了 2 920 家上市公司的高管团队的样本后,进行手工收集,对女性参与情况加以筛选,并逐个手工计算出各上市公司女性高管占比、各企业女性高管平均年龄均值、女性高管任职时间均值、女性高管平均教育水平均值、女性高管平均收入水平均值、企业规模、ROE、ROA、Tobin'Q 等数据。

(二) 实证模型和变量定义

为了实证探究女性经济参与对微观企业绩效的影响效应,我们根据国内外相关研究文献,得出以下的实证回归模型:

$$Perf = \beta_0 + \beta_1 Fem + \beta_2 Num + \beta_3 Board + \beta_4 Age + \beta_5 Salary + \beta_6 Tenure + \varepsilon \quad (3.2)$$

其中,$Perf$ 为公司绩效变量,模型中为被解释变量,我们分别选取净资产收益率(ROE)和托宾 Q 值(Tobin'Q)两个指标作为公司绩效的代理变量,前一个指标反映公司会计绩效,后一个指标反映公司市场绩效。Fem 为董事会中女性董事比例变量,根据卡特(Carter et al.)以及亚当斯和费雷拉(Adams & Ferreira)的研究,我们采用董事会中女性董事人数除以董事会总人数进行度量。Num 为公司高管总人数。$Board$ 为企业规模。Age 为公司女性高管的年龄。$Salary$ 为女性高管薪酬和男性高管薪酬的比值。$Tenure$ 为女性高管在公司的任职时间,这些均为模型的解释变量。同时,将 Ind 和 $Nature$ 作为式(3.2)的控制变量,Ind 为企业性质,按照中国证监会的行业分类方法,主要包含 11、12、13、14、15、16、17、18、19、110、111、112 这 12 个行业,排除金融行业。11 代表农、林、牧、渔业;12 代表采掘业;13 代表制造业;14 代表电力、煤气及水的生产和供应业;15 代表建筑业;16 代表交通运输、仓储业;17 代表信息技术业;18 代表批发和零售贸易业;19 代表房地产业;110 代表社会服务业;111 代表传播与文化产业;112 代表综合类。$Nature$ 代表公司性质,按照中国证监会的分类分为央企国资控股、省属国资控股、地方国资控股、民营企业和集体企业。

(三) 数据统计结果

结合本章第一节中的分析,目前我国女性经济参与的高管比例不及男性的1/5,因此对经济发展产生了显著的负向影响。本书为了重新检验这一结果,将女性高管占比 20% 为占比高低的临界值组建对照,同时分析在女性高管占比高于 20% 的情形下女性经济参与是否依然对企业业绩产生负向影响。根据施雷德(Shrader, 1997)与弗朗科尔(Francoeur, 2008)研究发现,女性高管比例较低时对公司绩效没有影响或有负影响，当女性高管达到一定比例时，有高比例的女性高管公司绩效优于其他公司（Breesch D & Branson J，2009）。

1. 统计性描述

笔者先以女性高管比例20%为临界值区分女性高管占比的高低，2 920家上市公司6 860个面板数据中，4 232个面板数据女性高管比例在20%以下，2 628个面板数据女性高管比例在20%以上，针对两组数据分别进行统计和分析，结果如表3-8所示。

表3-8　　　　　　　　变量的描述性统计结果

变量	20%临界值以下				20%临界值以上			
	极大值	极小值	平均值	标准差	极大值	极小值	平均值	标准差
ROE	1.372	-3.282	0.062	0.157	1	-9	0.07	0.256
$Robin'Q$	965.036	0.7110	3.359	16.328	983	1	4.17	19.674
Fem	0.20	0.024	0.125	0.0472	1	0.2059	0.291	0.070
Num	50	9	20.16	5.373	45	9	18.34	4.571
Age（岁）	73	26	46.81	6.217	65	31	45	4 500
$Salary$	7.010	0.013	0.821	0.535	7	0.047	0.848	0.447
$Board$	29	15	22.16	1.357	26	16	21.17	1.10
$Tenure$（月）	163	1	44	24.97	128	4	42	18.117
Ind	控制变量							
$Nature$	控制变量							

在女性高管比例大于20%的样本组里面，女性高管比例平均值仍然只有29.1%。从6 860个面板数据来看，女性高管平均比例只有18.1%，说明女性在企业中高管任命的比例和中国整个经济下女性高管的比例18.8%基本一致，反映了目前我国女性在企业高管中任命比例非常之低的现状，远远落后于经济参与指数领先的国家。根据世界经济论坛的性别差异报告，挪威2015年女性高管比例达到42%，芬兰达到38%，瑞典达到45%，这些国家很早就在法律中对上市公司企业女性高管比例做出严格的要求，如果达不到要求的标准，企业资格可能会被吊销。上市公司女性高管的平均年龄在45岁左右，这也符合女性职业生涯成长的过程，一般女性在40岁以后会迎来职业的成熟期（Adams R. B.，Perreira D.，2009）。女性高管比男性高管的薪酬比的平均值为83%，略低于男性高管的薪酬。女性高管在上市公司的高管任职平均时间是44个月，考虑到我国女性的

职业退休年龄为 50 岁，男性的职业退休年龄为 60 岁，因此，女性高管的任期相比男性要短几年时间，这进一步限制了女性高管参与的比例（Breesch D & Branson J，2009）。

从两组对比来看，女性高管比例大于 20% 的样本组的财务绩效（ROE）和市场绩效（Tobin'Q）的均值都高于女性参与高管比例小于 20% 的样本组，因此组间对比来看，女性高管参与的比例高，企业绩效相对要好。

2. 实证分析结果

按照表 3-8 以 20% 为女性高管比例为临界值区分的对照组分别利用式（3.2）的回归模型进行分析，得出结果如表 3-9、表 3-10 所示。

表 3-9　　女性高管比例高于 20% 的回归分析结果

模型	非标准化系数		标准系数	t	Sig.
	B	标准误差	试用版		
（常量）	-0.029	0.027		-1.072	0.284
高管总人数	-0.002	0	-0.135	-6.466	0
女性高管比例	0.036	0.018	0.040	2.019	0.004
董监高中女性平均年龄（年）	-2.354E-5	0	-0.002	-0.084	0.933
企业规模	0.005	0.001	0.089	4.272	0
女性高管薪酬比例	0.003	0.003	0.022	1.133	0
女性高管平均任职时间（月）	0.000	0	-0.089	-4.368	0

注：因变量为净资产收益率（ROE）。

表 3-10　　女性高管比例低于 20% 的回归分析结果

模型	非标准化系数		标准系数	t	Sig.
	B	标准误差	试用版		
（常量）	-0.269	0.043		-6.187	0
高管总人数	-0.002	0.001	-0.077	-4.510	0
女性高管比例	-0.091	0.051	0.027	1.761	0.083
董监高中女性平均年龄（年）	-0.001	0	-0.027	-1.669	0.095
企业规模	0.018	0.002	0.153	8.794	0
女性高管平均任职时间（月）	-1.334E-5	0	-0.002	-0.134	0.893
女性高管薪酬比例	0.007	0.005	0.023	1.520	0.129

注：因变量为净资产收益率（ROE）。

对比两组数据我们可以看到，当上市公司女性高管比例高于 20% 时，女性高管比例、企业规模、女性高管薪酬比例、对企业绩效具有正向影响，高管总人数对企业绩效具有负向影响，而女性高管任职时间以及女性高管年龄对企业绩效没有影响；当上市公司女性高管比例低于 20% 时，高管总人数对企业绩效具有显著的负向影响，企业规模对企业绩效具有显著正相关。女性高管年龄、女性高管任职时间、女性和男性高管薪酬比对企业绩效没有显著的影响作用。而女性高管比例虽然对企业绩效有负向影响，但是不够显著。另外，在企业绩效的影响因子中，女性高管的比例对企业绩效的影响系数最大，在女性高管比例高于 20% 时影响系数为 0.036，当女性高管比例低于 20% 时影响系数为 -0.091。

三、女性参与高管团队对企业绩效影响结果阐释

通过对 2 920 家上市公司 2013~2015 年 6 860 个观测样本进行分析，得出当上市公司女性高管比例高于 20% 时，女性高管比例、企业规模、女性高管薪酬比例对企业绩效具有正向影响，高管总人数对企业绩效具有负向影响，而女性高管任职时间以及女性高管年龄对企业绩效没有影响；当上市公司女性高管比例低于 20% 时，高管总人数对企业绩效均具有显著的负向影响，企业规模对企业绩效具有显著正相关，女性高管年龄、女性高管任职时间、女性和男性高管薪酬比对企业绩效没有显著影响作用，女性高管比例虽然对企业绩效有负向影响，但是不够显著。对比女性经济参与和经济发展的关系可以看到，当女性高管比例小于 20% 时，尽管女性高管比例对企业绩效起到不显著的负向影响，但可以看出女性经济参与在宏观经济发展层面和微观企业绩效层面产生的双重效应是一致的。而当女性高管比例大于 20% 时，女性高管比例这一变量对企业绩效变成显著正相关，验证了女性高管比例 20% 具有临界效应的作用，同时进一步说明在企业经营乃至我们的国家经济发展中，当女性高管的比例偏低时，女性往往是因为政策的原因在组织中起到象征主义的作用，从人力资本理论、社会性别理论、人才梯队理论角度来看，是不满足这些理论发挥作用条件的，女性对于组织的经营决策无法起到真正的影响作用，甚至会因为感受到不公平对待产生反生产行为，不利于经济和企业的发展，而当女性高管比例超过 20% 时，对企业绩效发展能起到正向影响的作用，因此企业可以在提升女性高管占比上做出更多努力，促进企业绩效改善。

如今女性精英存在于各行各业，相比于传统女性，她们具有更广阔的视野、更丰富的知识阅历，已逐渐成为推动国民经济发展的重要动力，也是社会发展进步的一大标志。当代中国发展迅速，经济繁荣，女性的自由得到了极大的解放，

她们也拥有更为广阔的平台，拥有更多的机会去充实自己，不断吸取新的营养，从容面对新时期的机遇与挑战，我们也能看到社会各界女性人才在各自的岗位上不断突破自我，创造新的辉煌，女性人才的社会竞争力不断增强，社会地位也不断提高。目前所取得的这些成果与女性人才自身的努力分不开，与我国女性人才相关政策的不断完善分不开，虽然女性经济参与的结果还不甚理想，但是我们依旧相信，随着国家的社会经济发展不断深入，以及相关政策的不断完善，女性的经济参与也会不断深入，其经济参与带来的利益也会不断增加。

探索篇

第四章

女性高层次人才职业成长的影响因素

女性高层次人才是高层次人才群体的重要力量,学者们关于高层次人才职业成长过程中的影响因素研究已经取得一系列的成果(见表4-1),主要包括微观层面的个体因素,比如个人能力、价值观等;中观层面的组织及家庭因素,比如组织支持、家庭角色等;还包括宏观层面的社会观念及政治、法律环境等因素。

表4-1　　　　　　　高层次人才成长的影响因素

影响层面	学者	影响因素
微观	塞尔伯特·克雷默和林登(Seribert、Kraimer & Linden, 2001)	社会网络
	梁红静(2008)	学习能力、知识结构和情商、智力因素、身体素质
	Hopkins & Bilimoria(2008)	能力
	库钦克、康和奥(Kuchinke、Kang & Oh, 2008)	价值观
	罗青兰(2012)	个人价值观、社会网络及胜任力
	周文霞等(2015)	人力资本、社会资本、心理资本

续表

影响层面	学者	影响因素
中观	尼尔森和凯尔森（Nielsen & Kjeldsen, 2000）	家庭角色、家庭价值观
	伍、埃比和索伦森等（Ng、Eby & Sorensen et al., 2005）	组织支持
宏观	奥尼尔（O'Neil, 2004）	刻板印象
	塔伦诺（Tharenou, 2005）	环境
	文魁等（2006）	政策、法律、市场、技术和文化等宏观环境
	霍普金斯和比利莫瑞亚（Hopkins & Bilimoria, 2008）	性别歧视
	罗青兰（2012）	文化制度

女性高层次人才一方面具有高层次人才的一般特征，另一方面又具有自身的独特性，因而各因素对女性高层次人才影响的显著性程度也与一般高层次人才有所差异。塔伦诺（2005）发现，个体和环境因素对男性和女性职业成功的影响作用存在明显的差异，其中个体因素能够更大程度地解释男性职业成功的变异，而环境因素对女性职业成功的解释力则较大。女性高层次人才成长的影响因素主要涉及社会性别规范、性别歧视、职业动机、人力资本、社会网路、玻璃天花板、导师、工作—家庭平衡等内在的研究构念。郑敏芝（2008）认为，传统思维定式、女性群体自我认同缺失、外部客观现实强化、内在基本素质弱化等都影响到了女性高层次人才的成长。笔者根据以往学者们的研究成果，从微观的个体层面、中观的家庭和组织层面以及宏观的社会层面来分析它们对女性高层次人才的成长所产生的影响。

第一节　个体层面

两性天生的性别差异为心理与行为差异提供了最初的基础解释，传统思维定势、女性群体自我认同缺失、外部客观现实强化、内在基本素质弱化等又进一步影响到了女性高层次人才成长（郑敏芝，2008）。尽管所处的文化背景不同，社会对性别角色的期望不同，男性主导的思想影响着绝大多数的女性，女性在心理层面上认为自身的才能和思想只适合从事相对具体的工作，而不适合进行宏观的工作，这一心理暗示导致大部分女性缺乏追求卓著和杰出的精神，进而影响自身的未来发展。范维恩和费舍尔（Van Vianen & Fischer, 2002）的研究表明，女性会自觉或不自觉地做"自我定位模式"。也就是说，她们把自己的个体特征（她们以为是女性的）和那些男性进行对比，并得出她们想（或不想）赶上或追求那些群体的特征，进一步形成她们的职业追求方向。

研究女性高层次人才职业成长的影响因素需要先考虑女性个体层面的因素。周文霞等（2015）从个体层面出发，通过文献研究和小组访谈等方法，提出影响职业成功的因素包括人力资本、社会资本、心理资本，但并没有对三者具体的指标进行界定。本书认为女性高层次人才职业成功个体层面的影响因素包括人力资本（教育水平、工作经历、人口学变量和女性领导特质）、心理资本（职业动机、职业价值观、自我效能感和"心理天花板"）和社会资本（资源积累、职业支持），如图 4-1 所示。

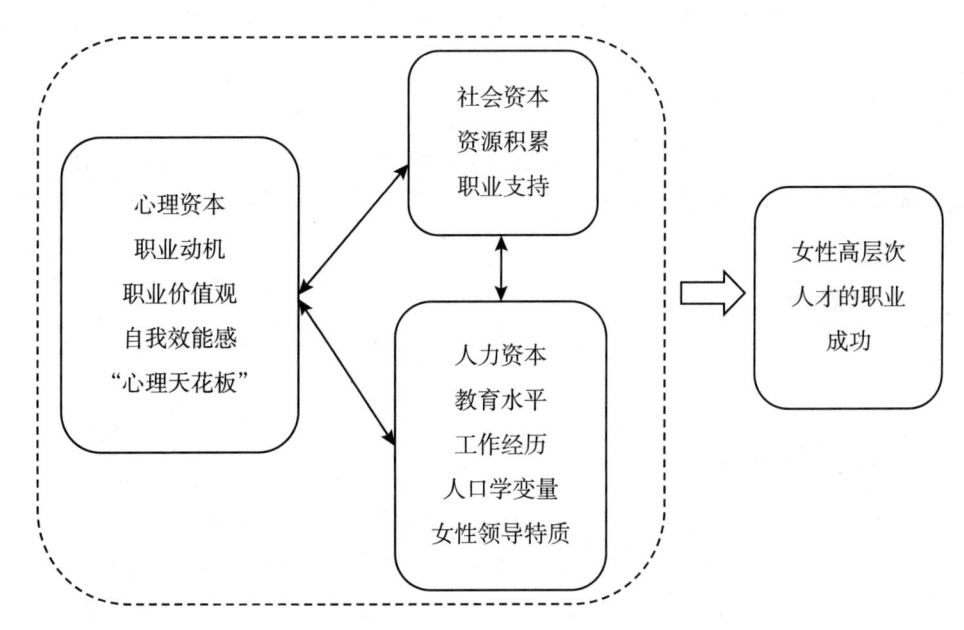

图 4-1　女性高层次人才职业成长个体层面的影响因素

一、个体人力资本

人力资本是影响女性高层次人才职业成长及成功的重要个体因素，主要体现为个人的教育水平、工作经历、年龄等人口学变量及女性领导特质等，对于中国的女性高层次政治人才来说，还包括党校经历。格哈特（Gehart, 1990）通过研究发现，随着市场经济的发展，更多的女性在受教育程度和工作经验等方面和男性大体相同，但是女性在职业发展尤其是进入组织高级管理层方面和男性相比仍有很大的差距。利内斯和汤普森（Lyness & Thompson, 2000）的研究发现女性高管拥有较好的职业轨迹记录、丰富的工作经历和委派性工作经历对其职位晋升具有重要作用。基顿（Keeton, 1996）研究了政府部门中高层女性管理者的特征，结果显示，人力资本中的教育、智力、工作的竞争力和技术技能与职业成功有着高度的相关性。北京党政女性领导人才成长规律课题组（2009）的研究认为，工作经历和教育背景影响女性领导人才成长。奥布莱恩等（O'Brien et al., 2010）的研究发现：经历对职业发展产生重要影响且不存在性别差异。哈桑（Hassan, 2007）研究表明，人力资本中的教育水平、工作投入、工作经历和工作时间正向影响职业成功。诸多学者的研究都已表明个体的人力资本与职业成功有着密切关系，女性高层次人才职业成功的因素也不例外，教育水平、工作经历、人口学变量以及女性领导特质从不同程度上影响着女性高层次人才职业成功。

（一）教育水平

丰富的知识储备是每一位女性高层次人才所具备的基本素质。被研究的女性高层次人才表现为在学生时期成绩优异、学习勤奋，课外兴趣爱好广泛，并且具有良好的教育背景。这些条件为以后的职业生涯奠定了扎实的基础，一方面奠定的基础知识，能够帮助她们适应工作中的挑战；另一方面培养了她们较强的学习能力，使其在面对工作中新的困难和挑战时，能够不断充实提升自己，尽快满足工作需要。

（二）工作经历

女性高层次人才作为自己所在行业的杰出人物，具有丰富的工作经验和个人体会，这为她们的职业成功和职业发展模式的突破提供了现实基础。例如，企业中的女性高层次人才在自己的领域中掌握了丰富的管理经验与技术经验，同时对自己的行业有充分的了解和认识，这也为许多高层次人才发展成为创业者提供了先前经验的指导。中国女性高层次政治人才大多从知青、工厂工人等基层岗位锻炼，展示出一定的工作能力后再晋升上来。这一特色的形成主要是历史环境造成的结果，扎根基层，努力工作，特别是20世纪70年代末"上山下乡"运动的影响，使得大部分女性得到了进入党校等学习的机会，这样的再学习深造为以后的政治生涯职业成长奠定了基础。

(三) 人口学变量

人口统计学变量对女性高层次人才职业成长的影响包括两个层面，一个层面是年龄、性别、婚姻状况等客观的变量因素对女性造成各种家庭及生理的负担及负面影响，在目前的社会条件下，女性在就业、工资待遇、社会地位、子女教育、照顾老人等方面的压力都大大高于男性（李亚明，2002），角色冲突、工作压力、心理控制源、生理特点、社会分工和社会期望等因素显著影响高知女性的精神生理健康；另一个层面是这些人口学变量会进一步产生女性在职业发展中自身的"身体素质困境"，女性高层次人才在工作和家庭的平衡、精神与生理的压力中，往往忽视自己的身体状况，而体质健康的下滑则会进一步制约她们的工作绩效及其职业发展。

(四) 女性领导特质

女性高层次人才在各个领域担当不同的角色，而且较多的担任着自己领域的领导职位。目前对女性领导的研究多从女性领导力、女性领导特质、女性领导模式等方面出发，但在理论界还没有形成有关女性领导力的确切定义，学者们对女性领导力的解释也有许多不同观点（见表4-2）。由海华德著，陈光、刘建民翻译，2006年12月出版的《女性领导力》一书，以数十位女性的工作经历为视点，探讨了女性所需要的领导技巧。母性管理观点也是女性领导模式的一个重要组成部分。我国对女性化领导模式的研究主要还是借鉴了西方相关的研究模式，从女性领导者的风格或方法角度进行切入，与女性特质相结合，认为既能够运用女性特质、女性魅力等优势，发挥其独特的影响力，又可以不断实现其自身价值并达成组织目标的女性就是女性领导者。

表4-2　　　　　　　　　　女性领导力的相关解释

学者	主要观点
陈方（2005）	女性领导能力是指注重远见、创新、战略、把握方向、变化，做正确事情的能力，包括形成组织远景的能力、定义宗旨的能力、制定战略和目标的能力、建立组织文化的能力、建立制度和系统的能力等
童兆颖（2004）	女性领导力主要表现为核心专业技术能力、敏锐性、进取心、组织力和创造环境能力等几个方面

续表

学者	主要观点
黄丽蓉（1996）	女性领导力的特征应该归纳为以下五个方面：互动型的领导风格、组织关系呈包容性的蛛网状、全面而多元的思考方式、授权与团队建立、重视员工的教育与成长
聂志毅（2010）	女性拥有的职业优势包括敏锐的直觉力、合作天赋、客观务实、关心他人、善于随机应变和精打细算

女性领导自身的特征会对女性高层次人才职业的成长与发展产生深刻影响。女性特有的亲和力可以满足其追随者希望得到认可和尊重的需求，较强的沟通能力符合柔性领导的需求。女性领导力的这一系列特征在帮助女性领导者赢得支持的同时，也与转型时代未来组织发展所需的领导新趋势不谋而合，相得益彰，有利于女性领导力在新形势下的发展。

（1）女性独特的领导风格。国内的研究发现，与男性领导者相比，女性领导者在沟通、语言表达、协调、亲和力、情感、财务领域和思维全面性等方面，都占有一定的优势。另外，女性领导者也更加注重细节、擅长团队组建、有韧性、有高信用度、善解人意和富有人情味的工作方式等，这些优势无疑都有助于形成女性领导力的独特优势。同时，在沟通方式的选择上，女性领导者更倾向于言传身教。相比于男性领导者，女性常会运用教育、说服、引导等艺术性较强的领导技能，而非以权威、命令等方式进行协调，女性领导者通过劝导、教育等一系列人性化的手段，使她们获得更多的成员认可与支持，并提高整个组织的协调性和工作效率。此外，女性领导者注重细节、情感方面的独特优势，帮助她们与上级、同事以及下属建立和保持良好的关系，获得更多的支持与拥护。

（2）女性独特的领导特质。女性高层次人才在许多领域也是领导人才，比如商业领域的女性经营管理人才、政治领域的女性政治人才、科技领域的女性科技人才等，她们不仅需要面临来自工作中多方面的困难，还要处理源于性别角色本身的障碍。面临重重挑战，笔者研究的女性高层次人才通常能够以积极乐观的态度面对，当克服困难时，她们更加乐观、充满希望、有韧性，不断追求创新。在领导特质方面，她们表现出多元的类型，一方面情绪稳定，处事风格低调沉稳；另一方面具有外倾性，善于倾听，也善于让人倾听；同时，她们保持开放性，在做决策的时候，能够广泛听取群众的意见。作为女性领导，她们对身边的下属或同事关怀备至，对工作尽责，任何时候都保持认真细致的态度。

二、个体心理资本

路塞斯等（Luthans et al., 2005）将心理资本界定为"个体一般积极性的核心心理要素，具体表现为积极组织行为标准的四种心理状态，即希望、乐观、坚韧及自信"。心理资本是保持个人竞争力、获得职业成功最根本的因素，在女性高层次人才的职业成长以及职业成功的取得中心理素质具有至关重要的作用。学者们关于心理资本对职业成长与成功的影响也进行了诸多探讨，相关的主要观点如表4-3所示。

表4-3 心理资本对职业成长及成功的影响

学者（年代）	主要观点
Ng 等（2005）	责任心、外向、经验的开放性、主动性等对晋升、薪酬、职工满意度均有积极影响
贾奇伍等（Judge et al., 1999）	责任心能够较好地预测职业成功，责任心强的更容易获得职业上的满足感、较高的薪酬以及职业晋升；而神经质对于职业成功的影响是负面的；外向性对客观职业成功产生积极影响
霍布福尔（Hobfoll, 2002）	心理资本较高的员工更可能实现个人目标，并取得职业成功。本质上，心理资本是促进个体积极发展的内部心理资源，不仅包括希望、乐观、坚韧、自信和积极情绪等状态，也包括与工作和角色相关的行为
卢森（Luthan, 2003；2005）	自我效能感、乐观和韧性与员工的绩效、工作满意感和组织承诺度也有着密切的关系
莱彻（Letcher, 2004）	心理资本中的责任感对员工的工资水平产生显著影响，即责任感水平能够显著预测个体的工资水平

心理资本是一个由多种因素构成的综合体。对于女性高层次人才，其心理资本表现为职业动机、职业价值观、自我效能感和"玻璃天花板"。心理资本作为一种核心的个人心理能力，是个体在特定的情境下对待任务、绩效和成功的一种状态，在女性高层次人才的成长过程中，自身的心理资本对个体的认知过程、工作满意度和绩效都产生显著的影响。

（一）职业动机

女性高层次人才的职业成长受其职业动机的影响。廖泉文（2003）认为，女性的职业发展模式呈现"M"形，这与女性的生理、心理因素有关；克兰特（Crant, 2000）认为女性在职业成就方面之所以落后于男性，主要是与其职业动机有关。戴和艾伦（Day & Allen, 2004）指出，员工的职业动机对工资收入和感知到的职业成功都有显著影响。法默（Farmer, 1985）从职业愿望、掌握动机和职业投入三个方面来阐述了女性的职业动机，并认为女性的职业动机受个人、背景和环境因素的共同影响（见图4-2），其中背景因素对职业愿望的影响较大，但个人和环境因素对以后的职业发展影响会越来越大，所以职业动机的提高可以对个人和环境方面的因素进行针对性努力。

个人因素
自尊、表达能力、独立性、合作性、竞争性、努力归因、家庭取向

背景因素
性别、社会地位、学校地点、种族民族、数学语文能力

职业动机
职业愿望
掌握动机
职业投入

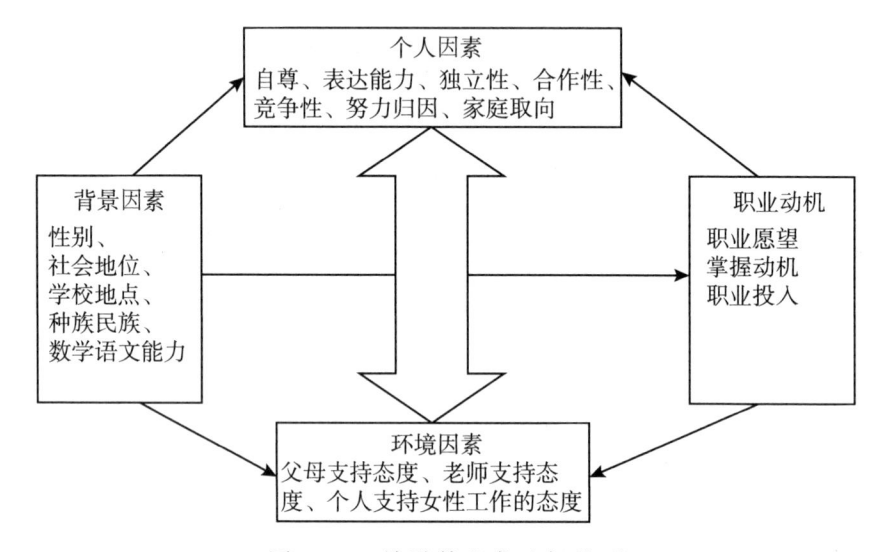

环境因素
父母支持态度、老师支持态度、个人支持女性工作的态度

图4-2 法默的职业动机模型

资料来源：Farmer H S. Model of Career and Achievement Motivation for Women and Men [J]. *Journal of Counseling Psychology*, 1985（3）：363-390F.

与职业动机相比更进一步的成就动机是指个体对自己认为重要的有价值的事情乐意去做，力求获得成功的多维度内部动因。具有较强追求成就动机的员工，并不满足于被动地完成一般的工作任务，而是积极主动地对自己的职业生涯进行规划且更加可能获得职业上的成功。龙立荣（2003）研究结果表明，成就动机中的超越动机对自我职业生涯管理具有显著的预测作用。因此，成就动机对女性职业成长与成功的影响相比职业动机的影响更大。

（二）职业价值观

国内外不同的研究者对职业价值观的理解和界定不同，他们从各自的角度出发对职业价值观进行了不同的界定，其内涵和外延也不尽一致。国外的研究大多围绕在职人员展开，而且职业价值观概念具有较为明确的操作性特征。国内的一些研究者也根据自己的理解提出了职业价值观的定义。本书根据相关文献对职业价值观的内涵进行整理，并制成表4-4。

表4-4　　　　　　　　　　职业价值观的内涵

学者	职业价值观内涵
休珀（Super，1970）	个人追求与工作相关的目标，表达个人内在需求及从事活动时所追求的工作特质
伊利苏（Elizur，1984）	职业价值观即个体关于工作行为及在工作环境中获得的某种结果的价值判断，是一种直接影响行为的内在思想体系
霍夫斯泰（Hofstede，1998）	一种选择特定工作、工作环境的成果和特性的趋势
罗斯（Ross，1999）	工作价值观就是人们从某种工作中所能取得的终极状态或行为方式的信念
宁维卫（1991）	职业价值观是指人们衡量社会上的各种职业优点、意义和重要性的内心尺度，属于个性倾向性范畴
黄希庭（1992）	指人们对社会职业的需求所表现出来的评价，是人生价值观在职业问题上的反映，是人生价值观的一个重要的方面
吴铁雄等（1995）	职业价值观是个人与工作有关的持久性信念与标准，个人据此表现工作行为
凌文栓（1999）	是人们对待工作的信念和态度，或者是人们在工作生活中表现出来的一种价值倾向，它是价值观在职业选择上的体现

以往很多研究证实，职业价值观对工作态度、职业承诺、工作表现、组织行为和工作动机等产生重要影响。休珀（1970）的研究指出，"职业价值观是个人进行职业选择时最重要的影响因素"。洛克和亨（Locke & Henne，1986）也指出，个人的职业价值观会影响个人的工作意愿和目标，进而影响其努力程度或工作表现。国内学者倪陈明等（2000）的研究发现，职业价值观具有激励作用。职业价值观不仅影响个人的工作动机，也会影响个人的组织行为，进而影响整个企业或组织的运作效益与效率。他们还指出，职业价值观是否和职位相匹配将直接

影响员工在工作中的投入和对工作的满意程度，而职业价值观与工作不匹配也是员工跳槽的重要原因。

学者就职业价值观对职业行为的影响进行了诸多探索。罗等（Roe et al.，1956）通过研究提出了一个职业价值观与职业行为关系的一般模式（见图4-3），他们指出职业行为受到一般价值观与职业价值观的共同影响。塞及（Sagie，1996）等的职业价值观的效应模式（见图4-4）指出，职业价值观受到背景因素以及相关变量的影响，并与之共同对职业行为产生影响。于海波（2001）在前人研究的基础上提出了职业价值观综合模式（见图4-5），模式指出职业价值观在背景因素影响与职业行为之间起到中介作用，但是职业价值观并不直接影响职业行为，只是规定了行为的目标和标准并进而指引相应的行为，个体所表现出的职业行为还要受所处的环境以及个体的态度影响。

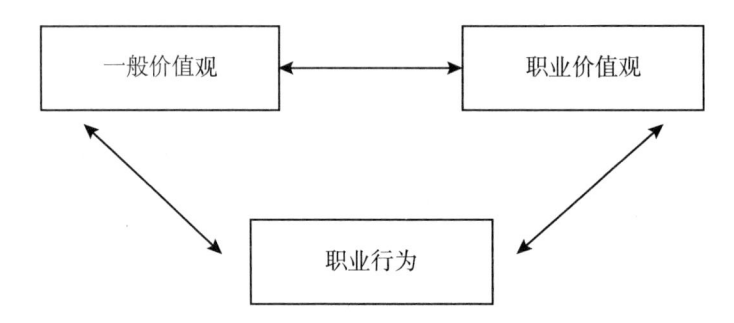

图4-3　一般价值观与职业行为的关系

资料来源：Roe A. The Psychology of Occupations [J]. *American Journal of Psychology*，1956，8（2）：34-36.

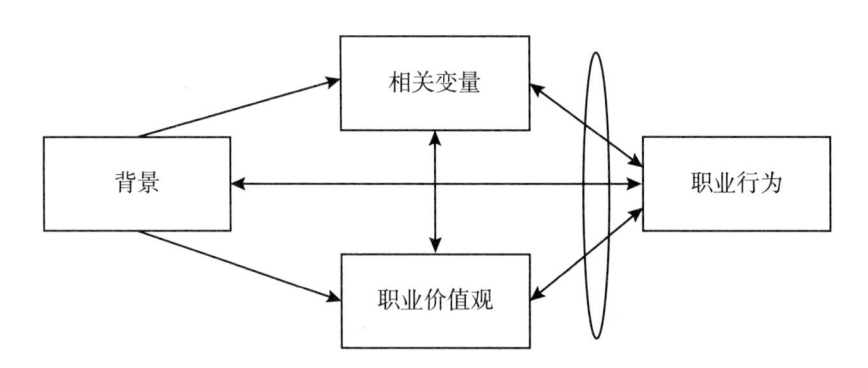

图4-4　价值观与职业行为的关系

资料来源：Sagie A，Elizur D，Koslowsky M. Work Values：A Theoretical Overview and a Model of Their Effects [J]. *Journal of Organizational Behavior*，1996，17（S1）：503-514.

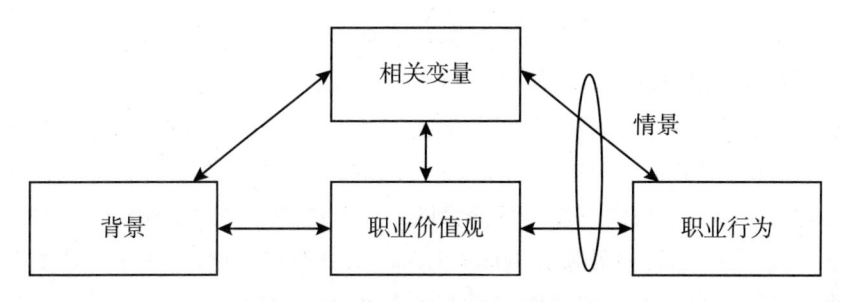

```
         相关变量
        ↗  ↕  ↘
              │      情景
              ↕       
    背景 ↔ 职业价值观 ↔ 职业行为
```

图 4-5　职业价值观综合模式

资料来源：于海波：《高师生职业价值观研究》，西南师范大学硕士学位论文，2001年。

国内关于职业价值观的研究，研究对象大多集中在学生、教师以及护士这些群体上，尚没有专门针对女性高层次人才这一群体的研究。研究方向主要围绕职业价值观的结构、中西职业价值观差异以及职业价值观与职业行为的关系。笔者利用扎根理论，抽样选择了12位女性高管作为女性高层次人才的代表，在本书的第八章详细分析了女性个体的职业价值观对其职业成长及成功产生的影响，研究发现职业价值观会对女性高层次人才的职业选择、思维和情感反应模式产生影响，同时职业价值观也决定着女性高层次人才在职业成长过程中付出多大努力以及在遇到障碍时将坚持多久。

（三）自我效能感

自我效能感的概念是由班德拉（Bandura，1977）首先提出的，他将自我效能感定义为"人们对自己组织或执行某种行为进而达到期望效果的能力的自我判断"，并认为个体对于自我效能的预期，不但与努力行为是否产生有关，而且和个体为达成某个目标愿意付出的努力有极大的关系。在个体拥有适当技能和给予合适刺激的情况下，自我效能是个体在压力情境下选择采取何种行动、愿意付出多少努力，以及面对挫折时可以努力坚持多久的决定因素。王湘栗（1997）综合并归纳各学者的看法，认为自我效能为一种特殊情境的构思，具有未来导向性质，是对自己行为和表现水准能否成功达成预期目标的信念，这种信念是个人主观的评价，也是一项衍生性的能力，是将认知、社会与行为等各方面统合成实际行为的内在历程。亦即对特殊情境的反应状态，不是消极被动的，而是具有动态性的。在自我效能感的形成和发展中主要受到过去的行为结果、他人的示范效应、他人的评价和劝说和情绪状态等影响。

最早关注自我效能影响女性职业发展的学者是哈克特和贝兹（Hackett & Betz，1981），他们将自我效能感应用于女性生涯发展历程的研究，提出女性生涯发展自我效能取向，说明了两性生涯发展的差距。同时发现，性别角色的社会化过程对女性自我效能形成的四种来源有歪曲作用，使女性形成符合传统女性活动的自我效能，但限制了对非传统女性活动领域的自我效能的发展，并进一步影响了她们的职业兴趣和选择。阿贝尔鲍姆（Appelbaum，1996）在对自我效能感的研究中发现，"高自我效能感的员工会设置高水平的工作目标，而且乐于尝试挑战性高的工作，表现出较强的目标承诺，从而提高个体的工作绩效，增加职业发展机会"。从哈克特和贝兹（Betz & Hackeet，1981）女性生涯发展自我效能取向的研究可知，自我效能的发展与个人社会化历程有关，因此性别上的差异对女性在非女性传统活动领域的职业生涯发展会受到一些负面的想法限制，而形成较低的自我效能预期（黎丽贞，1997）。

受男尊女卑等传统观念的影响，女性在职业发展中普遍信心不足，从而出现缺乏自信心、自我评价低、自我期望值不高、依赖思想强、主角意识弱、社会参与的主动性和积极性不高等现象，这些都会影响、阻碍女性走上更高的管理舞台。但是女性高层次人才在这些方面的表现与一般职业女性还存在一定差异。女性谨慎的特质与生俱来，除非她们相信自己能达成预期的目标和抵制不想要的结果，否则她们不会去为自己设置不可实现的目标。无论有什么其他因素发挥激励作用，她们都坚信这个核心信念，即相信拥有达成预期目标的力量之后才会努力。对某一领域的擅长也会激发她们从事某一行业。自我效能感越高，所表现的兴趣程度也越高，自我效能感对兴趣的预测比真正能力的预测更高。工作兴趣某种程度上又预测了工作投入度与对工作意义的感知。

女性高层次人才自我效能感的自我认可、快速适应与超越自我对其职业生涯发展会产生重要影响。第一，自我认可。女性高层次人才能够在正确看待自己的基础上，挖掘自己的个人优势，在坚信男女平等的基础上，相信女性更具有独特优势。女性的协调能力强，并且做事比较认真、自信、稳定性高，在逆境中更显坚定，善于沟通，比较容易说服别人。相对男性来说，这些优秀的女性特征正是她们展现自己长处的重要品质。她们既具有女性情感细腻的一面，又有男性的刚强、意志坚定的一面，拥有比男性更多变的管理方法和领导风格。第二，快速适应。在职业发展中，女性高层次人才充分利用自己的个人优势和女性独特优势，整合自己的知识和技能，并且对自己的能力作出正面评价，不但适应工作中的变化并且通过学习等多种方式应对困难。第三，超越自我。女性高层次人才在工作中保持自己女性的本质，在工作和生活中给自己设立新的目标，并相信自己能不断实现新的超越。同样，在企业中，女性经营管理人才对自己的能力和行为有积极正确的评价，并相信自己可以克服环境中的困难，清楚地知道自己"能做什么"。每次任务的完成均能够激发自身动机、调动认知能力，增强其自我效能感，促使她们设立更高的职业发展目标，并不断为之努力。

(四)"心理天花板"

对职业女性的研究发现职场中存在着明显的女性行业和"玻璃天花板"现象,但是一些已有的理论研究和国内的报道却显示,一些女性高管中都表示自己并没有感觉到所谓的"玻璃天花板"。比如海尔集团总裁,杨绵绵对"玻璃天花板"的说法很不赞同:"我认为是自己吓唬自己,对个人来讲可能是一个借口,但我不认为存在,如果你想继续上升,谁也没有拦着你。"成功和没有成功跨过这道坎儿的女性对所谓的"玻璃天花板"和障碍有着不同的诠释,成功的女性觉得它并不存在,成功在于个人,但更多还在挣扎的女性往往更感觉到"玻璃天花板"和性别歧视的存在。

在女性职业成长过程中,天花板不是"玻璃"而是心理,"心理天花板"障碍和职场依赖等心理因素对女性职业成长存在重大影响。早在 20 世纪 70 年代,就有心理学研究发现,女孩在小学时期就出现了自信心的鸿沟,许多女生需要克服依赖的心理和害怕失败的心理,主要表现为:许多女生虽然学习成绩好,但她们的理想却没有同龄男孩高。这种心理趋势到了青春期更进一步强化,女性气质和竞争力总是产生矛盾和冲突,一些女孩的成绩也随着年龄增长而下降,这往往是信心不足和害怕被否定的心理所导致。而这种"心理天花板"障碍并不会随着年龄增长而消失,反而一直潜伏在女性心中,她们在潜意识中降低自己的能力和竞争力,以保有自己的女性气质。自信心的不足也让她们在职业发展的道路上不能攀登高管的位置,因为心理素质是成为领导的一个很重要的特质。

有报道指出,女性在事业的发展中,遇到的贵人多是男性。这种现象多源于两个方面:一是女性从小养成的依赖心理,二是男性为主的商业社会的规则。这种依赖心理在理性上容易被意识到,但在感性上又很难被克制,女性往往还是会征求别人的意见,需要得到一种肯定。许多女性在咨询男性的时候,自己内心其实已经有想法,只是在心理上需要一种认可和支持,而且还有一种更奇怪的现象——女性更想得到男性上司、男性同事、男性客户的认可,这或许是行为习惯和心理习惯形成的一种潜意识的惯性,一种微妙的心理。这种心理使得女性缺少一种自信,不敢承担,甚至拒绝成功,直接和间接地影响了她们的职业发展。

总体而言,高心理资本水平的女性高层次人才总是拥有积极的情感,更乐意接受和形成新思想、新实践,并表现出更多的创造性,同时具有自我提升和成长的内部动机,因此更容易根据组织和环境的要求不断更新提高自己的知识和技能,并且这些积极的心理特质和状态会使她们吸引更多优质的人脉,从而累积自己的资源,更好地发挥才干。

三、个体社会资本

人的社会性决定了社会的政治、经济、文化、科学技术发展等都会影响人的职业生涯发展。林登（Linden，2001）在对一所大学的448名校友调查研究后，证实了社会资本对职业生涯成功的影响和作用，并揭示了社会资本影响职业成功的过程。国内学者龙立荣和王忠军（2005）通过对武汉地区的企业员工研究发现：社会资本对员工的职业成功有重要影响，决定员工社会资源最重要的因素是社会网络差异，社会网络差异通过职业支持的中介作用，进而影响企业员工的职业成功；研究还发现，相对于亲属关系，来自相识和朋友关系的职业支持，对员工职业成功的帮助作用更大。现有很多文献证实社会网络对于职业成功有重要的影响。路塞斯（Luthans，1988）等的研究发现，成功的管理者大都花更多的时间在人际网络活动和日常交流沟通活动中。个人在组织中的非正式网络联系越多，参与更多的社会网络活动，他获得的信息和资源就越多，进而能获得更高的晋升次数及职业生涯的感知。国内学者刘宁（2007）通过实证研究社会网络对企业管理人员职业生涯成功的影响发现，社会网络对职业成功的影响通过网络利益的中介作用得以实现。社会资本是无形的，却对职业成长产生重要影响，布迪厄（Bourdieu，1986）指出，社会资本是社会网络成员所拥有的实际或潜在的资源集合体，其共同资本可以为网络中每个成员提供支持。社会资本对于女性高层次人才的职业成长影响较为明显，主要体现在社会网络构建和职业支持上。

（一）社会网络

女性高层次人才成长中存在"社会网络困境"。社会网络是由多个行动者所形成的关系网络，组织内部自然形成的社会网络可以区分为工具性网络和情感性网络两种（Kilduff and Tasi，2003）。路塞斯（Luthans，1985）等应用观察法研究经理管理行为时发现，优秀的经理投入更多的时间和精力建立社交关系、联系客户和供应商、参加聚会或团体活动，他们将这些行为称为网络建构行为。弗雷特和多尔蒂（Forret & Dougherty，2001）认为，网络建构行为是个体尝试与对自己工作或职业有（潜在）帮助的人建立和维护关系的一系列行为。沃夫和墨瑟尔（Wolff & Moser，2006）对社会网络建构的定义进行了扩充，认为除了建立和维持关系，利用关系也是建构行为的一部分。许多研究发现个体的网络建构会影响个体和组织的成功，如网络建构对就业、职业成功、工作绩效和组织绩效等均有积极的影响。因此，构建高质量的网络对个人职业发展和其所在的组织或企业都有实践价值和指导意义。

但值得注意的是研究表明，两性在社会网络资源、结构和利益上存在性别差异，正是由于女性缺乏关系网络而使她们难以获得高层级的管理岗位。阿德勒和埃泽里（Adler & Izraeli，1994）认为，女性由于缺乏关系网络而使她们难以获得高层级的管理岗位。伊瓦利（Ibarra，1997）研究发现，对于女性来说，社会网络对于其获得高层管理职务具有比人力资本更重要的价值，而对于获得低层管理职务，人力资本的作用却要比社会网络更为重要。梅斯和塔伦诺（Metz & Tharenou，2001）的研究也证明了，社会网络对不同层级女性管理者职位晋升作用不同，女性管理者的职位层级越高，社会网络对职位晋升作用越大。

（二）职业支持

研究表明，职业支持、上级支持、提供技能培训机会和组织资源等（Ng et al.，2005）与职业成功显著正相关。笔者研究的中国女性高层次人才，在职业成长中所需要的职业支持包括组织支持、上级支持以及制度方面的机遇等。组织支持是组织对员工生活和工作的支持，不仅包括组织对员工贡献的认可程度和关注员工幸福感等方面政策的情感性支持（Eisenberger et al.，1986），还包括组织为员工提供的为完成某项工作所需的工具性支持（McMillin，1997）。笔者的前期实证研究（"构建宁波国家高新区创新型人才高地目标模式与实施路径研究"研究报告，2008；"中青年科技创新人才成长的外部环境研究——以张江高新区为例"研究报告，2009）也证实了组织支持是影响人才成长的重要因素。埃德尔斯顿等（Eddleston et al.，2004）研究发现，导师支持对女性经理职业成功的影响要大于男性。张延君和张再生（2009）认为，组织应提供具有针对性的科研能力培训计划以及技能发展机会以激发女科研工作者的科研激情。可见，女性对组织支持的需求存在偏好，组织投其所好的支持将有效促进女性人才的职业成功。克德曼、菲尔兹和百隆（Goodman、Fields & Blum，2003）的研究发现，女性在工作中得到的职业发展机会越多，越有可能成为高层管理人员。余琛（2011）基于社会交换理论，对149名知识型人才研究发现，组织支持感对职业成功有显著的正相关影响，当知识型人才"认知到组织对自己的支持，根据社会交换理论，知识型人才将以更加努力的工作回报组织，这就表现为职业成功"。然而，现实的情况却是：公司往往在面临困境的时候才会把女性提升到管理层，帮助他们渡过难关，因为女性在危机时刻的表现要比男性更胜一筹（埃克斯特大学的亚历克斯·哈斯拉姆教授等对FTSE-100个公司的调查显示）。此外，组织对女性高层次人才的个性化培养使得女性人才得到更多的锻炼和学习，而女性人才自身也善于抓住机遇，因而促进了职业成功。

第二节 家庭层面

一、工作—家庭关系的形态

怀特（White，1995）把女性必须面对的重要的家庭问题整合到其职业发展阶段之中，并提出了成功女性职业生涯发展阶段模型，他认为女性领导者若想获得整体生活的平衡，组织及其管理者就必须改变对职业成功的刻板印象。对于具有多重角色的女性来说，工作的效率不仅仅是涉及工作本身，对家庭生活的影响也不可忽视。工作与家庭之间的关系可以表现为平衡、冲突、一致、增益、扩张等，其平衡意味着工作和家庭之间的关系较好，女性能够游刃有余地转换工作和家庭之间的角色以及恰当地分配时间，并且获得同样的心理满足感，而冲突意味着在工作和家庭之间的角色不相融合，工作会对家庭生活产生影响，或者是家庭角色对职业活动产生影响。调节工作和家庭之间关系的关键是处理好工作和家庭之间角色的冲突来源，包括时间分配、空间分配、情绪传达、行为表现等不相容。

（一）工作—家庭关系研究的理论基础

对于职业女性而言，解决工作—家庭冲突，实现工作—家庭增益就显得尤为重要，因而这也成为诸多学者的研究热点。学者们基于此，提出了工作和家庭的角色冲突理论、溢出与补偿理论、双职业生涯理论。

（1）角色冲突理论。角色冲突理论是个体面临多种角色产生的压力，扮演其中一种角色时，使得面临其他角色存在困难，冲突的来源有时间、心理和行为等。在有限的时间内，需要承担不同的角色。同时扮演某种角色产生的不良情绪会影响到另一角色的表现，比如领导或者配偶的不支持等，由此产生负面情绪，进而影响到自身另一角色的职责。行为冲突产生于某种角色的行为模式与其他角色不相容，女性不能及时地调整自己的行为，导致产生冲突。

（2）溢出与补偿理论。溢出理论认为，对于女性来说，工作和家庭之间的相互影响可以让女性在两种场合的价值观和满意度相似，呈现正相关，并且个体能够转移从两者之间获得的经验和正面情绪。补偿理论认为，如果工作和家庭之间呈现负相关，女性如果在其中一个领域没有得到满足，在另外一个领域就会得到补偿，例如工作累了回家休息。

（3）双职业生涯理论。双职业生涯是指夫妻双方的职业应当作为一个整体，任何一方都不需要牺牲自己的事业去换取另一方的成功，他们都有权利和义务去为自己的事业奋斗。对于女性来说，双职工家庭意味着即使参加工作也不能减少她们的家庭责任。研究表明双职工家庭的职业女性，最终也能取得较大的职业成就，夫妻双方在职业发展关键期更能相互理解、支持对方。

女性高层次人才的职业成长的影响因素，从家庭层面看，其工作—家庭关系呈现出三种不同的形态，包括工作—家庭关系冲突、工作—家庭关系平衡和工作—家庭关系增益。

（二）工作—家庭关系冲突

工作—家庭冲突是指来自工作和家庭领域的角色压力在某些方面互不相容现象（Greenhaus and Beutell，1985）。他们试图通过这个定义来说明角色压力是工作家庭冲突的来源，这种不相容的现象则是工作家庭冲突的成因，这将工作家庭冲突定义为一种角色上的冲突。弗洛内（Frone，1992）提出的工作家庭是双向性概念，个人在工作上的问题和压力干扰到家庭任务的完成时，这些未完成的家庭任务便会反过来影响其工作情况，反之，家庭活动中遇到的问题干扰了工作任务，未完成的工作任务便会干扰其家庭活动，会形成双向的负面轮回影响。尽管工作家庭冲突有两个方面，但许多研究证明，工作对家庭的冲突程度是家庭对工作的三倍（Frone et al.，1992）。

家庭以及子女教育问题加重了女性的责任，制约了女性的职业发展。夫妻关系、家庭支持、家庭经济压力和工作家庭冲突是影响女性职业发展的重要变量。现代女性的角色基本是家庭角色和社会角色两大类复合而成的，自然属性与社会属性为女性带来的双重角色要求和标准，导致女性必然面临家庭和事业的冲突。照顾家庭占有了女性许多时间，女性如果得不到家庭的支持，事业就会举步维艰。这个问题处理不好，女性就常常会陷入"要家庭"还是"要事业"的两难选择中。随着时代的发展，越来越多的女性参与社会工作当中，女性走出家庭，走向社会和男性一样努力工作，却面临着家庭责任、教育孩子和传统思想等压力。

（三）工作—家庭平衡

工作—家庭平衡是指工作和家庭功能良好，个体得到满意的心理状态，使角色冲突最小化，能平等地参与工作和家庭角色活动，并能获得同样的满足。一般认为工作—家庭平衡有三种含义：取得某种平衡（名词）、使工作需求和家庭需求平衡（动词）以及过上一种平衡的生活（形容词）。它包括三个组成部分，即时间平衡——花在家庭中和工作中的时间相等、投入平衡——对工作和家庭中的心理投入相等、满意平衡——对自己工作的角色和家庭中的角色的满意度相等。当这三个部分都处于较高水平时，称为积极平衡，反之，当它们处于较低水平时则称为消极平衡。

人格特征、角色环境和角色投入等前因变量，前瞻性人格、神经质人格和乐观人格等人格变量都影响女性是否主动地采取措施或者积极地参与其中去解决工作—家庭冲突，促进工作—家庭平衡。研究表明，工作—家庭平衡与个体的工作满意度和组织承诺呈正相关。另外，还有学者考察了性别在个体工作—家庭平衡中的调节作用，结果发现男性比女性更容易解决冲突，走向平衡。

（四）工作—家庭增益

个体特征、工作—家庭认同、工作—家庭支持等前因变量会影响工作—家庭增益，这种关系形态进一步影响女性高层次人才的职业成长。不同的个体增益程度也不同。如果女性高层次人才的职业发展中，能得到工作—家庭支持，则会提高工作满意度、组织承诺和组织公民影响等。研究结果表明，工作—家庭增益与工作满意度、组织承诺、组织公民行为正相关，与离职意向负相关。

目前有关工作—家庭增益结果变量的研究仍以个体的家庭满意度和组织满意度为主（Tompson & Werner, 1997；Aryee et al., 2005），也有一些学者关注工作—家庭增益对个体心理健康和生理健康的影响（Grzywacz, 2000；Grzywacz & Bass, 2003）。工作—家庭增益研究的结果变量与工作—家庭冲突研究的结果变量具有某些相似之处，如工作对家庭的增益会导致家庭系统效能的增强。高水平的增益（如工作对家庭的增益）主要表现为个体参与某种角色活动（如工作）会提高其参与另一角色活动（如家庭）的绩效。比如，员工把在工作中获得的新技能、新思想、自信心、自尊或者收入带回家庭，就能改善家庭状况，从而提高其他家庭成员对家庭系统的满意感。也有学者认为，个体从工作中获取各种心理、智力和情绪资源，根据交换理论和互惠原则，会对工作产生积极的情感和行为。实际上，已有实证研究表明，具有工作对家庭增益倾向的个体，往往对工作具有较强的满意感，因而会更加努力地工作（Wayne et al., 2004）。

二、生育对职业生涯的影响

随着社会的发展，女性受教育程度和知识水平都有所提高，越来越多的女性从事着专业性的工作或者担任着重要职责，社会地位也日渐上升；女性自身也越来越重视事业上的发展并希望有所成就，在很多组织中她们已成为实现企业发展和价值增长的重要砝码，成为组织核心竞争力，女性在企业中所担任的职位也得到逐步提升。

麦肯锡对世界各国公司的调研发现，由女性出任高层职位（1/3 以上）的公司表现优于其他公司；在我国，女性企业家掌管的企业大多处于盈利状态，充分体现了女性管理者日渐突出的重要性及其对企业的卓越贡献。虽然女性管理者在企业高级管理层中的比例呈上升趋势，但相比占据主导地位的男性仍处于弱势地位。2016 年《财富》杂志推出的"全球 40 位 40 岁以下商界精英"榜单中，上榜的 46 位精英中有 16 位女性，但世界 500 强的 CEO 中仅有 4.6%是女性。中文版推出的"中国 40 位 40 岁以下商界精英"榜单中，40 人中仅有 2 位女性上榜。创业公司数据库 Crunchbase 2016 年的统计，全球仅有 18%的创业公司是由女性来领导的，仅有 10% 的全球资金投给了由女性领导的创业公司。

从自然属性来看女性人才与男性人才相比，最本质的差别在于生育。2012 年，人力资源服务商智联招聘联合母婴交流平台宝宝树网站、女性值得关注（women to watch）奖项主办方全想中国（Thoughtful China）以及广告时代（Adage）杂志共同推出《中国女性生育前后职场调查报告》。报告显示超过八成的女性认为全职妈妈重返职场有难度，有 45.4% 的职业女性表示因为生育，职业发展受到负面影响，其中，23.6% 表示自己在生育后失业，17.6% 表示自己被调岗，4.2% 表示薪酬有所下降。有子女的过来人中，82.22% 认为职业生涯因为生育子女而受到影响，原因包括无法配合加班、轮班、出差，小孩突发状况多影响妈妈出勤，为照顾子女变工工时或职务调动，因而影响原本的工作形态或绩效。甚至58% 的妈妈表示是薪资较生育前有减少，平均月收入减少 6 026 元，仅 9.18% 的人薪资较生育前高。

女性特有的"三期"，即孕期、生育期、哺乳期，对职业生涯造成的影响尤为突出，生育对女性职业生涯的阻碍表现为：职业自主权和职业机会减少；工作家庭冲突增加；职业成就动机降低；职业地位降低等，其中女性是否生育及其子女所处的年龄段也对女性的工作—家庭关系的影响尤为显著。2013 年 11 月，中共中央发布的《关于全面深化改革若干重大问题的决定》中启动了单独"二孩"政策，即"启动实施一方是独生子女的夫妇可生育两个孩子的政策"。2015 年 10 月，党的十八届五中全会公报提出全面实施一对夫妇可生育两个孩子政策，积极开展应对人口老龄化行动，同时现行的《女职工劳动保护特别规定》中，女职工生育产假为 98 天，其中产前可以休假 15 天；难产的，增加产假 15 天；生育多胞胎的，每多生育1个婴儿，增加产假15天（第七条）。这意味着生育给女性带来的职业生涯中断或将不止一次，中断时间也将增加。在女性经营管理人才中，女性管理者的工作无论从内容、性质、方式、替代性上都与基层女员工有很大不同，岗位晋升与薪酬分配的标准也有很大差异，与普通女员工相比其受到生育带来的职业中断影响更大。

笔者在研究《职业女性的发展与工作—家庭关系研究》中，通过问卷调查和量化分析的方法对女性职业发展中的职业中断现象进行分析，选取了长三角企业中的管理者（学历均为本科及以上，包括 MBA、MPA）作为研究对象进行了问卷调查，收集到有效问卷 427 份，样本的人口统计学特征如表 4 – 5 所示。

表 4 – 5　　　　　　　　　　人口统计学特征

项目	类别	人数（人）	人数占比（%）	项目	类别	人数（人）	人数占比（%）
性别	男	246	60.4	年龄	30 岁以下	112	27.5
	女	161	39.6		30～39 岁	227	55.8
职业中断	有	106	26.0		40～49 岁	64	15.7
	无	301	74.0		50～59 岁	4	1.0
月薪酬	5 000 元及以下	33	8.1	职业类别	企业	220	54.1
	5 001～10 000 元	181	44.5		公务员及事业单位	187	45.9
	10 001～15 000 元	60	14.7	职等	1～3	216	53.1
	15 001～20 000 元	49	12.0		4～6	131	32.2
	20 001 元及以上	84	20.6		7～9	60	14.7

同时，还选取了 19 个访谈样本（13 位女性，6 位男性），其中，10 位来自国有企业，7 位来自民营企业，2 位来自跨国公司，被访谈对象的信息如表 4 – 6 所示。

表4-6　　　　　　　　被访谈对象人口统计学信息　　　　　　　单位：人

项目	类别	人数	项目	类别	人数
性别	男	6	企业类型	国有	10
	女	13		民营	7
管理层级	高级管理层	9		跨国公司	2
	中级管理层	10			

笔者研究发现，职业中断、工作年限、晋升与薪酬、性别变量具有一定的关系（见图4-6）。

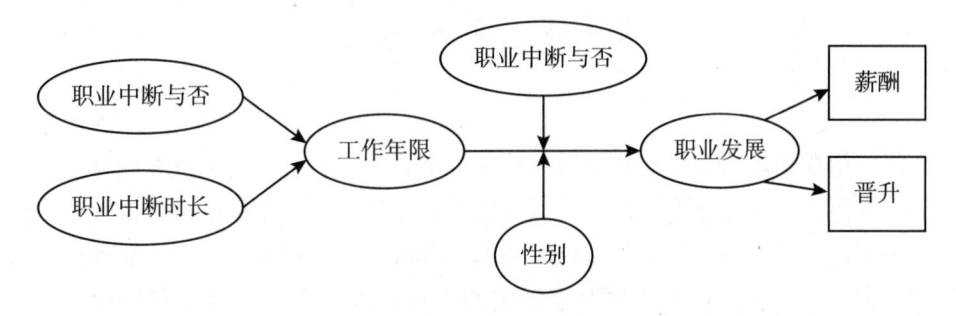

图4-6　职业中断和性别对管理者薪酬与晋升的调节作用

在职业中断的职业生涯中，个体工作经验对晋升和薪酬的影响会降低，职业中断具有负向的调节作用，每增加一年的工作时间，其职位和薪酬的增加幅度相比未发生职业中断的个体较小。这种调节效应仅与职业中断与否有关，与中断时长无关，缩短职业中断时长并不会带来负向调节效应的减弱。对于同样发生职业中断的男性与女性管理者，晋升和薪酬受到的影响也不同。职业中断对女性管理者薪酬的负向调节作用大于男性，而对晋升的负向调节作小于男性。前者可能是抚育子女的责任使得女性恢复工作后日常工作时间的减少、拒绝出差或组织环境中的性别歧视导致；而后者则源于人们对女性生育责任与职业发展关系的改观、工作—家庭增益、胜任力的提升、管理风格等因素。

三、家庭角色对创业行为的作用

关于婚姻和家庭对创业影响的性别差异研究是基于女性承担大部分家庭责任的假设进行的。国外研究普遍认为女性生育和照顾儿童等活动会影响她们的创业行为。许多研究证明这个假设是成立的，即使像挪威这样强调两性具有平等地位的国家，实质性的不平等依然体现在女性照顾孩子和家庭所花费的时间和精力都要比男性多的事实上。尼尔森和凯尔森（Nielsen & Kjeldsen, 2000）对丹麦创业者的研究表明，女性创业者比男性创业者在更大程度上受到创业价值观和家庭价值观矛盾冲突的影响。奥塞和霍加思·史葛（Orser & Hogarth - Scott, 2002）对139名加拿大创业者（33名女性创业者）进行访谈后指出，女性创业者与男性创业者相比更易受诸如和家人在一起的时间、工作与生活的平衡等压力影响。弗兰克（Franck, 2012）的研究表明，马来西亚女性选择创业是出于获得更高的收入、独立、有灵活的时间与孩子相处和期望拥有一个健康的社会生活等原因，而其中最主要的原因是希望有更好的家庭生活。

第三节 组织层面

组织情境是影响女性职业发展的外部力量。发展空间小、工资待遇低、职业发展前景不佳、缺乏工作认同和认可、缺乏职业生涯管理等都会阻碍女性高层次人才的职业生涯发展。尽管现实情况如此，对组织中性别研究文献的梳理后不难发现，大部分文献都聚焦于探究组织中是否存在性别差异以及存在哪些性别差异，而非挖掘为什么这些差异存在，尤其忽视了组织特征这一重要情境因素对性别差异的作用，以至对"性别差异是如何在组织情境中形成并运作"至今还未给出清晰的回答。事实上，作为组织生活的背景，组织情境并不是性别中立的。正如沙因（Scheins, 2007）研究所指出的那样，由"男性更适合管理角色"价值观主导的组织性别文化在过去的三十年中没有发生根本性的改变。伊莱和梅尔森（Ely & Meyerson, 2000）研究指出，我们应该更加关注组织环境中与性别有关的管理实践，包括：正式政策、规范、非正式的工作互动模式及其语言表达。由此可见，要想创造性别中立的组织环境，并在女性高端缺失问题上取得更大的进展，我们有必要剖析组织情境下哪些管理实践反映和支持的是男性工作和生活经验，而哪些言行活动以及规章制度阻碍了女性获取、维持自身权力和利益。

鉴于国内外学者对影响女性职业生涯发展及其成功的组织情境的性别属性缺乏深刻的认识，对其内容结构尚未形成系统的理论框架，本课题以4个企业（A、B、C、D）20个研究样本（其中女性样本16名，男性样本4名）作为研究对象，通过深度访谈、焦点小组讨论和文档资料三角验证的数据收集，应用扎根理论（grounded theory），建立类属分析关系，探索性地识别影响女性高层次人才职业成长及其成功的组织情境因素，相信对女性职业理论的发展和指导企业更好地开发和挖掘女性领导者潜能具有一定的促进作用。其中样本企业的基本信息如表4-7所示。

表4-7 案例企业的主要特征

研究对象	案例A企业	案例B企业	案例C企业	案例D企业
所有权性质	民营企业	国有企业	外资企业	外资企业
所处行业	咨询服务业	建筑业	IT业	快速消费品行业
主要产品	人力资源外包服务	建筑咨询、工程管理	金融产品软件开发	饮料、食品
员工人数	300人	3 000人	150人	800人
成立年份	2004年	1993年	2006年	1995年
主要产品市场	全国大中小各类公司的劳务派遣、代缴社保、招聘、培训	全国大型建筑项目的咨询,以及工程管理和监督	世界顶级银行、风险投资公司、金融公司的风险管理软件研发	大中华区饮料、休闲和健康食品的研发、市场管理和营销策划
企业发展历程	集团成立于2003年,2004年1月15日上海分公司成立,目前业务覆盖北京、上海、广州、深圳、西安、南京、拉萨等近百个主要城市,并在中国香港、美国成立分支机构	自1987年开始为海仑宾馆提供监理服务,是上海市建委指定的第一批建设工程监理的试点单位,1993年10月经建设部批准为全国首批甲级监理单位	1989年公司创办以来,集团已为世界银行100强中的50余家提供了产品和服务,上海分公司于2006年1月在上海成立,公司主要为其集团提供技术支持以使集团更好地发展壮大	1981年,受中国改革开放政策的鼓舞,公司与中国政府签约在深圳兴建可乐灌瓶厂,宣告了投资中国历程的开始,成为首批进入中国的美国商业合作伙伴之一,1995年,公司正式成立,总部设在上海
员工成长与社会责任	2007年1月成立"华夏恩三"社会责任促进中心;2007年9月19日,"华夏恩三"社会责任促进中心捐资百万,在安徽省六安市新安中学设立华夏恩三社会奖励基金	公司国家注册监理工程师超过200人、国家注册咨询工程师(投资)15名、国家注册造价工程师47名、英国特许建造师14名,公司拥有员工3 000多人,大学以上学历占60%以上,其中博士11名,硕士73名	自1989年公司创办以来,集团已为世界银行100强中的强中的50余家提供了产品和服务,并两度获得英国女王亲手颁发的"女王出口成就大奖"	早在2001年就开始支持中国女性发展基金会组织实施的"母亲水窖"项目,帮助中西部地区贫困缺水家庭,在与"母亲水窖"项目长期合作的基础上,同时公司也致力于帮助中国女性发展基金会进一步提升"母亲水窖"项目,不仅要保证水的供给,还要保证水的质量

研究发现，女性高层次人才在组织中面临着许多现实困境。在组织中，影响女性高层次人才职业成长的组织情境因素可以概括为三个类属：组织性别化的权力分配、组织性别化的价值评估和组织性别化的语言表达。组织性别系统内的性别权力分配、性别价值评估和性别语言表达三者之间并不是相互独立的，它们之间存在的联系也对女性高层次人才的成长和职业成功产生影响。三个情境因素及其内在关系结构如图4-7所示。

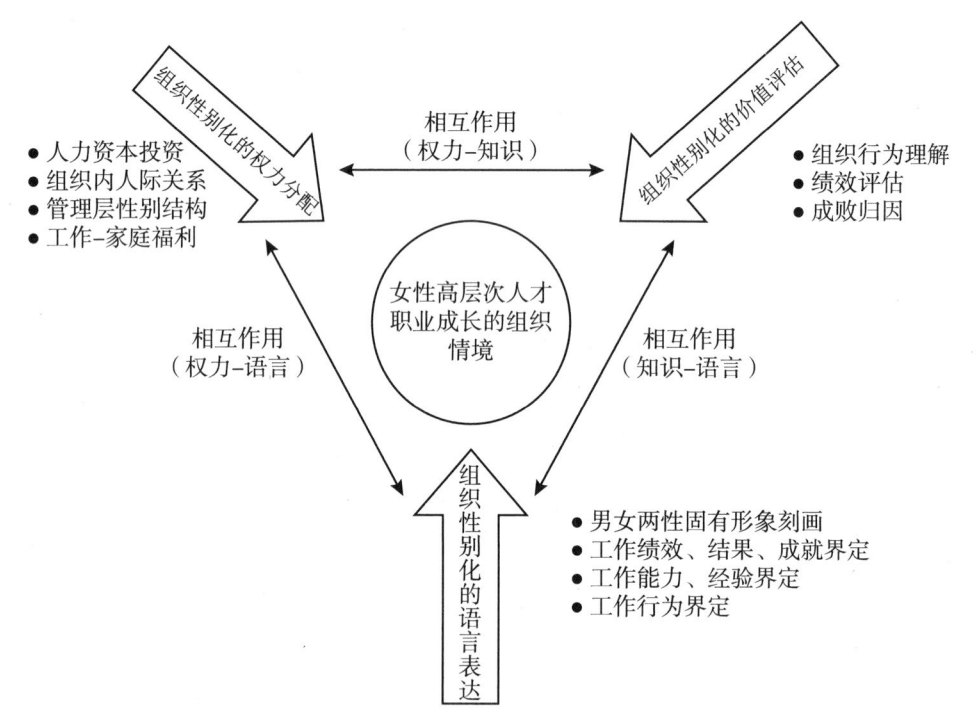

图4-7 女性高层次人才职业成长的组织情境因素理论模型

一、组织情境下的现实困境

（1）组织实践要求女性将职业和生活分开。职业和工作相关的成功与现代女性的生活问题紧密相关，女性通常同时追求职业和自我两方面的成功；然而呈现在职业女性面前的组织现实似乎没有跟上她们职业偏好和生活选择的步伐，组织环境中的工作和职业仍然是按照传统社会角色规范和家庭分工——男性占优的全身心投入工作（Burke，1999）且公司架构及工作主要根据男性的工作规律进行安排（Schein，2007），因此组织实践要求员工将职业和生活完全分开来（Schneer & Reitman，2002）。越来越多研究表明，将工作放在第一位的组织观念不能完全反映出现代女性更宽范围的责任，现在的组织实践对于试图寻找生活的意义，并承担职业和生活双重责任的女性是一种损害（Mavin，2001；McDonald et al.，2005；Pringle & Dixon，2003）。怀特（White，1995）针对英国杰出成功女性进行了一项调查，她发现调查的 48 个样本中多数女性为了能够在组织中获得成功，不得不为了工作生活而调整自己的家庭责任，甚至至今保持没有孩子的状态。尽管越来越多的文献已经就女性职业发展嵌入在其生活背景中达成了一致，但是现行的如何界定职业成功，以及如何对职场中的女性进行评估和奖励的组织实践仍然还基于持续雇佣、单方面贡献的传统模式。

（2）家庭仍然是组织中女性职业发展的债务。有大量文献都推荐组织开发工作—家庭福利以帮助员工承担多重责任，如育婴假、压缩工作时间、弹性工作制、工作分享和远程办公等政策。似乎人们对提供弹性工作安排和要求较少的工作时间有利于女性的工作—家庭整合已经得到了基本认可，但是对于利用公司的工作—家庭福利对职业发展具有何种影响还存在争议（Tomlinson，2004）。施瓦茨（Schwartz，1996）研究表明，即使组织拥有工作—家庭平衡策略，但是如果没有直线主管的支持和家庭友好型组织文化感知的鼓励，这些福利政策不会发挥最大的作用。与此类似的研究也发现，在工作—家庭友好型组织文化中，工作—家庭福利政策的利用比其他工作—家庭组织文化程度高，因此感知的组织对利用工作—家庭福利政策的支持对于女性的职业发展是一个重要的因素（Thompson et al.，1999）。更有研究明确指出这些政策的利用本身与晋升到高层管理者之间的关系是不一致的（Drew & Murtagh，2005）。女性是利用这些所谓工作—家庭福利最大的群体，她们的职业发展处于较为不利的地位，家庭也确实成为了职业女性在组织中获得职业成功的债务。

（3）组织认可仍然是传统的线性晋升职业生涯发展模式。尽管无边界、易变性以及万花筒职业生涯概念已经被提出来，并成为将来职业发展的趋势，但它们与组织现行的职业发展模式是相互矛盾的，传统的职业线性晋升方式——以垂直轨道，沿着组织金字塔攀岩，金钱、权利和地位等为主要标志的模式在组织实践中仍然很盛行（Hall & Mirvis，1995）。沙利文（Sullivan，1999）研究建议未来的职业模式需要基于弹性、技能的可转移性以及心理上对有意义工作的追求等考虑，从而更有利于女性的职业发展。然而现实却很少为女性做出改变，从罕有女性被提拔至领导高层，很少向女性提供具有挑战性的工作，女性仍然面临很多无形的歧视等事实可以窥见一斑。与女性职业选择、路径和模式不相契合的传统线性晋升和职业成功模式仍然在组织实践中盛行，越来越多的职业女性感知到传统职业生涯发展模式对自己的限制，她们不再选择继续被组织结构和规范限制的职业发展道路，而是选择了开创属于自己的事业。诸多研究也开始关注女企业家的出现，马蒂斯（Mattis，2004）在对女企业家进行的研究中发现，女性离开公司选择自己创业主要有四方面的原因：对更多弹性的渴望、受"玻璃天花板"的影响、对组织工作环境的不满意、在目前组织中的位置缺乏具有挑战性的机遇。由于不友好的组织氛围，一些女性创造出了更具弹性的职业模式，这样一方面能为自己创造更多的发展机会；另一方面能够满足她们对完整生活（包括个人和专业领域）意义的追求。

弗雷特和多尔蒂（Forrett & Dougherty，2007）发现在男性主导的银行业里，高层管理人员和主管当中女性只占不到6%。伊莱（Ely，1995）研究指出，虽然在输送高等教育人才的管道入口有很多女性，但同样的管道到达高级领导岗位时，出现的却是大量的男性，因此，如果组织内高管性别结构问题不考虑，仍然不能很好地解释权力在女性领导者职业生涯成功方面所发挥的作用。还有学者提出这样的假设，他们认为对于女性员工的职业成长来说，社会资本对于其获得高层管理职务具有比人力资本更重要的价值，而对于获得低层管理职务时，人力资本的作用却要比社会资本来得更为重要。因此，随着女性教育水平的提升和男女平等立法的深入，低层级管理岗位男性合格者数量逐渐减少，各个国家女性获得低层级管理岗位的也随之增加。

（4）缺乏网络和帮助的获得途径。尽管研究表明女性的关键人力资本投入和社会网络支持已经得到了显著的积累，但是"玻璃天花板"在组织现实中仍然很普遍。对组织管理通道末端的调查表明，极少部分的女性能够上升到组织最高管理层（Helfat et al.，2006）。高层中稀少的女性比例使得女性失去话语权，所谓职业成功被强行定义为男性的特征，不利于更多的女性成长并取得成功。女性自身这样描述她们的工作：建立了大量的社会联系，但是很少有机会获得有助于提供职业发展机会的工作经历，相比男性，她们很少对晋升机会感到满意（Lefkowitz，1994）。创建一个彼此联系的关系网，分享责任和为他人的发展做出贡献已经成为示范性的管理行为，尽管这些管理行为原本就具有女性特征，但是它们从来就没有被公开认可为女性专属，甚至由于被错误归因、缺乏组织话语权等原因，这些女性专属的关系实践在组织环境中渐渐消失。由此可见，女性面临的现实矛盾是，她们的种种有助于增强组织基础建设的行为（如合作、联系、赋权、团队合作以及冲突处理）以及这种行为所带来的利益和价值并没有得到组织的认可和奖赏，这是她们职业发展受阻的原因之一。需要强调的是，男性占优的组织环境更不利于调和女性领导与组织内其他女性之间的关系，公司高层领导中女性的低比例似乎在给公司中的其他女性发出信号，即作为女性是一种负债，女性需要在表现竞争力和讨人喜欢之间做出选择（Ely，1994）；同时，这种信号也将阻止未来可能成为女性领导的女性转向现有的女性高管寻求有关发展的建议或帮助（Ibarra，1999），渐渐造成了公司高层中女性比例越来越少，使得女性职业生涯发展陷入了恶性循环。

二、组织性别化的权力分配

所谓组织性别化的权力分配强调组织资源、信息和机会如何在男女两性领导者之间分配的差异，而这种差异并不是被动形成的，而是若干看起来不起眼、实质主动的性别歧视或偏见造成的。有研究认为，与工作相关的人力资本投资和开发能够解释男性和女性领导者在工资和管理层级方面很大一部分的差异（Melamed，1995）。众所周知，今天的男性总体上依然比女性享有更高的薪酬收入和福利待遇，主要表现为同工不同酬（张丹丹，2004），或者价值歧视（Alkadry，2006）。另外，莱夫科维茨（Lefkowitz，1994）研究指出，相比男性，女性很少有机会获得有助于提供职业发展机会的具有挑战性的工作任务，很少对工作任务机会感到满意。莫里森（Morrison，1992）的研究也指出，影响女性管理者成功的关键组织要素是享有培训和提供发展机会。关于组织内部职业生涯晋升通道的研究发现，虽然在输送高等教育人才的管道入口有很多女性，但同样的管道到达高级领导岗位时，出现的却是大量的男性。格鲁特和布林克（Groot & Brink，1996）利用二手数据实证研究后则发现，罕有女性被提拔至领导高层，而导致这一结果的并不是男性和女性在与工作相关的个体特征上存在差异，而是他们被区别对待。与此同时，与男性相比，女性找到合适的人生导师和赞助商也需要更多的时间，而这两者对个人职业发展有着难以估量的价值。

除此之外，组织高层缺乏女性或女性所占比例很少成为了阻碍女性领导者职业生涯发展及其成功的重要原因。调查显示，随着管理职位级别的上升，女性所占任职人数的比例呈严格递减趋势。尽管普通职员和其他人员中，女性所占比例却都高于样本性别比，但女性担任管理人员的比例（包括任高、中、基层管理人员）都低于样本性别比。盖伊（Guy）提出了著名的组织建筑理论（organizational architecture）用以说明现有的组织结构对女性职业生涯发展的制约。伊莱（Ely，1995）研究指出，假如没有女性或只有极少数女性在组织高层职位上出现，那么关于组织中性别构成影响的研究仍无法合理解释权力在影响女性工作表现中的作用。刘伯红（2003）的研究指出，在决策层面上，女性数量相对较少，女性利益、经验和所关心的问题没有得到充分体现，不能左右影响她们生活、工作和未来社会的关键决定。以上研究均表明，增加拥有权力的女性数量是促进更多女性职业发展、实现真正性别平等的必要元素。

社会化分工决定了女性职业发展嵌入在其生活背景中，由此，学者们对组织提供弹性工作安排和减少工作时间有利于女性工作—家庭整合已经基本达成共识，但是组织现实似乎没有跟上她们的职业偏好和生活选择的发展步伐。调查显示，极少有公司提供弹性工作制的岗位，让那些追求事业发展的女性能够抽出必要的时间照顾和抚养孩子、休产假。怀特（White，1995）针对英国杰出成功女性进行了一项调查发现，在接受调查的48个样本中，多数女性为了能够在组织中获得成功，不得不为了工作而调整自己的家庭责任，一再推迟自己的结婚、生育年龄，甚至一直保持没有孩子的状态。即使组织能够为女性提供诸如育婴假、压缩工作时间、弹性工作制、工作分享和远程办公政策等工作—家庭福利，以帮助女性员工承担多重责任，但是也有研究指出，如果没有直线主管的支持和家庭友好型组织文化的鼓励，这些福利政策也不会发挥最大的作用，以至于影响利用者向高层管理职位的晋升（Schwartz，1992；Tomlinson，2004）。许艳丽和谭琳（2002）研究结果也表明，被性别化的时间配置使女性在工作与家庭的时间配置、工作与结婚生育的时间配置以及家庭时间与社会交往时间存在冲突，这便是女性获得职业生涯成功的重要障碍。

有研究表明，跟男性相比，女性拥有的异性社会网络联系的比例较低，这种差异的主要原因是男性和女性处在不同的社交圈中，组织社会网络的分割本质将女性与重要的社会联系和社交活动隔离开来（Braynion，2004）。通过系统编码发现，组织性别化的权力分配在组织实践上主要表现为女性领导者在组织内的人际关系、组织对女性领导者的人力资本投资、管理层的性别结构以及组织与工作—家庭平衡有关的福利四个方面。

受男女两性的社会角色规范和家庭劳动分工的影响，一般认为，男性处理公共领域工具性事务的能力与女性管理私人领域家庭情感方面的能力刚好形成互补；与此一致，人们将对工作和职业的期望主要放在男性身上，而对家庭和生活的期望主要依赖于女性。于是，在工作场所人们秉承了以上广为流传并为大众所接受的性别差异——私人—公共二分法，在组织信息、机会、资源等权力分配方面对男女两性领导者进行了区别对待。大多数女性都不得不在工作和家庭之间寻求平衡，这就使得她们很少有时间和同事们交往，建立自己的职业网络，尤其是非正式关系网络，而事实上，在这种看似"非必要"的人际交往中所积累的社会资本对自己的职业生涯发展却至关重要，甚至比传统管理职责的有效履行更为重要。在女性占少数的环境中，重要的关系网都是或者几乎都是由男性组成，女性要想打入这些男性社会网络会很困难，尤其是他们常常组织一些适合男性的活动来加强彼此的联系，即使拥有充裕的时间，她们也会发现很难建立非正式的关系网，并从中获益。

访谈中我们发现，男女两性间差异化的人力资本投资是受访者提及最为频繁的组织情境因素，包括是否向男性领导者提供更多的职业培训，男性领导者是否承担更多更具挑战性、更为可见的工作任务，这些都是职业晋升重要的积累途径，正如某位受访者所说；"有时候 HR 职位调整会有一些其他的考虑，这个跟女生……咱们也坦白了说，是不是结婚了、是不是要小孩这些都是很现实的问题。"另外，男女两性领导者在薪酬待遇和其他相关福利水平上的高低对比也是体现组织对其进行不同人力资本投资的重要方面。也有不少被访者意识到，对于想要获得高层职位的女性来说，组织内良好的人际关系，即社会资本积累比人力资本投资具有更重要的价值，尤其是与组织内核心人物之间的非正式接触及其关系质量，比如导师、保荐人以及组织最高层管理者等，而这对于需要承担更多家庭责任、只能充分利用上班时间处理工作事务的女性领导者来说无疑是一种劣势，正如访谈中某位女性人力资源经理所说："想要融入男性的圈子也蛮难的，比方说他们工作之余，他们会在一起喝喝茶，或者锻炼锻炼身体，但是作为女同志你就不太可能跟他们在一起做这样的事情，这种私人、私密的关系你就根本没有办法介入。"

与此同时，组织管理层的性别结构，包括一般管理岗位和高层管理岗位的男女两性比例，也是组织性别化的权力分配的重要体现。通过对比后发现，在我们调研的 4 个案例企业中，中基层管理岗位上男女两性领导者的比例没有显著的差别，甚至有的单位出现女性领导者的比例超出男性的情况，不可否认女性整体提高的受教育水平和女性领导者出色的协调、沟通能力在其中发挥着重要的作用。但是这种情况随着管理岗位的提升并没有继续保持，反而出现最高管理岗位上男女两性比例悬殊，甚至没有女性领导者出现的情况。访谈中某位女性总经理对这方面的问题一直保持很高的敏感性，她向我们表示，"当更多女性进入高级领导阶层，用有力的声音表达她们的需求和关注时，组织内所有女性的处境也将随之得到改善"。

对于女性领导者的职业生涯发展来讲，不可避免都需要处理工作—家庭冲突的问题，此时如果公司能够从正式制度安排和非正式文化规范双方面向其提供工作—家庭福利，无疑有利于女性领导者平衡工作和家庭两者之间的关系。经过调研后发现，各个案例企业在工作—家庭平衡的正式制度安排方面区别不是很大，对中层以上的女性领导者均能提供弹性工作制、工作分享、远程办公、在职休假、育儿津贴和保障措施等工作—家庭福利，但是如果组织现行的与如何界定工作（职业）成功或理想型员工有关的组织实践仍然基于男性传统模式——将工作置于首位的工作规范和危机导向的工作模式，要求"全身心投入""持续不间断的雇佣关系"，从而为组织提供尽可能多的便利，甚至单方面为组织做贡献。这种试图维持工作场所性别化的组织规范及其实践不仅对于试图寻找生活的意义，并承担职业和生活双重责任的女性是一种损害；从组织的角度来看，这样的组织规范和实践将长期延续时间使用低效率的现状，对危机导向工作模式的默认和鼓励将破坏工作场所的正常秩序，事实上，组织奖励也很可能是与能力和任务无关的组织行为。

三、组织性别化的价值评估

所谓组织性别化的价值评估指的是组织对男女两性性别刻板特质和行为的价值评估以及对男女两性领导者分别表现出男女两性刻板特质与行为的感知,而以上评估和感知并不是自然形成的,而是传统社会性别规范和家庭分工在工作场所的延伸。或许是由于男性在历史上长期占据高层领导地位,以至于人们把关于领导者的特质与男性的特质混为一谈,不加区别了。基于多年的研究,斯坦福大学研究领导力和组织行为的德伯拉·格林菲尔德(Deborah Gruenfeld)非常理解女性为成功所付出的代价,她认为我们根植于文化的传统观念,将男性与领导特质相关联,将女性与抚育特质相关联。男性的进取、强大、成功会不断受到人们的称赞、喝彩,表现出同样特点的女性会常常受到社会的惩罚,因为积极进取、作风强硬的女性违反了社会关于她们"可接受行为"的不成文规则。通过系统编码发现,组织性别化的价值评估主要表现为组织对男女两性领导者组织行为的理解、对女性领导者的绩效评估以及对男女两性领导者的成败归因三个方面的组织实践。受传统社会性别观念的影响,工作场所中人们仍然将男性和女性气质的固定化、对立化,即基于性别刻板印象和传统性别规范对男女两性进行评估和感知。

人们对男性抱有职业成就方面的期待,对女性这方面的期待则可有可无,这将直接影响到人们对男女两性领导者组织行为的理解。或许是由于男性在历史上长期占据高层领导地位,男性的进取、强大、成功会不断受到人们的称赞、喝彩。相反,积极进取、作风强硬的女性违反了社会关于"可接受行为"的不成文规则,因此表现出同样特点的女性会常常受到社会的惩罚。更加糟糕的是,这种成见也会不同程度地被女性自我强化,所以一部分女性也就不指望获得这样的角色。即使是对事业有所追求的女性领导者,聪明的做法就是"做好自己的事情,表现出来不给人一个很大的威胁",这样才能够得到更多人的支持。另外由于性别成见,女性有时还必须在没有任何额外报酬的情况下做额外的工作,人们预设女性有为公共利益服务的意愿,一旦违背这种预设,女性就会在职场上受到惩罚。当一个女性对他人施以援手,这种受人恩惠的感觉就会相对减弱,女性被认为应该乐于助人,并且是她们自己愿意帮助别人;但男性对工作伙伴施以援手则被认为是在做额外的工作,他会得到更好的评价、加薪和奖金等回报,被帮助者会觉得有所亏欠,并且非常有可能给予回报。而当一个女性拒绝帮助同事的时候,她通常会得到不太有利的评价,回报也很少;但如果拒绝帮助同事的是个男性,他通常不会受到什么惩罚。

由于组织结构扁平化和团队职能交叉的发展趋势,"创建关系网络""分享责任"以及"为他人的成长做出贡献"已经逐渐成为示范性领导行为，这些领导行为原本就具有女性特征，而且人们对有效领导的评价往往以关系、他人导向且女性刻板特质为主。如果一个女性领导者非常能干，不顾社会期待去争取机会，她看上去就不够亲切，甚至被判定为一种自私的表现；如果一个女性表现得"女性化"，看上去很亲切，那么她就会被认为不够能干，就很难像男性那样获得机会。大多数女性都真的希望被人喜欢，不仅仅因为这样能带来好的心情，同时赢得人们的喜欢也是成功的一个关键因素，不管是在职场上还是在个人发展上。而现实情况是，组织总是想雇佣和提拔那些既能干又有亲和力的人，这就成为了女性职业生涯发展的一大障碍。访谈中当被问及男女两性领导风格差异时，多数受访者表示他们彼此基于对世界如何运作的不同假设，女性进行管理和领导的方式和男性不同，比如："女性管领导者更注重相对柔性的管理风格，她们按照自己的方式工作，努力诱导、说服、促动和培养他人，倾听、理解和重视人们做出的贡献，感受和同情其他人的想法。"

与此同时，我们还发现越来越多的组织成员对女性领导者表示认可，比如，从对某女性人力资源经理的访谈中不难感受到其女性上级给予她职业生涯发展的榜样的力量："我觉得她是博士，C++的博士过来，她给我的感觉就是很好，我觉得我将来的感觉就是这样的。"另外在某些出现女性高层管理者的案例企业中，她们自身的成长尤其是她们处理工作、家庭、个人多重角色的成功经验成为了该公司其他女性领导者职业成功的角色模范，正如下面这位女性部门主管所表述的那样："不管是她的生活还是她的工作，都是很文雅还是什么样子，我觉得这才是我最值得敬佩的地方，也是我终身需要学习的一门课程。"尽管如此，多数案例企业中占主导地位的领导方式仍然是男性化的领导方式，同时组织对领导者的绩效评估仍然是基于个人成就，而非他人成就或团队整体绩效，即人们对成功领导者的评价仍然主要集中在个人、自我导向且男性刻板特质等方面，因而与男性领导者相比，女性领导者被认为具有较低的工作承诺，她们在"领导进取心""工作激情"方面总是差一些，她们"在关键时刻承担工作压力和风险的能力不如男性"等。

这样一来，女性领导者便发现自己陷入了两难境地：当有悖于性别刻板印象或不遵从传统性别规范时，就会受到相应的显性或隐性的惩罚；而当女性领导者遵从传统性别规范，表现出女性刻板特质与行为时，又会被组织其他成员所忽视，这无疑提高了不符合组织成功模型的女性员工的不满意度和离职率。

更加糟糕的是，人们对男女两性领导者的成功和失败归因有着双重标准。奥尼尔（O'Neil et al.，2004）针对男女两性对职业成败的归因进行了探究，结果发现：如果让一个男性解释自己的成功，他通常会归因于内在的能力和技巧，如果问女性同样的问题，她一般会将成功归因于外部因素；在解释失败的时候，男性会归咎于偶然性因素，女性则会相信是由于自身缺乏能力所导致的。类似地，基希迈耶（Kirchmeyer，1998）研究也发现，当一个男性和一个女性接收到负面反馈时，相比男性，女性的自信和自尊都会受到更大的打击，由此引发的失败和不安全感的内化会伤及她们未来的表现，所以这种心理模式具有长期严重的负面影响。各项研究均表明，女性领导者对自身表现的评价普遍低于实际情况，而男性领导者则会过高地评价自己的表现。伊莱（Ely，1994、1995）就组织高层管理岗位的性别比例这一人口统计学变量对组织其他成员对女性领导者的评价问题进行了探究，结果表明：组织高层中女性较低的比例似乎在给公司中的其他女性发出信号，作为女性是一种负债，女性需要在表现竞争力和讨人喜欢之间做出选择；另外，组织内其他女性很少对已经成功晋升到组织高层的女性表示认可，更不会将她们作为自己职业生涯发展的榜样和处理多重生活角色的模范示例；更糟糕的是，组织内的其他女性更倾向于认为她们彼此之间是竞争而非合作关系，因为她们需要为有限的女性高层席位展开激烈的竞争。无独有偶，伊瓦利（Ibarra，1999）研究指出，男性占优的组织情境也将阻止未来可能成为女性领导的女性转向现有的女性高管寻求有关发展的建议或帮助，渐渐造成了公司高层中女性比例越来越少，使得女性职业生涯发展陷入了恶性循环。2011年麦肯锡的一项报告指出，男性的晋升基于其自身的潜力，而女性的晋升则是基于其已经获得的成就，女性需要比男性花费更多的精力来证明自己。

　　以上组织性别化的价值评估造就了人们关于男女两性形象、特质的差异化感知和评估——男性气质—女性气质二分法。由于女性与男性形象之间的不匹配，自然也就不适合组织成功模型，从而使得女性领导者的职业生涯发展处于劣势地位。不仅如此，以上组织情境知识的产生过程中，只有有限的声音被听到，这些声音来自用来判定某人是正确还是错误的传统标准或普遍共识等意识形态，并随其组织社会化过程被渐渐确定下来，因此只有占主导地位的组织成员——往往是男性的经历和经验才会被认定并沉淀为知识，最终对其他有可能提高工作有效性的工作方式和风格起到抑制作用。

四、组织性别化的语言表达

　　所谓组织性别化的语言表达着重分析的是工作场所人们对男女两性刻板形象的刻画与描述及其与组织成功模型（比如组织对工作能力、工作行为有效性及工作成果的界定）之间的匹配程度，而组织话语中现行的、常识性的工作概念内涵并不是一个被动的概念，而是一个看起来不起眼实质主动的性别权利分配和运用的结果。组织性别化的语言表达首先体现在人们对男女两性固有形象的刻画上，不管受访者是男性还是女性，也不论其所处的管理层级，人们对男女两性领导者的刻板印象都深深印刻在人们的脑海中，人们对男性领导者的刻板印象，比如，他们是"提供者"，他们"有决断力"，他们做事情尤其是在事业上"积极进取"；而人们对女性领导者的刻板印象，比如，她们"情感细腻且敏感"，她们"关爱他人"，并"热衷于公共事业"。甚至女性领导者自己也不太可能像男性那样认可以下的自我描述："不管是什么领域，我希望在我从事的最后工作中获得领导者的角色。"她们不太会像同龄的男性那样，用"领导者""有远见""自信"和"愿意承担风险"等字眼来形容自己。

不仅如此，组织性别化的语言表达还体现在组织对工作行为、工作能力和工作绩效、结果、成就的界定方面。一般观点认为男女两性基于对世界不同的假设，他们反映了两套完全不同的联想体系：一套是社群性（communal）的，另一套是个体性（agentic）的，男性被认为具有个体性特质，更具决断性和支配力，他们富有攻击性、雄心勃勃、有统治力、自信、强硬，同时更倾向于独立自主和我行我素；与此相对应的，女性被认为具有社群性特质，待人接物常常为他人着想，具体来说，她们富有爱心和同情心、乐于助人、友好善良，在人际交往中表现得敏感、温雅、言语温和。

在组织社会化过程中，人们对哪些工作行为是有效的，哪些行为是可有可无的有着几乎一致的判断。调研中发现，人们一方面鼓励自我推销的工作行为，认为这种行为对组织有效性有着很大的帮助，正如访谈中某位女性总经理所讲述的自己的亲身经历，"正好我先生要过来，要到中国来，因为我们朋友在这里很成功，然后我就去问他，你想不想到中国来，一拍即合（大笑），所以我不去问他的话，Lombard Risk 还不会在上海"；另一方面，往往对幕后支持行为（比如"建立联系""赋权""促进团队协调与合作""冲突处理"等）的态度则多数没有给予足够的重视，大家都觉得此类行为在一定程度上能够起到"润滑"的作用，但对组织的有效运行来说并不是非要不可的。事实上，女性领导者更多地采取幕后支持行为，正如访谈中某位女性人力资源总监所讲述的那样："由于我们和老板之间的关系，我觉得 HR 部门在其他人眼里地位已经很高了，那么我跟各部门沟通的时候我反对 HR 也不能凌驾于其他部门之上，大家是平级的，我们是合作，我是在帮你做事情，这一点是我一直以来奉行的工作原则。"她们的种种有助于提高团队或组织整体效率的幕后支持工作行为所带来的利益和价值并没有得到组织的认可和奖励，这是她们职业发展受阻的原因之一。

从工作场所互动中人们对工作能力和工作经验的刻画来看，组织对工作能力的描述倾向于个人英雄主义，比如，"独自面对客户""独立解决问题""将整个公司从危机中解救出来"等字眼通常都是人们对有能力的领导者的描述。正如某公司一位男性销售经理在回答什么样的特质或什么样的人比较容易在公司获得高层的认可时所讲述的那样："相对来说，执行能力比较强，领导跟他说过的事情，他能够把这件事情干好，关键的时候你是能够站起来，能够拿得出手的，就是关键时候能够独当一面的。"传统意义上人们认为应保持公共领域和私人领域的相互独立性，且女性领导者更多地投入家庭或社区等私人领域照顾他人（包括丈夫、子女以及其他家庭成员、社区成员等）的事务处理上，她们对关系实践及其能力有着本能、固有的偏好，并不热心于担任工作领域的"女英雄"。有研究者发现，照顾他人的情景有助于鼓励人们全盘考虑问题，并随时对可能发生的变化保持敏感，整合情感、认知和行为以做出反应，从而有利于培养人们的关系技能（Johansson，1995）。公司某高层领导在谈及什么样的人更容易被他人认可时强调创建团队的重要性："不光是对工作本身的责任感，更重要是对大家所从事的职业和大家所做的这样一个事情，他有一个对团队负责任，或者对公司的业绩负责任，这种责任感，能够身先士卒，身体力行，很好地完成这些东西，我觉得这个蛮重要的。"但是一旦当女性领导者表现出建设团队的工作行为时，往往会被忽视，被认为这些行为是女性的本能反应，或者被认为具有个人目的，于是在组织社会化过程中女性的此类行为渐渐消失了，正如一位接受调研的女性所说："现在的话，有时候没有把握或者觉得因为没有必要的时候，我也不会马上告诉他（直接上级）怎么样怎么样，我觉得也没有那么多的必要。"

再从组织情境下人们对工作绩效、结果的界定来看，不管是何种类型的企业都很重视对个人导向的工作成果（尤其是即时产出和可见的结果）进行奖励。调研中某位女性部门负责人向我们表示，自从她接手该部门以来，团队规模已经从过去的三个人扩大到现在的二十几个人的规模，然而尽管其目前的主要工作职责是团队管理的工作，但似乎她并没有做好从普通员工到团队管理者的角色转换，正如她所表述的那样："我主要负责的是任务的分工，还有跨部门的协调，但是有一些单子的话还是会自己留一些在手上操作的。"事实上，她并没有把管理团队当成是一种真正意义上的工作，因为这些都不能创造直接而可见的工作成果。与此同时，不同案例企业对团队合作和发展工作等相关工作结果的态度不尽相同，对他人成就是否构成其工作成就的界定也大相径庭，比如，在案例企业A中某位女性销售经理向我们表示："你比如说之前新来的销售组织大家进行培训的一个体系都是我去做，设置课程、然后请讲师来教授这样一些课程，这个事情本来应该是他去联合人事部门去做的事情，包括现在我就不会去做这样的事情了，很多事情你做过三次以后人们自然就会认为这件事情就应该是你去做的。"而在案例企业D中，从我们对该公司某高级财务分析经理和某人力资源总监的访谈中都能发现，团队绩效和帮助他人成长是在该公司对经理以上人员绩效考核的两大重要指标,比如,"我们考评除了针对个人的考核以外,还会有团队指标"以及"我现在还没有直属的下属,一般都是跟财务共享中心的同事,因为他们的级别可能就稍微低一级别,5、6级别这个样子,教他们怎么去做财务分析,怎么样发现问题,这也是一个培养别人的过程"。

以上组织性别语言描述造就了人们对男女两性差异化工作态度和行为的刻画——个体性是与男性气质和男性身份联系在一起,社群性则是与女性气质和女性身份绑定在一起,组织对男性和女性的不同工作行为、工作能力和工作结果给予不同的认可和奖励。从组织的角度来看,组织性别语言描述影响下的个体性—社群性二分法不仅允许英雄为他们自己创造与业务要求不相关或根本不必要的角色,更重要的是阻碍了发展他人和对基础建设系统有力的构建和计划。

由此可见,组织性别及其差异往往是与某人所处的特殊组织情境联系在一起的,并通过诸如组织资源的分配、组织科层结构安排、工作场所互动实践、工作—家庭劳动分工等性别化的组织情境及其实践活动得以形成。身处组织情境中的人们对性别个体赋予特殊的意义和价值,而这一意义和价值造就了两个看起来显著不同的人群——男性和女性,因此,组织情境及其实践不仅对女性领导者的个人职业生涯成功具有重要影响,对同样身处组织情境的男性领导者的成长与发展甚至整个组织的产出及其有效性都具有重要价值。如表4-8所示,系统解构了组织性别系统。

表4-8　　　　　　　组织性别化主题、组织实践及其结果

组织情境因素	组织中的性别差异	组织实践	女性职业成功	组织有效性
组织性别化的权力分配(power)	公共—私人二分法(public-private dichotomy)	理想的员工是将工作置于首位;危机导向的工作模式;维持去性别化工作场所幻想的规范	女性承担更多的抚养义务;从而女性被认为具有较低的工作承诺	长期延续的时间使用低效率;鼓励危机;对与能力和任务无关的行为进行奖励
组织性别化的价值评估(knowledge)	男性气质—女性气质二分法(masculinity-femininity dichotomy)	将男性和女性的对立固定化;基于性别刻板印象对男女两性进行评估和感知;当人们不遵从传统性别规范时,会受到相应的惩罚	女性与男性形象之间不匹配,从而不适合成功模型;当女性表现出刻板女性行为时常常被忽视和低估;当女性表现出男性气质时会受到诋毁	主要以成功模型来衡量成功;对有可能提高工作有效性的工作方式和风格起到抑制作用;提升了不符合成功模型员工的不满意度和离职率

续表

组织情境因素	组织中的性别差异	组织实践	女性职业成功	组织有效性
组织性别化的语言表达（language）	个体性—群体性二分法（individual-collectivism dichotomy）	对工作能力的描述倾向于个人英雄主义；对即时产出和可见的结果进行奖励；缺乏对团队合作和发展工作的认可与奖励	个人英雄主义与男性相联系；关系型行为与女性相联系；对男性和女性的不同工作行为给予不同的认可和奖励	允许英雄为他们自己创造与业务要求不相关或根本不必要的角色；阻碍发展他人、计划和对基础建设系统的构建

组织情境的三个类属并不是独立地对女性高层次人才的职业成长及成功产生作用，不同类属相互之间还存在紧密的联系，三者之间通过相互作用从而作为一种整体对女性领导者实现职业生涯成功产生着影响，并且对整个组织的产出及其有效性也具有重要的意义和价值。

第四节 社会层面

社会层面对女性高层次人才成长的影响体现在文化观念、教育机会、经济参与以及政治话语四个方面。中国传统的性别角色偏见影响了女性政治人才的成长职业发展，而海外男女平等的性别文化为女性人才的职业成长奠定了良好的文化环境。何雪莲（2004）认为应建立起两性和谐的高等教育体系，为女性人才的发展提供良好的教育。覃红霞（2009）提出应根据女性需要对高等教育进行改造，建立起符合性别公平的教育是促进女性发展的根本道路。经济上的独立是女性解放的基础，经济权利的获得也是女性高层次人才得以成长的物质基础和前提。女性政治权利的获得，有利于为女性的发展打开制度空间。政治参与是保护女性权利，表达、维护和实现女性利益的现实途径；政治参与能够充分发挥女性自身素质和潜能，从而优化政治权力的性别结构（周菁菁，2008）。

一、文化观念

中国的传统文化倡导"男性为中心"的观念,在这种男性处于强者地位的社会背景中,女性就相对处于弱势地位,女性只能作为男性成功的支持者。女性的典范多是在家庭中相夫教子的三从四德形象,而男性则承担着经济建设、家庭收入的角色。从某种程度上讲,传统文化观念认为女性的才能只在家庭小范围内得到展现。改革开放以后,随着社会的发展、文化开放以及经济的高速运转,国家对女性经济参与重视度越来越高,制定各种相关政策帮助女性逐渐走出柴米油盐的小圈子,融入职场以及各种社会交往的平台。但是,在我国长期历史文化的影响下,传统的社会角色定位、性别偏见、职场中的"玻璃天花板"、性别隔离等现象还是广泛存在,严重阻碍了我国男女平等的发展进程和女性高层次人才的职业生涯发展。

(一) 社会角色定位

据社会角色理论,女性具有双重的社会角色,既是劳动力,又是劳动力再生产的承担者。传统的社会文化认为男性更多地负担着从事工作以维持家庭的经济收入的责任,然而女性则对家庭事务承担了更多的责任。女性从小被教育要做"贤妻良母",始终处于男性的庇护之下,依附男性存在,这种传统角色定位无形中影响着社会意识形态,使得社会上存在严重的性别刻板印象和思维惯性。不仅男性这么认为,女性也深受这种观念的影响,不断向自己灌输传统女性社会角色观念。性别角色的错位,造成社会舆论对女强人能力认同的同时,也存在对她们敬而远之的心态,不仅是政府组织中,在大多数以男性占主导的组织中都倾向于提拔男性并维护其地位,这种偏见、错误观念严重阻碍了女性高层次人才的成长和职业生涯发展。此外,传统观念认为,女性的智力和思维只适合从事具体工作,而不适合宏观的管理工作,一些女性受到传统思维影响也缺乏追求卓越和杰出的精神,影响了女性高层人才成长。

社会文化中的男性中心主义在多个方面存在,严重地限制了女性社会活动中的积极作用,往往使得女性的挫折感上升。《哈佛商业评论》曾对1 000名男性和女性进行调研,其中2/3的男性主管和1/5的女性主管表示对于有一个女老板,心理会觉得不舒服;只有大约9%的男性主管和15%的女主管能够接受并乐于在一个女老板手下工作。同样,在中国进行的类似调查中,也有43%的人持有这样的态度。佟新(2005)的研究指出,在传统社会性别观念中,两性必须严格按照社会规定的气质方向发展,即男性只能阳刚,女性只能阴柔,这造成了对女性个性的压抑和束缚,阻碍了女性在公共领域的发展。张今杰和张东烁(2008)认为,女性的社会分工导致了女性社会角色定位的确立,即只是作为辅助者,从事一些辅助性工作,难以确立其在社会进步中的核心地位。

传统角色观念使得社会对女性的成功标准要求与男性也不一样。以往研究发现,对成功的标准明显"男女有别":对于男性,关注更多的是他的职业道路和领导风格;对于女性,社会媒体更关注她们作为管理者、妻子和母亲所面对的困扰和问题,人们对女性在事业上的要求远远低于男性,那么给予女性表现的机会、成就女性的机会就大大降低。对于女性管理者而言,传统家庭角色仍然十分重要。无形中,社会对女性领导者多设置了一条成功标准——在成为成功的女性高管之前,她首先必须是成功的妻子和母亲,否则,她的成功算不上是真正的成功。

由于宗教以及习惯等因素,性别不公在社会心理、社会理念、社会价值层面打上了极深的烙印。因此,女性在社会各个层面的活动总是被文化这只无所不在的"手"牵制着。女性高层次人才的成长需要突破传统的社会文化制约,进行合理的角色定位。

(二) 性别偏见

性别歧视是女性晋升到高层级管理岗位的最大障碍(Metz & Tharenou, 2001),男性和女性职业成功差异的55%是由性别歧视所导致的(Melamed, 2008)。1986年,在《华尔街日报》的一篇有关企业妇女的报告中创造了"玻璃天花板"一词来形容阻碍女性在美国公司中获得更高职位的不可见的障碍。虽然"玻璃天花板"一词已经使用20年了,但许多研究得出的结论是,在全世界范围内,女性被隔离在"玻璃天花板"之下的情况仍没有根本性的改善。很多企业没有给予女性平等和充分的表现机会和培养机制。同时,因为一般的员工更容易接受男性上司,女性领导必须付出加倍的努力和牺牲,才能得到企业以及下属员工的认可。因为传统的观念,职场中的性别隔离依旧存在。有研究发现,36%的男性被访者拥有女上司,其中23%的女上司存在负面印象,原因包括"琐碎"、过分"算计"以及"无法勇敢地面对和承担风险"等。但男性对女同事或者女下属的评价影响着社会对女性的态度,也深深影响着女性对自身的评价和定位。

二、教育机会

目前我国男女接受教育机会的现状主要呈现两个特点:一是总体上,我国男女受教育机会差距明显缩小;二是高校性别平等教育仍面临着一些问题和"瓶颈"。

从总体面貌来看，国务院新闻办公室 2015 年 9 月发布的《中国性别平等与妇女发展》白皮书中指出，2014 年男女童小学净入学率均为 99.8%，女性接受初中及以上，特别是高等教育的机会显著增加。2014 年，初中和高中在校生中的女生比例分别为 46.7% 和 50.0%；普通高等学校本专科和硕士研究生在校生中的女生比例分别为 52.1% 和 51.6%，博士研究生在校生中的女生比例增至 36.9%。2013 年女性 15 岁及以上文盲率为 6.7%，比 1995 年降低了 17.4 个百分点。另外，各级各类学校教职工和教育行政部门决策和管理层的女性比例也在提高，女性在高等教育教学及管理等领域的参与状况明显改善，2014 年，高校女教师比例为 48.1%，比 1995 年增长了 18.1 个百分点。教育机会的平等、受教育的性别差异缩小，意味着越来越多的女性可以通过教育获得知识和成长，为未来的职业发展提供知识储备，也对职场中女性人才梯队建设有着重要作用。

高校教育中，《中国妇女报》2017 年 5 月 2 日刊登的《高校性别平等教育的困境与突破路径》文章指出高等教育是引导学生认识并形成性别平等观念最直接而有效的途径。但目前高校在开展性别平等教育方面仍面临着许多困境，一是高校教师性别平等意识有待培养。调查发现，有些高校女教师的性别意识导致了她们较低的性别角色期望，较低的成就期望和成就感，从而在教学中，其有关性别角色的言行、感情、态度、思维模式、行为模式和性别期望等，通过学生的接受、内化，逐渐影响到学生的性别角色意识。二是高校性别平等教育课程和学科建设仍缺乏性别视角。当前的高校专业课程设置依然比较侧重男性关注的领域和议题，而对女性以及女性有关的议题则被忽略和遗忘，这种教育所营造的性别话语会不经意地影响男性与女性的思考和行动的方式。三是高校课堂教学环境中的性别隔离现象并未得到消解。许多课堂仍存在不平等的性别互动、性别隔离以及教育资源性别间分配不平等的现象。

三、经济参与

经济权包括经济机会、就业机会以及职业待遇的平等、财产权的受保护等，以及由此而产生的基于保护这些权利的平等的法律权。女性经济权的获得是女性独立的基础，是女性发展乃至女性高层次人才得以成长的物质基础。女性高层次人才对于经济机会平等的认识和追求，往往可能对其职业生涯成功起到推动作用。

1992 年，国家颁布《中华人民共和国妇女权益保障法》，是中国第一部以妇女为主体、全面保护妇女合法权益的法律，在妇女法法律体系中居于基本法地位。1995 年在北京召开的联合国第四次世界妇女大会开幕式上，时任国家主席的江泽民代表中国政府向全世界郑重宣告:"把男女平等作为促进中国社会发展的一项基本国策。"① 我国还将男女平等基本国策写入了《中华人民共和国宪法》。2001年第二个《中国妇女发展纲要（2001~2010年）》也将"男女平等基本国策"写进了总目标。2010年联合国开发计划署创设立新的综合性别指数——性别不平等指数，涵盖"生殖健康""赋权"与"劳动市场"3个领域共5项指标，即孕产妇死亡率、未成年人生育率、女性在国家议会中的席位比例、中等以上教育程度占25岁以上人口比率和15~64岁劳动力市场参与率。根据联合国开发计划署《2011年人类发展报告》，中国在146个国家中的性别平等排名第35位，是具有中等人类发展水平的国家中性别最平等的。但是国家政策关注的要点和经济发展中女性经济参与的特性是不是完全一致，是不是都能对经济发展和企业绩效产生正向促进作用，这个就不得而知了。根据世界经济论坛自2006年发布至今的《全球性别差距报告》(The Global Gender Gap Report)，我国性别平等指数的世界排名最好的情况是2008年排名第57位，基本处于世界中下水平，和世界顶级水平如挪威、芬兰、瑞典等发达国家相比更是望其项背，因此中国的性别平等发展还有非常大的努力空间。但根据新蓝网提供的大数据显示，2017年女企业家占企业家总数的25%，在互联网领域，女性创业人数高于男性，占55%，这也表明我国男女平等事业取得了显著进步。

2017年3月13日，政府间组织"妇女地位委员会"(Commission on the Status of Women)举办的联合国妇女地位委员会第61届会议的优先主题为"在不断变化的劳动世界中的妇女经济赋权"，关于"赋权"有多种界定。有专家认为，赋权"是一个旨在为某一特定民族或者群体的自主权创造条件的过程"，也有专家认为，赋权是指"人们对自己的生活和社团重新获得权力的过程"。"联合国妇女经济赋权高级别小组"指出:"妇女经济赋权是关于经济平等的：比如消除性别薪酬差距，增加工作机会或获得贷款等。但它也是关于打破阻碍妇女前进障碍的：比如从歧视性法律到不平等的家务分担和家庭照料。而且，它也是发展的游戏改变者：因为更多妇女获得工作机会会使其家庭、社区和国家更富裕。"麦肯锡2015年的全球性别平等研究报告更是指出性别平等能为全球经济创造12万亿美元的增长。

在经济全球化的现代劳动力市场，实现妇女经济赋权是一个重要的议题，这一问题的解决对性别平等化与经济发展都有着重要影响。联合国秘书长古特雷斯指出，在一个男性主导的世界中，为女性赋权成为关键议题，女性已经拥有获得成功的基础，现在我们要为她们赋权，打破结构性阻碍。即便在发达国家，男性

---

① 资料来源：人民网，http://www.people.com.cn/GB/99013/99043/6188135.html。

仍然是社会的主导，这种沙文主义思想阻碍了女性，伤害了每一个人。当我们向女性和女童打开一扇机会之门，我们都可以获得更好的生活。只有女性获得足够的经济权才能推动女性高层次人才的经济参与，发挥女性优势，扮演好经济发展中的重要角色，这对于女性高层次人才实现自我价值、提高组织绩效、推动男女平等都有着广泛的影响。

四、政治话语

政治权利是女性高层次人才成长的制度保障。女性参与政治是改变社会公共政策以男性为中心的根本手段，也是女性获得话语权的主要步骤。女性政治话语权的取得，是女性在其他领域，包括科学研究以及其他创造性活动中获得话语权的前提和保障。对于女性来说，要在科学领域以及社会管理等领域成长为高层次人才，话语权的取得是一个关键步骤。根据新蓝网的统计，2017年参与两会的全国人大代表中女代表有709人，占代表总数的24.2%，是历届全国人大代表中女性比例最高的一届。全国政协委员中，女委员有399位，占委员总数的17.8%。虽然整体上女性参政比例有了明显提高，但相对许多国家在公共和私营部门妇女参与和决策的比例而言，仍然不足。

2017年3月15日，各国议会联盟（IPU）和联合国妇女署发布了《2017年妇女参政地图》，其数据显示，截至2017年1月1日，拥有一位女性国家元首和/或政府首脑的国家数量与2015年的数字相比有所下降，从19个减少到17个。各国议会中妇女比例平均值略有增长，从2015年的22.6%略微增加到2016年的23.3%。妇女议长人数大幅增加，达到19.1%的历史最高点，但与实现性别平衡仍然还存在很大距离。女部长的数量几乎没有改变，总计增加到732人（2015年为730人），部长级妇女的参与率目前为18.3%。妇女部长人数最多的5个国家分布在欧洲和美洲，保加利亚、法国、尼加拉瓜、瑞典和加拿大的女部长超过全球女部长总数的50%。各国议会联盟（IPU）发布的报告指出，很大程度上是因为缺乏在最高决策层面的明确政治承诺以及真正对性别问题敏感的政治文化而导致世界范围内在政府行政部门和议会中的女性人数增长出现停滞不前的局面。虽然随着时间的推移，妇女参政总体比例会变得越来越高，但总的停滞和具体的逆转是对平等侵蚀的一个警告，保护妇女权利和促使妇女在领导层取得实质性平等的运动将推动在议会、政府、民间社会和国际组织间采取联合行动，包括废除或修正现有的歧视性法律，并支持妇女以各种形式拥有代表性，包括在政府最高级别上的参与。

例如，国外的女性高层次政治人才之所以能够成功当选，与男女平等的性别文化息息相关。通过先立法提供法律保障，继而构建具体的司法监督机构，使得女性尽可能地得到更多的机会参与政治组织中来。比如挪威政府设立专门、独立的准司法监督人员——平等事务专员和准司法监督机构——平等地位上诉委员会，来监督各项法案条款的遵守情况，以及男女平等的实施情况，并提出措施以促进在就业、教育、政治生活和家庭生活等各种领域中的男女平等。这种立法的形式能够促进国内男女地位的平等，形成平等的性别文化，为女性政治人才的职业发展提供良好的文化环境，使得更多女性参与政治中，逐步获得政治话语权。

第五章

女性高层次人才的职业发展

职业发展指的是一个持续的发展过程,在这个过程中,个人经历了一系列具有不同问题、主题和任务的生涯阶段(Greenhaus,2000)。既包含在进入职业领域之前的职业探索、职业目标的形成和发展,又包含进入组织后在各个组织中的职业成长。职业发展可以分为职务变动发展和非职务变动发展两种基本类型。职务变动发展包括晋升与平行调动两种形式,非职务变动发展主要指工作范围的扩大、观念改变以及方法创新等方面内容。随着组织机构扁平化,职业生涯可以以横向调整的形式实现成功,非职务变动发展也越来越成为职业发展的重要形式。

第一节 女性高层次人才的职业发展阶段

一、职业发展阶段研究的理论基础

每个人的职业生涯都要经历许多阶段,每一阶段都有其不同的特征和相应的职业知识能力要求。为了更好地促进个人的职业发展,学者们根据不同的视角,将人的职业生涯划分为不同的阶段,其代表性观点如表5-1所示。

表 5-1　　　　　　　　　学者们对职业生涯阶段的划分

研究者	代表性观点
休斯（Hughes，1937）	最早对职业生涯的二元性——"外职业生涯"和"内职业生涯"做了理论上的区分
金兹伯格（Ginzberg，1951）	人的职业生涯可以划分为幻想期、尝试期和现实期
休珀（Super，1953）	人的职业发展是终身的，可以分为成长期、探索期、确立期、维持期和衰退期
沙因（Schein，1978）	提出职业生涯发展"九阶段"理论
格林豪斯（Greenhaus，1987）	人的职业生涯可以划分为职业准备阶段、进入组织阶段、职业生涯初期、职业生涯中期和职业生涯后期
霍尔（Hall，2002）	个体在一生中要经历探索期、尝试期、立业期、维持期四个职业发展阶段

休斯（Hughes，1937）最早对职业生涯的二元性——"外职业生涯"和"内职业生涯"做了理论上的区分。他认为，客观职业生涯是直接可观察到的、可测量的、可以被不带偏见的第三方证实的，如薪水地位等。而主观职业生涯是人们逐渐展开的，只有其自身能够感受和体会到的职业经历的反应。金兹伯格（Eli Ginzberg，1951）将人的职业生涯划分为幻想期、尝试期和现实期，其中现实期又可以分为探索阶段、结晶化阶段、具体化阶段。休珀（Super，1953）认为人的职业发展是终身的，可以分为五个阶段：（1）成长阶段，属于认知阶段（0~14岁）；（2）探索阶段，属于学习打基础阶段（15~24岁）；（3）确立阶段，属于选择、安置阶段（25~44岁）；（4）维持阶段，属于升迁和专精阶段（45~64岁）；（5）衰退阶段，属于退休阶段（65岁以上）。沙因（Schein，1978）的职业生涯发展理论则将个体的职业生涯分为九个阶段：（1）成长探索期；（2）进入工作期；（3）基础培训；（4）早期职业的正式成员资格；（5）职业中期；（6）职业中期危险阶段；（7）职业后期；（8）衰退和离职阶段；（9）离开组织或职业——退休。格林豪斯（Greenhaus，1987）的不同任务发展理论将人的职业生涯划分为职业准备阶段、进入组织阶段、职业生涯初期、职业生涯中期和职业生涯后期。霍尔（Hall，2002）认为个体在一生中要经历探索期、尝试期、立业期、维持期四个职业发展阶段，在不同职业发展阶段，个体会重新开始输入信息、学习知识、积累经验、提高技能以适应新的职位要求。已有的职业生涯发展阶段理论虽然有差异，但本质上具有相似性。

依据学者们对职业发展各阶段的研究，职业发展是一个动态和不断发展的历程，反映了人才成长的一般规律，笔者认为高层次人才职业发展包含学习期、成长期、立业期、维持期四个阶段。这四个阶段会因为人才个体差异以及综合能力随时间的变化有所不同。

1. 第一阶段——学习期

这一阶段是高层次人才成长的预备阶段，此时的高层次人才还算不上是真正的人才，他们主要是在学校接受正规系统的学历教育，如本科、硕士和博士学历的教育，除了考虑他们接受教育的层次外，还要考虑他们接受教育的时间长短及连续性，一般情况下，长周期以及国内外高校混合培养的模式更可能成为其职业发展生涯的关键阶段。

2. 第二阶段——成长期

这一阶段是高层次人才成长的初步发展阶段，是人才成长周期的适应阶段。在这一阶段高层次人才会将自己的聪明才智运用到与自己专业知识紧密联系的工作岗位中，将自己的理论知识与实践相结合，熟练地掌握与工作岗位相关的各项专业技能，积累一定的实践经验与能力。

3. 第三阶段——立业期

在这一阶段高层次人才经过长期的培养和实践锻炼，经验和技能有了飞速的发展，综合能力有了很大程度的提高。主观上则表现出对职业与个人成就有较强的追求，有更强的事业心与进取心，在工作中能发挥一定的技术或组织管理能力，能为组织管理和技术水平的提高做出较大的贡献。在出色完成本职工作的同时，能够充分发挥与运用个人的人际沟通能力与人际关系网络，与组织内各专业和各类人员通力合作，高效地完成组织交付的艰巨任务，并获得同事与领导的赞扬与认可。

4. 第四阶段——维持期

在这一阶段高层次人才综合能力发展程度接近于极限。因为高层次人才在其持续成长之后，在生理和其他非人为因素的作用下，心理与生理机能会有一定程度的退化与减弱，已经进入一个人的生命周期的最后一个阶段，此时他们个人能力的发展速度已经非常缓慢甚至停滞。

二、女性高层次人才职业发展阶段划分

女性同男性一样要经历与年龄有关的生命阶段，在不同职业发展阶段需要面临不同的职业任务和问题。但是，与男性不同，困扰女性一生的问题是家庭主妇角色与职业女性角色的冲突，以及与性别角色相关的障碍性因素，这些问题和因素造成了女性职业开发的复杂性和多样性。因此，女性人才职业成长的阶段有其

独有特征。

休珀（Super,1980）将女性人才职业生涯分为长期稳定的家庭主妇型、传统生涯型、稳定工作型、双轨工作型、中断型、不稳定型和多重生涯型七种基本职业形态及探索阶段、建立阶段、持续阶段和衰退阶段四个职业开发阶段。怀特（White,1995）通过访谈实验，提出了成功女性职业生涯发展阶段模型，根据个体的年龄和职业生涯发展阶段，他认为女性在一生中要顺次经历探索期、成长期、稳定期、成熟期、维持期等职业发展阶段。成功女性的生命周期是一个稳定—反思—变化—稳定的过程，并且不断地循环。在此职业生涯发展模型中，他考虑了女性面临的家庭问题，并且整合到职业发展中，指出女性想要获得整体的平衡，必须改变传统观念中对于职业成功的刻板印象。梅内耶罗和沙利文（Mainiero & Sullivan,2005）提出了"万花筒职业生涯"概念来说明女性会基于各种关系、机会和限制来评估自己的职业选择，以求得最佳平衡。他们通过研究构建了女性职业发展"ABC"模型，认为在女性的整个生命周期中真实性、平衡和挑战三者的相对重要性取决于女性的职业和生活背景。奥尼尔和比利莫瑞亚（O'Neil & Bilimoria,2005）在探索女性职业生涯发展规律时，将女性职业生涯划分为理想主义发展阶段、注重实际的维持阶段和重造性贡献阶段三个阶段，认为女性的职业和生活责任随生命周期的阶段性变化而变化。女性职业发展研究如表5-2所示。

表5-2　　　　　　　　　　女性职业发展研究

研究者	代表性观点
休珀（Super,1980）	女性职业开发阶段：探索阶段、建立阶段、持续阶段和衰退阶段；职业形态：长期稳定的家庭主妇型、传统生涯型、稳定工作型、双轨工作型、中断型、不稳定型和多重生涯型
哈克特和贝兹（Hackett & Betz,1981）	女性职业开发自我效能理论：低自我效能的原因是由社会化与学习经验造成的
奥斯汀（Astin,1984）	女性职业选择与职业行为的社会心理模式：女性职业生涯受到性别角色社会化和机会结构的限制，使女性的职业期望与男性的职业期望产生差距，同时受到个人心理因素和社会环境因素的交互影响
法默（Farmer,1985）	女性职业动机模型：女性在职业成就方面之所以落后于男性，主要是与其职业动机有关
贝兹和菲茨杰拉德（Betz & Fitzgerald,1987）	女性职业选择模型：女性在职业选择过程中容易做出低于其自身潜能的选择。传统的以男性为中心的职业生涯理论不足以解释女性职业生涯发展形态

续表

研究者	代表性观点
塔伦诺和康罗伊（Tharenou & Conroy，1994）	验证职业成功模式的性别差异
怀特（White，1995）	女性职业发展阶段论：探索期、成长期、稳定期、成熟期、维持期等职业发展阶段；女性的生命周期是一个稳定—反思—变化—稳定的循环过程
基希迈耶（Kirchmeyer，1998、1999）	检验了五种决定职业成功的潜在要素对男性和女性的影响
梅内耶罗和沙利文（Mainiero & Sullivan，2005）	女性职业发展"ABC"模型
奥尼尔、霍普金斯和比利莫瑞亚（O'Neil，Hopkins & Bilimoria，2005）	探索阶段、理想主义发展阶段、注重实际的维持阶段和重造性贡献阶段

因此，探索女性高层次人才职业成长，应该综合考虑女性个体特质与其在生涯发展的不同阶段，对自己的职业生涯采取更为积极的方式，既满足对组织与社会的价值达到更高层次的需要，又可以为自己职业生涯的顺利发展奠定良好的基础。

第二节 女性高层次人才的职业发展特征

根据 2015 年 9 月公布的《中国性别平等与妇女发展》白皮书的数据表明，2013 年，全国女性就业人数为 34 640 万人，占就业人口总数的 45%，其中各类负责人、专业技术人员、办事人员及有关人员所占比例较 10 年前提高了 13 个百分点；2013 年女性中高级专业技术人员达到 661 万人，占中高级专业技术人员的 44.1%，比 2000 年提高了 9 个百分点；中国女企业家群体不断壮大，女企业家约占企业家总数的 1/4；在企业董事会、监事会中，女职工董事、监事占职工董事和监事的比例分别为 40.1% 和 41.5%。

当前中国女性职业发展的特征具体表现为：女性就业总量低于男性；女性多集中在报酬低、技术要求低的传统领域，在一些重要的行业和重要的职位，女性所占的比重非常有限；各行各业的成功人士在男女数量和比例上差距悬殊，真正具有良好职业生涯并能达到职业高峰的女性只占少数;女性的职业发展过程波动大,具有很大的不稳定性。

已有研究表明:女性职业变动的发生率和强度总体上略低于男性;女性在职业变动中职业结构趋向高级化;女性职业的向上变动和向下变动交织在一起,呈现出职业的阶层分化与重组的复杂态势;女性倾向于由体制内单位向体制外单位和非单位流动;女性职业变动的范围不断拓展,地域间主体流向明确,局部流向呈多元化;女性职业变动显现出职业差异,个体职业复制能力较强,跨职业变动性较弱;从初职到现职,单位制女性在纵向上有所发展,但与男性横向相比仍有差距;女性在职业变动中难以摆脱家庭角色与社会角色的双重困扰,同时遭遇劳动力市场的性别隔离和性别排斥(蒋美华,2009)。

一、成长过程的嵌入性

现代女性的职业和生活相互联系、相互缠绕,女性高层次人才的职业包含比工作更为丰富的内容,其职业成长嵌入在广泛的生活背景中。(Powell & Mainiero, 1992)对女性职业发展过程中复杂的选择和约束进行了描述,包括除个人发展问题以外的平衡、连通性和相互依赖等,研究者提出了"时间长河中的横流"这一概念,为研究女性职业时将非工作问题、主观衡量的成功以及个人、组织和社会因素对女性职业选择的影响等考虑进去提供了理论框架。里奇(Richie et al., 1997)认为关系导向、多重角色和家庭考虑是高成就亚裔和白人美国女性职业生涯发展过程中非常重要的因素。另外,许多研究开始关注复杂生活背景下女性职业生涯发展过程及其规律。梅内耶罗和沙利文(Mainiero & Sullivan, 2005)提出"万花筒职业生涯"的概念来形容处于其中的女性需要通过各种关系、机会和限制来评估自己的职业选择,以求得最佳平衡,研究中他们提出了职业发展的"ABC"模型,即认为在女性整个生命周期,真实性(authenticity)、平衡(balance)和挑战(challenge)三者的重要性取决于女性的职业和生活背景,其研究结论表明,可靠性和成为真实的自己是职业晚期至高无上的追求,职业和关系事务的平衡更有可能是处于职业中期的女性所考虑的问题,对于职业早期的女性具有挑战性的工作成为她们主要的焦点。奥尼尔和比利莫瑞亚(O'Neil & Bilimoria, 2005)探索女性职业生涯发展规律时将女性职业生涯划分为三个阶段:理想主义的成就阶段、注重实际的忍耐阶段和重造性的贡献阶段,他们认为女性的职业和生活责任是随着生命周期阶段的变化而涨落沉浮的,虽然每个阶段女性面临的突出问题不同,但是在每个阶段女性都同时关注在职业领域和生活领域的成功。因此,与男性相比,女性的职业发展深深嵌入在由相互联系的人、事等多方面交织在一起形成的广阔而复杂的生活网中。

二、职业重心的双重性

既然女性的职业发展包含的不仅仅是工作本身，而是嵌入在更为广阔的生活背景中，那么考察家庭责任、工作—家庭关系对女性职业成功的影响就成为了重要的研究主题。越来越多研究开始聚焦工作—家庭冲突和工作—家庭平衡方面的研究，例如，罗斯巴德（Rothbard，2001）的对比研究表明，尽管男性和女性都能从扮演多重角色中获得增益，但是增益的方向却是不同的，男性是从工作到家庭，而女性是从家庭到工作；同时，只有女性才会经历多重角色的耗损，并且是从工作指向家庭的。在一项对双雇佣夫妻的调查中，滕布鲁塞尔等（Tenbrusel et al.，1995）发现女性的工作—家庭责任是单向的、稳定的，而男性的则是双向的、动态的。尽管有研究认为女性个人能从多重角色中获得收益，但是更多的研究结论表明女性承担多重角色并没有得到组织的奖赏。休利特（Hewlett，2002）认为职业发展周期和生养周期两者之间具有不可协调性，很多高成就女性为了满足职业发展的需要推迟结婚生子甚至放弃生孩子的能力，被迫在拥有家庭和拥有成功职业之间进行选择。大多数对工作—家庭冲突的研究焦点都放在对孩子的抚养和教育方面，然而汉密尔顿等（Hamilton et al.，2006）研究发现没有孩子的女性同样也感受到了工作—家庭冲突，而且更多来自于工作对家庭生活的负面影响。处于不同生命周期的女性对"拥有全部（have it all）"的态度有所差异，相比大龄女性，年轻人更有可能相信它是可能做到的，很多中年女性已经将更多的注意力放在个人兴趣和家庭、关系处理上，从而改变了对生活的理解，以保持多重角色的平衡（Gordon et al.，2002）。职业和家庭都是女性生活的中心，任何对女性职业的调查和研究都必须将女性的家庭背景以及工作、家庭的交互作用考虑进去。

三、发展模式的多样性

男女两性在职业发展中，承担的家庭责任不同，女性必须将重要的家庭问题整合到其职业发展阶段之中，高层次女性职业成长更加具有女性特征。也更加灵活多样。理查德森（Richardson，1996）研究认为与男性"阶梯式"职业发展模式相比，女性的职业发展模式更像"蛇形"。怀特（White，1995）认为女性的雇用模式更偏好于灵活性，从而提出了成功女性职业生涯发展阶段模型。赫尔利和索南费尔德（Hurley & Sonnenfeld，1997）指出通过在比赛中一系列的胜利和失败最终到达顶层的锦标赛式的职业模式并不是同等程度适合于女性，组织中的女性或许根本和男性处于不同的锦标赛事中。尽管男性占优的以线性、等级晋升、锦标赛为主要特征的传统晋升模式仍然在女性职业生涯研究中不断出现，但是越来越多的研究提出具有女性特征的职业发展模式。奥利里（O'Leary，1997）通过探索如何整合工作、关系、组织因素及其与职业生涯周期的关系，发现了两种职业发展模式——传统男性"公司官僚制"和新型女性"生活方式"职业发展模式之间的差异性，并通过对挑战性、满意度、成长和发展等感知来衡量女性职业成功。盖尔西克和克拉姆（Gersick & Kram，2002）则认为女性的职业发展路径类似于"锯齿形"。相类似地，黄和斯维克（Huang & Sverke，2007）发现女性的职业模式是多种多样的，比如向上移动、稳定、向下移动和波动等多种类型。

对于不同地区的女性高层次人才而言，其职业发展模式也往往不同。主要包括以下四种：一阶段模式（倒 L 形），女性从参加工作一直持续到退休，如中国女性；二阶段模式（倒 U 形），女性结婚前职业参与率高，结婚特别是生育后参与率迅速下降，男性挣钱养家，女性做家庭主妇，如新加坡、墨西哥的女性；三阶段模式（M 形），女性婚前或生育前普遍就业，婚后暂时性中断工作，待孩子长大后又重新回到职场，如美国、日本、法国、德国等国的女性；多阶段模型（波浪形），女性根据自身的状况多次进出职场，如北欧国家的女性。对于单个职业女性而言，其职业发展过程中通常呈现出"两个高峰和一个低谷"特点。"两个高峰"中的一个"高峰"是指女性就业后 6~8 年，即女性就业而未生育前；另一个"高峰"是在 36 岁以后的十余年间，此时孩子基本长大或可托人代管，女性自身精力仍充沛、阅历渐丰富，女性事业辉煌通常在此时期。"一个低谷"是指在两个高峰之间，通常是生育和抚养孩子的 8 年时间，女性职业发展处于停滞甚至下跌阶段。

第三节　女性高层次人才的职业发展路径

一、职业发展路径研究的理论基础

（一）职业发展路径的相关理论

在职业发展路径的相关理论中，较为完整而且影响较大的是施恩的三维职业发展路径模型。施恩（1996）提出个人在特定组织内职业变动的三种流动方式：包括纵向流动，即组织中个人职位等的升迁（从 A-B 或 C-D 的职位变迁）；横向流动，即个人在组织中的职务沿着职能部门同一等级进行变迁（从 A-C 或 B-D 的职位变迁）；核心地位流动，即个人从组织外围逐步向组织的"权力"内核变动（从 A-O 或 C-O 的职位变迁）。该模型描绘了个人在组织中的三种发展路线：随着组织职务阶梯向上爬，在组织内部不同功能部门之间轮换，以及向组织权力核心靠拢。实践中，这三种职位变动模式可能单独发生，也可以进行有机组合。如纵向流动与横向流动相结合的职位变动模式，用于培养企业继任管理人员。三维发展路径主要基于同一组织的职业发展与变迁，体现了传统职业发展特点，对组织职业生涯路径的开发和管理有重要意义。

吴贵明（2004）总结了直线型、螺旋型、跳跃型和双重型四种职业发展路径。

（1）直线型发展路径。一生从事单一职业，追求垂直向上的职位晋升。

（2）螺旋型发展路径。一生从事两种或两种以上职业，在不同职业甚至不同行业中寻求发展，培养灵活的就业能力，使职业道路四通八达。

（3）跳跃型发展路径。通过越级晋升实现在职务等级或职称等级上的发展，它需要特殊的机遇或个人特别的努力，并非普通适用的路径。

（4）双重型发展路径。组织中设置两个可以相互跨越的职业发展通道，即管理型和技术型职业发展通道，员工可自行决定其职业发展的方向，大多为专业技术人员。

吴贵明的这四类职业发展路径立足于个人职位和职位转换，描述职位发展路径形态，而施恩的三维职业发展路径立足于组织，关注职位发展和变迁的方向及趋势。此外，还有学者对组织职业发展模式进行了概括：单阶梯模式，在"走技术道路"和"走管理道路"中做出单一选择；双阶梯模式，在技术道路和管理道路上同时得到发展；多阶梯模式，在双阶梯模式基础上进一步细化，如"三通道"分法。

（二）高层次人才职业发展路径的相关研究

1. 立体职业发展路径

运用人力资源精益化管理技术，以岗位职级体系为基础，以能力与绩效为核心，将纵向与横向职业发展相结合，设计"管理"与"技术"双阶梯的立体（多重）职业发展路径。针对高层次人才的不同类别与内在需求，设立管理序列、专业技术序列和技术管理序列三大类职级序列。对于专业技术系列可以选择技术管理和技术专家两条职业路径；对于管理系列可以选择专业管理和技术管理两条职业发展路径。立体职业发展路径使每一类人才从进入组织后就能了解到自己的职业发展序列与职业生涯上升通道，并根据自己的特点，清晰地看到自己发展的路径和努力的方向，知道如何努力以达到晋升的标准。通过职级序列分类、奖金系数、胜任要求、晋升管理及技术专家发展通道管理五部分结合，打通高层次人才的职业发展通道，突出关键岗位和核心人才的价值。

2. "四维一体"的职业发展路径

在传统职业生涯时代，高层次人才在本组织内可以进行纵向与横向职业流动，由组织边缘职位向核心地位流动。从组织内纵向职级维度（从C-G、G-H、M-N、N-P、P-Q的职位流动）、组织内横向职级维度（从C-E的职位流动）和组织核心维度（从C-O的职位流动）建立高层次人才职业发展路径（见图5-1）。组织要从职位类、职位族、职位层级、职位角色对职位进行梳理，制定不同的薪酬等级与评价体系，激励高层次人才在组织内向上平衡流动与发展。

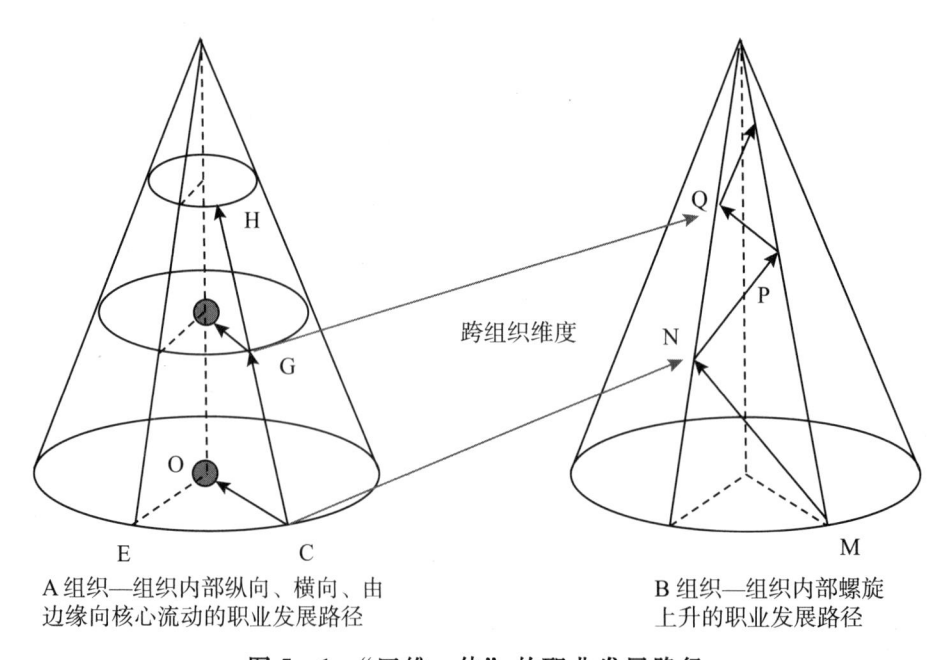

A组织—组织内部纵向、横向、由边缘向核心流动的职业发展路径

B组织—组织内部螺旋上升的职业发展路径

图5-1 "四维一体"的职业发展路径

资料来源：E.H.施恩，著，仇海清，译：《职业的有效管理》，北京三联书店1996年版。

在无边界职业生涯和知识经济时代，高层次人才职业流动意向更强。他们可以通过各种中介与猎头组织，及时了解、掌握与评价组织外与行业内外各种人才供求信息与职业发展信息，从而保持自身职业发展通道的通透性，实现职业发展路径向组织外部延伸，即跨组织维度（从C-N或G-Q）的职位流动，并在这一过程中提升个体的职业价值。

3. "跳跃型"职业发展路径

近年来，各个地方政府都在不断出台与完善支持人才创业的金融政策，尤其支持创办科技型企业，以促进科技成果转化和技术转移。高层次人才尤其是科技人才自身所承载的知识具有较高的科技含量，可以从原有组织中走出来，为自己规划"跳跃型"职业发展路径（见图5-2）。也就是说高层次人才在评估创业风险后，充分利用国家与地方政府的税收优惠与财政贴息、当地高新技术创业园区的招商引资等优惠政策，通过接受创业技能培训和创业服务指导，采取知识产权质押融资、技术参股等多种形式，自主或与他人合作的方式进行创业，赢得自己人生的第一桶金。高层次人才在创业成功、增加个人财富，实现"跳跃型"职业发展路径的同时，也帮助政府解决了就业问题，造福与回馈社会。

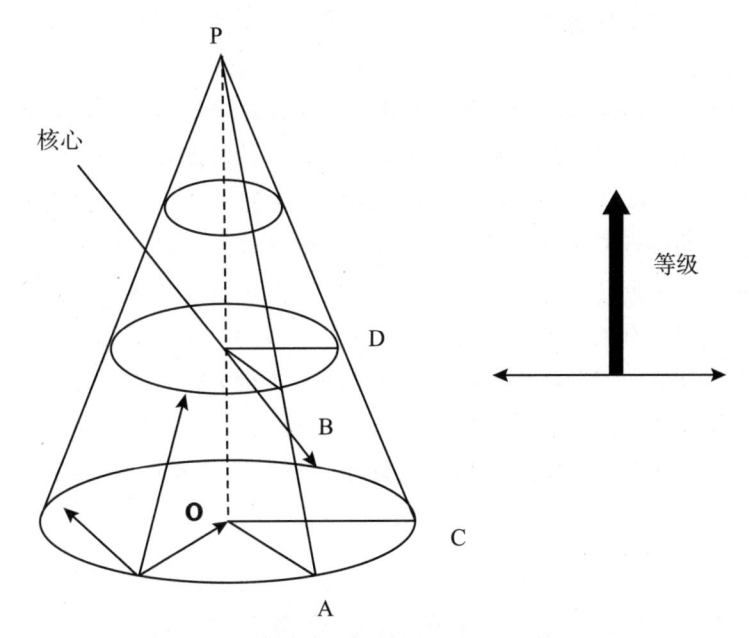

图5-2　职业发展路径三维模型

资料来源：E.H.施恩著，仇海清译：《职业的有效管理》北京三联书店1996年版。

（三）女性职业发展路径的相关研究

随着职业生涯发展研究的多元化，针对女性职业生涯的特点，学者们提出了女性职业生涯的分类说和阶段说。例如，休珀（Super，1957）根据女性的职业形态分为长期稳定的家庭主妇型、传统型、不变工作型、双规工作型、变化型、中断型以及多种生涯型等，根据女性的职业开发阶段分为探索期、建立期、持续期和衰退期；齐托夫斯基（Zytowski，1989）根据女性的职业生涯发展阶段，将其分为学前期、在学期、新婚期、生子期、子女学前期、子女在学期、子女成家期、空巢期和寡居期等，根据女性的职业形态分为温和型、稳定型以及非传统型等。分类说和阶段说认为，在职业生涯发展期，女性和男性一样要面临着与年龄相关的发展阶段，都会面临不同的任务和挑战，但女性同时需要面临平衡工作和家庭之间的角色冲突。

奥尼尔和比利莫瑞亚（O'Neil & Bilimoria，2005）研究了女性职业生涯模式、职业情景、职业目标和职业生涯信念，结果表明女性职业生涯发展和年龄相关，在不同时期呈现为不同的模式：理想成就期（idealism）、务实忍耐期（endurance）和重新塑造的贡献期（reinvention）。黄和斯维克（Huang & Sverke，2007）在已有研究成果的基础上，发现女性的职业生涯模式和工作认知、工作态度以及生活质量有关，向上移动和稳定的职业生涯模式比较盛行，但同时也存在着向下移、波动和退出劳动市场的类型，研究成果进一步确认了向上移动后稳定的职业生涯模式的优势，而向下波动等类型的职业模式相对较差。女性职业生涯发展的延续性不如男性，经常容易中断，职业生涯的有效时间普遍比男性短。洛娜和温特沃斯（Lona M. & Diane K Wentworth，2010）研究发现，两性职业生涯模式存在着差异性，并进行了两个阶段的对比研究。廖泉文（2003）认为，相对男性的职业发展模式呈现倒"U"形，女性的职业发展模式呈现"M"形，并与女性的生理、心理等因素有关。盖尔西克和克拉姆（Gersick & Kram，2002）对高成就女性的职业生涯的研究发现高成就女性在处理工作和家庭需求的时候，更多地取决于家庭的婚姻状态、她们的母性意识形态以及职业路径，而且女性的职业发展路径类似于"锯齿形"：20岁寻找人生目标，30岁寻求家庭事业的平衡，50岁以上走向辉煌。

二、女性经营管理人才的职业发展路径

（一）女性经营管理人才职业发展阶段表现

受职业价值观与自我效能感等因素的推动，女性经营管理人才的职业生涯经历不同的发展阶段。在对女性经营管理人才职业发展进行梳理归纳后，根据她们对自身职业生涯发展的描述，尊崇主客观标准相结合的原则，笔者将女性经营管理人才的职业生涯发展划分为工作期、事业期和价值实现期三个阶段（见表5-3）。

表 5-3　　　　　女性经营管理人才职业发展阶段

发展阶段	工作期	事业期	价值实现期
目标	物质回报 经济地位 个人成长	事业的发展 自我情感的实现	社会价值 个人价值
主观感受	自我了解 挖掘兴趣与特长 注重物质回报	工作自信 独立自主 想做事	享受职业生活快乐 超越自我 自信、乐观
客观成就	经验积累 资本积累	事业进步 社会资本	社会地位 社会资本 事业成就

（1）工作期。以物质回报为核心目标，注重经济收益以及个人成长，认为工作是谋生的手段，同时也通过工作不断挖掘自身的职业兴趣和特长，通过此阶段的努力，女性经营管理人才收获一定的资本（包括人力资本和社会资本）和经验积累，以及对自我的了解，为她们后续的职业生涯发展做好充分的准备。

（2）事业期。以事业发展和自我情感实现为核心目标，认为工作是她们在某个行业中取得进步和获得成就的途径，其所追求的目标不仅在于经济收益与物质回报，更在于职位的提升和权力、名誉的获得以及个人获得尊重、信任等自我情感的实现。女性经营管理人才在这个阶段工作自信、有强烈的想做事和独立自主的愿望，通过事业期的努力，她们获得事业进步或建立起自己的事业，也通过工作积累了更多的有利于个人与企业发展的社会资本和社会荣誉。

（3）价值实现期。以个人价值和社会价值的实现为核心目标，工作已成为一种生活方式，她们追求工作所带来的意义，自信乐观，享受职业生活的乐趣，在她们看来，工作是联结个人、他人、乃至整个社会的关键纽带，而绝不仅仅属于个人。她们事业有成，得到社会的关注和认可，在工作—家庭和社会三重角色之间实现着平衡，同时突破自己的局限，在实现了原定的目标之后又去规划新的目标，不断攀登新的高峰，在不断的变化中重新认识自己。

（二）女性经营管理人才的职业发展路径

受职业价值观与自我效能感的驱动，女性经营管理人才的职业发展会依次经历工作期、事业期和价值实现期三个阶段。前一阶段的成就会对下阶段的职业生涯发展产生影响，其职业发展路径如图 5-3 所示。

图 5-3 女性经营管理人才职业成长路

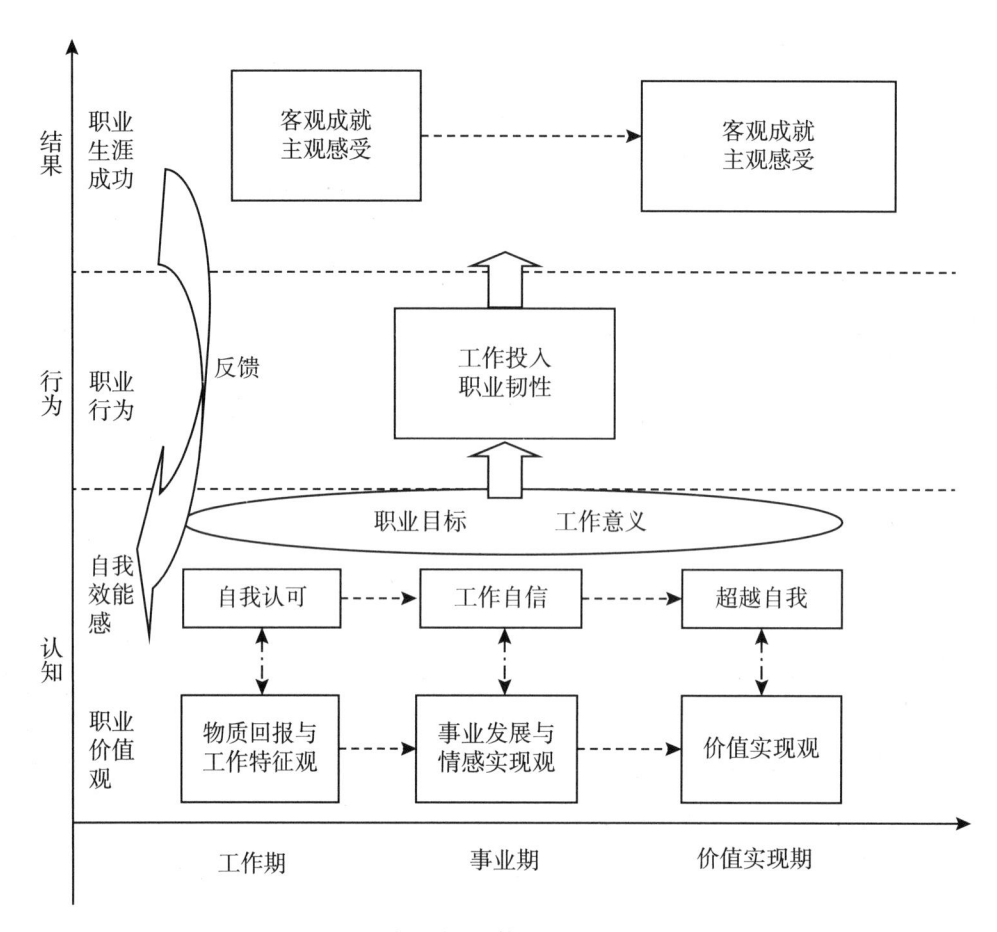

由图 5-3 女性经营管理人才职业成长路径可以看到，在不同的职业发展阶段有不同的职业发展目标、主观感受和客观成就，每一阶段都有不同的主客观成就与职业发展目标的匹配。在每一个时期个人职业生涯发展都有不同的侧重点。她们在职业发展的过程中从工作期逐渐向事业期推进，再进入个人价值与社会价值相统一的价值实现期。

职业生涯发展过程中取得的绩效成就、心理资本与思维方式等阶段性成就与情景因素共同影响女性经营管理人才职业价值观与自我效能感的更新，进而影响女性经营管理人才未来的职业选择与行为。

知识经济时代下女性经营管理人才职业生涯成功的新评价标准：工作—家庭—社会平衡。相对于传统的事业型女性而言，笔者调研的女性经营管理者并不欣赏那些纯粹事业型"女强人"，她们认为平衡家庭事业才是成功职业女性的象征。对于她们而言，工作和家庭并不是相互独立的，因此，这些女性经营管理人才的典型特征是在不断追求职业发展的同时,还愿意享受闲暇生活,积极承担家庭责任。

为了个人与企业的可持续发展,以及实现个人价值与社会价值的统一,在社会对女性经营管理人才关注与认可增强的环境背景下,处于知识经济时代的女性经营管理人才更多走向社会参与社会活动和社会竞争,她们职业发展的后期更加注重自己的社会角色,努力实现从工作—家庭角色向工作—家庭—社会三重角色的转换。此时,她们对职业成生涯成功的评价不再仅仅局限于工作—家庭平衡,工作—家庭—社会平衡已成为她们新的追求和职业生涯成功的重要评价标准。笔者调研的大多数女性经营管理人才都能在工作、家庭与社会角色三重身份中实现平衡,并从中获得情感性与工具性增益。

三、女性科技人才的职业发展路径

(一)资料收集及分析方法

1. 研究方法

笔者主要运用基于扎根理论的质性研究方法,探究高校女教授职业成长规律及其影响因素,具体的方法介绍详见本书规律篇第八章研究方法部分。

2. 样本及资料搜集

根据本书的研究目的,并结合质性研究的抽样重点,寻觅具有相同特征的小样本群体进行深入研究。我们总共选择了23位高校女教授作为研究样本,其中包括15位来自于中国"985""211"高校,拥有正教授职称的女教授,6位中国高校女教授的资料是来源于深度的一对一面谈,9位中国高校女教授的资料来源于二手资料的搜集与整理,以及8位拥有正式教授职称的美国高校女教授,其中5位美国高校女教授的资料是源于深度的一对一面谈,3位美国高校女教授的资料来源于二手资料的收集与整理。笔者通过对一手、二手资料进行研究,进而确保信息来源的广泛性、多样性和分析得到结果的合理性、有效性。本书的研究对象的基本资料如表5-4所示。

表5-4　　　　　　　　研究样本的一般资料

编号	代码	数据来源	高校	职称	年龄(岁)	学历	地域
1	L1	二手数据	天津大学	教授	40~50	博士	中国
2	L2	二手数据	北京大学	教授	50~60	博士	中国

续表

编号	代码	数据来源	高校	职称	年龄（岁）	学历	地域
3	X1	二手数据	东南大学	教授	40~50	博士	中国
4	Y1	二手数据	清华大学	教授	50~60	博士	中国
5	Q1	二手数据	保密，源自访谈录	教授	50~60	博士	中国
6	Q2	二手数据	保密，源自访谈录	教授	50~60	博士	中国
7	Q3	二手数据	保密，源自访谈录	教授	40~50	博士	中国
8	Q4	二手数据	保密，源自访谈录	教授	50~60	博士	中国
9	Q5	二手数据	保密，源自访谈录	教授	40~50	博士	中国
10	L3	一手数据	西安交通大学	教授	50~60	博士	中国
11	F1	一手数据	厦门大学	教授	30~40	博士	中国
12	F2	一手数据	长安大学	教授	50~60	博士	中国
13	Y2	一手数据	长安大学	教授	50~60	博士	中国
14	L4	一手数据	同济大学	教授	40~50	博士	中国
15	Z1	一手数据	同济大学	教授	40~50	博士	中国
16	I	二手数据	University of Central Florida	教授	50~60	博士	美国
17	S	二手数据	MIT	教授	60~70	博士	美国
18	D	二手数据	Harvard	教授	50~60	博士	美国
19	A	一手数据	Georgia Institute of Technology	教授	40~50	博士	美国
20	B1	一手数据	Clemson	教授	30~40	博士	美国
21	B2	一手数据	Clemson	教授	30~40	博士	美国
22	C	一手数据	Clemson	教授	40~50	博士	美国
23	P	一手数据	Clemson	教授	50~60	博士	美国

质性研究的原始资料可以通过不同的渠道获取，搜集方法包括：文件（正式报告、公文、演示文稿等）、档案记录、访谈、问卷、直接观察、参与观察等。

本书在确定中美高校女教授为研究对象的基础上，对6名中国高校女教授及5名美国高校女教授进行了一对一深度访谈。访谈问题包括：（1）成长路径；（2）择业原因；（3）为何选择所在高校；（4）女性特质对该职业的影响四个主要方面。另外，考虑研究资料的饱和度及可获取性，通过深入阅读访谈录、剖析网络资源（访谈节目、社会采访、期刊采访、论坛讲话、个人演讲等）等方法获取本书的二手资料，主要获取的网络资源包括《【校友访谈】颜宁：美貌，原来可以用才华如此诠释》和"Women in Science: An Interview with Dr Joan Steitz"，主要获取的访谈录为《女性科学家成功的幸福密码——南京市 29 名杰出科技女教授访谈录》等，共获得 12 份二手资料。

3. 研究步骤

（1）开放式编码。开放性编码是将收集到的资料打散，通过分类、进行求同性和求异性比较以归纳出现象的概念，并将概念范畴化的过程。为了减少研究者的个人偏见、定见或影响，我们采取将资料原话作为标签以从中发掘初始概念的方式。我们将研究对象在相关资料中及与其职业成长有关的内容进行整理，按中美分为个人、组织与文化层面，中国得到 371 条原始语句，美国得到 264 条原始语句。在剔除重复次数极少的和前后矛盾的初始概念后，中国我们最终得到 213 个初始概念，美国我们最终得到 182 个初始概念。经过范畴化，中国归纳出 51 个对应范畴，美国归纳出 41 个对应范畴。本书将具有代表性的语句进行整理后，形成开放式编码表，如表 5－5 所示（部分示例）。

表 5－5　　开放式编码（部分示例）——个体层面（中国）

对应范畴	原始语句（初始概念）
耐挫力	L1 说实话，看过后自己会觉得困惑：我有这么好吗？所以，没觉得这些荣誉在心里泛起涟漪，倒是让我觉得有些压力。为了减压，我常常对自己说：不管它，就当它没有，还是该干什么就干什么吧。 L1 一个创新的科研工作者，常常是要在没有人走过的路上前进，每一次实验都有可能失败，科学发现和技术突破之前往往会遇到"黎明前的黑暗"，迷茫无助时需要强大的定力，更需要屡败屡战的坚持。 L2 我觉得人不能跟自己过不去，所有人都会有低迷的时候，心理不顺畅的时候，遭受打击了，都会有。暂且把这个东西放一放，因为可能事后再来看可能事情，没有你想象得那么大，但是你正在这个阶段的时候可能你会拔不出来。那时候你不妨做点儿别的事情，看看小说，或者是逛街，买一件漂亮衣服，或者是出去旅游，看看别人怎么生活的。不要把心思都集中在自己身上，看看农民在过什么样的日子，你可能已经是非常幸运的一个人了，不要老觉得自己非常不幸，实际上这个社会上不幸的事情、不幸的人很多，即使人家那么不幸，人家也不一定像你这么想，所以有的时候跟自己也要保持一定的距离，不要老是沉溺在自己这一点点的心思上面

续表

对应范畴	原始语句（初始概念）
忍耐力	L1 这个过程在其他人眼里或许看起来比较辛苦，其实，是苦中有乐。如果不能体会到其中的"乐"，而是真觉得科研工作很寂寞，需要极大的忍耐力才能坚持的话，那选择做其他的工作或许更好些。 L2 所以这种感觉，如果说在心里一点都没产生过，比如我走得累的时候，说不想走这个路了，这种感觉会有了，但是没有想到要放弃这种生活或者放弃这种工作。 X1 我性格中的坚韧、独立、对自己有清醒的认识，这些都对我从事的科学研究工作有一定帮助。最有帮助的还是我很勤奋，能吃苦，我觉得我即便不从事科研工作，我也会受益于这种品质
勤奋	X1 最重要的经验就是要勤奋，肯吃苦，坚定地相信别人能做到的自己一定也能做到，如果一时还没能做到，那只是下的功夫和花的时间积累没到而已
耐心	L1 但是，你若真是全身心投入其中，往往会忘了时间，忘了寂寞。而能够长期地在一个问题上不断地探索，其支撑力量源于好奇心和兴趣，更源于信心。一般来说，有信心才能有耐心。 L1 当我们拿出更多的耐心和宽容去对待学生和孩子后，往往会在他们身上发现更多闪光的地方。其实，每个人都很独特，都很有才华，这些发现带给我很多喜悦。 L1 工作中的任何突破都不是一朝一夕的事情，做科研不但要有明确的目标，还要有十年磨一剑的精神，忍得住寂寞，坐得住冷板凳，才能厚积薄发。 L1 我还会在聊天中细致入微地观察每一个学生的特点，再去为他思考合适的发展道路，帮助每个人寻找未来最擅长最热爱的事业。 L1 我 20 几岁的时候，感觉 40 岁应该是个很大的岁数了；30 岁的时候，很害怕变老；可是真到了 40 岁的时候，我发现自己居然不再担心容颜老去，只因为心里有梦想：孩子和学生能够健康成长、不断进步，研究成果有一天能够成为服务大众的工具，能在工作不太忙的时候去寻访当年的丝绸之路……这些都是我的梦想！这些梦想的实现需要辛勤耕耘，也需要时间、耐心和等待。 L3 如果说优势的话，就是女性比男性他更加的呢，坚毅，更加持之以恒。 L3 而且在这一方面呢，是做科研的一个必备的基本思路，可能男性来说呢，就反正他贪玩吧，总体来说是吧，不像女性这样，有这种执着于自己所感兴趣的这样一个研究领域，这是一个最大的不同，也算是一个优势吧。 L3 但是我相信啊，只要有付出，耐得住寂寞，你去做你感兴趣的那个研究，你的成果是一样的会出来，你的研究一定会被别人认可。 Y2 要用女性的那股韧劲，我认为现在女性的基础教育不亚于男性，只要你想发展，耐下性子来，慢慢做，总会做出成就来的

(2) 主轴编码。主轴编码主要是通过比较和分类的方法，发现和建立概念与范畴、范畴与范畴之间的各种联系。通过分析，本书对开放性编码中取的范畴进行分析，中国个体层面得到"个体特质""个体目标""个人价值观"等14个主要范畴，组织层面得到"组织目标""组织氛围""组织价值观"等5个主要范畴，文化层面得到"中国文化"1个主要范畴；美国个体层面得到"个体特质""个体目标""个人价值观"等14个主要范畴，组织层面得到"组织目标""组织氛围""组织价值观"等5个主要范畴，文化层面得到"美国文化"1个主要范畴。各主范畴及其对应的开放式编码范畴如表5-6、表5-7所示。

表5-6　　　　　　　　　主轴编码分析—中国

主轴编码提取的范畴		对应范畴	关系的内涵
主范畴	次要范畴		
个人特质	坚韧	耐挫力	中国高校女教授具有耐挫力与忍耐力的坚韧性格特征
		忍耐力	
	勤奋	勤奋	中国高校女教授具有勤奋的人格特质
	耐心	耐心	中国高校女教授具有耐心的人格特质
	女性特质	优势	中国高校女教授的女性特质具有优势与劣势两个方面
		劣势	
	执行力	执行力	中国高校女教授具有较强的执行力
	自信	自信	中国高校女教授具有自信的人格特质
	独立	独立	中国高校女教授具有独立的人格特质
	兴趣导向	其他兴趣	中国高校女教授具有的其他兴趣包括音乐、特长、爱好等不作为职业的兴趣，对科研兴趣具有浓厚的兴趣
		科研兴趣	
	平静	宽容	中国高校女教授性格特质中的宽容、满足与淡定共同形成了平静的特点
		满足	
		淡定	
个人目标	科学求真	追求真理	中国高校女教授将科学求真作为自己的目标
个体价值观	贡献	贡献社会、他人	中国高校女教授具有为他人贡献的价值观

续表

主轴编码提取的范畴		对应范畴	关系的内涵
主范畴	次要范畴		
个人需求	情感需求	归属感	中国高校女教授在感情方面追求归属感与自由
		自由	
	资源与机会	公平的机会	中国高校女教授需要组织为其提供公平的机会与发展的资源
		资源需求	
	工作—家庭平衡	家庭	中国高校女教授需要考虑家庭并且平衡工作—家庭间关系
		工作—家庭关系	
个人供给	时间	时间供给	中国高校女教授能够向组织提供其时间以及个人能力
	能力与资源	个人能力	
职业认同	教师角色认同	教师身份	中国高校女教授对其教师身份更为认同和满意
组织承诺	感情承诺	舞台	中国高校女教授的组织承诺体现在对组织的感情承诺以及离职意愿低
	离职率低	为其工作一生	
工作绩效	科研绩效	科研成果	科研成果是衡量中国高校女教授工作绩效的指标
工作满意度	工作成就感	成就感	中国高校女教授在工作中获得成就感，进而提升其工作满意度
择业动机	择业意愿	选择从事职业	中国高校女教授在择业时具有一定的动机
职业进入	适应阶段	确定职业	在中国高校女教授的职业进入阶段，其作出职业选择并进入行业，同时调整工作—家庭矛盾
	适应阶段	进入行业	
	调整阶段	工作—家庭矛盾	
职业晋升	成熟阶段	阅历丰富、产出高效	中国高校女教授的职业晋升阶段，其工作状态逐渐成熟，阅历丰富，产出高效
职业退出	停滞阶段	力不从心	中国高校女教授在职业发展过程的后期，会形成停滞、更新，随后退出
	更新阶段	重整旗鼓	
	退出阶段	退休生活	
职业成长	个人发展	能力提升	中国高校女教授的职业成长主要体现在能力提升的个人发展方面
组织目标	科研进步	高校办学追求	中国高校的组织目标主要为达到科技进步

续表

主轴编码提取的范畴		对应范畴	关系的内涵
主范畴	次要范畴		
组织氛围	平等	高校男女平等的环境	中国高校的组织具有男女平等及自由的学术氛围
	自由	高校自由的学术氛围	
组织价值观	校训	高校价值观	中国高校的组织的价值观体现在其校训
组织要求	能力与资历	任职要求	中国高校的组织会向求职者及其中成员提出能力与资历，科研产出等要求
	科研产出	科研成果要求	
组织供给	资源与机会	公平的晋升机会、优质的科研资料	中国高校的组织能够提供较好的资源与机会，及制度支持其科研人才发展
	制度支持	资金、项目、政策支持	
中国文化	传统文化	男性主导社会	中国的传统文化依旧是男性主导的社会，但两性平等的观念已经形成并逐渐受到重视
		两性平等意识	
	政治文化	职业声望	中国高校女教授具有较高的职业声望，受到国家政策支持，同时中国特殊的政治时期对高校女教授产生了一定的影响
		政策支持	
		特殊政治时期影响	

表 5-7　　　　　主轴编码分析——美国

主轴编码提取的范畴		对应范畴	关系的内涵
主范畴	次要范畴		
个体特质	坚韧	耐挫力	美国高校女教授具有耐挫力的坚韧性格特质
	乐观	乐观	美国高校女教授具有乐观的性格特质
	专注	专注	美国高校女教授做科研时较为专注
	自信	不介意别人目光	美国高校女教授表现出不介意他人目光的自信
	兴趣导向	其他兴趣	美国高校女教授具有的其他兴趣包括音乐、特长、爱好等不作为职业的兴趣，对科研兴趣具有浓厚的兴趣
		科研兴趣	
	淡定	从容	美国高校女教授的淡定表现在从容与喜欢安静两个方面
		喜欢安静	

续表

主轴编码提取的范畴		对应范畴	关系的内涵
主范畴	次要范畴		
个人目标	科学求真	追求真理	美国高校女教授追求科学求真的个人目标
	自我实现	自我实现	美国高校女教授追求自我的实现
个体价值观	贡献	贡献社会、他人	美国高校女教授具有贡献他人的价值观
个人需求	自主性	归属感	美国高校女教授需要归属感与灵活性等能自主控制工作环境
		灵活性	
	资源	资源需求	美国高校女教授对组织提供的资源具有需求
	工作—家庭平衡	家庭	美国高校女教授需要考虑家庭并且平衡工作—家庭间关系
		工作—家庭关系	
个人供给	时间	时间供给	美国高校女教授能够向组织提供其时间以及个人能力
	能力与资源	个人能力	
职业认同	教授角色认同	教授身份	美国高校女教授对其教师身份较为认同并满意
组织承诺	感情承诺	认可	美国高校女教授的组织承诺表现在受到组织的认可时的感情承诺,及离职率低
	离职率低	为其工作一生	
工作绩效	科研绩效	科研成果	科研成果是衡量美国高校女教授工作绩效的指标
工作满意度	工作成就感	成就感	美国高校女教授在工作中获得成就感,进而提升其工作满意度
择业动机	择业意愿	选择从事职业	美国高校女教授在择业时具有一定的动机
设立阶段	选择阶段	职业选择	美国高校女教授会经历一个较为漫长与曲折的职业选择阶段后才能决定长期发展方向
	适应阶段	决定长期发展	
晋升阶段	工作晋升	发展与提升	美国高校女教授的晋升阶段主要体现为个人的发展与职称的提升
维持阶段	多元发展	发展感兴趣的研究	美国高校女教授的维持阶段会向其感兴趣但产出并不能保证的多元发展方向进行
职业成长	个人发展	能力提升	美国高校女教授的职业成长主要体现在其个人能力的提升

续表

主轴编码提取的范畴		对应范畴	关系的内涵
主范畴	次要范畴		
组织目标	科研进步	高校办学追求	美国高校的组织目标是科研进步
组织氛围	平等	高校男女平等的环境	美国高校的组织具有男女平等与学术自由的组织氛围
	自由	高校自由的学术氛围	
组织价值观	校训	高校价值观	美国高校的组织价值观通过其校训体现
组织要求	能力与资历	任职要求	美国高校的组织会向求职者及其中成员提出能力与资历、科研产出等要求
	科研产出	科研成果要求	
组织供给	资源与机会	公平的晋升机会、优质的科研资源	美国高校的组织能够提供较好的资源与机会，以及制度支持其科研人才发展
	制度支持	资金、项目、政策支持	
美国文化	政治文化	发展逐渐成熟	美国的社会及文化发展现状是逐步走向成熟，并出台政策支持女性工作者；同时，教授具有较高的职业声望
		相关政策、制度	
		职业声望	
	民主文化	男女平等	美国具有两性平等的社会文化

（3）选择性编码和饱和度检验。选择性编码是通过对主轴编码所得到主范畴的逻辑关系进行提炼和概括的过程，通过"建构性解释"来理顺各主范畴的关系，描述扎根研究所呈现的整体结构以形成基本的理论框架。

笔者通过预留的4篇高校女教授二手访谈记录（中、外各2篇）进行了理论饱和度检验，经过对数据进行了提炼、编码等分析程序，结果显示，模型中的范畴已非常丰富，并未发现新的重要范畴与关系，共40个主范畴也没有发现新的构成因子。由此可以认为上述研究是理论上饱和的。

（二）模型构建

1. 中国高校女教授职业成长路径分析

笔者根据样本的反馈及对各理论的整合，认为我国高校女教授职业成长阶段大体上分为职业进入、职业晋升和职业退出三个阶段，同时适应阶段、调整阶段、成熟阶段、停滞阶段、更新阶段和退出阶段分布于这三个阶段中。

处于职业进入阶段的女性会根据自身情况及个人特质，考虑自己所从事的工作，是她的择业动机形成及作用时期。高校女教授由于其专业的深度及长期处于校园环境下的惯性,在面临选择时会更倾向于留在高校。职业进入阶段伴随着职业的适应阶段,对于高校女教授这样的高知群体,这个阶段的年龄跨度一般为25~30岁。这一阶段是高校女教授的高峰时期,介入就业与生育前,全神贯注于科研工作。从我们的调研过程中,也能明显看到这一点。如 Z1 所述"而且学到博士以后就习惯了,可能在本科的时候毕业也会考虑说要不要进企业,因为那时候你想留在高校也没有什么可能,当你读完硕士、读完了博士以后,就觉得还是留在学校比较习惯";Y2 所述"确实改革开放的时候有单位来招人,深圳的单位,给的工资很高,那时候能给到三四千元 1 个月,还同意让你'放开膀子'自己做。我那时候是有点心动了,就去跟我导师商量,但是我老师说,去深圳的话就是做生意为主,违背了上这么多年学的初衷,所以不让去。导师想让我留在学校,充实教师队伍,于是我就选择了留在学校";及 L1 所述"我们实验室可以说是从零开始,白手起家。我和学生们从接地线和买螺丝钉等一点一滴的小事做起,把一个当初满地碎屑的空房间改造成了一个包含光学超净工作室、电子工作台和机械加工台等在内的量子光学技术实验平台。刚开始的时候,不仅要订仪器、安装实验平台,还得经常写报告争取资源、协调各个环节,最初的半年多里经常是每天只睡两三个小时"。

职业进入阶段与职业晋升阶段过渡期间,存在着调整阶段。这个阶段的年龄跨度是 30~35 岁,这时候高校女教授面临着职业期的低谷。因为这个期间高校女教授开始生育及抚养孩子,她们的科研速度将会减慢,产出减少,开始考虑家庭—工作矛盾及平衡的问题。据程芳(2010)的研究显示,我国管理类学者的文章发表的最佳点为 31~40 岁,但在这期间,我国男女教师发表文章的绝对差别达到最大值,女性的论文产出速度相对而言明显下降。在我们调研期间,多数高校女教授表示出相同的观点。如 F1 所述"对女性来说的话就确实是小孩也会影响你的科研的速度,比如说我要小孩呢,半年一年可能文章就少发那么一两篇。但是呢,长远来看,你那一两篇文章也不决定你人生的职业的这个大的方向";及 L3 所述"所以女生和家长就会,那这个是很自然的,在孩子小的时候,你就不可能像男老师一样的,想出差就是出差,你在想这孩子谁管"。

处于职业晋升期的高校女教授,经过调整后又重新投入工作,此时她们的职业认同感及个体——组织匹配产生的匹配效果都在这一阶段发挥着作用,使她们的工作重新步入正轨,同时步入职业的成熟阶段。这个阶段的年龄跨度从 35~50 岁左右,是其职业成长阶段的另一个高峰。此时孩子基本长大或可托人代管,她们自身精力仍充沛、阅历丰富,开始创造辉煌。我们的调研对象也表示,当她们工作与家庭都相对稳定时,她们能够更专注于工作。如 L1 所述"我的实验室也脱胎换骨,实验用光学平台由最初的 1 张增加到 4 张,面积由 40 平方米扩展到

200 平方米。对于我们科研工作者来说，没有比这更给力的了"；L3 所述"另外一个困难，就是说研究经费的支持的问题。等你这个研究有点眉目之后呢，可能你再去向国家呀，各个部委再去申请项目，申请经费资助"；及 F2 所述"我们的晋升是相对公平的，只要你达到了要求，就可以晋升，没有别的其他的东西"。

职业晋升阶段与职业退出阶段间，有一个将近 5 年的停滞与更新阶段。停滞阶段是指由于教师职业本身的枯燥性，在从事多年教学与科研工作之后，高校女教授会对工作产生倦怠感。如我们调研中 Y2 所述"科研做着做着当然也会累啦，尤其年纪大了以后，科研速度就放缓了，很多都交给年轻教师们和学生们去做了"。更新阶段是指有些高校科研人才在一开始出现倦怠的征兆时，就采取了较为积极的应对措施，如参加研讨会、进修课程、加入教师组织等，又可以看到他们适应和调整阶段朝气蓬勃的状态。由停滞阶段进入更新阶段，也是由于高校女教师的职业认同及个体—组织匹配产生的匹配效果在发挥作用，使其愿意继续留在工作中，并积极采取措施应对面临的问题。在研究期间，我们也发现了相似的现象，如 F2 所述"前一段时间，感觉有点力不从心，刚好课题结束了就休息了一阵子。缓过劲来感觉自己不工作也不行，就又重新找了个课题做做"；Y1 所述"大约有半年我都异常焦虑，后来步入正轨后，就顺畅得多了"；及 Q1 所述"在我四十几岁身体机能开始下降后，首先，一直要有危机感。其次，要多动脑子，开阔视野，增加学术积累，善于接纳新的东西。这样，灵感多，方法多，看问题深刻，管理得到，科研仍会向前走的"。

接下来就是一个 5 年期的职业退出阶段，从高校女教授 55～60 岁之间。此时的高校女教授已经到了退休的法定年龄，一些教师开始考虑如何安度晚年，而另一些教师则开始考虑如何继续追求生涯的第二春天，以不同的方式重返职业社会，发挥余热。如我们访谈对象中 L3 所述"我现在已经开始准备退休了，到年龄就退。我孩子也差不多成家了，等着退休后帮他带带孩子什么的，不准备再继续工作"；L1 所述"等什么时候退休了、不忙了，就去学钢琴、学养花种菜……"；及 Q2 所述"对于女性退休年龄制定问题，我个人愿意早退休。一方面是把研究机会留给精力好的年轻人；另一方面是个人原因，早点退休趁身体好的时候，可以去看看祖国的大好河山"。

高校女教授经历的各个职业成长阶段，其职业认同都呈现出逐渐加深的趋势。只有处于较高的职业认同感下，个人才会选择在该领域持续成长，而不是另谋出路。图 5-4 是笔者分析总结出的我国高校女教授职业成长路径图。

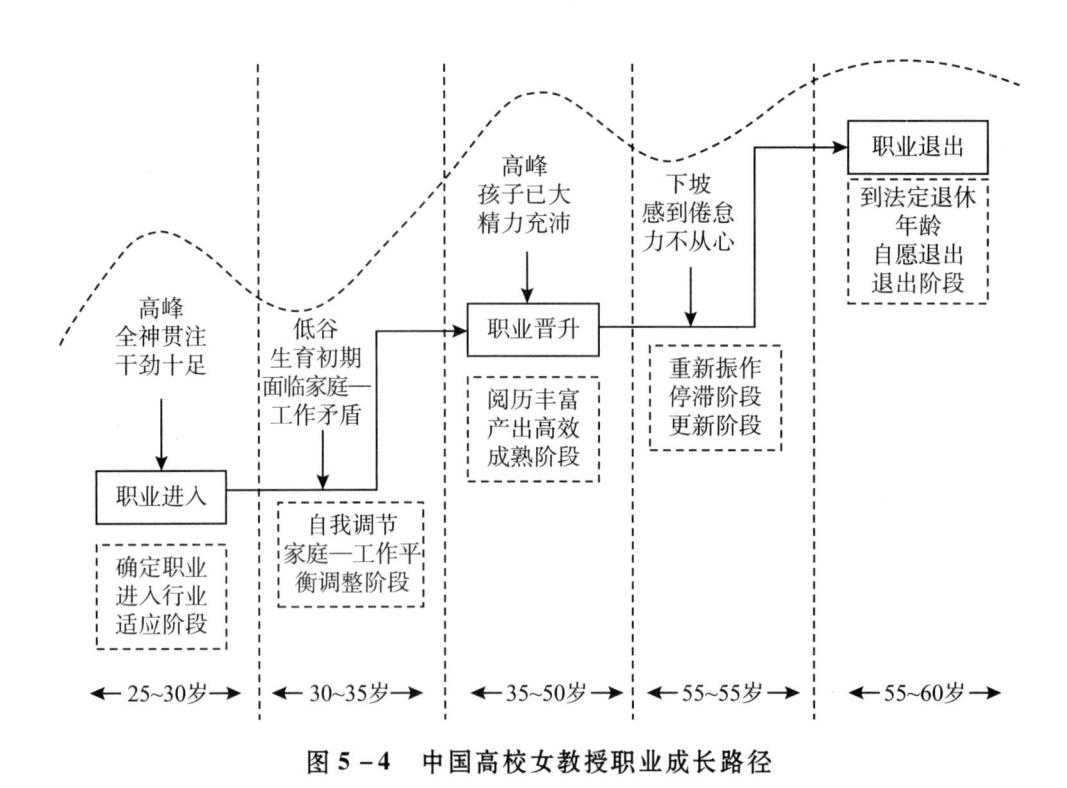

```
                                        职业退出
            高峰                          到法定退休
            孩子已大      下坡             年龄
            精力充沛      感到倦怠          自愿退出
                         力不从心          退出阶段
  高峰
  全神贯注   低谷
  干劲十足   生育初期    职业晋升
           面临家庭—
           工作矛盾    阅历丰富           重新振作
                      产出高效           停滞阶段
                      成熟阶段           更新阶段
  职业进入
           自我调节
  确定职业  家庭—工作平
  进入行业  衡调整阶段
  适应阶段
  ←25~30岁→ ←30~35岁→ ←35~50岁→ ←55~55岁→ ←55~60岁→
```

图 5 - 4 中国高校女教授职业成长路径

根据图 5 - 4 我们可以看到，中国高校女教授职业成长总趋势呈 "M" 状的上升趋势，从 50 岁开始会稍许放缓，但依旧保持一个较高的成长水平直至退出。

2. 美国高校女教授职业成长路径分析

根据已有的样本和对各理论的整合，我们认为美国高校女教授职业成长阶段可分为设立阶段、晋升阶段、维持阶段三个阶段。设立阶段所包含的方面主要是职业及高校的选择阶段，这一阶段从毕业择业持续至工作单位 10 年内未发生改变的起始点。美国女教授需要很长一段时间才能将职业及单位稳定，不发生改变，因此这一阶段从 25 岁持续至 33 岁。与中国不同的是，美国女教授的就业选择面会更加广泛一些。她们在择业初期并不会将自己局限于仅考虑留校任职；即使准备进入高校，考虑更多的是离开所在高校，寻求在该领域中更好，或是地域环境更适合自己的高校，她们的择业动机较为多元化。在我们研究过程中发现，4 位女性在毕业时选择进入企业，经过数年的企业工作后因职业生涯规划发生改变，决定进入高校从事科研。6 位女教授所选择的高校并不是自己的母校，而是根据个人实际情况做出选择。如 B1 所述 "大学毕业后，我有过一年的工作经验，在癌症研究院，研究基因。在这之后，我去了公司工作，3 ~ 4 年的时间里，换了两个公司。一个是研究公司，有关质量控制的，另一个是数据分析"；P 所述 "其实一开始我并没有想过从事科研，我曾做过很多的事情，我曾在急救中心工作过，负责在救护车上做救助。我做过很多奇怪的事情"；D 所述"我有 8 年的时间没有工作，这个时候我一直在照顾我的孩子"；及 B2 所述"现在我的孩子还很小，而且我也不具备进入企业工作的资历，大学教授对我来说真的是非常有吸引力的一个职业，同时我也并不需要非常多的工资"，等等。

但当美国女性高知人才的择业动机稳定下来后，她们做出进入高校的选择，并开始其通往女教授的职业生涯。时间较长的职业成长设立阶段后，是晋升阶段。晋升阶段所指的是职称、工资及所承担的责任提升的阶段，这一阶段持续的时间一般从 34～44 岁。美国女教授从设立阶段到晋升阶段的过程，是一个非常平稳的缓步提升过程，是其职业认同及个体—组织匹配与匹配效果形成的时期，与我国这一阶段期间会面临一个低谷不同。造成这个现象的原因一方面在于，美国女性即使面临家庭—工作冲突，也可通过多种方式解决。美国个人主义的文化背景下，允许其中成员在工作时间外停止所有工作，除非必要的加班，能够将工作与家庭很好地分开。在我们研究的过程中也发现了这一现象，如 D 所述"我认为工作—家庭并不冲突，尤其是科研领域，我们有更灵活的时间处理期间关系"；及 P 所述"在我们这个环境中，我可以带着宝宝去上班，有专门的一个房间把他放在里面，如果他饿了，我就出去喂他。所以成长在这样的一个文化下，这件事情对我来说并不是很难"，等等。另一方面在于，美国的生育率逐年下降，许多的女性，尤其是高学历女性，选择晚育或是不育。我们的研究对象表示，她只有在工作已经非常稳定，孩子不会影响其正常工作的情况下，才选择生育。如 C 所述"我一直将重心放在工作上，并没有考虑过要现在有孩子，或许以后会有，谁知道呢"。因此，当美国女性高校科研人才稳定于该学校后，其工作效率、科研成果会逐渐提高，在其 40 岁左右时达到峰值。如 P 所述"进入学校后，我用了将近 8 年的时间获得了一定的成果，并得到了正教授的职称"；C 所述"我现在并没有孩子，重心一直放在工作上，近几年也得到了很好的成长和提升"；及 A 所述"虽然我很小的时候就想成为教授，但我花了十多年才成为一名合格的教授。这几年科研成果也比较稳定，并且评为终身教授"，等等。

维持阶段所指的是美国女教授已晋升至其满意的职称后，保持其正常的科研速度，平稳成长。这一阶段一般从 45 岁持续至 55 岁，与我国女教授的停滞与更新阶段较为相似，但开始的稍许早一些。造成维持阶段开始早的原因也与美国文化背景相关。在西方的许多国家，大学的教授是终身的。终身制最初来自德国大学，后来在美国也开始实行。教授终身制的目的是为了保证教授的学术研究不会受到政治、商业以及资金来源的牵制和困扰。1994 年，美国在《反雇佣年龄歧视法案》中规定学校不得强迫终身制教授退休。在美国大学里，新教师有一段 6～7 年的考察期，以考察教师的学术水平和职业道德。然后学校根据学术资质，决定是否授予终身制教授。因此，美国的科研人才进入高校后的 10 年内决定其是否能够被评为终身制教授，这一阶段过后，其科研产出相对平稳，甚至一些教授会根据其兴趣选择一些产出相对较难的领域进行研究。如我们的研究对象 P 所述"现在我主要研究的方向都是自己感兴趣的方向，虽然有时经费会比较难以申请，但相对来说现在我并没有什么压力，可以研究一些自己喜欢的方面"；C 所述"接下来我准备着手一些自己感兴趣方面的课题进行研究"；及 D 所述"多元化是一个趋势，我希望能接触更多别的学科的科研，与其他学科进行配合，研究出新的东西"。因为终身制教授制度的存在，西方，尤其是美国，并不存在明确规定的教授退休时间，女教授会根据自身的身体因素或是家庭原因，在 55 岁后逐渐减少其在工作和科研中投入的时间与精力。如研究对象 I 所述"我现在已经逐渐减少自己的工作量，去干点自己别的想干的事情"。

美国高校女教授的职业认同感伴随着前期择业动机的改变，会有所起伏。但随着工作的稳定，其职业认同感同样处于逐渐加深的趋势，并促进着其职业成长。图 5-5 是笔者分析总结出的美国高校女教授职业成长路径图。

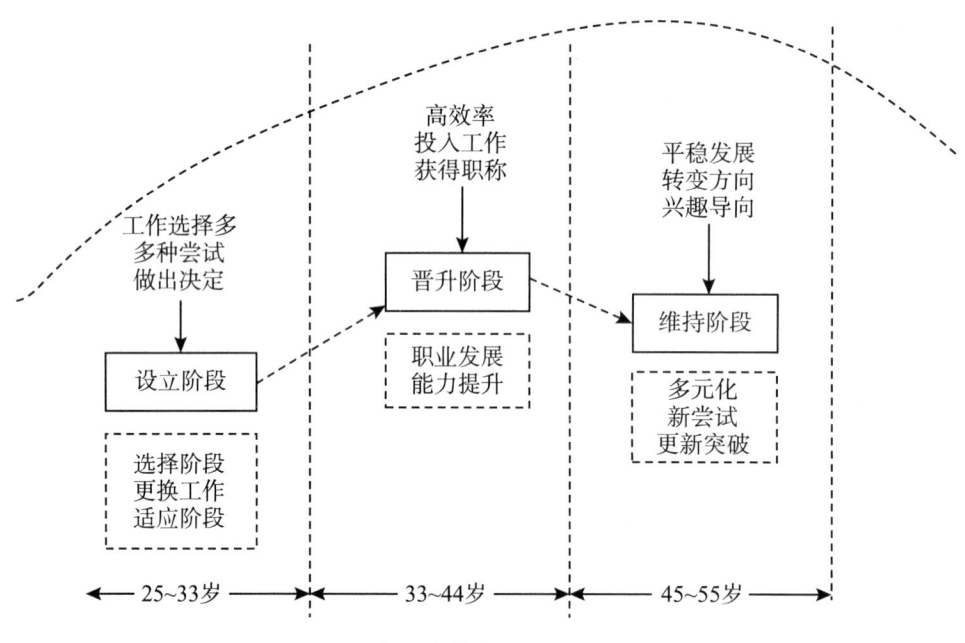

图 5-5 美国高校女教授职业成长路径

根据图 5-5 我们可以看到，美国高校女教授职业成长总趋势呈倒"U"状，从 55 岁开始放缓。

第六章

女性高层领导的职场境遇

高层女性领导作为女性高层次人才的重要群体,在她们的职业成长过程中受到个体、组织和社会因素的影响,而产生不同的职业发展路径。同时,领导位置的特殊性使得高层次女性在成长进程中还会面临着一些特殊的职场境遇。鉴于此,本书通过对《领导季刊》(The Leadership Quarterly)、《管理评论》(Academy of Management Review)、《管理学会学报》(Academy of Management Journal)等国际期刊的最新研究成果与研究发现进行了系统梳理与分析,包括与女性领导任命相关的象征主义任命与"玻璃悬崖",以及高层女性领导在与女同事及女下属的交互过程中所引发的蜂皇现象与楷模效应。

第一节 象征主义任命

女性领导者的任命一直是一个备受社会关注的议题(Terjesen, Sealy & Singh, 2009)。近年来,越来越多的女性打破"玻璃天花板",在组织中担任领导者(Nations, 2017)。尽管如此,女性在高层领导者中的比例仍然不足(Catalyst, 2016)。一些女高层的经理常常面临刻板印象:女性只要"照料"即可,"主持大局"的事情应该由男性负责。脸谱网(Facebook)首席运营官谢丽尔·桑德伯格(2013)在《向前一步》中写道,一些女性是组织中唯一的女领导,作为性别少数派在公司不受重视,也不懂得为自己争取应有的权力。这样的情况下，她们很难推动组织的发展、为组织带来利益。

女性领导者的象征主义任命是社会、组织和女性自身共同作用的结果。而且，这样的任命动机会对女性和组织形成双重制约。

一、性别代表而非独立个体的任命动机

劳斯（Laws，1975）首次对象征主义做出定义，将其界定为一种阶层之间的流动形式，即主导者对外围群体的一种流动承诺。坎特（Kanter，1977）将象征主义放入了女性任命的情境中，指出比例是影响女性在组织中地位的主要因素。她将在组织中占比不超过15%的群体定义为组织中的象征主义者，与之相对应的另一个群组则为组织中的主导者。主导者在数量上占优势，用各种方式控制着组织及其文化。女性象征主义者仅仅作为其自身群体的代表，被当作性别符号而不是独立的个体。在此基础上，约德（Yoder，1991；1994）进一步对象征主义做出了补充界定，指出女性的象征主义任命不仅取决于数量，同样还受到女性自身性别地位的影响。赖特（Wright，2001）则将象征主义界定为受到严格限制的劣势群体向优势群体的流动，强调了群体边界的可渗透性和跨越群体边界的严格。鉴于以往研究，笔者将女性领导者的象征主义任命界定为仅将女性领导者作为性别代表的任命动机。

坎特（Kanter，1977）在对美国一家大型500强工业公司的一个销售部门调查研究之后发现，对女性的象征主义任命会出现以下三个现象：由于数量偏低，女性领导者在组织中具有高度的可见性——这种高度可见性为女性领导者带来了绩效上的压力；由于性别地位偏低，男性领导者会刻意地抬高性别边界、有意识地疏离女性领导者，这就进一步地加剧了男女领导之间的权力不平等；由于社会和组织对女性担任领导者存在性别偏见，女性领导者常常受到社会刻板印象的困扰，在组织中也会遭遇男性领导者对她们的角色扭曲。可见，女性领导者的象征主义任命主要体现在三个方面：第一，女性领导者在领导群体中的数量偏低（Kanter，1977；King，Hebl，George & Matusik，2010；Yoder，1991）；第二，女性领导者在组织中的性别地位偏低（Yoder，1991；1994）；第三，社会和组织对女性担任领导者存在性别偏见（Abdullah，2013；Pathak & Purkayastha，2016；Yoder，2002）。

二、个体、组织与社会文化共同作用所致

女性领导者的象征主义任命作为社会群体的一种流动形式（Barreto，2004；

Laws，1975；Richard & Wright，2010；S. C. Wright，1997），学者们对其形成还存在分歧。一些学者认为，象征主义任命是组织决策的结果，意在限制职场女性的职业发展（Brown & Diekman，2013；Kanter，1977）；另一些学者认为，象征主义任命的形成与女性自身有关，是女性领导者刻意疏远和排斥女下属得到的结果（Derks，Van Laar & Ellemers，2016；Glass & Cook，2016）。由于数量上的严格限制，象征主义任命具有模糊性（Ryan et al.，2012），这种模糊性看似为处于劣势地位的群体提供机会，实则是组织中的主导者群体维护自身地位的一种策略。女性领导者在组织中的比例不足、地位偏低，她们很难通过自身的努力去改变这种模糊性。本书研究从职场女性自身、组织主导者以及社会文化三个不同的角度来解释女性领导者象征主义任命的形成原因。

（一）职场女性的反应

女性领导者的象征主义任命与女性领导者自身也有着密切的联系。在象征主义任命机制下，女性领导者在组织中的性别地位居于弱势。但是，组织中的女性却不一定会采取集体行动，改变这样的地位。相反，她们的一些行为反而可能会维系这样的任命方式。

当面临职场中的性别身份威胁时，职场女性面临着两种选择：提升自身的升职机率或提升女性在职场中的整体形象（Derks et al.，2016；Stephen C. Wright，2001）。在现有的职场环境中，对女性的性别歧视表达较为含蓄，这在一定程度上阻止了女性参与集体行为（Ellemers & Barreto，2009）。此外，挑战当前商业惯例的人可能会被视作麻烦的制造者，个人价值也会因此受到贬低（Barreto & Ellemers，2015），导致一些职业女性往往更多地考虑务实的方式，追求个体流动以融入男性领导者所构成的优势群体中。

当职场女性追求个体流动以提升自身的升职机率时，她们往往会对组织的主导者和现有的任命机制表示支持（Derks et al.，2016；Kanter，1977）。在象征主义任命的前提下，女性晋升领导职位受到严格的限制，职场女性如果想要晋升到领导层，关键是取得男性领导者的支持。因此，一些职场女性为了迎合男性领导者，选择刻意疏远其他女性，这为职场女性共同采取行动改变当前的不公平机制带来了困难。同时，当这些女性晋升为女领导之后，她们对当前系统的不合理认知会减少（Ellemers，2001；Stephen C. Wright，2001）。她们会将女性未能晋升到领导层的原因归结到其自身，而非现有任命机制的不合理性。由此，更多的有能力的职场女性会更加注重个人的职业发展，而非关注女性群体的整体职业进展水平，导致职场女性集体维权、挑战当前的任命机制更加困难。

当女性接受象征主义任命、晋升为领导者之后，她们会害怕同样能力强的女下属晋升之后产生同性竞争威胁。而如果女下属的能力较弱,她们会担心该女下属升职后的表现会影响群体形象,对女性群体的职场地位产生"群体威胁"(Duguid, 2011; Shapiro & Neuberg, 2007)。另外,接受象征主义任命的女性领导者一旦做出背离组织主导者意愿的行为,例如在组织中推行性别多样化政策,就有可能受到惩罚(Heckman & Foo, 2014)。因此,晋升后的女性领导者并不情愿帮助女下属升职,这为增加女性领导者数量带来了困难,同时也进一步为维系女性领导者的象征主义任命创造了条件。

此外,女性自身的原因也为象征主义任命创造了条件。并非所有的女性都对自身的职业发展有信心、有追求,昂德达尔(Paustian-Underdahl et al., 2014)的研究表明,女性和男性对自身性别领导力的有效性评价有显著的差异,男性对性别领导力有效性的自我评价明显高于女性。而且,由于工作—生活平衡的压力,一些女性为了更好地兼顾家庭,不得不放弃职业发展。所以,渴望成为领导者的女性在数量上没有男性多。

(二) 组织主导者的决策

女性领导者的象征主义任命是组织主导者决策的结果,决策者的多样性决定了女性领导者的任命(Cook & Glass, 2014)。在男性主导的组织中,男性领导者为了维护自己在组织中的主导者地位,对女性晋升领导阶层进行了严格的限制。男性作为一些组织中的主导者,控制着组织及其文化。女性由于数量较少、性别特征鲜明被定义为象征主义群体,在组织中处于从属地位。男性领导者为了维护自身的地位,仅允许少数的女性成为公司的领导者,且采取抬高边界、有意识地疏离女性等方式限制女性发展。这样一来,男性领导者作为组织中的主导者群体牢牢地控制了组织的话语权和决策权,而女性在数量上处于劣势,很难与男性领导者抗衡(Kanter, 1977)。

虽然在组织中尽可能多地占据数量上的优势有助于男性领导者维系自身的主导者地位,但女性领导者的象征主义任命仍然是十分必要的。根据社会身份理论(Ashforth & Mael, 1989),处于劣势的群组成员会在群组边界不可渗透且组内地位被视为不稳定和不合法的情况下采取群体行动。但是,如果群组边界是模糊且可突破的,即使边界的渗透性非常严格,职场女性也仍然有可能选择通过个体流动的方式获得领导者的职位,而不是联合起来采取群体行动对抗现有政策(Ellemers & Barreto, 2009; S. C. Wright, 1997; Stephen C. Wright, 2001)。因此,对于男性主导者而言,女性领导者的象征主义任命是维护其自身地位的一种战略性的决策。

(三) 社会文化的制约

除了女性个体、组织的因素之外，女性领导者的象征主义任命还受到社会文化的制约。即使组织的主导者愿意任命更多的女性领导者、将女性领导者放在更重要的位置，社会文化同样会制约她们的选择。其中，对女性的刻板印象就是关键因素之一。汉密尔顿和谢尔曼（Hamilton & Sherman, 1994）认为，刻板印象是个体对社会群体成员的观点、知识和期望的总和。伊格利和卡劳（Eagly & Karau, 2002）在角色一致性理论中指出，潜在的领导者候选人中，女性没有男性受欢迎。事实上，人们对领导的概念有潜在的认知（Forsyth & Nye, 2008; Hoyt & Murphy, 2016）。凯尼格等（Koenig et al., 2011）通过对沙因（Schein, 1973）提出的"想到管理者—想到男性"（think manager-think male）范式、鲍威尔和巴特菲尔德（Powell & Butterfield, 1979）提出的"动力—沟通（agency-communion）"范式和希纳尔（Shinar, 1975）提出的"男子气概—女性气质（masculinity-femininity）"范式再分析发现，对领导者的刻板印象总体而言偏男性化。而且，高层领导与中层领导的刻板印象相比，表现出了更多的男性化特质。在工作绩效方面，对男性的刻板印象大多是正面的，对女性的刻板印象大多是负面的（Souchon et al., 2010）。所以，组织在决策时有可能会受到社会刻板印象的影响，对男性候选人表现出更多的倾向性。这也是女性领导者的象征主义任命的成因之一。

另一个导致女性领导者的象征主义任命的因素是社会文化环境。在特定的文化环境中，女性与男性的社会角色具有不一致性。在全球，尤其是一些父权社会中，女性需要承担更多的家庭责任，而男性则需要更多地发展事业。因此，职场男性与职场女性处在不同的文化资源层级中：女性代表的是母亲的身份，而男性会因为自身的爱好（比如体育）有着更多的社会联结和社交网络资源（Lyness & Thompson, 1997, 2000; Turco, 2010）。帕塔克和珀卡亚斯塔（Pathak & Purkayastha, 2016）对印度董事会的研究表明，由于印度的很多地方都是父权社会，女性董事的社交网络不足。相对于已经成熟的男性领导者社交网络，女性领导者由于性别的因素往往被视为局外人、很难获得与男性领导者对等的社会资源。一些组织出于对自身利益的考量，不敢冒险任命女性领导者。同时，由于女性本身的社会参与较少，拥有相应的资历担任女领导的人选也非常有限。所以，女性领导者的象征主义任命难以避免。

三、影响"玻璃天花板"与组织绩效的变化

(一)象征主义任命对"玻璃天花板"影响

(1) 难以突破的"玻璃天花板"。象征主义任命的存在为职场女性晋升领导职位带来了困难。由于象征主义任命对女性晋升为领导者的比例具有严格的限制性,基层女性的职业发展在一定程度上受到了阻碍。坎特(Kanter,1977)指出,成为组织中的象征主义者并不仅仅因为是数量上的少数派,也与群体自身明显的特质有关。事实上,不仅是女性,其他具有明显特征的少数派群体也会遭遇同样的问题。研究表明,黑人、非裔美国人、澳洲原住民在职业发展时都会因为他们身份的不同,遇到和女性相似的限制(Derks et al.,2016)。

同时,象征主义任命的机制也对基层女性获得支持造成了影响。瑞恩等(Ryan et al.,2012)的研究表明,当女性领导者的性别比例偏低时,基层女性感受到的女主管支持比男主管支持更少。实际上,认为自己是象征主义者的女性比同样的男性更少支持同性优秀下属。而且,女性高管的比例越小,高管和同性下属之间的关系就越糟糕。这一方面对基层女员工在工作上取得上级的支持带来了困难;另一方面为组织中的女性员工形成合力对抗现有的任命机制造成了障碍。基层女员工们得不到领导层的支持,缺失话语权,也为她们的升职增加了困难。

(2) 位居"玻璃天花板"之上的尴尬。尽管象征主义任命机制严格地限制了女性的社会流动,仍然有少数的职场女性能够打破"玻璃天花板",在组织中担任领导职位。虽然这些女性成功地跨越了性别障碍、成为组织中的领导者,但是,她们的象征主义者身份仍然为她们的工作带来了挑战(Glass & Cook,2016)。

在象征主义任命机制下,女性领导者往往会遭遇男性领导者的同化。研究表明,群体中的多数派和少数派会对组织产生不同的影响(Asch,1951;Tanford & Penrod,1984;Torchia et al.,2011)。多数派能够凭借数量获得更大的影响力,少数派则容易被边缘化,因此作为高层领导中少数派的女性会更容易被边缘化。由于文化层面上,成功领导者的特质更加偏向于男性化特质,女性领导者不得不模仿她们的男性同事,在行为上和他们表现出趋同性。这既能证明她们符合领导者的条件,又帮助她们避免了与绩效无关的负面评价(Eagly,2007;Eagly & Carli,2003)。

由于女性领导者在组织中的性别身份特殊,她们往往具有更高的可见性

(Glass & Cook, 2016; Kanter, 1977; Lewis & Simpson, 2012)。这为女性领导者们带来了更高的监管和绩效压力。这些女性领导者们面临着双重压力：她们需要取得良好绩效的同时，与其他男性领导者表现出行为上的一致性。因为女性领导者是组织中的少数派，她们的绩效和行为会决定她们被提拔为领导之后的职业发展。

虽然女性领导者可以在最大限度上模仿她们的男性同事，作为公司中的少数派，她们仍然拥有着比其他男性领导者更高的可见性。这样的可见性为女性领导者带来了更多的压力。象征主义理论表明，女性领导者在绩效监管上面临着比男同事更高的性别可见性（Glass & Cook, 2016）。这样严格的绩效监管，可能会导致女性领导者绩效水平的下降和离职率的上升。与此同时，女性领导者的行为也受到密切地监控。布雷斯科尔（Brescoll et al., 2012）的研究表明，相同的领导行为，女性领导者有可能比男性领导者招致更多的负面评价，比如在言语中展露更多情绪的女性领导者会招致一些负面的评价，而相同行为的男性领导者获得的评价却有可能是积极正面的（Brescoll, 2016）。

除了需要面对更多的压力，女性领导者还面临着缺乏组织内员工和资源支持的问题。对象征主义女性领导者的刻板印象和能力的怀疑让她们的领导力受到了挑战。一些研究表明，在男性主导的组织中，女性领导者与她们的同伴相比受到更少的同伴和工作相关的支持（McGuire, 2002; Taylor, 2010）。又因为女性领导者面临着"抬高的边界"（Kanter, 1977），女性领导者同样很难融入男性领导者组成的领导者社交网络。因此，女性领导者想要获得对应的资源支持就更加困难。除此之外，女性领导者比男性领导者的权威更可能遭遇抵制。比如，女性领导者相对男性领导者而言更可能对组织的资源和财务权力缺乏掌控，这两者恰恰对领导者的成功十分关键（Collins, 1997; Taylor, 2010）。

（二）象征主义任命对组织的影响

象征主义任命不仅会影响女性领导者的表现，还会进一步影响组织的绩效。以往的研究对女性领导者的象征主义任命和非象征主义任命开展对比研究，发现女性领导者的象征主义任命对组织绩效有一定的影响。

女性领导者的象征主义任命意味着女性在领导者中的比例受到严格的控制。但是，增加女性董事的比例是否能够提升组织的绩效，却在以往的研究中体现出不同的结果。坎贝尔和米吉泽维拉（Campbell & Minguez-Vera, 2008）；戈尔迪尼和兰卡蒂（Gordini & Rancati, 2017）；基利奇和库齐（Kilic & Kuzey, 2016）；阮和法夫（Nguyen & Faff, 2007）；辛格等（Singh et al., 2001）的研究表明，女性领导者的比例与组织的财务绩效正相关。博伦和斯特罗姆（Bohren & Strom，

2010);达马迪(Darmadi,2011);米吉泽维拉和马丁(Minguez-Vera & Martin,2011)的研究显示,女性领导者的比例和组织的财务绩效负相关。卡特(Carter,2010);罗斯(Rose,2007);施雷德(Shrader et al.,1997)的研究显示,女性领导者的比例与公司的财务绩效没有必然的联系。波斯特和拜伦等(Post & Byron,2015)的研究显示,公司女董事比例与会计收入正相关。国家对股东的保护制度越好,女性董事比例与组织财务绩效正相关程度越高,女董事比例与市场绩效之间的关系近乎为零。其中,性别平等程度高的国家女性董事比例与组织财务绩效正向关联,而性别平等程度低的国家负向关联。女董事比例还与监管和战略参与两项基本职责正相关。约克斯、普尔、维特尔(Joecks, Pull, and Vetter,2013)的研究也显示出同样的结果。公司董事会的性别多样化与公司绩效具有U形关系,董事会成员女性占比需要达到一定的数值才能实现董事会性别多样化带来的优势,结果显示,这一比例约为30%。除了财务绩效,女性出任领导者同样对组织的社会绩效有影响。

第二节 "玻璃悬崖"

"玻璃悬崖"这一概念最初由心理学家米歇尔·瑞恩和亚历克斯·哈斯拉姆(Michelle Ryan & Alex Haslam)提出,具体是指当女性突破了"玻璃天花板"后,更有可能在危机时刻成为领导的现象。而"玻璃悬崖"是一种不稳定、风险更高的情境,因此更容易失败。从另一种角度而言,"玻璃悬崖"是另一种"玻璃天花板",即使女性突破了"玻璃天花板",晋升到较高的职位,她们也难以像男性那样行使权力,不太可能参与影响广泛的决策制定,获得的授权也相对较少,在工作中会被不平等对待。

整体而言,虽然女性在社会参与、政治以及职业领域取得了巨大进步,但是女性在具有影响力和权力的职位上的代表性仍不够。2016年10月美世咨询发布的"女性成长,则百业俱兴"(When Women Thrive, Businesses Thrive)报告中指出,随着职业层次的提升,女性的代表人数在下降,全球来看,管理者中女性占33%,高级管理者中女性占26%,而高管中只有20%是女性。尽管如此,还是有很多女性在突破"玻璃天花板"后,争取获得领导职位,但是她们面临的往往是风险更高的情境,这种现象就被称为"玻璃悬崖"。

"玻璃悬崖"并不是一个必然现象,取决于对公司绩效表现的衡量,当用会计上的方法,如净资产收益率等衡量时,"玻璃悬崖"现象并不明显,但是当用

Tobin'SQ 方法（即一个公司的股票市场价值与其资产的账面价值的比率）衡量时，"玻璃悬崖"现象就比较明显（Bruckmuller Rvan et al., 2014）。布鲁克穆勒和布兰斯科姆（Bruckmuller & Branscombe, 2010）的研究结果表明，只有当男性在公司的领导历史足够悠久时，"玻璃悬崖"现象才会发生，如果公司也有很长一段时间由女性领导，"玻璃悬崖"的现象就不会发生。

一、组织绩效与决策者性别可能诱导"玻璃悬崖"现象产生

在商业环境中，组织绩效状况和决策者的性别差异会影响"玻璃悬崖"现象的发生。当不考虑决策者的性别时，决策者会在公司表现良好时平等地评估每个候选人，不论性别，认为每个候选人的领导能力是差不多的。然而当公司的业绩下降时，决策者会更倾向于选择女性作为领导者（Haslam & Ryan, 2008）。厄尔利（Hunt-Early, 2012）的研究表明，当考虑决策者的性别时，总体结果与"玻璃悬崖"现象一致。当公司表现良好时，男性决策者会倾向于选择男性作为领导者，而当公司绩效下降时却不会表现出这种性别倾向。然而，当决策者是女性时，她们会一直倾向于选择女性作为领导者，尤其当公司的绩效下降时，这种选择倾向会更明显（Keziah, 2012）。

虽然"玻璃悬崖"的现象大多数是在商业环境下发生的，也有研究发现"玻璃悬崖"的现象在其他情况下也存在，比如瑞恩等（Ryan et al., 2010）的研究表明在政治领域也存在"玻璃悬崖"现象，在为一个难以取得成功的选区选择代表时，人们更倾向于选择女性作为代表。即使是在学校，"玻璃悬崖"的现象也会存在，当风险更高时，女性比男性更有可能被任命为领导（Smith, 2014）。律师行业中，也会倾向于将风险较高的法律案件安排给女律师（Ashby et al., 2007; Brown et al., 2011）。

"玻璃悬崖"可能是一种更隐性的性别歧视，虽然在危机时刻任命了女性作为领导者，但是她们难以得到充分的社会支持，面临的风险会更高，失败的可能性也会更高。因此处于"玻璃悬崖"的女性更可能会因高风险以及高失败率离开公司（Ryan & Haslam, 2007）。

二、外部压力以及自我选择可能诱导"玻璃悬崖"现象产生

（一）外部压力

（1）刻板印象形成的性别原型。现有的研究表明，导致"玻璃悬崖"现

象发生的原因有许多,其中最主要的原因是性别刻板印象。传统的性别刻板印象中,男性通常被认为是自信的、独立的,而男性刻板印象与管理者刻板印象的重叠远远高于与女性刻板印象的重叠。与女性相比,男性被认为更适合担任领导职位,而女性在担任领导时,被认为不如男性,因为她们的绩效会更差,难以获得成功领导的印象(Eagly & Karau, 2002)。根据沙因(Schein)的研究,管理者的特征有 2/3 都是与男性的刻板印象相关的,如情绪稳定、有抱负、自信、客观等,因此容易让人们形成 "think manager-think male" 的观念(Schein, 1973)。

加西亚等(Gartzia et al.)的研究结果则表明,除了 "think manager-think male" 观念外,还会存在 "think crisis-think female" 的观念(Gartzia et al., 2012),因为女性被认为是具有同情心的,更愿意合作的(Williams & Best, 1990),对情绪的感知更敏感,具有更好的人际交往能力,在危机时刻管理人员的技能更好,能更好地管理可能出现的人员配置问题。由于女性的这些特质,她们被认为更适合在组织出现危机时进行管理,这种任命会更有价值(Ryan et al., 2011),所以当为一家面临危机的组织选择领导者时,人们都更倾向于选择女性。

"玻璃悬崖"能否产生与组织面临何种危机有关,恶化的财务状况、技术事故、丑闻、组织或市场动态情况的变化等都是危机(Pearson & Mitroff, 1993)。当组织面临的危机需要领导者承担不可避免的后果时,"think crisis-think female"现象十分明显,但是当组织面临的危机需要领导者公开说明组织的控制措施时,"think crisis-think female"却不再明显(Ryan et al., 2011)。

(2)在危机时刻任命女性,保护群体成员。组织中的男性为了保护同一个群体中的其他男性免受危险职位的威胁,而将"玻璃悬崖"上的职位留给女性,让女性面临更高的风险。更恶意的解释是,将女性任命于危机的职位表明性别歧视决策者更希望看到女性失败,而表面上看却是为女性提供了担任领导者的机会,表明一种象征性的性别平等(Ryan et al., 2007)。在领导者必然要承担严重的负面后果时,选择任命女性为领导者只是为了找一个"替罪羊"。

(3)组织变革的一种信号。组织出现危机时,任命女性领导者被视为是一种变革的信号,表明当前的领导方式不再合适,需要对当前领导模式(最可能是男性)进行改变(Ryan et al., 2007)。同时在危机时期,组织以及领导团队会受到来自利益相关者和媒体高度审查的压力(Boin et al., 2010; Carmeli & Schaubroeck, 2008),而任命女性为领导者能向利益相关者以及媒体传递他们正在改变的信号(Lee & James, 2007),缓解组织面临的压力。在这种情景下,组织可能更需要变革型领导者进行领导,而变革型领导又经常与女性领导者相关联(Eagly et al., 2003; Pillai, 1996),因此在危机时期,组织更可能任命女性作为领导者。此外，"玻璃悬崖"的产生有时也与决策者的特质相关，因为喜欢处于支配地位的决策者，倾向于在组织出现危机时任命女性领导者（Brown et al.，2011）。

（二）自我选择

（1）从"玻璃悬崖"的发生另一角度看，这有可能是女性自己的选择，因为在一般情况下，女性很少能有成为领导者的机会，为了证明自己，她们更乐意接受这样的挑战（Ashby et al.，2007）。但是很少有实证研究支持这种选择与女性自身的偏好有关这一原因。林克等（Rink et al.，2012）的研究反而发现高风险的领导职位更吸引男性，女性则不太可能接受这样的职位。女性会倾向于从恶意的角度解释"玻璃悬崖"，认为这种现象发生的原因是由于女性缺少平等的发展机会，并认为"玻璃悬崖"真实存在，承认其普遍性与危险性。相比之下，男性更倾向于从善意的角度解释"玻璃悬崖"，例如女性能更好地应对困难的领导任务，他们甚至会质疑"玻璃悬崖"是否存在（Ashby et al.，2007）。相对于职位较低的女性，职位较高的女性倾向于从善意的角度来解释"玻璃悬崖"，因为她们做出这种解释更符合她们自身的角色（Derk et al.，2011；Ellemers et al.，2004）。

（2）与男性相比，女性在组织中获得的社会资源更少，很难占据具有权力的职位，晋升的机会以及获得奖励的机会也更少，并且难以获得社会网络的支持（Lyness & Thompson，1997；2000）。而"玻璃悬崖"只有在领导者独自面对危机，并难以获得社会资源与支持的情况下才会发生。在男性占主导地位的组织中，处于组织高层的女性获得同伴的支持较少，容易产生人际冲突，她们承受的压力也更多，最终会面临"玻璃悬崖"的情境（Ryan et al.，2005；Ryan & Haslam，2007）。当领导者能获得充足的社会资源时，人们又认为男性领导者比女性领导者更有效，因为面对危机时若能获得社会资源，则风险会更低，他们也更倾向于选择男性作为领导者（Rink et al.，2013）。

（3）"玻璃悬崖"只是一种现象而非一种理论，这种现象并不必然发生，因为它被许多因素影响，包括环境、决策者以及女性自身等。其实女性作为一个领导者并没有什么特别之处，而"玻璃悬崖"现象却旨在点出女性作为领导者这一现象，然而也许男性被大多数人视为合适的领导者才是真正应该探究的问题，那么让女性摆脱"玻璃悬崖"的一个重要方法可能是将我们的注意力集中在男人享有"玻璃垫"特权这一现象上（Michelle et al.，2016）。

三、"玻璃悬崖"可能导致对女性的归因偏差与偏见深化

(1) 女性领导者在"玻璃悬崖"上的失败，会带来归因偏差，从而降低女性担任领导的可能性，这种后果会阻碍她们的职业。苏珊娜等 (Susanne et al., 2014) 通过文献研究发现，如果男性与女性被任命为领导时情境的差异性被忽视，组织的失败很容易给人造成误解，认为女性的领导能力有限，因此"玻璃悬崖"的任命不仅会阻碍女性个人的职业，还会将女性领导者与危机以及组织失败联系起来，可能在整体层面损害女性，传递"女性会对组织造成严重破坏"的印象。因为根据对"领导艺术"的研究，人们更可能将糟糕的组织绩效归因于领导者自身，而不是情境因素 (Meindl, 1995; Meindl et al., 1985)，所以在"玻璃悬崖"情境下人们会更倾向于将组织失败归结于女性领导者，而不是组织或系统 (Rivers & Barnett, 2013)。

一般情况下，表现不佳的公司领导者在未来也不太可能被任命为领导 (Fama & Jensen, 1983; Ferris & Jagannathan, 2003)，所以上述的归因方式不仅仅会对女性个人的职业产生连锁影响，并且还会加深女性不适合担任领导者的印象，影响女性整体担任领导的可能性。使"玻璃悬崖"现象产生的决策者，却可以宣扬这是一种进步，是一种性别平等。

(2) "玻璃悬崖"现象会巩固性别原型，导致对女性的偏见深化。在危机时刻任命女性可能会在整体层面上对女性造成不利影响。"玻璃悬崖"现象会将成功的管理与男性联系起来，而女性一直处在"玻璃悬崖"，经历动荡时期，则会加强定型观念即女性不适合担任领导。我们需要挑战这些性别原型，使得做决定时是根据个人的价值，而不是性别原型 (Ryan et al., 2011)。

女性可以将"玻璃悬崖"视为一种机会，尽管实证研究表明，女性相对于男性而言是风险规避的 (Rink et al., 2013)，但是在某种程度上，"玻璃悬崖"却是一种机会，如果女性在获得权力时常常受到限制，那么任何能有机会接触到这些职位的情况都应被视为一种机遇，在这种情况下，"玻璃悬崖"就是一种机会。

四、组织创造多样化环境缓解"玻璃悬崖"

(1) 采用客观公正的绩效评估方法、根据性别特征制定培训计划。比起客观的基于会计基础的绩效衡量方法，当用主观的方法衡量绩效时，"玻璃悬崖"更容易出现 (Adams et al., 2009; Haslam et al., 2010)。因此公司评价女性的绩效时，最好基于客观的可量化指标，以避免性别偏见。同时组织应为男性与女性

分别制定培训计划，使他们意识到女性在其职业生涯不同层次面临的障碍。确保女性员工能够准确辨认"玻璃悬崖"现象，对自己的表现和能力做出知情的归因，并制定适当的战略，以应对面临的挑战。使男性了解男性和女性的不同经验，并相应地调整其对女性的态度和评价基准。

组织不仅应该关注于女性的"玻璃悬崖"现象，还应该关注"想到管理者——想到男性（think manager-think male）"这一现象，并采取恰当的干预措施，这对于消除"玻璃悬崖"现象也很重要（Bruckmuller et al. , 2013；Eagly & Sczesny, 2009；Ryan et al. , 2011）。仅仅关注于女性性别原型，不是实现工作场所性别平等最有效的战略。相反，最近的研究表明，当讨论领导层性别差异只关注于女性时，会增强性别原型，将性别不平等合法化，这种关注反而会增强男性的领导地位（Bruckmuller, Hegarty & Abele, 2012）。

（2）积极提供社会资源，创造多样性的环境。组织应积极地为女性提供社会资源，解决"玻璃悬崖"潜在的问题（Rink et al. , 2012）。如社交网络、导师制度等可以帮助领导者建立和维持关系，并在职业计划中给予帮助（Vinnicombe, Singh & Kumra, 2004）。这会帮助她们履行作为领导者的职责，并且这种社会资源的提供应该针对组织中的女性整体，而不是少数高层女性，仅仅为高层极少数的女性提供社会资源并不会改善"玻璃悬崖"现象。同时利用多样化的人才与背景，承认群体之间的差异，而不仅仅是考虑性别差异（Dwyer, Richard & Chadwick, 2003）。这种多样化的环境能够承认个体之间的差异，女性就像男性一样，可以拥有不同的专业身份，也可以有许多不同的领导风格（Ellemers et al. , 2012）。

第三节 "蜂皇现象"

"蜂皇现象"是指在男性主导（大多数高管由男性担任）的组织中，女性为了追求个人成功而自我调整适应男性文化，并疏远其他女性（Kanter, 1977；Staines, Tavris & Jayaratne, 1974）。在"蜂皇现象"中，女性会通过显示出自己更像男性、行为上和心理上疏远其他女性及推崇现行的性别阶层制度并将其合法化等行为来应对工作环境中受到的歧视或身份威胁。这种渐进的行为反应现象不仅出现在职场中，在其他被边缘化的群体中也会有类似的疏远自身群体的现象发生。

一、女性领导应对社会身份威胁的反应

德尔克等（Derks et al., 2016）认为，高层女性所表现出的"蜂皇现象"是由于组织的性别不平等制度造成的，是性别不平等带来的一个结果而非原因。当女性认为性别特征是她们成功路上的负债时，"蜂皇现象"就会发生，女性疏远其他女性成为提高绩效的一种方式；女性更加关心其他女性胜任资格（Heilman & Herlihy, 1984），在一些专业领域或者评估一些女性的专业成就时，女性更容易对其他女性产生偏见（Brown & Geis, 1984；Matteson, 1976），比如在组织管理中，男性提升女性的情况要比女性提升同性的情况多（Ibarra, 1992）。女性通过克服群体负面刻板印象提升她们职业成就所采用的策略不止在女性中被发现，在其他边缘化群体中也有涉及。在职场中，女性通过改变自己的行为来适应现有的环境，在男性主导的组织中，女性会与基层女性职员保持距离，显示出自己与所处的性别群体的不同，强调自己身上具有男性化的特质来获得事业上的肯定和升职。女高层的行为和态度，诸如疏离群体成员、反对为女基层职员设计性别平等政策等会进一步导致现有的性别层级合理化。

对"蜂皇现象"的一种解释是，社会身份的威胁导致女性领导产生这种反应。从社会身份的角度看，女性在被低估或者具有负面刻板印象的工作情境中面临着两难选择：提升自己的升职机率还是提升女性整体的职场形象，这时存在集体和个体两个层面的策略来应对，集体层面上的策略通过提高群体的整体地位来减少身份威胁，包括社会创造与社会变革。社会创造性（social creativity）通过重新评估刷新当前群体的特征标签，社会变革（social change）指通过努力提高小组层面的成绩实现对群体地位认知的转变。个人层面上的策略通过疏远当前群体并努力进入更高地位的群体得到个人的成绩，也就是个体流动能力（individual mobility）。在男性为主导的组织中，女性高管通常选择个体层面的策略，也就是"蜂皇现象"产生的机制。在这种组织情境中，女性高管的比例越小，女性高管与基层女员工之间的关系越糟糕，基层女员工认为女性高管从行为上看更像男性、跟她们联系与互动很少且不会将她们视为好的榜样。

"蜂皇现象"这种体现自我群体疏离的现象也突出了社会身份威胁这个问题。女性高管出于害怕让能力强的女下属升职之后产生（同性）"竞争威胁（competition threat）"，或者能力弱的女下属升职之后，表现不佳影响群体形象而不愿意帮助女下属升职，这也对女性群体的职场地位产生"群体威胁（collective threat）"。

二、个体职场经历与职场内群体的互动

在职场的"蜂皇现象"中，女性领导者的负面职业经历让她们疏远其他女性，与职场女性互动较少，而且受到社会身份威胁较为严重的女性更容易产生社会身份威胁。但"蜂皇现象"并非女性特有的现象，当具有负面刻板印象的群体中的成员寻求传统意义上由更高地位的外部组织主导的个人向上通道时，为了试图宣传自己，他们可能会被要求与其他组员所提出的平等对待声明划清界限，这就是更广义范围上的自我群体疏离。高绩效、低地位的员工更倾向于疏离自身群体，表现出对其他群体的依附和认同，甚至认为当前的群体不平等对待问题是合理的。对于其他特殊群体，在社会身份威胁下，个体也会产生疏离自我群体的行为。研究发现，老人、白种人、非裔美国人都会产生疏离自我群体的行为。向更优越种族靠拢的人们会有身份威胁下的同种族相斥现象。

但是这种由于社会身份威胁而产生的疏离现象可以通过身份的自我肯定行为来进行缓解，比如统一自我群体中的负面刻板印象，不支持（或反对）群体采取强调其自身面临的社会不平等现状的活动。

三、从"蜂皇"到"蜂群"发展产生的多层影响

"蜂皇现象"作为一种女性领导在职业发展中的职场境况，对女性领导自身、自己的女性下属及组织中的其他基层女员工、整个组织和广义的社会女性群体都会产生一定的影响后果。

对女性领导而言，选"蜂皇"作为女领导会让外界认为组织中女性上升通道是畅通的，减轻男性领导所面临的提升性别权力结构平等程度的外界压力，但选上的"蜂皇"会合理化当前的性别不平等状况，阻止其他女性的职业发展，"蜂皇们"的行为特征偏向男性化，会让女性化特征在职场中越来越不易被接受。虽然短期看来强调个人流动能力的方式可以让"蜂皇们"快速获得个人成功、减少了同性竞争压力，但是长远角度看女性高管能够得到的支持会非常少（因为同为女高管的人很少，而下属又因为被疏远而不支持）。

对基层女员工而言，"蜂皇"与职场的基层女性保持距离，使得女性高管成为女下属难以相处的对象，这会对基层女性的职业发展不利。"蜂皇"在组织表现出的男性特征、与基层女员工很少互动，这类行为不单单会深化基层女性负面印象，而且"蜂皇"对基层女性的负面印象会伤害其自信，因为个体不能完全摆脱自己所处的性别群体。在男性主导的组织中，"蜂皇们"晋升的职业路径以及

在高管位置上的言行都对其他普通职场女性的职业发展产生影响。

对组织而言,"蜂皇现象"会因为限制女性所能为公司提供的多样性而降低公司绩效。在"蜂皇现象"存在的组织中,女性的特质会被抑制,女性这个性别本身会受到压制。而女领导一致追求男性化表征可能会进一步导致公司取消女性领导配额制度。所以组织除了设置配额还需要考虑其他办法保持性别平等,并注意维护一个倡导性别多样化的组织文化。

对现在的性别秩序而言,"蜂皇现象"让人产生女性领导缺失是职场女性自相残杀的结果的印象,和性别歧视无关。这会给人以一种错觉,让人相信性别歧视并不存在。实质而言,"蜂皇现象"就是少数女性侵占多数女性的利益。"蜂皇现象"只能作为女性应对职场歧视问题的权宜之计。而当身处权力结构不平衡组织的女性遇到足够多的事实去推翻她们对现有制度性别公平性的认知,她们就会停止使用"蜂皇策略"。

减少"蜂皇现象"主要可以通过减少女性社会身份威胁和减少女性对现有系统合理性的认知。减少社会身份威胁主要有两种方式:一是让女性体会不到这种威胁,也就是公司的男女高管比例相当。二是降低社会身份威胁的伤害程度。一个有效方式是让女性进行自我肯定,发现自身的价值。这种对女性的肯定也可以来源于他人。但是自我肯定也可能会削弱女性发动社会变革(social change)、推行性别平等的决心。减少女性对系统合理性的认知需要女性高管首先意识到性别不平等的存在。目前而言针对女性性别歧视的表达相对不明显,这就让很多女性意识不到问题的存在。尤其对于"蜂皇"而言,她们更少成为性别歧视的目标,所以更难意识到性别不平等造成的后果。如果她们能意识到个人发展会受到性别歧视的限制,那么对待群体问题(职场女性作为整体受到歧视)的策略就会比对待个体问题(职场某一位女性受到歧视)的策略受到更好的重视。

第四节 楷模效应

哈佛大学肯尼迪学院的公共政策教授艾里斯·伯纳特(Iris Bohnet)认为,楷模通过肖像和更重要的身体力行产生影响,这是导致性别不平等的重要力量,但是这种影响既是鼓舞和激励的,但又有些模糊。在许多社会领域产生的楷模效应已经得到证实,比如印度在1993年颁布《潘查亚特制度法》规定村委会保留1/3的席位给女性后的12年内,在地方政府担任职务的女性比例上升了35%。在政界,德国总理安格拉·默克尔(Angela Merkel)、英国首相特里萨·梅

(Theresa May) 等女性领导者，在商界，前中国女首富、蓝思科技 CEO 周群飞以及格力电器掌门人董明珠等企业家，学术界的中国首个诺贝尔医学奖获得者屠呦呦教授等卓越女性都被大家们视为楷模并向她们学习。这些卓越女性的出现，使得女性楷模的效应值得进行关注与深入探讨。

一、树立女性楷模来缓解刻板印象威胁

斯梯尔（Steele，1997）将刻板印象威胁定义为当一个人处于刻板印象的情境，或者经历了刻板印象带来的消极影响后，社会—心理上威胁的提高。马克思等（Marx et al.，2002）对性别刻板印象给予了关注，通常人们提到领导更容易联想到男性而非女性，在数学、科技此类男性主导的领域内也是如此，在数学、科学及领导等领域所呈现出的巨大的性别差异并不是本来就存在的。男生和女生在这些领域的能力和偏好是从高中才开始产生的不同的性别倾向的，而许多课本上展现的都是男科学家，导致女学生逐渐对数学、科学等领域失去兴趣并开始抗拒。

斯梯尔等（Steele et al.，1995）认为刻板印象威胁是一种潜在现象，在消极刻板印象的情境下个体会产生心理压力，从而在相关任务中绩效表现不佳。杰西卡（Jessica，2010）等在实验中分别树立刻板印象（男科学家）和反刻板印象（女科学家）形象来作为楷模，测试高中生的科学理解力和科学焦虑，当女高中生把反刻板印象作为楷模时，其科学理解能力会提高，结果表明反刻板印象形象能够减轻性别刻板印象威胁并提高女性绩效。

性别刻板印象作为一种社会现象，对诸多领域内女性的发展造成了威胁，这种现实状况也促使学者们开始关注楷模效应，通过树立女性楷模来缓解刻板印象威胁造成的损伤。但是对于女性领导的楷模效应是否是积极的，还没有统一的观点。目前主要有两种观点。

一种观点认为树立一个高成就的女性楷模是解决刻板印象威胁的有效方式。伊万娜（Ioana，2013）等建立了一个仿真空间并设定 4 种情境（没有照片的墙，以及分别挂着 Bill Clitinton、Hillary Clinton、Angela Merkel 照片的墙），然后让参与者不同的情境下面对 12 个观众进行演讲，最后通过比较参与者的演讲时间、演讲质量及对演讲表现的自我评价来检验女性成功领导楷模的效应。结果显示，高成就的女性楷模更能影响女性的客观行为（演讲时间），楷模对行为的效应可以进一步转化到更积极的自我评价当中。拉斯蒂等（Rusty et al.，2003）通过数学实验为刻板印象威胁、自我评价及绩效期待理论提供了另一种解释。研究者发现当提醒女大学生在建筑、法律、医学和发明中女性取得的卓越成就时，她们的

表现要优于男生,在数学测试中的表现也显著提高。女性所受到的刻板印象威胁会在其意识到其他领域的成功女性后得到减轻。这种策略已经被证明能在数学、科学等男性主导的行业中成功地降低女性受到的刻板印象威胁,成功楷模能够对女性相关的认知和表现产生积极影响(Stout, Dasgupta, Hunsinger & McManus, 2011; Marx&Roman, 2002; Talor, Lord, McIntyre & Paulson, 2011)。

但另一种观点则认为高成就的女性作为楷模,其效应是具有威胁性的。帕克斯等(Parks et al., 2008)认为高成就的女性领导者作为反刻板印象的代表,卓越的工作表现会提高整个领域内对女性的要求,所以女性对自己能力的感知也会因与高成就的女性 CEO 相比而降低。考特尼等(Courtney et al., 2011)以女性领导角度研究后发现经历过刻板印象威胁的女性领导通常会把她们自身的女性认同与工作认同分开,即使自身的一些女性特质能够帮助她们在工作领域表现得更好。所以可能存在一些因素调节了这种成功女性的楷模效应使得效应既可能是激励性的,也可能是威胁性的。柯林斯等(Collins et al., 1991)指出楷模是否是与自我相近/似的,且是自己认同的,楷模的成功是否可获取都会影响楷模效应的方向。

二、以向上的社会比较来实现自我发展

费斯廷格(Festinger, 1954)最先提出了社会比较理论,柯林斯等(Collins et al., 1995)认为楷模效应产生的过程其实是一种社会比较的过程,这种过程是可选择的,当选择了一个个体来赶上她/他时,这个个体作为楷模,无论其身上的具体特性是可复制的还是具有排他性的,都会产生一定的比较效应。社会比较主要包含了两个方向:向下的社会比较和向上的社会比较,前者在比较过程中出于保护自尊,寻求自我提高,从而产生积极效应;后者在比较过程中会使自己感到不如别人的自卑感,从而产生消极效应。

特修斯等(Dijksterhuis et al., 1998)和帕克斯等(Parks et al., 2008)从个体角度出发,认为"看到却不一定相信",与卓越的成功者比较使女性不会从她们身上学习经验,而是为了避免受到威胁进行自我保护,楷模效应也不再是激励性的,而是负向消极的。比如当女性与成功的女经理进行比较时,向上的社会比较不仅不会激励她们,相反的会威胁到女性对自身能力的认知。但随着研究的深入,学者们重新思考了向上的社会比较所带来的积极效应。柯林斯(Collins, 2000)的研究表明人们通过与比自己优秀很多的人比较能使自我认知更加积极,因为人们相信自身具有这些特征来实现更高的目标。伍德(Wood, 1989)认为把精英作为楷模的向上的社会比较能为人们提供希望和鼓舞。戴维和贾丝明

(David & Jasmin, 2002) 通过变换实验管理员来验证女性楷模可以减轻刻板印象对女性数学测试表现的负效应,在研究者的实验中,由有能力的女性实验员来管理测试时,女性参与者的数学测试表现会得到保护。这是因为女性实验员的数学能力会改变女参与者对自身数学能力的评价,转而导致其在数学测试中取得好的表现。女性楷模的树立帮助了比较者在比较过程中激发自我发展的意念,产生更加积极的自我评价。

进一步的研究主要探讨了向上的社会比较产生不同方向楷模效应的标准。如果女性楷模能够对其他女性产生积极效应至少需要满足三个标准。首先,女性楷模的成功必须被认为是可获得的,否则会导致消极的社会比较从而产生反效应(Collins, 1996; Dijksterhuis et al., 1998)。第二,女性楷模必须被认为是与自己相似的,在研究中,这种相似性表现在女性楷模身上的物理(同种性别)和心理特征(相似的研究兴趣)是可分享的——这对女性来说可以提高她们寻找作为比较基准的女性楷模(Lockwood & Kunda, 1997; Tesser, 1986)。第三,需要关乎具体领域内楷模的表现。包含了对领域的认同感(Steele, 1997),这进一步解释了女性关注具体领域内女性楷模的表现,是因为这个因素会对女性楷模发挥积极效应起到调节作用。

三、主体心理与领导层级影响效应过程

迄今为止关于楷模效应的影响因素研究尚处于探索阶段。

从被楷模影响的主体出发,女性自身的自我效能感、对领导的观念等也会影响楷模效应的作用过程。克里斯特尔等(Crystal et al., 2012)选取了102位女性参与者,把她们分配成3组(精英、非精英、控制组)来完成组织任务,以此检验自我效能感在女性楷模效应中的作用。实验结果说明了低领导效能感的女性受精英女性楷模的激励低于高领导效能感的女性。相反地,她们受到反向效应,即导致领导认同感、领导抱负和绩效的降低。此研究还发现在社会比较中,影响人们参与同化/反向过程的一个重要变量——自我调节,它在人们对楷模的行为反应中有重要的作用。从内隐理论看,认同增量理论(领导是可以培养的)的人比持主体论(领导是天生的)的人更容易受到领导楷模的积极效应影响,而且这类人在领导能力方面更加自信,而且表现得也更好。类似地,伊丽莎白等(Elizabeth et al., 2008)发现在男性主导的行业中女性通常弱化了对自身能力的认识,而成功的女性会进一步提高一般女性在这个领域的标准,产生了很大的不利影响。当提前告诉实验被试者她们有较高的潜在管理能力后,女性被试者受到成功女性楷模的威胁会变少。女性被试者对成功女性在人际关系上的抵触也是女性

在向上的社会比较中自我保护的一种策略。

此外,从成功女性领导的层级来看,不同层级的女性领导会影响其他女性是愿意被成功的个体同化还是把她们放在自己的对立面,这个因素导致了楷模效应的不同。克里斯特尔等(Crystal et al.,2011)构建了男性、女性担任领导的三人团发现,向上的社会比较中,高层女性领导相对于高层男性领导和非精英(中层)女性领导而言,会对女性自我概念和领导抱负产生消极作用,同时参与者对非精英女性有更强的认同感以及反刻板印象观念提供了积极回应。原因在于女性更容易把高层(精英)女性的成功看作难以实现的,同时她们也是刻板印象的例外,所以对女性自我概念产生反效应。而且通常反刻板印象的个体会组建一个新的类型,这种类型是远离普通女性群体的(ingroup)。霍伊特等(Hoyt et al.,2011)也认为成功的高层女性领导相对于非精英、中层的女性领导会导致女性降低自己成为领导的自我感知度,所以从认知上就将高层女性领导排除在自身所处群体内(Stefanie Simon & Crystal L. Hoyt,2013)。

成功女性作为其他女性比较的对象,作为楷模产生效应的过程中,除了社会比较过程自身的复杂性外,还受到其他因素的影响,使得这种效应复杂多样。目前,国外对楷模效应的研究较为丰富,主要通过实验等方式来检验假设探讨楷模效应,质性研究甚少。国内的研究还较少涉及,我国与西方有着不同的社会、文化环境,"她"经济的进一步发展的背景下,还需要对楷模效应给予更多关注。

第五节 职场境遇对比

以上四种女性领导者的职场境遇都是在男性主导的组织情境下高层次女性人才职业成长过程中会出现的典型性现象,本书以女性领导者的任命、女性领导与基层女员工关系两个角度将四种境遇分成两组进行对比讨论,前者包括象征主义任命与"玻璃悬崖",后者包括"蜂皇现象"与楷模效应。

一、女性领导的任命

象征主义任命与"玻璃悬崖"是关注女性领导者任命问题的职场境遇,这两种现象的研究也可以解释为,在不断变化的个体、组织与社会环境下,对"玻璃天花板"的进一步分析与探讨,其相同之处、差异与关联如表6-1所示。

表 6-1　　　　　　象征主义任命与"玻璃悬崖"的对比

职场境遇		象征主义任命	"玻璃悬崖"
相同	情境	在男性主导的组织情境，考虑女性群体	
	压力	存在性别刻板印象及威胁	
	关注问题	女性领导者在组织中的任命	
差异	任命参考	性别比例、性别地位等	组织绩效表现、组织历史等
	任命动机	女性领导者被认为性别符号而不是独立的个体来对待	组织业绩下降或者决策者为女性时，临危受命的现象更明显
	深层成因	个体反应、组织主导者的决策	个体选择、组织变革
	与"玻璃天花板"的联系	会导致多数女性晋升难以突破"玻璃天花板"；少数突破"玻璃天花板"的女性领导者面临着被男性同化、更严格的监管、更大压力等问题	女性突破了"玻璃天花板"之后，更有可能在危机时刻成为领导，"玻璃悬崖"成为另一种"玻璃天花板"
	对性别秩序的作用	加剧现有秩序的负面影响	临危受命更容易失败，而导致归因偏差和偏见深化
两者的关联性		两者的任命动机存在差异，但都不是把女性当作独立的个体考虑晋升的。此外，两种境遇从表面看是一种女性领导的增长，但实则都会进一步巩固现有的性别威胁	

在性别刻板印象的环境下，象征主义任命和"玻璃悬崖"两种境遇中的女性领导都实现了晋升，这些任命始于社会、组织和女性自身选择的共同作用，但是女性在组织情境中任命的参考因素和任命动机却不尽相同。象征主义任命将比例作为影响女性在组织中地位的主要因素，仅将女性领导者作为性别代表进行组织内弱势群体向优势群体的流动。"玻璃悬崖"是女性领导者临危受命，考虑的是组织当前阶段的绩效表现、角色者的性别等因素，当组织业绩下降、决策者为女性时，更容易产生女性在危机面前被任命为领导的现象。

象征主义任命反映出女性领导者在组织中的性别弱势地位，首先，个体通过这种任命机制获得晋升；其次，在男性主导的组织中，男性领导通过象征主义任命允许少数女性成为领导者，从而维护自身地位；最后，对领导者的刻板印象威胁、男性与女性社会角色差异等社会文化的制约也是象征主义任命机制形成的重要原因。与象征主义任命类似，"玻璃悬崖"也是受到性别刻板印象带来的性别原型使得人们形成"think crisis-think female"的观念，不同之处在于，临危受命的女性领导的上任还是组织变革的一种信号，组织面临危机的时刻，也常常是组织外部压力加大、内部发生变革的时期。此时，组织中的主导者为了保护群体内的男性免受危险职位的威胁，而将"玻璃悬崖"上的职位留给女性，女性因为更少的社会资源、晋升机会等限制，往往乐意接受这样挑战，从而实现这种外部压力与自我选择双作用下的临危受命。

以往学者们对"玻璃天花板"的研究已经较为丰富，而象征主义任命与"玻璃悬崖"两种职场境遇进一步补充解释了女性领导者在职场中面临的重重困难，同时它们之间也存在着许多联系。看似通过象征主义任命、临危受命，这些只占少数的女性领导者突破了"玻璃天花板"到达了公司更高的领导位置，但她们将面临被男性同化、更严格的监管和更大的压力，危机时刻成为领导，换言之又是另外一种"玻璃天花板"。同时，这些少数女性的任命，一定程度上还会导致多数女性晋升难以突破"玻璃天花板"，象征主义任命进一步加剧了现有性别秩序的影响力，而临危受命使得"玻璃悬崖"上的女性领导更容易失败，使外界产生归因偏差和偏见深化。

在男性为主导的组织中，一部分女性是因为性别多样化等压力而通过现有性别秩序下的象征主义任命突破"玻璃天花板"，一部分女性是通过组织危机、变革等时机才突破"玻璃天花板"的，两者的任命动机有差异，但都不是把女性当作独立的个体考虑晋升的，同时两种境遇从表面看是一种女性领导的增长，但实则都会进一步巩固现有的性别秩序。

二、女性领导与基层女员工的关系

"蜂皇现象"与楷模效应聚焦于男性主导的组织情境中女性群体内部的情况，其相同之处、存在的差异与联系对比分析如表 6 - 2 所示。这两种女性领导的职场境遇的相似之处在于，传统的性别刻板印象影响着她们所处的企业氛围与组织文化，女性领导的自我身份建立与职业晋升都受到固化的刻板印象所带来的威胁，两者都关注在以男性为中心的组织中，女性群体内部不同组织层级之间女性的近疏、影射等关系。

表 6-2　"蜂皇现象"与楷模效应的对比

职场境遇		"蜂皇现象"	楷模效应
相同	情境	在男性主导的组织情境，考虑女性群体	
	压力	存在性别刻板印象及威胁	
	关注问题	女性领导者与基层女员工的关系	
差异	视角	从女性领导的视角分析女性群体的疏离行为	从基层女性的视角分析女性群体的楷模作用
	境遇解释	女性领导者对基层女员工的疏远行为	女性领导者对基层女员工的榜样作用
	深层成因	女性领导者的社会身份威胁	基层女员工的上行社会比较
	调节因素	身份自我肯定会降低疏离	被影响者自身特征、领导层级等条件影响效应方向
	女性在职场中的反应	是女性应对职场歧视问题的权宜之计	是女性在职场中自然产生的影响
	工作与群体身份的联系	相疏离	相结合
	领导层级	侧重高层女性领导（女性高管）	高层女性领导的楷模效应不显著；中下层女性领导的正向楷模效应更强
	对性别秩序的作用	延续现有的性别秩序	挑战现有的性别秩序
两者的关联性		一方面，"蜂皇现象"中的高层女性领导表现出的言行会产生负向的楷模效应；另一方面，楷模效应可以视为加强职场中女性群体联系的一种策略	

"蜂皇现象"与楷模效应的差异在于研究视角、境遇的成因、调节因素、女性在职场中的反应等方面。同解释来看，"蜂皇现象"是女性领导者的一种策略选择，这种选择拉远了同一组织内的不同层级女性之间的作用，反之，楷模效应则是在基层女员工在向上的社会比较中，试图缩短差距，这也反应出群体内部的一种学习行为。这种解释来源于不同的理论，前者是基于社会身份理论中个体遭受到的社会身份威胁，后者是基于社会比较理论中的上行社会比较而带来的自我发展需要。

"蜂皇现象"其实是高层女性应对职场歧视的一种权宜之计，一方面这种策略会延续现有的不平等的性别秩序；另一方面这种工作与群体身份相疏离的关系可以通过社会身份自我肯定进行调节，当女性领导有较高的社会身份自我肯定时，社会身份带来的威胁就会随之降低，从而缓解"蜂皇现象"的发生。在楷模效应中，女性领导对基层女性的影射作用更多地在于基层女性根据自我判断主动将其作为自己比较的对象。在比较过程中，基层女员工会根据对领导的观念与距离感知，将高层女性领导排除在自己的群体之外，把中下层女性领导当作学习楷模，这时前者就不会产生显著的楷模效应，甚至在基层女性把高层女性领导放在自己的对立面时还会产生负面的楷模效应，而当女性的自我概念强化、自我效能感提高后，她们更容易受到楷模效应的积极影响。正向的楷模效应可以通过向楷模学习而获得自我发展与提高，从而带来女性群体的整体提升，对现有的性别秩序产生挑战。

"蜂皇现象"中高层女性领导表现出来的疏离行为会产生负向楷模效应的可能，而楷模效应可以被视为加强职场中女性群体联系的一种策略。

通过上述分析发现，在男性为主导的组织背景下，组织内部的性别歧视、性别刻板印象带来的威胁促生了这些现象。此外，"蜂皇现象"、象征主义任命都是女性在职场中面临性别身份威胁时做出的一种反应，当女性领导者在追求个体流动而提升自身的升职机率时，会接受现有的晋升机制与性别秩序，从而出现象征主义任命及"蜂皇现象"。一部分女性领导者通过象征主义任命晋升到公司的高层，成为"蜂皇"，然后为了适应男性为主导的组织情境和事业发展，而强化自身的男性特质，疏离自己的性别群体，即进一步产生"蜂皇现象"。而这种反应往往忽视女性这一群体对现有任命机制的挑战和未来的职业发展。

女性领导者作为女性高层次人才中的典型代表，在职场环境中的遭遇和应对是未来持续关注的问题，同时也需要进一步研究分析这些境遇之间的情境因素、内在关联、相互之间的作用机制以及如何应对。

规律篇

第七章

研究框架与研究方法

第一节 研究框架

本篇的主要目标是运用质性研究方法，从个体和组织层面分析总结出女性高层次人才职业成长的多层规律。目前国内关于人才成长规律的研究方法以质性思辨为主，已经有一系列的成果，如将人才成长规律划分为内因规律、外因规律和交互作用规律，其中，内因规律主要包括扬长避短规律、最佳年龄规律、有效的创造实践成才规律、优势积累规律，外因规律主要有马太效应和时势造就效应，交互作用规律有师承效应规律、共生效应规律、综合效应规律和竞争选择规律（胡蓓和翁清雄，2007）。国外关于人才成长研究则以实证分析为主，主要从性别歧视、能力（Hopkins & Bilimoria, 2008）、组织支持（Ng, Eby & Sorensen et al., 2005）、价值观（Kuchinke, Kang & Oh, 2008）、社会网络（Seibert, Kraimer & Linden, 2001）、体质（Judge & Cable, 2004）等视角探讨了人才职业成长规律。鉴于以往对人才成长规律的整体系统性以及规律的层级性探索还较薄弱，并且对性别视角下的女性高层次人才职业成长缺乏关注，本书拟以女性经营管理人才为主要研究对象，探索其职业成长的要素规律、匹配规律、进阶规律以及制胜规律，其中要素规律和进阶规律是针对个体职业成长要素的动态演化和心理进阶进行分析，而匹配规律和制胜规律则把个体因素与组织因素相联系，试图探索两者间的相互作用以及女性经营管理人才的独特认知和行为特征对组织变革制胜的影响效应。同时为丰富研究对象类别，扩充分析了女性科技人才职业成长的匹配规律，研究框架如图7-1所示。

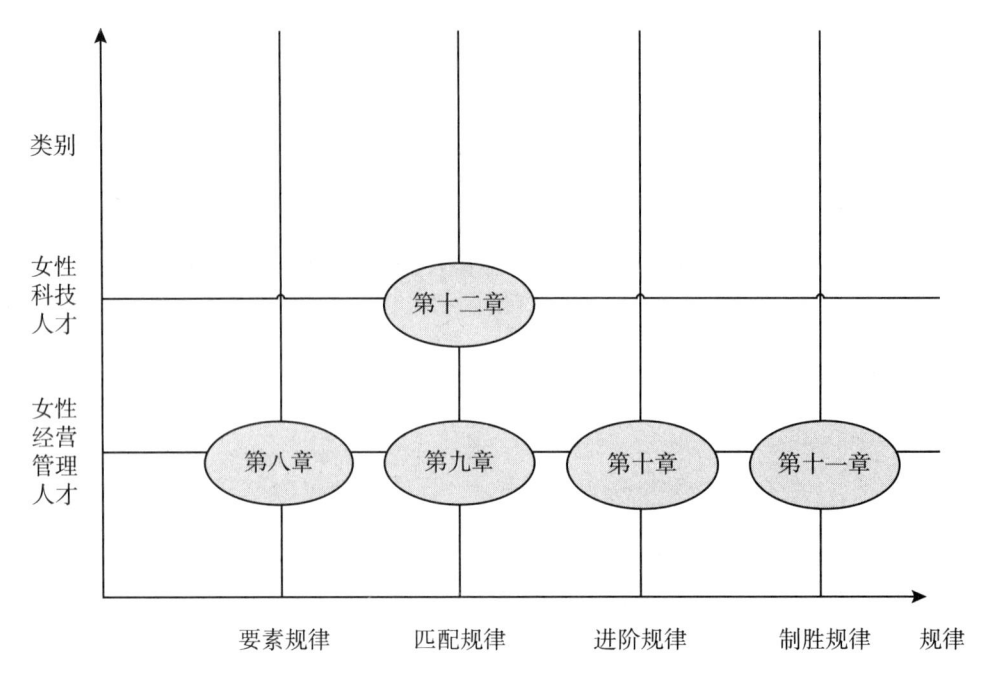

图7-1　女性高层次人才职业成长规律研究框架

第二节　研究方法

一、研究方法的选择

研究方法的选择建立在对研究对象、研究问题特点和性质的分析及对现有文献梳理的基础之上。本书以女性经营管理人才为基准研究对象，对人的观念和行为的研究需要质的研究方法，社会现实往往难以依靠统计和测算来认识，特别是对隶属于少数群体范畴的女性高层次人才成长关于"怎么成这样"和"如何去做"的过程性问题，应当与量化研究方法划清界限。而通常那些经由量化的研究方法，是从很大的样本中得出的关于人们的"普遍"观念行为的研究结论，或者某些单纯的思辨说理性研究结果，从而对于个体往往参考价值不大甚至毫无意义。

鉴于本篇的研究范畴从聚焦于女性经营管理人才的个体心理资本要素关系及对职业成长影响作用的要素规律，意在探索女性经营管理人才职业成长的个体和组织层面关键因素相互影响的匹配规律，到采用释意过程提炼女性经营管理人才的共同成长要素，以阐释其职业成长的进阶规律，以及通过分析女性经营管理人才在组织变革过程中的认知特征和行为特征，从而探究其战略领导能力的变革制胜规律。尽管关于职业生涯发展理论、认同理论、自我效能理论、心理资本理论等领域的理论研究已经汗牛充栋，但是单纯的概念解释、比较研究或者特征分析，对于人们真正理解认知及行为与职业成长关系以及路径未免有些抽象，尽管这样的研究也具有自身的意义。

质性研究方法的优点不仅在于能在特定情境下分析问题，还在于在资料分析上强调"持续比较"，即数据搜集与分析的同步性，能够从表层现象中提炼、归纳、分析并建构新的理论。从研究者主观方面来说，质的研究本身对研究者素质和技术的挑战，也让研究者远比对运用那些机械的计算机程序处理统计数字而更有兴趣。特别是本书中所涉及的女性高层次人才，与研究者的过去、现在和未来都有很多相契合或者可鉴之处，能够实现研究和生活的有机结合，这也是采用质的研究方法论展开本书研究的强大优势和吸引力所在。鉴于此，笔者通过搜集一手或二手素材获得女性高层次人才职业历程的关键事件，从而揭示其职业成长的驱动因素，主要关注其心理和行为方面的表现以及与组织层面影响因素间的关系，深入挖掘女性职业成长的多个动态演化性规律，因此是一项典型的质的研究课题。

二、质的研究方法的确立

质的研究是观察者置身于生活世界的情景化活动。该活动通过一系列的解读和研究工作使人们看清楚这个世界。研究者通过研究性劳动把人们的生活世界转化为实地研究的笔记、访谈、对话、照片、录音和备忘录等形式，再现世界的面目。质的研究在此意义上，运用解读和自然的方法来认识世界。这意味着，质的研究者在自然的情境设定下展开研究，对现象的解读和意义理解基于人们的自然呈现（Igbaria M & Wormley W. M., 1992）。

社会科学研究中的认识论问题一直是个争论焦点：我们如何能够认识现实？我们的知识以什么为基础？首先，从研究者和被研究者之间的关系出发，自然科学研究模式下，现象被看作是独立和不受研究者行为影响的，所以研究者在方法中可以做到客观和价值中立。而社会生活世界中，研究者与被研究者之间的关系往往是互动的，双方都在受研究过程的影响。所以，在质的研究中，研究者无法做到价值中立，因此有必要把研究初衷和假定交代清楚，并在研究过程中加以反思。第二点，关于社会科学中的真理问题。自然科学中，在独立的现实和理论（或者观察）之间存在着一一对应的关系；而社会科学中，没有办法找到绝对独立的社会现实。如果若干研究报告都确认一种描述，那么这种描述就可以作为代表社会所建构的现实的真理。最后，关于知识的获得方法——质的研究方法源自逻辑中的演绎推理，即通过对社会生活世界的观察或者文本的描述来寻找内部的模式和关联。

麦克斯维尔（Maxwell，1996）指出，质的研究方法聚焦特定的情境或者特别的人，强调的是语言（words）而非数字（number），适用于质的研究方法的研究目标分为五大类（Maxwell J. A.，1996）：

（1）从被研究者的角度出发，从认知、感情、动机等多个维度，对被研究者所描述的情境、所遭遇的事件、所采取的行动等构成其经历和生活的片段进行意义（meaning）理解，因为被研究者的个人描述，正是研究者所力图理解的社会现实的有机组成部分。

（2）实现对被研究者进行社会活动所处的特定情境（context）的理解，以及这种情境对被研究者活动的影响。因为质的研究样本通常较小，其典型特点在于研究分析中应当充分保持样本个体特征的自然和完整，充分理解事件、行动和意义是如何在特定的发生情境中被形塑的。

（3）识别不可预知（unanticipated）的现象和影响，并立足于扎根理论对其进行归纳。长期以来，问卷和实验研究者往往首先采用质的研究方法进行预研究，从而帮助他们设计问卷并识别若干实验调查的变量。

（4）理解事件和行为发生的过程（process）。与实验测量和问卷法等量的研究方法相反，质的研究方法特别适用于对导致某种结果的过程性问题研究。

（5）进行因果关系的解释（causal explanations）。质的研究方法和量的研究方法都可以进行因果关系的解释，但是侧重点不同。量的研究方法的使用者所关注的往往是变量在多大程度上影响着结果；而质的方法的使用者所探究的却是变量是如何影响结果的，究竟是什么样的过程把变量和结果联系到了一起。

三、扎根理论研究方法

笔者选用扎根理论的研究方法，扎根理论是一种质的研究的方式，其主要宗旨是从经验资料的基础上建立理论（Strauss，1987）。研究者在研究开始之前一般没有理论假设，直接从实际观察入手，从原始资料中归纳出经验概括，然后上升到理论。扎根理论的基本研究逻辑是通过深入情境的研究收集数据和资料，通过对数据间的不断比较，进行抽象化、概念化的思考和分析，从数据资料中归纳提炼出概念（concept）和范畴（category），并在此基础上构建理论。这是一种从下往上建立实质理论的方法，即在系统收集资料的基础上寻找反映社会现象的核心概念，然后通过这些概念之间的联系建构相关的社会理论。

扎根理论要有经验证据的支持，但是它的主要特点不在其经验性，而在于它从经验事实中抽象出了新的概念和思想。它是一种规范的定性研究方法论，其系统、规范的研究方法非常适于研究本书提出的研究问题。扎根理论方法的优点不仅在于能在特定情境下分析问题，还在于在资料分析上强调"持续比较"，即数据搜集与分析的同步性，能够从表层现象中提炼、归纳、分析并建构新的理论。为了深入探究影响企业女性经营管理人才职业生涯成功的因素，本书需要搜集原始资料，并对获得的资料按照扎根理论的步骤，构建理论模型。研究流程如图7-2所示。

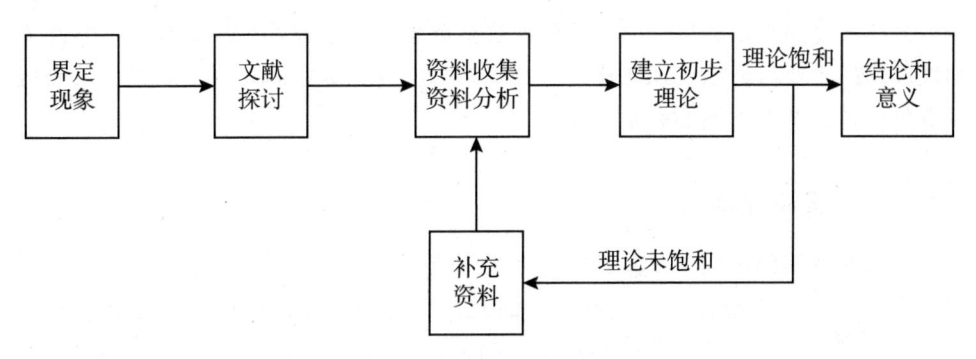

图7-2 扎根理论研究流程

扎根理论研究方法的主要思想是通过开放性编码（open coding）、主轴性编码（axial coding）和选择性编码（selective coding）这三重编码一步一步地来实现的。

（一）开放性编码

开放性编码是指把搜集汇总后的资料素材进行分解，提炼出资料中所凸显出的现象，同时比较各个现象之间的异同，并为现象贴上相关概念的标签，进而将相似的概念进行聚拢，得到更高一级的概念范畴，通过这些步骤将大量的资料加以编码，使资料素材的内容通过概念和范畴的形式反映出来，再将抽象出来的概念打破、揉碎并重新整合的过程。

开放性编码的目的在于指认现象、界定概念、发现范畴，也就是处理聚敛问题的过程。在这个编码过程中，要不断地提出问题，同时比较搜集到的资料的异同与独特性，运用理论采样（theoretical sampling）的思想，以确定进一步需要搜集的资料的来源及其内容，如此在资料、概念和范畴三者之间不断循环考察编码，从而发展出主要的范畴，此即为开放性编码过程。

（二）主轴性编码

主轴性编码是指通过运用"因果条件→现象→脉络→中介条件→行动/互动策略→结果"这一典范模型，将开放性编码中得出的各项范畴联结在一起的过程。该典范模型是扎根理论研究方法中的一个重要的分析工具，用来将各范畴之间联系起来，从而进一步挖掘出范畴的深层含义。综合产生某项行为（主要范畴）的条件、行为产生所依赖的脉络（该范畴具体的维度指标）、行为过程中行动者所采取的策略以及最终的结果，都可以更准确地把握与解释该行为。因此，因果条件、脉络、策略和结果虽然也是范畴或维度指标，但都是与某一个主要范畴有关的可以用来帮助更准确地了解该主要范畴的，故称其为次要范畴。因此主轴性编码的主要目的是发现并建立主要范畴与次要范畴之间的内在联系，从而展现资料中各部分本质性的联系。

（三）选择性编码

在选择性编码过程中，其目的是从主要范畴中挖掘"核心范畴"（core category），并将它们系统性地联接起来，同时验证它们相互之间的内在联系，并把那些概念尚未发展完善的范畴补充全面的过程。同时，研究者可以在此基础上，形成描述现象的"故事线"，并进一步通过新资料与正在成型的理论之间的互动来完善各个范畴以及范畴相互之间的内在联系，从而建立出概念严密、并且能够充分发展的扎根理论。

由此可见，扎根理论研究方法的目的在于从理论层次上通过描述某一现象的本质以及意义，建立一个适合于资料素材的理论。在整个编码过程中，资料素材的持续搜集以及资料素材的分析与互动贯穿于每一个编码阶段，研究者通过这种比较与互动确定下一步的资料搜集并进一步完善所构建的理论体系。

第八章

女性经营管理人才职业成长要素规律

现阶段国内外一些企业在女性人力资源开发上大多着眼于知识和技能的培训,很少对女性人才的深层次的心理因素进行管理和开发,而以职业价值观和自我效能感为核心的职业心理因素,已逐渐发展为女性经营管理人才职业成长过程中的重要驱动因素。本书第四章分别从个体、家庭、组织、社会四个层面出发,对女性高层次人才职业成长的影响因素进行了分析,本章将在此基础上,聚焦于女性经营管理人才的个体心理资本要素,对其中核心要素的内涵、结构及其发展变化基于时间序列进行探究,并着重关注要素间的作用关系及对职业成长的影响,试图演绎出女性经营管理人才职业价值观与自我效能感等心理要素驱动职业成长的动态演化规律。

第一节 研究设计

一、研究样本

由于定性研究的结果不能像定量研究那样推广到所抽样的人群,其目的不是将研究结果推广到有关人群,而是使有类似经历的人通过认同而达到推广。派顿(Patton,1990)认为,质性研究的样本一般都很少,但是需要有深度的立意抽样。故本书的抽样主要采用非概率抽样方法（non-probability sampling），即根据某一研究目的，寻找具有某种特征的小样本人群进行研究。因此，本次研究以获得丰富且有深度的信息为目的，选取研究样本。另外，考虑到信息的可获得性以及敏感性，本书将研究对象聚焦于女性经营管理人才。

因目的性抽样的样本量大小并没有硬性规定，更没有公式来计算，而是由研究的深度和经费来决定，遵循"动态抽样"和"信息饱和"原则，本书边整理分析资料边进行研究对象的选择，当对下一位女性经营管理人才的研究已经不能为其对研究现象的理解提供更多的信息时，便确定"饱和"。本书按照扎根理论方法步骤，先后共选择三类共12名女性经营管理人才作为研究对象。再扩大样本量，对深度访谈所得出的初步结论进行二次访谈，初步验证了结论。以上步骤符合扎根理论的要求，也有利于本书的顺利开展（见表8-1）。

表8-1　　女性经营管理人才要素规律研究样本的一般资料

编号	代码	职位	企业性质	年龄（岁）	学历	所属地域
1	L1	中国区副总裁	外资企业	40~50	本科	大陆
2	L2	董事长	创业	60以上	博士	香港
3	Y1	企业董事局主席	创业	40~50	硕士	大陆
4	Z1	集团董事长	创业	50~60	初中	大陆
5	Y2	集团总裁	国有企业	60以上	本科	大陆
6	Z2	董事长	创业	50~60	本科	大陆
7	Z3	中国区董事长兼CEO	外资企业	50~60	本科	台湾
8	D	董事长	国有企业	60以上	专科	大陆
9	Y3	执行主席	创业	40~50	硕士	大陆
10	W	董事长	创业	40~50	硕士	台湾
11	C	董事长	创业	60以上	专科	香港
12	Y4	全球副总裁	外资企业	50~60	本科	香港

用于建模的12位女性经营管理人才中，自主的创业的为7人，国有企业的高管为2人，外资企业高管为3人；年龄分布中，40~50岁、50~60岁、60岁以上的女性经营管理人才各4人；教育程度中硕士及以上学历4人，本科学历5

人,专科及以下学历 3 人;地域分布的状况为大陆 7 人,台湾 3 人,香港 2 人(见表 8-2)。

表 8-2　女性经营管理人才要素规律研究样本的资料统计

企业性质分布		年龄分布		学历分布		地域分布	
自主创业	7	40~50 岁	4	硕士及以上	4	大陆	7
国有企业高管	2	50~60 岁	4	本科	5	台湾	3
外资企业高管	3	60 岁以上	4	专科及以下	3	香港	2

二、资料收集

本书采用了以下几种渠道收集材料,从个人角度:个人传记、微博与博客、论坛讲话、个人演讲等;从组织角度:企业网站、企业期刊等;从其他网络媒介角度:访谈节目、社会采访、期刊采访等。被研究者资料搜集完毕后,笔者逐字逐句对所得文字进行归档编码并存储,本书收集到的材料包括 16 小时的视频访谈和 100 多页共 10 余万字的文字材料。

三、模型效度检验

在通过开放性偏码、主轴编码、选择性编码确立模型后,为了检验理论饱和度,本书对预留的 4 个研究样本进行开放性编码和分析。同时,为了保证预留样本的多样性和全面性,本书特意选取来自不同性质企业、不同地区的女性经营管理人才作为预留样本。用样本对模型进行交叉检验,查看能否有效解释这些案例中的成功影响因素,结果显示各案例都被模型涵盖,这表明模型具有较好的理论饱和度和一般性。

第二节　资料整理与编码分析

一、开放式编码

开放性编码是一个将收集到的资料打散,然后通过分类、进行持续的求同性和求异性比较以归纳出能够描述现象的概念,再将归纳出的概念进一步范畴化的过程。在系统收集资料的基础上,笔者将研究对象在访谈节目和相关资料提及的职业价值观与自我效能及职业成长的相关内容进行整理归纳。对与研究内容无关和模糊不清的内容予以排除,并在此基础上寻找反映社会现象的核心概念。在排除了无关的相关素材之后,依次对每位研究对象的素材进行编码分析(见表8-3)。本书对样本数据考察与凝练的主要线索为:(1)女性经营管理人才职业成长过程的基本情况?(2)女性经营管理人才职业价值观与自我效能感的特征及发展变化?(3)女性经营管理人才职业价值观及自我效能感与职业成长的内在关联?(4)女性经营管理人才职业价值观与自我效能感驱动职业成长的动态发展路径?

表8-3　　　　　　　　　　　开放性编码

原始资料语句摘录	开放性编码		
	定义现象	概念化	范畴化
L2:金钱太重要了,……要成功,要赚大钱。钱越多越好! Z1:初期拼搏的动力是对物质的渴求。希望家庭因我的事业受益,能为家人谋求经济基础。 L1:我喜欢追求细腻、高质量生活品质……能够提高生活质量,让生活更加细致一点,不然辛苦等于白费。 D:当时那份工作收入比较高,工作能提高自己的经济社会地位。 Y1:有比较自由的工作环境。工作有提供培训、深造等继续教育机会。 Z4:当时觉得只有做销售自己的才能可以得到充分发挥。……我不适合金融这个行业,如果我硬要去做金融行业的话,也不会成功的。	经济收入 生活品质 经济地位 发挥才能 适合自己 工作环境 工作发展 适合自己	A1 物质回报 A2 工作特征	物质回报与工作特征观

续表

原始资料语句摘录	开放性编码		
	定义现象	概念化	范畴化
L1:"打工"……难以自主自立,我要建立属于自己的事业。自己当老板,真正出人头地,成龙成凤。 Y2:……人的价值并不只能是家好,做家庭主妇就够了。女人也可以事业有成,"玻璃天花板"属于女性自己在为自己设的理由或者借口。 Z2:开始规划做事业,觉得自己还那么年轻,积累了那么多经验,我应该做一点事业,能够为自己和家人多做点事情……。 Z3:……对成功的定义不是建立在获得了多少物质财富,而是感受——从事这件事情能带来的心理愉悦往往比这件事情带来的荣誉和财富更重要。 D:事业的快乐给我的回报莫过于得到公司的老板、同仁,以及社会的好评。别人的反馈是精神与灵魂的支撑,精神上的鼓励能够持续。 Y3:得到别人的认同和赞许,是一件多么重要的事!公司给了自己最大信任和选择空间……是最重要的一条! W:……我所有同事和上司的协作、支持、鼓励、帮助,我感到真正进入了一种职业境界,能带着乐趣去看待并解决所有问题。	独立自主 建立事业 自我价值提升 突破天花板 利用前期积累 心理愉悦 认同和赞许 信任与尊重 精神上的鼓励	B1 事业发展 B2 个人情感实现	事业发展与情感实现观
Z1:企业的小时候是个人的,规模大了之后就是社会,企业要融入社会,与社会和谐共生才能获得可持续发展。 Z2:不要把承担社会责任当成是一种负担。企业家一定要平衡好企业发展与社会责任的关系,我主张左手发展企业,右手要敢于承担社会责任,两者不可偏废。 Y2:我认为办企业的真正目的是造福社会,财富最能体现的,是一个企业对社会的价值…… D:最重要的是个人对社会体现的价值。自己花的话,钱够用就行了…… L2:要想到自己对社会,对祖国的责任。财富多了,责任也同样大了。仁者雍容与得道多助;扶危济困是一种责任。财富绝不仅仅是一种物质和权力的个体占有。它更重要的就是要背负起更大的社会责任。	个人—企业与社会和谐共生 企业社会价值 个人社会价值 企业社会责任 个人社会责任	C1 社会责任 C2 回报社会	社会价值观

续表

原始资料语句摘录	开放性编码		
	定义现象	概念化	范畴化
Y2：由于自己是学工科的，所以最擅长的就是深入实际来分析问题，归纳之后来解决问题。 L1：年轻人要老老实实看待自己的先天的条件，不要抱怨，也不要有自卑感。 Z3：我很早就认识到自己遇到大事比较冷静，直觉敏锐，对事物的判断准确。找一个对的舞台，要适合自己的，有的人适合大公司，有的人适合小公司，有的人适合创业，找一个适合自己的平台就好。 L2：我很早就发现自己对商业的天赋与兴趣，要找准人生的定位，不需要勉强先天的缺陷，而是要勤在自己可以控制的部分。 Z1：女性在合作、聆听、沟通、勤奋等方面有优势。女性比较勇敢，比较勇敢承担责任，意志力比较坚定。我在这方面是比较强的。也许在跟外界的社交方面，男性会占优势，但我不觉得这是性别的原因，而是个性的原因。 D：女性比较有韧性，心理压力相对于男性要少，因为社会对女人的期望值要远远低于男人。在我看来，女性做事业其实有着天然的优势。女性比较柔软，更懂得博爱、牺牲和风险，女性的魅力不仅仅在于外表，还在于内心。 Y4：在我看来，女人的能力非但不在男性之下，仅就性格的强韧程度而言，女性更有着先天的优势。小时候一直照顾弟妹，在我的概念里，没有男孩可以做，女孩不能做的事，而且特别能吃苦，并且下定决心，要比男人更能吃苦。如今看来，这种性格给我职业生涯带来的帮助，是怎么形容也不过分的。 Z4：有人认为，家好了全都好了，其实不是这样，人的价值并不只能是家好，做家庭主妇就够了。男人和女人的价值是相等的。男人可以事业有成、家庭幸福，女人也可以。从不因为自己是女性就迁就自己，更没有因为自己是女性而降低标准和要求。 Y4：我工作起来从不考虑自己是女性的问题，只要求自己能完成任务。不能因为我是女的，做错了就可以原谅；不能因为我是女的就可以失败。	擅长深入实际分析问题 认识到自己直觉敏锐 自己有商业天赋与兴趣 认清自己 女性的优势：沟通、聆听、勤奋 女性特质 女性心理压力相对少 女性比较柔性 女性更有韧性 男性可以做的事情，女性也可以做 女人和男人的价值相等 工作时不考虑自己是女性的问题	D1 个人优势 D2 女性优势 D3 男女平等	自我认可

续表

原始资料语句摘录	开放性编码		
	定义现象	概念化	范畴化
Y1：我觉得自己的基本能力可以完成很多方面的任务，即使是与工作没有密切关系的事，也难不倒我。上级布置的工作，我一定能够达到他们的要求。即使面对不同的工作内容，我相信自己的表现依然是不错的。 Z1：相信自我，只要争取和不放弃，就可以取得成就。只要努力去做，就能在工作上获得好的成果。我认为运气固然重要，但是事实上，个人的努力更是重要。 D：我相信自己有不错的学习能力，未来还会找机会做进一步的进修。工作中遇到不会的问题，我会向别人请教并解决问题。我的学习适应能力，有助于我完成工作上的任务。 C：创业实践中不断学习、不断提高，不断掌握应对世界变化的本领和创业的才能。	对自己能力认可 相信自己表现优异 努力工作就有成果 通过学习提升自己 学习适应能力强 在实践中不断提高	E1 积极暗示 E2 适应变化	工作自信
Y1：不模仿男性的成功模式，保持女性的特质。以我自己的女性特质为傲，当一只刚柔并济、多元化经营的变色龙。 L1：现在事业已经进入正轨，自己要做的就是把握当下充实自己，然后尽最大的努力帮助别人，对，这正是我此后的人生目标。 W：我不会因为这个阶段的满足，就让自己停下来了，而是在实现了原定的目标之后又去规划新的目标，不断攀登新的高峰。 L1：人应该不断突破自己的局限，勇于走到自己不熟悉或不那么安逸的领域里，在不断的变化中重新认识自己。 L2：追求完美的理想主义，寻求不断的超越与改变，从一个高峰走向另一个高峰。我会要求自己去改变，不是环境要我改变，而是我自己要改变什么，我想看看我的潜能到底有多大，究竟还可以再学习什么。 Y3：开着自己的游艇和家人垂钓于碧溪之上或徘徊于山水间，不时约上三五知己流连于世界各地的高尔夫球场，亲手创立的公司能成为受人尊敬的企业，这是为自己设立新挑战。	不模仿男性成功 保持女性特质 充实自己 刚与柔的结合 不断树立新的目标 突破自己的局限 不断认识自己 超越与改变自己	F1 女性特质 F3 多元发展 F2 自我挑战	超越自我

续表

原始资料语句摘录	开放性编码		
	定义现象	概念化	范畴化
D：工作中很小心去做每一个细节，不仅学到了技术上的专业知识，也学到了勤奋、努力、坚持不懈的工作方式。 L1：人要付出自己的全部精力为每一份工作而努力，付出了外人难以想象的劳动。工作起来夜以继日，废寝忘食，根本没有休息和娱乐时间。 Y2：自己也是以身作则，要想让部下领会你的思路，我认为自己首先应做出成功的实践，这样才具有带动作用。领导动一动手，下属自然就跟着干了。就是这么简单的事情。 W：在她的同龄人还在利用上班时间买菜、织衣、洗衣服的时候，她在认真地工作，充分利用上班时间。 Y3：带着乐趣去工作，这样就不会觉得累，时间也会过得很快。 L3：热爱自己的工作，在工作中找到自己的存在的意义和对家人及社会的意义。	注重细节 精力付出 以身作则 时间效率 带着乐趣 热爱工作	G1 工作方式 G2 工作态度	工作投入
L1：遇到意外挫折或打击，我很快能调整心态，会变得更加顽强努力。越是困难和挑战，我越是激发出惊人的斗志和热情。 C：人生的奋斗绝对没有轻轻松松能赢来的成功。做任何事情都必须付出代价，只有付出代价之后，才能如愿以偿。克服困难，有时候仅仅是付出血泪和汗水还不够，还需要有勇有谋，有巧妙的方法、手段和技巧。 Y2：生命的历程中需要奋斗和挣扎，有些事，是一定要自己去面对和解决的，过分依赖别人的帮助，就会让我们成为只能爬着前行的蝴蝶。如果生命中没有障碍，我们就会很脆弱，我们将永远不能飞翔。 Z1：在这个变化多端的商业世界里，很多时候，决定一个人职业成就高低的，除去个人的能力，性格是否坚韧也是极为关键的因素。	调整心态 苦难激发更大的努力意志 有勇有谋、巧妙的技巧和手段 做任何事情都必须付出代价 自己去面对和解决 积极看待障碍 性格坚韧 相信自己能渡过难关 希望的支撑作用	H1 免疫能力 H2 复原能力	职业韧性

续表

原始资料语句摘录	开放性编码		
	定义现象	概念化	范畴化
Z3：相信自己总能反败为胜。我这人是无论你给我再大的压力、再大的痛苦，只要我看到了希望，那么我就一定会朝前走的。 Y2：我在这样严峻的考验下发誓咬紧牙关，要一步步挺下去，发誓就是在最苦难的时候也要用自己的毅力、脑子和一丝不苟的精神力图把一切做得更加美好。 L3：让受得起刺激的女人承受刺激，让吃得苦头的女人多吃苦，是一种变相的成全。因为让强者在太阳之下，众人之前表现她不跌不倒的出色，就是对她至大的敬重与至深的回报了。 Z4：虽然有种种困难和烦恼，但那种靠自己的力量把握自己的命运的自由，是做其他事所无法比拟的。 D：我觉得，对于一个成功的企业家来讲，必须要经过执着的磨砺，他执着，他有他的执着才能有他的成功。如果总是东抓一把，西抓一把，我相信很难获得真正的成功。所以我选择执着。我有明确的职业发展目标，正全力以赴、百折不挠地把它变成现实。 L1：压力，并没有使我犹豫和退缩。我反而变得更加坚忍和顽强了。我义无反顾，决心把自己想做的事做下去，而且要做好，取得最后的胜利。 Z2：经历挫折使自己变得更加勇敢，工作也会更加有成效。艰苦中酝酿着挑战，蕴含着机遇，我正是利用艰苦的环境成就了自己。 L2：我觉得应该去新的产业接受新的挑战，会学到很多新的东西，就好像在职业生涯的路上，又打了一针强心针，自己得到了再一次的提升。 L3：重要的是让我虚幻的自尊心受到了打击，让我在成功的光环里冷静下来重新审视自己的弱点，校准自己的位置，然后用更大的信心加速前进。	毅力和一丝不苟的精神 吃苦是一种变相的成全 将苦看成把握自己命运的自由 执着和坚持才能成就事业 专注与坚持 成功必须经过执着的磨炼 明确目标的指引 更加坚韧和顽强 坚定决心 争取最后的胜利 得到锻炼 吸取经验 困难过后是光明 工作更加有成效 困难酝酿着挑战和机遇 更加自信		

续表

原始资料语句摘录	开放性编码		
	定义现象	概念化	范畴化
D：我尽可能提取我一生中所经历的一切精华，也尽一切可能在工作中向所有接触的人学习他们的长处，哪怕是些最简单的人。 Z1：周末率领自己的家人到上海等地考察学习。从闺蜜身上学习到很多东西。 Y1：每周我要工作70多个小时，但从没放弃过学习。对一切新鲜而又想了解的东西，我总是虚心向人请教。虽然年纪已过花甲，我还在学习电脑、了解网络、如饥似渴地读书，甚至还拿起了英语课本。 Y2：女人的生活中的很多经历本身就是学习，例如领导力学习、培养个人能力、与人沟通的能力、合作精神等。 W：越学习就会越开心，学习能让人幸福。将学习当成一种乐趣，并乐于其中。知识能够改变命运。我深深感受到知识的重要性，它能够改变自己，也能够改变我们事业的发展。	向所有可能的人学习 带领家人一起学习 活到老学到老 边工作边学习 生活中学习 学习是乐趣 学习的作用	I1 学习方式 I2 学习态度	终身学习
W：由于以往的成功经验，我现在的工作表现一定会被别人所肯定。 Y1：由于女性身份的特殊性，女性本身的职业探索历程也更容易被别人认可。 L2：在初尝成功的喜悦之后，我又在北京开了一家规模更大的餐馆。 Y2：虽然那次创业失败了，但是也让自己获得了很多人脉。	过去的成功经验增加自信 得到别人认可	J1 失败经历 J2 成功经历	绩效成就
L1：走出低谷东山再起的我更加满怀信心，规划着自己的人生：在45岁之前，企业进行规模化管理，达到100亿元销售目标。 Y2：经历那次失败之后，自己变得更加乐观、自信和坚强。 L2：职场多年的打拼经验让自己更加懂得了坚持和忍耐，也养成了坚忍不拔的性格。	更加自信 乐观、自信和坚强 坚持和忍耐 坚忍不拔	K1 自信 K2 乐观 K3 韧性	心理资本

续表

原始资料语句摘录	开放性编码		
	定义现象	概念化	范畴化
D：以前只是在打工、积累，从2000年开始我才定义自己为企业家。做企业，干自己的事业，要做一个具有竞争力的企业，那企业家的责任就有了。 Y2：我所有的动机都没有被动的动机，我只做我自己想要做的，而且要做就要做的完美，享受这个过程。在别人看来，我经历了很多辛酸、委屈和泪水，但克服这些困难之后再回头看，发现幸福感和快乐感远比委屈多。	企业家思维 做自己的想做的事 享受过程 不后悔 快乐与幸福	L1 主动性 L2 创造性 L3 开放性	思维方式
L1：初期拼搏的动力是对物质的渴求。当初想着至少要找份可以养活自己的工作，没有过多的要求。 Y2：之前的多年是打工和积累，自己了解了自己想要什么，知道应该朝什么方向努力。	物质回报 要求不高 积累的过程 了解自己	M1 物质回报 M2 自我了解	工作期
Y1：后来开始规划做事业，觉得自己还那么年轻，积累了那么多经验，我应该做一点事业。内心有特别强的愿望想做事情。要为自己活着，要活得有价值，所以要开创自己的事业。 D：对成功的定义不是建立在获得了多少物质财富，而是感受——从事这件事情能带来的心理愉悦往往比这件事情带来的容易和财富更重要。	规划事业 利用经验 做事的愿望 独立自主 心理感受	N1 发展事业 N2 情感实现	事业期
L1：现在事业已经进入正轨……把握当下充实自己，最重要的是个人对社会体现的价值。人应该不断突破自己的局限，我不会让自己停下来，而是在实现了原定的目标之后又去规划新的目标，不断攀登新的高峰……在不断的变化中重新认识自己。 Y2：知天命就是在这样的年龄，这样的人生阶段，不怨天，不尤人，不为外物所困，……从容与坚定，是一种发自内心的定力，是人生历练之后的感悟与体会。	事业成熟 个人对社会价值 从容与坚定	O1 事业成就 O2 心理状态 O3 个人的价值	价值实现期

二、主轴编码

本书通过对 12 位女性经营管理人才资料的编码概念化、提炼范畴、归纳主题等步骤的分析,对职业价值观与自我效能感影响职业成长这个核心研究问题的回答逐渐呈现,主要归纳为"互动机制""传导机制""反馈机制"三个核心概念,具体分析编码如表 8-4 所示。

表 8-4　　　　　　　　　　主轴编码分析

开放式编码提取的范畴	主轴编码提取的范畴	
	次要范畴	主要范畴
物质回报与工作特征观	职业价值观	互动机制
事业发展与情感实现观		
个人价值与社会价值观		
自我认可	自我效能	
工作自信		
超越自我		
工作投入	职业行为	传导机制
职业韧性		
终身学习		
绩效成就	反馈要素	反馈机制
心理资本		
思维方式		

三、选择性编码与模型构建

选择性编码是对主轴编码所得主范畴之间的逻辑关系进一步提炼与归纳的过程,通过"建构性解释"来理顺各主范畴之间的逻辑关系,描述扎根研究所呈现的整体结构以形成基本的理论框架。根据主轴编码对主范畴与其他范畴间关系的分析结果,得出"女性经营管理人才职业价值观与自我效能感驱动职业发展的过程模型",基本理论框架如图 8-1 所示。

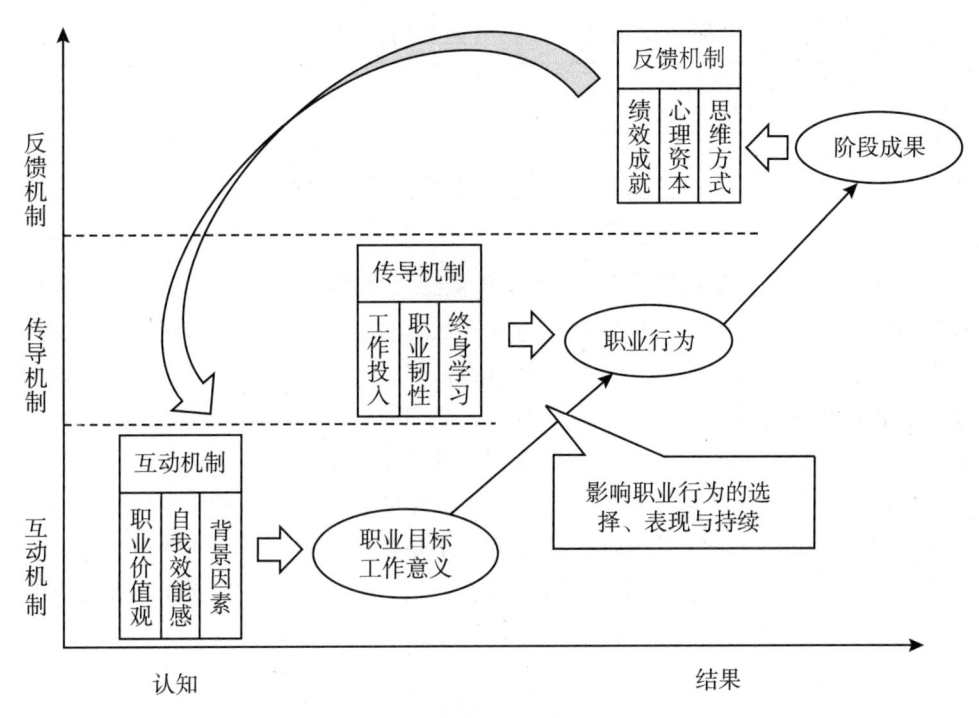

```
反馈机制 ┌─────────────────────────┐
        │ 反馈机制                │
        │ ┌──┬──┬──┐              │        ┌────────┐
        │ │绩│心│思│              │ ⇐      │阶段成果│
        │ │效│理│维│              │        └────────┘
        │ │成│资│方│              │            ↑
        │ │就│本│式│              │            │
        │ └──┴──┴──┘              │            │
        └─────────────────────────┘            │
传导机制 ┌─────────────────┐                    │
        │ 传导机制         │       ┌────────┐  │
        │ ┌──┬──┬──┐      │  ⇒    │职业行为│──┘
        │ │工│职│终│      │       └────────┘
        │ │作│业│身│      │           ↑
        │ │投│韧│学│      │           │
        │ │入│性│习│      │           │
        │ └──┴──┴──┘      │     ┌──────────────┐
        └─────────────────┘     │影响职业行为的选│
互动机制 ┌─────────────────┐     │择、表现与持续  │
        │ 互动机制         │     └──────────────┘
        │ ┌──┬──┬──┐      │       ┌────────┐
        │ │职│自│背│      │ ⇒     │职业目标│
        │ │业│我│景│      │       │工作意义│
        │ │价│效│因│      │       └────────┘
        │ │值│能│素│      │
        │ │观│感│  │      │
        │ └──┴──┴──┘      │
        └─────────────────┘
          认知                            结果
```

图 8-1　女性经营管理人才职业成长的过程模型

第三节　职业成长的互动机制要素

班德拉（Bandura，1980）曾指出，行为是个人和环境不断交互作用的结果，而职业价值观和自我效能感也在这互动过程中不断地形成与修正。换言之，职业价值观与自我效能感的形成受到个人、环境及其交互作用的影响。其中个人因素主要包括性格、个人素质等，而环境因素主要指个人职业发展所累积的背景因素以及所处的情景因素。

职业价值观是个体对所从事工作的内在需求及追求目标的表达。自我效能感是个体相信自己可以克服环境的一种信念，是对自己能力及行为表现的评价。在职业生涯发展领域，职业价值观可被内化为"想做什么"，而自我效能感则可以被理解为"能做什么"。职业价值观和自我效能感相互区别又相互影响，具体比较如表8-5所示。

表8–5　　　　　　职业价值观与自我效能感的内涵比较

职业价值观内涵	自我效能感内涵
兴趣、态度、动机、目的、希望、欲求、需要、喜爱、选择、心理倾向	自我评价、心理感知、信念、自我认知、能力评估、衡量

职业价值观（"想做什么"）和自我效能感（"能做什么"）构成了女性经营管理人才职业成长的重要心理因素，两者相互影响驱动女性经营管理人才获得职业生涯成功。自我效能感将直接影响人们的思维、动机和行为，拥有技能与能够整合这些技能从而表现出胜任行为是有很大差别的。如果个体对自己的能力不自信，即使个体拥有完成任务所必须的技能，也不大可能表现出胜任行为。同时，如果个体没有对某一职业领域的兴趣和爱好，即使个体对自己的这方面的能力很自信，也不大可能会长久从事这一领域的工作并获得职业成功。笔者根据研究资料并结合相关文献，得出如图8–2所示的女性经营管理人才职业价值观与自我效能感的互动模型。

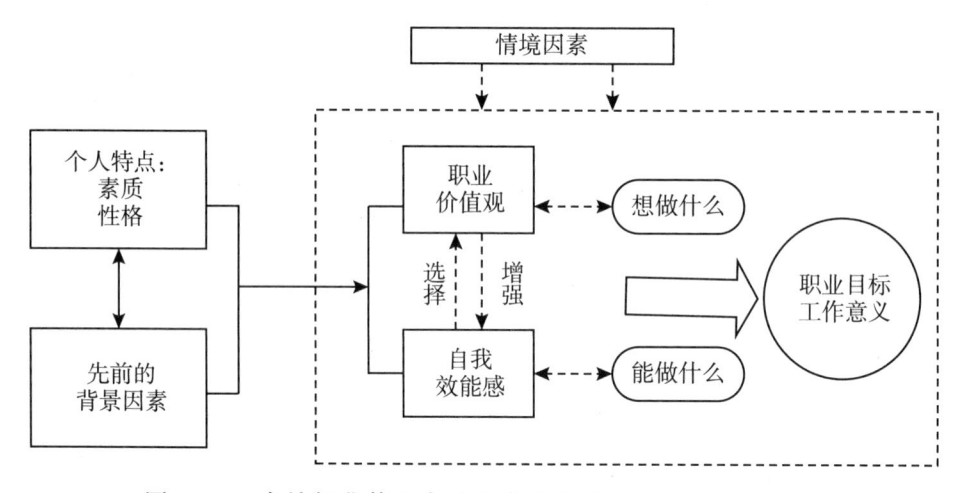

图8–2　女性经营管理人才职业成长的互动机制要素模型

一、职业价值观对自我效能感的增强作用

职业价值观所内涵的兴趣、追求与态度本身是一种力量。被研究的女性经营管理人才对自己的职业兴趣都有较为清晰的认识，勇于执着追求自己的兴趣并专注于此。女性经营管理人才所具备的兴趣、追求与专注进而转化为她们对自我的一种肯定，进而提升女性经营管理人才的自我效能感。

相关模拟研究发现，能力趋向增长的个体具有较高的自我效能感，而认为能力趋向固定的个体，其自我效能感则较低（Bandura，2001）。被研究的女性经营管理人才大多认同能力趋向增长的职业价值观，她们坚信个人的能力也可以随着职业成长而不断获得提升，职业生涯成功便是自我能力不断得到提升的过程。受此能力价值观的影响，她们的自我效能感较高，对自我的评价高出一般的职业女性。

二、自我效能感影响职业价值观的选择

女性谨慎的特质与生俱来，除非她们相信自己能达成预期的目标和抵制不想要的结果，否则她们不会去为自己设置不可实现的目标。无论有什么其他因素发挥激励作用，她们都扎根于一个核心信念，一个人相信其拥有达成预期目标的力量。对某一领域的擅长也激发其从事某一行业。自我效能感越高，所表现的兴趣程度越高，效能越高，所表现的兴趣程度也越高，自我效能感对兴趣的预测比真正能力的预测更高。工作兴趣某种程度上又预测了工作投入度与对工作意义的感知。

职业价值观和自我效能感共同形成一种信念，这种信念激发职业目标和工作意义的形成，进而指导行为。职业价值观与自我效能感共同决定个人的目标设置、实现目标所付出的努力程度、面对困难的持久力，以及目标失败后的恢复能力。

女性经营管理人才的职业价值观对自我效能感有增强作用，自我效能感影响职业价值观的选择，职业价值观和自我效能感相互影响形成一种信念，这种信念激发职业目标和工作意义的形成。职业价值观和自我效能感通过职业目标和工作意义影响职业行为的选择、表现和持续，进而影响职业成长、职业生涯成功。

命题1：女性经营管理人才的职业价值观与自我效能感相互影响，职业价值观对自我效能感有增强作用，自我效能感影响职业价值观的选择。女性经营管理人才的职业价值观和自我效能感相互影响形成一种信念，这种信念激发职业目标和工作意义的形成。

第四节 职业成长的传导机制要素

一、职业价值观与自我效能感对职业行为的影响

职业价值观和自我效能感共同形成一种信念，这种信念激发职业目标和工作

意义的形成,进而指导行为,促使女性经营管理人才获得职业生涯成功(见图 8-3)。女性经营管理人才职业价值观与自我效能感对职业行为的影响主要体现在以下三个方面。

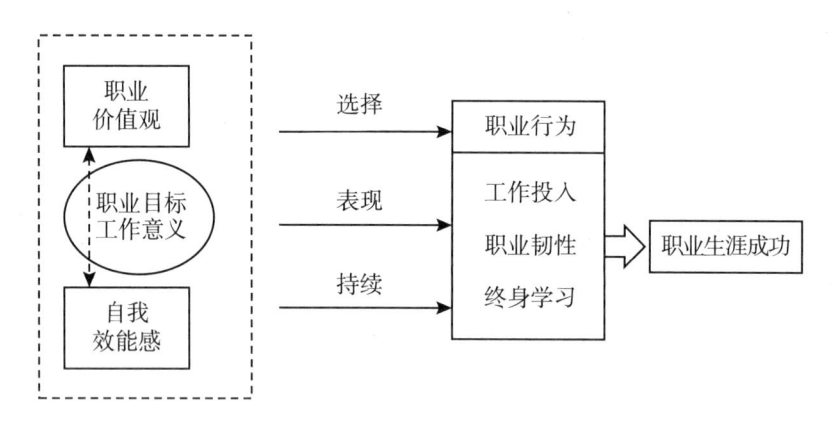

图 8-3 女性经营管理人才职业成长的传导机制要素模型

(一) 选择方面

女性经营管理人才的职业价值观与自我效能感影响她们的职业行为选择。在职业生活中,一般职业女性倾向于回避那些她们认为超过其能力所及的任务和情景,承担并执行那些她们认为自己能做好的事情。女性经营管理人才受自身独特的职业价值观与较高的自我效能感影响,倾向于选择富有挑战性的任务,在困难面前能坚持自己的行为。如果说男性阶层构成了阻碍女性经营管理人才走向高层管理职位的"玻璃天花板",那么女性自我的限制心理就是"心理天花板"。女性人才心里有"天花板",她觉得到这个位置就是"天花板"了。你如果是非要上去,谁也没有拦着你。选择与追求非常重要,把自己的"天花板"设的多高,就是看你自己想干什么,想追求什么了。如研究对象 Z3 结婚后当过五年的衣食无忧的家庭主妇,完全可以继续过没有压力的生活。但是她内心有想做事的冲动,而后远赴美国求学,打算自己创业,最终在经历挫折之后打造了属于自己的家居品牌。在她看来,"走向成功的驱动力有很多,但是内在的驱动力是最大的,当时有极大的愿望想创立自己的家居事业"。

(二) 表现方面

职业价值观与自我效能感决定着女性经营管理人才付出多大努力以及在遇到障碍时将坚持多久。职业价值观所内含的职业兴趣与职业目标越明确,自我效能感越强,她们努力越具有力度,越能够坚持下去。职业成长过程中,当被困难缠绕时，那些怀疑自己能力的一般职业女性常会缺乏自信、畏首畏尾，不敢尝试或完全放弃；而被研究的女性经营管理人才则以更大的努力去迎接挑战。如研究对象 L2 现在拥有自己的上市公司，也是著名的财经作家。在谈及自己的工作投入时，仍非常有感触："不管是刚刚生完孩子还是企业发展壮大之后，我一直亲自投入，从涉及采购，以及全方位的管理。为了干出成绩，我真的付出了外人难以想象的劳动。吃苦受累，几乎是分内之事。工作起来夜以继日，废寝忘食，根本没有休息和娱乐时间，把自己的节假日牺牲掉用在工作上，也是常有之事。我曾创造出了一个惊人的记录：连续三周，每天工作 20 个小时，睡眠不足 4 小时。一路走来，正是由于梦想的推动以及内心对美的热爱。"

（三）持续方面

职业价值观与自我效能感影响女性经营管理人才的思维模式和情感反应模式。女性经营管理人才具有坚定的信念和高自我效能感，她们自信自己能够对工作任务进行控制，从而不会担心自己完成不了任务，较能对自己选择的任务或行为持之以恒。她们将注意力和努力集中于情景的要求，并被困境激发出更大的努力。面对困境，激发出女性经营管理人才更强大的意志，获得职业成长。如 D 女士坚持自己的事业 20 多年，面对记者的采访，她给出了如下的一段话："我有明确的职业发展目标，正全力以赴、百折不挠地把它变成现实。我觉得，对于一个成功的企业家来讲，必须要经过执着的磨砺，她执着，她有她的执着才能有她的成功。如果总是东抓一把，西抓一把，我相信很难获得真正的成功。所以我选择执着。其实信念不用太宏伟，信念很简单。当你坚定了一个信念的时候，你就朝着信念走，一定会实现，就是这样的。"

命题 2：女性经营管理人才的职业价值观和自我效能感通过职业目标和工作意义影响职业行为的选择、表现和坚持，进而推动了职业生涯的发展与成功。职业价值观与自我效能感是女性经营管理人才获得职业生涯成功的内在驱动力。职业信念越明确，自我效能感越高，越有可能获得职业生涯成功。

二、女性经营管理人才职业行为特征

受职业价值观与自我效能感的驱动，女性经营管理人才的职业行为呈现出自己的特征。女性经营管理人才的职业行为包含很多方面，通过对被研究者的素材整理发现，女性经营管理人才的工作投入、职业韧性与终身学习受职业价值观与自我效能感的影响最大，对职业生涯成功的作用最为明显。

（一）工作投入

工作投入是组织成员控制自我以使自我与工作角色相结合，工作角色与自我处于动态和相互转化的过程。女性经营管理人才在其职业发展的各个阶段都能保持较高工作投入水平。她们具有充沛的精力和良好的心理韧性，自愿为自己的工作付出努力而不易疲倦并且在困难面前能够坚持不懈。另外，她们大都具有强烈的意义感自豪感以及饱满的工作热情，能够全身心地投入工作中并勇于接受工作中的挑战。女性经营管理人才工作投入较高，她们将自己的精力投入角色行为中，并在角色中展现自我。全神贯注于自己的工作并能以此为乐，感觉时间过得很快而不愿从工作中脱离出来。

本书研究中的女性经营管理人才对工作有较高的投入度，她们在工作的过程中，为自己设定需要通过一定程度的努力才能达到的目标，以饱满的工作热情，全身心地投入工作之中并接受工作的挑战；善于区别对待工作任务，分清主次并划分轻重缓急，通过自我的控制，她们能在工作角色中充分展现自我的工作能力，同时以高度的责任感完成其工作过程中的任务和挑战，继而获得知识和经验的累积，取得快速的职业成长。如 L2 所述："我本人最大的优点就是能够准确拿捏工作任务的重要程度并区别处理，善于从长远利益出发进行规划、合理掌控进度，对自己的要求更是从未松懈过。"

（二）职业韧性

职业韧性是个体在日常工作中应对各种工作压力、挫折等逆境时作出自我调整和适应，并能迅速恢复的能力（Brown，1996）。女性承受压力、痛苦、挫折的精神，往往比男性来得高，这种特质在被研究的女性经营管理人才身上显露无遗。她们在困境中利用自身韧性，面对困境，不自暴自弃，反而不断地去调整自己、改变自己，去迎接各种挑战与变化。逆境时心态是最重要的，只有在坚持、付出和努力中，不断学习新事物、新知识、新技能，通过克服自身的软弱、恐惧、愤怒与逃避，才能达到处变不惊的状态，积极面对一切合理、甚至不合理的变化。

对职业韧性最为看重的 Y1 女士曾说："一切发生的都是合理的，不逃避、不回避、不抱怨、不指责，才能坦然去面对，并从中找出一条路来。思想和心态上首先要接受现实，才有动力去克服。生命的历程中需要奋斗和挣扎，有些事是一定要自己去面对和解决的，过分依赖别人的帮助，就会让我们成为只能爬着前行的蝴蝶。如果生命中没有障碍，我们就会很脆弱，我们将永远不能飞翔。" D 女企业家也曾说："遇到意外挫折或打击，我很快能调整心态，会变得更加顽强努力。越是困难和挑战，我越是激发出惊人的斗志和热情。人往往会在别无选择的困兽斗中，最能把能量智慧发挥得淋漓尽致。"危机与困境对一般人而言是威胁，然而对本书研究的女性经营管理人才而言，虽然有种种困难和烦恼，但在她们看来，那种靠自己的力量把握自己的命运的自由，是做其他事所无法比拟的。逆境成为一个正面影响因素，反而强化了她们心理品质和创造性解决问题的能力。

（三）终身学习

女性经营管理人才的成功比男性更加来之不易，女性经营管理人才面临的压力和问题也比男性更多，对她们来说，要在竞争激烈的环境中持续成功，需要解决更为复杂的问题和增长更加丰富的知识。压力不仅仅来自工作，还有社会、家庭。正是压力的存在，使得女性经营管理人才有着更紧迫的学习需求。本书研究的女性经营管理人才在职业选择中对自己的能力比较有信心，认为自己的职业选择与职业发展的机会很多，所以也就积极地接受教育，从而为自己的职业选择作好准备。她们认为成功的前提就是"多试试"，争取并把握工作中的学习机会，进行自我激励，对于自我感知不是很好的地方，向别人学习。此外，女性经营管理人才个人特质中的开放性和外向性促使其踏出舒适圈，保持开放的心态，勇于面对自己可能克服不了的考验，从成功和失败的经验中学到教训，以此获得不断的进步，促使其职业成长。

特别强调在尝试中学习的 W3 说："当别人抛给你一个难题的时候，千万不要断然拒绝。成功的前提是说：'我试试！'不放过任何一个可能成长的机会。"以及 Y3 女士是某集团董事局主席，也是著名的公众人物，别人眼里她是成功的典范，每每被问及成功的秘籍时，她总会提及学习："现代商业社会对每个人的要求都那么高，没有人可以说，我大学毕业了我的能力可以应付所有的工作，永远都是要学习的。现在我在中欧工商管理学院上一个 CEO 培训班。一个月有四天时间不接手机，完全就是上课，每天八个小时，听老师非常严格非常完整讲课，一天要花一万多块钱。"

本书研究的女性经营管理人才都有自己独特的学习方式和理念，但是她们在学习的过程中都体现出以下特征：向身边所有人学习；带领员工家人学习；边工作边学习；在生活中学习；将学习当成一种乐趣；活到老学到老。渊博的文化知识底蕴是女性经营管理人才具有健全的人格、高雅脱俗的气质、独特的领导魅力和适应新时期管理工作综合性要求的必备条件，终身学习可以使女性经营管理人才逐步具有开阔的视野、世界的眼光和战略的思维，使自己向更高层管理靠近。

第五节 职业成长的反馈机制要素

职业价值观与自我效能感一起，促进女性经营管理人才产生目标，目标又将促成职业行为并达到阶段性的成就，阶段性成就又会反作用于职业价值观和自我效能感，形成一个动态的反馈环路，影响女性经营管理人才未来的职业选择与行为的形成（见图8-4）。阶段性成就对职业价值观与自我效能感的反馈并不能脱离情景因素。对女性经营管理人才职业成长的分析表明，阶段性成就所获得绩效成就、心理资本与思维方式对职业价值观与自我效能感的影响最大。

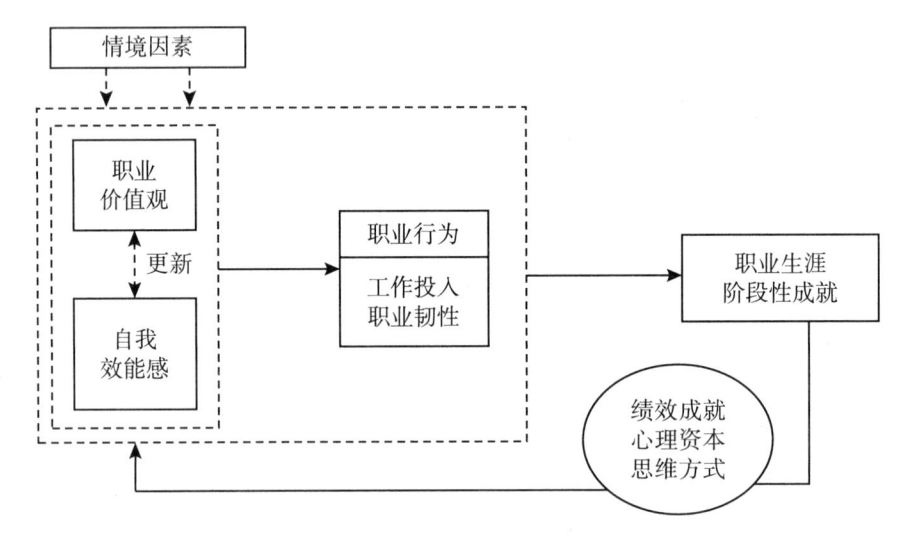

图8-4 女性经营管理人才职业成长的反馈机制要素模型

一、绩效成就

绩效成就是指女性经营管理人才获得与工作相关的成就，可以是成功的绩效成果也可以是失败的绩效结果。在四种来源中，过去的绩效成就（成功或失败）与自我效能感关系最强。职业行为所产生的最终绩效将会形成女性经营管理人才的感知绩效，并且从外界得到的反馈方式和自身的能力观都将影响她们所感知到的绩效水平，感知绩效也就变成了女性经营管理人才开始下一个任务的历史绩效，从而随着她们不断地接受新任务而不断地循环。女性经营管理人才的自我效能感随着历史绩效的累积而不断增强,职业信念与职业兴趣也随之得到增强。

职业价值观与自我效能感共同影响职业目标设置。如果个体之前设置了合适的目标,然后通过自己的努力达成或超越了目标,便会提高个体的自我效能感和职业信仰,特别是,当个体通过坚持不懈的努力而完成艰巨的任务、实现较高的目标时,就会获得强度较大且持续稳定的自我效能感,并坚定自己的职业价值观,而高的自我效能感和职业信仰又会促使个体设置更高的目标水平,如此循环。

二、心理资本

心理资本是保持个人竞争力,获得职业成功最根本的因素。根据心理资源理论(Hobfoll,2002),心理资本较高的员工更可能实现个人目标,并取得职业成功。本质上,心理资本是促进个体积极发展的内部心理资源,不仅包括希望、乐观、坚韧、自信和积极情绪等状态,也包括与工作行为和角色相关的,例如主动型人格、自尊、责任心等(Whitely W.,Dougherty T.,Wand Dreher G. F.,1991)。Luthans 等(2005)将心理资本界定为"个体一般积极性的核心心理要素,具体表现为积极组织行为标准的四种心理状态,即希望、乐观、坚韧及自信"。

面对阶段性的成果(失败或成功),被研究的女性经营管理人才都能以积极乐观的态度面对,她们更加乐观、充满希望、有韧性。对当前和未来的成功做积极归因,坚持目标,为了取得成功,在必要时能够重新选择实现目标的路线。这种能力具有超越人力资本与社会资本的能耐,受积极心理资本的影响,女性经营管理人才的自我效能感得到提高,也更加坚持自己的职业信仰。

三、思维方式

思维方式是指思维模式或思维活动样式。人能主动地选择创造其需要的生存和发展环境。在取得阶段性成就后,女性经营管理人才形成更加积极、肯定、超越性的思维方式,她们相信自己可以积极主动地构建自己的职业生涯发展,并获得职业生涯成功。无论面对任何职业实践问题都会从正面的角度去思考。即便遭遇职业发展的"玻璃天花板"也能勇敢地开辟新的职业道路。受这种思维方式影响,她们不断吸收新知识,自我效能感得到提高。例如,对于同样的情景和任务难度,积极、肯定和乐观地来评价自己和情境因素的个体,在取得了很小的进步时,也有可能导致自我效能感很大的提高,而以悲观、消极的方式对个体与情境的因素进行评价的员工,即使在取得了很大的进步时,却依旧感觉不好,仍旧表现出自我效能感下降的情况。

命题3：职业成长过程中取得的绩效成就、心理资本与思维方式等阶段性成就对女性经营管理人才的职业价值观与自我效能感产生影响。受情景因素的共同影响，女性经营管理人才的职业价值观与自我效能感随着职业生涯的发展而不断调整更新，进而影响她们的未来职业选择与行为。

第六节 职业成长要素动态演化规律总结

在承接互动、传导、反馈机制基础上，本节将从女性经营管理人才的职业价值观动态演化、自我效能感的动态演化方面进行案例分析，研究要素结构以及之间的动态关系，进而演绎出女性经营管理人才职业价值观与自我效能感驱动职业生涯成功的动态要素规律。

一、职业价值观的结构与动态演化

（一）女性经营管理人才职业价值观结构

职业价值观由多个维度构成，但是，由于对职业价值观理解上的差异及研究视角的不同，很多学者对职业价值观维度有不同的划分。休珀（Super，1957）提出职业价值观包括内在价值、外在价值和外在回报三大类，具体包括经济回报、独立性、同事关系、安全性等15项因素。伊利苏（Elizur，1984）将工作价值观划分为物质回报、人际关系、社会声望、自我发展四个维度。国内学者吴铁雄等（1995）将职业价值观分为组织安全与经济回报、休闲健康和交通便利、稳定和免于焦虑、自我成长、自我实现、对社会的贡献、自我尊严七大维度。宁维卫（1996）通过对我国青年的职业价值观的统计分析，将众多的影响因素归纳为：进取心、生活方式、工作安定性、声望和经济价值五个因素。

我们可以发现，国内外学者对职业价值观维度的划分上不尽一致，但所涵盖内容大致相同，即职业价值观主要包含与工作相关的工具性价值观、与个人发展与情感实现相关的内在价值观、个人对社会责任与贡献的社会价值观。基于以上职业价值观结构的研究结论与女性高层人才的素材整理，本书研究发现，女性经营管理人才的职业价值观主要包括以下三个方面：物质回报与工作特征观、事业发展与情感实现观、社会价值观。

物质回报与工作特征观：为了家人与自己的福利，将工作当作获取物质回报的重要渠道，并尽量选取适合自己能让自己的才能得到发挥的工作。事业发展与情感实现观：为了家人更高的生活品质、个人事业发展以及情感实现，同时也为了谋求更加独立自主的生活，将自己的工作视为一项事业，并从中获得自我的情感实现。社会价值观：将工作视为个人价值与社会价值的统一，注重个人、企业与社会和谐发展，寻求工作—家庭与社会的平衡。

（二）女性经营管理人才职业价值观特征

1. 注重"工作—家庭平衡"的价值观导向

女性经营管理人才成长的过程中，工作家庭平衡是重要的价值导向，也是首要的生活目标。格林豪斯等（Greenhaus et al., 2003）认为工作—家庭平衡指的是：个体能均衡地参与工作角色和家庭角色，并能均衡地从这两个角色中体验到满意感。这个定义强调的是积极的角色平衡，并注重角色满意感的体验。女性经营管理人才一致认为平衡好，对家庭和事业都好，平衡不好的话，对两个都不好。被研究的12位女性人才追求的是既要事业又要家庭的理想，既不愿为家庭所累而平庸一生，又不愿为了事业而家不成家。

L1："一份出色的职业，一个美满的家庭，是每个女性都想要的两样东西，事业与家庭就像鸟的两个翅膀，能让你的精彩人生飞翔起来。家庭的和睦稳定是事业成功的基础，事业的发展则能促进家庭的和睦发展，二者置于天平的两端，我必须找到一个平衡点，并且去维持平衡，才能求得共荣。"

工作—家庭平衡是被研究的12位女性经营管理人才共有的追求，但是某种程度上，事业有成与和睦的家庭是一个矛盾。要解决这个矛盾，被研究女性人才首先在思想意识上改变自己关于女人不能事业和家庭兼顾的观念，不要因为自己是女性而降低要求，同时树立起一个重要的理念，那就是事业与家庭之间不是竞争关系而是互补的关系，不能把二者对立看待，事业是为了家庭，家庭是为了事业，二者相辅相成，因为家庭你可以不必一个人去面对事业，因为事业你的家庭可以更加稳固，做一个事业与家庭双赢的成功女性，才是当代职业女性的追求目标和成功之道。

"平衡，稳定，专注"，这是笔者在进行资料编码整理过程中，12位女性经营管理人才个人传记及其他资料中重复最多的词语，事业上的丰收，爱情上的美满，子女教育上的成功，这一切都来源于女性人才的平衡之道，因为平衡而幸福、自信、美丽。女性能否实现"平衡"，关键在于你的观念，有了正确的"平衡观念"，再加之正确的方法，当代的女性完全有可能实现"鱼与熊掌兼得"的梦想。

2. 坚定信念的指引获得事业上的成就辉煌

成就动机理论认为成就动机对个体的活动有重要的作用，许多研究发现，两个智商差不多的个体中，成就动机高的人比成就动机低的人在活动中成功的可能性一般要高一些。麦克兰地（McCelland，1995）的研究发现，成就动机高的人愿意承担的风险较大，独立决策的职业较多，而成就动机低的人则相反。期待价值理论将达到目标的期待作为行为的决定因素，表明目标对个体成长的重要作用。被研究的12位女性经营管理人才就是这样一批有着梦想驱动而行的企业家。她们总是喜欢"做梦"，即使在最苦难的时候，依然会"做梦"。她们希望从事对自己有意义的事情，并在活动中取得理想的成绩。

"考虑到对法国和中国文化的了解和觉察到两者的区别，进而产生一种重任：让外国人了解自己的国家；让自己的同胞在看到西方人的时候不要那么诧异。在没有任何经验、学历，而只是凭着一种感觉、一种信念，我选择了对外交流和公共关系这一行，期望为在中国树立一个良好的欧莱雅公司的形象而大干一番。"比起男性，她们少了一丝对权力和欲望的追求，多了一份希望梦想成真的天真和证明自己的坚持。

（三）女性经营管理人才职业价值观的动态演化

就价值观而言，不少垂直性的研究表明，个体的价值倾向形成之后，在其一生中都具有相对稳定性（Inglehart，1997；Lubinski et al.，1996；Meglino & Ravlin，1998；Low et al.，2005）。英格汉特（Inglehart，1997）的研究指出，社会文化的变化有可能带动个人价值观的发展与变化。由于职业价值观是价值观在工作领域的体现，因此，社会文化变迁对价值观的影响机制适用于职业价值观。对于价值观的发展和变化，许多学者提出了职业价值观的发展变化性，但是并没有对职业价值观随时间变化的情况进行研究。

在对12位女性经营管理人才职业成长及其职业价值观整理研究发现，女性经营管理人才的职业价值观并不是一成不变，而是随着职业生涯的发展不断做出调整。根据女性经营管理人才的研究素材作出如图8-5所示的图表。在此说明，图中所标示的数值并没有具体的测量结果，而是按照女性经营管理人才自己的描述做了一个近似的刻画，以便更清晰地展现出女性经营管理人才职业价值观的动态演化。

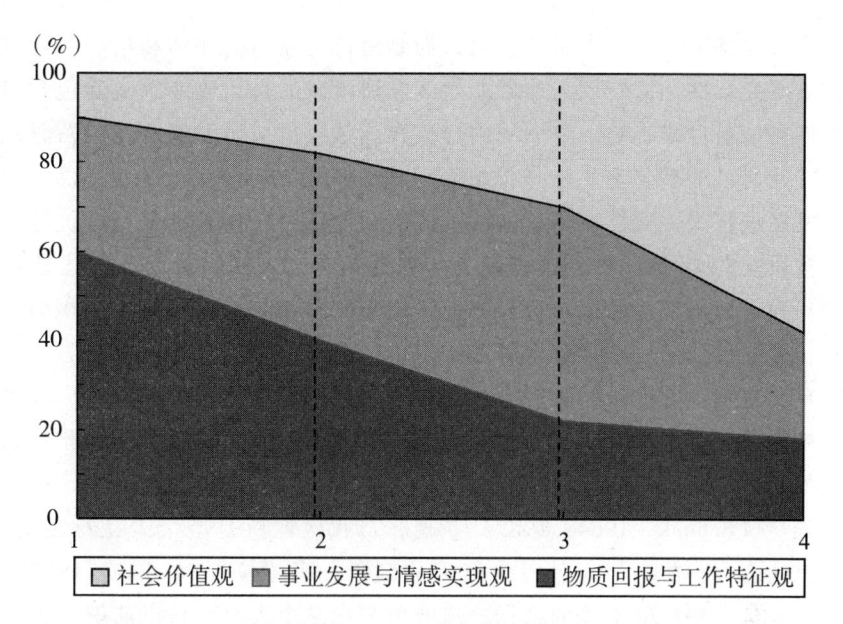

图 8-5　女性经营管理人才职业价值观的动态演化特征

女性经营管理人才职业价值观的结构和具体价值倾向在其职业成长过程中都没有发生变化，但是具体价值倾向之间的相对重要性发生了增减。在其职业发展的每个阶段，都有一个相对重要的价值倾向作为她的核心职业价值观。在其职业发展的第一阶段，最看重工作带来的物质回报以及工作本身的特征；而后，女性经营管理人才的核心职业价值观是取得事业发展与自我情感的实现；在职业发展较成熟阶段，个人的社会价值是其职业价值观的核心。

命题 4：女性经营管理人才的职业价值观随着职业生涯的发展不断进行调试，职业价值观的结构和价值倾向没有变化，但是在其职业发展的每个阶段，都有一个相对重要的价值倾向作为她的核心职业价值观，在其整个职业生涯发展阶段中，更加看重个人情感实现以及个人对家人与社会价值的实现。

二、自我效能感的结构与动态演化

（一）女性经营管理人才自我效能感的结构

也许是从小受"男主外女主内"的传统观念的影响，职业女性在晋升阶梯上普遍信心不足，自信心问题是职业女性在自身发展中最大的障碍。大多缺乏自信心、自我评价低、自我期望值不高、依赖思想强、主角意识弱、社会参与主动性和积极性不高的女性，都较难走上更高一步的管理舞台。

自我效能感不是个人本身的能力，而是对行为能力的评估和信心。通过研究发现，被研究女性经营管理人才职业生涯发展阶段的自我效能感主要包含自我认可、工作自信与自我超越三方面的内容。自我认可：被研究的女性经营管理人才在坦诚看待自己的基础上，注重挖掘自己的个人优势或天分，并坚信男女平等。在职业发展过程中，女性所具有的性别优势甚至比男性在职场上更有优势。工作自信：被研究的12位女性经营管理人才认为拥有知识和技能与整合这些资源表现出胜任力是两码事。她们对自身职业发展中所具备的共组能力做出积极的评价与暗示，并通过模仿、学习等多种方式努力适应工作中的变化以及从容应对工作困难。自我超越：女性经营管理人才都指出，她们不模仿男性的成功，在管理工作中保持自己女性的本质，在工作与生活中为自己设立新的目标，并相信自己能实现新的超越。

司春科（Schunk, 1984; 1989）指出，自我效能感是指个人在特定情境中，对其本身统合行为能力与表现行为能力的判断。班德拉（Bandura, 1977）将自我效能感视为一种特殊情境的结构，自我效能感是个人对于自己能够获得成功所具有的信念。班德拉同时指出自我效能感的形成和发展主要受到直接经验、替代经验、社会说服和生理心理状态的影响。自我效能感具有情境性特征，在不同的情境之下，自我效能感会有所不同。另外，个体根据自身过去积累的经验及当时环境进行自我评价。

（二）女性经营管理人才自我效能感的特征

笔者研究发现，12位女性经营管理人才在职业发展初期所拥有的知识与技能并没有比一般职业女性突出，但其自我效能感却有以下两方面特征。

1. 能认清自己的优势和劣势，并将自己的最佳素质加以利用

被研究者在个人性格特征、感兴趣的领域、所存在的优缺点方面都有较清晰的认识。多数研究对象能够毫不犹豫地列举出自己感兴趣的领域，也能够较为客观地对自身进行评价。她们都能够接受真实的自己：变化、成长、并非完美、正处在全力发掘自身潜力的过程中。她们保持开放的心态，专注一切可能性去拓展自己的视野。女性经营管理人才另一优秀的品质是在认清自我的基础上，善于挖掘自身的最佳组织并加以利用。

L2女士现在是著名的商界领袖同时也是地区最受欢迎的小说家之一。她在传记中直言自己天生具有商业意识以及文学细胞，同时也毫不讳言自己在数学方面的"低能"。她曾说："要老老实实看待自己的先天条件，不要抱怨，也不要自卑，在主观条件可控制的范围内，尽可能拿出百分之百的努力证明自己。但我并不是提倡传统意义上的'勤能补拙'，而是强调不需要勉强先天的缺陷，要勤

在自己可以控制的部分。"

Y2女士有着研究事物本质的执着，她的管理方式也是如此，寻求事情发生的根源。于是终于成为企业董事长的事业上的最佳搭档，成为企业管理思想的坚定布道者和执行者。其职业成功的奥秘源于其对自身最佳素质的挖掘与应用："由于自己是学工科的，所以最擅长的就是深入实际来分析问题，归纳之后来解决问题。工作中我也是一直利用自己的这个所长来不断实现自我突破的。"

2. 尊崇男女在社会性层面上的平等，并善于发现女性的性别优势

本书研究中的12位女性经营管理人才在其职业生涯的不同阶段皆表示，女性天生的生理特征决定了她与男性不同的性别特征，这是自然属性。但是，领导力没有男女之分，大多数的企业都不认为自己会从性别考虑高层次人才人选。她们都认为，一个高层次人才的职位所需要的特质和能力、经验和知识是没有性别之分的，企业只寻找适合这个岗位的人。

职业女性在工作中有着和男性相同的角色特征，但除了职业角色个体的差异外，由于性别的不同，还存在着女性群体自身独特的角色特征。被研究的12位女性经营管理人才相信，男女的智力水平是相等的。在能力上，男性与女性差别的本质应该是能力的特征，而不是能力的程度。管理者性别的差异会使其具有不同特长的能力结构，而不是能力的高低之差。研究中的大多数女性经营管理人才表示男性和女性经营管理人才风格有差异，特色各异。韧性、善良、包容、细腻等这些关键词是在阅读女性经营管理人才资料过程中她们最常展现的女性优势特质。

一位女性经营管理人才就认为："作为女性管理者，你有一种敏感度，会非常敏感，很会观察你的团队和同事，并且你有非常好的沟通技巧，因为你是一个女性，心思比较细腻，所有这些都让你拥有一种比男人多的魅力。这种魅力，不是你长相漂亮，而是你的亲和力、真诚的态度、细致的观察，其他人觉得你说的话很舒服，对你有一种认同感。"

女性的协调能力强，能重视观察员工的心理需求，并且女性一般做事比较认真、细心、稳定性强，韧性高，在逆境中更显坚定，善于沟通，比较容易说服别人。相比男性，这些优秀的女性特征正是女性经营管理人才展现自己长处的重要品质。这些女性经营管理人才具有温柔、细腻、富于情感的一面，又有男性的刚强、果断、意志坚定的一面，在寻求合作、实施人性化管理方面往往比男性更容易获得成功。就管理工作而言，女性比男性拥有更多变的领导方法和管理风格。

（三）女性经营管理人才自我效能感的动态演化

在对12位女性经营管理人才职业成长及其自我效能感研究整理中发现，女性人才的自我效能感不是一成不变，而是随着职业生涯的发展不断做出调整。笔者根据女性经营管理人才的研究素材作出如图 8-6 所示的女性经营管理人才自我效能感的动态演化图。

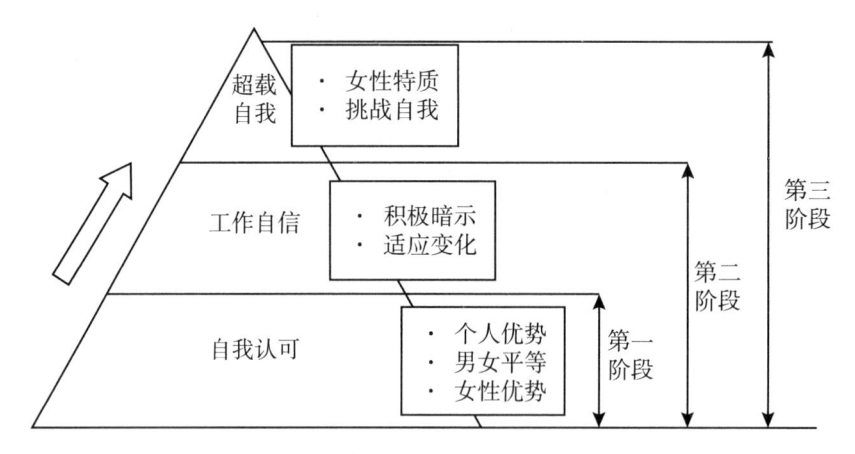

图 8-6　女性经营管理人才自我效能感的动态演化

在生涯发展的领域中，女性经营管理人才的自我效能感随着时间、信息和经验的变化而变化。自我效能感是一种人格特质，也是对特殊情境的反应状态，不是消极被动的，而是具有动态性的。女性经营管理人才的自我效能感大致经历三个阶段，每个阶段自我效能感都有不同的特征，并在包含前一阶段自我效能感认知的基础上产生新的更高的自我效能感，并以产生的自我效能感作为阶段性的核心自我效能感。她们在职业发展的过程中自我效能感呈现递增的趋势。

命题 5：女性经营管理人才的自我效能感不是消极被动的，而是具有动态性的。女性经营管理人才的自我效能感大致经历三个阶段，每个阶段自我效能感都有不同的特征，并在包含前一阶段自我效能感认知的基础上产生新的更高的自我效能感，并以产生的自我效能感作为阶段性的核心自我效能感。她们在职业发展的过程中自我效能感呈现递增的趋势。

第九章

女性经营管理人才职业成长匹配规律

个体—组织匹配理论可以很好地解释个体层面与组织层面间的相互协调、相互作用,也是个体—环境匹配研究中的一个重要方面。其中环境包括多个维度,即职业、组织、工作和其他,个体与这些维度之间均有可能发生不同程度的相互作用,而个体与组织匹配是整个个体与环境匹配中的重要维度且处于中心枢纽地位。大多数的学者将个体—组织匹配定义为个体—组织的相容性。目前,主要有两种匹配观点,一为一致性匹配,即个体特征(如个性、价值观、目标、态度等)与其组织特征(如组织氛围、组织价值观、组织目标等)具有一致性;二为互补性匹配,即个体的特征可以弥补组织特征的不足(Muchinsky & Monahan,1987)。克里斯托弗(Kristof,1996)在归纳以往研究结论的基础上指出,这两种匹配都是存在的,两者应该整合起来,从而可以完整地理解个体—组织匹配的概念(见图 9-1)。他同时指出,供求的互补关系也是"需求"与"满足"的一致,其本质上也是"一致性"关系。因此,笔者认同克里斯托弗的观点,认为个体—组织匹配包括一致性匹配和互补性匹配两个维度。

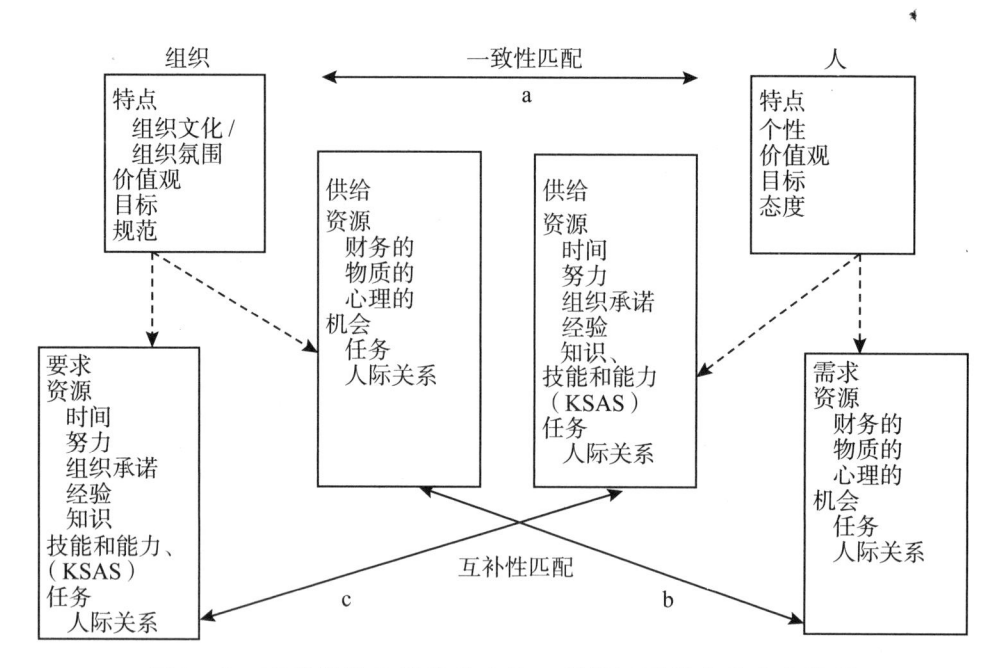

图 9-1　克里斯托弗提出的个体—组织匹配概念化定义模型

资料来源：Kristof, A. L. Person-organization Fit: an Integrative Review of Its Conceptualizations, Measurement, and Implications [J]. *Personnel Psychology*, 1996.

克里斯托弗（1996）认为个体与组织匹配是有关个体与他们所工作的组织之间产生相容性的前因和后果的研究。个体与组织匹配的概念需要建立在个体与环境互动理论基础之上。这种观点认为，不论是个人特征还是环境特征，均不能单独解释人的行为及态度的差异，而人与环境的交互作用才能够最大限度地解释这种人与人之间的差异。目前关于该领域的研究表现为两个取向：一是侧重于从理论的层面上探讨个体与组织匹配的内涵、结构、范畴及意义；二是侧重于从实证的角度展开个体与组织匹配的测量、效果及其对个体及组织的影响研究。万利等（Wille et al.）指出，个体—组织匹配会促进个人与组织间的"动态互惠"（Wille et al., 2012）。

第一节　研究设计

一、研究样本

笔者研究用于建模的 24 位企业女性经营管理人才中，对其职位、企业性质、年龄、学历和分布区域等6个方面进行了分类。从职位分布来看，研究中的24位女性经营管理人才均是总经理或董事等职务；从企业性质分布可以看出，民营企业的女性经营管理人才为11人，外资企业的女性为7人，台湾企业的女性为1人，合资企业的女性为2人，国有企业的女性经营管理人才为3人（同时，从研究对象所从事的行业分布来看，主要有科技互联网行业9人，制造业3人，金融投资业3人，服务业、银行各3人，广告业2人和房地产行业1人）；从年龄分布来看，30~40岁区间的女性经营管理人才有2人，40~50岁区间的有10人，51~60岁区间的有12人；从教育程度来看，MBA/EMBA学历的女性经营管理人才共有4人，博士学历的有2人，硕士学历及以下的有18人；从地域分布的状况来看，中国大陆地区的女性经营管理人才有20人，中国香港、中国台湾地区、法国与澳大利亚的各有1人。研究对象的一般资料整理如表9-1所示。

表9-1　女性经营管理人才匹配规律研究样本的一般资料

编号	代码	数据来源	职位	企业性质	年龄（岁）	学历	地域
1	W1	二手数据	联席总裁	外资企业	51~60	硕士	中国大陆
2	Z1	二手数据	总裁兼首席运营	民营企业	51~60	本科	中国大陆
3	W2	二手数据	总裁	民营企业	41~50	博士	中国大陆
4	L1	二手数据	大中华区总裁	外资企业	51~60	硕士	中国大陆
5	Z2	二手数据	董事长	外资企业	51~60	硕士	中国大陆
6	T	二手数据	董事总经理	台湾企业	41~50	本科	中国台湾
7	L2	二手数据	董事总经理	外资企业	31~40	硕士	中国香港
8	L3	二手数据	总经理	民营企业	41~50	EMBA	中国大陆
9	W3	二手数据	董事局主席	外资企业	41~50	博士	中国大陆
10	Z3	二手数据	高级副总裁	民营企业	51~60	硕士	中国大陆
11	Z4	二手数据	亚太董事总经理	外资企业	41~50	硕士	中国大陆
12	Y1	二手数据	联合总裁	民营企业	41~50	MBA	中国大陆
13	Y2	二手数据	总经理	合资企业	51~60	本科	中国大陆
14	Z5	二手数据	董事长	民营企业	51~60	本科	中国大陆
15	Q1	二手数据	零售银行副总	国有企业	41~50	本科	中国大陆
16	D1	二手数据	董事长	国有企业	51~60	EMBA	中国大陆
17	L3	二手数据	执行董事	民营企业	31~40	本科	中国大陆
18	W4	二手数据	总经理	合资企业	41~50	硕士	中国大陆
19	D2	一手数据	全球产品总监	外资企业	51~60	本科	法国

续表

编号	代码	数据来源	职位	企业性质	年龄（岁）	学历	地域
20	H	二手数据	董事长	民营企业	51~60	本科	中国大陆
21	J1	一手数据	人力资源总监	外资企业	41~50	本科	澳大利亚
22	Y3	二手数据	总经理	民营企业	51~60	硕士	中国大陆
23	Q2	二手数据	总经理	国有企业	41~50	本科	中国大陆
24	G	二手数据	CEO	民营企业	51~60	EMBA	中国大陆

二、资料收集

案例研究的原始资料可以通过不同的渠道获取，搜集方法包括：文件（正式报告、公文、演示文稿等）、档案记录、访谈、问卷、直接观察、参与观察等。本书严格按照扎根理论研究方法的理论操作步骤，展开对研究对象的选择，总共选择了 24 位企业女性经营管理人才，她们分别来自中国大陆的民营企业、国有企业、欧美外资企业以及中国台湾企业。

其中，22 位企业女性经营管理人才的资料是来源于访谈报道等二手资料的搜集与整理。本书在确定研究对象的基础上，考虑研究资料的可获取性，通过深入阅读个人传记、剖析网络资源（访谈节目、社会采访、期刊采访、论坛讲话、个人演讲等）等方法获取本文的二手资料。基于搜集到的资料，笔者逐字逐句对所得文字进行归档编码并存储。

此外，笔者在搜集到的二手资料的基础上，参与某知名外资企业举办的女性领导力论坛，参与论坛的是该企业的中国区人力资源总监等女性高管，从而获得一手资料；以及参与访谈了某知名外资企业的全球产品总监，访谈采用半结构化的形式，获得直接的一手资料，用以辅助二手资料的研究。笔者通过对二手资料进行研究，进而确保信息来源的广泛性、多样性和分析得到的结果的合理性、有效性。

第二节 资料整理与编码分析

一、开放性编码

开放性编码是将收集到的资料打散，通过分类、进行求同性和求异性比较以归纳出描述现象的概念,并将概念范畴化的过程。笔者将研究对象在相关资料中提及与其职业成长有关的内容进行整理,分为组织与个人层面,得到308条原始语句,通过概念化和范畴化后,归纳出86个初始概念,14个主范畴,笔者将具有代表性的语句进行整理后,形成见表9-2和表9-3。

表9-2　　　　　开放式编码——个体层面（部分示例）

范畴	原始语句（初始概念）
B1 积极情绪	W3 生活健康有规律,这能给你提供好的精神状态,积极正面,工作自然有激情。 W3 当遇到挑战的时候,用正面的想法去面对,要重视你也许创造出了新东西,而不要计算有什么失去了。这样考虑,会不会诗人很高兴? W1 Do what you love and you will love it,是最近微信朋友圈里流行的,我认为它很有道理,也许就是计划赶不上变化的改写版,还是用开放的心态面对你未来的职业发展。 Y 我在中国接受的教育是系统化的,学习并保持了做事做人的严谨作风;我认为在美国,我的收获表现在无惧失败、勇于创新,同时,始终努力保持一种轻松的心态
B2 寻求挑战	W1 安逸的生活很快让她感到乏味。和多数女性不同,她并不喜欢安稳的生活,喜欢把自己置入一个有挑战的环境。 W1 从小时候的离家出走到今天的"消防队大队长",自由、冒险、大胆这些词似乎一直贯穿我的生活,我觉得大胆是一种承担,人应该学会在动态的环境中生存。 W1 我想机会永远是给有准备的人,当你有理想情怀,你有这种好奇心,有一直往前闯的冲动,当一个新机会摆在你面前的时候,往往会改变你过去的所谓的规划或者计划,反而会领你到一个更加宽阔的大道上,因为往往这样的机会是你非常感兴趣的事情,这种感兴趣会让你热爱这件事情,把你的职业发展引领到更高的高度。 W2 人都是要死的,我非常讨厌一眼见底的人生,渴望挑战不同的事情,将隐藏在自己身上的潜能全部激发出来。 W2 我发现做电视对我也变得没有挑战了,生活又是一眼就能见底的境况,而且让我过得越来越安逸。安逸是可怕的,它会吞噬你的能力。 W2 她从小骨子里注满了不安分的因子,求新求变、崇尚自由的思维和脚步从未停止,拥有典型双子座的性格特征

续表

范畴	原始语句（初始概念）
B3 尝新性	L1 无论是事业还是生活，我从来不偷懒。你可以说我做得还不够完美，但你不能说我没有尽力。不去尝试，机会是零；去努力了，就有50%成功的机会。人生就是由每一天、每一个事件、每一个危机的处理和每一个销售的业绩组成的。如果你在小事情上苟且，那么你在大事上和你的一生中，一定是一个苟且的人。 W1 我觉得勇气一方面是来自对这个行业的熟悉度，另一方面来自天性。别人眼里的噩梦，我觉得还好，先干了再说。这是我的天性。 W1 妈妈对她的描述是从小什么都敢干，跟着哥哥去田间抓螃蟹、抓黄鳝，完全一副假小子模样。小学的课程对她来说很轻松，不怎么学成绩也不错，三年级就开始做大队长。 T 人们天生倾向不喜欢变化，因为害怕失去……而我勇于拥抱改变并且相信自己……我在面对各种挑战和低潮时，我总会先选择相信自己，才发现自己的潜力远比想象中还要大得多。然而无论结果如何，就算失败，也绝对不能失去斗志
B4 协调生活	Y 我做完了一件事，是不愿意重复第二遍的，所以我可能会把很多东西模式化、模板化，就像我现在用的文件是我1993年的那个模式，我觉得，人的精力要发挥出高效率，做有意思的东西。 Z2 因为每天都有目标，所以我要有合理的安排。而且我会注意生活和工作时间的协调。现在尽量要缩短一点工作时间，把生活、运动和读书安排得更丰富一些

表9-3　　　　开放式编码——组织层面（部分示例）

范畴	原始语句（初始概念）
B32 重视员工发展	L1 我们致力于促进接合和尊重每个员工的个人，支持他们，因为他们在工作和生活的环境中蓬勃发展。我们的项目和机会，整个公司的各个层面，并在每一个部门的延伸，都在不断重新评估，以确保它们仍然适用，有效地为大家所有
B33 平等文化	W1 公司最早是由我和十几个早期的创业团队来共同形成的，我们这些人的做事风格都是待人很诚恳、平等、公平，特别尊重人，讲求事业心。随后，整个这种氛围在公司就逐渐传播开了，渗透到各个角落。我们会继续发扬并保持这种最原始的创业精神。 W1 我不认为下属在人格上和我是不平等的，在公司所有人都是平等的。员工没有专门为我端茶倒水的，都是我自己来。如果大家因为观点不同，你和我大吵大闹，都没关系。虽然这些都是细节，但是很多细节都能够体现出公司平等的文化。 Z3 公司的文化核心就是讲道理，追求做三类人：好人——能尊重理解、口服心就服的人；明白人——能倾听沟通，听得懂道理的人；能人——能分清是非，讲得懂道理的人

二、主轴编码

主轴编码主要是通过比较和分类的方法，发现和建立概念和范畴、范畴与范畴之间的各种联系（陈向明，2000）。通过分析，笔者对开放性编码中提取的范畴进行分析，个体层面得到"个体价值观""个体目标""个体特质""组织承诺""工作绩效""工作满意度"和"职业成长"七个主要范畴，组织层面得到"组织价值观""组织目标"和"组织氛围"三个主要范畴，各主要范畴及其对应的开放式编码范畴如表9-4所示。

表9-4　　　　　　　　　主轴编码分析

主范畴	次要范畴	对应范畴	关系的内涵
个体特质	外向性	B1 积极情绪	女性经营管理人才具有积极情绪和乐于寻求挑战的外向性格特征
		B2 寻求挑战	
	开放性	B3 尝新性	女性经营管理人才乐于尝试新鲜事物，并善于协调生活，具有开放性的性格特征
		B4 协调性	
	领导特质	B5 领导风格	女性经营管理人才具有倾听，善解人意等领导风格，同时具有善于与他人沟通，同理心等情感因素，形成了其个体的领导特质
		B6 情感因素	
个体目标	自我控制	B7 条理性	女性经营管理人才的条理性、责任感和坚韧的品格使其能够良好地自我控制，是其个体目标之一
		B8 责任感	
		B9 坚韧	
	学习行为	B10 自我成长	女性经营管理人才追求自我成长和终身学习这些能够提升自我的学习行为
		B11 终身学习	
个体价值观	价值取向	B12 自我实现	女性经营管理人才的个体价值观体现在自我实现与奉献他人的价值取向中
		B13 奉献他人	
个人需求	资源	B14 工资	女性经营管理人才需要组织提供的工资、福利与成就感等资源
		B15 福利	
		B16 成就感	
	机会	B17 晋升	女性经营管理人才需要组织提供的晋升和人际关系等机会
		B18 人际关系	

续表

主范畴	次要范畴	对应范畴	关系的内涵
个人供给	资源	B19 时间	女性经营管理人才能够提供工作的时间、鼓励和相关工作经验等资源
		B20 努力	
		B21 经验	
	技能与能力	B22 专业技能	女性经营管理人才能够提供与工作相关的专业技能和周边关系等技能与能力
		B23 周边关系	
组织承诺	感情承诺	B24 包容合作	当组织具有包容合作的氛围时,女性经营管理人才更倾向于用感情上的承诺来衡量其组织承诺
工作绩效	任务绩效	B25 逐步提升	任务绩效与周边绩效从两方面提升女性高层次人才整体工作绩效
	周边绩效	B26 协作	
工作满意度	工作认同	B27 尊重感	女性经营管理人才在工作中获得的尊重感、成就感和自豪感使其对工作高度认同,加深其工作满意度
		B28 成就感	
		B29 自豪感	
职业成长	个人发展	B30 工作机会	当职业能提供更多的工作机会以及工作多样性时,会促进其个人发展,引发职业成长
		B31 工作多样性	
组织目标	共同发展	B32 重视员工发展	组织以员工与组织共同发展作为组织目标
组织氛围	组织气氛	B33 平等文化	组织具有平等、规矩与民主、重视创造力的组织气氛,形成组织特有的氛围
		B34 规矩与民主	
		B35 重视创造力	
组织价值观	组织观念	B36 诚信原则	组织具有诚信、关注文化与社会责任的组织观念,形成组织价值观
		B37 关注文化与社会责任	
组织要求	资源	B38 时间	组织需要员工提供时间、努力及相关的工作经验等资源
		B39 努力	
		B40 经验	
	技能与能力	B41 专业技能	组织需要员工提供相关的专业技能和周边关系等技能与能力
		B42 周边关系	
组织供给	资源	B43 工资	组织能够为员工提供工资、福利和相应的组织支持
		B44 福利	
		B45 支持	
	机会	B46 晋升	组织能够为员工提供晋升及人际关系等机会
		B47 人际关系	

三、选择性编码

选择性编码是对主轴编码所得主范畴之间的逻辑关系进一步提炼与归纳的过程，通过"建构性解释"来理顺各范畴之间的逻辑关系，描述扎根研究所呈现的整体结构以形成基本的理论框架。本书在开放性编码和主轴性编码的基础上，厘清各主要范畴之间的关系，如图9-2所示。

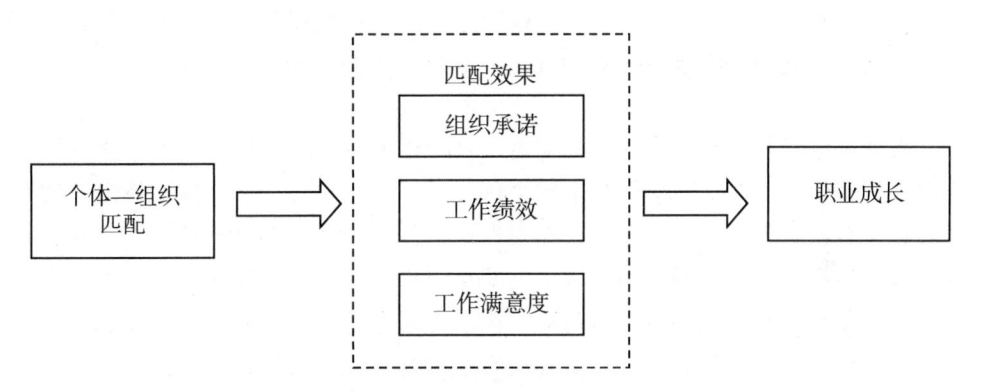

图9-2 个体—组织匹配对女性经营管理人才职业成长的影响分析模型

第三节 职业成长的个体—组织匹配

个体—组织匹配是个体与组织间相互协调适应的过程。它的实质是个体价值观、个体目标和人格特质分别与组织的组织价值观、组织目标和组织氛围产生一致性匹配，及个人需求和组织供给，个人供给与组织要求之间产生互补性匹配。通过笔者对访谈资料的搜集与整理和质性研究发现，女性经营管理人才职业成长过程中具有个体—组织一致性及互补性匹配特征。

一、个体价值观与组织价值观一致性匹配

女性经营管理人才与组织间存在个体价值观与组织价值观的一致性匹配。女性员工的个体价值观与其所在的组织价值观拥有较高的匹配度时，员工会对组织有较高的认可度，同时组织价值观会融入员工的日常工作中。而女性员工所具有的善解人意、关系导向等特点，也会渗透其价值观，并在工作或对外接触的过程

中贯穿组织价值观的实践过程，二者的价值观相互渗入，逐渐融为一体。反之，当个人价值观与组织价值观不匹配时，女性经营管理人才则很可能无法融入组织生活中，导致离职。这可以从研究对象的一些代表性观点看出来，如"W1 公司的文化相对来说比较人文，这反映在我们更为注重环境保护，注重社会公平，对关注普通人的生活，包括艾滋病的预防等，我也很关心此类事情，同时反映在公司的网站上"；"L1 这种共同的价值观驱动器集我们在公司的一切，招募和留住最优秀的企业员工"，等等。

二、个体目标与组织目标一致性匹配

女性经营管理人才的个体目标与组织目标逐渐匹配。女性员工的个体目标与组织目标有较高的匹配，女性员工则会认可组织文化和目标，并逐渐将组织的目标转化为自己努力的目标。并且，在女性追求目标时会表现出其性格中坚韧、积极和寻求挑战的一面，努力为实现个人及组织目标而奋斗。同时，组织也会在考虑了个体差异的基础上调整组织目标，使之更好地为组织中的个体所接受。在我们收集资料过程中，很多研究对象都反复强调这一点，如"W1 在公司会有一些大家都不愿意去接的事情，因为这些事情非常难做，不过，每当到她的手上，连她的下属都劝她不要触及，她反而觉得有点兴奋，随即就答应下来。那种领着自己的手下冲入敌阵杀出一条血路的成就感是她喜欢的"；"W3 所有成功女性无不是通过自己的努力得到社会的认可，所以从创立公司直到今天，真正使我骄傲的是公司将第一个中国企业带到了欧交所，并将记载在欧交所的历史上"，等等。根据斯奈德（Schneider, 1987）提出的 ASA 理论，个人倾向于选择具有相似目标的组织，这可以帮助他们实现的个人目标，组织也倾向于选择与他们的目标相似的个体。

三、人格特质与组织氛围一致性匹配

女性经营管理人才的人格特质与组织的组织氛围逐渐匹配。女性的人格特质与其所处的组织氛围有一致性的匹配，有助于女性人才在组织的工作过程中有获得平等的机会去承担工作任务。这种情境下，她们感知到组织对她们的支持，其个人特质将会被激发，如细心、温柔和同理心等特点都能够有效地发挥，使其能够更好地胜任，最终获得良好的工作表现。同时，组织也会调整组织氛围以使女性人才更加适应工作环境，达到共赢局面。研究对象的一些代表性观点如下："L1 我们致力于促进接合和尊重每个人才的个体，支持他们，因为他们在工作和生活的环境中蓬勃发展";"Z1 我做为母亲,从某种程度上来说,对工作都是有帮助的。这个过程教给我的是你要站在别人的角度替别人去想。把它用在工作当中也有很多好处,我是觉得这是一个挺重要的品德和沟通的方式,男人女人都应该具有这个能力,女人可能感触会更深",等等。个体发生的行为会影响环境,并对之后所面对的情景的选择产生影响,反过来,这些情景也会对个体产生影响。当个体面对某种情景时,会产生与其人格特质相符的行为表现。

四、个人供给与组织需求逐渐匹配

女性经营管理人才的个人供给与组织要求逐渐匹配。女性员工的个人供给与组织要求有较高的匹配程度时,组织会给与女性员工更多的支持,因为其需要女性员工更多的贡献。越来越多的企业意识到"关系型"领导的重要性,并愿意为此提供支持,因此,女性人才具有的亲和力等特点成为有力的供给。当女性人才感知到组织给与的支持时,就会受到激励,同时提升自我,提高自身的供给水平。这一现象得到一些研究对象的一致认同,如"Q1 高管要做的首先是把握全局的能力,能够有前瞻性,作为高管首先要具备领导力;其次是推动执行力,很多一把手往往会有些匪气和霸气,但女性相对而言会柔弱一些,我就是那种看上去有些柔弱的领导,但这不代表决策可以不果断;最后就是带领队伍的能力,我是那种'以理服人型'的,比较前瞻性地去和大家分析未来、描绘蓝图,给下属一些正向激励。但银行并没有因为我是女性而不给我晋升机会,反而在很多方面给了我非常多的支持",等等。

五、个人需求与组织供给逐渐匹配

女性经营管理人才的个人需求与组织供给逐渐匹配。当女性人才的个人需求与组织供给有较高的匹配程度时,女性人才会更加全身心地投入到工作中,因为其需要组织为其提供资源和机会。思维模式为女性经营管理人才带来优势的同时,也同样会带来劣势,如理性、逻辑性等方面女性比较缺乏。并且,女性人才重视感情交流等特点,使其需要从组织得到关怀与爱护。当组织意识到女性人才的不足与需求时,会更有针对性地提供资源和机会,满足其个人需求及成长,使其更好地工作。研究对象的一些观点如下:"Z4 要珍惜工作机会,热爱自己的工作。只有在工作中,我才能够实现自我价值";"T 我们把每个人才作为一个'人',而并非作为一个工具来对待。我们帮助他们解决所有的困难和麻烦——工作,疾病,酗酒等。公司帮助人才,目的是让每一个人的天赋得到最佳的施展",等等。

个体—组织的一致性匹配与互补性匹配构成了完整的个体—组织匹配体系。女性经营管理人才个体—组织匹配的匹配过程如图9-3所示。

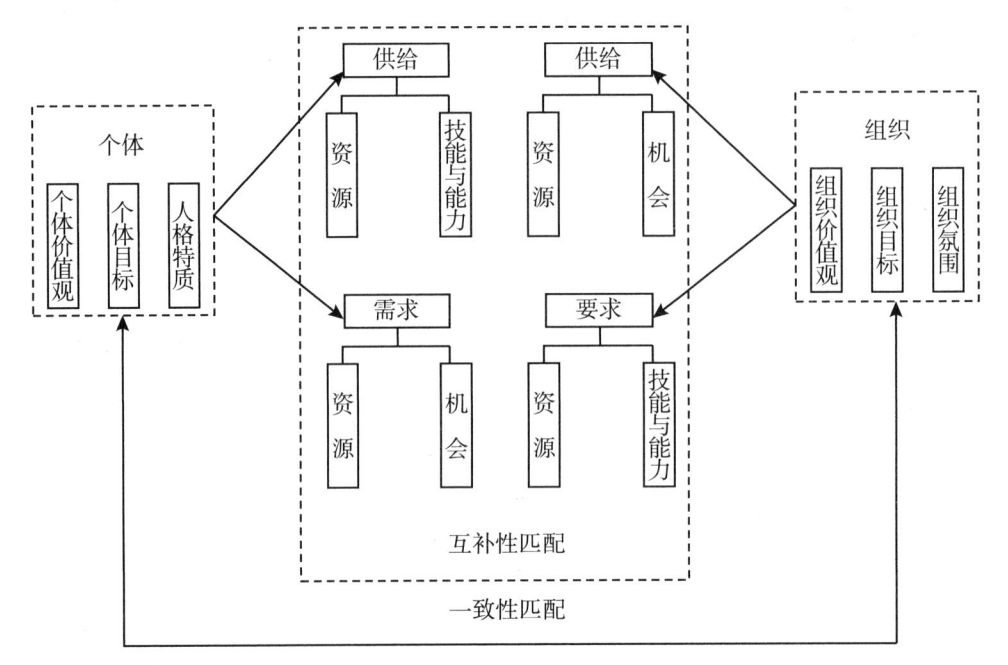

图9-3 个体—组织匹配过程

笔者采用定性研究方法，以24位女性经营管理人才为研究对象，在案例研究与理论推演的基础上，探究个体—组织匹配情景对女性经营管理人才职业成长过程的影响。研究表明，女性经营管理人才个体与组织之间存在一定的匹配关系，个体与组织匹配在各个维度的相互匹配促使女性经营管理人才在工作中获得较高的组织承诺、工作绩效和工作满意度，从而促进其职业成长。女性经营管理人才在组织中的影响作用受到越来越多的重视，然而，企业高层中的女性占比删掉仍然较低。目前，已经有些学者研究了女性获取职业生涯成功的个体层面上的影响因素，但是，从个体—组织匹配视角对此问题进行研究的学者较少，这一块的理论知识较为空白。本章节在克里斯托弗（1996）提出的个体—组织匹配概念基础上，验证了女性经营管理人才个人与组织间具有一致性匹配，并总结出了如下规律：

命题1：女性经营管理人才的个体价值观与组织的组织价值观将会逐渐匹配；
命题2：女性经营管理人才的个体目标与组织的组织目标将会逐渐匹配；
命题3：女性经营管理人才的人格特质与组织的组织氛围将会逐渐匹配；
命题4：女性经营管理人才的个人供给与组织要求逐渐匹配；
命题5：女性经营管理人才的个人需求与组织供给逐渐匹配。

第四节 职业成长的个体—组织匹配效果

一、个体—组织匹配对组织承诺的影响

女性经营管理人才的个体—组织匹配度越高组织承诺越高。克里斯托弗等（2005）研究发现，个体—组织匹配与组织承诺间存在显著的相关关系。斯里福斯通（Silverthorne，2004）随机选取了台湾地区的120个样本展开研究，数据显示价值观一致程度较高的组织，其员工也反映出较高水平的组织承诺。符健春等（2008）实证研究发现，个体—组织匹配与组织承诺间呈正相关关系。王震等（2009）认为，当个体和组织在价值观方面表现出一致时，个体会表现出较高的组织认同和角色外行为，并对个体对组织的承诺水平有显著影响。根据易普力克等（Iplik et al.，2011）在对土耳其酒店管理人员的研究中发现，个体—组织匹配程度越高，员工的组织承诺也越高。当女性经营管理人才对组织的目标或价值观有较高的认可时，同时她的需求能被组织满足时，她会更深刻地感受到自身对组织的"义务"，表现出更强的组织承诺，从而为组织的利益努力。这一现象得到许多研究对象的印证，如"L1我们几代人，多元文化的人才队伍已形成一种独特的围绕卓越创意、团队合作、机遇和包容的文化。这种共同的价值观驱动器集我们在公司的一切，招募和留住最优秀的企业人才"，等等。女性经营管理人才的个体—组织具有较高的匹配程度，其组织归属感则更高，进而表现出较强的组织承诺，从而愿意承担更多的工作职责和任务。

命题6：女性经营管理人才的个体—组织匹配度越高，组织承诺越高。

二、个体—组织匹配对工作满意度的影响

女性经营管理人才的个体—组织匹配度越高工作满意度越高。当女性经营管理人才的个体与组织匹配度较高时，她们会从心理上对工作感到满意。组织为女性人才提供了满足其需求的机会，当她们的需求得到一定的满足时，便会使其获得较好的工作态度和工作满意度。我们可以通过社会—心理理论来解释为什么个体—组织匹配会与人才的工作满意度有关系：人类都是倾向于群居的，并希望与那些和自己的心理特征具有相似性的其他人进行互动，因为这种互动活动会有助

于证明和强化他们自己的感情、信念和行为。因此，对于个人与组织匹配较好的组织来说，个人的工作满意度会提高。研究对象的一些观点如下："W1 公司是一个给予人才以尊重的组织，我们认为，一帮人经历很多才能聚到一块来一起做一项事业，所以每一个人都应该受到尊重。每位成员在公司能够开心地、有成就地工作，完成自己的梦想和抱负。公司承认每个人的平等地位，让每个人来到公司会觉得有一个晴朗的天空，可以让每个人各尽所长。只要你有想法，有能力，有一颗执着的心，愿意与他人合作，在公司将能够做事情"；"L2 我们在做事情的过程中强调创造力和想象力。我们非常自豪，曾开创了很多已经成为行业标准的实践和技术"，等等。女性经营管理人才的个体与组织有较高的匹配程度，女性在组织中会更多地表现出与组织需求或利益相符的行为，从而获得较高的工作满意度。

命题 7：女性经营管理人才的个体—组织匹配度越高，工作满意度越高。

三、个体—组织匹配对工作绩效的影响

女性经营管理人才的个体—组织匹配度越高工作绩效越高。当女性经营管理人才处于个体与组织匹配度较高的组织中时，她们更愿意为组织提供自身的资源，为共同目标努力，那么她们在组织中会表现出有利于组织的行为，其工作绩效随之提高。目前有许多研究人员研究了个体—组织匹配如何影响工作绩效，墨菲（Murphy）则在 1989 年首次指出基于结果的测量并不总是组织运作的结果，工作绩效应该根据行为而非行为的结果进行定义，并将工作绩效定义为与组织目标相关联的行为。加斯托福森和沐恩福特（Gustafson & Murnford, 1995）研究表明，个体人格特质分值一致的团队与工作满意和工作绩效相关，考虑到工作环境中的人格特质时，其对工作满意度和绩效的影响都增强了。这一结论受到许多研究对象的认可，如"L3 我刚到公司的时候让我做董事长助理，但我觉得宣传可能更适合我，因为我有一些文字功底，再加上我的毕业院校，所以就跟他说，我觉得我更适合做宣传，有挑战性的事情，董事长就同意了，我就直接在这里做，一步步地从宣传专员到高管，后来自己做一些独立的宣传的事情，除了我们公司的戏之外，其他公司的老板会跟我们老总说，我们也有一部戏，能不能让你们公司的宣传帮我们宣一下，我们觉得效益会更好一些，我们董事长也会允许这种事情"，等等。女性经营管理人才的个人目标与组织目标有较高的匹配程度，女性在组织中会更努力地为个人与组织的共同目标努力，从而获得较高的工作绩效。

命题 8：女性经营管理人才的个体—组织匹配度越高，工作绩效越高。

四、个体—组织匹配对职业成长的影响

女性经营管理人才的组织承诺、工作绩效和工作满意度对女性职业成长的促进是一个动态的过程,不论是组织内职业成长或是组织间职业成长(翁清雄,2009),都需要其自身的努力,同时需要组织的支持。员工在组织中职业成长的过程,不仅将使得人才对组织目标、价值观和组织氛围产生内在认同,而且也将员工的行为与组织的发展逐渐结合在一起。女性员工较男性员工而言更加感性、细腻、注重关系和情感交流,因此在其职业成长的过程中更加注重与组织间的关系。当具有较高的组织承诺时,女性员工会积极地完成工作任务,同时也愿意承担工作职责之外的事情,即表现出更多的组织公民行为,在此过程中也获得较多的学习机会,从而不断推动其自身的职业成长。较高的工作绩效会使女性员工从物质方面和精神方面获得激励,促进其不断提升,达到职业成长。多数学者发现工作满意度与离职呈负相关;与留任倾向呈正相关(Hulin, 1966; Willams & Hazer, 1986)。女性经营管理人才在组织中留任时间越长,得到的相关经验、能力以及晋升机会也会随之提升。同时,较高的工作满意度激发女性员工工作中保持积极乐观的情绪,并将这些正向的感受和变化带到其具体的工作行为上,经过不断的积累,女性员工将获得更多的工作知识和经验,她们也因此获得新的突破,不断提高对自己的要求,设定新阶段的工作目标,从而对其职业成长产生积极的影响。此外,组织在员工的工作过程中为其营造的工作气氛或提供的支持对这些女性成员来说都是能够促进其职业更快发展的、正向的动力和机会,她们能得到更多的有利于其个人职业成长的支持。许多研究对象的观点都可以体现出这一现象,如"D2至于我为何会选择这家公司,主要是因为它非常关注女性。历任总裁也都希望能为女性提供一个理想的职业发展机会,他们把这看作其工作的主题之一。目前经过三十多年的努力,我已经升任公司副总裁,而我自己实际也是被众多女性包围着,她们也拥有很高的职位,如全球品牌经理,或者负责营销和财务,等等。我们公司认为,提升女性是我们的主要职责。同时,我本人也积极帮助公司中的女员工,对她们的职业发展提出建议",等等。因此,笔者认为个体—组织匹配程度越高,对组织承诺、工作绩效和工作满意度的影响越大,进而推动女性经营管理人才职业成长的作用越强。女性经营管理人才在与其自身匹配程度较高的组织中工作,会产生较强的组织承诺、工作绩效和较高的工作满意度,在此过程中女性获得较多的学习机会并积累工作经验,进而不断推动其职业成长。

命题9:较高的组织承诺、工作绩效和工作满意度进而会促进女性经营管理人才各方面能力与素质的提升,达到职业成长。

第十章

女性经营管理人才职业成长进阶规律

女性经营管理人才的职业成长是一个动态的发展过程,由于女性特殊的生理因素和所承担角色的不同,其职业生涯的独特性较为显著,其心理发展也具有进阶性。但目前国内外对于女性特质和阶段性特征的描述多从不利于女性人才职业成长的角度考虑,而具体的解决性措施与建议显得较为宽泛和缺乏实效性。究其原因,主要为所研究的女性人才的典型案例还不够深入,缺乏透析其职业成长进阶关键性因素,没有对她们的成长轨迹或规律进行系统化的深入分析,使得研究结论或结果不明确,导致这些被研究的成功女性经营管理人才与后备人才形成"距离感"。基于此,笔者拟借鉴多学科对女性人才职业成长进阶相关研究成果,从个体层面的视角,通过质性的研究方法探寻女性经营管理人才职业成长的进阶驱动性因素,采用释意过程提炼其关键和共同成长要素,以此形成清晰的职业成长路径,并进一步探究其心理进阶的动态演化规律。

第一节 研究设计

一、资料收集及分析

本书研究的是探寻成功的企业女性经营管理人才是如何实现职业成长和进

阶，特别收集她们在职场关键事件下，对其心理与行为的描述与反思，所以选择深度访谈作为资料获取方式，并对职业成长的关键事件进行释意过程分析。

（一）深度访谈

深度访谈法是一种无结构的、直接的、个人的访问，在访问过程中，一个掌握高级技巧的调查员深入地访谈一个被调查者，以揭示对某一问题的潜在动机、信念、态度和感情。深度访谈法主要用于获取对问题的理解和深层了解的探索性研究，是从访谈获得的经验资料中挖掘关系，从而得出构思和理论（董奇，1992）。深度访谈通常分为结构化、半结构化和非结构化三类（陈向明，2000）。顾名思义，本书主要对女性经营管理人才其职业成长路径进行探讨，因此采用半结构化的访谈，是一种按照笼统的提纲进行的访谈，有一定的结构性，一方面可以保证访谈议题的相对集中，另一方面又具有灵活性，可以加深对问题的了解和认知并发现潜在性问题。

（二）关键事件法

关键事件法（critical incident technique，CIT）是通过搜集故事或关键事件，并根据内容分析进行分类的一种研究方法（Nicholson N.，1984）。该方法已广泛运用在教育、心理学、管理、人力资源管理、营销等众多领域。作为一种定性研究方法，CIT方法所提供的信息并不是客观的数字，而是主观的意见和印象，因而能有效发掘被调查者的情感与动机，并根据事实个案来深入地分析及探讨服务过程的问题（Gremler D. D.，2004）。切尔和皮塔韦（Chell & Pittaway，1998）认为CIT方法适用于任何有关分类的研究。本书研究中有关女性经营管理人才职业成长的动态演化的定性研究，可以通过CIT方法更有效挖掘被调查者心理、情绪与动机，并根据调查得来的关键事件来深入分析及探讨认知过程的演变。

释意概念可用来理解女性经营管理人才成功实现心理障碍突破的行为路径，形成诠释并形成承诺性诠释或结果效应。释意是指在复杂、模糊或者有压力的情况下，由个体经验所推演出的结构或意义的过程（Miles M. B，1984；Weick K. E.，1995）。本书研究拟从个体感知的主观释意视角，从释意过程所涵盖的诠释、诠释的推移、行动以及承诺性诠释四类要素展开，其中，诠释源自个体角色认同（identity）和脉络（context）。个体角色认同代表个人行为的主要动机就是去挖掘和建立自己独特的身份，它决定了女性经营管理人才的释意结果。释意的脉络包含内在脉络和外在脉络，外在脉络主要指环境脉络，即从不确定的情境中找出答案。内在脉络与个体认知紧密相连，诠释的推移指诠释会转化成为另一相关的诠释，或者引起对行为、角色的辩解，它可进一步导致行动本身，或承诺性诠释（Gioia D. A., Thomas J. B., 1996）。通常女性经营管理人才在行动之后会进行一个重要步骤，即向他人与自己辩解，说服自己与他人这么做的原因或行为发生后的结果，是社会结构、文化、甚至规范的重要来源，称为承诺性诠释。本书根据释意理论，一个人认知的因素为内在脉络，以个人感知的环境因素为外在脉络，采用多案例分析女性经营管理人才职业成长中的路径规律。

假定每位女性经营管理人才都有其独特的释意过程，但在释意过程可以找出若干影响释意的共同要素、运作规则及路径。遵循释意概念的一些基本要素，先分别建构出各位女性经营管理人才的释意过程，再归纳一个一般性释意过程模式。同时，研究采用三种分析方法：（1）类别与主题分析（categorization and theme），即依据受访者的叙述抽取出第一层次的概念；（2）领域式的分析（domain analysis），即依据不同受访者在这些叙述上的共同点将这一层次的叙述予以收敛，抽取出更高一层的概念，采纳相关理论的概念建构出每一位女性经营管理人才者在释意上类别分析的架构；（3）格式塔分析（gestalt analysis），尝试从整体出发，根据访谈的资料，分析意识经验中所显现出来的结构性或整体性（即格式塔），得出一个一般的模式。

二、研究材料的生成

（一）样本选取

取样对质的研究和量的研究同等重要。取样意味着的不仅是选什么人来观察或者访谈，而且包括场景和过程的设定。质的研究要求以对研究群体的深入理解为出发点，这决定了其取样的基本策略在于样本（无论是特定的人、场所或者事件）必须能够为研究者提供其他取样所不能替代的必要信息，所以质的研究取样可称为目的取样（purposeful sampling）。因此，关于量的研究所推崇的"概率取样"显然不为质的研究所拥戴，至于"便利取样"，虽然饱受量的研究的争议，但在质的研究取样中并不排除（Maxwell J. A., 1996）。

派顿（Patton, 1990）认为，即便是要考虑方便程度和成本耗费，那么也应该在充分设计获取最佳样本的策略之后再作考虑。可以说，便利取样既不能算为取样策略，更不属于目的性的考虑范畴。但是，韦斯（Weiss, 1994）并不完全接受这种观点，特别是当来自某个研究群体的样本获取难度特别高，或者存在数量相当有限的情况下，便利取样就会成为唯一可行的样本收集途径。麦克斯韦（Maxwell, 1996）还指出，随机抽样以样本规模较大为前提，而就相对小型的质的研究来说，研究者应当直接定位并选取有典型意义的样本，样本之间应当保持同质性，从而通过小的样本得出的结论可以充分代表这个群体的普通成员。同时，样本之间还应当保持异质性，也就是说，结论应当尽量广泛地包括群体中成员的不同情况。

不同于量的研究，质的研究的样本个数通常较小。毕竟，质的研究所关注的不是到底有多少人，或者到底哪一类人拥有某种共性，而是某种社会文化情境中人们建构现实的文化类属（categories）和假设（assumptions）。换句话说，质的研究不是去测量地形（survey the terrain），而是去地下开采（mine）。至于样本的具体数量，法国社会学家贝尔托（Bertaux，2004）认为，理想的数目应当以研究所需要的资料饱和为界，即新的资料中不再有新信息涌现。但很多质的研究者都秉持"少就是多"的原则。与其说仅仅涉及众多案例的表面，不如对精选的案例样本进行深入扎实的分析。扎根理论的创始人格拉泽与施特劳斯（Glaser & Strauss，1967）提出，如果运用"理论化抽样"的策略，样本的数量就成为一个相对不太重要的因素。麦克拉肯（McCracken，1988）在指导博士研究生时指出，为了保证对资料做尽可能详尽的分析，博士论文的样本可以小到以个位数计，但是"5"为浮现分析类别的样本最小值。麦克里根提出，8个样本对于一般的质的研究项目，已是足够（McCracken G.，1988）。

本书的取样结合目的取样和便利取样，兼顾样本的同质性和异质性。本书中选取的研究对象，属于企业经营高层次人才（企业决策层），具有典型性，所在企业均为上市公司。样本数的确定按照理论饱和的原则为准，即抽取样本直至新抽取的样本不再提供新的重要信息为止，最终访谈了13位女性经营管理人才，具体如表10-1所示。在积累和确定样本的过程中，每一次选增新样本的基本考虑在于，新样本与已有样本的基本情况差异是否已经足够大。

表10-1　女性经营管理人才进阶规律研究样本的一般资料

被访者	出生年	所在地	婚育状况	职业
L01	1957	上海	已婚、有孩子	中美合资公司中国区财务总监
L02	1954	广东	已婚、有孩子	美国公司任全国销售总监和副总裁
L03	1974	上海	已婚、有孩子	外资企业（日本）董事总经理
L04	1954	上海	已婚、有孩子	外资建材装修店长（已退休）
L05	1972	河北	已婚、有孩子	外资企业人力资源副总监
L06	1968	上海	已婚、有孩子	美国某跨国公司HR总监
L07	1969	山东	已婚、未生育	美国某国际著名跨国公司中国区总部市场营销总监
L08	1970	上海	已婚、有孩子	外资企业（美国）亚太区人力资源总监

续表

被访者	出生年	所在地	婚育状况	职业
L09	1969	北京	离异、未生育	欧洲某国际培训咨询公司中国区副总裁
L10	1974	上海	已婚、有孩子	外资企业产品线总监
L11	1962	浙江	已婚、未生育	某外商独资传媒公司总裁
L12	1975	江苏	已婚、有孩子	外资企业（德国）亚太区人力资源总监
L13	1964	北京	离异、未生育	上海某中港合资大型企业副总经理，负责销售

（二）研究过程

成功的研究所需要建立的研究关系，就是要在保证符合研究伦理的前提下，去获取能够回答研究问题的有效资料。因此，研究者有必要充分考虑确保研究进行的理想关系模式，以及如何建立这种关系。研究关系的建立一定要在研究设计阶段着重考虑，因为理想的研究关系绝不会在研究中自然形成（Maxwell，1996）。研究者希望本书的访谈对象，成功的女性经营管理人才既能对研究者开放地分享她们的生活故事，又能自然而然地对其中某些问题和事件做出反思。研究者希望她们乐意参与这项研究，因为这项研究是专门针对她们这个群体的。然而口述自传式访谈需要若干小时的时间和受访者的全情投入，对于国内很多女性经营管理人才来说是种新鲜但也令人不安的方式。

（三）进入访谈

本书所选择的13位案例所涉及的访谈共计17次，大部分均是在比较安静的办公环境中完成，尽管是在办公室，但是均是在受访者休息的时间完成，以使得受访者足够放松。另外两次在非办公室之外的访谈也均能保障环境僻静。同时，在访谈前，我们对受访对象告知访谈主题，以便其稍做准备。访谈时研究者采用了变换问题的方式，即主要了解受访者以"职业成长的关键事件"引入研究议题。谈论其于哪个阶段（when）以什么"竞争力"（what）实现职业成长，在其成长中如何看待自己（whom self），以及如何处理职业境遇（how）。整个访谈主体围绕两个方面展开：首先，了解其在职业成长中是如何层级攀升的，探寻她们的异同和职业成长进阶规律。其次，了解女性职业成长处于关键事件时的心理、行动以及应对策略。同时，还会进一步进行追踪式提问，内容以访谈情境的不同，探寻其优势以及劣势是什么？如何发挥或表现的？通过何种方式发挥与克服的？当面临外部的机会或威胁时，又是如何应对的？在访谈的过程中，让被访者尽量以讲故事的形式描述一下职业成长中的关键事件。从现有的质性研究文献看，学者们多使用面对面访谈获取所需要的信息资料，除了可以聆听、记录受访者的原始语言外，还可以近距离观察外部表情，洞察其内在心理，并在即时互动中有效调整访谈内容和重点。访谈全程录音，访谈时间大致持续在 1~2 个小时。

（四）编码策略

数据选择和分析技术是一种高度系统化程序，如果研究者能够有效执行这些程序，就可以达到较高的研究水准，满足研究发现的推广性、复制性、准确性、严谨性以及可验证性（Hesth H.，Cowley S.，2004）。因此，本书严格遵守施特劳斯（Strauss，1990）等的编码技术程序进行构件归纳和模型建立，以保证研究的信度和模型效度（Strauss A. L.，Corbin J. M.，1990）。编码时主要采用以下资料分析策略。(1) 编码小组。为避免编码者个人偏见对编码结果的影响，减少案例研究中的误差和提高理论敏感性（Afuah A. & Tucci C.，2000），本书由三位企业管理专业博士研究生组成共同编码小组。小组成员经过训练后，各自负责一部分案例的标签化，但每篇案例的概念化、类属化以及主轴编码等工作均由三名成员一起进行，有不同意见时共同讨论直到达成一致。(2) 备忘录。为每个案例建立一个表单作为备忘，记录该案例的编码结果和修改过程。(3) 理论抽样和不断比较分析，贯穿本书的整个编码过程。已形成的初步概念和类属对后面案例的编码起到指导作用，而当有新的发现，再与先前的编码结果进行分析比较，甚至返回案例修正概念和类属。这种螺旋式的比较分析能使归纳提炼的概念和类属以及类属间关系不断精细和准确。(4) 信度和效度检验。理论饱和度是模型效度的重要保证，经验认为样本数在 8~15 之间即可使理论达到饱和状态。当编码到最后完成全部 13 位案例时，新的信息很少出现。因此，本书模型具有较好的理论饱和度和效度。

第二节　职业成长的心理进阶释意要素研究

为探究女性经营管理人才心理进阶的动态演化规律，本书基于心理资本和角色认同等理论，采用释意过程提炼其关键词和共同成长要素。事实证明，很多女性经营管理人才在职业成长的关键事件中的行为模式具有深层次的心理归因，而角色冲突和"心理天花板"现已成为女性职业成长的突出障碍，目前对此项问题的研究较为缺乏且不够深入，因而对于一些成功的女性经营管理人才，需要掌握她们一些共同的破除机制，她们如何突破心理障碍，实现职业成长的心理进阶成为本书研究的重点。但是，从个体层面出发，对成功的女性经营管理人才心理方面的相关研究较少，"如何促进女性经营管理人才成功转型或心理突破"也是一项难题。针对以上总结和此次研究的重点，本书拟从女性经营管理人才职业成长的关键事件出发，挖掘每位女性经营管理人才独特或关键的职业成长经历，并探究她们如何进行调整、转变与突破的，从她们的释意过程中找出若干影响其职业成长的共同要素、运作规则及路径。

一、超越型职业成长释意要素

（一）财务总监的超越型职业成长关键事件分析

1. 释意要素

（1）释意来源分为三大类：①身份角色的认同。L01经历了"文革"，意识到作为城市来的女孩子能够和男孩子一样完成指标，胜利的喜悦让她们非常激动和开心。22~27岁之间回城在工厂就业并结婚生子，此阶段突出贤妻良母，相夫教子的价值追求，丈夫希望妻子放弃对事业的追求。在29~39岁之间的10年内成功调入机关做财务工作，辗转两家中美合资公司，从普通财务人员成长为财务经理，最终成为中国区财务总监。②个体内在脉络，从工作价值观、自我效能感/自信、知识与经验、成就感、责任、工作态度进行诠释。③外在脉络，从领导与同事支持、家庭支持、工作机会进行诠释。

（2）诠释的推移：个人与外在因素的互动过程表现在个体积极主动地调适，并得到信任与鼓励。这种互动的过程就体现在主动性、沟通、正面鼓励。

（3）行为表现：①经历"文革"时期，选择顺服并懂得积极自我调适。②在外企总能较快适应工作，这不仅来自其专业领域的经验积累，更与她已养成的顺服和好学的工作态度有关。③在面对挫折的时候，自我评估与反思，思维方式发生转变。④将重心由家庭向工作转变过程中，产生角色冲突，孩子和家庭一度成了个人发展的"牵制"，似乎只有工作和事业才是属于自己的，只有参与社会贡献才是有意义的。随着职业的发展，她似乎开始为自己努力工作的行为而遗憾，她给自己找出了健康问题的借口，促使自己萌生放弃执著追生涯发展的念头。近50岁了，已经做到中国财务总监的职位，再上升的空间几乎是没有了，她考虑功成身退，平衡工作与生活。

（4）结果表现/承诺性诠释：①并不曾刻意计较个人利益得失，然而外企那明显优厚的物质待遇和快速晋升，令她实实在在地感受到了学习的价值。②质量要求让她学会了目标导向,提高了自己的工作标准意识,其学习力度和方向得到强化。③实现了从顺服和适应到好学和积极主动的转型,成为独当一面的财务职业经理人,自然而然地成了她最显著的个人价值观和管理风格。④工作成了她生活中非常重要的组成部分,从工作中所得到的社会尊重和经济地位是家庭和婚姻所无法给予的心理满足。

2. 释意主轴

她个人的职业成长经验说明,能够去追求高等教育无疑是她人生中的重要选择,但不是偶然的决定和行为。而且单纯凭借接受高等教育所学到的知识和技能,并不能保证她取得事业成功,她之所以能够得到机会,并且能够利用机会去学习和发展自己,体现出的正是她作为个体与所处社会情境的互动与积极适应,并且在这种互动的过程中,更多地受到正面的鼓励与支持,获得学习与成长的机会,知识与经验不断积累与丰富,学习能力得到强化,认知不断的深化与明确,最终形成独具特色的工作价值取向与管理风格。图 10-1 展示了 L01 整个释意过程的主轴。

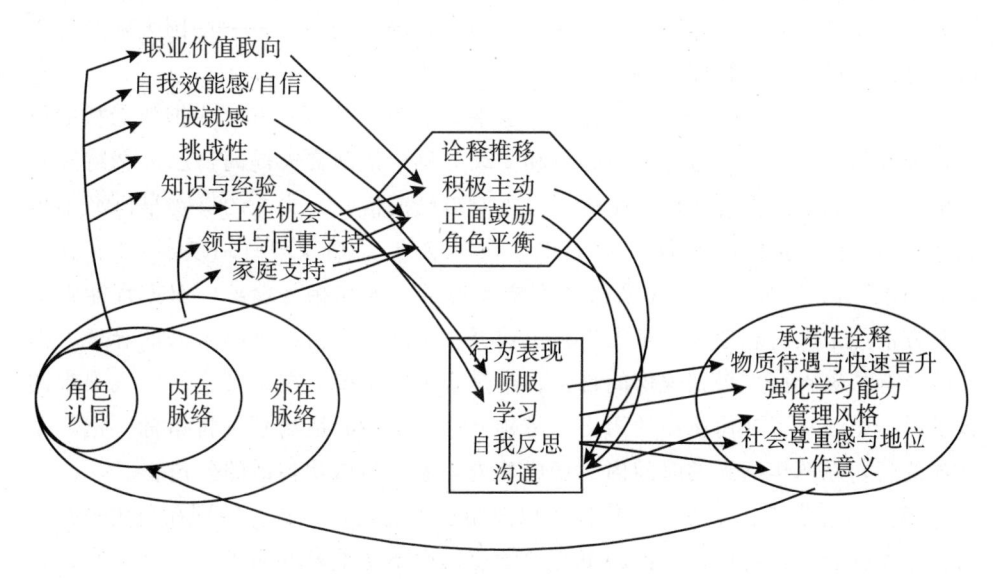

图 10-1 L01 释意过程主轴

(二)销售总监的超越型职业成长关键事件分析

1. 释意要素

(1)释意来源分为三大类:①身份角色的认同。从 L02 的叙述中,在工作中,立志于做行业中最棒的,对待家庭的角色,仍以丈夫为主,平衡多重角色。②个体内在脉络,从胆怯、自我效能感/自信、自尊与挑战性进行诠释。在工厂工作的十几年，除了坚持业余学习和钻研工艺业务技术外，对工厂和家庭以外的广大世界没有多少接触，也没有什么自信。L02 在成为香港公司老板业务助理后，个人潜能迅速得到发挥，很快就利用这个舞台提升了包装自己的能力，学会了做生意的过程和诀窍，把老板做生意的"绝活"学习到手，同时也越发看不惯老板损人利己的交易手段。在香港公司做业务助理给她养成了一些基本的仪容仪表习惯，而这些优势是那些一步跨入直销外企的新人所不具备的。直销行业要通过员工个人的成功案例来激励广大员工的工作热情和对个人成功的信心，"他们就像看明星那样"，团队对领袖的崇拜在直销行业是一种巨大的动力和文化。这种崇拜反过来会强化被崇拜者的自恋情结，使得自我感觉非常棒，觉得自己什么都好，"我觉得我也非常灵的"。进入外资直销公司后，规范的管理和经营之道，让她的潜能得到全方位地施展，工作业绩如同火箭上天，事业发展势头迅猛，公司决定要提拔她，送她参加公司领导力和业务背景的全面培训。③外在脉络，从家庭支持、工作机会以及"玻璃天花板"进行诠释。考虑到家庭角色，去平衡职业角色。在公司工作了九年，她登上全国销售总监的位置，拿遍了公司内所有业绩的荣誉奖励，但是却无法突破个人发展的"玻璃天花板"——中国大陆管理人员没有机会进入公司管理高层。

（2）诠释的推移：分享与鼓励进行诠释。①她一边通过和丈夫抱怨老板的行径来排解内心压抑，一边把学习心得和丈夫分享，帮助丈夫提高自己。②特别是直销行业所取得的成功，让她赢得了家人对自己的信心，丈夫的口吻早已经不再充满嘲笑，而是坚定的鼓励，"你行的，没问题的"，以及理解和包容，"实在不行就回来"。这时候的夫妻关系已经完全实现了平等和相互理解，双方都能够尊重对方依照个人的志趣和抱负做出自由选择。虽然 L02 身处远离家人的异地，但是她没有从家人那里得到愧疚的自责，全是亲情的支持。在走过了一段很艰难的日子后，她改写了公司业绩的历史，带领全体员工不断地刷新销售指标，把一个亏损的公司在两年不到的时间内，变成业内一家书写成功神话的公司。

（3）行为表现：学习、工作投入以及角色平衡进行诠释。特别在角色平衡方面，当家庭成员各自投入自己的事业和学业，而不注重家庭团聚和相互关心，让她在回家时感觉特别明显——没人在意自己。她组织了一个家庭会议，让家庭成员畅谈个人梦想。在畅谈中，全家人达成了相互理解，取得了重建家庭凝聚力的效果。她喜爱自己所拥有的一切——家庭和事业，觉得自己很重要，使她沉浸在自信和自恋交织的情感中，同时施展了个人的影响力。

（4）结果表现/承诺性诠释：①从收入来说，L02 很难割舍得下自己所培植起来的直销网络，这个网络就是自己收入的保障，那时候 L02 看到的主要还是短期的经济收入而不是长期的生涯发展。②但随着丈夫收入越来越多，她的收入对家庭的贡献已经开始不重要了,她又开始重新考虑抓住可以发展自己的工作机会。工作对她的意义已经超过家庭,工作中的自我实现体验促使她决定放弃曾经对丈夫做出的承诺,她不再满足以家庭为中心。她的事业之路已经难以停下前进的脚步,她开始长远规划个人生涯发展。

2. 释意主轴

L02 在讲述自我和家庭的关系时,给人的感觉就是随着事业成功,她对家庭关系也更加富有驾驭能力,家庭生活质量也得到提高,说明事业会让女性在取得事业成功的同时,拥有更加幸福的家庭生活。可见,她的生活已经烙上了深刻的职业特征印记,她把生活的真谛和工作的价值整合和内化到一起,成为一张为企业和直销代言的"活体"名片。曾经先后 54 次提到"梦想"一词,如果把握她和自己梦想之间的关系,也许就握住了她走向生涯发展的钥匙。她一方面专注实现自己愿望的目标,另一方面每次都能够成功得手的经验,对她的个人愿望不断构成着强化,个人愿望成为她自我意识中最重要组成部分。图 10-2 展示了 L02 整个释意过程的主轴。

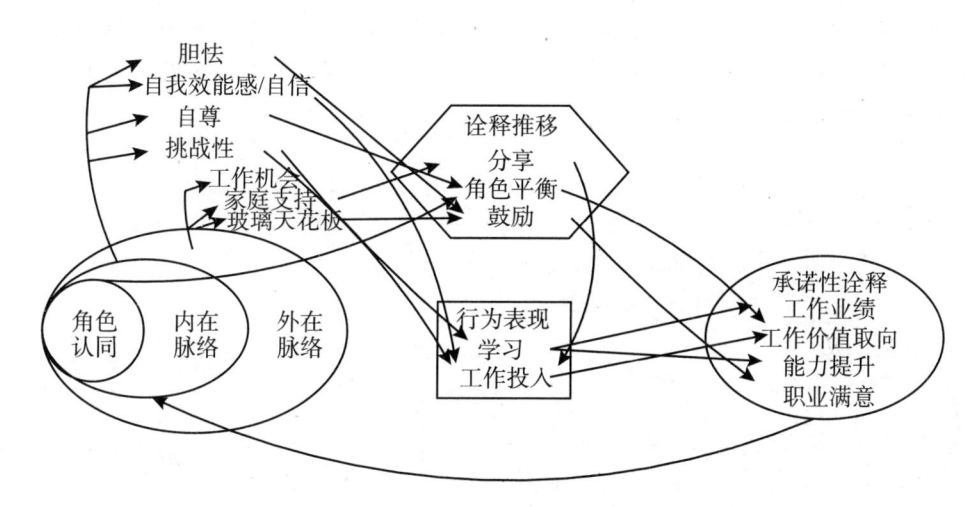

图 10-2 L02 整个释意过程的主轴

(三) 副总裁的超越型职业成长关键事件分析

1. 释意要素

(1) 释意来源分为三大类:①身份角色的认同。父母都是高级知识分子,童话般的教育,思想单纯,虽然有传统的思想,但是也有父母对自己的支持。②个体内在脉络,从工作态度、自我效能感/自信、知识与经验进行诠释。③外在脉络,家庭支持、朋友支持与工作机会进行诠释。

(2) 诠释的推移:在享受快速的晋升中,不可避免地会受到身边人的排挤,在此过程中，人际关系的处理会面临一定的困难，使得职业"瓶颈"出现，选择放弃，并离开公司，与此同时，造成人为在人际关系处理方面形成"内心"抗拒。

（3）行为表现：在原有的专业技能和工作经验的基础上，在跳槽后晋升速度非常快，每三个月就晋升一次，这与工作经验、不断学习和机会的把握是分不开的。创业四年，学会反思，学到的更多，明确了自己的价值方向。L03 非常重视创业的这段经历。她认为年轻人具有创业的经历非常可贵。

（4）结果表现/承诺性诠释：L03 认为高层管理者最为重要的是资源的整合能力。"你只有掌握了核心资源，培养出核心竞争能力，才有资格去想其他的，你必须要拥有些核心的东西，否则凭什么别人被你整合呢？"同样，随着职业成长，其价值观也从"小我"到"大我"进行转变，为社会带来更大的价值。

2. 释意主轴

L03 的职业经历较为丰富，对于她而言，有着很强烈的成就感，对于自己的状态比较满意。驱动其职业发展最根本的动力来源于自己内心的呼唤，并多次强调自己的追求，明确自己的职业价值以及个人的心智模式。L03 能够与访谈者口述许多专业化的词语，这与其受到的教育是分不开的。但是她并不满意目前的家庭生活，不能平衡好自己的角色，特别是与丈夫的关系。图 10-3 展示了 L03 整个释意过程的主轴。

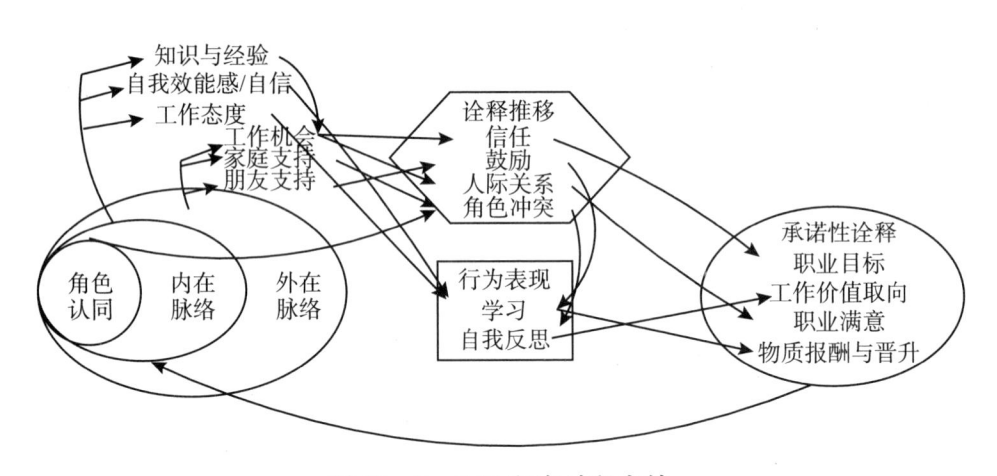

图 10-3 L03 释意过程主轴

（四）总经理的超越型职业成长关键事件分析

1. 释意要素

（1）释意来源分为三大类：①身份角色的认同。L04 两份不相关的职业经历都与其家庭生活交织，在幼教的职业经历中，角色转变不大，在第二段职业生涯经历中，很快地调整适应角色。②个体内在脉络，从梦想、成就感、自我超越、自我效能感/自信、职业目标、乐观、知识与经验进行诠释。L04 的第一份职业是幼教，幼教系统已经小有名气了，也被推荐为市第九届人大代表，当时只有三十出头就可以做到市人大代表，名气、创意、运气使得其有了新的想法，要求超越自我，转换职业。③外在脉络，从家庭支持、朋友支持与工作机会进行诠释。从小受到家庭的影响，自己身边人多从事教育行业，父母也灌输一些传统思想——"女孩子当老师就很好，有一份稳定的，还能照顾好家庭"。工作机会的赢得也是她积极主动争取的结果。

（2）诠释的推移：善于人际交往使 L04 在幼教时期获得了较好的业绩，在第二份职业经历中也表明人际交往的能力为其公关活动产生了很大的帮助。积极主动体现在主动性学习与反思，面临困难或问题时，不是内心的恐惧，而是分析与解决问题，展示内心积极乐观的性格特点。

（3）行为表现：在从事幼教的这段时间里，尽管会碰到一些问题或麻烦，但是均通过自己的主动学习与沟通，迎刃而解。取得了很多成绩之后，内心开始"膨胀"，驱使着自己挑战一下自己。这段职业经历对于 L04 而言，处于职业顺利发展的时期。在第二阶段中，是 L04 职业发展的低谷阶段，面临专业知识、经验缺乏，在多次面试的打击后，非常迷茫与盲目，在进行反思后，认为想做管理层不得不从基层、从头学习，将自身的优势与行业结合，选择自己擅长的培训与沟通，与进入的零售行业进行契合，一边学习一边成长。"我一生从事老师和零售这两个行业，同性是都是和人打交道。" L04 自认为与别人比较不同的，就是善于学习、善于总结。这两个能力是连在一起的，通过学习才会进步，才会获悉许多知识。

（4）结果表现/承诺性诠释：在公司发展比较顺利，中国分公司觉得老外做店长，也做副店长。L04 一直强调心态是很好的，职业的成功不能用职务来衡量。L04 觉得工作要开心与自然，"在这个企业里觉得就像在读 MBA 一样，每天进步一点点"，表明自己对从事的职业非常满意。

2. 释意主轴

L04 曾经从事幼教，职业发展处于巅峰的状态，认为没人可以超越她，为了满足内心的"膨胀"，决定挑战自己。在没有深思熟虑后，辞掉工作，在起初经受各种打击后，产生挫败感，在反思与调整后，将自身的优势与职业相匹配，寻找契合点，明确了未来的职业目标，不断地学习与反思，在工作中逐渐肯定自己，认可自己，一直把挫败感看成一种调味品——就像人生百味，展示了乐观的一面。图 10-4 展示了 L04 整个释意过程的主轴。

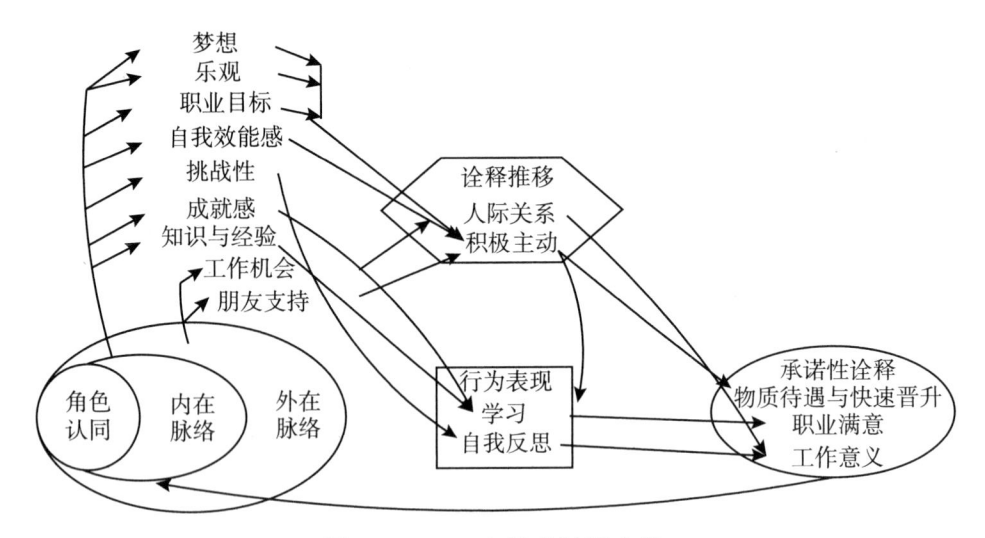

图 10-4 L04 释意过程主轴

  以上四位女性经营管理人才在其职业成长中，共同呈现出不断进行超越自我与主动性的特征。她们的职业发展道路并非一帆风顺，但最终都冲破了职业发展的"瓶颈"，实现从中层领导到高层领导的晋升路径。L01 经历了"文革"时期，主动学习，加上专业知识与经验的积累，3 年之间使她从基层晋升到中层领导，凭借着能力的提升，6 年内形成独具特色的价值取向与领导风格，一跃晋升到高层领导。L02 凭借出色的业务，从一位普通的销售人员成为公司的中层领导者，但仍旧面临"玻璃天花板"，在面临这种体制性的障碍时，并没有选择屈服，而是选择另一家公司，通过自己独特的领导技能让面临危机的企业重整旗鼓，赢得公司的认可，展现了个人价值和社会价值。L03 的职业经历较为曲折，但其职业晋升的脉络较为清晰，突出在其从基层到中层领导中主要凭借知识与经验的积累，主动性的学习赢得许多机会，但由于人际关系，使其被迫创业，这一创业经历让她的工作价值取向发生了转变。经历了顺境与逆境的她，不断地反思与学习，心智模式不断完善，最终突破职业"瓶颈"，成为外资企业的高层领导。L04 从事的职业并没有像前 3 位一样连贯，但仍旧表现出自我超越，其职业经历呈现了两个峰值，第一个职业峰值发展较为顺利，与其专业知识和职业目标密不可分。在选择进入第二个职业时陷入职业的低谷，在自我反思和学习后（匹配自身的能力与价值取向），事业慢慢发展，较为顺利地成为公司的高层领导者。

二、关系型职业成长释意要素

(一) 人力资源总监的关系型职业成长关键事件分析

1. 释意要素

(1) 释意来源分为三大类：①身份角色的认同。母亲角色的认同，母亲的榜样力量感染着女儿，内化形成了女儿的工作态度和观念。母亲作为女性，不仅不意味着软弱和受男性照顾，反而能超越男同事成为先进工作者。②个体内在脉络，从工作态度、责任、知识与经验、危机感、工作目标、工作价值观、乐观与勤奋、挑战进行诠释。③外在脉络，从工作机会与朋友支持进行诠释。

(2) 诠释的推移：个人与外在因素的互动过程表现在能够抓住工作机会，善于将自己的优势展现出来，面对困难时，积极主动反思后，平衡角色，做出选择与放弃。这种互动的过程就体现在人际关系的处理和信任，美国公司在没看她工作表现之前，就已经认可了她，信任地把职位交给她。

(3) 行为表现：①应对劳动和困难，学习，积极进攻，赢得认可。②当被提拔成为亚太地区人力资源总监后，L05 和老板发生了一些矛盾，矛盾的根源在于太追求自己的工作质量和个人原则，以至于忘记了人力资源部门本身就是公司的三线服务部门，忘记了外企的管理人员要服从于公司成本和盈利的全局考虑。"一个人的人生是短暂的，你自己要学会什么时候要放弃。"③L05 希望兼顾工作、家庭和个人的全方位发展，所以给自己设定了性别角色目标，这些性别角色的排序既关乎她在做出放弃选择时所考虑的重点，也关系到她在做出放弃选择时所要考虑的因素。

(4) 结果表现/承诺性诠释：L05 给个人设定的经济目标就是薪水上的考虑；同时，作为公司管理者，要有职业发展规划的考虑。其实，这二个目标实为合二为一，L05 的自我同一性就是职业经理人，这是自己真诚相信并努力奉行的角色，这同时也是实现好母亲目标的基础，是妻子角色所要平衡的内容，是能够照顾年迈体弱父亲的经济保障。

虽然在工作上不断进步，但是在家庭关系处理中不仅不能摆脱母亲的阴影，相反，事业的成功更加剧了不被婆家认可的矛盾。婆家自始至终没有人认可过她，不仅她的家庭出身受到鄙视，而且她通过努力而实现人生轨迹转变也没有令婆家对她重新认识。

2. 释意主轴

L05 关于服务家人的传统性别观念根深蒂固。L05 这种"服务"的心态意识产生于家庭，但是并没有囿于家庭的边界，这种对认可的追求扩散到日常社会生活和工作中对认可的追求，成为导致其专业化发展的内驱动力。从其职业成长的关键事件，可以看出在工作中有所放弃的时候，她最不能放弃的角色就是她的职业经理人社会身份。工作和家庭感受造成了她自我价值的内外不同一：在外是成功和受人尊敬的；在家却是受到轻视和排斥的。L05 所扮演的好经理、"坏"儿媳的双重角色不是自身造成的，而是自身生活经验与外界互动的结果。图 10 - 5 展示了 L05 女士整个释意过程的主轴。

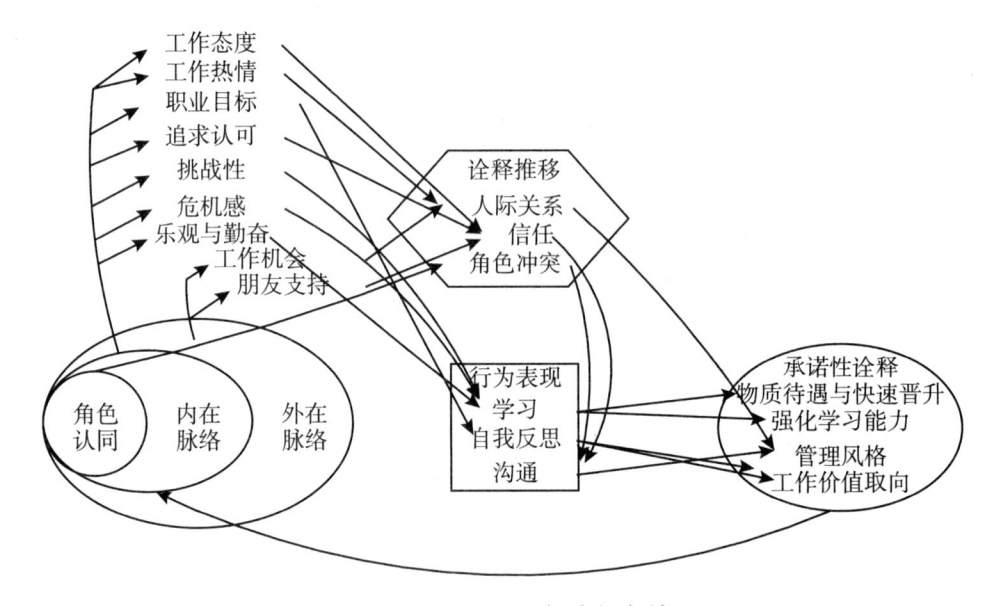

图 10 - 5 L05 释意过程主轴

（二）人力资源副总监的关系型职业成长关键事件分析

1. 释意要素

（1）释意来源分为三大类：①身份角色的认同。面对父母的高要求和冷漠，唯有顺从和沉默。②个体内在脉络，从责任感、工作价值观与工作态度进行诠释，这三个方面使得 L06 在经历婚姻的里程碑后有所转变。③外在脉络，从朋友支持、家庭影响和老公关爱进行诠释，家庭矛盾一直是她口述的主线，工作一度是她逃避家庭矛盾和感伤的良药，也是她寻找生活意义的场所。

（2）诠释的推移：工作内容和职业发展的核心要素就是搞好方方面面的关系，关系能力的发展成为 L06 走向独立自主的生涯发展过程中的主线。

（3）行为表现：面对家庭关系，L06 感到不安，她所采取的应对策略是保持沉默。她个人的主观意愿和情感已经在奶奶和父亲的长期压抑下，逐渐弱化到把自己看作是无足轻重的家庭成员从而对家庭关系的变化麻木不仁，她不认为自己的感受将会造成任何影响或者对现实产生改变。L06 一方面要忍受继母的挑衅，另一方面要在平衡家庭关系中维持父女信任。她除了运用以前学会的策略外，比如不多管闲事、默不做声和长期忍耐，L06 因为大学生活和学习取得的成功发展出新的应对策略，独立生活，这种影响延续到未来的工作中，投入工作后，工作满足于生活。

（4）结果表现/承诺性诠释：父母离婚后，虽然父女之间的时空距离加大了，但是父亲对女儿学习和事业发展方面的要求和把握人生方向大局的关心并没有弱化，女儿对父亲的顺从习惯和心理依赖也没有减少。在 L06 内心中，父亲代表的是文化与社会，母女关系是个人化的、非社会化的。"对于不愉快的回忆，我是很容易忘记的"，事实上，最强烈否定不仅不是很容易忘记，反而也许正是深入理解她的经验、职业发展与身份建构的驱动力，追求在工作中得到释放与满足。

2. 释意主轴

L06 的生活似乎是由一个个逻辑连贯的生活故事串成——由于缺乏家庭的关爱，使她自立自强；"无家可归"带来了对工作的投入，也带来了事业的成功；丈夫的关爱让她克服了对男性的一贯性拒斥，最终拥有了美满的家庭生活；事业的成功和家庭的幸福让她实现了工作与生活的平衡；不幸的家庭出身助她取得事业的成功；美满的核心家庭让她工作得更有热情。图 10-6 展示了 L06 整个释意过程的主轴。

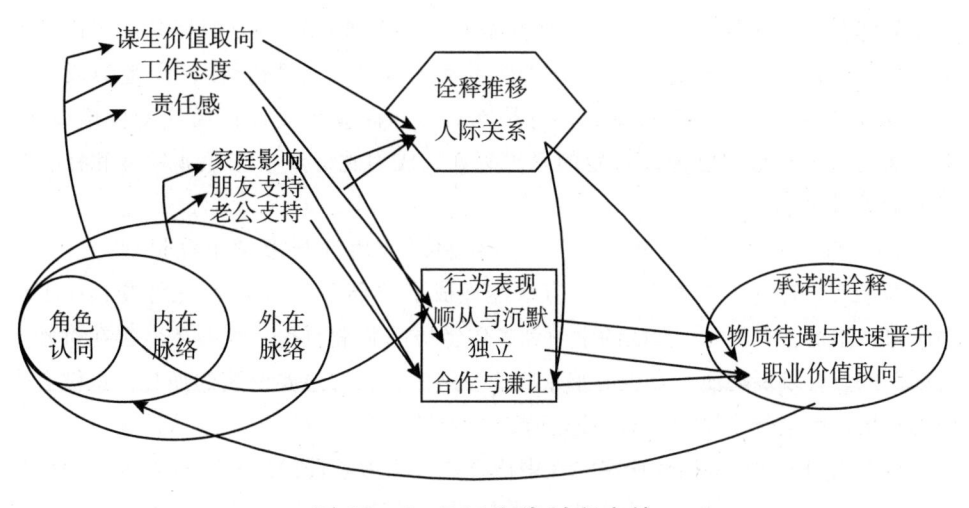

图 10-6　L06 释意过程主轴

（三）市场营销总监的关系型职业成长关键事件分析

1. 释意要素

（1）释意来源分为三大类：①身份角色的认同。L07 先用传统的性别刻板印象来否定自己是一个成功的女性，特别是没有男朋友，让她觉得有些失败，从而不愿启齿。投入为强势职业女性的自我满足辩护，因为外企对工作能力的认证不把个人生活考虑在内，所以有没有家庭并不妨碍她生活的主轴：工作。②个体内在脉络，从自我效能感/自信、成就感、归属感、信仰、职业目标与知识经验的积累进行诠释。她的目标虽然是外设的，但是她总能把它内化，变成自己"想要的东西"，从而产生不断的动力和信心去克服眼前的困难——这其实正是 L07 在学习过程中为争取优异成绩而勤奋刻苦的写照和这种优秀学习习惯的自然延续。当她用努力换来成功的时候，一方面加强了自己的自信，另一方面更加笃信家训。这种学习习惯在工作中照样适用。作为学无止境的好学生，学习就是自己的主业，是生活的主题，是没有尽头的努力；目标必须是清晰的，每一阶段的学习任务都得圆满完成，才能预备和进入下一阶段的发展。学海无涯的惯性转化为工作无边界的模式。③外在脉络，从职业导师与工作机会进行诠释。客观上，L07 不仅遇到了很优秀的老板，像老师一样给她指导和发展机会。而且拥有一帮背景经历相似的同事成为朋友，聚会时谈论的都是与工作相关的话题，成了学习水平相当的学生之间的经验和感触交流会。

（2）诠释的推移：通过积极主动、影响力以及沟通进行诠释。沟通不仅是她现在品牌营销工作的主题，还是她整个职业生涯发展中最重要的经验。与产品目标群体的到位沟通和信息传达，是 L07 品牌营销工作精髓所在，是她的成功法宝。沟通是她专业化的核心概念，也是她对多年商业企业运作模式的体悟概括。对沟通的追求和认识已经深入她的思想深处，成为她标注个人职业发展和社会化过程的关键词。

（3）行为表现：①"好学生"的身份将职业生涯与求学生涯贯通，公司成了"学校"，工作成了"学习"，直线经理成了"导师"。L07 心无旁骛，在工作中学习，学习，再学习。L07 的学习和工作经历都非常顺利，两种环境都在对她实行同样的教育发展功能。②她的整个职业发展中，没有想要退缩的挣扎，也没有失败的经历，无论什么样的工作，她都能以目标为导向，克服困难，马到成功。

（4）结果表现/承诺性诠释：在中德合资公司做翻译的两年，可以说把 L07 带入了外企的工作圈，使她在大学毕业刚踏入社会就进入了现代企业制度较完善、工作标准较高的职业发展轨道。让她站在和一些敬业又专业的国外管理者共事的高起点上，让她不仅习惯了外企的工作节奏，而且可以不断学习先进的工作方式和管理理念。好的开头是成功的一半，她的起点对后来两个阶段的发展起了关键作用。在第二家公司的六年，她得到尝试多种工作的机会，并都尽全力成功完成了任务，使自己的潜能得到广泛的挖掘，并最终确立了自己的工作发展方向。作为专业管理人员进入第三家公司，并实现专业能力和管理能力双重进升的七年。作为一名外企的专业管理人员，她正在逐步走向成熟，并确立了更高的管理发展目标。

2. 释意主轴

L07 通过学习和工作创造了一个外在的自我，学校和公司都是她外在自我的载体。外在自我得到内在自我不遗余力地支持，L07 把外在自我等同于完全的自我。她通过学习和工作感受并建立自己和外界社会的关系，学习和工作的收获直接影响着她对社会生活的感悟和个人行为的反思。图 10－7 展示了 L07 整个释意过程的主轴。

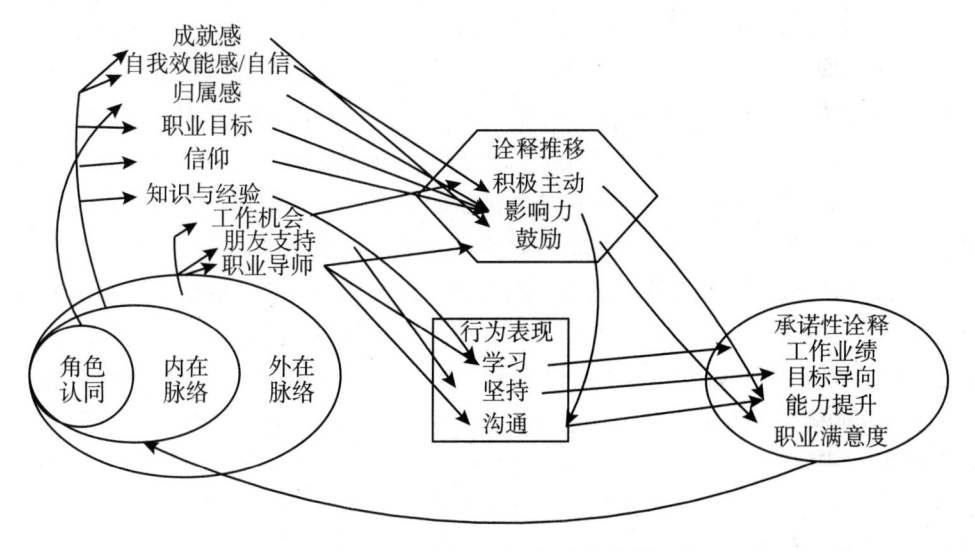

图 10－7　L07 释意过程主轴

通过对不同职业的女性经营管理人才的访谈，发现从事人力资源的女性非常注重人际关系，人际关系成为她们事业发展的核心话题，因此，本书将此概括为关系型职业成长。L05 最初职业机会的获得正是由于她善于人际关系的维护，尽管没有专业的知识与经验，但获得领导的信任与支持，成为中层领导者，工作能力的提升以及领导的信任与支持，顺利发展为公司的高层，自我效能感和职业角色的认同不断得到强化。正是由于这种强化作用，发生了角色的冲突，人际关系的紧张也让她面临难题，最后选择放弃"自我"的部分，缓和关系。L06 由于家庭中人际关系的不协调，促使她将注意力转向工作中，注重培养自己的人际交往技能，在完成本职的工作的同时，赢得公司同事和领导的认可，成为公司的高层领导，职业发展较为顺利，同时自己的婚姻家庭美满幸福。L07 不仅遇到了很优秀的老板，像老师一样给她指导和发展机会。而且拥有一帮背景经历相似的同事成为朋友，聚会时谈论的都是与工作相关的话题，成了学习水平相当的学生之间的经验和感触交流会。她通过学习和工作感受并建立自己和外界社会的关系，学习和工作的收获直接影响着她对社会生活的感悟和个人行为的反思。

三、精英型职业成长释意要素

（一）人力资源总监的精英型职业成长关键事件分析

1. 释意要素

（1）释意来源分为三大类：①身份角色的认同。母亲成为榜样，不断争取成功。②个体内在脉络，从勇气、自信、勇于挑战、职业目标进行诠释，自信成为职业发展的巨大推动力。L08 很快就超过了同一工作起点上同事的职业生涯发展速度。她每到一个工作单位，都能够胜任工作，有所建树。在不断地挑战个人潜能的学习和发展欲望驱动下，她接连尝试新的工作单位，积累不同行业的人力资源管理经验。短短十年间，她从最基础的人力资源管理普通职员，成长为著名跨国公司中国区的资深人力资源总监，成为跻身公司高层管理者队伍中，唯一并且也是最年轻的本土女性。③外在脉络，从家庭支持与遭受的挫折进行诠释。

（2）诠释的推移：20 世纪 90 年代初，上海作为我国改革开放和市场经济转型的前沿重镇，外商投资企业开始大举登陆带来了很多新鲜的工作机会，但是体制外的人事管理和福利保障系统既不完善也不规范。一向努力工作寻求结果的 L08 在这种混乱的人事制度管理中，以出色的工作成绩落得两度失业的结果，经济上和精神上都遭受重创。

（3）行为表现：自己重新找工作时的不顾一切，有韧性，越挫越勇、不断增强的反弹力。L08 将公司化管理模式应用于家庭生活中，儿子是员工，丈夫是副手。一方面管理自己的事业，另一方面管理自己的家庭，家外家里两个公司，她无需转换角色，无需改变思维模式。

（4）结果表现/承诺性诠释：①L08 采取行动之前，总要合计一下"胜算"的把握。这种强烈的"行必果"的结果导向意识，表现出她对成功的极度渴望。②她在目标导向的行为模式下发展出了短期定位，快速达标的职业发展策略。她平均每隔两三年，就要换一个工作单位。而且每次都是她成功地取得了让管理层和同事满意的工作业绩，把工作理顺了而采取主动换到另外一家充满挑战的公司。③在最短的时间内，集中解决好公司存在的问题，从而为公司最大限度地创造经济效益产生了浓厚的兴趣并发展成为自己的专长。④一方面，有压力的工作可以让她感觉被需要，而充满安全感和成就感，可以让她远离曾经的失败和挫折；另一方面，"一定是很多钱，然后很困难，你必定会挣到很多钱"，即困难和成功是成正比的，克服越大的困难，就意味着越大的成功。

2. 释意主轴

L08 对成功的追求来源于对母亲事业成功和行为方式的心理认同，当 L08 也以成功职业女性的标准来要求自己的时候，她认定母亲就是这么经历的。能够支撑 L08 走出失业和失聪双重打击和困境的正是这种成功职业女性的自居心理所产生的自信力量。由于母亲一直是"做头儿的"，所以她也一定要不断挑战自己，成为人力资源管理专业圈中最优秀的一员。图 10-8 展示了 L08 整个释意过程的主轴。

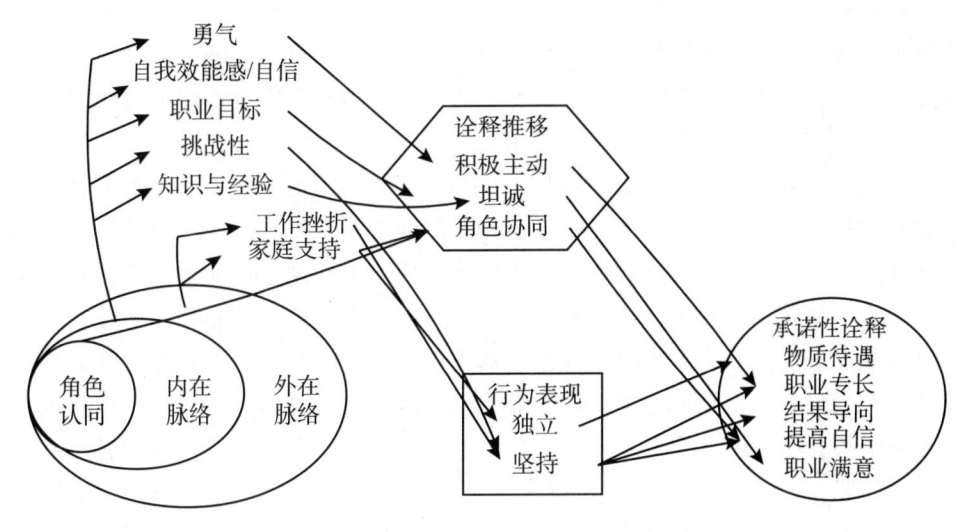

图 10-8 L08 释意过程主轴

（二）公司综合管理层副总裁的精英型职业成长关键事件分析

1. 释意要素

（1）释意来源分为三大类：①身份角色的认同。L09 的父母都是全国著名的高等学府专家教授和领导干部，她从小就是在这样一种严格优秀的环境中学习和成长，使她习惯于追求卓越和精益求精。②个体内在脉络，从工作价值观、精英主义、使命感和责任进行诠释。个人成长始终伴随着价值观的形成：使命感、精英与理想、社会责任。她对自己的工作忠诚之余，还有一种深深的认同感。她两次提到"使命感"一词，并具体进一步说明自己"使命感"的两大内涵：一是可以帮助需要帮助的人，二是环境保护。③外在脉络，来自父母的感染、要求和周围环境的影响，L09 成长为精英团体中的精英分子。

（2）诠释的推移：这样一个出身家庭可能使她想当然地对家庭成员要求很高——她习惯了精英集合的家庭生活氛围，她享受从这样的家庭所得到的进取动力。同时，将这种熏陶带入工作之中，通过示范效应和鼓励身边人共同参与。

（3）行为表现：在她的生涯发展中，她的职业同一性和自我同一性是一致的，也就是说，她可以把自己的做事标准、使命感和价值观自如和自由地融合，即便是在公司内部发生"政变"，她也能够坚强而镇定地应对，带领员工和公司业务向前发展。

（4）结果表现/承诺性诠释：她那种对员工成长的责任感，并不是从她开始管理工作才开始，而是早在她童年和青少年所成长的某大学这个教书育人的环境中就开始了。她向来就怀有帮助别人成长的远大抱负，当这种理想抱负与企业管理人员的职责相结合，很自然就会发展成为一种行动。"精英主义"伴随 L09 从小到大，成为她深信不疑的信念和自我意识——除了认可自己的优秀并对自己的能力自信以外，还必须和他人在人格平等的基础上为社会做更多的贡献。

2. 释意主轴

家庭和学校教育为 L09 心灵上烙上了两种迥然不同的印记——一种是社会责任感和高标准要求下对完成学习和工作任务的动力和压力；另一种则是知识分子所崇尚和追求的心灵和精神自由。这两种烙印使得 L09 把工作和个人生活清晰地一分为二。尽管二者对于同一个经验主体不可能完全分离，只能存在错综交织的相互联系。于是她在个人需要与社会环境条件相调节的时候，不必经历痛苦的适应或者改变过程，而是如水到渠成一般自然和流畅。她本身就是一个在学习和工作环境中都表现非常出色的人，她又有心愿和能力去要求和支持他人的学习和发展。她的职业生涯发展，所揭示的其实就是个人成长和价值观形成过程。图 10-9 展示了 L09 整个释意过程的主轴。

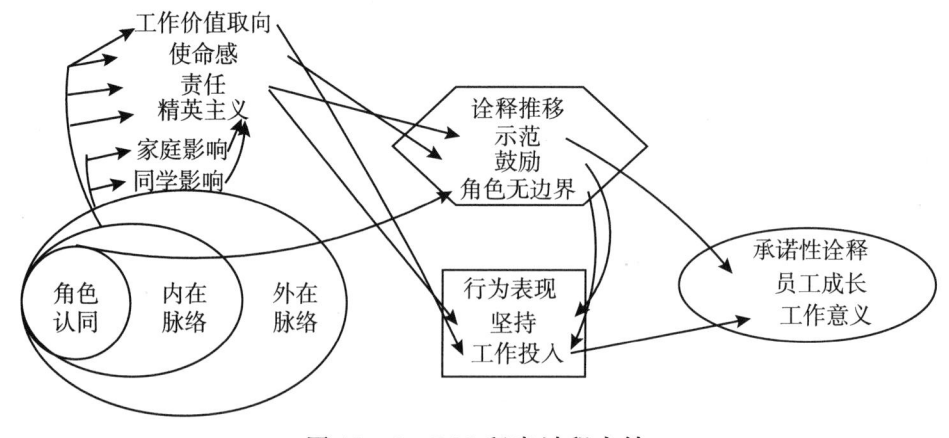

图 10-9 L09 释意过程主轴

（三）外资企业产品线总监的精英型职业成长关键事件分析

1. 释意要素

（1）释意来源分为三大类：①身份角色的认同。在职业选择的过程中，逐渐清晰，由于内心深入的精英角色认同，让 L10 在选择行业以及工作过程中，都是高标准地要求自己，已形成对此角色的融入。②个体内在脉络，从工作价值取向、责任、挑战性、自我效能感/自信、知识与经验进行诠释。工作价值观的追求，精神方面和身体健康方面选择离开原公司。选择新公司是因为它是增长性的行业，行业的领头羊，公司中的人员都是精英，自己的技能和经验能够更好地发挥，自己内心深处有了明确的职业晋升路径。反映了 L10 选择的是富有挑战性的工作，这样更有利于她的成长。在此过程中，由于项目不同遇到各种困难，但是她都坚持下来了，责任心驱使其完成目标。③外在脉络，从家庭支持与工作氛围进行诠释。提到了多元性文化与培训帮助相对的一些弱势群体能够在公司得到公平的机会和成长。

（2）诠释的推移：家庭环境影响个人成长的行为习惯，母亲就是一位中学老师，职业的敬业精神影响着 L10。由于工作性质的不同，强调了沟通对于解决问题的重要性。尽管每个项目都具有挑战性和困难，除了责任之外，还受到领导的认可与鼓励，最终还是坚持完成了。

（3）行为表现：L10 认为对于自己的职业发展没有很长远的职业目标，但是首先是踏实地将自己的本质工作做好，能力达到了，自然就会有发展了。她感谢自己的每一位导师，双方都真诚地对待，并能够相互学习。随着自己生活的变化，注重工作与生活的平衡，选择新公司，这段期间内的职业成长，让 L10 在工作和家庭生活中都受益匪浅。

（4）结果表现/承诺性诠释：在工作的四年中，自信得了提升，"最大的改变是变得比较自信，你知道你是有能力去独立地完成一些事情的"。在第二份的职业经历中，公司内每两年的岗位经历让 L10 的能力得到了提升，并且平衡各种关系以及角色，在第二次生育之后，并没有阻碍其发展，其组织中并不存在所谓的"玻璃天花板"障碍。除此之外，为组织带来的贡献体现在员工培养方面，这充分展示了员工与组织的共同成长的氛围。

2. 释意主轴

L10 的职业成长相对来说比较顺利，可以归纳为三个方面：第一方面，个人方面的特质，包括自律、按规则来办事、有条理、注重细节、善于倾听和沟通、快速学习能力等；第二方面，家庭的教育，个人的成长过程潜移默化地传递某种价值观的形成；第三方面，组织方面，一种包容性的文化，公平平等的规则，尤其是种族、移民、性别或者是家庭结构都能够包容。个人与职业发展的显著特征：工作努力、责任心强、自律（规则性强、纪律性强）、有条理、注意细节、善于倾听和沟通。图10-10展示了L10整个释意过程的主轴。

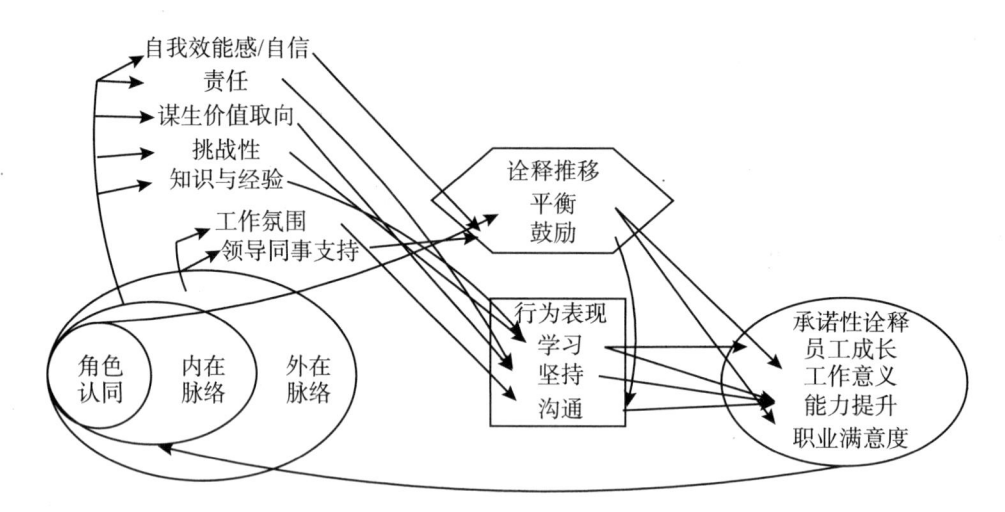

图 10-10　L10 释意过程主轴

三位女性经营管理人才虽然从事不同职业，但她们的职业成长模式突出表现为精英模式，高标准地要求自己成为精英的一员，并且更快地成长为女性高层领导者。在L08职业陈述中，更多的是如何克服逆境，以及在这种境况之下，自己是如何成长的，正如她所描述的"越挫越勇"，不断挑战自己，成为人力资源管理专业圈中最优秀的一员。而L09是典型的精英模式的教育，同样也以这种要求影响着自己的员工，这种惯性的精英模式让她认为取得目前在公司的高层领导地位是自然的和应当的。L10从内心深处一直培养自己成为精英中的一员，所以不断地学习成为她惯性的行为，每项工作尽善尽美地完成，在她职业成长的起初阶段领悟到个人价值的体现，因此，在后期的职业发展中，通过识别自身能力，从而与目标公司相匹配，出色地完成工作任务，六年内顺利实现由中层领导成长为公司的高层领导。

四、竞争型职业成长释意要素

（一）公司综合管理层副总经理的竞争型职业成长关键事件分析

1. 释意要素

（1）释意来源分为三大类：①身份角色的认同。通过比较来建立自我认知和对社会现实的认识，并形成特定的意义获取方式。②个体内在脉络，从竞争心理、责任心和角色期望进行诠释。无论是拥有外企工作经历，还是单单前来学习管理的国人，都不可能摆脱和别人比较、又不轻易服输的心理。成年以后一直比周围人优秀的经验，都在促进 L11 形成某种优势情结和求胜的思维习惯。③外在脉络，从领导认可和工作机会进行诠释。与前任比较——L11 所带领的团队只能必须比前任做得好。而且后者给她带来的快乐和意义非常持久，她对自己所取得的成绩，非常受用，至今念念不忘，"老板特别开心，前两天，我回北京，他还说，现在还拿你说呢——那些人找借口，现在就没的找了呀！"

（2）诠释的推移：①善于沟通和学习，特别是销售领域的上司，很快就从上司那里领悟了销售要领。②随着互联网泡沫的破灭，她进入一家培训咨询公司，工作业绩斐然。L11 对这份工作以及成功的理解——总经理没能力做好的销售提成核算模型，她做好了；香港总部派来的其他副总都不能适应或者不能胜任工作而被总经理罢免，独有她以"存活""我能活下来很不容易"。还体现出了 L11 的成功策略——与总经理"配合""求同存异"。总经理是"自己创业的"企业家，而 L11 自认为是职业经理人，二者不属于同类群体，不具有可比性；而香港总部派来的副总也是职业经理人，所以可比。第一项比试，就在于能否得到总经理认可，从而在公司立足。她采取和总经理配合的策略，构筑起她在公司中立足的根基。

（3）行为表现：竞争中学习与反思进行诠释。L11 大学住校生活，使她有机会观察其他同学的学习方法，她很快就发现自己的不足，并且立即向别人学习。在学习方法学到手，取得比同班同学好的考试成绩后，L11 对学业并没有进一步设立更高和更远的目标。她做事的标准就停留在比周围人好就可以了，她容易因在小范围的同辈群体中获得"胜利"而满足。因而，她对待学习和工作方法更像在寻找和采用捷径，只求得在所处的小范围内胜出。

（4）结果表现/承诺性诠释：①把超过同事作为志在必得的奋斗目标，达成目标总在增加她的自信和自我激励力量。由于业绩超过前任，把自己定位为成功人士，既而开始对争取更高的职位和更大的成功摩拳擦掌。因此，她选择离开培训咨询公司部门经理的职位，加入中港合资公司，坐上了副总经理的高层次人才交椅。②L11 不懈追求的目标和动力——孝心、责任和社会地位。她去澳洲的选择以及到了澳洲以后承受压力的来源就是希望自己有朝一日可以光宗耀祖，风风光光地孝敬父母。而且，这也是父母的殷切期待。

2. 释意主轴

L11 每一次做重大决定的背景，要么就是赶时代潮流，要么就是根据某个对自己有影响力的人或者同辈群体的取向，总之是参照别人的风向标，自己的长期方向和目标就是在和周围的人比较中证明自己。L11 的家庭生活经验，把她推入了追求职业发展的轨道，成长的经验和职业发展过程让她形成了在比对中建立有意义的心理图式。职业和个人发展中，对社会地位的在意，让她无法忽视外界（他人）的评价。她不由自主地把自己放在与外界（他人）对立的位置，通过判断外界（他人）的反应来确立自己的行动方向，或者断定自己行为的意义。L11 有很强的个人自主意识，但是她却从来没有能力感受和联系自己所拥有的和所需要的，她的选择和行为一直是被动的，缺乏真实清晰的自我感知。图 10-11 展示了 L11 整个释意过程的主轴。

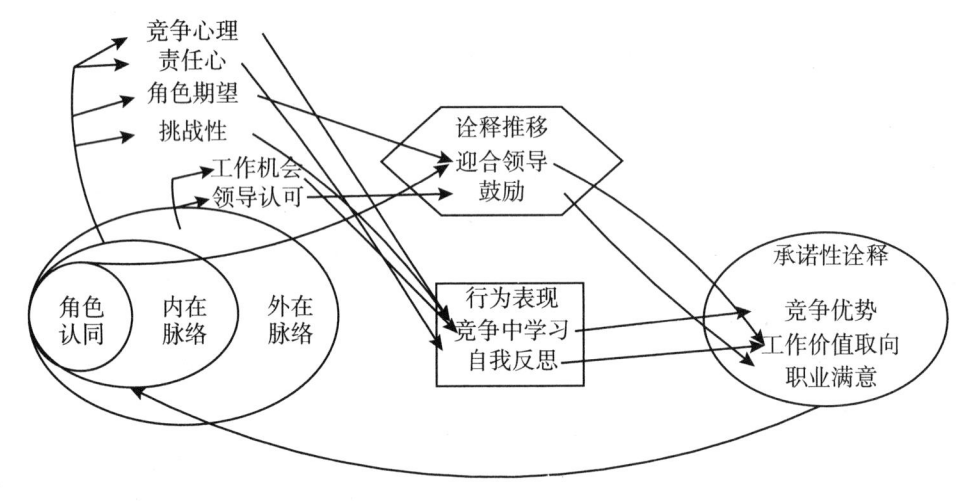

图 10-11　L11 释意过程主轴

（二）外资企业亚太区 HR 总监的竞争型职业成长关键事件分析

1. 释意要素

（1）释意来源分为三大类：①身份角色的认同。L12 比较看重别人眼中的"我"是如何的，也促使其不断前进。"丈夫很支持我，他不希望我很安于现状，儿子也会为我骄傲。"②个体内在脉络，从工作热情、自我效能感/自信、知识与经验进行诠释。L12 对待工作是喜爱的，有工作热情，愿意主动地投入工作，工作让她得到了满足。③外在脉络，从家庭支持与生活影响进行诠释。以未来儿子的发展举例，反映自己的期望。"他现在接受的教育和人会影响到他的成长，他以后找女朋友的标准也会不一样，我想应该是城市里的教育水平高点吧。"

（2）诠释的推移：注重人际关系与寻求认可。L12 会愿意与被访者有共鸣，同时也会显示自己与他人的不断比较。"我刚开始的住宿条件很差的，后来冰箱、空调等都是自己添加的,也没有花家里的钱了,出来工作了也不好意思问家里要钱了,要不然家里人会觉得你在外混得不好啊。"善于进行人际关系也是长期从事人力资源工作的一项技能。

(3) 行为表现:在这家企业中不断地学习,受到了领导的重视,学习是两方面的,不仅是自己的业务知识或技能,同时,自己在攻读EMBA,公司给予很大的支持。不断参加培训和坚持学习,是L12显著特征,对她个人而言,学习是无止境的,需要不断地给自己精神动力。

(4) 结果表现/承诺性诠释:在其谈到晋升或其职位晋升的方面,L12还是很自豪的,从其言语中发现,内心中的不免与其同等人的比较,内心深处愿意做"佼佼者",虽然在问其成功的感受时,言语表述为"我也不算是一个成功者啊",也多次提到"幸福"等词。但是她还是比较在意公司提供的福利待遇等。"我现在开的车就是…",但是升了之后,公司给我换了车啊""宝宝看病的话,公司提供的福利待遇都很好""我的压力还是很大的,要好好工作啊,要不然怎么能应付了每个月的房贷啊"。以上的话语都反映了L12确实还是会在意物质报酬以及职位等方面。

2. 释意主轴

L12职业成长中,将"佼佼者"作为自己的目标,反映出获得比较优势。同时,在不断取得成就的同时,自我效能感不断加强,推动职业历程的不断前进。无论是在校时代还是任职期间,学习始终贯穿其成长,个人的家庭生活与工作得到家人等多方支持,实现平衡。个人与职业发展的显著特征:不断地学习、内心成为"佼佼者"、注重人际间关系。图10-12展示了L12整个释意过程的主轴。

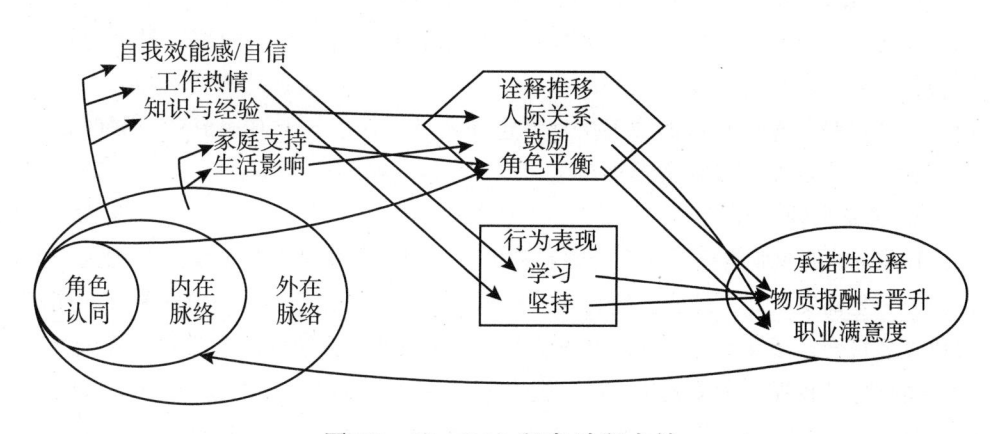

图10-12 L12释意过程主轴

(三) 综合管理总经理的竞争型职业成长关键事件分析

1. 释意要素

（1）释意来源分为三大类：①身份角色的认同。②个体内在脉络，从工作兴趣、责任、工作态度、自我效能感/自信、职业目标、归属感、知识与经验进行诠释。工作态度表明 L13 很热爱自己的工作，尽管比较辛苦，但是自己的努力与成绩受到公司及领导的认可，使得自己有一种归属感（目前所在的公司是本行业的领头羊）。③外在脉络，从领导同事支持、朋友支持与工作机会进行诠释。L13 认为自己的成长有内因和外因共同作用的，一方面是对自己的要求（不断地学习），另一方面外部提供的机会。自己在校期间的学习习惯以及取得的成绩都展示了 L13 勤奋、努力、不断学习，是学生时期的优秀"好学生"，对其职业发展有帮助，公司提供了发展平台。

（2）诠释的推移：L13 在总经办的 6 年时间内受益匪浅，促进其职业发展的一次飞跃。协调能力（沟通与信息）和系统性的思考是促进其成长的两个显著能力，在协调与沟通的过程中，积累了自己的人脉关系，大家互相帮助。

（3）行为表现：L13 两年半的时间从业务员提升到管理层。管理层要求领导者有"示范"作用，激发团队的积极性，与团队成员进行有效沟通与正向激励。人际关系的处理——平衡与沟通，了解对方内心的想法是什么？由于 L13 一直是未婚状态，将主要精力投入工作中，与同事之间互相帮助。自己的成长与员工的成长都会涉及到行业的发展情况、企业在本行业中的地位，以及在本企业中的发展平台或空间。

（4）结果表现/承诺性诠释：对于未来的职业生涯发展保持一种顺其自然的态度，机会是给有准备的人的。如果一味地急于追求那个高的职位，最后也许自己会得不到，反而会引起不太好的影响，对于 L13 而言，自己深受影响。L13 目前仍旧是单身，在她身边的许多层女性也证实了，在事业上有所成就，同时要兼顾家庭，付出的时间与精力要多得多。

2. 释意主轴

L13 女士的职业路径一直比较顺利和平稳发展，对这种现象的发生，归因于两方面，一是确实 L13 自己非常优秀，工作努力，有责任心；二是公司非常好，愿意提供发展机会，领导支持。个人与职业发展的显著特征：较好的亲和力、真诚、努力、协调能力较强、注重人脉关系。图 10-13 展示了 L13 整个释意过程的主轴。

这三位女性经营管理人才均表现出竞争型的成长模式，强调他人的认同——别人是如何看待自己的，因此，对于自己的要求是要比周围的人群"优秀"。但是也有一定程度的不同，L11 的职业发展呈现不连贯性，每一次重大决定的背景，

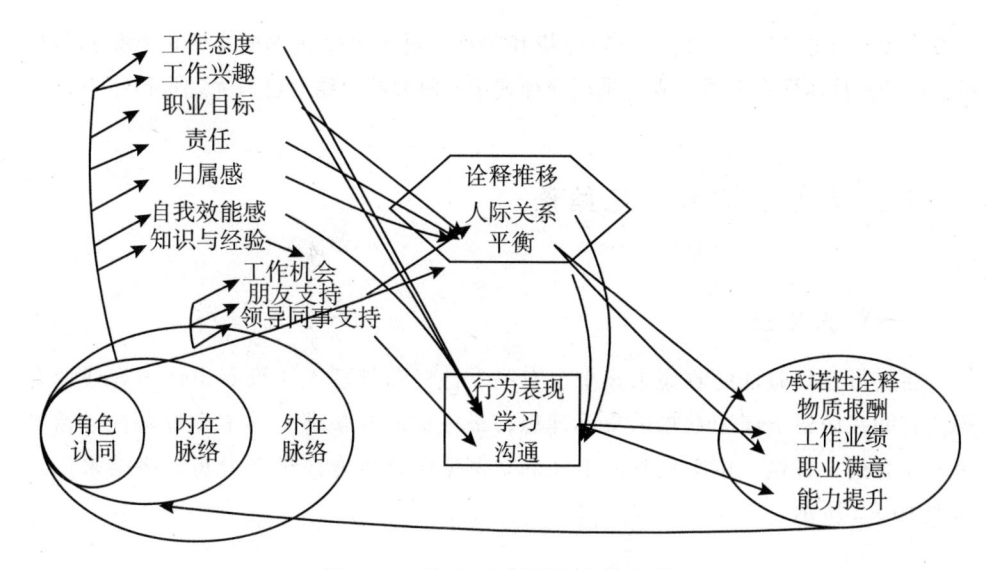

图 10-13　L13 释意过程主轴

要么就是赶时代潮流，要么就是根据某个对自己有影响力的人或者同辈群体的取向，总之是参照别人的风向标，自己的长期方向和目标就是在和周围的人比较中证明自己，因此，她的职业成长中，通过自己的努力，顺利地实现了由基层成长为中层女性经营管理人才，但是成长为高层却始终没有突破，其原因还是归结为这种参照标准和不连贯性。L12 的职业成长较为连贯，并且注重人际关系，所以相比较 L11 而言，在 37 岁时就能够成为公司的高层领导。L13 是单身女性，除了生活之外，将更多的精力与时间投入工作中。从她们的职业描述中，踏入职场时的"好学生"角色为她们迎来了好的机会，职业发展早期处于良好的状态，因此，在未来的职业成长中，无论是职位转换还是选择跳槽，良好的开端都对她们将来的发展起了关键作用。

通过质性化的研究方法对女性经营管理人才的职业成长中驱动因素及动态关系进行分析，并得出相应的研究命题。虽然这是在客观、深入分析大量资料的基础上得出的，并一定程度上结合职业成长的真实情境。但是质性化归纳的方法本身存在两方面的缺陷：①它无法在多种可能的理论解释中判断或检验哪一种更真实可信；②其形成的理论缺乏必然的可信性，因为它所依据的经验证据是由不完全归纳提供的。因此，本书所提出的女性经营管理人才职业成长驱动因素及动态关系是由这一不完全归纳法得出的，而且其方法论本身并不能完全诠释研究结果的有效性和普适性。

通过对以上 13 位成功的女性经营管理人才职业成长的关键事件进行多案例分析，并对驱动因素的动态关系得出的命题进行解析，三角验证其信度和效度，并在形成的命题基础上进行进一步的探讨。主要通过个人微博与博客、论坛讲话、个人演讲以及与被访者下属等获取信息资料进行分析和归纳，对于每个案例而言，仍然是归纳分析，但是从总体样本来看，则是采用演绎式案例研究的思路对已有命题进行实证。

五、三角验证与研究结论

（一）三角验证

在进行三角验证的收集采集中，有些女性经营管理人才没有讲话内容或博客等，有的在访谈下属中数据采集不理想，最终形成并整理了其中7位女性经营管理人才案例，将这7位案例参照上文的案例编码分析方法进行分析，将结果汇总如表10-2所示。

表10-2　　　　　　　　　　案例编码结果

代码	采集方式	案例编码	知否存在概念溢出
L03	个人演讲	角色期望、员工成长、工作意义、工作挫折、家庭支持、学习、沟通、坚持、人际关系、角色冲突、自我效能感/自信、成就感、挑战性、知识与经验	否
L04	下属访谈	勇气、自我效能感/自信、挑战性、职业目标、知识与经验、分享、鼓励、角色平衡、家庭支持、坚持、工作投入、竞争优势	否
L06	同事访谈	竞争心理、责任心、角色期望、员工成长、能力提升、工作意义、工作兴趣、职业目标、归属感	否
L10	下属访谈	工作热情、自我效能感/自信、知识与经验、示范、角色无边界、鼓励、工作机会、朋友支持、职业满意、增加自信	否
L09	朋友访谈	正面鼓励、自我效能感/自信、自尊、挑战、积极主动、角色平衡、物质待遇与快速晋升、强化学习能力、管理风格、社会尊重感与经济地位、工作意义	否
L11	微博	成就感、自我效能感/自信、归属感、职业目标、知识与经验、朋友支持、工作机会、职业导师、物质待遇、职业价值取向	否

续表

代码	采集方式	案例编码	知否存在概念溢出
L13	媒体报道	工作兴趣、责任、工作态度、职业目标、归属感、自我效能感/自信、知识与经验、工作机会、领导同事支持、朋友支持、坚持、工作投入、职业专长、物质性报酬	否

从表10-2可看出,通过对所研究的7位案例样本编码结果发现,案例译码并未溢出研究命题之外的诠释内容。表明本书得出的驱动女性经营管理人才职业成长要素及动态关系得到了更充分的证实,更值得信服,更具有相对较高的普适性和准确性。

经过案例编码的结果,对每个范畴、概念出现的频次进行统计分析,并计算每个范畴出现的比重和权重,比重表示出现的频率,比重越大,出现频率越高,表示对于女性经营管理人才职业成长越重要;权重为每个范畴次数与全部出现次数的比值,用于衡量因素之间的重要程度。通过对13位女性经营管理人才的案例访谈,归纳总结出18件关键事件的描述,以及三角验证中7位案例事件的编码,总计25件事件的描述,其中诠释内容为描述性事件中提及的次数,编码频率分析结果如表10-3所示。

表10-3　　　　案例编码结果的统计分析

	诠释内容	出现次数	比重	权重
内在脉络	工作价值取向	23	0.92	0.03599374
	成就感	14	0.56	0.021909233
	挑战性	15	0.6	0.023474178
	胆怯	9	0.36	0.014084507
	自我效能感/自信	22	0.88	0.034428795
	自尊	6	0.24	0.009389671
	责任性	11	0.44	0.017214397
	知识与经验	18	0.72	0.028169014
	工作热情	10	0.4	0.015649452
	职业目标	11	0.44	0.017214397
	寻求认可	5	0.2	0.007824726
	勇气	4	0.16	0.006259781

续表

	诠释内容	出现次数	比重	权重
	工作态度	9	0.36	0.014084507
	归属感	8	0.32	0.012519562
	使命感	3	0.12	0.004694836
	精英主义	4	0.16	0.006259781
	梦想	13	0.52	0.020344288
	乐观与勤奋	17	0.68	0.026604069
外在脉络	职业导师	5	0.2	0.007824726
	工作机会	20	0.8	0.031298905
	朋友支持	17	0.68	0.026604069
	家庭支持	21	0.84	0.03286385
	领导同事支持	19	0.76	0.029733959
	工作挫折	7	0.28	0.010954617
	工作氛围	5	0.2	0.007824726
	生活氛围	3	0.12	0.004694836
诠释推移	人际关系	19	0.76	0.029733959
	信任	16	0.64	0.025039124
	示范	3	0.12	0.004694836
	影响力	3	0.12	0.004694836
	积极主动	21	0.84	0.03286385
	角色平衡	17	0.68	0.026604069
	正面鼓励	18	0.72	0.028169014
	坦诚	3	0.12	0.004694836
	迎合领导	4	0.16	0.006259781
行为表现	学习	23	0.92	0.03599374
	坚持	19	0.76	0.029733959
	沟通	21	0.84	0.03286385
	独立	7	0.28	0.010954617
	工作投入	15	0.6	0.023474178
	自我反思	21	0.84	0.03286385
	顺从与沉默	9	0.36	0.014084507
	合作与谦让	7	0.28	0.010954617

续表

	诠释内容	出现次数	比重	权重
诠释性承诺	物质待遇与快速晋升	17	0.68	0.026604069
	强化学习能力	6	0.24	0.009389671
	工作业绩	11	0.44	0.017214397
	竞争优势	8	0.32	0.012519562
	管理风格	3	0.12	0.004694836
	社会尊重感与经济地位	7	0.28	0.010954617
	工作意义	16	0.64	0.025039124
	职业满意	17	0.68	0.026604069
	员工成长	9	0.36	0.014084507
	目标导向	7	0.28	0.010954617
	职业专长	13	0.52	0.020344288
合计		639		1

从表10-3的结果可以简单看出，内在脉络中，工作价值取向、自我效能感/自信、知识与经验、乐观与勤奋以及挑战性出现的频次较高；外在脉络中，工作机会、朋友支持、家庭支持和领导同事支持出现的频次较高；诠释推移中，积极主动、人际关系、正面鼓励和角色平衡出现的频次较高；行为表现中，学习、坚持、沟通、自我反思和工作投入出现频次较高；诠释性承诺中，职业满意、物质待遇与快速晋升、工作意义、职业专长出现频次较高。

在诠释内容的相互关系中，工作价值取向与工作意义相互影响，女性经营管理人才的工作价值取向随着职业生涯的发展不断进行调试，其职业发展的每个阶段都有一个相对重要的价值取向作为核心价值观。知识与经验的积累与职业专长密不可分，自我效能感/自信也会因多种因素发生阶段性的变化。

（二）研究结论

结合前文研究，从释意过程的要素内涵来构建驱动女性经营管理人才职业成长中关键事件分析。采用领域分析，释意过程要素可分为四类：诠释、诠释推移、行动及承诺性诠释。这四大类别又包含了许多细化的内涵，下面将采用极大化的原则，把前文发现的内容进行归纳，如表10-4所示。

表10-4　13位女性经营管理人才释意主轴类型对照

角色认同	释意前置要素		诠释的推移	行为表现	承诺性诠释	关键事件	备注
	内在脉络	外在脉络					
职业经理人、丈夫的期望	职业价值取向、自我效能感/自信、成就感、挑战性、知识与经验	工作机会、领导与同事支持、家庭支持	积极主动、角色平衡、正面鼓励	顺服、学习、自我反思、沟通	物质待遇与快速晋升、强化学习能力、管理风格、社会尊重感与经济地位、工作意义	关键情境1：经历"文革"，生活环境巨变；关键情境2："国企人"成功转型"外企人"；关键情境3：服务质量的危机	超越型职业成长
职业经理人、母亲的榜样	工作热情、职业目标、寻求认可、挑战性、危机感、工作态度、乐观与勤奋、知识与经验	工作机会、朋友支持	人际关系、角色冲突、信任	学习、自我反思、沟通	物质待遇、强化学习能力、管理风格、工作价值取向	关键情境1：经验赢得工作机会；关键情境2：部门地位引发职业角色冲突	关系型职业成长
家庭边缘化角色、人力资源副总监	责任感、谋生价值取向、工作态度	朋友支持、家庭影响、老公关爱	人际关系	顺从与沉默、合作与谦让	物质待遇、职业价值取向		关系型职业成长
职业经理人、母亲的榜样	勇气、自信、自我效能感、挑战性、职业目标、知识与经验	工作挫折、家庭支持	积极主动、坦诚	独立、坚持、角色协同	职业满意、提高自信、结果导向、职业专长、物质性报酬	关键情境1：生活轨迹拐点"大学失利"；关键情境2：两度失业——职业"危"与"机"	精英型职业成长

续表

角色认同	释意前置要素		诠释的推移	行为表现	承诺性诠释	关键事件	备注
	内在脉络	外在脉络					
品牌总监、优秀的"学生"	成就感、自我效能感/自信、归属感、信仰、职业目标、知识与经验	朋友支持、工作机会、职业导师	积极主动、影响力、鼓励	学习、沟通、坚持	工作业绩、目标导向、能力提升、职业满意		无边界职业成长
品牌总监、合格的家庭成员	胆怯、自我效能感/自信、自尊、挑战	家庭支持、工作机会、玻璃天花板	分享、鼓励、角色平衡	学习、工作投入	工作业绩、能力提升、工作价值取向	关键情境1：踏入职场，培养自信；关键情境2：发现工作意义；关键情境3：迎接挑战，被陷低估	超越型职业成长
佼佼者、父亲的期望	竞争心理、责任心、角色期望	领导认可、工作机会	迎合领导、鼓励	竞争中学习、自我反思	竞争优势、工作价值取向		竞争型职业成长（不连贯）
精英	工作价值取向、使命感、责任、精英主义	家庭影响、同学影响	示范、角色无边界、鼓励	平衡、工作投入	员工成长、工作意义		精英型职业成长

续表

角色认同	释意前置要素		诠释的推移	行为表现	承诺性诠释	关键事件	备注
	内在脉络	外在脉络					
品牌总监、母亲的榜样	工作态度、自我效能感/自信、知识与经验	家庭支持、工作机会、朋友支持	信任、人际关系、鼓励	学习、自我反思、角色冲突	职业目标、物质报酬与快速晋升、工作价值取向	关键情境1:事业巅峰期; 关键情境2:被迫的创业经历; 关键情境3:进入外企,自我实现	超越型职业成长
连锁店总经理、合格的家庭成员	梦想、成就感、挑战性、职业目标、乐观、自我效能感、自信、知识与经验	工作机会、朋友支持	积极主动、人际关系	学习、自我反思	物质报酬与快速晋升、职业满意度、工作意义	关键情境1:幼师—事业巅峰; 关键情境2:转换职业的挫败; 关键情境3:特质匹配	超越型职业成长
品牌高级经理、佼佼者	工作兴趣、工作态度、责任、归属感、职业目标、自我效能感/自信、知识与经验	工作机会、领导同事支持、朋友支持	平衡、人际关系	学习、沟通	工作业绩提升、能力的提升、物质报酬、职业满意	关键情境3:突破"瓶颈"	竞争型职业成长

续表

角色认同	释意前置要素		诠释的推移	行为表现	承诺性诠释	关键事件	备注
	内在脉络	外在脉络					
产品线总监、榜样力量	谋生价值取向、责任、挑战性、自我效能感/自信、知识与经验	工作氛围、领导同事支持	角色平衡、鼓励	学习、坚持、沟通	员工成长、能力提升、工作意义	关键情境1：完成项目，提升自信 关键情境2：寻求工作生活平衡	精英型职业成长
人力资源总监、角色期望	工作热情、自我效能感/自信、知识与经验	家庭支持、生活影响	人际关系、角色平衡、鼓励	学习、反思	职业满意、物质报酬		竞争型职业成长

角色认同可以概括为两种类型,即职业角色认同与传统角色认同。本书研究中13位女性经营管理人才除涵盖上述角色类型外,呈现多重角色认同、角色认同冲突的现象。其中内在脉络主要包括工作价值取向、自我效能感/自信、能力与经验等要素;外在脉络主要包括家庭支持、领导同事支持、工作机会、组织文化氛围等要素。

由此提出以下研究命题:

命题1:驱动女性经营管理人才职业成长的因素可区分内在脉络与外在脉络,内在脉络主要涉及工作价值取向、自我效能感/自信、知识与经验等,外在脉络主要涉及家庭支持、领导同事支持、工作机会等。不同因素对女性经营管理人才职业成长产生影响大小不同。

命题2:角色认同是影响女性经营管理人才职业成长的核心要素。内容上包括传统角色认同与职业角色认同,伴随女性经营管理人才在家庭和职业成长中存在交互影响。

命题3:女性经营管理人才对角色认同的差异会进一步影响到内在脉络与外在脉络诠释内容的不同。

诠释推移:从影响方式上,可分反馈性推移、导向性推移及转型性推移三个方面。反馈性推移是反馈到前置因素对诠释做进一步的强调与澄清。而导向性推移则替代了诠释到行动之间的直接路径,间接地对行动发生影响。转型性推移则会形成与承诺性诠释内涵相当的、关于职业成长新的或重要的认知与观点论述。

由此提出以下研究命题:

命题4:不同女性经营管理人才会有不同的诠释推移,即反馈性推移、导向性推移及转型性推移三个方向。

行为表现:行为表现可区分为学习、坚持、沟通、反思、工作投入、顺从等类别。由于诠释内容的差异,引起行为类别的不同,但驱动女性经营管理人才在面临关键事件时的行为表现有许多共同之处。

由此提出以下研究命题:

命题5:女性经营管理人才的行为表现主要受到角色认同、内在与外在脉络的诠释的影响,同时也受到诠释推移的影响,共同的行为表现体现在学习、沟通、反思与平衡。

承诺性诠释:通常承诺性诠释隐含着女性经营管理人才的工作价值取向、职业目标与生活意义等重要内容。本书研究中13位女性经营管理人才的承诺性诠释的内容可归纳为主观和客观两个方面。

由此提出以下研究命题:

命题6:女性经营管理人才的承诺性诠释归纳为主观方面,包括工作意义、职业满意、自信提升；客观方面，包括物质待遇与快速晋升、职业专长、能力提升等。

并通过以上分析，提出以下研究命题：

命题 7：女性经营管理人才的承诺性诠释与其角色认同、对内在和外在脉络的诠释、行为表现以及诠释的推移在逻辑上具有连贯性，职业角色认同强调工作业绩、能力提升、物质回报、职业满意等职业价值取向，多重角色认同强调工作意义、员工成长等自我价值和社会价值的实现。女性经营管理人才的角色认同越接近职业角色认同，驱动其职业成长动力越大。

采用格式塔分析，归纳各释意要素之间的动态关系，如图 10-14 所示，以粗箭头表示要素之间的主要关系与方向，以细线条表示次要关系与方向，以虚线表示未在资料中发现但应该存在的关系与方向。以 L10 为例，其释意历程的主要关系是：L10 刚踏入社会时，组织氛围吸引了她对其职业角色的认同，引发对工作价值取向、自我效能感/信心等内在脉络的诠释，由于其工作性质的原因，从事多种项目经历的知识与经验，提升能力与自信，尽管存在一些困难，但受到领导同事认可与支持、文化氛围的影响，让她不断地坚持与学习。这种鼓励不但促进学习与坚持的行为，而且促成了任务的完成，每次任务的完成均会增强自我效能感。随着家庭生活的变化，除了职业身份之外，承担了妻子与母亲的角色，进行工作与生活、角色平衡，凭借着以往的知识与经验、自信，在进行第二次职业选择时，以领先行业、公司以及团队为标准，对职业角色——精英人才的认同进入了某公司，工作充满挑战性，不仅促进个人的成长，而且让她形成了"员工成长"和"工作意义"的承诺性诠释。次要关系是：鼓励的诠释推移形成良好的工作氛围，同时，角色平衡的诠释推移反过来使 L10 重新认识应承担的角色，并重新审视自己的工作价值取向以及工作机会。

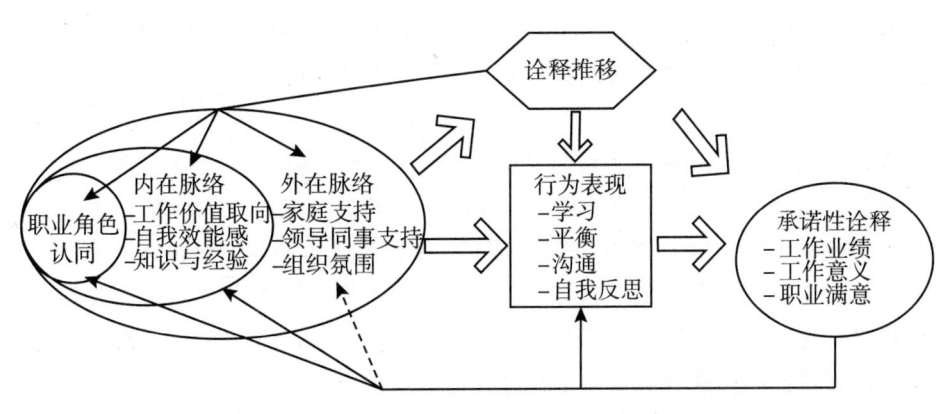

图 10-14 释意要素之间的动态关系

女性经营管理人才在职业成长过程中的经历、感受以及行为方式均伴随着认知体系的不断建构，相互影响，呈现动态发展性。这也恰恰符合社会认知理论中，通过社会互动过程，在社会情境中研究自我。

由此提出以下研究命题：

命题8：驱动女性经营管理人才职业成长的内在脉络与承诺性诠释中各主要因素相互影响，并且两者之间存在互动关系，突出表现在工作价值取向、自我效能感的动态演化以及知识与经验的积累。

第三节 女性经营管理人才的职业成长分析

一、情境化：职业成长的关键事件分析

对于关键事件的识别，科佩（Cope，2010）提出，应主要采用自定义的方法来实现，即让受访者自己回忆并识别在成长过程中最重要的经历——不仅包括成功的经历，也包括失败的经历，尤其是失败经历的影响更为深远。具体来说，对关键事件的功能和作用主要体现在三个方面：(1) 面临某些意外情况，既有的知识储备、行为惯例等不再有效，意外事件迫使其必须重新评估当前的形势，重新思考对那些早就习以为常的信念与假设。(2) 这些经历也能够彻底地改变女性经营管理人才对管理以及自我能力的认识。鲍德（Boud，1985）等提出，关键学习事件能够帮助企业领导者建立起自我认同感，正是这种源自内心的感受，成为激发个体自我奋斗的重要力量。(3) 关键事件可以被看作是一个"质变"的过程。

对于进阶的理解，存在着四种解释①：(1) 进升官阶。清代吴振棫《养吉斋丛录》卷三："是其时将军为提督进阶，非实有其官也。"(2) 犹台阶。中国近代史资料丛刊《辛亥革命·武昌起义清方档案·清吏条陈》："彼其胸中久已视忠孝为迷信，视暴动为文明之进阶。"(3) 层次或等级提高。在修真、玄幻小说中经常出现的用语。(4) 在原来的基础上有较大程度的提高，但在层次上低于和没有达到质变境界。本书研究中将进阶诠释于女性经营管理人才的职业成长，主要选择第一种解释。从以上对13位女性经营管理人才的职业成长的关键事件描述中，可将她们的职业成长关键事件分为以下两大类。

---

① 进阶词语在中国文化的解释，http://baike.baidu.com/view/1097468.htm。

(一) 基层进阶为中层

在18个关键事件的描述中,有11个体现着此种类别,另外6位女性经营管理人才虽然没有明确提出关键事件,但是在她们的职业成长中,能够发现共同的影响因素与行为特征。在对这类事件的描述中,13位女性都能够凭借着自身的优势,诸如能力与经验等实现职业成长,在现实生活中,有很多女性印证了这一事实。然而,再进一步突破成功的女性高层次的领导者数量锐减。基层进阶为中层更多的是体现在知识与经验的积累、自我效能感的提升、强化职业角色认同、工作价值取向相对稳定(不因关键事件发生变化)。

(二) 中层进阶为高层

对于成为高层次的女性人才而言,她们的关键事件不仅仅体现在某项任务的完成,而且更多展示出她们是如何实现"质变"的。就职业成长而言,自我效能感与知识经验是内在脉络的主要因素,正是由于这两种"量变"因素的作用,才能够促成她们职业巅峰的"质变"。通过职业角色的认同以及量变的积累,发现工作意义,个人和社会的价值探寻,冲破了心理因素的障碍,顺利地实现中层到高层的晋升或工作价值取向的转型。中层晋升到进阶为高层的事件多反映在多重角色的平衡与工作价值取向的转变,自我效能感始终存在强化。

二、ASD模型:职业成长的契合性分析

ASD分析框架的理论雏形是基于人事选拔过程中的动态匹配观点。王忠明(Wang Zhong Ming, 2003) 等对中国背景下的管理胜任力进行了研究,结合斯奈德(Schneider, 1987) 提出的 ASA (attraction-selection-attrition) 模型,融合了动态适应机制,构建了多阶段选拔的 (multi-stages election) ASD理论模型,这里的A是吸引 (attraction),S为选择 (selection),D则为发展 (development)。王忠明和臧智 (Wang Zhong Ming & Zang Zhi, 2005) 对原来的理论框架进行了拓展,大大拓宽了ASD模型框架的适用边界。他们在借鉴和糅合了自然生态体系中主体动态演化规律的基础上,提出了更具一般意义的ASD框架,即适应—选择—发展理论模型 (adaptation-selection-development),用以解释行动主体与环境之间的动态匹配和嵌入现象,认为适应、选择和发展是行动主体与环境之间互动作用的结果,在不同的阶段,匹配和嵌入的程度和方式也不同。适应、选择和发展是一个动态往复并循环上升的连续过程,为更好地适应环境,行动主体会选择

恰当的策略和行为（如匹配方式和嵌入途径等），从而具备进一步发展和提升的条件，策略选择行为为主体的自我发展奠定了基础，也为高水平的嵌入提供了必要的条件。选择促进行为主体与环境在深层次上实现匹配，进而实现在更高水平上的适应。

笔者研究发现，女性经营管理人才在职业成长（不同职位层级）中，通过学习、反思、沟通和平衡机制实现对认知体系的重新建构，突出表现自我效能感、角色认同、知识与经验、工作价值取向和职业满意度的变化，并伴随着个体与情境（关键事件）在适应—选择—发展（ASD）交互作用下进行。因此，按照被访者对于其在职业成长中个体与情境（关键事件）—管理策略和应对措施的选择（S 阶段）—发展演进和提升的条件（D 阶段）—实现更高水平上的适应（A 阶段）的理论路径和逻辑递进关系，分析和探索驱动职业成长的动态演化（见图 10-15）。

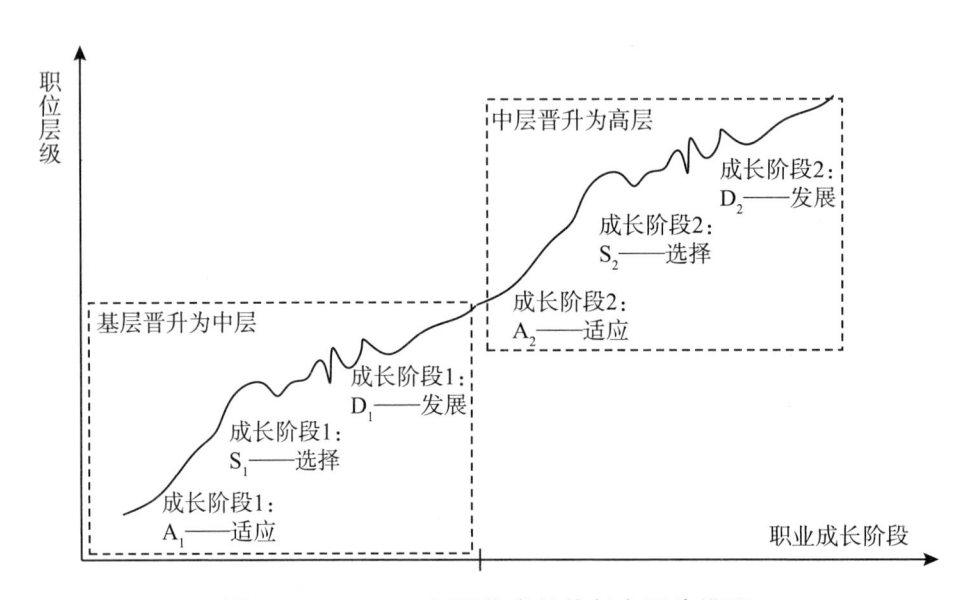

图 10-15　ASD 与职业成长的契合理论模型

（一）适应阶段（adaption）

个体对"自我"和"人我"的感知，并对外部环境的机会和风险进行识别。能否适应社会，踏入社会后对自我进行重新定位，都会对未来的发展产生深远的影响。在此阶段中女性会对"自我"和"人我"的身份进行新的定位，被访者也谈及结合自己的兴趣和优势，听从自己的内心，能做什么，擅长做什么，要把自身的潜能发挥到最大化。

(二) 选择阶段 (selection)

个体面临自身转变或情境的变化时，经过反思后所做出的行为策略是 ASD 成长模型的核心部分，行为产生的结果不仅会影响到客观因素（预先目标或绩效等）能否实现，还会对自身进行重新评估，进而影响到面对未来境况的策略选择。

(三) 发展阶段 (development)

在被访者中，她们所表现的自信、自尊、坚持、勤奋以及加倍的努力等共同特质是她们成为女性经营管理人才所必不可少的因子。她们在以其丰富的心灵感受、经历、行为在职业成长诸多不确定因素中，无不在对自我进行着一系列的确定，从而达到内心模式的成熟。纵向追踪被访者的职业经历，自我实现的过程就是"小我"向"大我"转变的过程，是自我不断扩展延伸的过程。

三、心理进阶：职业成长的动态特性分析

女性经营管理人才的职业成长是一个动态的发展过程，其心理发展具有进阶性。通过案例深入访谈，研究发现，伴随职业层级的上升，其内心世界也在发生着由"小我"向"大我"转变，丰富及壮大内心，工作价值取向或发生变化，自我效能感也在不断地强化，知识与经验不断地积累。进阶在职业成长中反映为职位层级或等级的提高，在个体心理层面则反映于诸如自我效能感和职业角色认同的"纵向"或"垂直"维度的递增，又存在于工作价值取向等"横向"的升华或转型，知识与经验不断地积累。女性经营管理人才的职业成长呈现"心理进阶"的特征。

(一) 角色认同

角色认同的特性归纳为以下特征：(1) 连贯性和阶段性。传统身份角色终生伴随着女性个体成长，具有长期连贯性，这种身份认知受到家庭、组织及社会等多重因素的影响，女性必然要扮演着传统身份。相对于传统身份而言，职业身份存在阶段性特征，长期受传统观念的影响，不乏有些女性在承担着传统身份的同时，职业身份会发生中（终）断，影响女性人才的职业发展。同时，许多优秀的女性经营管理人才在职业发展的后期更加注重自己的社会角色，更多地体现在对社会价值的实现，因此，这部分的女性经营管理人才会积极主动地塑造良好的社会身份，此时的社会身份更体现在少部分优秀女性。(2) 矛盾性和互动性。女性

经营管理人才扮演着多重角色,当面对分歧的角色期望时会产生不平衡,她们顺从某个角色的要求,就很难顺从另一个角色的要求,当无法满足各种角色的要求时,角色的冲突就出现了。这种角色的矛盾性,集中表现为时间、空间精力和行为方式的冲突,主体角色需要与角色能力的冲突。但是很多女性经营管理人才表示能够避免这种冲突的出现,运用各种平衡机制,降低冲突的程度,转而从角色中获得增益,即在参与某一角色活动时获得的良性体验或绩效有助于她们在参与其他角色活动时获得正收益,实现良性互动。(3)时代性。随着社会政治、经济等环境的转变,女性在社会各领域发挥着越来越重要的作用。女性不仅开始走入职场,而且一些卓越的女性甚至开始担任国家领导人或大型公司的最高领导者,在企业、政界、NGO 等领域创造了瞩目的成就。笔者在前期资料积累的基础上,通过媒体的报道,反映出社会对女性经营管理人才的关注度有所加强,对女性人才的认同度有所提升。因此,受时代特征影响,更多的女性经营管理人才愿意投入社会中,角色的认知受时代的影响。

(二) 自我效能感

自我效能感的特性归纳为以下特征:(1)呈现强化或弱化特性。自我效能感在其职业发展的不同阶段,会随着前一阶段的行为表现和结果的基础上对下一阶段的认知产生影响,从而强化或弱化自我效能感,并以产生的自我效能感作为阶段性的核心自我效能感。(2)时效和可塑的特性。在信念体系中,相对于职业目标、职业价值观而言,自我效能感更具有时效性,通过这一阶段的成效与预期的对比,结合自己的努力程度,能够清晰地反馈于自己,通过反思,形成对自我的认知,以此形成下一阶段的自我效能感。成功的女性经营管理人才往往表现出较强的自我效能感,即使遇到困境时,总能够保持乐观的态度积极应对,从失败或困境中寻求解决问题的途径或办法。领导力是可以培养的,通过能力知识经验的培养与积累,增强成功的信心,有助于自我效能感的提升。所以,对于女性经营管理人才,首先要注重自我效能感的提高,从信念上激励自己,从而树立正确的职业目标,投入工作中,以实现预期的职业目标,展现自我和社会的价值。

(三) 工作价值取向

相对于自我效能感而言,工作价值取向体现多维度和阶段性的特性。本书研究发现,女性经营管理人才的工作价值取向随着职业生涯的发展不断进行调试,其职业发展的每个阶段,都有一个相对重要的价值取向作为核心价值观。这也恰恰符合美国社会学家贝拉等(Bellah et al., 1986)对于工作价值取向的研究。

将其划分为谋生取向（物质取向）、职业取向（职务取向）及呼唤取向（事业取向、感召取向或使命取向）三种。持谋生取向的劳动者主要看重工作所带来的经济和物质回报。持职业取向的劳动者，其工作目标是个人职业发展，即追求更高的社会地位、行业声望、工作挑战和社会认同。他们相比谋生取向者，对工作投入更多，除物质回报外，工作是其实现个人发展以及获得认同和晋升的一种途径。而对于呼唤取向者来说，工作不只是为了获得经济收入或者个人职务发展，他们更看重工作过程，目的是获得工作本身所带来的主观成就、意义与奉献。瑞斯尼斯基（Wrzesniewski, 2009）也认为，个体的工作价值取向并不是一成不变的，会随着个人成长、经济状况或所处工作环境的变化而变化。

通过以上分析，构建出女性经营管理人才职业成长的动态演化路径，如图10-16 所示。

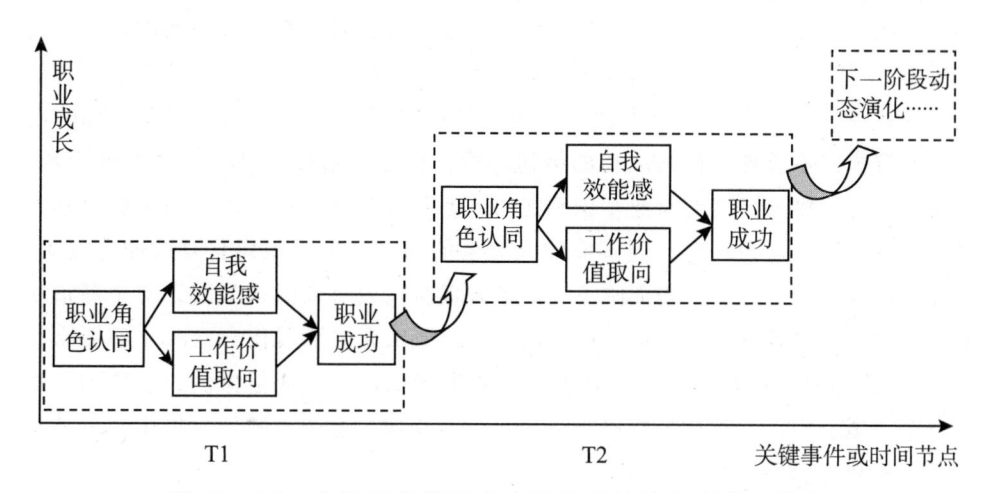

图 10-16　女性经营管理人才职业成长的心理进阶路径

（四）职业成长行为分析

从结构化理论出发可知，关键学习事件是个人或团队在其成长过程中形成自己特有工作与行为方式的重要因素。女性经营管理人才职业成长中角色认同以及内在脉络的形成，将其归结为两种来源：一种是由外在学习所形成的认知模式，另一种是由内在启发所形成认知模式。对此，可以概括为外在的学习过程以及内在的反思过程。本书研究在对女性经营管理人才的职业成长中角色的认知以及内在脉络的形成上，除了发现以上两点之外，平衡机制和沟通机制对其成长具有非常重要的意义，行为建构机制概括为以下四点。

一是学习机制。认知主义学习范式主要关注学习者的思维过程和认知活动过程，关注记忆和信息加工。主张这一范式的学者认为，学习过程主要依赖个体的内心世界。同时，通过不断的学习，领导者的认知结构会产生变化。正是存在学习的过程，领导者角色的认知以及内在脉络的更替需要一定的时间。这就意味着领导者的角色的认知以及内在脉络并非朝夕可变，更替的过程即是学习过程和认知转变过程。认知结构与认知过程是密不可分的有机统一体，认知结构反映的是不同时点上领导者角色的认知以及内在脉络的状态，而认知过程则是将这些不同时点的角色的认知以及内在脉络联结在一起，成为有机整体的管道。在被采访的成功女性经营管理人才，谈到自己的职业经历时，很多人提及在自己年轻时或心智不成熟时，并没有仔细地对职业目标认真的评估，驾驭力较弱，内心上对职业身份的认同往往出现落差，是被动地接受还是主动地迎接挑战，取决于当时的情境和对自我的定位。

二是反馈机制/反思过程。"反思"包含对反思目标的留心、觉察、审视与评估。自我反思是一个包括自我分析、自我评估、自我对话和自我观察的过程。自我反思的过程也是不断地提出并解答"是什么？怎么样？为什么？"等问题。被访者在职业成长早期，其个人能力、知识与经验等的缺乏引起其职业目标的游离，心智模式不成熟。在其成长的最初阶段，更加注重投资于自己的职业经历，将事情做好，提高自己的专业知识和能力，不断地坚持与加倍地努力去赢得别人的肯定或认同，从而赢得与同事或领导关系的和谐发展，积累自身的职业资本，有益于职业身份的认同。当面临下一职业发展阶段或更大的挑战时，会重新审视自我，即发生自我反思，过去自己做的怎样，别人是如何看待自己的（职业身份认同），今后要如何做。此时自我效能感趋向于增强，抑或是减弱。同样的，伴随着职业成长中，女性在家庭或生活中角色的扮演，也会不断地反思生活的满意度或幸福程度。

内在脉络的优化和发展有赖于个体进行的各种学习行为，学习不仅能够促进知识和信息的更新，而且增强个体对自我反思和内省的意识，有助于保持心理状态处在时刻被关注和检验的状态。学习行为培养人们思维的灵活性和策略性，淘汰刻板或错误的信念，结合所吸纳的新知识，构建出更全面和抽象概括性的信念体系，促进认知的完善。

三是沟通机制。工作价值取向、自我效能感等深藏于内心，使人们面对事件做出行为反应时自觉或不自觉地调动心理资源。完善内在脉络的首要步骤是打开个人的内心世界，实现内心世界与外部世界的交融。在打开心灵的同时，通过有效的沟通认知问题、了解问题以及更好地解决问题，从而实现创新性以及建立系统性的思维方式，良性循环之下增强信念。有众多的研究发现男性和女性的认知偏好各有优势，男女性别在信息汲取的方式和内容上有差异性。传统社会对女性存在刻板印象，感情用事、不果断、人际关系取向，社会变迁、观念的转变，短板成为优势。在被采访的女性经营管理人才表示，女性在沟通能力方面是具有优势的。女性领导人均深谙如何激励员工并且与员工培养良好的关系，并擅长保持多线沟通渠道的畅通无阻，也就是说女性领导擅长建构一种蛛网状的组织结构，她们把自己定位在组织的中心，而非高高在上的权威者。

四是平衡机制。传统的性别角色，社会普遍认可的依附于男性世界的"贤妻良母"的社会印象，必然影响到女性对自我发展目标的定位。被访者均坦然，虽然两性都承担着多重角色，但是作为女性，更多肩负着家庭和工作的角色，女性在规划职业发展时，不得不考虑到家庭的因素。当然，这并非是女性成为优秀人才和参与社会贡献的"门槛"。工作和生活是交织进行的，冲突并非是有害的，主要在于如何平衡，使其朝着有利的方向发展。对被访的成功女性经营管理人才而言，强调的是关注自己内心的呼唤，究竟你想要的是什么？平衡的外延很广，最重要的是内心的平衡。对于成功的女性经营管理人才，她们一直在努力达到一种工作—家庭—社会的平衡。

第四节　女性经营管理人才的进阶规律特性

一、双重结合的进阶规律

女性经营管理人才的职业成长呈现隐性和显性双重结合的进阶规律，通过不断地学习、反思、沟通以及平衡四种行为作用于心理进阶与职业成长之间的互动关系。

心理进阶既反映于自我效能感和职业角色认同的"纵向"或"垂直"维度的递增，又存在于工作价值取向等"横向"的升华或转型，属于隐性的表征，其关键性因素为职业角色认同、自我效能感以及工作价值取向。本书研究反映在心理进阶的关键性因素为女性经营管理人才职业成长提供了可培养的方向。在她们的职业成长过程中，面对不同的职业情境，通过不断地学习、反思、沟通以及平衡四种行为实现个体与外部情境之间的互动，有必要采取相应的行为策略，顺利实现个体能力或职位的晋升（显性），即个体与外部情境的匹配与嵌入，在不同的职业成长阶段，实现内在心理和职业成长的双重进阶。

二、时空耦合的进阶规律

女性经营管理人才的职业成长呈现时空耦合的进阶规律，表现职业成长与ASD成长模型的契合，以及心理进阶多阶段演化。

《辞海》关于"耦合"的解释为两个（或两个以上的）体系或运动形式之间，通过各种相互作用而彼此影响的现象。金观涛认为："任何有组织的整体都可以用功能耦合系统来研究。实际上，在近几十年兴起的种种边缘学科中，科学家们早就在运用这种方法了。"（金观涛，1988）一切生命体或类生命体组织都是一个复杂的功能耦合网络和调适这个网络的运行机制（任露和梁云虹，2010）。

女性经营管理人才的职业成长在空间层次和时间层次上具有一定的耦合性。女性经营管理人才不同进阶阶段与ASD成长模型的契合，是个体与情境之间互动作用的结果，ASD成长模型为女性经营管理人才的职业成长提供了行为策略，以此达到个体与外部情境的匹配与嵌入，实现职位进阶。女性人才是具有层次性的，不同职位层次的发展模式与管理策略是有差别的，这是由人才成长层次性规律本身所决定的，女性经营管理人才在面临不同的职业发展阶段，其职业追求与行为有所不同，这与梅内耶罗和沙利文（Mainiero & Sullivan, 2005）提出的"万花筒职业生涯"概念相契合，"万花筒职业生涯"中说明女性的整个生命周期中真实性、平衡和挑战三者的相对重要性取决于女性的职业和生活背景，三者分别是处于职业生涯晚期、中期和早期女性职业发展的追求焦点，以求得最佳平衡，体现于职业成长的空间层次上的耦合。

女性经营管理人才在其职业成长中个体与情境（关键事件）—管理策略和应对措施的选择（S阶段）—发展演进和提升的条件（D阶段）—实现更高水平上的适应（A阶段）的理论路径和逻辑递进关系，即ASD的D1与ASD的A2存在耦合的关系，存在于时间上的一致性。笔者通过多层次分析法，也验证了不同时间节点的自我效能感与职业满意度存在相互影响的关系。即职业角色认同与自我效能感（T1）、职业满意度（T1）及下一阶段的自我效能感（T2）呈现出显著的正相关关系。自我效能感（T1）对职业满意度（T1）呈显著的正向预测作用，并且职业满意度（T1）会影响下一阶段的自我效能感（T2），以此形成动态闭合的相互影响路径，体现了职业成长的时间—层次上的耦合。

三、过程转化的进阶规律

女性经营管理人才的职业成长呈现过程转化的进阶规律，具体表现为人才成长模式的转化和职位进阶的规律过程。

　　随着人才主客体环境变化，其实践活动也随之发展变化，随着人力资本及社会资本的积累，心理进阶因素推动女性经营管理人才职业成长。女性人才成长的一个具体过程完结之后，即存在着向与它有必然联系的人才过程过渡或飞跃的变换关系。从本书研究的13位成功的企业女性经营管理人才，无论是超越型职业成长、关系型职业成长、竞争型职业成长，还是精英型职业成长，其职业成长路径的主流模式仍遵循从储备人才→潜力人才→显性人才→领导人才的路径，职位晋升呈现出基层到中层领导者、中层到高层领导者的过程。当转换职业时，其才能的发展方向也随之改变，人才必然由某一种类型向另一种类型转换；当提升实践的层次，其才能水准也随之提高，人才必然由下一层次向上一层次递进。因此，在培养女性经营管理人才的同时，一方面要注重要结合女性人才的优势特质，在以类型为基础上，注重培养其知识、经验、技能的累积；另一方面推进女性经营管理人才的职位晋升，以鼓励更好地成长。

　　笔者主要是基于动态发展的视角，从个体层面，对女性经营管理人才的职业成长所呈现的进阶规律进行概括，女性经营管理人才职业成长离不开组织及社会的关系，必然存在一些有待于识别的隐性规律。目前，由于时间以及资源的限制，可能对规律的总结不够全面，未来仍将继续深入对女性经营管理人才职业成长进阶规律的研究。

第十一章

女性经营管理人才职业成长制胜规律

女性经营管理人才的职业成长与企业发展紧密相连，面对复杂多变的内外部环境，企业只有主动对环境的快速变化做出响应，适时发起变革，才能保持竞争优势。致同（Grant Thornton）会计师事务所在2016年发布的《国际商业调查报告》中对男性和女性经营管理人才的性别差异进行了大数据分析，结果显示：相比较男性领导者的任职最大驱动力是更高的收入（46.5%），女性领导者的最大动因是推动企业的战略发展和变革（43.9%）。相关研究表明，组织转型中女性经营管理人才不仅表现出敏锐洞察力、快速调整的适应能力，在变革的推动过程中也显示出善于沟通协调、重视情感驱动等独特的身份特征（张丽霞，2016）。基于此，笔者认为有必要将女性领导和战略变革进行结合，通过对比12位女性经营管理人才案例，运用扎根理论分析方法，探究女性人才在变革警觉实现上的认知特征以及在组织变革推进过程中的行为特征，找出女性经营管理人才在组织变革中的制胜规律。

第一节 文献回顾

一、女性领导力的相关研究

目前理论界对女性领导力的研究较少，尚没有形成有关女性领导力的确切定义。比较统一的观点是，对女性领导力的概念有两种理解：一种是狭义上女性领导者的领导力（female leadership），另一种是广义上具有女性化性格和特质的领导者的领导力（feminine leadership）。本书是从广义的角度对女性领导力问题进行研究，基于以往的相关研究成果，将女性领导力定义为：在女性化领导者、被领导者和领导环境三边互动的动态系统过程中，领导者充分运用其自身权力、女性领导特质和魅力等影响被领导者与其共同作用于一定的领导情境实现领导效能最大化的一种能力。随着更多的女性进入公司高层并展现出卓越的领导才干，女性领导力逐渐成为社会性别与领导研究学者争论的焦点（A. H. Eagly & M. E. Heilman，2016）。研究表明，女性领导的精神分析特征、人格心理特征、领导风格特征、伦理取向特征都在一定程度上与男性领导不分伯仲、甚至不乏优越的独特之处（蒋莱，2010）。此外，差异研究也从早期认为男性与女性的社会性别差异对领导力特征的影响并不明显（Bullerfield & Grinnell，1999；Engen & Willemsen，1996）发展到现阶段领导力特征存在社会性别差异的总体论断，并得到元分析结果的有力支持（李琳 & 陈维政，2014）。两性领导力特征在沟通方式、敏感程度、激励方式等方面存在差异（见表11-1）。可以发现，尽管以往研究已经证明了两性领导力特征存在差异，但对于男性化倾向或女性化倾向的划归标准尚没有明确的定义，并且在具体组织情境下如何有效利用女性化领导特质也还缺乏深入的机理探究（An-Chih Wang et al.，2015）。

表 11-1　　　　　　　　　　两性领导力特征差异

类别	女性领导力特征	男性领导力特征	相关文献
沟通特征	善于通过引导、说服、影响等方式来达到管理目的	设法控制、发号施令、不善于运用沟通技能、包容性差	海尔格森（Helgesen，1994）、加西亚和恩金（Gartzia & Engen，2012）、布鲁克穆勒（Bruckmuller et al.，2010）、伊格利和林达尔（Eagly & Lindal，2007）
激励特征	擅长通过正强化手段激励员工，合作与协调能力更强，并能适当授权、善于培养下属	远离员工缺乏正向激励，通过运用手中的权力及职位权威来达到目标、偏向于掌控下属	李福英（2006）、梁巧转等（2006）、卡克、韦斯梅尔和沙米尔（Kark, Waismel-Manor & Shamir 2012）、普赖姆和韦尔伯恩等（J. L. Prime & T. M. Welbourne et al.，2009）

续表

类别	女性领导力特征	男性领导力特征	相关文献
领导风格	明显的变革型领导风格	偏向于交易型领导风格和放任型领导风格	卡克等（Kark et al., 2012）、李琳和陈维政（2014）、尤克尔（Yukl, 2002）、鲍威尔（Powell, 2012）、李鲜苗等（2012）
需求特征	情感和归属的需求高、具有独特的母性关怀，即包容、谅解、温和、乐于助人、具有同理心	个人成就需求高、呈现独断式或者命令式特征，即统治、竞争、武断、进攻、投机及控制	默钱特（Merchant, 2012）、莫迪和里卡德（Riggo & Reichad, 2008）、凯尼格等（Koenig et al., 2011）、马特尔等（Martell et al., 2001）、弗莱彻（Fletcher, 2002）、伊格利（Eagly, 2007）、郭爱妹（2016）
关系特征	民主型或参与型的柔性领导特征、关系导向、更人性化、更富于感情	专治型任务导向、不注重协调和平衡组织中成员关系，不善于情感表达	莫迪（Riggo et al., 2008）、默钱特（Merchant, 2012）、鲍威尔（Powell, 2012）、加西亚和恩金（Gartzia & Engen, 2012）、恩金和威廉森（Engen & Willemsen, 2004）、张立贞（2013）
决断特征	决策过分谨慎、不自信、面对风险更为保守、容易低估自己的能力和绩效	决策果断、冒险倾向更为明显、看重过往的经验、充满自信甚至过度自信	奥尔班（Orban, 2001）、埃塔卡和古达尔（Ertaca & Gurdal, 2012）、海尔曼和陈（Heilman & Chen, 2003）、夸德拉多等（Cuadrado et al., 2012）、琼斯和图卢斯（Jones & Tullous, 2002）、孙亮 & 周琳（2016）
感知特征	对企业内外部环境、消费者需求及其变化的判断更加细微，问题感受及风险把握敏锐度高	在对企业内外部异常现象的感知上不够敏感，细节问题的把握能力有所欠缺、直觉性较差	格雷厄姆等（Graham et al., 2002）、奇尔瓦（Chirwa, 2008）、比特纳（Byttner, 2001）、卡拉科夫斯基和西戈（Karakowsky & Siegal, 1999）、菲尔顿（Felton, 2003）、拉杰普特和克拉杰（Rajput & Claartje et al., 2011）

资料来源：表11-1是基于两性领导力特征的相关文献归纳整理得到的。

以往女性领导力领域的相关研究更多的是考虑社会性别因素对领导行为的影响，而对其他重要的情境因素则缺乏关注（杨静，2013）。领导变革理论提出领导学研究视野要进一步"外观化"，要更突出动态系统过程中的领导环境要素，有研究指出女性领导在创业初期表现出独立有主见、执着坚定、自信敢为等特征，在创业生存期会更加注重自我激励和工作家庭平衡，而在创业转型期则表现出以柔克刚、激励他人、开发学习等女性领导特质（莫寰，2013），这就显示出在具体情境下刻画女性领导力特征的必要性，但这方面的研究尤为缺乏。可以发现，相比较于一般情境下的女性领导力特征只是作为一种泛性提炼结果，具体情境下的女性领导力特征与领导环境更具匹配性和针对性，而扎根理论分析能够用丰富的情境视角来"捕捉"领导的影响过程（Kempster & Parry，2011）。但是，一般的女性领导力特征与特定情境下的女性领导力特征有何区别与联系，是否有矛盾之处，还存在理论上的空缺，有待学者进一步探讨。

二、组织变革的相关研究

组织变革是指企业为适应内外部条件变化而进行的、以改善和提高组织效能为根本目的的一项活动过程（Van de Ven & Poole，2005）。组织变革是一项系统工程，它包含了三个关键要素：一是识别组织内部与外部的环境变化；二是借助科学的变革管理方法；三是分阶段对多个组织功能与结构进行适应性调整。一些研究组织变革的学者（Sambrook & Roberts，2005；Haveman et al.，2007；Ireland et al.，2009）认为，组织变革的关键在于有效识别外部环境变化，包括技术创新环境和社会环境，而变革的具体过程又受到组织领导者、形态与结构、绩效和战略愿景等多个要素的共同影响。因此，企业家需要时刻对组织内部与外部要素保持警觉，柯兹纳（Kirzner，1973）开创性地提出企业家警觉（entrepreneurial alertness）的概念，即企业家具备能够警觉地发现非均衡市场上出现的盈利机会并迅速做出反应的能力。

基于此，学者开始了聚焦于进行组织变革与转型发展的成熟企业的组织警觉的研究。组织警觉（organizational alertness）是指组织对内外环境中的机会、威胁或不连续线索进行敏锐察觉的一种能力（Cho & Hambrick，2006；Simsek et al.，2009）。由此可见，组织警觉聚焦于企业组织，以组织中不同层次的成员与群体为研究主体，探讨组织与环境特征要素间的关系。但鉴于企业高层领导者的洞察力、敏锐性、聪明睿智往往被看作变革成功的第一要素（王雪莉，2002），所以对领导者个体认知特征与要素间的关系有必要进一步地深入探究。但是，目前大多数聚焦于领导者个体警觉的研究范围局限于新创企业进行机会识别与开发的问题，对威胁、变化等要素缺乏关注，并且对变革警觉的情境特征、发生机制及路径也较少涉及（胡洪浩和王重鸣，2013）。本书将聚焦于进行组织变革的成熟企业，但不同于组织警觉强调组织整体与环境互动过程，变革警觉把领导者个体认知特征与要素关系作为关注焦点，进而着眼于领导者的女性化特质并结合情境特征，探究女性领导产生变革警觉的影响因素以弥补该领域的理论缺失。

从2002年初开始，国内越来越多的学者开始关注组织变革过程和变革中的领导行为，这是由于越来越多的企业在进行各种变革中遇到实施困难，实践再一次引导理论研究走入新领域。莱文（Levin）最早在其著作中将实施变革作为一个过程来研究，在其基础之上，科尔特（Kotter，1995）、加尔平（Galpin，1996）和亚美纳基斯等（Armenakis et al.，1999）、巴斯和里焦（Bass & Riggio，2006）先后在各自研究中描述了领导者推动变革实施的行为阶段模型。其中，以科特尔（Kotter）提出的变革推动者的8阶段行为理论最为经典，该模型中各阶段的具体内涵是：（1）建立危机意识；（2）组建强有力的领导团队；（3）创建愿景；（4）与成员就愿景进行广泛沟通；（5）授权他人按愿景行事；（6）规划短期目标并创造短期成果；（7）巩固成果并深化变革；（8）新的状态制度化。史蒂文等（Steven et al.，2012）结合新的环境特征和组织情境对科特尔的8阶段行为模型进行讨论，并引用1996~2011年涉及各个阶段的实证研究结果对该模型加以验证，发现这8个步骤在当前转型升级的背景下仍具有很强的适用性，该模型也为本书女性领导变革推动特征的诠释与刻画提供了思路与架构。

三、文献评述

基于女性领导的前期研究成果，可以发现以往对女性领导力特征大多只是进行笼统分析，目前嵌入情境来揭示女性领导力特征的研究还较少。而领导的情境权变理论（Ayman，2004）认为，领导者行为的产生取决于情境。尤其，在高度动态复杂的变革环境中，结合情境因素，有关女性领导行为要素和特征识别的研究更是缺乏。另外，学术界对组织变革的探讨则围绕变革的内容、变革背景、变革过程等主题展开：在变革背景方面，集中于组织内外部的环境变化，因而对组织敏锐察觉内外部环境中的机会、威胁的能力有了更高的要求，但研究者多把视角定位于关注组织整体特征与过程的组织警觉，往往忽略了组织变革过程中起主要作用的因素——领导者。相应地，领导者个体层面的警觉性研究大都仍停留在机会警觉问题上，较少拓展到关注环境变化与威胁的变革警觉。此外，出于以往研究表明敏感细微的女性特质对变革警觉的实现有促进作用，继而引出对领导者变革警觉实现过程中的女性独特认知特征的思考。

在变革过程方面，相关学者就领导者在实施变革过程中遵循的行为阶段模型也提出了多个理论，其中，以科特尔（Kotter，1995）的 8 阶段领导变革过程模型最具影响力。战略管理理论则从组织的战略层面，提出了高层管理者在组织变革过程中从决策到实现应该承担的角色，以及应该如何行动，以推动组织变革的进行（Ireland et al.，2005）。而有关研究也表明，女性经营管理人才在变革的局部推动、细节的把握方面有着先天的优势，她们执行力强并且关注关系、善于人际沟通，因而本书试图探究女性经营管理人才在组织变革的推动过程中展现出的行为特征。所以本书基于组织变革情境，拟研究如下问题：女性领导的变革警觉认知特征和变革推动行为特征各有哪些？深入挖掘组织变革过程中女性领导力的优势特征和不足之处，并进一步探究女性领导产生变革警觉的情境因素以及具有女性特质的变革推动行为的影响效应。

四、拟研究问题的详细界定

为了更加明确本书的研究主题，在开展实际研究前先对所涉及的两个关键构念以及支撑性问题进行了界定，希望每个问题都能在接下来的研究中得到验证和回答（见表 11-2）。

表 11-2　　　　　　　本书拟研究的具体问题

关键构念	女性领导变革警觉特征	女性领导变革推动特征
理论边界	组织变革情境下的女性领导力特征	组织变革情境下的女性领导力特征
前因变量	组织内外环境中的机会与变化	组织变革目标的确定
	组织内外环境中的威胁与问题	组织变革方案的制定
结果变量	组织变革目标的确定	组织内部氛围、组织效能的变化
	组织变革方案的制定	组织成员观念、态度和行为改变
支撑性问题	(1) 女性领导变革警觉的关键特征是什么，并与一般的女性领导力特征相比较。 (2) 识别出变革警觉发生的条件、行为和结果，探讨变革警觉的前置机制。 (3) 分析变革警觉的产生除领导者个体特征外，还受哪些主要因素影响	(1) 女性领导变革推动行为的关键特征是什么，并与一般的女性领导力特征相比较。 (2) 依据女性领导变革推动特征的概念内涵和相互间的关联，探讨不同维度的划归。 (3) 探究女性领导不同维度下的变革推动行为特征在组织层面产生的效能影响差异

第二节 研究设计

一、研究样本

本书研究对象是女性化领导者,即具有女性化性格和特质的领导者。从理论上说也包含具有女性特质的男性领导者,但鉴于企业高层男性领导者的性别类型分布主要是男性化,且对女性化倾向的男性领导者的界定上还存在较大分歧。因此,本书选择具备显著女性特质的企业高层女性经营管理人才作为研究样本。首先,根据《福布斯全球最具影响力的女性排行榜》以及《福布斯中国最有影响力商界女性排行榜》的评选结果确定30位排名较靠前的女性经营管理人才,选择知名女性经营管理人才为研究对象能提升所获得信息的广泛性和深度研究的价值。其次,结合台湾学者吕春娇(2008)提出的判定女性化倾向领导者的五大重要因素:非层级管理(如民主参与式分享决策)、冲突管理(如重在内在的处理过程)、环境支持(如激励他人、弹性且包容氛围)、资讯分享(如优先将资讯与技能分享给下属)及个别关怀(如强调人际关系、重视个人的差异),从其中排除女性化倾向不明显及偏于男性化倾向的领导者个体。最后,以这些女性经营管理人才为线索,初步搜集其任职期间主导的组织变革的相关素材,确保对女性领导力特征的研究都发生在组织变革背景下,根据素材的丰富度和搜集的多渠道性,从其中筛选出12位女性领导为最终研究对象。样本的筛选同时也需要符合下列条件:(1)个案的研究资料应有多个角度记录,资料之间能形成互证,且必须涵盖自传、访谈、演讲等能直接反映女性领导意志的自述型数据。(2)个案资料应是以女性领导活动为中心的内容,因为本书的重点在于通过分析女性经营管理人才产生变革警觉和推动变革实施的过程,从而探究出组织变革过程中女性领导独特的认知特征和行为特征。样本基本信息如表11-3所示。

二、资料收集

本书采用多种来源收集数据:(1)女性经营管理人才的传记、访谈、演讲、新闻报道和媒体评论等,此部分占总字数的65%左右;(2)与女性经营管理人

表 11-3 女性经营管理人才制胜规律研究的一般资料

编号	研究对象	职位	企业	地域	在职时间	出生时间	研究对象主导的主要组织变革
A1	卡莉·菲奥莉娜	CEO/总裁	惠普公司	美国	1999~2005年	1954年	对公司进行大刀阔斧的改造,将互联网引入业务运营及客户服务中;领导惠普重回改革和创新的传统,将提供最佳的客户体验放在首位;主导与康柏的并购
A2	沈爱琴	CEO/董事长	万事利集团(笕桥绸厂)	中国	1975~2012年	1945年	坚持引进喷水织机、印染、印花等世界先进技术和装备,率领中国丝绸工业迈上了与世界先进水平接轨的第一步;在水产养殖上选择了转换方式和延伸产业链条
A3	夏华	董事长	依文集团	中国	1994年至今	1969年	带领传统服装制造业在电商冲击下寻找新出路,搭建集合制造平台、整合高品质代工厂,设计师和销售渠道;在企业变革中引入新品类,增添品牌文化支撑性
A4	梅格·惠特曼	CEO	Ebay公司	美国	1998~2008年	1958年	全方位地发动一轮轮的横向及垂直的整合,对象包括拍卖网、Paypal、Skype等;重建平台运行的系统架构,提出新的市场策略;变动组织外部战略伙伴关系
A5	杨绵绵	副总经理/总裁/董事长	海尔集团	中国	1991~2013年	1941年	创造了满足个性化需求的 B2B2C 全新营销模式,积极推进业务流程再造;带动整个组织进行观念的变革,从传统经济下的商业模式转型到人单合一双赢模式
A6	谢丽尔·桑德伯格	COO	Facebook	美国	2008年至今	1969年	改革盈利模式,依靠在网页中谨慎植入广告赚钱;率领员工改变公关策略,成功处理用户隐私问题;调整公司的宣传策略、经营管理制度以及组织结构等

续表

编号	研究对象	职位	企业	地域	在职时间	出生时间	研究对象主导的主要组织变革
A7	孙亚芳	董事长/常务副总裁	华为公司	中国	1997~2018年	1955年	组织和推进人力资源体系的变革；调整市场组织体系，增强严密性；指挥引进IPD和ISC，启动对华为业务流程的大变革，成功延伸到后端产品开发和供应链
A8	彭蕾	CPO/人力副总裁/CEO/董事长	阿里巴巴（蚂蚁金服）	中国	1999~2018年	1971年	重塑阿里巴巴集团价值观，促进阿里系组织文化的创新；推行支付宝从网购功能涵盖到基础设施支付系统的转变；实施余额宝等增值业务衍生的一体化战略
A9	玛丽莎·梅耶尔	CEO	雅虎公司	美国	2012年至今	1975年	重新制定严格的季度评估制度，创建PB&J计划改变办事流程和官僚作风等；推行以技术为主导的复兴计划，通过对外收购促进雅虎转型为移动为先的科技公司
A10	安妮·麦卡伊	CEO/董事长	施乐公司	美国	2000~2009年	1953年	调整复印机产品的战略和战术以降低生产成本，提高产品质量；彻底的业务重组，扩大业务范围，稳固核心产业；带领施乐从信息服务公司转型，改变迟钝的文化
A11	卢英德	CEO/CSO	百事集团	美国	1994年至今	1955年	主导收购纯品康纳果汁公司，桂格燕麦等公司；在百事中国人才管理上开展改革，积极开发本土人力资源；带领百事纯粹生产可乐转变为产品布局合理的企业
A12	艾琳·罗森菲尔德	CEO/董事长	卡夫集团	美国	2006年至今	1953年	积极推动卡夫对吉百利的收购，扩大卡夫在全球的业务触角，整合两家市场资源；建立新的绩效考核机制和价值创造机制；创新食品理念，走贴近消费者路线

276

续表

编号	研究对象	职位	企业	地域	在职时间	出生时间	研究对象主导的主要组织变革
A13	弗吉尼亚·罗曼提	CEO/高级副总裁	IBM公司	美国	2009年至今	1957年	借助数据协助组织转型，在大数据分析领域建立全球领先的产品和服务能力；推动技术革新，面向云计算，重塑企业基础架构；通过移动社交构建互动参与体系
A14	艾伦·库尔曼	CEO	杜邦集团	美国	2009~2015年	1956年	战略转型，坚持市场驱动的科学，并成功以此激发整个企业的革新；领导企业决策更贴近于全球消费者的意愿，以各地需求为本，并回应出更有效的解决方案

才所在企业及组织成员相关的媒体评论、企业公告及言论和企业官方网站、公司内部刊物、年度报告、行业分析等，此部分占 20% 左右；（3）中国知网、万方、Emerald、EBSCO 等中外数据库涉及女性领导及其所在企业的员工、高管、董事等相关对象的期刊文章和硕博论文，此部分占 15% 左右。最后，对搜集到的资料进行整理、比对、质证，剔除相关度低或矛盾的资料，形成比较完整的原始数据。在以上通过不同渠道收集的数据中，以女性经营管理人才自传或经允他人执笔的传记、访谈、演讲等作为本书研究的支撑性数据。本书选择的 14 位女性经营管理人才，有关此类未加第三方信念的自述型数据都颇为丰富，如《勇敢抉择——卡莉·菲奥莉娜自传》《中国绸王（沈爱琴传奇）》《向前一步》《价值观的力量》等涵盖女性领导经营管理理念和职场经历的传记以及大量的面对面访谈和演讲资料。其余包括由他人撰写的传记、《金融时报》《华尔街日报》《中国经营报》等相关报道以及网络媒介评论这类非自述型数据，仅作为对直接反映女性领导意志的支撑性数据的检验和补充。同时，搜集官方网站动态、行业分析报告、公司内部刊物、主管行政机构及战略合作伙伴的观点、其他高管的评价与看法（如任正非的自传和访谈中对孙亚芳工作的描述）、主题相关的文献（如学术期刊和硕博论文中对样本企业组织变革的实施过程和成效的客观分析），多方验证与完善案例研究数据库。

三、信效度保证策略

为确保本书案例研究的有效性和可靠性，从研究设计开始，就努力进行逻辑的严密性和过程的规范性控制；扎根编码过程中也力图摒弃对研究现象的所有的偏见，避免把个人经验置于数据和数据分析中，最大限度地降低主观色彩。具体策略如表 11-4 所示。

表 11-4　　　　　　　　确保案例研究信度和效度的策略

信效度指标	所采用的研究策略	策略使用阶段
建构效度	由未加第三方信念的女性经营管理人才自述为支撑性数据，多种来源收集数据相互验证、补充	数据收集
建构效度	依据明确的逻辑建立完整的证据链：即原始数据—初始概念—子范畴—核心范畴—命题—模型	数据编码
内在效度	研究脉络模型与命题、研究结论的模式匹配	数据分析
内在效度	由 3 名研究者提出解释，吸取对立解释，不断审视和修正先前的解释	数据分析

续表

信效度指标	所采用的研究策略	策略使用阶段
外在效度	回顾现有文献，用理论指导案例研究	研究设计
	与先前文献进行比较，形成理论对话	理论贡献
信度	采用扎根理论的研究方法，程序设计经过多次讨论，达成一致意见	研究设计
	建立女性经营管理人才案例研究的资料库，并多次验证资料以及扩充数据库	数据收集
	由 3 名研究者分别进行分析，互相验证补充、提出批判性评论，直至达成统一意见	数据分析
	引用传记、访谈和演讲资料中女性经营管理人才的自述型原话	数据分析

第三节 资料整理与编码分析

一、开放式编码

开放式编码是发现概念类属，对类属加以命名，并确定类属的属性和维度的过程。在开放式编码中，尽可能使用原生代码，即自传、访谈中研究对象自己表达出的一些反映女性人才观点的独特词语，这也有利于呈现出女性经营管理人才在变革警觉产生过程中的真实反应和对变革推动的独特感知与认识。经过对原始资料进行"逐行编码""逐句编码""逐段编码"，最终得到 769 个初始概念，见表 11 - 5 开放式编码示例。

表 11 - 5　　　　　　　　开放性编码示例

原始资料	初始概念
Sun 的首席执行官斯科特·麦克尼利有句经典的点评："惠普是一家生产优质打印机的企业。"尽管斯科特·麦克尼利有时会大放厥词，不过这句话的评价是中肯的	A1 - 1 竞争公司 CEO 对惠普的点评

续表

原始资料	初始概念
和惠普的员工打交道已经差不多10年了,但是我从来没在任何人身上感觉到紧迫感。每个人都相当友善、礼貌、客气,但没人表现出强烈的上进心,对时间也满不在乎	A1-2 惠普员工缺乏紧迫感
作为首席执行官,我的职责是给员工培养新的能力,给他们注入新的信心和憧憬。我相信每个人的潜力之大是他们自己都没有意识到的。我的工作就是要把这个昔日无比辉煌的公司引向变革之路,这个伟大的公司由于没能激发员工和自己的潜能而落伍了	A1-3 领导者的职责和使命感
我开始在全公司走动,在全世界走访,还在"咖啡谈心时间"里和所有的员工谈论战略、平衡和挖掘潜力。一个公司要变得卓有成效,每个人都要扮演好自己的角色。员工应该知道我作为首席执行官是怎样定位自己的,应该知道接下来会发生怎样的变革	A1-4 与全球员工交流变革思想

二、主轴编码

主轴编码是编码分析的第二个步骤,根据不同范畴之间的相互作用和逻辑次序,将相关关系的概念进行范畴化处理,识别出核心范畴和子范畴。本书在对开放性编码筛选、合并、分类后,共提取出关联度高和出现频率高的26个子范畴,进一步归纳得出7个核心范畴,见表11-6主轴编码分析。

表11-6　　　　　　　　主轴编码分析

核心范畴	子范畴	范畴的内涵	对初始概念的筛选与分类示例
女性领导的变革警觉特征	细微性观察与敏锐识别力	对市场需求及其变化的观察细微,对技术、行业等环境变化和潜在威胁具有敏锐的洞察和识别力	A1 观察客户需求变化敏感细微;A11 并购中体现敏锐眼光……
	多渠道构建与处理谨慎性	信息处理过程谨慎,利用关系网络构建多个信息获取渠道,交叉验证确保搜集的信息的准确性	A4 打造专业队伍共同加工信息;A9 多渠道搜索获取信息……

续表

核心范畴	子范畴	范畴的内涵	对初始概念的筛选与分类示例
女性领导的变革警觉特征	情绪化展露与支配性传递	在与相关对象共同评估变革信息的过程中，容易情绪化并传递愤怒等支配性的情绪影响评估意见	A10 副总想法受我极端情绪影响；A12 对反对意见很情绪化……
	直觉性思维与超前预见力	不受固定的逻辑规则约束对问题有直接的本质理解，能透过现状作出长远的判断，提出超前见解	A2 产业链概念提出前就思考相关变革；A4 感知力直觉性强……
	组织危机感与行动紧迫感	对组织发展状况和所处环境有了清晰的认识后，产生的组织危机感和采取变革行动的紧迫感强烈	A1 组织文化冲突和角色危机；A11 健康食品转型迫在眉睫……
女性领导的变革推动特征	准备充分全面主动承担责任	变革实施计划制定全面细致，变革推进中的困难有充分的心理准备和应对方案；以过人的胆识甘冒风险做变革先行者，主动承担有挑战性的责任	A2 把全部责任揽到自己肩上减轻下属顾虑；A5 变革方案经过两年调查研究并备好预案……
	坚定愿景信仰适应变化灵活	开展变革的核心信仰和愿景目标坚定不移，能够自我激励明确方向；对组织变革环境的不确定性和动荡性有很强的适应能力，能够灵活处理问题	A2 实现与世界水平密切连接的信念支撑着我；A3 出其不意的高效营销策略适应市场变化……
	多方利益制衡表里并驱深化	追求各方利益在制约中平衡，为组织争取更多支持，实现变革的最大效益；从表层制度规范到深层价值观深化变革，修正和巩固员工行为和态度	A1 改变融资评估方式，力求各项目资金均衡；A9 用战略目标、奖励机制和文化来引领员工……
	注重任务落实兼顾细节问题	着力关注任务的实际落实情况，更在乎变革方案是否能被理解、接受和执行；女性领导的管理更加精细化，善于把握变革推进过程中的细节问题	A5 重视根本不起眼的小细节、复杂的基础质量工作；A9 比起计划的制定更关注实际执行情况……

续表

核心范畴	子范畴	范畴的内涵	对初始概念的筛选与分类示例
女性领导的变革推动特征	母性关怀感召刚柔并济处事	通过母性般的指导与关爱、亲和力等自身领导魅力对员工形成强大的感召；刚性和柔性领导方式互相补充，发挥强调女性特质的柔性管理的优势	A2 亲切平和的内在力量；A4 给予员工更多认可和赞赏；A12 果断强势态度与体谅关怀兼具……
	情感寄托驱动变革思想共鸣	唤醒和强化员工内心深处对企业、社会或民族的情感寄托；在为什么变革、变革的可行性、变革的方针和步骤等方面积极与员工分享以达成共识	A3 我们产品革新只为让世界感受中国伟大形象；A8 向员工传递变革必要性以达成统一意识……
	真诚清晰沟通感染有力宣传	变革推进过程中多渠道向员工传递信息，始终保持真诚、清晰、持久一致的沟通；对变革实施过程中取得的胜利，进行有感染性深入人心的宣传	A1 全世界走访交流公司转型；A6 展示对员工信心和潜能的激情；A10 员工收获了更强大的决心……
	增强忍耐能力排除压力干扰	变革实施遇挫和遭遇变革阻力时，能够自我调节不断增强忍耐性；保持积极的心态和理智的处理力，将外界压力以及各类干扰控制在合理范围内	A2 调整心态免受质疑干扰；A5 不怕挫折心理素质要好；A6 克服常人不敢想的困难百折不挠……
变革经验与内驱动力	相关性变革经验	在先前工作经历中积累的能在当前组织变革情境下运用的相关性经验	A1 主导朗讯和 AT&T 的拆分经验；A4 丰富的消费者技术经验……
	利他性内驱动力	为满足具有利他意义的需求而激发自身主动寻求目标的内在驱使动力	A2 为中国农民脱贫谋出路；A3 让很多人变得更加美丽自信……
组织内部变革意识	内部群体意识	组织内部以绝大多数或关键群体形式体现出的变革意识	A5 多数人明白要改变体系；A8 被董事会要求主导公司转型……

续表

核心范畴	子范畴	范畴的内涵	对初始概念的筛选与分类示例
组织内部变革意识	内部个体意识	组织内部以单独个体或少数个体形式表露出的变革意愿	A1 迪克指出公司需要剧烈变革；A7HR 总监认为早就该变革了……
组织外部变革讯息	外部利益相关者观点	能让领导者发现企业面临的机遇或威胁的外部利益相关者的观点或看法	A1 客户抱怨产品开关设在不同地方；A2 专家的行业政策解读……
	变革启发式分布信息	能让领导者通过自我学习、观察、思考产生变革顿悟的各类分布式信息	A2 受禅师故事的启发引进设备；A11 从体育录像顿悟人才管理……
异常现象与潜在威胁	长期威胁与问题	组织面临的长期未解决问题与内外部长期威胁	A5 组织文化让人裹足不前；A9 公司没有创新力、成本高昂……
	突发异常与变化	组织面临的短期内突发问题、异常现象与变化	A3 "非典"造成大面积的滞销；A10 股价短短几小时暴跌 60%……
组织变革氛围	有序高效的工作氛围	组织成员时间紧迫感强烈，各部门按预先制定的计划实施变革，整体工作气氛紧张、有序、高效	A5 新组织结构使工作充满压力；A8 内部气氛紧张、行动有序……
	积极主动的修正氛围	组织成员对变革中出现的问题能够主动自我修正，组织能够积极巩固变革成果并促进其制度化	A6 主动寻求将新状态持久化；A11 并购中发现问题积极修正……
	支持变革的集体承诺	组织成员对实施变革的意义或不实行的后果有深刻的认知，而集体产生的对组织变革的支持承诺	A8 认同企业不转型就会倒退；A9 壮大企业的使命感，凝聚支持力……
	学习与能力的发挥	组织提供技术、信息与设备等支持，激发员工潜能鼓励突破惯性思维，内部学习与创新氛围浓厚	A7 鼓励探索新的管理方法和技术；A9 充分授权展现个人才能……

续表

核心范畴	子范畴	范畴的内涵	对初始概念的筛选与分类示例
组织变革氛围	组织内部协调与合作	组织成员拥有共同的变革目标，不同部门间合作机制健全，相互协调资源共享以最优化解决问题	A6 冲突时互相协商共同解决问题；A12 跨部门合作交流密集……

三、选择性编码

选择性编码是对主轴编码所得核心范畴之间的逻辑关系进一步提炼与归纳的过程，通过"建构性解释"来理顺各核心范畴之间的逻辑关系，描述扎根研究所呈现的整体结构以形成基本的理论框架。本书在开放式编码和主轴编码的基础上，根据对变革警觉研究的回顾，首先，提炼总结出"女性领导的变革警觉特征""变革经验与内驱动力""组织外部变革讯息""组织内部变革意识""异常现象与潜在威胁"5个核心范畴：组织所面临的异常现象与潜在威胁促使女性领导产生变革警觉，同时组织内部变革意识、组织外部变革讯息以及女性领导的相关性变革经验与利他性内驱动力对变革警觉的产生具有驱动作用，从而构建出女性领导的变革警觉影响因素模型。而提炼出的女性领导的变革警觉特征表现为"细微性观察与敏锐识别力""多渠道构建与处理谨慎性""情绪化展露与支配性传递""直觉性思维与超前预见力"和"组织危机感与行动紧迫感"这5个子范畴。其次，在组织变革的实施过程中，由"准备充分全面、主动承担责任""坚定愿景信仰、适应变化灵活""多方利益制衡、表里并驱深化""注重任务落实、兼顾细节问题""母性关怀感召、刚柔并济处事""情感寄托驱动、变革思想共鸣""真诚清晰沟通、感染有力宣传"与"增强忍耐能力、排除压力干扰"8个子范畴共同构成核心范畴——女性领导的变革推动特征。最后，提炼出"组织变革氛围"这个核心范畴：女性领导的变革推动行为能在组织水平上影响员工的共同感知，继而促进组织变革氛围的形成，由此构建出女性领导的变革推动效应模型。

四、饱和度检验

理论饱和度是决定何时停止采样的鉴定标准，是指不可获取额外数据以使分析进一步发展某一范畴之特征的时刻。为了检验理论饱和度，本书在编码之前预留了两个研究样本,在编码完成之后,对预留的两个研究样本进行开放式编码分析,并未发现新的范畴,理论饱和度通过检验。

第四节 女性经营管理人才变革警觉

一、女性人才的变革警觉特征

通过编码与分析,本书认为变革警觉是领导者敏锐识别内外部环境变化,察觉到要开展组织变革活动的一种能力。女性领导的变革警觉特征包括:细微性观察与敏锐识别力、多渠道构建与处理谨慎性、情绪化展露与支配性传递、直觉性思维与超前预见力和组织危机感与行动紧迫感。细微性观察与敏锐识别力是指女性领导对市场需求及其变化的观察细微,对技术、行业等环境变化和潜在威胁具有敏锐的洞察和识别力;多渠道构建与处理谨慎性是指女性领导在信息处理的过程中谨慎仔细,利用关系网络构建多个信息获取渠道,交叉验证确保搜集的信息的准确性;情绪化展露与支配性传递是指女性领导在与相关对象共同评估变革信息的过程中,容易情绪化并传递愤怒等支配性的情绪影响评估意见;直觉性思维与超前预见力是指女性领导不受固定的逻辑规则约束对问题有直接的本质理解,能透过现状对企业的发展作出长远的判断,提出超前见解;组织危机感与行动紧迫感是指女性领导对组织发展状况和所处环境有了清晰的认识后,产生的组织危机感和采取变革行动的强烈紧迫感。关键构念、子构念以及编码结果的对应情况如表 11-7 所示。

表 11-7 变革警觉特征子构念与编码结果间的逻辑对应

关键构念	子构念	编码结果
女性领导变革警觉特征	感知警觉特征	细微性观察与敏锐识别力
	搜索警觉特征	多渠道构建与处理谨慎性
	评估警觉特征	情绪化展露与支配性传递
	重构警觉特征	直觉性思维与超前预见力
	行动警觉特征	组织危机感与行动紧迫感

格雷厄姆等(Graham et al., 2002)的研究表明,女性领导对友好关系的需

求及生理和情感上的特点,会让她们对所处企业内外部环境的判断更加准确,并且在感受问题及风险把握上,其敏锐度也相对比男性要高。然而,也有少部分学者得出女性领导缺乏商业敏锐的不一致结论。安娜等(Anna et al., 2009)发现由于女性领导一贯的规避风险的特质,在制定公司战略时她们表现得更为谨慎,由女性担任 CEO 的公司的财务风险指数会明显降低。布雷斯科尔(Brescoll, 2016)的研究指出,女性比男性更加情绪化,情绪的性别刻板印象也成为了女性在领导者角色中晋升和成功的障碍。与大多数男性相比,女性的情感波动也往往更加频繁和剧烈(田秋芬,2013)。此外,杰出的女性领导常常表现出神奇而准确的直觉,而直觉思维最有利于危机情境,这是由于危机决策包含了时间敏感、非确定性和非程序化的特点。因此,在危机情境下,女性领导可以利用其直觉思维优势,进行果断、迅速、直接的判断(蒋莱,2010)。

可以发现,本书研究中女性领导的变革警觉的部分特征:细微性观察与敏锐识别力、多渠道构建与处理谨慎性、集体评估容易展露支配性情绪以及打破惯例具有重构性的直觉思维都可以在以往女性领导力特征的相关研究中找到依据。然而,以往研究虽然发现女性领导对微妙线索和关系的感知力较强,在信息不明确或者不充分而需要迅速定夺时,可以利用直觉思维进行判断,但对女性领导面向未来导向的前瞻性特征则较少涉及。本书研究中多数研究对象在鉴别组织内外部环境变化的过程中展现出了远见卓识,如"在同行忙着扩大生产挣钱的时候,沈爱琴反倒要去花钱搞技改,最终万事利在丝绸产业低谷时一直独秀"以及"在新品类开发上夏华没有急切诉诸商业利益,而是引入带有中国美学的手工艺术,给品牌带来长久文化的支撑"。① 此外,本书还发现女性领导一旦对组织所处环境和未来发展有了清晰的认识,就会产生强烈的组织危机感和采取变革行动的紧迫感,如"公司在市场上的地位让人心寒""惠普正经历组织文化的冲突和角色危机""组织变革不能在问题上纠结太久要先做起来""健康食品转型是百事迫在眉睫的事情"等。这是由于企业高层女性经营管理人才在长期追求职业成功的过程中,遭遇的更高的可见度、业绩压力、孤立、严厉的监督、审查和性别偏见(Thompson & Sekaquaptewa, 2002;Caleo & Suzette, 2016),会让其产生"要比男性做得更好""证明女人也可以主持大局"等观念,因而女性领导要更注重塑造典型的领导形象,在自身职业发展过程中也会有更重的忧患意识和危机感。所以在其认识到组织存在的威胁和问题时,会自发地把这种对自我的危机感带入组织发展中去,继而产生采取变革行动的紧迫感。

---

① 资料来源:萧树:《中国绸王:沈爱琴传奇》,浙江人民出版社 2012 年版。

二、女性人才的变革警觉影响因素

（一）个体特征

以往研究表明，先前经验转移来的知识能够提高领导者发现、汲取、整合资源的能力，进而影响其对环境的整体感知（Osiyevskyy O. & Dewald J., 2015）。"知识走廊"观点的出现也为解释先前经验对机会识别过程的影响作用提供了理论解释（M. D. Foo et al., 2015）。通过编码与分析，本书认为领导者的相关性变革经验是其在先前的工作经历中积累的一种内化的潜在的缄默知识，这种隐性知识能被领导者转移到新的组织变革情境中加以运用，从而有利于识别组织内外部环境中的发展机会和威胁因素。利他性内驱动力则是指女性领导为满足具有利他意义的需求而不断为企业谋求发展的内在驱使动力。相比较于男性领导的个人需求更加注重成就、自我实现，偏好于权力、晋升和个人表现等有形度量；女性领导更倾向于情感和归属的需要，她们通过满足具有利他意义的社会需求来激发对目标的主动寻求，保持个体积极的动机性状态（刘孟超等，2013）。如在本书研究中女性领导的利他性内驱动力范畴涵盖"为中国农民脱贫谋出路""让很多人变得更加美丽"等不同方面。在对研究样本分析后发现，相关性变革经验丰富、利他性内驱动力强大的女性领导能更有效地识别组织内外部的异常现象与潜在威胁，她们对机遇与变化的响应速度也相对更快。

> 事例：
> A_2："沈爱琴做出这样的选择根本没有考虑自己的得失，在她心里，很早就有一颗希望的种子，也是她毕生的梦想：要为中国亿万农民找到一条摆脱穷困的道路，她从小就把重振沈家丝绸的雄心深深扎根在心里。她每天想的是为了广大农民的富裕幸福生活，笕桥绸厂要跟上发展的步伐走在行业的前列，要比别人更快发现环境中的潜在的威胁和机遇。"

由此我们可以得到：

命题1：相关性变革经验和利他性内驱动力对变革警觉的产生具有正向促进作用。女性领导相关性变革经验越丰富、利他性内驱动力越大，越容易产生变革警觉。

（二）社会讯息

基于在组织变革过程中，领导者通过自身警觉已经无法有效识别新机会与新威胁（Miller，1983；Weick & Quinn，1999；Simsek et al.，2009；胡洪浩等，2013），这就需要能引起领导者对组织面临的异常现象和威胁产生新的认识的外在驱动因素来施加刺激，进而促使领导者产生变革警觉。本书经过编码与分析得出，组织外部变革讯息包含外部利益相关者观点和变革启发式分布信息这两个子范畴。其中，外部利益相关者观点是指能让领导者发现企业所面临的机遇或所处危机的组织外部利益相关者的观点或看法，如"竞争公司 CEO 评价惠普是家生产打印机的企业，卡莉察觉到公司产品结构和核心竞争力存在问题"。变革启发式分布信息是指社会各个领域能让领导者通过自我学习、观察、思考产生变革顿悟的各类分布式信息，这里有"顿悟式"地发现组织内外部环境中的机会、威胁或问题的含义，如"受到阅读的禅师的故事启发，沈爱琴意识到企业要不断突破，引进先进设备完善产业布局"。因此，外部利益相关者观点和变革启发式分布信息对领导者产生变革警觉具有外在驱动作用。

> **事例：**
> A_3："十年前，正当依文男装如日中天之时，依文的顾客同时也是另一家上市公司的 CEO 对夏华说，电商带来的冲击潮逐渐显现，依文集团这艘巨轮正在下沉，迫使认为依文男装进入黄金鼎盛期的夏华推掉几乎所有不相关事情，重新思考如何做出转变以应对这场极具颠覆性的革命。"

由此我们可以得到：

命题 2：外部利益相关者观点、变革启发式分布信息是女性领导产生变革警觉的社会驱动因素。组织外部变革讯息越多，对女性领导产生变革警觉的驱动力越大。

（三）组织动向

在本书中，组织内部变革意识包含内部群体意识和内部个体意识这两个子范畴。其中，内部群体意识是指组织内部以大多数或关键群体形式体现出的变革意识，如"董事会希望安妮能主导公司的转型"。而内部个体意识是指组织内部以单独个体或少数个体形式表露出的变革意愿，如"迪克指出我们需要的正是剧烈的变革，而公司其他人都不认为需要做出改变"。本书研究发现内部群体意识对女性领导产生变革警觉的驱动作用通常发生在从组织外部任命的领导者身上，上任初期其对公司运行的细节以及行业与竞争环境的复杂性还缺乏深入了解，大多数组织成员或者股东、董事等关键群体出于对当前组织能力或竞争力的不满，会迅速向新任命领导者传达变革意识、施加变革压力。而内部个体意识对女性领导产生变革警觉的驱动作用范围则更为广泛，相比外部利益相关者观点与变革启发式分布信息需要领导者做进一步深层思考及信息加工，这类"先觉性"个体会更加直接地向领导者阐述组织面临的威胁或问题，表露出强烈的变革意愿以至提出初步变革方案，是女性领导产生变革警觉的有力驱动因素。此外，女性领导在对组织外部变革讯息以及组织内部变革意识的察觉、分析和判断上，也体现出了细微性观察与敏锐识别力的变革警觉特征。

> 事例：
> A_9："雅虎昔日风光无限的广告市场遭到了 Facebook 和 Google 的无情蚕食，董事会成员都对新上任的梅耶尔扭转雅虎的颓势寄予了厚望，他们认为拥有丰富产品体验经验的梅耶尔带领雅虎在搜索、移动等品牌栏目转型升级、闯去一片新天地具有很大胜算。"

由此我们可以得到：

命题3：内部个体意识和内部群体意识是女性领导产生变革警觉的组织驱动因素。组织内部变革意识越强，对女性领导产生变革警觉的驱动力越大。

（四）经营环境

从组织变革理论视角出发，变革警觉的关注重点从单一聚焦于新机会的识别，延伸到组织内、外部异常现象与潜在威胁（胡洪浩等，2013）。维克和奎因（Weick & Quinn, 1999）的研究指出，组织成员对意外事件与威胁保持警觉性是驱动持续变革的关键因素。哈格（Hage, 1999）和哈夫曼等（Haveman et al., 2007）的研究也证实，外部环境变化所带来的新机会和新威胁是引发组织变革的原因。因此，以往研究虽有涉及组织所面临的威胁、组织成员的警觉性和组织变革之间的联系，但对于异常现象与潜在威胁和领导者变革警觉间的直接关系尚没有给出明确的阐述。近几年，有学者（Evans & Friedman, 2011; Mc Caffrey, 2014）更是尖锐地指出，目前研究存在警觉与机会因果关系不清的问题。在对研究对象的分析中发现，异常现象与潜在威胁既包括组织面临的长期威胁或者长期存在的问题，又包括了组织内外部突发的异常现象或者短期内出现的问题，是导致女性领导产生变革警觉的前因。

研究发现，女性领导依靠自身警觉对突发的异常现象与短期内爆发的问题有效识别的程度要高于长期威胁因素与长期存在的问题，这是由于一方面突发异常现象与变化相对长期威胁与问题隐秘性更低、更容易被发觉；另一方面变革的阻力和难度也会比打破或推翻长期根植于组织中的流程、文化、运作方式等要小。因此，女性领导会对这类突发性问题有更高的变革警觉性，社会驱动因素和组织驱动因素对其作用效应会相对减弱。而当组织面临长期威胁与问题时，则更加需要表现为"外部利益相关者观点""内部群体意识""内部个体意识"等形式的外在驱动因素来对领导者实施更强的刺激,让其既感受到来自组织内部的变革推力、增加变革决心,同时又能增强领导者的组织危机意识,唤醒变革警觉。因此,当组织遭遇长期威胁与问题时,外在驱动因素对女性领导产生变革警觉的作用效果更为显著。

> **事例:**
> A_{10}:"媒体报道施乐落在别的公司后面了,现在不论是理念还是实际表现都变得平庸了。董事会也认为他们需要一个真正能够带来变革的领袖,才能在全球性竞争时代有一个立足之地。这些长期存在的问题因最新的媒体评论和董事会的表态而更加引发了安妮·麦卡伊的思考,激发了其原本不够坚定的组织市场调研和发起变革的决心。"

由此我们可以得到:

命题4:组织经营环境中的异常现象与潜在威胁是女性领导产生变革警觉的前置因素。在组织面临长期威胁与问题时,社会驱动因素和组织驱动因素对女性领导产生变革警觉的作用效应要比组织突发异常现象与变化时更为显著。

笔者开发出依存于组织变革情境的女性领导变革警觉特征的独特构思。变革警觉特征既表现出领导者基于组织现状的成熟考虑和思维方式,也有对企业未来发展的深刻认识和采取变革措施的敏锐判断。现有文献主要是从总体上对女性领导力进行笼统的分析,认为女性领导力特征包括善于利用直觉、特殊的社交技巧与高效的沟通、更加敏感且善于把握细节等方面(Barnakova Yulia et al. , 2015;杨静等,2015;张素玲,2010)。虽然对女性领导特质、女性领导风格等问题做了一些探索,但忽略对社会性别角色理论和情境领导理论的整合,缺乏嵌入情境研究女性领导行为的关键特征。方法选择也停留在对现象的解释或是定量分析上,缺乏质性方法建立紧接现实世界、内容丰富、比较有解释力的女性领导理论(李苗苗等,2016)。本书采用扎根理论方法将女性领导力特征聚焦于变革警觉的产生过程,更加有针对性地识别女性领导行为要素和关键特征。与两性领导力现有文献对比,笔者发现女性领导在认知上具有敏锐识别力、直觉性思维、超前预见力与行动紧迫感等明显优势,并且在感知警觉、搜索警觉、重构警觉与行动警觉等特征的共同作用下,有助于对异常现象与威胁的关注与识别到引起变革警觉的过程实现,但女性领导也要注意克服情绪化展露与支配性传递的评估警觉劣势。

笔者开发出了女性领导产生变革警觉的影响因素模型(见图11-1)。本书研究发现女性领导相关性变革经验和利他性内驱动力对变革警觉的产生具有正向促进作用，外部利益相关者观点、变革启发式分布信息是女性领导产生变革警觉的社会驱动因素，内部个体意识和内部群体意识是女性领导产生变革警觉的组织驱动因素。而以往聚焦于领导者个体的警觉研究范围局限于对新创企业进行机会识别与开发，并且存在警觉与机会因果不明确的问题，对威胁、变化等要素缺乏关注（胡洪浩 & 王重鸣，2013）。相关实证研究也主要聚焦于关键决策者由上而下的警觉过程，对变革警觉的情境特征、发生机制与路径以及领导者自身因素涉及较少（Cho & Hambrick，2006；Rerup，2009；Maula et al.，2013）。因此，本书研究拓展了关注领导者个体的警觉性研究范围，也从组织变革理论视角做了进一步抽象，初步清晰了警觉与机会及威胁的因果逻辑，分析得出组织经营环境中的异常现象与潜在威胁是女性领导产生变革警觉的前置因素，从而弥补了该领域的理论空缺；开发出的包含个体特征、组织动向、社会讯息与经营环境四个方面的影响因素模型，也对解决领导者产生变革警觉的情境特征问题提供了初步的思路和依托。

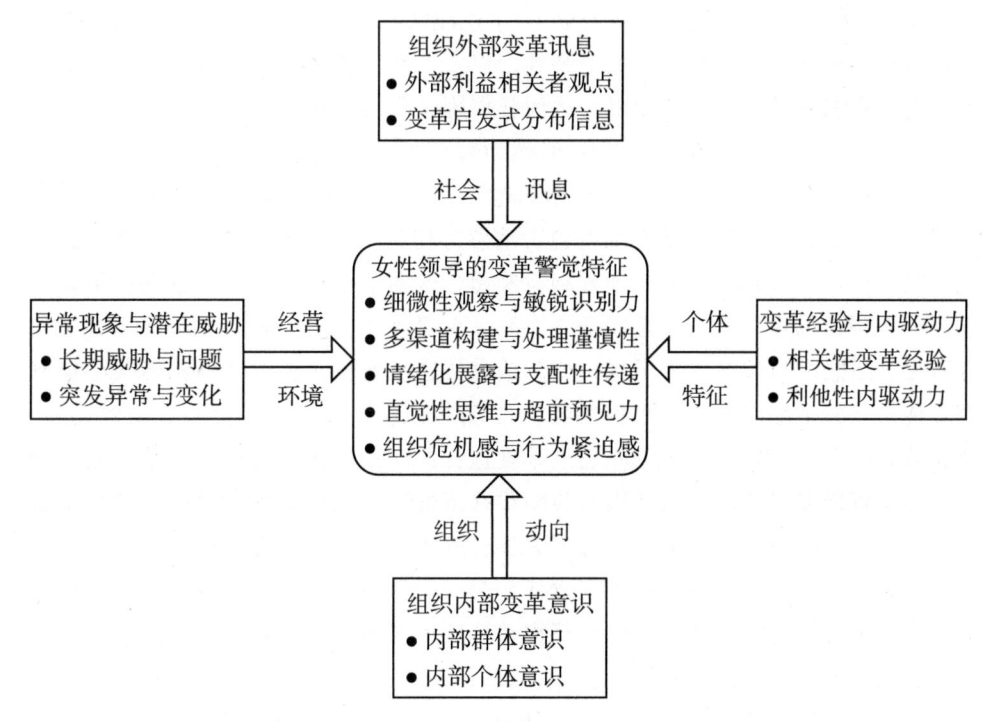

图 11-1　女性领导产生变革警觉的影响因素模型

第五节 女性经营管理人才变革推动

一、女性人才的变革推动特征

科特尔（Kotter，1995）从领导者角度提出的组织变革过程模型，重点强调了高层领导者对于组织变革的推动作用。而在科特尔（2008、2012）的后续研究中，除了将8个步骤转化成催化变革的8个加速器，还将"紧迫感"列为核心，认为组织中有足够多的人建立起紧迫感才是变革成功的首要因素。当然，科特尔的8个变革步骤并不是一个一成不变、按部就班的固定程序，实际如何安排利用它们还必须结合组织和领导者自身特点（查抒佚和许百华，2006）。本书选择科特尔的领导变革过程模型作为理论基础，以女性经营管理人才为研究对象，基于组织变革实施过程这一具体情境，运用扎根理论分析方法得到了多维度的女性领导变革推动特征。结合女性领导变革推动特征的各个概念的具体含义，不断比较、提炼特征的核心内涵后，合并相同范畴，详细划分成8个不同维度（见图11-2）。其中，变革动力激发维度包含情感寄托驱动与变革思想共鸣，变革成果巩固维度包含表里并驱深化与多方利益制衡，这两个维度下的变革推动特征体现出情感丰富、包容共享、考虑周全、协调平衡等女性特质；个人心理素质维度包含增强忍耐能力与排除压力干扰，变革信息传递维度包含真诚清晰沟通与感染有力宣传，这两个维度下的变革推动特征体现出忍耐力强、专注静心、高效沟通、情商魅力等女性特质；个人关注焦点维度包含关注任务落实与兼顾细节问题，变革阻力化解维度包含母性关怀感召与刚柔并济处事，这两个维度下的变革推动特征体现出务实能干、细心机敏、伦理关怀、刚柔并济等女性特质；个人决心态度维度包含坚定愿景信仰与主动承担责任，个人行为反应维度包含准备充分全面与适应变化灵活，这两个维度下的变革推动特征体现出坚定执着、责任心强、自信有度、反应灵活等女性特质。

领导行为理论认为领导者具有"任务"和"关系"两种最基本的行为方式，即最基本的领导行为方式分为"任务行为"和"关系行为"。罗伯特等（Robert et al.，1964）提出的管理方格模型采取的就是"对人的关心程度"和"对工作的关心程度"两个二维面来说明领导方式。根据以上理论，结合本书的研究结果将女性领导的变革推动特征的8个维度划分为"交互导向"和"个体导向"两

```
┌─────────────────────────────────────────────────┐
│         变革动力激发        个人心理素质         │
│        （交互导向特征）   （个体导向特征）       │
│         ●情感寄托驱动      ●增强忍耐能力         │
│         ●变革思想共鸣      ●排除压力干扰         │
├──────────┬──────────────────────────┬───────────┤
│ 变革成果巩固│ 情感丰富   忍耐力强    │变革信息传递│
│（交互导向  │ 包容共享   专注静心    │（交互导向 │
│ 特征）    │ 考虑周全  ╱女╲ 高效沟通│ 特征）    │
│ ●表里并驱深化│协调平衡 │性│ 情商魅力│●真诚清晰沟通│
│ ●多方利益制衡│务实能干 │特│ 坚定执著│●感染有力宣传│
│          │ 细心机敏  ╲质╱ 责任心强 │           │
│个人关注焦点│ 伦理关怀   自信有度    │个人决心态度│
│（个体导向  │ 刚柔并济   反应灵活    │（个体导向 │
│ 特征）    │                        │ 特征）    │
│ ●关注任务落实│                      │●坚定愿景信仰│
│ ●兼顾细节问题│                      │●主动承担责任│
├──────────┴──────────────────────────┴───────────┤
│         变革阻力化解        个人行为反应         │
│        （交互导向特征）   （个体导向特征）       │
│         ●母性关怀感召      ●准备充分全面         │
│         ●刚柔并济处事      ●适应变化灵活         │
└─────────────────────────────────────────────────┘
```

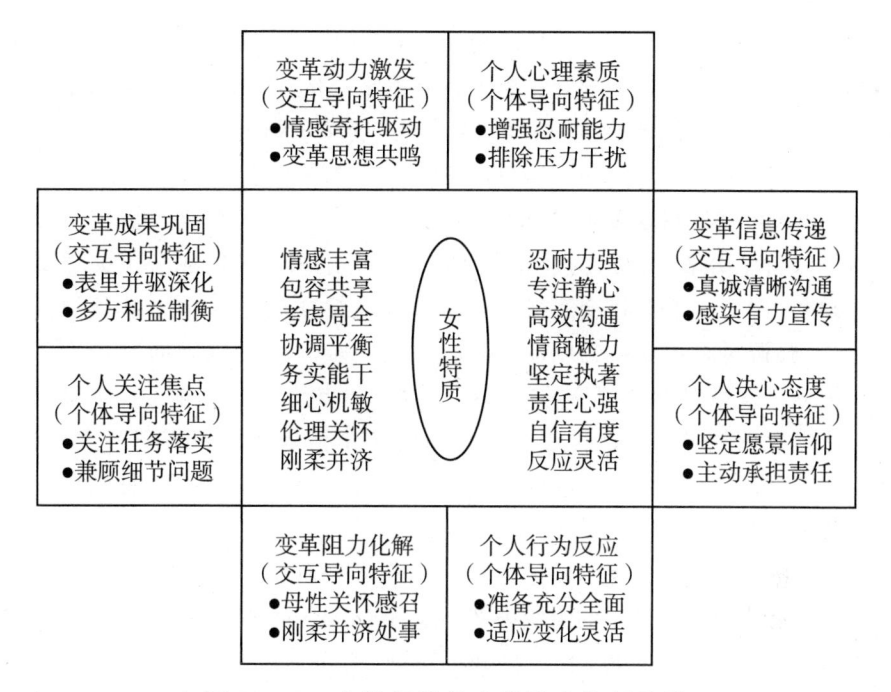

图 11-2　女性领导的变革推动特征分类

大类："交互导向特征"属于"关系行为"领导方式，即这类女性领导的变革推动特征是在组织变革的实施过程中，领导者与公司高管、股东、普通员工等相关对象的人际交互关系中展现出来的，诸如向组织成员传递变革信息、修正部分员工的变革行为、平衡各大股东间的利益、化解董事会对变革的阻力，因而是女性领导的"对他身份"特征；"个体导向特征"属于"任务行为"领导方式，即这类女性领导的变革推动特征是领导者在对变革任务的处理过程中以个人态度、行为反应、心理素质等形式展现出来的，是女性领导的"自我身份"特征。本书中变革动力激发、变革信息传递、变革阻力化解和变革成果巩固 4 个维度下的变革推动特征同被归属为交互导向，而个人心理素质、个人决心态度、个人行为反应与个人关注焦点这 4 个维度下的变革推动特征被划归为个体导向。

二、女性人才的变革推动效应

本书中交互导向的女性领导变革推动特征具体包括：母性关怀感召、刚柔并济处事、情感寄托驱动、变革思想共鸣、真诚清晰沟通、感染有力宣传、多方利益制衡、表里并驱深化。总结以往变革领导与管理行动的理论研究，本书认为"交互导向"的变革推动特征是女性领导为达到推动变革实施的目的，通过与相关对象直接发生交流互动关系，以影响其对变革的看法、态度和行为的领导力特征。基于组织变革的战略领导观，组织高层领导者有为组织的长远发展而进行领导的责任，他们能够影响企业的战略以及组织变革的执行过程（Child，1972）。罗威和内贾德（Rowe & Nejad，2009）认为战略领导还需要具备影响组织其他成员自愿作出决策共同启动变革的能力。作为变革的发起者和推动者，组织领导的作用得以凸显出来，他们的领导力和推动力对组织变革的成功至关重要（王辉，2008）。因而，笔者将交互导向的变革推动特征表述为"女性领导的变革推动力"，强调对组织变革的驱动力量，也进一步与"个体导向"的变革推动特征相区分。这里对女性领导的变革推动力有几点解释：首先，变革推动力的作用主体是女性领导；其次，变革推动力的作用情境是组织变革的实施过程；最后，变革推动力是通过在组织层面上对组织成员施加影响，以推动组织变革的成功实施。

组织氛围是指能够由组织成员感知的、影响其行为的、并能够按照组织一系列特征进行描述的相对稳定的组织内部环境（Schulte et al.，2009）。当同一组织中的个体感知存在某种程度的一致性时，这些共同感知便逐渐发展为组织氛围（段锦云等，2014）。组织氛围的一些子概念（如创新氛围、公平氛围等）取得了较丰硕的研究成果，但对组织变革氛围尚没有学者给出明确的定义，曹雁翎（2008）认为组织变革氛围通常以组织内部环境中给人强烈印象的与变革相关的情感状态的形式体现出来，因而会对员工产生极强的感染性，对每个员工的工作态度、工作效率产生潜移默化影响。本书运用扎根分析方法得出"组织变革氛围"是由"有序高效的工作氛围""积极主动的修正氛围""支持变革的集体承诺""组织内部协调与合作"和"学习与能力的发挥"5个子范畴共同构成。

希格斯和罗兰（Higgs & Rowland，2001）把领导行为与执行变革时的活动联系在一起，他们识别了与变革成功实施相联系的五类领导能力的领域。希格斯等（2005）提出了变革过程中领导行动的三类因素：塑造员工行为、设定组织变革路线、创造员工能力，并发现设定变革路线和创造员工能力与成功的组织变革积极相关。然而，以往研究虽然发现了领导行为与组织变革的成功实施之间的关系，但对于如何影响组织变革的内部环境仍缺乏相关的研究（Cran & Cheryl，2016）。鉴于表现为变革推动力的"交互导向特征"是领导者通过在组织层面上对相关对象施加影响，进而推动组织变革的实施，而组织变革氛围是组织中个体的共同感知，两者之间极有可能存在作用关系。基于此，本书试图探究女性领导的变革推动力对组织变革氛围的影响，如图11-3中实线部分所示。而"个体导向特征"是领导者在变革任务的处理过程中以个人态度、思维模式、心理素质等形式展现出来的，是女性领导的"自我身份"特征，不直接作用于组织成员，但不排除对组织变革氛围的形成存在潜在影响的可能性。然而，在对研究素材分析后发现，涉及两者相关关系的案例证据极少，且不具有代表性。女性领导的变革推动力与组织变革氛围间的关系结构及案例证据示例如表11-8所示。

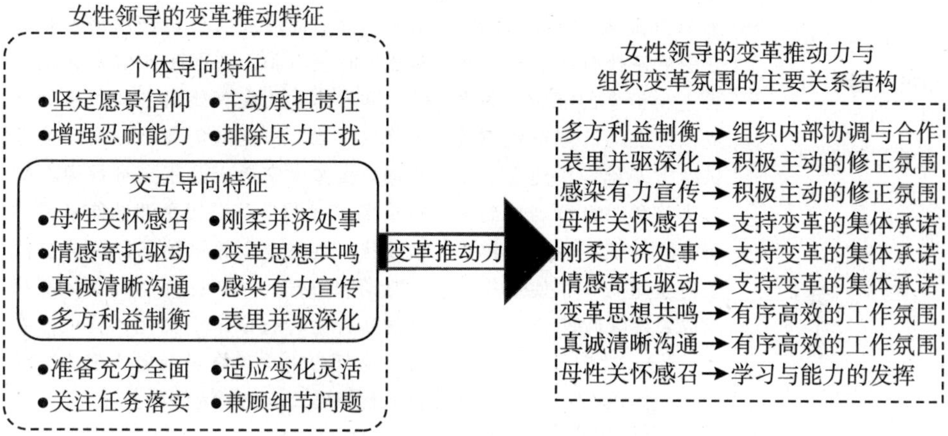

女性领导的变革推动特征

个体导向特征
- 坚定愿景信仰　●主动承担责任
- 增强忍耐能力　●排除压力干扰

交互导向特征
- 母性关怀感召　●刚柔并济处事
- 情感寄托驱动　●变革思想共鸣
- 真诚清晰沟通　●感染有力宣传
- 多方利益制衡　●表里并驱深化

- 准备充分全面　●适应变化灵活
- 关注任务落实　●兼顾细节问题

变革推动力 →

女性领导的变革推动力与组织变革氛围的主要关系结构

多方利益制衡 → 组织内部协调与合作
表里并驱深化 → 积极主动的修正氛围
感染有力宣传 → 积极主动的修正氛围
母性关怀感召 → 支持变革的集体承诺
刚柔并济处事 → 支持变革的集体承诺
情感寄托驱动 → 支持变革的集体承诺
变革思想共鸣 → 有序高效的工作氛围
真诚清晰沟通 → 有序高效的工作氛围
母性关怀感召 → 学习与能力的发挥

图11-3　女性领导的变革推动效应

表11-8　女性领导的变革推动力与组织变革氛围的关系结构

典型关系结构	关系结构的内涵	典型案例证据示例
多方利益制衡——组织内部协调与合作	女性领导尽力追求各方利益的平衡，减少组织内部矛盾与利益冲突，为变革的推进争取外部支持以鼓励员工，实现变革的最大效益，从而有利于组织内部协调与合作氛围的形成	A1 每个部门的经理都在为维持本部门的经营业绩而努力。没人懂得怎样把惠普的各种资源整合在一起。经理人的所有时间以及大部分生产研发资源都集中在了当前的生产线上。离开"酷镇"时，我决定挽救这个项目，改变公司给科研项目融资以及评估的方式，平衡现有项目和未来项目间的资金。卡莉的这项变革不仅让各项目资源获得平衡，也增强了各个团队彼此间的合作与联系

续表

典型关系结构	关系结构的内涵	典型案例证据示例
感染有力宣传——积极主动的修正氛围 表里并驱深化——积极主动的修正氛围	女性领导对变革过程中取得的短期胜利，进行富有感染力深入人心的宣传，在变革遇挫时注重对员工勇气和信念的灌输，为形成积极主动的修正氛围提供动力基础。从建立表层运作流程、组织制度到深层次的组织文化来改进员工的变革行为，使组织变革成果得以巩固	A6 在工作中我希望你们找到人生真正的意义、满足和激情，安度公司变革这段艰难的时光，收获更强大的力量与更坚定的决心。我们团队是伟大而具有生命力的，近期成绩表明公司会以乘上航空母舰的速度升值。谢丽尔的演讲充满感染力和斗志，使大家能以主动积极的态度迎接挑战，快速响应变革，强大的精神动力支撑大家勇于改正自身行为。A4 梅格多次强调变革需要足够的能量来冲破现状，更要健全的机制来保证成员间的互动和协作，并亲自负责将变革所提倡的新行为转化成组织文化，员工才在行为规范的建设和修正上更为努力，使新的行为模式能长久运作下去
母性关怀感召——支持变革的集体承诺 刚柔并济处事——支持变革的集体承诺	女性领导依靠让员工感受到母性般的关怀、通过刚柔并济的处事方式以及亲和力、坚韧不拔等自身领导魅力对员工形成强大的感召，在组织层面获得员工对变革的集体支持承诺	A7 在孙总提出要对组织权利结构和人员结构进行调整时，不少人内心很是反感，但用自己的行动影响和带动员工，是孙总一贯的工作风格。当大家发现她在变革推动中展现出的专注执着的品质、不屈不挠的精神时，深受其人格魅力感染，逐渐开始思考到人事系统重整的意义。对少数变革的抵制者，孙总拿出雷厉风行的强势作风也会和风细雨同其交流，为变革争取到更多的坚定支持者
情感寄托驱动——支持变革的集体承诺	女性领导通过唤醒和强化员工内心深处对企业传统、社会责任或民族振兴等情感寄托，使员工获得鼓舞，增强其支持变革的内在情感动力，从而在组织层面上获取员工的变革承诺	A1 在一个历史悠久而且颇具传奇色彩的公司里，有些象征很重要，是大家刻骨铭心的一种共识。在惠普，最震撼人心的象征莫过于公司起步的那座车库，最让人自豪的照片自然是年轻的比尔和戴维在那座车库发明的第一件产品。卡莉借助这些象征物让员工感受公司创始人艰苦卓绝的精神，唤醒对惠普传统的怀念与崇敬，激发恢复昔日辉煌的斗志，使变革获得员工的响应和支持

续表

典型关系结构	关系结构的内涵	典型案例证据示例
变革思想共鸣——有序高效的工作氛围 真诚清晰沟通——有序高效的工作氛围	女性领导通过在推动变革的过程中保持真诚、清晰、持久一致的沟通，在为什么变革、变革的可行性、变革的步骤等方面与员工达成思想上的共鸣，员工对变革认识的转变将促使行动上更高效，组织整体工作氛围紧张有序	A9 公司要变得卓有成效，每个人都要扮演好自己的角色。员工们应该知道首席执行官是怎样定位自己的，接下来会发生怎样的变革，这要达成一致。梅耶尔通过 FIY 大会持之以恒地传达变革阶段性工作、听取员工问题反馈，才保证变革井然有序推行。A12 我会利用每次论坛、发言和每个其他场合和员工坦诚清晰交流，我的变革理念才能灌输到组织的每个角落。事实证明，我的沟通成效明显，员工听到了战斗的号角，行动迟缓的现象得到改善，时间急迫感增强工作效率提高
母性关怀感召——学习与能力的发挥	女性领导的母性关怀体现在认可员工、耐心指导、个性化激励、关心成长、鼓励尝试、合理授权等多个方面，从而使员工能力得到充分发挥，带动组织内部形成学习与创新氛围	A2 沈爱琴特别爱才，对于新招的优秀大学生，她会在整个职业发展道路上给予其支持，给其提供学习的机会，在培养一个大学生过程中，万事利集团抛本不止 2 万元。而对于本身文化程度不高的基层员工，为适应公司生产流程和技术工艺的改造升级，她不仅鼓励尝试摸索，也带领员工去日本、德国工厂考察，甚至聘请德国的技术专家来现场指导，公司内部逐渐形成崇尚学习的氛围

由此我们可以得到：

命题 5：女性领导的变革推动力对组织变革氛围的形成有积极的促进作用。

本书开发出的女性领导的变革推动特征是一个多维度的复杂构思。从变革动力激发、变革阻力化解、变革成果巩固等 8 个维度进行划归，并发现了作为变革推动力的女性领导交互导向特征对组织变革氛围的影响效应。现有组织变革视角下的领导力研究主要可以划分为两类：第一类前因变量的研究是从特质视角来看待领导者对组织变革的促发作用（Carmeli & Sheaffer, 2009）；第二类结果变量的研究探讨的是组织变革的不同阶段中领导者所承担的角色、贡献与作用机制（王崴等，2010），这类研究大都立足勒温（Lewin）、科特尔等提出的组织变革过程模型，但容易忽略不同组织架构下企业变革实施的程序性差异，女性领导研究的"理论版图"在该领域更是有待拓展。因而，本书研究推进了组织变革过程与女性领导研究的交叉融合，从 8 个维度的不同侧面揭示了女性领导的变革推动特征，为变革情境下的女性领导力特征的后续研究打下了一定的理论基础。与两性领导力现有文献对比，本书研究发现在组织变革推进过程中，女性领导善于利用情感寄托驱动、感染有力宣传、母性关怀感召、表里并驱深化等自身独特的行为特征，此外，女性领导的交互导向特征与从变革动力激发到变革成果巩固的整个变革过程具有动态匹配性，影响组织成员对变革的看法、态度和行为，从而促进组织变革氛围的形成。而在对变革任务的处理上，女性领导具有关注任务落实、兼顾细节问题、准备充分全面、适应变化灵活的个体导向优势特征，同时坚定执着的变革决心、主动承担责任的意识、超强的忍耐抗压能力也是推动变革成功实施的重要保障。

第十二章

女性科技人才职业成长匹配规律

第一节 研究设计

一、研究样本

根据本书的研究目的,并结合质性研究的抽样重点,寻觅具有相同特征的小样本群体进行深入研究(Patton,1990),笔者总共选择了23位高校女教授作为研究样本。其中包括15位来自中国"985"高校,拥有正教授职称的女教授,其中6位中国高校女教授的资料是来源于深度的一对一面谈,9位中国高校女教授的资料来源于二手资料的搜集与整理。以及8位拥有正式教授职称的美国高校女教授,其中5位美国高校女教授的资料是源于深度的一对一面谈,3位美国高校女教授的资料来源于二手资料的收集与整理。笔者通过对一手、二手资料进行研究,进而确保信息来源的广泛性、多样性和分析得到的结果的合理性、有效性。本书的研究对象的基本资料如表12-1所示。

表 12-1　　女性科技人才匹配规律研究的一般资料

编号	代码	数据来源	高校	职称	年龄	学历	地域
1	L1	二手数据	天津大学	教授	41~50	博士	中国
2	L2	二手数据	北京大学	教授	51~60	博士	中国
3	X1	二手数据	东南大学	教授	41~50	博士	中国
4	Y1	二手数据	清华大学	教授	51~60	博士	中国
5	Q1	二手数据	保密	教授	51~60	博士	中国
6	Q2	二手数据	保密	教授	51~60	博士	中国
7	Q3	二手数据	保密	教授	41~50	博士	中国
8	Q4	二手数据	保密	教授	51~60	博士	中国
9	Q5	二手数据	保密	教授	41~50	博士	中国
10	L3	一手数据	西安交通大学	教授	51~60	博士	中国
11	F1	一手数据	厦门大学	教授	31~40	博士	中国
12	F2	一手数据	长安大学	教授	51~60	博士	中国
13	Y2	一手数据	长安大学	教授	51~60	博士	中国
14	L4	一手数据	同济大学	教授	41~50	博士	中国
15	Z1	一手数据	同济大学	教授	41~50	博士	中国
16	I	二手数据	University of Central Florida	教授	51~60	博士	美国
17	S	二手数据	MIT	教授	61~70	博士	美国
18	D	二手数据	Oxford	教授	51~60	博士	英国
19	A	一手数据	Georgia Institute of Technology	教授	41~50	博士	美国 国籍：法国
20	B1	一手数据	Clemson	教授	31~40	博士	美国
21	B2	一手数据	Clemson	教授	31~40	博士	美国
22	C	一手数据	Clemson	教授	41~50	博士	美国
23	P	一手数据	Clemson	教授	51~60	博士	美国

二、资料收集

质性研究的原始资料可以通过不同的渠道获取，搜集方法包括：文件（正式报告、公文、演示文稿等）、档案记录、访谈、问卷、直接观察、参与观察等。本书在确定中美高校女教授为研究对象的基础上，对6位我国高校女教授进行了一对一深度访谈。访谈问题包括：成长路径、择业原因、为何选择所在高校、女性特质对该职业的影响四个主要方面。另外，考虑研究资料的饱和度及可获取性，通过深入阅读访谈录、剖析网络资源（访谈节目、社会采访、期刊采访、论坛讲话、个人演讲等）等方法获取本书的二手资料，主要获取的网络资源包括《【校友访谈】颜宁：美貌，原来可以用才华如此诠释》和"Women in science: an interview with Professor Dame Carol Robinson, University of Oxford"，主要获取的访谈录为《女性科学家成功的幸福密码——南京市29名接触科技女教授访谈录》等，共获得12份二手资料。

第二节 个体—组织匹配对女性科技人才职业成长的影响阐释

一、女性科技人才的个体—组织匹配机制研究

个体—组织匹配是个体与组织间相互协调适应的过程。它的实质是个体价值观、个体目标和人格特质分别与组织的组织价值观、组织目标和组织氛围产生一致性匹配，及个人需求和组织供给、个人供给与组织要求之间产生互补性匹配。通过本书对访谈资料的搜集与整理和质性研究发现，虽然中美文化不同，在其影响下的女性个体与高校组织都具有各自的特点，但高校女教授职业发展过程中都呈现出具有个体—组织一致性匹配及互补性匹配的特征。

（一）高校女教授的个体价值观与高校组织的组织价值观存在一致性匹配

我国高校女教授成长于集体主义文化氛围下，并且作为高学历知识分子，其个体价值观与一般女性相比而言，会更注重理性，为科学贡献的价值观。在价值观的促使下，女性高知人才在择业过程中便会倾向于与其价值观相匹配的高校。并且，在其进入高校后，相匹配的价值观会加深她的职业认同。在对研究对象的访谈过程中，我们能够明显的发现这一点，如 L1 所述"我们不仅要关心在某一天、某一月、甚至某一年里做了多少有意义的事情，更要看重一生能够为我们的国家、社会和家庭做多少贡献"，等等。美国高校女教授成长于个人主义文化氛围下，其表现出较强个人主义的价值观（individualistic），但同时作为大学教授，

也会表现出为他人奉献的价值观。如 C 所述"我想对学术有所贡献，想对知识有所贡献，并且想对学生有所贡献"。高校组织的价值观，最直观地可从每所高校的校训看出，如西安交通大学的校训是"精勤求学、敦笃励志、果毅力行、忠恕任事"；同济大学的校训是"严谨、求实、团结、创新"；Georgia Institute of Technology 的校训是"Progress and Service"；Clemson University 的校训是"Hear us Roar"，等等。当女教授与其所在的高校组织价值观拥有较高的匹配度时，她会对高校组织有较高的认可度，同时高校组织价值观会融入女教授的日常工作中。而女性所具有的关系导向、同理心、集体意识等特点，也会渗透其价值观，并在工作或对外接触的过程中贯穿组织价值观的实践过程，两者的价值观相互渗入，逐渐融为一体。反之，当个人价值观与组织价值观不匹配时，高校女教授则很可能无法融入高校组织生活中，导致离职。以上观点可以从研究对象的一些代表性陈述看出来，如 L3 所述"我从读书开始就一直在这所大学里，深受它文化的影响，以至于现在在这里当老师，还是在很多方面力争达到它的要求，如笃定、精益求精等等"，及 L4 所述"而且我个人认为，自己的从事风格和我们学校的校训还挺接近的，严谨、求实、团结、创新"，等等。根据欧瑞丽（O'Reilly，1991）的解释，个人的价值观与他感知的组织核心价值观一致性越高，组织和个人之间的匹配性越高，因而加深其职业认同感也越高。

（二）高校女教授的个体目标与高校组织的组织目标存在一致性匹配

高校女教授因其职业的特殊性，对科学真相有着更为执着的追求。高校作为我国进行科学研究的主要场所，对科研要求绝对的准确性与真实性。女性科研人员在择业初期，其个体目标与高校组织目标就有着较高的匹配。当女性科研人员进入高校后，则会更加认可高校的组织文化和目标，并逐渐将组织的目标转化为自己努力的目标，职业认同感也随之加深。并且，在女性追求目标时会表现出其性格中坚韧、积极和寻求挑战的一面，努力为实现个人及组织目标而奋斗。同时，组织也会在考虑了个体差异的基础上调整组织目标，使之更好地为组织中的个体所接受。在我们收集资料过程中发现，中美高校女教授个体目标及高校组织的组织目标并无明显差异。很多研究对象都反复强调个人目标与组织目标相似或趋于相同这一方面，并表现出较深的职业认同感，如 L1 所述"可以说，通过科学研究工作这个窗口，我触摸到一个更丰富、更精彩的世界。例如，每个实验都难免会经历一些曲折，尤其是那些大的实验，更是会遇到很多意想不到的困难。这种百转千回后终见曙光的经历不仅有助于培养信心，也有助于磨炼耐心；再例如，一个科学现象，从不同的角度观察，往往折射出不同的物理实质，而同一个物理规律，又可以从不同的途径观察到"；以及美国教授 C 所述"我所追求的是学习更多的宏观知识，学习更多我们领域的知识，并且做出一些成绩来对我们学科有所贡献"，等等。

（三）高校女教授的人格特质与高校组织的组织氛围存在一致性匹配

在对我国高校女教授进行研究时发现，我国高校女教授作为女性中集专业知识与才能为一体的尖端人才，个人特质具有勤奋、坚韧、独立、兴趣导向和耐得住寂寞的一面。在择业时，她们就会倾向于选择能够满足她们人格特质的组织。我国高校组织作为先进文化的载体，组织氛围具有开放、自由、公平等特点，这样的组织氛围有助于女教授在组织的工作与科研过程中有平等的机会去施展自己的才华。这种情境下，她们感知到组织对她们的支持，其个人特质将会被激发，如细心、温柔和耐心等女性共有的特点都能够有效地发挥，使其能够更好地胜任，职业认同感加深，最终获得良好的工作表现。同时，组织也会调整组织氛围以使女教授更加适应工作环境，达到共赢局面。研究对象的一些代表性观点如下：X1 所述"我性格中的坚韧、独立、对自己有清醒的认识，这些都对我从事的科学研究工作有一定帮助。最有帮助的还是我很勤奋，能吃苦，我觉得我即便不从事科研工作，我也会受益于这种品质"；及 Z1 所述"女性方面啊，从那个考核机制方面说呢，学校能为女性适当地延长时间。它考虑到女性毕竟要照顾家庭、孩子、生育，所以需要适当地为女性的考核延长时间。包括人才项目的年龄等方面都做适当的调整和延长"，等等。相较而言，美国的高校女教授在科研领域追求更多的是个人兴趣及能力的提升，美国高校的组织氛围也更加自由，使其中科研人才可以更为灵活和自由地按照个人意愿发展。并且在制度上，美国的部分高校会对其中女教授的比例做出规定，积极帮助女性人才进入科研领域。如 P 所述"现在你可以进入这个机构，因为机构必须需要女性，他们需要通过面试来让你获得这个职位。因为现在有规定，大学中的男女教师比例要与其中男女学生比例持平，所以大学必须要雇佣女性教师"；及 C 所述"但我选择的一点，是学生，我希望获得尽可能好的学生。当我教书的时候，我需要和与我同样水平的学生交流，所以我希望我的学生尽可能地达到我的要求"，等等。个体发生的行为会影响环境，并对之后所面对的情景的选择产生影响，反过来，这些情景会对个体产生影响。当个体面对某种情景时，会产生与其人格特质相符的行为表现。

（四）高校女教授的个人供给与高校组织要求具有互补性匹配

高校作为任何国家都最为主要的科研场所，对其中教师有着极高的要求，越好的高校要求越高。女教授的个人供给与组织要求有较高的匹配程度时，组织才会考虑接纳该女教授并给予更多的支持，因为其也同时需要女教授带来的成果。

当女性高知人才择业时，会考虑自身的特点与供给能力与组织的需求是否相对应。高校中的学生更倾向于不仅具有专业知识，同时需要温和的、有活力的、能和学生打成一片的老师，因此，具有坚实的专业背景，同时又有亲和力等特点的女性高知人才成为有力的供给。在女性高知人才成长为女教授的过程中，其感知到组织给予的支持时，就会受到激励，加深职业认同感，同时提升自我，提高自身的供给水平。这一现象得到一些研究对象的认同，如L3所述"我们毕业的时候，当时管理学院，它就要一个学软件的。他们有当时有一个实验室机房，它说需要一个会软件的人帮他们管理。那个留校之后呢，后来觉得在学校当老师的话，还是需要进一步提升自己的学历，所以工作几年之后呢，在孩子大了之后就又读了博士"，等等。我国乃至美国，高校的组织要求目前是逐年提升的趋势，只有女教授的个人供给达到组织要求的最底限，才有机会进入该高校。随着女教授在组织中的年份增长，组织对其的要求也会逐渐提高，促使其不断提升自己的综合供给能力。

（五）高校女教授的个人需求与高校组织供给具有互补性匹配

高校女教授的个人需求与高校组织供给有较高的匹配程度时，女性人才会更加全身心投入工作中，因为其需要组织为其提供的资源和机会。女性高知人才在择业期间，就已考虑过自身的需求，同时认为高校组织可以满足其需求。女性高知人才成长为女教授的过程中，她将成为引领科研进步的一分子，更加需要高校给予的平台及支持，并且从组织中获得其他组织不能给予的资源。而女性的性别特点使其更愿意与学生进行交流，从而帮助学生成长中获得自我满足。同时女性会面临比男性更多的工作—家庭冲突，需要时间及工作上的灵活性与自主性。当组织意识到女性员工的需求时，会更有针对性地提供资源与机会，满足其个人需求及成长，加深其职业认同感，使其能够更好地工作。研究对象的一些观点如下：L1所述"不过，这个搭建实验平台的经历让我学到了很多东西，我从心里感谢我们学校给了我这样一个学习和锻炼的机会"；L3所述"因为在大学里边工作时间上比较自由"，等等。在这一互补性匹配上，美国教授也着重与时间的灵活性及组织能提供的资源，如B1所述"优势在于，科研工作时间的灵活性，如果你有家庭，你并不需要一直待在办公室里，当你的孩子需要你或者家庭需要你，你完全可以回去，不需要一直在学校里。你可以在家里完成你的工作"，等等。

根据普尔和卡林（Paul & Carlyn, 1987）的解释，员工愿意将时间和精力投入工作中，很大程度上是希望获取他们想要的回报。这些回报可以是财务上的，如工资；物质上的，如福利；心理方面的，如成就感等。与此同时，组织环境提供给员工的回报包括工资、福利和必要的工作支持等，以便满足员工的需要。因此，我们得到以下规律：

命题1：高校女教授的职业成长过程中，会逐渐形成个体—组织的一致性与互补性的动态匹配。

个体—组织的一致性匹配与互补性匹配构成了完整的个体—组织匹配体系。高校女教授个体—组织匹配的匹配过程如图12-1所示。

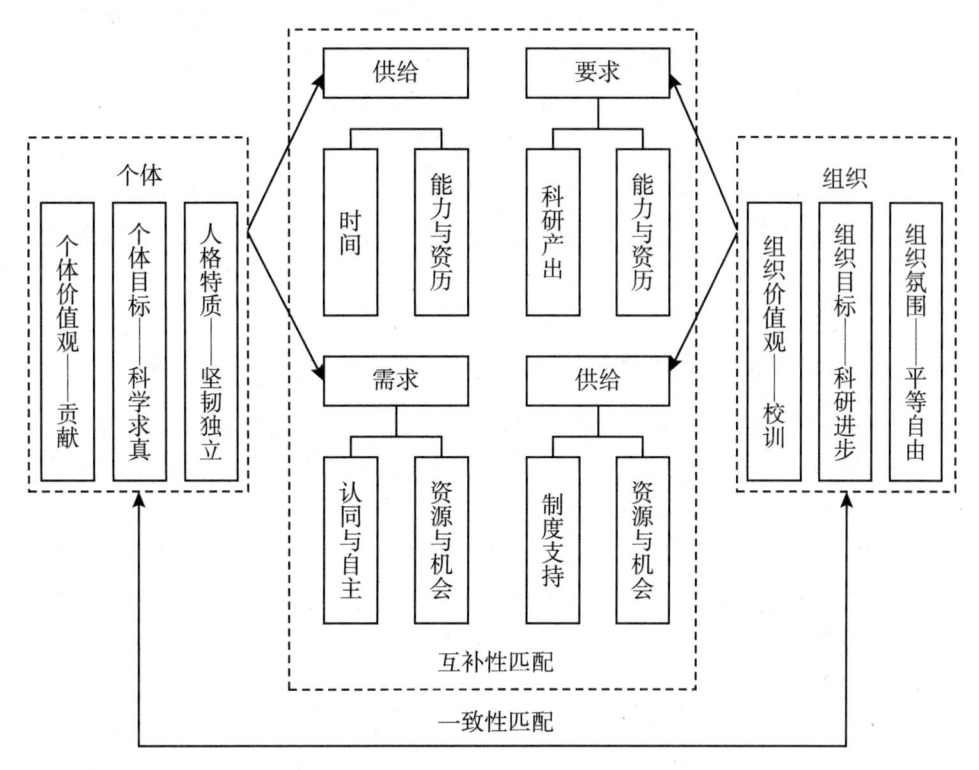

图12-1 女性科技人才个体—组织匹配过程

二、女性科技人才的个体—组织匹配效果

个体—组织匹配是个体具有的内部因素与组织具有的外部因素相结合，能够同时对高校女教授的组织承诺、工作满意度和工作绩效产生影响。

（一）高校女教授的个体—组织匹配度越高组织承诺越高

高校作为特殊的组织，入职"门槛"高，福利待遇较好，工作时间相对自由，其教师流动率与离职率都相对较低。当高校女教授对组织的目标或价值观有较高的认可时,她的需求能被组织满足时,她会更深刻地感受到自身对组织的"义务",表现出更强的组织承诺,从而为组织做出更多贡献。在我们调研期间发现,所有样本老师均未发生过任职后离职的现象,这与胡卫鹏(2004)研究发现的:组织承诺与员工自愿离职行为之间的平均相关为 -0.227,与员工主动寻找其他工作的意图之间的相关为 -0.464,与员工离职倾向之间相关为 -0.559 相符。这一现象得到许多研究对象的印证,如 L1 所述"在我看来,这所大学为我创造了一个施展才华的舞台,我非常渴望做出一些实实在在的成果";美国教授 S 所述"我们学校氛围特别好,我愿意一直在里面工作";及 B2 所述"在大学当教授是非常激励我的,几乎没有人从教授岗位上辞职,而且身边的人都在进步和成长,使我自己也获得了成长",等等。

高校女教授的个体—组织具有较高的匹配程度,其组织归属感则更高,进而表现出较强的组织承诺,从而愿意承担更多的工作职责和任务,及较低的离职意向。

(二) 高校女教授的个体—组织匹配度越高工作绩效越高

当高校女教授处于个体与组织匹配度较高的组织中时,她们更愿意为组织提供自身的资源,为共同目标努力,那么她们在组织中会表现出有利于组织的行为,其工作绩效随之提高。目前有许多研究人员研究了个体—组织匹配如何影响工作绩效,赛克斯等(Sakes et al., 1997)认为互补性匹配可以预测工作满意度和绩效。布瑞恩等(Brian et al., 2005)的研究表明个体—组织匹配与工作绩效正相关,并且,与任务绩效的关系大于与情境绩效的关系。同时,个体—组织匹配对员工的工作绩效和反映绩效水平的薪酬、职业晋升和职业成功等都会产生重要的预测效应。这一结论受到许多研究对象的认可,如 L3 所述"这一点我觉得我们学校是做得比较好的,比如说晋升副教授和教授标准是一样的,对所有人都是一样的,你只要达到这个标准要求,你就可以当可以评上,基本上是这样子的";美国教授 D 所述"我的科研成果很大程度上归功于整个组织的配合及相互间的指导";及 I 所述"在现在这所大学工作后的几年里,我获得非常多的经费及支持,这使我的研究有了飞跃",等等。从样本的数据上我们也可以看出个体—组织匹配对工作绩效的促进作用。11 位中国样本中,每位女教授均获得教授职称,其中 8 位还兼有行政职务,如研究所所长、系主任等。据我们在中国知网对每位女教授论文数量的搜索,几位女教授近 5 年的论文数量均在 20~40 篇左右,根据学科发论文的难易程度不同,有所区别,并且均是国内外核心期刊,或是参与了国家攻坚项目。

因此,我们认为高校女教授的个人目标与组织目标有较高的匹配程度,女性在组织中会更努力地为个人与组织共同目标努力，从而获得较高的工作绩效。

（三）高校女教授的个体—组织匹配度越高工作满意度越高

高校女教授的个体与组织匹配度较高时，女教授会从心理上对工作感到满意。组织为女教授提供了满足其需求的机会，当她们的需求得到一定的满足时，便会导致其获得较好的工作态度和工作满意度。劳发等（Lauver et al.，2002）的研究表明，个人—组织匹配显著影响工作满意度，与工作绩效也显著相关。郭建志等（2001）认为，价值观匹配对于组织承诺、公民行为、自评绩效、出勤状况以及工作满意度皆有预测力，尤其是在组织承诺与工作满意度2个变量上具有较高的解释力。黄培文（2004）认为，个人与组织的匹配度越高，则工作满意度越高，工作绩效越高。庄瑷嘉等（2005）的研究表明，当个人与组织匹配度越高，员工的工作满意度就会越高。我们可以通过社会—心理理论来解释为什么个体—组织匹配会与员工的工作满意度有关系：人类都是倾向于群居的，并希望与那些和自己的心理特征具有相似性的其他人进行互动，因为这种互动活动会有助于证明和强化他们自己的感情、信念和行为。因此，对于个人与组织匹配较好的组织来说，个人的工作满意度会提高。研究对象的一些观点如下：L2所述"我觉得我在做一件有意义的事情，我在做一个有用的事情，我做的事情是对大家都好的，这种事情，我愿意继续做下去，所以不停地寻找更多的角度，更大的影响来继续做下去"；美国教授A所述"学校的主席给了我非常多的工作上的支持，我非常满意现在的这份工作"，等等。

高校女教授的个体与组织有较高的匹配程度，女性在组织中会更多地表现出与组织需求或利益相符的行为，从而获得较高的工作满意度。

三、个体—组织匹配对女性科技人才职业成长的影响

职业成长是一个动态的过程，不论是组织内职业成长或是组织间职业成长，都需要其自身的努力，并且同时需要组织的支持。在组织中职业成长的过程，不仅将使得员工对组织目标、价值观和组织氛围产生内在认同，而且也将员工的行为与组织的发展逐渐结合在一起。女性较男性而言更加感性、细腻、注重关系和情感交流，因此在其职业成长的过程中更加注重与组织间的关系。当具有较高的组织承诺时，女性会积极地完成工作任务，同时也愿意承担工作职责之外的事情，即表现出更多的组织公民行为，在此过程中也获得较多的学习机会，从而不断推动其自身的职业成长。较高的工作绩效会使女性员工从物质方面和精神方面获得激励，促进其不断提升，达到职业成长。多数学者发现工作满意度与离职呈

负相关，与留任倾向成正相关。中美高校女教授在组织中留任时间越长，得到的相关经验、能力以及晋升机会也会随之提升。同时，较高的工作满意度激发女性在工作中保持积极的情绪，加深职业认同感，并将这些正向的感受和变化带到其具体的工作行为上，经过不断的积累，高校女教授会获得更多的工作知识和经验，她们也因此获得新的突破，不断提高对自己的要求，设定新阶段的工作目标，从而对其职业成长产生积极的影响。此外，组织在高校女教授的工作过程中为其营造的工作气氛或提供的支持对这些女性成员来说都是能够促进其职业更快发展的、正向的动力和机会，她们能得到更多的有利于其个人职业成长的支持。许多研究对象的观点都可以体现出这一现象，如 Y2 所述"而且我觉得长大一直在进步，从那个时候的青黄不接，资金啊什么都得靠我们自己去赚，学生的实习都要靠我们去帮大企业做咨询换，到现在有自己的课题有自己的基金，确实都挺不错的"；美国女性教授 B1 所述"因为当我回到这里，我永远看不到自己的尽头，这里永远有机会，永远可以使我成长"；及 B2 所述"在大学当教授是非常激励我的，几乎没有人从教授岗位上辞职，而且身边的人都在进步和成长，使我自己也获得了成长"，等等。

根据以上分析，可以发现，个体—组织匹配效果对高校女教授的职业成长产生着促进作用。匹配程度越高，高校女教授的组织承诺、工作满意度和工作绩效越高，其越愿意留在高校组织中，达到组织要求，同时获得个人的职业成长。由此，我们得出以下规律：

命题 2：个体—组织匹配程度越高，高校女教授的组织承诺、工作满意度和工作绩效越高，从而促使高校女教授获得职业成长。

対策篇

第十三章

全球背景下看"女性至关重要"

本章主要利用麦肯锡咨询公司 2007~2016 年间的发布的女性报告进行解析。促进"女性发展"已成为全球共识,麦肯锡公司作为全球杰出的咨询公司,自 2007 年起,每年都会发布一份"女性至关重要"的女性报告(见表 13-1),这一系列报告包含丰富的女性发展数据与前卫的促进女性领导力发展的理念。虽然近年来关注于女性发展的报告越来越多,但是诸如麦肯锡这样长达十年关注于全球女性发展的公司却甚少,鉴于麦肯锡"女性至关重要"这一系列报告数据的丰富性以及女性发展理念的启发性,我们对麦肯锡 2007~2016 年的女性报告进行了解读,提炼出两个主题,即女性领导力效应、性别多样化生态系统。

表 13-1　　麦肯锡 2007~2016 年女性报告主题

年份	报告主题
2007	女性至关重要——性别多样化是企业绩效的驱动力
2008	女性至关重要——女性领导力,未来的竞争优势
2009	女性至关重要——女性领导在危机中与危机后的优势
2010	女性至关重要——让女性身居高位
2011	女性至关重要——释放女性工作潜力
2012	女性至关重要——突破
2013	女性至关重要——高管团队性别多样化改变企业文化与边界
2014	女性至关重要——在海湾地区实现性别多样化
2015	平等的力量——性别平等如何为全球经济创造 12 万亿美元的增长
2016	女性至关重要——挖掘工作场所性别多样化的潜力

第一节 女性领导力效应

一、女性领导对组织绩效与财务绩效的积极影响

麦肯锡公司 2007 年发布的《性别多样化是企业绩效的驱动力》女性报告中，利用其自有的衡量组织绩效的 9 个关键标准（见表 13-2），审查了 231 家企业与非营利组织中的 115 000 名员工对组织绩效的评价，以及这 9 个组织绩效关键标准与财务绩效之间的关系。

表 13-2　衡量组织绩效的 9 个关键标准

维度	含义
方向（direction）	组织将要到达的地方，如何到达以及如何安排人员
协调控制（coordination and control）	测量和评估业务绩效和风险
创新（innovation）	产生新想法使公司适应发展
动机（motivation）	激励员工工作并留下
工作环境与价值观（environment and values）	塑造员工形成共同的价值观
能力（capabilities）	确保组织内有人才与技能支持战略并创造竞争优势
外部导向（external orientation）	与客户、供应商或其他合作伙伴进行持续的双向互动
问责制（accountability）	设计结构\报告关系，评估个人绩效，确保业务成果的责任
领导团队（leadershipteam）	领导者塑造和激励他人的行动，推动更好的表现

资料来源：麦肯锡 2007 年报告《性别多样化是企业绩效的驱动力》。

（一）女性领导占比达 30% 对组织绩效影响重大

麦肯锡通过对分布在欧洲、美洲和亚洲的 101 家公司董事会成员进行了访问，分析他们对组织绩效的评估，并根据所在公司女性董事会成员占比对这些公司的组织绩效进行了比较。结果发现，平均而言董事会成员中女性达到 3 名及以

上的公司，组织绩效比其他公司更好，而更有意思的是，一旦女性占比达到 30% 的临界比例，组织的绩效就会明显增加，而女性比例低于 30% 临界比例的公司，组织绩效没有明显差异。

（二）女性领导对财务绩效存在正面影响

为了证明女性领导者与组织财务绩效之间的关系，麦肯锡与亚马逊欧元基金（Amazon Euro Fund）根据执行委员会中女性占比，以及女性担任职位的重要性，或者性别多样化方面的统计数字等性别多样化标准，确定了 89 家欧洲上市公司的高管团队作为研究样本。对这些公司财务绩效的分析表明，平均而言，这些公司的股本回报率达到 11.4%，息税前收益达到 11.1%，而欧洲上市公司的平均股本回报率只有 10.3%，平均息税前收益只有 5.8%。从这一研究发现，性别多样化程度高，女性领导者占比多的公司，其财务绩效一般而言也优于其他公司，因此女性领导对财务绩效存在正面的影响。

二、女性领导更多展现利于组织绩效的领导行为

（一）提高组织绩效的九种领导行为

麦肯锡（2008）结合自己研发的组织绩效评价标准与伯纳德·巴斯和布鲁斯·阿沃里奥（Bernard Bass & Bruce Avolio，1990）从企业中观察到的领导行为研究，确定了提高组织绩效的九种领导行为（见表 13-3）。

表 13-3　　　　　　　　提高组织绩效的九种领导行为

领导行为	含义	提升的组织绩效维度
参与决策（participative decision making）	建立团队氛围，鼓励每一个人参与决策	工作环境与价值观
角色模型（role model）	作为角色模型，重点是建立尊重和考虑决策的伦理后果	领导团队
灵感（inspiration）	提出引人注目的未来愿景，对实际活动乐观的态度	方向、动机
期望与奖励（expectations and rewards）	明确界定期望和责任，并奖励目标的实现	问责制

续表

领导行为	含义	提升的组织绩效维度
人才发展（people development）	花时间教学，指导和倾听个人需求和关注	领导团队、能力、工作环境与价值观
智力开发（intellectual stimulation）	有挑战性的假设，鼓励承担风险与创造力	创新
高效沟通（efficient communication）	以令人信服的方式和魅力进行沟通	方向
个人主义决策（individualistic decision making）	喜欢单独做决定，让别人去执行	外部导向
控制和纠正措施（control and corrective action）	监控个人绩效，包括错误和目标差距，并在需要时采取纠正措施（处罚、调整）	协调控制

资料来源：麦肯锡2008年报告《女性领导力，未来的竞争优势》。

（二）女性领导行为与组织绩效

基于伯纳德·巴斯和布鲁斯·阿沃里奥研究的数据，伊格利（Eagly，2003）进行了更深入地研究，发现相比起男性领导者，女性更经常使用"参与决策""角色模型""灵感""期望与奖励""人才发展"这五种领导行为，尤其是"人才发展""期望与奖励"以及"角色模型"这三种领导行为更加频繁。男性领导者更经常使用"个人主义决策"以及"控制和纠正措施"这两种领导行为。而"智力开发"与"高效沟通"这两种领导行为的使用在男女领导者间无差异（见表13-4）。

表13-4　　　　　　　男女领导者领导行为差异

	九种领导行为	对组织绩效的影响
女性领导者领导行为特征	参与决策 角色模型 灵感 期望与奖励 人才发展	工作环境与价值观 责任追究 领导团队

续表

	九种领导行为	对组织绩效的影响
男性领导者领导行为特征	个人主义决策 控制和纠正措施	协调和控制 外部方向
两性领导者领导行为的共同特征	智力开发 高效沟通	

资料来源：麦肯锡2008年报告《女性领导力，未来的竞争优势》。

分别分析男性领导者与女性领导常使用的领导行为对组织绩效的影响，发现女性领导者常用的领导行为如"人才发展""期望与奖励"以及"角色模型"对组织绩效中的"工作环境与价值观""责任追究"和"领导团队"这三个维度有正面影响。而男性领导者常使用的"控制和纠正措施"和"个人主义决策"领导行为，则有利于组织绩效的"协调和控制"和"外部方向"维度。

（三）女性领导行为面向未来

在应对未来的挑战方面并不是所有的领导行为都有效，麦肯锡对全球千余名企业高管进行的领导行为与组织绩效关系的调查显示，超过70%的企业高管表示"智力开发""灵感""参与决策""期望与奖励"这四种领导行为最有利于应对未来的挑战，但是同时他们也表示公司目前的领导行为在实践中仍存在不足。

而这四种面向未来的领导行为中，除了第一个"智力开发"是一种性别中立的领导行为外，其余三种领导行为"灵感""参与决策""期望与奖励"是女性领导者更经常采用的行为。因此，从领导行为来看，女性领导者更有利于企业面对未来的挑战，而诸多企业缺乏经常使用上述四种面向未来领导行为的领导，培养或引进更多的女性领导者能帮助企业改善这一现状。

三、女性领导在危机中与危机后拥有优势

（一）危机中及危机后的关键组织绩效指标

麦肯锡2009年对全球约800位商界领袖进行的组织绩效与危机调查显示，"领导团队"与"方向"这两个组织绩效指标在组织处于危机时尤为重要。49%的受访者认为"领导团队"（即领导集体，领导在任何层次都能给予指导与启

发）是组织经历危机时最重要的组织绩效指标；另外46%的受访者将"方向"（即确定公司所处位置的能力以及分析达到公司目标所需的资源，人员）列为企业经历危机时最重要的组织绩效指标。

当确认什么组织绩效指标在企业经历危机之后尤为重要时，46%的受访者认为"创新"是最重要的组织绩效指标，"领导团队"和"方向"虽然在危机之后仍然重要，但分别下降到第二位和第三位，分别有42%和39%的受访者表示"领导团队"和"方向"在企业度过危机之后很重要。

在经历危机时，组织需要加强维系，需要领导能在一个不确定的环境中管理和激励他们的团队，鼓舞人心并组织未来前进的方向。虽然"创新"这一组织绩效标准在危机时期不太重要，但在度过危机之后对于组织的发展成长更具决定性作用，组织是否能进行有效创新，关系着组织在竞争中能否获得并保持优势。

（二）女性领导的领导行为帮助组织应对危机

麦肯锡通过对全球800位商界领袖的调查显示，虽然九种领导行为对组织绩效都有积极影响，但是对于组织度过危机以及危机之后恢复而言，"灵感"与"期望与奖励"这两种领导行为至关重要。

几乎一半的受访者（48%）认为"灵感"（即提出对未来的启发性愿景、对实际活动乐观的态度）是企业成功度过危机最重要的领导行为，同时也有45%的人认为这也是危机之后影响企业绩效恢复的关键领导行为。

47%的人认为"预期和奖励"（明确界定期望和责任，并奖励目标的实现）是帮助度过危机的最重要的领导行为，同样地，47%的受访者认为"预期和奖励"是影响危机之后组织绩效的关键领导行为。

"灵感"与"预期和奖励"是女性领导者更常展现的领导行为，因此，更倾向于任用女性领导者的企业，在危机时期以及危机之后往往能有惊喜的表现。

只有15%的受访者认为"控制和纠正措施"（监控个人绩效，包括错误和目标差距，并在需要时采取纠正措施）是帮助度过危机的重要领导行为；此外，也只有12%的人认为"控制和纠正措施"对危机之后组织绩效至关重要。然而，"控制和纠正措施"是在组织中最常见的领导行为，38%受访的商业领袖表示，组织在危机期间更频繁地展现了这种领导行为，并且往往是男性经常展现"控制和纠正措施"这一领导行为，因此倾向于任用男性领导者的公司在危机中以及危机之后的表现差强人意也更容易理解了。

第二节 性别多样化生态系统

一、组织性别多样化现状

（一）性别多样化的职场显像

根据麦肯锡2007年的女性报告，尽管欧洲女大学毕业生已经占到55%，但是在劳动力市场上，女大学生仍然是少数群体，她们的劳动参与率仅仅占到21%，远远低于男性。但是根据麦肯锡2009年的女性报告显示，女性就业率是在上升的，从2005年1月的56%上升到2008年3月的60%。同时，三年间男女就业率差距缩小了两个百分点，2005年3月男女就业率差距达到21%，2008年3月时缩小到19%。在法国，同一时间段男女就业差距已经下降了三个百分点，这是因为男性的就业率保持稳定，但女性就业人数在连续增长。例如，在所有年龄层次上，1955~1964年出生的女性比起在1935~1944年之间出生的女性更积极地加入劳动市场，比1935~1944年女性就业人数多了20%，这一数字的变化远远高于企业执行委员会中女性参与率的变化。

女性和男性的责任水平与工资水平也存在巨大差距。根据欧盟委员会的统计，男女平均工资差距高达15%。女性更少从事全职工作，有33%的女性从事兼职工作，而男性只有7%从事兼职工作。私人部门的性别差距高于公共部门，法国的私人部门只有42%的员工是女性，而公共部门有58%是女性，工资差距也更明显，私人部门的工资差距达到19%，而公共部门的差距是14%，这些数据都表明女性在职场中尚处于劣势地位。

（二）性别失衡的高管团队结构

2007年麦肯锡对欧洲企业的调查发现，女性在管理层以及制定决策位置上的比例尤其小，在欧洲女性平均只占到上市公司治理层成员的11%。

欧洲国家的企业治理层女性占比存在很大的差异，挪威公司的治理层女性占比已经达到32%，而卢森堡却只有1%。更一般的来说，欧洲北部与东部的性别多样性好于南部与德国。尽管挪威和瑞典在公司治理层中女性占比较大，但是他们要实现真正意义上的性别多样化,仍有很长的路要走。除非目前企业的晋升制度与性别文化发生变化,否则就算女大学毕业生人数增长也无法弥补企业高管团队中存在的巨大性别差距。

到2008年底,欧洲女性在企业执行委员会的平均参与比例并没有大的变化,仍然只占到11%。即使有些国家在提升公司执行委员会性别多样上投入了大量精力,但是收效甚微,比如西班牙女性占执行委员会比例从2007~2008年底也只上升了三个百分点,达到8%。

(三)将性别多样化列为战略重点的组织甚微

根据麦肯锡2009年的调查显示,全球只有28%的组织将性别多样化列为企业战略重点,而全球有40%的组织尚没有计划要解决性别多样化的问题。同时虽然有61%的领导相信性别多样化对组织绩效的积极影响,但是仍有41%的高管对性别多样化持怀疑态度,不相信性别多样化会为组织带去巨大收益。此外,虽然49%的男性高管意识到性别多样性对组织绩效的积极影响,但51%仍然不相信性别多样化的积极作用。这种意见分歧,在董事会成员大多是男性时,可能会对组织中女性高管的发展起到巨大的制约作用。

根据调查,将性别多样性列为战略议程首要位置的企业实施更多性别多样化措施,并积极地在C-suite(包括CEO、CFO、COO等)任用女性。根据实行性别多样化战略企业的C-suite受访者回答,将性别多元化视为三大战略重点之一的公司,女性在C-suite的占比比没有将性别多样化列为三大战略重点的公司高出15%。并且将性别多元化作为前三大战略重点的公司平均采取了五项措施以实现性别多样化,而没有将其列为战略重点的公司平均执行的性别多样化措施却少于一个。此外,性别多样性不在战略议程上的公司中,58%的受访者表示,在过去五年中,公司没有采取任何具体措施来提高女性在治理层的比例,而将性别多样化列为三大战略重点的公司中只有4%受访者这样表示。

虽然越来越多的企业认识到性别多样化的益处,但是大部分企业仍然不愿意为性别多样化做任何努力,这将带来一种两极分化的后果,将性别多样化列为企业战略重点的企业,在实现性别多样化的道路上越来越顺利并从中受益,而拒绝为性别多样化努力的企业却仍在原地踏步。

(四)将性别多样化战略作为度过危机的助力

1. 危机中性别多样化仍是战略重点

由于2008年全球经历了一次重大的金融危机,麦肯锡为了研究企业在危机时期是否会放弃性别多样化战略进行了研究,2009年的女性报告显示2008年的全球经济危机并未对组织内部的性别多样化的重要性产生不利影响。将性别多样化列为公司三大战略重点公司，82%的受访者表示，经济危机并未对性别多样化的战略重要性产生负面影响，将性别多样性列为十大战略重点的公司也是如此，71%的受访者表示性别多样性的重要性没有改变，甚至11%的受访者表示性别多样化反而在战略重要性上得到了提升。

2. 危机中性别多样化战略蒙受损失较少

全球经济危机对其他一般性的人力资源计划产生了影响，但是它对性别多样化计划的影响较小。69%的受访者表示性别多样化仍是他们组织的优先事项，其招聘、留住、促进和发展女性的方案没有任何改变。相比之下，只有38%的受访者表示，其他一般性的人力资源计划没有变化。同样，22%的商业领袖报告说一般性的人力资源计划的资金总额减少了，而只有5%的将性别多样性列为战略重点公司报告说，针对特定性别多样化的预算减少了。因此在危机中性别多样化战略的实行并没有因为危机而受损，大部分公司仍然照旧实行性别多样化战略。

二、组织高层性别多样化任重道远

组织高层管理团队中，一直存在明显的性别多样化差距，麦肯锡2010年"女性至关重要"的调查报告显示，男女领导人均已认识到性别多样性的重要性，但公司中实施的具体措施仍然有限。该调查提供了关于如何促进性别多样化的新方式，特别强调了CEO对性别多样化的承诺和女性人才潜能发掘在所有性别多样性举措中的重要性。

（一）多数高管认识到性别多样化对组织绩效的积极影响

2010年"女性至关重要"的调查显示，大多数男女领导人已经认识到高层管理人员的性别多样化是一种绩效驱动力。麦肯锡通过询问不同层级的公司管理者是否相信公司的女性领导者的数量与公司的财务绩效积极相关，结果显示大多数人都相信的确存在这样的关联关系。尤其在C-Suite层的受访者中，有62%的男性以及90%的女性相信这一关联，这一结果反映出人们对性别多样化的积极态度。C-Suite层的管理者比中层管理者更相信这样的关联，只有50%的男性中层管理者相信性别多样化与公司财务绩效存在积极关联。然而，这一回应也凸显了男性与女性的信念之间的差距，以及根据资历水平的差异对这一信念信任程度的差异，女性以及高层管理者更相信性别多样化与公司财务绩效的积极关联。

（二）性别多样化促进组织绩效的信念尚未转化为实际行动

麦肯锡从2007年起与公司领导层进行的许多讨论，都表示需要坚定地致力于性别多样化，因此麦肯锡研究开发出了13项有利于性别多样化的举措，2010年"女性至关重要"研究报告显示，实际实施了这些措施的组织仍然有限：32%的组织没有采取任何具体措施，只有30%的组织实施了四项措施，小公司实施措施的份额更低。

（三）少数政府通过性别配额增加组织高层女性比例

配额问题一直是在高层管理人员中实现性别多样性的主题，麦肯锡在整个欧洲进行的一百多次采访揭示了女性经理对高层管理人员中实行性别配额的看法有所改变。虽然麦肯锡在2006年和2007年调查的大多数女经理人都对配额计划持有保留意见，主要是担心配额可能会令其他人对他们提拔的女性的真正能力产生疑问，当时只有不到1/4的女性赞成配额计划，而现在越来越多的女性赞成性别配额计划，因为她们认识到"如果我们不立法，长时间难以看到性别多样性的变化"。

挪威于2003年制定了董事会性别配额制度，要求40%的企业董事会成员必须为女性，希望这一举措将鼓励职位较低的女性积极进行职业规划与实现自我成长。此后，从瑞典到马来西亚等十多个国家也迅速实施了类似的配额制。然而芝加哥大学布斯商学院教授玛丽安娜（Marianne）通过对配额制立法近十年的挪威的观察，却发现配额制带去的改变是复杂的，这项立法可以使女性董事直接获益，但这些配额制却并没有普遍提高女性的平均收入，更重要的是并没有显著增加女性进入高管团队的可能性。

三、组织性别多样化生态系统结构

麦肯锡公司在2010年与企业高管进行关于性别多样化的讨论之后，开发出一套发展女性领导人以及性别多样化的生态系统。这一生态系统包含三个层面：一是促进CEO的性别多样化承诺，二是帮助女性人才发掘潜能，三是推动性别多样化的整体计划。麦肯锡2007~2009年的女性报告就曾揭示不同性别多样化措施的作用存在明显差异，最有效的措施是CEO对性别多样化的承诺和女性个人发展计划。而对提高女性在治理层比例最有效的三项措施是：CEO和执行团队对性别多样性计划进展情况的监测；专门针对女性的技能培训方案；鼓励或授权高级管理人员指导年轻职业女性。

（一）促进 CEO 的性别多样化承诺

从麦肯锡对实施性别多样化举措公司的调查中发现，性别多样化方面的变革无异于进行文化变革，需要 CEO 充分和明确的承诺来推动变革。性别多样化的变革方案需要在高层管理者的支持下在全公司内开展，支持女性高管的发展与晋升，建立一个真正的性别多样化公司。

除非高层管理者相信性别多样化能帮助企业创造竞争优势，并致力于改变企业文化，否则实施再多的性别多样化措施，其收益也微乎其微。麦肯锡 2010 年的调查证实，首席执行官的性别多样化承诺以及执行团队对管理性别差异化计划进展指标的密切关注是增加公司高层女性人数最重要的驱动因素。

（二）帮助女性人才发掘潜能

2010 年"女性至关重要"报告显示，女性的个人发展是有效的性别多样性生态系统的核心，女性个人发展方案主要侧重于帮助女性克服现实障碍。根据 2010 年"女性至关重要"报告的结果，38% 的受访者认为缺乏女性个人发展计划是"许多女性难以得到提升"的第三个主要障碍。

主张性别多元化的公司已经实施了非常有效的女性培训和指导方案，以帮助女性了解自己的潜力，并在以男性为主导的环境中管理自己的职业生涯。建立女性人际网络有助于增强女性对职业发展重要作用的认识，同时提高了女性领导人在组织中的地位。此外，帮助年轻女性正确识别角色模型也是女性人才发展不可或缺的举措。

指导计划可以显著地提高女性对自我限制的认识，使她们能够在以男性为中心的环境中积极地管理自己的职业。指导计划有利于女性建立良好的人际关系网络，同时提高企业中女性领导者的地位，为年轻女性建立职业榜样，这种指导计划对于激励和促进女性发展的作用巨大。这样的举措在 CEO 重视性别多样化的组织中，保留和扩大女性人才的水平方面取得了突出的成果。

（三）推动性别多样化的整体计划

女性的个人发展必须得到组织整体的支持，但是组织的支持性措施却不一定是只有女性才能享有的，如若支持性措施仅仅针对女性，这种支持与保护反倒是一种变相的性别歧视。因此，我们鼓励的性别多样化支持计划是面向企业内所有层级以及所有类型员工的。

第一个推动计划是执行性别多样性指标。建立并实施性别多样化指标是组织进行性别多样化变革的先决条件,性别多样化指标有利于性别多样化透明度,衡量目前的性别差距,同时监测性别多样化进展。组织首先应对内部的性别多样化情况进行诊断,找出性别多样化的差距和"瓶颈"。性别多样化指标可以包括女性在组织各业务部门,各级管理层和新招聘员工中的比例;也可以包括在相似职位上男女的薪酬水平差距以及流动率;同一管理层次"女性晋升数"与"有资格晋升的女性比例"这两个性别多样化指标也有利于组织认清性别多样化现状。此外,可以将这些性别多样化指标列为管理者的绩效指标,促进管理者积极地实行性别多样化举措。性别多样化指标有利于监测组织性别多样化的进展情况,根据这些指标的结果,组织可以在必要的时候对多样化方案进行适应情况的演变,并指导确定下一步的行动计划。同样,这些指标也有利于组织有效沟通性别多样化进展,并保持应对多元化挑战的优势。

　　第二个推动计划是重新设计人力资源流程和政策。首先是招聘政策与绩效评估政策。组织需要保证招聘员工以及评估员工的职业发展时,是没有性别偏见的;而评价员工绩效表现时,注重的是员工工作绩效,而不是其他不相关的因素。然而现实情况是大部分组织在确定有发展潜力的员工的过程中,更看重年龄,年龄在28~35岁之间的管理者更有可能被确定为有潜力员工。这一评估过程就存在性别不平等的地方,因为大部分女性会在28~35岁之间生育孩子,组织不太会考虑将女性列为发展潜力的员工。因此,这种依靠年龄评定发展潜力的标准并不科学,组织需要纳入更灵活的标准,如在组织的服务年数、工作能力表现。其次,组织人力资源政策在促进性别多样化的某些方面发挥着至关重要的作用,比如可以规定担任高级职位的候选人名单中至少有一名女性候选人。最后,人力资源部门要提出促进工作与生活平衡的措施。仅仅提供弹性工作制度仍然不够,即使员工在休假期,组织也需要提供灵活的职业支持,这种职业支持不仅仅是某一时期,而应该贯穿员工的职业生涯。从现实情况来看,这种贯穿职业生涯的支持对女性尤其关键,几乎每个女性员工都需要产假,而这种休假期间的职业支持,有利于防止休假对她们的职业发展与薪酬产生负面的影响。并且这种灵活的政策不应只有女性能享受,而应该成为组织人才发展政策的组成部分。此外,组织必须能够提供个性化的职业发展路线,以留住多样化的优秀人才。

　　第三个推动计划包括建立性别多样化配套的基础设施与改变男性以及女性的思维倾向。组织需要创造有利于工作与生活平衡或流动的实际条件,他们可以根据女性员工的需求提供多样化的服务,例如保育、洗衣或房屋清洁服务,或为流动性配偶职业搬迁提供支持服务。女性对自己的职业发展往往不自信,且在男性主导的企业环境中受到更多的限制，更难以发挥自身潜力。因此，组织需要积极改变女性的思维倾向，让女性对自身的职业发展充满自信，并帮助她们在男性主导的组织环境中立足。此外，企业需要改变男性的思维定式，打破他们对女性的性别偏见与刻板印象。有些公司已经采取了组织男性高管与女性高管的会议，改变他们对女性的偏见。改变性别多样化的思维倾向十分重要，思维倾向能影响一个人对性别多样化的态度以及行为，如不及时改变人们的思维倾向，将导致男性对于性别多样化支持性措施的不理解，反倒认为这是对男性的一种歧视，而女性却难以成为自信独立的群体。

四、性别多样化生态系统形成的外部推力

虽然组织实施的性别多样化生态系统对实现性别多样化有重大影响，但是组织却不是唯一能推动实现性别多样化的因素，多方都可能携手促进职场性别多样化。

（一）政府政策推动性别多样化

一个国家的文化以及社会经济等因素会影响女性在工作场所的角色。有研究表明，欧洲女性的劳动参与率较高，是因为战争期间，男性都去参加战争了，因此女性从事有偿工作的比例增加（Daron Acemoglu，2004），这种外部因素自然而然地成为职场性别多样化的推动力。

政府也可以采取各种各样的措施增加工作场所的性别多样性，如税收优惠可以鼓励更多的女性上班，或积极修建育儿设施以及完善育儿假等机制，减轻职场女性工作—家庭的双重负担。欧洲挪威、瑞典、法国、意大利和比利时的政府，在公司治理守则或法律中明确规定了公司董事会中女性应占的比例，确定了具有法律约束力的女性配额。也有少数政府同时关注了女性占比较少的执行委员会，执行委员会的女性能作为公司其他女性的榜样，同时也能影响公司的性别多样化政策制定，因此在执行委员会中实现性别多样化也具有现实意义。

（二）女性自身为性别多样化献力

麦肯锡对美国女性的研究表明，尽管年轻的女性从不失去对自己的能力的信心，但是她们经常拒绝晋升的机会，避免要求她们掌握新技能的职位，或希望保持她们感觉能实现个人意义的角色，此外她们也不愿意进行自荐。一位执行官说："女性认为每个人都可以看到她们的工作有多困难，所以她们认为自己不需

要交流。"

1. 女性的远大抱负

根据麦肯锡 2013 年"女性至关重要"调查报告显示,实际上女性的职业抱负与男性一样高。通过询问他们是否渴望在职业生涯中达到组织高层管理职位 C‒suite,79% 的女性给予了肯定的回答,81% 的男性给予了肯定回答,因此女性的职业抱负与男性一样高。

除了远大的职业抱负外,大部分女性表示愿意妥协她们的个人生活来实现自己的职业抱负。接受调查的女性中有 60% 表示,如果需要牺牲一部分个人生活才能达到职业顶峰,她们愿意做出这样的牺牲,这个回应的女性比例与男性受访者的回应比例一致。

2. 女性对外部成功的机会自信不够

虽然女性的职业抱负与愿意为职业付出的代价与男性相差不大,但是男性与女性存在的显著差异是他们表达的自信,这里的自信是指对当前环境中成功机会的看法,而不是自身的。在渴望成为公司高层管理者的人中,表达对环境中成功机会自信的女性比男性低了约 15%,这种信心的差距在中高层女性管理者中都存在。

(三) 集体驱动力促进性别多样化

集体驱动力对女性成功机会信心的影响是女性个人因素的两倍,它能调节女性对成功机会的信心。麦肯锡 2013 年"女性至关重要"的报告中,将有志成为公司高层管理者的女性根据其对环境中成功机会的自信分为两组,分别考察集体因素与个人因素对其自信的影响,发现影响因素主要差异集中在集体驱动力与企业文化相关的驱动因素,而不是个人差异。

集体驱动因素包括企业文化与性别多样性的兼容性,以及女性领导力和沟通方式与现行模式的兼容性。在集体驱动因素方面,两组女性受访群体之间存在显著差异,62% 的自信团体认为她们公司现行的领导风格和女性风格相符,而不太自信的一组中只有 39% 的女性受访者认为,她们公司的现行领导风格与女性风格相符。关于"女性是否有平等机会在公司取得成功"问题的回答中也出现了类似的差异,45% 的自信组女性受访者对这一问题给予了肯定回答,而不自信组的女性受访者中只有 12% 的女性给予了肯定回答。对于女性个人因素而言,两组之间的差异远远小于集体驱动因素的差异,集体驱动因素的比重是个人因素的两倍以上。

(四) 塑造性别多样化的组织文化

1. 性别多样化的企业文化障碍

性别多样化的企业文化障碍要实现性别多样化必须解决和克服企业文化中存

在的三个问题或障碍。

（1）男性对性别多样化支持至关重要。大多数男性（79%）认为包含更多女性的多元化领导团队会为公司带去更好的绩效，且认同这一观点的男性数量还在增加。然而男性对女性发展障碍缺乏完整认识的现象仍然存在，近1/3的男性受访者并不了解女性要成为高层管理人员面临的具体困难，28%的男性不同意"即使具有相同的技能和资格，女性比男性更难达到高层管理职位（C-suite）"这一说法。提高男性对这个问题的认识非常重要，因为他们不太了解，他们就会倾向于认为性别多元化措施对他们自己而言是不公平的，因此，当越多男性理解了女性发展的困境后，会带来更多的支持。

（2）女性在现行的表现模式中牺牲更大。男性（73%）和女性（77%）受访者认识到，高层管理者意味着"任何时间，任何地方"都要能联系上，这种模式需要个人在家庭生活中做出牺牲。大部分人都认为，这种表现模式需要为了工作而使投入家庭生活的精力减少，对女性而言更加困难。80%的受访者表示，拥有孩子与男性高层管理者的职业相符，而只有62%的受访者表示有孩子与女性高层管理者相符，这也折射出大部分人潜意识里认为女性为了成为高级管理人员在家庭生活中做出的牺牲更多。

90%以上的受访者认为向有小孩的高层管理者提供帮助与高层管理者的职位不相符，即使这样的安排有助于留住优秀的女性高层管理者。因此这种"随时随地"的表现模式以及"工作与家庭的平衡"是女性职业发展的最主要障碍，即使男性与女性同样愿意做出牺牲来达到高层管理职位，但是对女性而言做出牺牲被认为更难，成本代价更高。

（3）女性在现行的领导风格中难以找到合适的方式成为高管。组织现行的高层领导风格对确定个人在组织中成长机会以及他们是否能成长为高层管理者的信心方面发挥了强大的作用。在2013年"女性至关重要"调查中，接近40%的女性受访者认为，女性的领导力和沟通风格与组织高层管理者中普遍存在的领导风格不符。男性受访者中有30%的人认为，组织的企业文化并没有为女性提供培育成为高管的机会。这也意味着在现行的组织文化背景以及流行的领导风格下女性难以找到合适的方式成为高管。

2. 解决性别多样化的文化障碍

（1）包容性计划。要解决性别多样化的文化障碍，有必要提高男性对女性晋升到高层管理职位面临巨大困难的认识。随着意识、信仰和行为的发展，无意识的性别偏见才可以消除，建立男性对女性特定问题的认识可能会改变男性选拔和提升其他男性的倾向，女性可以更系统地、更积极地进入候选人行列。

此外，企业需要建立不仅对女性有利也对男性有利的信念。男性和女性都认识到,"随时随地"的表现模式意味着个人生活中的牺牲,如果企业改变这种表现模式,男女双方都将受益,这种变化也将与女性通常所面临的工作—家庭双重负担更加相容。

(2)帮扶计划。公司可以通过培育新的帮扶传统,让现任的领导者培育未来的领导者,鼓励未来有更多的女性领导者。传统意义上的导师可以为女性提供咨询意见,但女性领导者仍然需要更多的方式来达到高层管理层。真正的帮扶者可以采用具体的行动积极地推动进步,他们可以为女性敞开大门,推荐女性晋升,并提出现有的机会。导师可以帮助确定职业目标,提供指导、反馈和支持;而帮扶者却是职业推动者,他们提升了女性的高层领导能力,积极推动女性进步。帮扶者相比导师而言能给女性提供更多的实质性帮助,因此帮扶计划对比起导师计划能使女性受益更多。

第三节 聚焦中国环境的女性调研报告解读与麦肯锡对比

随着互联网的发展、人工智能等技术的进步,伴随着职场中的工作模式焕发的无限可能性,以知识、创新、体验、服务为主要内容的全新经济模式给予了女性越来越大的表演舞台。社会的进步也使公众对女性的传统观念逐渐瓦解,女性已成为影响经济的重要力量,社会各界对女性人才发展状况也给予了更多关注。国内外致力于帮助女性人才发展的组织、机构及相关求职平台关注女性人才的现状,并相继发布了系列女性人才报告。其中智联招聘、前程无忧、无忧精英网、Boss 直聘作为国内互联网招聘平台,依托其社会知名度、广阔的覆盖面、用户的集中度以及对女性就业和职场现状的关注度,发布了一系列女性调查报告。睿问作为国内优质的女性学习和服务的互联网平台,始终聚焦于女性,为女性配备合适的职业导师,追踪女性成长。而德勤与领英作为国际企业,一方面,进入我国市场,其本土化服务与专业水平较高;另一方面,作为全球性的咨询公司与职业社交网站,为分析我国女性职业提供了人才数据支撑和拓宽视野的优势。

鉴于此,笔者收集了来自智联招聘 2016~2018 年的《中国女性职场现状调查报告》、前程无忧《2017 年女性职业发展调查报告》、无忧精英网《2017 年职场女性压力报告》、Boss 直聘《2016 年中国性别薪酬差异报告》、睿问《睿问 2016 年女性职场发展调研白皮书》、德勤《2017 年女性、职业与幸福感:数字时代女性职场影响力报告》、领英《中国职场男女升迁报告》共九份女性调研报告,对其主题以及内容进行剖析,以展现并深化目前我国女性人才成长发展的环境以及现实情况的理解，掌握目前大部分职场女性的发展状况以及面临的挑战。

首先，本书所分析的九份国内女性调查报告（见表13-5），选取自六家机构，年限跨度为2015~2018年，其中既包括国内企业与组织发布的中国女性调研报告，也包含跨国企业发布的国内女性调研报告。智联招聘已连续三年发布中国女性职场现状调查报告，旨在了解女性在职场中的真实状况，发现性别角色在职业中的规律，从而推动女性职场环境向更公平、更健康、更人本的方向发展。而每年的调研关注的重心有所不同，2016年聚焦于女性对职场机会的感知、女性职场福利现状、职业规划、女性领导力；2017年则着重关注于职场歧视状况、女性自信心；2018年调查报告重点关注了职场女性与家庭的关系、女性晋升等问题。前程无忧《2017年的女性职业发展调查报告》主要聚焦于女性"职场—家庭"角色的双重转变；无忧精英网《2017年的职场女性压力报告》则着重分析了职场女性对"二孩"政策的感知与看法；Boss直聘网的《2016年中国性别薪酬差异报告》侧重展示了男女薪酬差异以及差异造成的原因；睿问《睿问2016女性职场发展调研白皮书》集中于展示女性的工作顾虑以及职业规划的内容；德勤《2017年女性、职业与幸福感：数字时代女性职场影响力报告》则置身于数字时代的背景下，分析了中国女性工作—生活的平衡、对"二孩"的顾虑、女性的领导能力与特质；领英针对中国职场女性发布的《中国职场男女升迁报告》，揭示了四大主流行业中男女职工的优势，以及女性突破职场"瓶颈"中具备的优势和潜力。

表13-5 国内女性调研报告基本情况概览

序号	发布机构	发布年份	主题	调研方式	主要内容
1	智联招聘	2016	2016年中国女性职场现状调查报告	问卷调查	职场现状感知、女性员工福利现状、女性职业规划、女性领导力
2		2017	2017年中国女性职场现状调查报告	问卷调查	职场"性别歧视"、女性的职场信心与自我驱动、女性的领导力和外界的评价标准
3		2018	2018年中国女性职场现状调查报告	问卷调查	对家庭投入与日俱增、收入差距、女性晋升阻碍
4	前程无忧	2017	2017年女性职业发展调查报告	问卷调查	"职场—家庭"角色双重转变

续表

序号	发布机构	发布年份	主题	调研方式	主要内容
5	无忧精英网	2017	2017年职场女性压力报告	问卷调查	职场女性对"二孩"政策的感知与看法
6	Boss直聘	2016	2016年中国性别薪酬差异报告	平台数据分析	男女薪酬差异与成因
7	睿问	2016	睿问2016年女性职场发展调研白皮书	平台数据分析	女性工作顾虑、职业发展计划
8	德勤	2017	2017年女性、职业与幸福感：数字时代女性职场影响力报告	问卷调查	工作与生活的重要方面、职业生涯的挑战、领导能力与个人因素
9	领英	2017	中国职场男女升迁报告	平台数据分析	中国职业女性优势与潜力

资料来源：笔者根据选取的国内女性调研报告整理。

其次，在调研样本与方法上，智联招聘、前程无忧、无忧精英网、德勤这四家公司采用采用了发放调研问卷的方式了解职场女性的发展状况，而Boss直聘、睿问、领英这三家公司利用其平台优势，采取大数据分析的方式呈现了职场女性发展的不同方面。

最后，通过对以上选取的九份女性调研报告，经过综合梳理与分析，本章节将沿着紧紧围绕女性发展的职场环境、女性工作与家庭关系以及女性领导力与特质这三个主要方面对国内女性人才发展现状进行分析，并与本章前述麦肯锡报告的内容进行对比，以丰富全球"女性至关重要"的发展背景下，我国女性人才发展所处的环境与水平的研究视野。

一、国内女性人才立身的职场环境

（一）职场就业机会差异

职场就业机会差异对于职场女性而言主要表现为在就业过程面对的性别歧视，就业是女性开启职业发展的第一步，而现实情况表明，女性在第一步中就面临着性别带来的就业竞争劣势。

智联招聘2016年的调查人群中，有38%的受访者表示自己在求职过程中感受到了性别歧视，在区分性别群体后，数据显示，相较于男性，女性群体对求职过程中存在的性别歧视感受更明显，22%的女性认为就业中性别歧视现象严重，比男性高出近8%。而27%的男性则认为就业中几乎不存在性别歧视的现象，比女性高出9%。这一数据证实了女性往往在就业过程中遭受的性别歧视更甚。在女性群体中，25~35岁这一年龄段的女性在就业过程中感受到的性别歧视最明显，这一年龄段既是女性职业发展的黄金期，也是女性生育的高峰期，招聘单位考虑到生育问题更愿意招聘男性员工，因此女性更容易遭受就业性别歧视。此外，在区分了学历之后，女性感知到的就业歧视有了明显的分化，学历越高的女性，感受到的就业性别歧视越明显，尤其是在拥有硕士学位的女性群体中，有43%的女性在就业过程中感受到了严重的性别歧视，而相同学历的男性中，仅有18%的男性有这样的感受。

虽然我国女性的求职环境在社会舆论的引导以及各方努力的作用下已经得到较大程度的改善，女性有了更广阔的求职空间。但是在就业过程中，女性仍能明显感受到性别歧视，我国的就业性别环境仍有较大的进步空间。

（二）职场晋升机会差异

晋升是所有职场人群关注的焦点，往往也是男女员工感受职场性别差异的最直接的环节。智联招聘2016年、2017年以及德勤2017年的调查报告均关注了晋升性别差异这一现象，显然这也是目前大部分职场女性所面临最严峻的问题。

男性更容易获得晋升几乎成为职场共识，智联招聘《2016年中国女性职场现状调查报告》对全国32个主要城市不同行业、不同年龄层次就业者共15 000多人的调查显示，64%的受访者表示男性在职场上更容易升职。此外，不同性别群体对晋升机会的感知存在明显差异，女性普遍认为女性的晋升机会明显低于男性，而男性群体却没有这种感受。对于性别歧视，男女群体也存在不同的感知，2017年智联招聘的调查数据显示，晋升中仍存在严重的性别歧视问题，有1/4的女性感知到当前的晋升环境中存在着严重的性别歧视，但男性却只有18%意识到这个问题，甚至有26%的男性认为晋升中根本不存在性别歧视。

即使在女性群体中对晋升性别歧视的感知也存在差异。以婚育状况作为划分，未婚和已婚有子女的女性对晋升性别差异的看法相同，而已婚无子女的女性则表示强烈地感受到了晋升中的性别歧视。企业能提供的晋升机会有限，个人能力与经验不足是所有职场人群晋升的主要阻碍，而对处于婚育阶段的女性而言，被动地失去了一定个人能力与经验的积累是女性获得晋升的主要阻碍，也是最难解决的因素。尽管女性在晋升中普遍感受到性别歧视，但是感知到的歧视程度因职位的高低存在差异，职位更高的女性往往认为晋升中不存在性别歧视，相反，职位越低的女性对晋升中性别歧视的感知越深。

在考虑到企业提供的职业发展机会时，德勤《2017年女性、职业与幸福感：数字时代女性职场影响力报告》显示，56.50%的男性认为男女职场发展机会平等，而58.57%的女性认为男性比女性拥有更多机会。男性和女性在职场性别歧视的认知上还存在差异，往往女性是遭受歧视的一方，且更容易意识到这些歧视。男性对职场性别歧视以及性别发展机会不平衡感知迟缓，是阻碍实现职场性别平等，消除性别歧视的重要因素，提高男性对晋升以及发展机会中性别歧视问题的重视迫在眉睫。

实现首次晋升对职场人士而言既是职业成长中的关键一步，也是对他们工作能力的认可。而男女在获得首次晋升所花费的时间上存在较大差异，智联招聘《2017年中国女性职场现状调查报告》显示，59%的男性在一到两年的时间内实现了职业生涯的首次晋升，而女性只有49%，比男性低了10个百分点。甚至尚有44%的女性表示从入职到接受调查时，从未获得过晋升，而这一数据男性又比女性低13个百分点。女性不仅获得晋升的机会少，为了实现晋升她们往往要付出更多的时间，她们往往会面临来自上级或同级之间的怀疑，质疑其能否胜任职位，因而会拉长考核的周期，甚至最后还是会委任男性。

相比男性在职场上晋升的顺利，女性更容易面临"职场天花板"现象，对于女性而言，当在职场达到某一层次后，升职的通道和空间会越来越小。智联招聘2016年的受访群体中，30～34岁人群对"女性面临更严重的'职场天花板'现象"最为赞同，这个阶段的群体，事业正处于上升期，对于晋升的渴望往往更强烈，这也意味着他们对于职场晋升机会中的性别差异感知最为强烈和准确，同时这个年龄段的女性也更容易遭受"职场天花板"困境。

总体而言，女性普遍感知存在发展机会与晋升机会的不平等，且更容易感知到性别歧视问题，尚存在一部分男性未意识到性别歧视的存在；而在女性群体中因职位高低、婚育状况不同对晋升性别差异的感知强烈程度不一，已婚未育且职位处于中间层级的女性感知到的晋升性别差异最为明显。因此在职场晋升中，转变男性对女性遭受不公平待遇的看法，改善已婚未育女性的晋升机会是当务之急。

（三）职场性别薪酬差异

职场性别薪酬差异是职场性别差异的一个重要方面，Boss直聘与智联招聘分别于2016年与2018年均聚焦于这一问题。

Boss 直聘基于平台抽取的 30 多万份薪酬样本，采用了劳动经济学经典的 Oaxaca-blinder 分解法分析发布的《2016 年中国性别薪酬差异报告》指出，中国女性平均月薪仅为男性的 77%，这种薪酬差距中，56% 可由行业、地区、工作经验和学历等因素解释，44% 则不可解释，可理解为性别差异或歧视，这一数据真实地反映出我国目前男女"同工不同酬"的性别歧视问题仍然严重。

性别薪酬差异因行业领域不同存在明显差距，男女薪酬差距较大的领域主要有两类：一类是高薪技术岗位，包括医疗、专业检测、互联网等，女性的技术能力整体不如男性有优势；另一类则是对体能要求较高的领域，包括工程施工、采矿冶炼等。截至 2016 年，女性在医疗、检测认证、影视媒体和移动互联网四个领域的平均工资比男性低 30% 以上，且女性在多数领域中处于弱势地位，仅在少部分领域中有一定的薪酬优势，比如外语培训、服装服饰等。

性别薪酬差异与工作年限也有明显的相关关系，工作年限越长，差异越明显，尤其当工作年限超过三年时，这一差异会变得异常明显。在职业初期阶段，女性和男性基本可以获得相同的待遇，但是随着工作年限的增长，男性的薪酬逐渐超过女性，且不断扩大。从职位角度来看，工作年限越长，薪酬差异越大，意味着更多的男性跻身管理岗位，薪水获得了提高，而更多的女性仍然停留在基础岗位。

智联招聘《2018 年中国女性职场现状调查报告》证实，截至 2017 年两性的薪酬差异尚未消除，女性员工的收入仍低于男性 22% 左右。且男女两性存在明显的性别职业优势领域，女性主要从事与客户和财务有关的业务，其中行政、后勤、文秘、销售、财务、会计、审计、人力资源是女性优先选择的职业，而男性的优势岗位是技术、生产加工，尤其在技术岗位中，男性占比最高且两性薪酬差距最大。

男女薪酬差异，一方面是由于我国确实存在"同工不同酬"的现象；另一方面也折射出女性的职位晋升过程缓慢，整体薪酬确不能和男性持平。其深层原因在于职场性别歧视现状仍然严峻。

（四）女性职场人际关系网络

良好的职场人际关系能在关键时刻帮助员工克服阻碍，顺利平稳地度过困难，同时也被认为是取得职业成功的标志之一。此外，良好的职场人际关系能降低组织的沟通成本，提高运行效率。

智联招聘《2016 年中国女性职场现状调查报告》显示，女性认为职场人际关系网络能达到互相帮助，一起讨论并解决问题的效果，同时女性也更愿意与同事一起参与业余文娱活动，女性在职场沟通方面的优势更明显。但是当考察男女两个群体与上级之间的关系时，男性的态度更加积极，认为领导对自身工作能提供的帮助程度更甚，相比女性群体而言，也更愿意追随自己的领导。尽管女性对自己与领导的关系评价不如男性积极，但是德勤《2017年女性、职业与幸福感：数字时代女性职场影响力报告》却显示，男性和女性都更希望获得来自高层管理者的支持，女性的期望程度更高，而且女性职位越高对这种高管的支持需求更强。

职场女性利用自己的沟通优势能与同事建立良好的人际关系，但是与领导的关系却尚未达到理想状态，一方面女性对领导帮助的渴望十分强烈，另一方面现实情况是领导对女性的帮助与她们的期待尚存在较大差异。

（五）职场女性福利政策

女性参与社会经济活动的同时又担负着孕育后代的责任，在职场中应受到更多的关怀与照顾。国家相关法律已经对女性在病、产、孕期享有的某些权利做出了规定，但并不是所有企业都能做到100%执行，这也反映出职场女性的福利状况并不乐观。企业积极主动为女性员工提供相应的福利一方面代表着对女性员工的尊重与关爱，另一方面也是社会文明进步的体现。

在我们收集的女性调研报告中，只有智联招聘在2016年的调查中关注了女性福利现状。大部分女性表示自己能享受到的福利政策不尽如人意，只有14.6%的女性对目前公司设立的女性福利政策与设施表示满意，同时82.2%的女性认为，公司设立专门针对女性福利十分必要。然而仅有16%的受访者表示公司有专门针对女性员工设置的福利，男性和女性在针对女性员工的福利设置认知上也存在较大差异，大多数女性员工认为自己并没有享受到相关的福利，而大部分男性员工认为女性已经享受到性别福利政策。男性对女性享受福利政策的感知与男性对职场晋升性别差异的感知不如女性强烈，均反映出男性对职场女性遭受的境遇存在不理解、不关心的现状，这也表明，我们急需全面提升男性对职场女性承受压力的认知。

二、家庭与工作是职业女性的双重中心

对于职业女性而言，由于社会分工的影响，女性在家庭生活中处于中心位置，因此家庭对于女性的职业发展影响深远，无论是调查报告还是学术研究均聚焦于分析家庭生活对于女性职业发展的影响。我们所分析的九份女性调研报告中也有三份报告关注于家庭以及"二孩"与女性职业的关系。

（一）女性对家庭投入甚于男性

家庭是社会的基本组成单元，女性一般在家庭生活中担任主要角色。德勤《2017 年女性、职业与幸福感：数字时代女性职场影响力报告》显示 61.82% 的女性和 57.46% 的男性认为家庭和事业同等重要，但是现实情况是女性会花费更多的时间陪伴孩子，远高于男性在孩子上花费的时间，而男女在家务方面所用的时间大致相同。男性在社交上比女性花费更多的时间，结婚并育有子女的女性会花更多的时间来陪伴孩子和做家务。

智联招聘发布的《2018 年中国女性职场现状调查报告》显示，平均而言，女性投入家庭的时间比男性高 15%，而投入工作的时间比男性少 9%。以是否结婚为界，虽然随着步入婚姻，男女双方投入家庭的时间均在增加，但整体上女性投入家庭的时长仍高于男性，这意味着女性在对工作的投入没有变化的情况下，却要花更多的时间照顾家庭。

（二）女性对"二孩"顾虑良多

2015 年 10 月，我国施行了全面"二孩"政策，2016 年人口出生率增长了 7.90%。但是多数人对"二孩"仍有顾虑，其中最大顾虑来自可能面临的经济压力以及工作—生活平衡的压力。德勤《2017 年女性、职业与幸福感：数字时代女性职场影响力报告》显示，男女两性感知到的"二孩"压力存在一定差异，虽然经济压力是"二孩"主要的压力源，但是男性在这方面的感知更为强烈；工作与生活的平衡为第二压力源，只是女性在这方面的压力反应更为强烈。

无忧精英网发布的《2017 年职场女性压力报告》数据也证实了上述现象，只有 29% 的女性明确表示由于目前的生活压力非常大，不会生"二孩"。除了经济上的压力，大部分女性表示生"二孩"最担心的是对孩子陪伴不够，受访女性中 50% 以上每天花 2~3 小时用于孩子的功课辅导，如果是"二孩"家庭，这个时间还会更长。所以很多职场女性不得不放弃工作，做回全职妈妈。85% 的女性认为照顾孩子的确影响到事业的发展，很多晋升的机会需要投入更多精力，加班、出差是常态化，在现实面前，她们很难做出取舍。

（三）家庭是女性职业规划的考量因素

职业规划是实现事业发展、人生成就的重要方式，女性的职业规划在帮助女性提升自我，实现个人价值方面起着关键作用。

大多数女性希望实现自身的职业价值，但同时她们将快乐和享受看得更为重要,智联招聘《2016年中国职场女性现状调查报告》显示,能够发挥主动性和创造性、快乐工作、享受工作是女性群体选择最多的职业理想,而男性则更期望通过工作扩展自己的影响力,也更愿意为推动社会进步贡献力量。男性的职业理想既着眼于现实,同时也更有实现个人成就的意愿和社会责任的担当意识,女性的职业理想则较为关注个体自我。64.5%的女性将生活与工作的平衡列为最重要的职业规划目标,同时尚有39.1%的女性希望获得独立自主的工作。男性则在努力追求两者平衡的同时,更关注是否能够成为领导者或管理者,或者是所在领域的技术专家,对于职业的安全感和稳定感并不在意。虽然女性在职场中的自我意识逐渐增强,进取意识越发强烈,但大多数女性的职业目标多数仍以安全和稳定为主,男性则更愿意为实现个人成就承担一定的风险。

女性的职业规划会随着其所处的职业发展阶段发生变化,总体而言,女性在对未来的职业规划选择时更审慎,更注重稳中求进。初入职场的女性更希望可以独当一面,接受更多工作挑战,对获得清晰的职业发展路径的诉求也更强烈,而随着年龄和工作年限的增加,职业逐渐稳定,在规划职业目标时,对家庭的侧重选择比重增加。进一步分析发现,已婚女性更关注稳定的工作,保障能有精力照顾家庭,而未婚女性则更为关心财务自由。这说明,婚姻状况成为女性职业规划的重要影响因素,值得注意的是,已婚并生育孩子的女性,在职业规划的选择上表现出乐于再一次"拼搏":愿意接受更多工作挑战、愿意努力获得升职,成为领导者或管理者的比例更高。

三、女性领导成为职场靓丽风景

(一)女性领导认可程度尚需提升

女性在社会经济活动的参与度不断提高,而以共享和分享为主导的经济发展模式的转变也使得女性领导力有了更大施展的空间。

智联招聘发布的《2016年中国女性职场现状调查报告》数据显示,绝大多数人对女性的领导能力表示认可,64.6%的受访者认为女性在职场上承担着重要角色,88.4%的受访者认可女性能够胜任公司高管。然而不同的性别群体对女性担任领导的认可度差异较大,女性对女性领导的认可度远高于男性,90.3%的女性认可女性胜任公司高管职位,男性对此认可的比例仅为59.6%。可见,尽管女性在职场上拥有了机会和位置,但男性对女性胜任管理职位仍持有相当大的偏见。

感召力和影响力是女性领导者最重要的能力。大部分受访者认为感召力是女性领导者应该具备的最重要的能力,其次是影响力,相对来说,决断力、控制力和前瞻力没有处于绝对重要的位置。男性与女性对女性领导能力的侧重点存在差异，男性群体对女性领导者的决断力和前瞻力更为看重，而女性群体更看重女性领导者的影响力。对于女性领导而言，要想在目前男性主导的职场环境中巩固领导地位，加强男性员工对自己的认可，需要在决断力、控制力和前瞻力上做出更多的努力。

（二）感性与乐观成为女性领导标签

智联招聘 2016 年的调查报告显示，75.2% 的受访者认为女性领导者更符合"情感丰富"的特征，而分别有 62.6% 和 67.4% 的人认为"果断刚毅"和"富有冒险精神"的气质特征更符合男性领导者。女性有别于男性的行为方式和性格特质让她们为职场带来了领导风格的多样性和思维方式的多元化，更有助于现代企业人才管理和团队和谐。

男性和女性在评价领导者气质特征时存在明显的性别倾向。男性认为相比女性领导者，男性领导者在"果断刚毅""富有冒险精神""乐观积极""宽容""有成就""条理清晰"上表现更为明显，而女性领导者仅在"情感丰富"上高于男性领导者。女性群体则认为相比女性领导者，男性领导者仅在"果断刚毅"和"富有冒险精神"两项上表现突出，女性领导者在"情感丰富"上占据优势，其他气质特征上男性领导者和女性领导者并无明显差异。

智联招聘《2017 年中国女性职场现状调查报告》显示，无论男性员工还是女性员工均认为格局远大以及逻辑思维清晰是领导最重要的两项特征，细微差异在于，女性对于领导是否公正客观更加关注，而男性则更加期待关心员工的领导，这一差异的缘由可能在于女性更容易感知到职场性别歧视，因此对公平公正更注重。女性领导在"格局远大，眼界高远"的特征上被认为表现不足，而在乐观积极方面表现突出，成功的女性领导被认为更愿意传播正向的价值观。传播正向价值观一方面要求女性本身具备积极正向的价值观；另一方面也要求女性作为成功的表率，能够向外传播这种正能量。因此，传播正向的价值观，既是成功女性的标准，也是她们应当承担的责任。

德勤《2017 年女性、职业与幸福感：数字时代女性职场影响力报告》的数据也印证了女性领导在情商、视野宽度和驱动力方面能力相对更强，在冒险精神和挑战精神方面，女性的自我评价较低，这也体现出女性的内驱自信心尚不足，仍有较大提升空间。敢于挑战、创新、冒险的能力是未来工作发展的需求，这种现实和需求之间的差距为企业在员工发展与支持的层面上创造了重要的机遇，企业可以为女性领导创造机会，鼓励女性挑战自我，勇敢创新。

四、与"女性至关重要"系列报告的对比分析

"女性至关重要"系列报告着眼于全球女性人才发展的环境与现状,聚焦于女性领导、女性经济潜力、性别多样化等内容,既揭示了目前全球女性人才面临的问题,也强调了女性人才巨大的潜力,更重要的是提出了实现性别多样化的系统解决方案;国内女性调研报告关注于国内女性人才成长的环境与问题,展现了我国女性人才面临的一些特殊挑战,如"二孩"压力,且调研报告对问题与现象的观察更细致。对这两个系列的女性报告进行对比分析利于展现目前我国女性人才发展所处的水平以及面临的特殊问题,并对我国女性人才发展的进步提供可靠方式与路径。

国内女性人才发展环境与全球环境存在诸多相似之处。首先,不论是从国内还是从全球来看,女性均面临着性别就业差距,具体表现为我国女性人才在求职过程中感知到性别歧视,且学历越高这种性别歧视越明显,而全球环境中女性与男性群体的就业率存在较大差距。其次,在职场中女性晋升机会低于男性也是全球共性,国内职场环境中,大部分女性认为晋升中存在较为明显的性别歧视,男性获得的职业发展机会也更多,全球来看,晋升制度在女性群体中存在明显的漏斗效应,最终表现为女性在高管团队中占比不足30%。性别薪酬差异是目前全球与国内职场环境的普遍现象,国内女性薪酬比男性低大约20个百分比,且这种差距随工作年限的增加而扩大,而世界经济论坛关于商业领导者的调查揭示了一个普遍现象——尽管从事同样的工作,但女性获得的薪酬低于男性。

除上述环境的性别差异外,几乎所有的职业女性均会面临工作—家庭的平衡问题。女性在家庭中投入的时间与精力无论国内外均高于男性,女性仍是家庭生活的中心,许多女性在个人生活中做出了对家庭的承诺,因此她们很难轻易放弃对家庭的承诺而换取重要的发展机会。稍微存在一点差异的情况即我国职业女性面临的"二孩"问题,这也是目前我国国情下女性面临的特殊问题,"二孩"的到来需要女性投入倾注更多的时间在照顾孩子成长上,与此同时,家庭经济负担相应增加,女性仍需要投入工作提升家庭生活质量,平衡家庭与工作的难度也因此上升了一个层次。

国内女性调研报告与"女性至关重要"系列报告关于女性领导行为与特质的调研展现出女性领导的独特魅力。虽两类调研报告的结果存在一定的差异,但从"参与决策""行为榜样""人才发展"以及"情感丰富""积极乐观"等表述中能看到,女性领导更注重关心他人,尊重他人的想法,与他人合作愉快也是女性领导成就的一种体现。目前男性主导的企业环境中,大部分领导者均由男性担

当，女性领导的加入能丰富组织的领导行为多样化，利于企业人才管理与和谐发展。此外，"女性至关重要"系列报告就女性领导行为对组织绩效、财务绩效、应对危机、面向未来这四个方面产生的积极影响进行了深入的阐述，展示了女性领导行为的优势。

虽然国内的女性人才成长环境与现状与全球存在诸多相似之处，但我国的女性人才仍面临着一些特殊问题与现状。首先即为职业女性面临的"二孩"问题，"二孩"为家庭与女性增添了更多的经济与时间压力，我国自2015年放开"二孩"以来，人口出生率得到了提高。由于生育给女性带去的二次职业中断，可能会对女性的职业发展产生进一步的深远影响，社会与企业需要给予女性更多的关怀，但是目前大部分企业关于女性的福利政策与设施尚不够完善，这也是目前我国职场环境中急需提高完善的地方。

此外，国内女性人际关系网络呈现出同事关系网络更紧密的特征。人际关系对于一个人职业发展的重要性不言而喻，职场人际关系也分为同事间关系网络与上下级之间关系网络。由于女性善于沟通，愿意和同事一起参加文娱活动，因此，目前国内女性的同事关系网络更加融洽，而女性虽对于上下级人际关系十分看重，期待获得领导的帮助，但是相对于男性而言，她们对领导的追随程度不及前者。因此，国内女性人才的职场人际关系并不平衡，也尚未达到理想状态。"女性至关重要"系列报告中虽也强调了要帮助女性建立人际关系网络，却未对具体情形进行深入分析。

"女性至关重要"系列报告将视野投射于全球，除揭示全球女性人才立身的环境与面临的问题外，将更多的重心放在如何实现性别多样化，消除性别歧视上。同时通过数据与文献证明了女性领导对企业绩效、财务绩效的积极影响，进一步彰显了"女性至关重要"的理念。而对于如何实现性别多样化，"女性至关重要"系列报告中也提出了构建企业性别多样化生态系统的思想，从企业的制度、文化、政策等多方面进行变革，从上至下逐渐渗透性别多样化与"女性至关重要"的理念，最终实现性别多样化。

表13-6通过对比总结国内女性调研报告与"女性至关重要"系列报告揭示了国内女性发展环境与全球女性发展环境的异同。总体而言，就业机会、晋升机会与薪酬水平均存在性别差异，且女性均处于不利地位，这也表明国内外女性人才的职场性别环境尚有较大提升空间。全球来看，女性对家庭投入的时间与精力大于男性，而同时女性也承担着来自工作的压力，因此，如何平衡工作与家庭成为所有职业女性的考题。关于女性领导的调研，国内更侧重于揭示女性领导的特质，如感性与乐观；而"女性至关重要"系列报告关注于女性领导行为，如关注人才发展、参与决策等。虽然侧重点存在差异，但整体而言，女性领导更注重关

心他人，尊重他人的想法，具有积极乐观的感染力。"二孩"压力则是目前我国职业女性面临的特殊挑战；国内的女性人际关系网络呈现出不平衡的形态，而"女性至关重要"报告在揭示全球女性人才面临的严峻情形后，开始探索如何实现性别多样化与性别平等。

表 13-6 国内女性调研报告与"女性至关重要"报告的内容异同

		国内女性研究报告	"女性至关重要"系列报告
相同点	性别就业差距	无论国内还是国外，女性在就业过程中获得的机会均低于男性，且就业率也存在差异	
	性别晋升差距	男性比女性更容易获得晋升与发展机会，在女性群体中存在严重的晋升漏斗，最终导致女性高管占比较低	
	性别薪酬差异	同工不同酬现象普遍存在，女性薪酬低于男性	
	工作—家庭平衡	女性仍是家庭生活的中心，且对家庭投入时间均高于男性	
不同点	女性领导行为与特质	情感丰富、积极乐观、自我驱动	参与决策、行为榜样、灵感、期望与奖励、人才发展
	"二孩"压力	拥有"二孩"的女性需要投入更多的时间与精力在照顾孩子上，而同时家庭经济压力的增加更加需要职业女性的分担，"二孩"为女性平衡工作与家庭增加了难度	国外因没有这一政策，因此关于多个孩子对职业女性的影响尚未得到关注
	女性人际关系网络	国内女性人才的职场人际关系并不平衡，女性与同事的人际关系更加密切，与上级领导间的人际关系重要却不紧密	仅仅强调要帮助女性建立人际关系网络，未深入分析女性人际关系网络的形态
	如何实现性别多样化	尚未涉及	通过建立企业性别多样化生态系统，从上至下的实现性别多样化

国内女性发展环境与国外女性发展环境差异并不显著，全球女性均承受着就业、晋升、薪酬的性别差距，虽然随着社会进步与经济发展，这种性别差距有所缓解，但是不可否认的是目前这些性别差距仍然存在，且在以十分缓慢的速度改善。此外我国职业女性尚面临着特殊的"二孩"压力问题，且企业相应的福利政策尚未适配，导致女性背负的工作—家庭平衡压力进一步增加。

女性对社会进步、经济发展的贡献不言而喻，在全球社会各界的努力下，关注女性人才发展也逐渐深入人心。我国2015年通过的《千年发展报告》中，性别视角已纳入新发展议程各个领域，未来我国女性人才的发展与成长会得到更多的关怀。"女性至关重要"系列报告的内容也为实现性别多样化提供了可行方案，只要社会各界持续保持对女性人才发展的关注并做出相应努力，女性人才发展的环境与机会会得到显著改善，且最终实现人才的多样化繁荣发展。

第十四章

中外女性科技人才成长文化环境与成长路径对比

随着全球化进程日趋深化,企业国际间竞争合作越来越频繁,国际化程度显著提高,企业对人才的培养与管理差异越来越小,对女性人才的发展也越来越重视,企业对女性经营管理人才的需求,以及培养的理念越来越相似。诸多企业努力营造性别平等的文化,并积极发起有利于女性挖掘潜能,发挥领导才能的项目,为女性经营管理人才的发展保驾护航,因此,女性经营管理人才的成长路径更加具有趋同性。

反观本书研究的女性科技人才,由于不同国家对女性科技人才采取的培养与选拔制度不同,在不同国家制度与社会文化背景下成为女性科技人才所需要的积累也存在差异,这也注定了中外女性科技人才的成长环境与成长路径存在较大差异,因此本章内容主要对比了中外女性科技人才成长文化环境与成长路径的差异,对于女性经营管理人才本书探索篇与规律篇进行了诸多其他方面详细的研究,这里就不再对比。

对中外女性科技人才成长环境的对比,我们主要从社会文化、组织文化以及制度文化三个方面入手,着重分析了社会文化对女性科技人才择业观念的影响,组织文化对女性科技人才职业认同的影响以及制度文化对女性科技人才的影响。对于女性科技人才成长路径的对比,我们主要对比了中美高校女性教授的成长路径。

第一节 中外女性科技人才成长文化环境对比

一、社会文化影响中外女性科技人才的择业观

社会文化对一个人的成长以及职业发展产生着潜移默化的作用。何良伟（2011）认为社会文化直接影响着一个人能否成为人才，社会文化影响个人素质以及创造力的发挥，从而间接影响着个人职业成果，而只有个人的素质以及成果被社会认同之后，人才由潜人才转变为显人才。社会文化是人才成长的基石，而中外社会文化存在显著不同，对女性高层次人才的成长过程起到的作用也有所差异，因此，有必要对比分析中外社会文化对女性高层次人才成长的影响。

布里克森（Brickson，2000）提出了认识形成的三因素模式（个人的、集体的和相互的），他认为认识的形成是在个体与环境的相互作用中构建的，认识的确立是这三个方面达成动态平衡的过程，认识形成后即会形成愿意做某事或是不愿意做某事的动机。我们认为，社会文化背景会对其中的女性及她们的择业动机产生影响。

（一）中国传统女性文化促使女性科技人才更注重家庭

有史以来，我国长期处于父权封建社会的历史时期之中，传统女性文化也深受男性化社会的影响。随着改革开放进程深入、经济的发展，女性的受教育水平得到提高，经济上取得独立，法律上获得平等，女性社会地位在逐步提高，但传统文化还是潜移默化地影响着新时代的女性。"贤妻良母"在女性的自我概念中依旧有着根深蒂固的地位，但同时也受到了新观念的冲击。"贤妻良母"提倡现代女性不仅对家庭而且对社会都应当尽到责任，同时兼顾生活和事业的双重任务。笔者研究发现，在我国依旧处于男性主导的社会下，平衡好家庭与工作间的关系，照顾好家庭，兼顾工作的同时成为一名合格的母亲与妻子，几乎是每个高校女教授的共同愿望。如L1所述"不过，我们女性科技工作者，除了本职的科研教学工作，还在家庭和抚养孩子方面承担着更多的责任和义务也是不争的事实"。众所周知，中国的宏观文化背景是集体主义的价值取向，奉献他人的价值观已深入到每个中国人心中，尤其对于同理心及集体意识都显著高于男性的女性而言。如L1所述"每当我看到学生那一双双求知的眼睛，就会觉得自己做得还

非常不够,还需要继续努力,要进一步思考和实践如何将科学知识深入浅出地传达给学生,让他们也领略到科学之美"。

由上述分析可以看出,中国传统的女性文化对影响着新时代的女性依旧产生着影响。集体主义、男性社会较为明显的中国文化下,女教授在择业观念上考虑的更多的是丈夫、家庭,以及奉献他人的意愿。

(二) 美国女权主义文化促进女性科技人才自由择业

美国目前作为权力距离较小、不确定性规避较低、偏女性化的个人主义国家文化代表,引领着女性主义文化的变革与发展。女性主义理论的发展带动了女性主义运动的蓬勃发展,这极大地推动了女性作为社会主体在男权社会中地位的提升与改善,同时更使女性为社会发展贡献能量,并为社会发展注入全新的思想源泉,它也一定程度上影响了美国的政治、经济与社会结构的变革,促进了两性平等的历史化进程(Brickson,2000)。范登贝格(Van den Berg,2002)认为个体经验与其所处的社会宏观背景、制度及文化背景之间的相互影响作用会影响教师职业认识的形成。如 B1 所述"作为一个女人,尤其是已婚已育的女人,当然是受文化背景影响的。但是,作为女人,我从来没有觉得自己受到了歧视。虽然很多我的同事会说,女人会受到歧视,但是我没有觉得。我非常接受现在的生活"。女性主义理论的出现给世界范围中的女性带来了极大的福音,女性的生活质量与社会地位也有显著提高,诸如英国、美国、加拿大、德国等国中的女性,她们拥有自己的独立人格、社会福利和广泛的社会权利,以及深刻的平等意识。如 B1 所述"但我认为我们的文化,女性已经进入科学领域很长时间了,所有的情况仍旧在发生着变化"。同时,美国从制度上也支持着女性人才进入科研行业,成为女教授。如 B2 所述"是的,国家正在试图通过一些制度来保护女性,尤其是黑人女性和西班牙裔女性,可能还有中国女性,鼓励她们从事科研行业。但无论如何,女性还是要做家务,在每天的最后",等等。

美国是世界科学研究、先进技术的领军国家。从 19 世纪 40 年代起,美国就已经开始认识到科研的重要性,并大力发展科学及技术的研究,科学家、教授等从事科研行业的人才,自那时起便有了较高的职业声望。这一较高的职业声望延续到了今天,并影响着新一代的女性高知人才的择业动机。如 B1 所述"成为教授,确实是一个好的选择,因为社会对女性教授的认可度比其他职业更大一些"。

综上分析,美国文化作为女性主义文化国家的代表,通过其较高的高校教授的职业声望和完善的高校女教授的支持政策,影响着其中女性人才成为高校女教授的择业观念。

二、制度文化维护我国女性科技人才科技地位

中华人民共和国的成立，使得女性在法律上同男子享有平等的地位。由于现代社会生产力的不断提高，女性接受教育的程度也越来越高。女硕士、女博士的比例逐年上升，事实表明女性在学习科学文化知识方面并不比男性差，有可能在某一程度上还超过了男性。女性教育水平历来是一个国家、一个民族发展水平的重要标志。同时，随着"科教兴国"战略的提出，国家及群众对教育、对科研、对教师和对教授的重视程度渐长。高校教授不仅从制度支持上、社会声誉上、工作环境上、工作性质、工作内容及工作时间灵活性上，都备受女性青睐。在如此制度文化背景的影响下，高校教授的职业声望越来越高，使高校女教授逐渐成为女性的择业目标，如 L3 所述"我毕业那时候，能在大学教个书家里人都高兴得不得了，当时在我们村里都是一件大事"，等等。

自 2008 年起，我国已开始注重女性人才并调整相关政策，以促进和保障女性人才的职业发展和科技地位。首次出现特别强调女性科技人才地位的政策是在 2008 年 7 月 1 日正式实施的《中华人民共和国科技进步法（修订案）》，该法案明确提出女性科技人员应享有平等权利。随即，2010 年中国科协首先调整了中国青年科技奖申报中女性候选人的年龄条件，由原"中华人民共和国公民，候选人不超过 40 周岁"调整为"中华人民共和国公民，男性候选人不超过 40 周岁，女性候选人不超过 45 周岁"。国家自然科学基金委随之也提出对女性科研人员同等条件下优先进行资助、女性因生育可延长在科研项目结题时间、逐步增加专家评审组中的女性成员人数等政策。高校女教授作为女性科技、科研人员的主要群体，受益于各项相关政策。因此，国家政策上的支持推动着女性人才成为高校女教授的择业动机。如 F1 所述"我申请到了青千，这个就是国家给的支持吧，对我成为女教授有很大的帮助"。

另外，中国 20 世纪 80 年代末经历的一段特殊政治时期，也对高校女教授产生了一定的影响。笔者研究发现，在此政治阶段，一些徘徊于去企业或者留校的高校女教授，最终都选择了留在高校。如 F2 所述"当时像硕士毕业的时候也有考虑去别的单位，条件也还挺好的，但是那一年有点特殊，让你感觉那个氛围不大好，最后选择了留校"。

在中国促进文化教育的战略环境下，教授的社会地位及受尊重程度逐年提升，政府部门及各高校颁布了越来越多的支持女教授工作的制度。在如此制度文化背景影响下，成为高校女教授对女性人才而言，无疑是最佳选择之一。

三、组织文化影响中外女性科技人才的职业认同

高校组织文化作为女教授长期身处的工作环境文化,对其中女教授的职业认同产生着影响。根据沙因(Schein)的研究,组织文化包括组织的价值观、共享的信念、团体规范等反映内容,通过改善高校的组织文化会推动教师职业认同的形成与重构(Schein,1985;Gaziel H. H.,1995;Moore M.,1988)。通过对已有文献的研读,及对搜集到资料的扎根分析,笔者发现,高校组织文化从组织价值观、组织氛围及资金、项目、制度等支持(组织供给之一)三个方面,对高校女教授的职业认同产生正向影响。以下我们将分别从中国与美国背景下的高校组织文化对女教授职业认同的影响进行阐述。

(一)中国高校自由平等的组织文化促进女教授职业认同

我国的高等教育发展起步较晚,与美国相比,虽然我国的高等教育才走过一百多年的历史,但中国的高校已经形成了自己的特色和核心理念,这个特色就来源于中国的文化。我国关于高等教育理念的最早阐释是在《礼记·大学》里,其认为:"大学之道,在明明德,在亲民,在止于至善。"这是与我国早期教育重道德教化的传统分不开的。尽管中国的高等教育是由20世纪初从西方引进、借鉴而来,但中国古代大学教育源远流长,与我国五千年文化一脉相承。在各所高校的校训中,体现出来的是该高校的价值观。当女教授进入高校后,随处可见,耳熟能详的校训,对她们的职业认同产生着影响。如L3所述"我从读书开始就一直在这所大学里,深受它文化的影响,以至于现在在这里当老师,还是在很多方面力争达到它的要求,如笃定、精益求精等等",西安交通大学的校训"精勤求学,敦笃励志,果毅力行,忠恕任事"中也恰好包含了"笃定""精益求精"的意思。

从甲午抗日战争的打响就开始了我国对现代高等教育的探索。随着党的十一届三中全会的召开,国家的工作重心转移到了经济建设上。加入世贸组织后,我国在政治、经济、文化、教育等领域全面开放,加快了我国的高等教育速度。从1999年开始,党中央和国务院做出了高校扩招的重要决策,随之增加的是高校教师的需求量。2015年,我国有227所高校科研经费破亿元,清华大学的年度科研经费高达43.52亿元,排名全国第一位。由此可以看出,各高校正在响应国家的号召,在国家制度的支持下,为各自学校的教授,包括女教授提供着经济上、物质上的支持。在我们研究的过程中发现,当高校女教授感知到学校给予的支持时,其职业认同水平会加深,如Z1所述"女性方面啊,从那个考核机制方面说

呢，学校能为女性适当地延长时间。它考虑到女性毕竟要照顾家庭、孩子、生育，所以适当地为女性的考核延长时间，包括人才项目的年龄方面都做了适当的调整和延长"，等等。

加之现代中国对平等的重视，高校的组织越来越重视为其中科研人才提供一个平等、自由的环境，使他们能够在感到舒适的环境中成长。在高校女教授心目中，其所在高校的平等与自由使她们感到认同。如 L3 所述"比方说我们学校晋升方面，男性和女性都是共同一起去竞争的，它不存在说，因为你是女性，我们就要照顾或者怎么样，衡量的尺度是一样的，就是标准是一样的"。

根据以上分析，我们可以得出：中国高校的校训、对人才的支持，以及自由、平等的组织氛围，对女教授的职业认同产生着正向影响。

（二）美国高校解放个性的组织文化增强女教授职业认同

现代意义上的大学诞生于西方，意大利的波隆那大学具有长达 900 多年的悠久历史。随着西方经济文化的发展，思想解放意识逐渐开始形成，西方人民开始追求自由、民主的文化。早期的西方大学在摆脱了教会的附庸地位之后，逐渐成为学者自治自足的学术机构，从事学术探究和知识传播的活动。1982 年牛津大学毕业的红衣教主纽曼提出了高等教育的理念，认为大学是自由探索知识和科学、事实和原理、实验和思索，应该受到高级保护的机构。从那时起，高等教育开始加速。"大学是社会的道德灵魂"（威廉·洪堡），洪堡在创建柏林大学时指出，大学的使命一是探求真理，发展科学；二是培养学生的个性与品德。19 世纪，他所倡导的理性精神为德国大学带来了一个繁荣时代。斯坦福大学的宗旨是"培养在研究和教学方面的学术尖端，而不是训练工程师及商业管理人员"。哈佛大学荣誉校长陆登庭（Rudenstine），认为"大学的使命是发现和产生各领域的新知识，传承、传播、再阐释、校准已有知识"。20 世纪大学科研与社会产生了紧密的结合，不仅创造了"硅谷"奇迹，更推进了历史的发展。

美国著名学者艾伦·布鲁姆在《走向封闭的美国精神》一书中，着重论述了理念在现代大学发展过程中所起到的举足轻重的作用。他认为，在一个受公众舆论控制的社会里，大学要力图成为一座精神自由的岛屿，既为人们提供自由探索的空气，又能够唤起人们心中的崇敬之情。他强调，大学应该是容纳思考和思想开放的地方，是一个以理智为基石的国家殿堂，如果没有大学，所有理性生活的美好结果都会跌回原始泥泞之中。由此可见，西方大学在坚持与社会经济适应的同时，还承担了构建西方人精神家园的责任。尽管现在的办学理念趋于多元化，但学术自由、个性解放、以人为本等核心依旧是其持之以恒的追求。如 P 所述"我不是那么在乎别人怎么看我或者这个社会怎么看我，我只希望能达到自己的要求",这恰好与其所在的高校克莱姆森大学的校训"Hear us Roar"(听我们咆哮),相对自我、解放个性的价值观相似。因此,我们可以看出,美国高校价值观对其中女教授产生着影响。

"二战"过后,美国意识到科技的力量与重要性,于是开始大力推动高校的科研事业,为高校提供各方面的支持。政府对高校的支持政策,通过高校合理分配及制度上的完善,转化为高校对其中教授的支持。在我们研究期间发现,高校女教授对高校给予的支持,感受到认同,继而促进其职业认同。如S所述"'二战'以后,政府对高校的补贴力度提升了,从事科研行业得到了非常大的支持,使我们可以进行自由探索"。

同时,美国高校的平等组织氛围吸引着高校女教授的进入,同时也对其进入职业后的职业认同产生着正向影响。如P所述"我不知道,我拿到了五个工作机会,但我不清楚为什么来这里,我认为这里每个人都是平等的,人和环境挺好的,所以我来了,感觉没选错"。

通过以上分析,我们可以得出:美国高校学术自由、解放个性的价值观,政府及高校对女教授的保护和支持制度,以及平等的组织氛围,对女教授的职业认同产生着正向影响。

第二节 中外女性科技人才成长路径对比

在本书的第二篇探索篇的第五章中,我们已经详细分析了中美女性科技人才的职业发展路径,并得出中美高校女教授的成长路径:中国高校女教授职业成长总趋势呈"M"状的上升趋势,从50岁开始会稍许放缓,但依旧保持一个较高的成长水平直至退出的成长路径;美国高校女教授职业成长总趋势呈倒"U"形,从55岁开始放缓的成长路径。因此,这一部分我们只对中美女性科技人才的成长路径进行对比分析。

从职业成长轨迹方面来看,中美女教授从产生择业动机,决定成为教授的那一刻起,便形成了最初的职业认同;选择其任职的高校即在主动寻求着个体—组织匹配。中国女教授往往选择的是自己所熟悉的高校任职,如F1所述"我本科是厦大的,然后保研去了清华,然后研究生毕业之后去了香港在香港读的博士,然后博士毕业之后有过几年的博士后经历,然后就回厦大任职了,比较熟悉",等等。美国女教授在择业初期选择较为多样化,但同时经历过或多或少的因个体—组织不匹配而产生的离职现象,如P所述"其实一开始我并没有想过从事科研，我曾做过很多的事情，我曾在急救中心工作过，负责在救护车上做救助。我做过很多奇怪的事情"，等等。这些女教授经过一段时间的寻找与磨合，最终选择了进入所在高校，并在其中长期成长。在中美高校女教授职业成长阶段的中期，即职业晋升阶段，都伴随着组织承诺、工作绩效和工作满意度的提升，职业认同也随之加深。尽管在职业成长的末期工作绩效会明显下降，科研产出速率不如从前，但组织承诺与工作满意度方面依旧会保持着较高的水平。如 L3 所述"好在这个学校，就是给所有人提供了一个公平竞争的舞台，所以这也是我喜欢交大喜欢管院的一个原因，为它工作了一辈子，奉献青春，无悔"，包括美国女教授 D 所述"当我进入工作后，我的孩子已经不需要花太多的时间照顾，随后的几年我在工作上获得了不少的成就"，等等。因此，我们将中美高校女教授职业成长轨迹放在一起，得到中美高校女教授职业成长轨迹对比图，如图 14 - 1 所示。

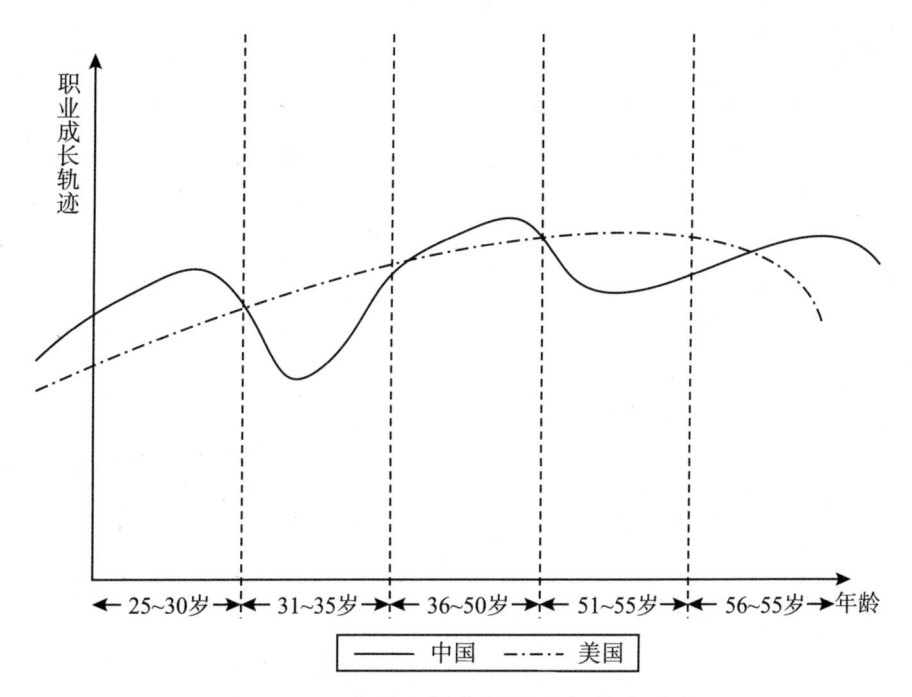

图 14 - 1　中美高校女教授成长轨迹对比

高校女教授的择业动机受个体因素及文化背景因素共同影响，是其职业成长的起点。高校女教授的职业认同由择业动机触发，并受个人职业经历及高校组织文化共同影响，对高校女教授的职业成长起着促进作用。个体—组织匹配会产生组织承诺、工作绩效和工作满意度三种匹配效果，这三种匹配效果会促进高校女教授的职业成长。职业认同加深的同时，会促进高校女教授主动寻求与组织的匹配，主动获取更多的机会并积累工作经验以达到组织要求。高校女教授个体—组织匹配的加深，她的组织承诺、工作绩效和工作满意度也随之加深，从而促进其职业认同的进一步加深。随着高校女教授职业生涯的发展，职业认同与个体—组织匹配及其匹配效果的相互影响，贯穿于中美女教授的职业成长轨迹中，并相辅相成地促进着其职业成长。因此，我们得出职业认同与个体—组织匹配贯穿于女教授职业成长轨迹全过程，共同促进其职业成长的规律。

第十五章

"三明治创业"作为职业生涯拐点的突破口

"三明治"创业者是30岁上下,感受到来自事业、发展、生活、家庭等多层次压力,处在生活中的夹层状态却同时又试图保留自身理想的一群人,也就是"三明治一代"。"三明治"创业群体有着对属于自己的生活方式的思考和寻找,她(他)们在数年高质量的职场生涯后,开始想拥有一份自己能完全掌控的事业,从而放弃优越的职场条件,转而开始高风险高挑战的创业行为,职业生涯路径发生了重大转折。相比较于其他创业群体而言,对于"三明治"创业者来说,创业更大程度是一种心灵需求,是寻求"生活创新"、自我突破的一种方式。此外,随着女性力量在全世界范围内的蓬勃兴起,女性创业已经成为刺激全球经济增长最快的影响因素之一,由女性创办和拥有的企业数量的增长速度是男性的两倍,女性创业者已经成为推动经济与社会发展的重要力量。尽管国际社会十分重视女性创业,但女性依旧是创业领域中的弱势群体。创业过程中存在着性别差异,女性和男性在创业过程中面对的挑战不尽相同。马拉克(Malach,2010)认为以性别差异的视角研究创业行为,不仅有助于推动社会的公平性、多样性和包容性,还有助于开发女性创造经济价值的潜力,这在性别歧视和社会排斥现象严重的低收入和发展中国家显得尤为重要。因此,本书采用质性研究方法,从"三明治"创业行为的影响因素与路径角度出发,探究"三明治"创业者群体的性别差异,以期为女性人才突破职业生涯拐点提供实践策略与方法。

第一节 "三明治创业"问题的提出

一、"三明治"创业突破职业生涯拐点

职业生涯是指个人一生中从事职业的全部历程,是一个动态的过程。在这个长期的发展过程,在不同的发展阶段,个人有着不同的职业需求和人生追求。生涯发展大师休珀(Super,1953)将人生职业生涯发展划分为五个阶段。第一,成长阶段(0~14岁)。第二,探索阶段(15~25岁)。第三,建立阶段(26~44岁),这个阶段细分又可包括两个时期:一是尝试期(26~30岁),二是稳定期(31~44岁)。第四,维持阶段(45~65岁)。第五,衰退阶段(65岁以上)。其中,建立阶段易受到家庭生活等因素的影响而出现制约,女性尤为显著。

随着女性地位的不断提升,女性职业生涯日益受到国内外学者的关注,对女性职业生涯发展的阶段、路径、模式、影响因素和策略等有了更多有意义的描述、探索和解释。其中,有学者提出女性职业生涯的"两个高峰和一个低谷","高峰"指女性就业而未生育前的阶段与孩子基本长大后的阶段,"低谷"就是两个"高峰"之间的生育与抚养孩子阶段。笔者也发现中国高校女教授职业成长总趋势呈"M"状的上升趋势,30~35岁这一时期对职业女性来说是其职业生涯的巨大转折点,这一阶段如果管理得当女性将会迎来职业生涯的再次发展期,反之将提前进入衰退甚至导致职业生涯的结束。因此,将女性职业生涯的这一特殊时期称之为职业生涯拐点,而这一阶段的女性人才发展尤为符合"三明治"创业群体的特征,生育之后不再想继续从事朝九晚五甚至996的工作制,转而希望寻求时间更为灵活自由的创业活动,另外也为了能脱离工作环境中来自知识的、心理的、经济的或社会的等约束,寻求能够自主做决策,充分发挥能力的工作环境,转而投身于高风险高挑战的创业浪潮。

由此可见,对女性职业生涯拐点的研究具有重要意义,而把"三明治"创业作为突破口不仅可以帮助女性尽快缩短"低谷"期,更能提升女性职业生涯规划与职业适应能力,避免女性职业生涯的停滞与下跌,甚至收获之前工作中不能获得的成就认可、人身自由与自我突破。但目前无论是在发展中国家还是发达国家,女性创业者的工作时长都要高于男性,而女性创业的绩效却普遍低于男性。维尔林尔(Verheul,2012)根据29个欧美国家中8 000多名创业者的相关数据

进行研究后发现，女性由于需要承担更多的家庭责任、缺少相关行业创业经验以及创业相关的知识技能，导致女性的创业意愿和创业比率均低于男性。因此，本书采用质性研究方法，基于性别视角，从"三明治"创业行为的影响因素与路径角度出发，为女性人才突破职业生涯拐点提供实践策略与方法。

二、国内外创业研究进展

（一）创业研究视角回顾

研究学者们普遍认为，相比较于其他非创业群体，创业团体往往是不同的，所以大量的创业研究的文献试图找到一些独特的研究视角来区分创业者和非创业者。目前，大多数学者研究创业者行为活动时，主要集中在三种主流的研究视角：特征视角、认知视角、行为视角。

1. 创业者特征视角

创业者特征视角的研究较为传统，开始于创业研究的初期阶段，学者们指出，与非创业者相比，创业者与非创业者的特征明显不同，早期学者对创业者给出的定义为，面对未知，具有冒险精神并始终保持自信的个体。在这种观点指导下，特征导向的研究视角试图找到那些能够引导个体产生冒险行为所需要的隐形特征。

笔者在整理和归纳相关文献的基础上发现，现阶段创业者的个体特征主要可以概括为三个方面：成就需要、冒险倾向和内控特质。而作为创业绩效预测指标之一的成就需要是最经常被讨论研究的个体特征，然而对于个体为什么会从事创业的问题却并没有相关研究给予清晰的解释。此外，也有一些学者对该特征导向的创业研究视角产生怀疑，认为单一的个体特征无法有效地预测出成功创业者。

2. 创业者认知视角

由于特征导向研究视角的缺陷，学者们在基于"创业者在思考方式上与他人是否具有差异"这一假设基础上，逐渐转向研究能够激发创业产生的认知因素，试图从认知过程、决策类型和意向形成等角度来进行探究，进而使得创业者如何认识和利用机会以及创业者认知机制如何影响其对商业机会的追求等研究问题解析得更为透彻。

现阶段，在基于认知过程研究视角领域，从创业效能感和创业意向等方面出发，研究其对创业生涯的影响过程，被认为对创业行为的理解与发展是十分有借鉴意义的。创业效能感有利于衡量个体是否从事创业愿望的程度，而创业意向则进一步关注到了影响创业因素的内涵，是个体积极地准备和努力来达到预期目标的信号。如果创业意向越明显，那么可能预测出预期行为活动的可能性就越大。

3. 创业者行为视角

基于创业者行为的创业研究视角是通过将创业本身视为一个动态的过程，最终会产生新的组织，进而针对创业行为的过程进行分析，而不是从事创业行为的个体。

以组织的产生为基础是以行为为导向的创业视角研究的重点，在创业过程中具体的创业活动对于创业行为的驱动因素及过程研究是十分必要的。而在这其中创业者的创业能力，即创业所需要的知识储备、管理社交技能，以及个体创业的胜任力，在决定是否进行某些创业行为进而成功地完成创业任务的过程中具有重要价值。然而，一些学者认为行为视角的创业研究方法在阐释行为背后的个体方面，如创业意向等方面是存在局限性的，单一的行为视角研究方法将会低估在整个创业过程中创业者个体或群体（团队）的重要作用。

（二）创业行为研究回顾

1. 创业行为相关概念

创业行为是将一系列活动全面纳入创业进程的过程，涉及所有的创业活动，包括创业个体寻求、发现和评估并利用创业机会等。创业行为的概念由于研究视角的不同而不同，因此，在基于先前学者的文献以及相关概念的基础上，笔者尝试定义其概念进而有助于本书更好地进行创业行为影响因素及影响路径的探究。

张玉利（2003）认为，创业行为可以从广义和狭义的角度来界定。广义的视角认为，创业行为贯穿在整个新企业（组织）的创建和发展的整个过程。而狭义的观点认为，创业行为是指创业者从寻求创业机会、产生创业意向到整合创业资源最终创立新企业（组织）的过程，具体如图 15-1 所示。

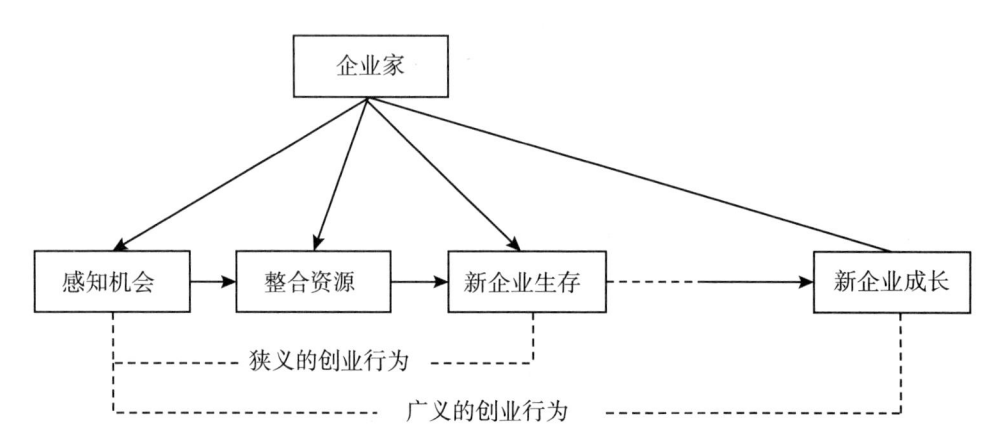

图 15-1 张玉利（2003）关于创业行为"广义与狭义视角"的定义

资料来源：张玉利：《企业家型企业的创业与快速成长》，南开大学出版社 2003 年版。

此外，部分学者从微观层面研究指出，创业行为研究是基于关注创业者个体的特质和思维的方式，进而理解创业个体复杂的创业行为。彭罗斯和皮特里斯（Penrose & Pitelis，2002）提出，创业行为是指创业者在基于新想法的基础上，从事各种特定的创业活动，比如市场定位、技术的革新等，并最终促进创业的发展。库拉特科（Kuratko，2001）等学者认为，创业行为是创业者寻求他人没有发现或没有利用的机会而做出的行为。

笔者聚焦狭义视角以及微观层面的创业行为概念，整理概括为创建新企业（组织）或企业（组织）成长过程中一系列基于事项的创业动作集合，常见的创业行为包括：创建新企业、创建新产品或服务、渐进改良现有商业模式、与同行业企业建立战略联盟、构建创业网络或培育创业生态系统等。

2. 创业行为相关理论

（1）计划行为理论。阿杰恩（Ajzen）将理性行为理论加以延伸而提出了计划行为理论，期望能够更为有效地对个体行为进行预测和解释。计划行为理论的模式框架如图 15-2 所示。

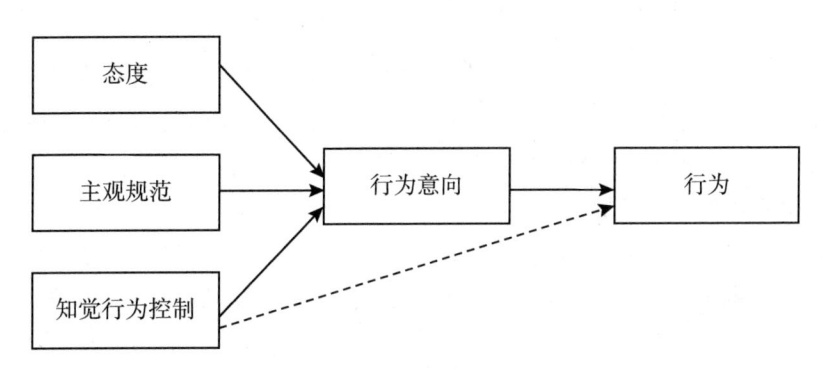

图 15-2　阿杰恩（1991）的计划行为理论的框架模式

资料来源：Ajzen I. The Theory of Planned Behavior [J]. *Organizational Behavior and Human Decision Processes*，1991，50（2）：179-211.

计划行为理论关键因素是个体对既定行为的意向程度。因此，该理论将行为意向、行为态度、主观规范和知觉行为控制这些认知要素融合进了一个以意向为基础的模式框架中。而理论中的行为意向可以理解为影响行为的激励因素，也是个体为了进行某些行为而愿意吃多少苦，付出多少努力的程度。个体的行为意向越显著，行为就越有可能发生。但是，个体的实际行为还依赖于非激励因素的影响，如机遇的可获得性、资源的丰富程度、过去积累的经验程度和预期的挑战难度等。

目前，计划行为理论模式框架已经被用于创业行为过程的研究中。科尔弗里德（Kolvereid，1996）证明，在评估雇佣选择意向时，阿杰恩的计划行为理论是一个非常有效的分析框架。

（2）社会认知理论。社会认知理论由班德拉（Bandura，1986）所提出，是一个经过实证验证并广泛接受与应用的理论。社会认知理论包括个体认知与个人因素（如个人动机、个人意愿）、环境因素（如社会压力、社会观念）以及行为三者之间的交互影响，如图15-3所示，即班德拉所谓的三元交互决定论。

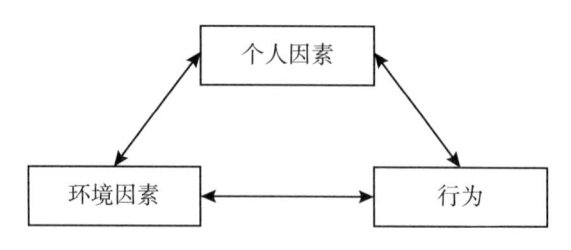

图15-3 班德拉（1986）的三元交互决定论

资料来源：Bandura A. Social Foundations of Thought and Action [J]. *Journal of Applied Psychology*, 1986, 12（1）：169.

由此，从创业研究角度观察，创业者个体认知、经验、动机和意愿与行为之间互动影响的理论依据较为清晰，因此，以认知、经验和动机为基础的创业意向是创业行为的很重要的预测指标。

3. 创业行为研究进展

国内外关于创业行为的研究进展的文献分析有很多，可以分为微观创业者个体因素、中观创业组织与产业因素以及宏观环境和政策型因素。然而即便是微观创业者个体因素的研究，由于其研究对象以及研究视角等的不同导致研究结果侧重方面也略有不同，可以概括为主要是从个体特征、创业资源、个体背景和个体环境这四个要素进行研究分析。

关于个体特征的影响。贝格利和博伊德（Begley & Boyd，1987）认为在风险承担能力方面，相比较于非创业者，创业者对不确定环境的容忍度更高，其对风险的承担能力也比较强。然而也有学者指出，创业者在看待机会的方式上有异于其他人，而在风险倾向方面并没有显著的差异。此外，也有学者发现接受过正规高等教育的个体在随着其收入的不断提高过程中，他们不太想去从事需要不断面临不确定性的创业活动，而是更加倾向于选择相对安全稳定的职业。麦克利兰和伯翰（McClelland & Burnham，1976）发现，创业意向的重要影响因素之一来自个体的成就动机，通过创业来实现人生价值的行为对于那些对自己的人生规划以及自我成就具有较高的预期的个体来说是具有非常强烈的吸引力的。

关于创业资源的影响。创业资源主要包括人力资本和社会资本等。全球创业观察报告（2000）指出，那些具有较高人力资本的创业者个体其创业更容易成功。社会资本方面，研究指出大约有50%以上的企业最初是由创业团队而非创业者个体创立的，由此进一步解析，创业团队具有更丰富和多样化的技能和竞争力以及更广阔的社会网络，而创业个体不可能拥有创业所需的全部稀缺资源。

关于个体背景的影响。学者发现创业者先前的管理工作经历对商业机会的发现与利用具有非常重要的影响。而另外部分学者在对移民者的研究中认为，家庭环境作为创业者的社会资本是创业意愿的重要因素之一；此外一些学者也发现，如果创业个体的家庭成员原本也是创业者的话，创业个体的创业意向更加强烈。

关于个体环境因素的影响。国外许多学者强调环境因素对创业决策是有重要影响的。个人环境方面，戴维松（Davidsson）指出，个体当前的就业状态是最重要的个体环境影响因素之一，并发现"永久性"的职位与创业意向呈负向相关关系，即具有"永久性"职位的个体不太想去创建自己的企业。全球创业观察报告（2000）也指出，在美国学生和失业人员中，成为创业者的比例相对较高，而退休人员和家庭主妇成为创业者的比例则比较低。

（三）创业性别差异研究

1. 心理学视角的创业性别差异研究

最初的创业性别差异研究尝试从心理学视角探究男女两性创业者在创业过程中体现出的心理差异，以期望能够解释"为什么女性创业参与人数不多"等问题。学者们普遍认为男女两性创业者在创业动机上存在显著差异，其存在的主要原因是两性具有不同的生理结构并经历了不同的社会化过程导致的，但是关于创业者创业动机的性别差异研究却没有统一的结论。古普塔等（Gupta et al.，2009）指出，无论男性还是女性创业者，他们都具有显著的"男性特质"，而那些认为自身具有"男性特质"的女性，她们的创业动机更加强烈。谢恩（Shane，2000）在针对挪威、英国和新西兰的创业者研究后发现，女性创业者的创业动机更多的是希望提高自身和家庭的社会地位，而男性创业者则更多的是希望获得自身成就和他人认可。梅斯等（Maes et al.，2014）认为，女性创业者的创业动机通常是想要获得独立以及能够更为有效地平衡工作与家庭之间的关系，而男性的创业动机则更多是为了获得财富的积累以及寻求具有更为挑战性的工作。

此外，关于创业动机的性别差异研究，国外学者还经常使用"推拉理论"来阐释男女两性创业者在创业动机上的差异。"推"是一种"被动反应"，如遭受到找工作难、工资低、需要灵活的工作时间安排等负面因素；而"拉"则是一种"主动意愿"，如个体寻求独立、自我实现和渴望财富、社会地位和权力等激励因素。女性创业动机受"推"的"被动"影响较多，而男性创业动机受"拉"的

"主动"影响更多。

2. 管理学视角的创业性别差异研究

关于创业者在创办企业（组织）过程中管理团队所存在的性别差异研究相对较少，大都集中在男女两性创业者在领导风格上的差异研究上。早期的相关研究认为男女两性创业者在领导风格上存在显著的性别差异。20世纪末，女性领导风格学说认为女性创业者在领导风格上更加强调沟通、注重协调人际关系以及团队的成功。因为与男性创业者相比较而言，女性创业者更富有同情心，能够更加设身处地为团队成员着想、善于倾听，对待员工不是简单地发号施令、以权压人或控制他人、一味追求绩效与产出，而是努力通过引导、说服、合作、影响和标杆等方式来达到管理的目的，既重理性又重直觉。加德纳·提格曼（Gardiner Tiggemann，1999）认为女性创业者更加注重培养人际关系，而男性创业者更注重任务指标的完成和绩效的高低，相比较而言，女性创业者更倾向采用民主的变革型领导方式，而男性创业者则更倾向采用独断独裁的交易型领导方式。巴特纳（Buttner，2001）发现女性创业者在管理团队和在与客户沟通时更擅长运用关系导向策略，如授权、合作和信息共享等。伊格利（Eagly，2007）的研究结论是：女性创业者较多地采用变革型领导方式，她们关心团队成员，更容易获得下属的尊重与信任，并且善于调动团队的积极性，能够充分激发团队潜能。因此，女性创业者在领导风格上具有非正式化、参与式和关系导向等特点，强调注重团队成员间交流的开放性以及团队决策的参与度。

3. 社会学视角的创业性别差异研究

（1）创业者社会关系网络的性别差异。研究学者普遍认为，在社会关系网络方面两性创业者体现出了不同的类型。奥德里奇等（Aldrich et al.）在对217名美国科技领域的女性与男性创业者进行研究后发现，因为两性创业者的工作经历等社会背景存在很大的行业差异性，因而具有不同的社会关系网络。尽管女性与男性创业者都认为社会关系网络是影响创业成功与否的重要因素，但是研究发现女性创业者对于社会关系网络会更加重视和依赖，同时女性创业者也可以从社会关系网络中得到更多的益处。格雷夫和萨拉夫（Greve & Salaff，2003）在对四个国家的创业者在社会关系网络中的活动进行研究后发现，女性创业者比男性创业者更多地利用家庭成员所形成的社会关系网络。

（2）家庭因素对创业影响的性别差异。家庭生活和婚姻等因素对创业活动影响的性别差异研究是基于假设女性在家庭中常常承担绝大部分家庭责任的大前提下开展的。国内外的研究学者普遍认同女性生育以及抚养儿女等行为会影响其创业行为的发生。而国内外的很多研究也证明了这个假设的成立，即使像北欧地区这样强调两性平等的区域，女性照顾儿女和家庭所花费的时间和精力比男性多的事实依然凸显了女性在现实中本质性的不平等性。尼尔森和凯尔森（Nielsen & Kjeldsen, 2000）在针对丹麦创业者的研究发现，女性创业者比男性创业者更易受到创业价值观与家庭价值观冲突矛盾的影响。奥塞和霍加恩·史葛（Orser & Hogarth-Scott, 2002）对加拿大 33 名女性创业者和 106 名男性创业者的访谈案例研究指出，相比于男性创业者，女性创业者更容易受到诸如陪伴家人的时间、工作与生活如何平衡等压力的影响。弗兰克（Franck, 2012）针对马来西亚女性的研究发现，女性是否选择创业是出于能否得到更高的收入、更加独立、有灵活自由的时间与家人儿女相处以及希望拥有一个健康的工作生活等原因，而在这其中最重要的原因是期望有更美满的家庭生活。

（3）创业行业领域的性别差异。国内外研究学者普遍认为在创业行业领域的选择方面是存在显著的性别差异性的。早在 20 世纪 70 年代，施里尔（Schrier, 1975）在其开创性的研究中就发现，男女两性创业者往往会选择在不同的行业领域中创业，女性创业者更多地倾向进入零售行业或者服务行业等领域内进行创业。尼尔森等（Nielsen et al., 2000）的研究进一步明确了男女两性创业者在对创业行业领域的选择方面存在着显著的差异，女性创业者通常选择在传统行业如零售、商业和酒店及餐饮等服务类的行业从事创业。施里尔（Spilling, 2004）针对挪威创业者进行的研究也得出类似的结论，大约近 2/3 的女性创业者初始创业选择在咨询、零售、娱乐、文化、体育、医疗保健、酒店和餐厅服务等服务类行业领域，而男性创业者所选择的创业行业领域范围则更为广泛。而在 2013 年，研究指出美国的女性创业者所选择的最多的行业也是集中在医疗保健或者社会救助等服务行业，这两个领域占全美女性创业领域的 53%。

但是也有一些学者的研究指出，尽管女性创业者集中在零售行业等传统服务型领域，但已经开始出现女性创业者选择非传统型行业进行创业的案例，例如美国女性创业者在非传统行业中创业的人数在逐年增多。

（4）创业者工作经验的性别差异。早期的研究学者认为女性并不是一名合格的创业者，因为她们较男性创业者缺乏创业相关的知识技能储备。但阿尔索斯（Alsos, 2006）却认为目前的实证研究并没有发现任何有说服性的强有力的证据来证明男女两性创业者在经验和能力上的差异。阿尔索斯认为，相比较男性创业者，女性创业者进行创业处于劣势一方只是因为女性所具有的工作经验与她们创业所应用的经验间相关性较低。同时，阿尔索斯在收集了挪威 160 名创业者相关信息的基础上，定义了三种类型的创业者：新手创业者（novice founders），即第一次进行创业的创业者；连续创业者（serial founders），即先前的经历中至少进行过一次创业的创业者；并行创业者（parallel founders），即创业者在拥有一个或多个企业的同时，尝试再创立一个新企业的创业者。研究指出，挪威的女性创业者大多数是新手创业者，因此较为缺乏创业经验。

由此，在其他条件都相同的情况下，男女两性创业者由于所选择的就业领域存在差异，导致男女两性创业者的创业行为存在差异性。阿尔索斯认为挪威女性创业主要的障碍之一是存在于教育和就业方面的"性别鸿沟"。不同的工作行业和工作经历会影响到女性与男性对创业机会的认知，男性在非公立型部门的工作经历使他们较女性创业者积累了更为丰富的管理经验和市场经验。博登（Boden，2000）也认为，女性创业者在创业前期缺少丰富的、与创业相关的工作经验等因素是女性创业成功率低于男性创业者的主要原因。席勒（Schiller，1997）也认为那些具有与创业相关的工作经验的女性成为成功创业者的可能性才较高。

三、创业时机与类型概述

有学者指出创业机会存在于或产生于现实的时间之中（陈震红等，2005），它是一个变换的潜在性目标，是一个不断移动的"机会窗口"，需要创业者根据自身特点和创业目标进行反复权衡，继而有效识别创业机会。而创业时机的选择，就是创业者评定自身素质与能力能够把握和利用创业机会后，决定在此基础上有效实施创业的行为。创业时机选择其实在一定程度上也是创业者自身所处的职业生涯阶段的反映，这是由于创业时机的把握与创业者态度相关。鉴于态度不同于动机，创业态度是指人对创业所持有的肯定或否定的评价性反应，人们的信念、情感和倾向性行为在职业生涯的主要阶段表现出的差异尤为显著（时蓉华，1998）。

（一）职业生涯初期探索型创业

职业生涯初期，刚毕业不久的大学生是创业的积极力量，因高素质可以更好地把握"机会窗口"，又有因走向社会而进行创业的需求。因此，当大学生难以或不能找到一个与自身的教育程度相当的工作岗位时，或者职业岗位的社会报酬预期（包括经济收入、福利待遇和社会声望等）低于所受教育的投资总额并达到一定临界度时，他们就会产生放弃择业而进行创业的新需求，出现毕业即创业或短期就业后再创业的状况。积极的创业态度和信念是探索型创业警觉性形成的前提条件。目前社会氛围多以"大学生要成为创业的主力军""万众创业"等创业价值观及创业信念来激励职场初期的年轻人形成创业意识、提高创业时机警觉度。但尤其值得注意的是，这一时期创业资金积累的不足会严重妨碍创业时机把握的警觉性，政府应切实制订、完善和进一步落实大学生创业资金方面的优惠政策，同时要注意在校大学生创业能力方面的培养。

(二) 职业生涯中期平衡型创业

文献研究表明，由于两性的社会家庭角色分工与角色期望的不同，使女性比男性承受更多的角色冲突（Kramer & Melchior, 1990）和工作与家庭之间的冲突（Noor, 2004; Welter, 2004）。家庭往往被研究者当作一个"需要解决的问题"或是"困难"，甚至直接被有些研究者看作女性职业生涯中期面临的首要障碍（黄逸群，2007）。事业和家庭是女性所应承担的双重使命，女性应该在不影响履行"天职"的情况下，扮演好自己的社会角色（刘学红，2006）。前文指出 30 ~ 35 岁这一时期对职业女性来说是其职业生涯的巨大转折点，女性虽然面临突出的工作—家庭矛盾，另外较职场初期也具备了更丰富的行业经验、技术经验或管理经验，以及和商业关系网络进行交换的合适社会资本。因此，这一阶段如果管理得当，女性将会迎来职业生涯的再次发展期，以更加灵活自主的创业活动实现工作—生活的平衡，反之将提前进入衰退期甚至导致职业生涯的结束。

(三) 职业生涯晚期成就型创业

根据创业动机的差异，创业可分为机会拉动型创业、贫穷推动型创业和混合型创业。机会拉动型创业是将创业作为实现目标载体的主动选择，贫穷推动型创业（或称生存型创业）则是一种非自愿的选择。同时，机会拉动型创业表现出的创业行为是积极主动的，而贫穷推动型创业所表现出的创业行为是被动的，甚至是无奈的选择。处于职业生涯晚期的成就型创业，基本属于机会拉动型创业。出于对商业的兴趣，原来的带薪工作无法满足自我实现的强烈需要、将预期的机会转为市场行为的渴望、自己当老板以及社会使命。此外，有研究表明女企业家数量的增长在很大程度上是由于"玻璃天花板"现象，因晋升到某一更高的组织层级受阻，进而导致越来越多的女性转而寻求自我突破，在不断的挑战中继续提升自己，从而放弃了大型组织而选择自行创业，在持续提升能力的同时，实现自身的理想。

第二节 研究过程

一、研究样本

中国"三明治"创业者群体，是一个倡导 30 岁上下的中国人进行"生活创新"的创业群体。他们是这样一批人——30 岁上下,感受到来自事业、发展、生活、家庭等多层次压力,处在生活中的夹层状态却同时又试图保留自身理想的一群人,也就是"三明治一代"。他们中的很多人在数年高质量的职场生涯过程中,积累了丰富的先前经验之后,开始尝试想拥有一份自己能完全掌控的事业。还有很多女性,因为生育之后决定不再重返冲锋陷阵的职场,转而开始时间更灵活自由的创业。这些人构成了中国"三明治"创业者的大群体。相比较于其他创业群体而言,对于"三明治"创业者来说,创业更大程度是一种心灵需求,是寻求"生活创新"、自我突破的一种方式。他们都在试图通过自己的奋斗努力达到心中的愿景。中国人说,三十而立,四十而不惑,正是这样一群从"立"到"不惑"的有志青年们构成了"中国社会未来 10 年的中坚力量"。马云在 2017 年达沃斯论坛上也提到"关注那些 30 岁左右的一代,因为他们会成为全球性的一代,他们会改变世界,会成为世界的建造者"。而这一群体也有别于刚刚毕业的大学生创业者,有别于社会中"创一代"的先驱,他们是现今站在国家所提倡的自主创业的前沿者,是新生创业者的领路人,因此对于这一群人的研究,对今后新进"三明治"创业者和创业教育行业的人才培养与发展具有一定的借鉴作用。

二、资料收集

扎根理论研究方法注重研究对象的信息丰富度而非样本数量大小。派顿(Patton,1990)认为,质性研究的抽样重点是根据某一研究目的,寻找具有某种特征的小样本人群进行深入研究。而质性研究的原始资料可以通过不同的渠道获取,搜集方法包括:文件(正式报告、公文、演示文稿等)、档案记录、访谈、问卷、直接观察、参与观察等。

笔者在深入研究相关文献以及确定研究对象的基础上,考虑到研究资料等信息的可获取性以及敏感性,特别注重资料的收集及筛选,主要包括:(1)"中国三明治"网站创业板块 2012~2016 年间对"三明治"创业者访谈记录的资料(共计 49 篇访谈资料,选取其中的 24 篇);(2)相关创业者创办公司及企业的评论、言论和企业内部资料(如网站、微博、公众号等);(3)有关创业者创业信息的网络资源(如访谈节目、社会采访、论坛讲话、个人演讲)等,依据以下三个标准筛选辨别研究对象:(1)具有丰富的职业生涯,如创业前职位达到中高层管理者;(2)创业团队主要创业者,例如团队领导者、策划者及运营者等;(3)年龄在 28~40 岁之间。同时,对以上资料进行整理、整合、质证,以确保资料真实准确地反映创业者的状况。根据资料中创业者创业经历发展路径材料的详尽与丰富程度,包括特征性、信息的可获得性与敏感性,最终选取了 24 位

"三明治"创业者的相关材料（男女各选取12人进行性别比较分析，其中4人为饱和度检验预留的研究对象），并将其访谈资料作为扎根理论的主要资料，最终形成 WORD 文字材料，总字数约10万余字，在此基础上，笔者逐字逐句对所得文字材料进行归档编码并存储。而其他创业者资料作为补充和验证。研究对象的一般资料整理如表 15 – 1 所示。

表 15 – 1   "三明治"创业者的一般资料

组别	编号	代码	创业公司	先前创业频次	公司现状
男性	1	CH	网站支持业务平台	0	运营中
	2	CL	旅游用品交易网站	0	停止
	3	HC	社交媒体婚恋网站	1	停止
	4	HP	杂志平台 App	1	运营中
	5	JW	微信平台	1	运营中
	6	LK	产品公司	0	运营中
	7	LZ	美食类 App	1	运营中
	8	PT	旅游信息分享	2	运营中
	9	XS	家政类服务网站	0	停止
	10	YX	空气净化	0	运营中
	11*	HX	教育咨询服务	0	运营中
	12*	TY	电子产品设计	2	运营中
女性	13	BL	生活服务式网站	3	运营中
	14	CM	生活类 App	3	运营中
	15	DD	区域性蛋糕订做工作室	0	运营中
	16	HW	共享服务	1	运营中
	17	JR	家居设计	0	运营中
	18	LR	旅游类网站	0	运营中
	19	QD	糖果店	0	运营者
	20	WL	旅游住宿服务	0	运营中
	21	ZL	糕点类实体店经营	1	运营中
	22	ZX	美食类 App	1	运营中
	23*	JY	创意分享平台	0	运营中
	24*	LS	生鲜产品	0	运营中

注：（1）*表示为饱和度检验预留的研究样本（共计4人，男女各2人）；（2）先前创业频次指本次创业前的创业次数，例：0 表示本次创业为初次创业。

三、编码分析

本节在资料搜集与分类的基础上,按照扎根理论的研究步骤,先后进行开放性编码与主轴性编码,提取研究的概念与范畴。最后,在开放性编码与主轴性编码分析的基础上开展选择性编码并构建模型。

(一) 开放性编码

开放性编码是将资料素材打散分解,通过分类进一步求同和求异并比较以归纳出对现象进行描述的概念标签,并将概念范畴化的聚拢过程。在开放性编码中,本书始终围绕着"创业行为的影响因素有哪些"这一核心研究问题,秉承开放的研究态度,依据理论性取样的原则,一边进行资料素材收集打散,一边进行素材分类分析与开放性编码,对与研究内容无关和模糊不清的内容予以排除,提取有关的资料,对这些收集到的相关素材进行逐条编码、逐个事件编码分析来提取相应概念。同时,在开放性编码过程中,本书尽可能使用原生代码——研究对象素材中表达出来的独特词语,作为反映"三明治"创业者这一特殊群体的特征。此外,本书依据性别将24位创业者分为A/B两组进行编码对比,以观察性别因素在创业过程中的影响作用。根据概念标签之间所存在的各种逻辑关系,将与同一现象有关的概念聚拢成一类。经过对原始资料进行逐句贴标签,最终得到708个标签,由于本书扎根研究素材依据来源于"三明治"创业者网站中二手访谈资料,故本书仅将具有代表性的语句进行整理,如表15-2、表15-3所示。

表 15-2　　　　女性创业者开放性编码(部分示例)

组别	原始资料语句摘录	标签
A组 (女性)	QD:"因为两人都爱吃,实现平台初步锁定在餐饮,而且食品行业普遍比实体经济利润率高……研究了市场需求、市场竞争、经营难易程度、盈利能力,觉得甜品店算是其中最靠谱的一个。然后她们自己又做了一个成本预算,估算了人流量,觉得结论还不错,可以接受,便着手实施。"	QD6:因为兴趣都爱吃,所以决定创业领域是餐饮
		QD7:研究了市场需求、竞争、盈利能力等,最终决定甜品店
		QD8:具备专业的技术与眼光
	BL:"KPMG是BL事业的起点,她是在同届入职的56名员工中唯一一个半年内就被提升的。"	BL4:KPMG作为事业的起点,半年内就被提升

续表

组别	原始资料语句摘录	标签
A组（女性）	BL："BL的职场成绩单十分闪耀。BL在入职的两年内逐渐喜欢上自己的工作，并认定未来咨询是自己所从事的事业。"	BL6：职场成绩单十分闪耀 BL7：认定咨询是自己所从事的事业
	ZL："现在回过头来想想，广告让我学到了很多东西……因为做广告很锻炼你的统筹能力、沟通能力和项目管理能力，做任何事情这些思维方式都很重要。"	ZL3：广告工作学到很多东西，锻炼了很多能力
	ZL："蛋糕对我来说其实不是特别陌生，我高中的时候，经常在周末烤蛋糕，然后分给别人吃，我很喜欢问别人'好吃么？行不行？'"	ZL9：制作蛋糕源自小时候就有的兴趣
	ZL："我很庆幸自己以前做过服装，这对我在产品设计、市场运营的应用方面有很大的帮助。不仅如此，这段经历还带给我一个重要的理念：就像衣服不应该只是衣服那么简单……蛋糕也可以代表一种生活态度。"	ZL10：先前的创业经历带来了巨大的帮助
	LR："基于我多年的媒体经验和目的地旅游局的合作关系，我还一直致力于将传统旅游目的地的线下运营和网络营销有机结合……我们网站的合作客户包括三亚旅游局、福建旅游局等等。"	LR5：依赖之前的媒体经验和旅游局的合作关系 LR6：线下运营和网络营销有机结合
	LR："目前的核心团队，其中有几个人是跟了我很长时间的，以前杂志的同事现在也过来加入我的创业团队。现在我们的编辑总监和运营总监，都有着丰富的旅游行业工作经历。"	LR13：以前同事加入团队，行业工作经历丰富 LR14：整合了先前工作经历中的人力资源

表15-3　　　　　男性创业者开放性编码（部分示例）

组别	原始资料语句摘录	标签
B组（男性）	HC："在浙江大学本科及研究生毕业后，在IBM的实验室里工作了7年，然后在INSEAD商学院读了MBA……在IBM的7年里，Alan从工程师做到项目经理再到部门经理。"	HC1：丰富的教育背景 HC2：7年中职位稳步提升 HC3：积累了丰富专业经验

续表

组别	原始资料语句摘录	标签
B组（男性）	HC："为了维持家庭的稳定收入，Martin最终去工作了。"	HC13：合伙人被迫离职
	HC："在这个问题上我没有听MBA课程的，老师说最核心的团队一定要全职，我觉得兼职对我来说是好事……不用支撑全职的团队，让我感觉压力小一些。"	HC14：对经验的否定，另辟蹊径，选择兼职的团队成员
	HC："下一步行动，肯定是更好的线下运营和推广，以及在移动设备上的配合。"	HC15：对未来明确的规划与业务安排
	CL："另两位合伙人，一位是GMAT老师，如今负责管理投资者及BD；一位是技术负责人，一开始建网站，后来成功开发自有分销管理系统，都做的得心应手。"	CL3：团队技术性强 CL4：合作伙伴资源丰富
	CL："随着规模的扩大，之前的管理经验就体现价值了，包括团队如何设置，管理的细节如何执行。比起没有在大型企业工作过的创业者，这方面我想必是少走了些弯路。毕竟之前是外企，如何设置架构、管理是积累多年的经验。"	CL10：之前工作中的管理经验少走了些弯路
	XS："第一个合伙人从美国念完MBA回来后，被拉来成了网站的技术干将，同时也负责线下运营和整体宣传。第二位合伙人是中欧的MBA，少年黑客，负责产品开发和设计，同时还有很多社会媒体资源。因他的关系，公司还接受过中欧刊物《商学院》的采访。"	XS6：过硬的技术团队 XS7：团队资源丰富
	XS："我打工好多年，之前在华为做销售，陪客户吃饭应酬感到厌倦了，'在错误的方向停止就是前进'，所以我就裸辞了。"	XS11：在错误的方向停止就是前进
	HP："总结两次创业，第一次产品面向的是技术人员，对技术出身的我来说很容易沟通；第二次做推荐的时候面向普通用户，不是很擅长；而且公司管理做得不好，运营、市场的开发，甚至招人都是很困难的，现在还处于一步一步摸索向前走的状态。"	HP6：创业过程中沟通不是会很擅长 HP7：公司的运营与开发做得不够好

（二） 主轴性编码

开放性编码中得出的概念标签几乎都是相互独立的，它们互相之间的关系并没有得到深入讨论，而主轴性编码的目的就是通过相互比较和分类等方法，发现并建立概念与范畴、范畴与范畴之间的各种联系。在主轴性编码阶段，主要范畴的提炼是从开放性编码中"自然涌现"的，其具有两个主要特征：（1）关联的重要性；（2）频繁的重要性。

在对所有素材进行初步贴标签进行开放性编码后，根据标签内容进行合并分析，并将相关标签进行概念化整合。在整合过程中，一方面将其按语义进行合并，比如"CL10：之前工作中的管理经验少走了些弯路"和"ZL10：先前的创业经历带来了巨大的帮助"表达的都是"三明治"创业者先前的工作经历对创业运营与开展带来的帮助，因而将其进行合并；"HP7：公司的运营与开发做得不够好"和"HC13：合伙人被迫离职"都体现了"三明治"创业者在创业过程中表现出不利于创业开展的消极行为，因而将其进行合并。另一方面，一些标签具有相同的意思，只是表述方式有所差异，比如"CL3：团队技术性强"和"XS6：过硬的技术团队"表达的都是"三明治"创业者团队技术能力的过人之处；"HC15：对未来明确的规划与业务安排""HP5：对创业未来有一定的规划"和"LR19：对未来发展有清晰认识，了解不足之处"都是"三明治"创业者对创业的清晰分析以及详细规划等促进创业行为发生的想法和意愿。

在对所有标签整合成独立概念后，在通过对概念间的基本逻辑进行梳理，将相关关系的概念进行范畴化处理，进一步提炼得到次要范畴和主要范畴，最终得到25个子范畴（其中女性创业者材料中提取出18个子范畴，男性创业者材料中提取出19个子范畴，两者间有一定的重复性）、13个次要范畴以及5个主要范畴，即与创业者自身经验相关的范畴（行业经验、创业经验、职能经验）归纳为先前经验；将创业者个人习惯与惯性力量引导行为的相关范畴（自我强化、路径锁定）确立为路径依赖；将创业者基于对自身某种创业能力的判断、评估和感知所形成的对自身能力的信心或信念的相关范畴（学习与迁移效能感、领导与沟通效能感、机会资源识别与利用效能感）确立为创业效能感；将创业者在追求成就的过程中，在头脑中形成的内部驱动力相关的范畴（成就认可、人身自由、自我突破）确立为成就型创业动机；将创业者对实施创业活动的态度与承诺相关的范畴（产生念头、行动/准备）确立为创业意向，具体如表15-4和表15-5所示。

表 15-4　　　　　　　女性创业者主轴性编码分析

组别	主轴性编码得到的范畴		开放性编码得到的范畴	
	主要范畴	次要范畴	对应范畴	范畴的内涵
A组（女性）	先前经验	*行业经验*	社会资本	先前工作中积累的社会网络及资源
			波动程度	先前工作行业的关联程度与差异程度
		创业经验	创业频率	先前创业的次数与质量
			运营能力	先前创业过程中的运营管理能力
	路径依赖	自我强化	技术转移	积累学习的技术有效运用到新创企业中
			人脉继承	积累的社会网络关系等资源的充分利用
	创业效能感	领导与沟通效能感	创业领导效能感	是个体对未知市场洞察与决策能力的评估
			创业沟通效能感	是个体对人员有效沟通能力的评估
		机会资源识别与利用效能感	创业机会识别与利用效能感	是个体对创业机会识别、评估和利用能力的感知
			创业资源识别与利用效能感	是个体对创业资源识别、评估和利用能力的感知
	成就型创业动机	成就认可	追寻梦想	想要实践梦想实现梦想的内驱力
			证明自己	尝试证明自身能力的内驱力
		人身自由	独立自主	想要独立、不受他人指派限制的内驱力
			时间自由	想要获得时间上自由支配的内驱力
	创业意向	产生念头	独立创业	想要从现有的状态中跳出进行创业的想法
			发现商机	开始尝试发现创业机会的想法
		行动/准备	市场调研	尝试对商机进行宏观市场的考察
			产品定位	尝试对产品进行市场细分及定位

注：斜体和下划线表示两性分组编码后的不同之处，表 15-5 内表述方式相同。

表 15-5　　　　　　　男性创业者主轴性编码分析

组别	主轴性编码得到的范畴		开放性编码得到的范畴	
	主要范畴	次要范畴	对应范畴	范畴的内涵
B组（男性）	先前经验	职能经验	管理能力	先前工作中涉及的管理经验与知识
			技术能力	先前工作中积累的特定技术经验

续表

组别	主轴性编码得到的范畴		开放性编码得到的范畴	
	主要范畴	次要范畴	对应范畴	范畴的内涵
B组（男性）	先前经验	创业经验	创业频率	先前创业的次数与质量
			运营能力	先前创业过程中的运营管理能力
	路径依赖	自我强化	技术转移	积累学习的技术有效运用到新创企业中
			人脉继承	积累的社会网络关系等资源的充分利用
		路径锁定	经验限制	对经验的盲目信任导致思维限制
	创业效能感	学习与迁移效能感	创业学习效能感	是个体对创业活动知识积累与持续学习能力的评估
			创业迁移效能感	是个体对隐性知识解析、显性知识转化、经验知识到实践能力转化的判断
		机会资源识别与利用效能感	创业机会识别与利用效能感	是个体对创业机会识别、评估和利用能力的感知
			创业资源识别与利用效能感	是个体对创业资源识别、评估和利用能力的感知
	成就型创业动机	成就认可	追寻梦想	想要实践梦想实现梦想的内驱力
			证明自己	尝试证明自身能力的内驱力
		自我突破	迎接挑战	想要接受挑战的内驱力
			脱离安逸	尝试改变现状脱离稳态的内驱力
	创业意向	产生念头	独立创业	想要从现有的状态中跳出进行创业的想法
			发现商机	开始尝试发现创业机会的想法
		行动/准备	市场调研	尝试对商机进行宏观市场的考察
			产品定位	尝试对产品进行市场细分及定位

（三）选择性编码与模型构建

选择性编码是对主轴性编码所得到的主要范畴之间的内在逻辑关系进一步深入提炼并归纳的过程，通过"建构性的解释逻辑"理顺主要范畴相互之间的逻辑关系，进而构建扎根研究所呈现的整体结构，并形成基本的理论框架。本书在开放性编码和主轴性编码的基础上，通过整理研究提炼"三明治"创业者创业行为的影响因素及影响过程，总结出"先前经验""路径依赖""创业效能感""成就型创业动机"以及"创业意向"五个主要范畴，且五个主要范畴是沿着"创业者创业行为的影响因素与影响路径"这一核心范畴进行逻辑性发展的，围绕核心范畴的故事线可抽象概括为"'三明治'创业者创业行为影响因素及机制模型",如图15-4所示。

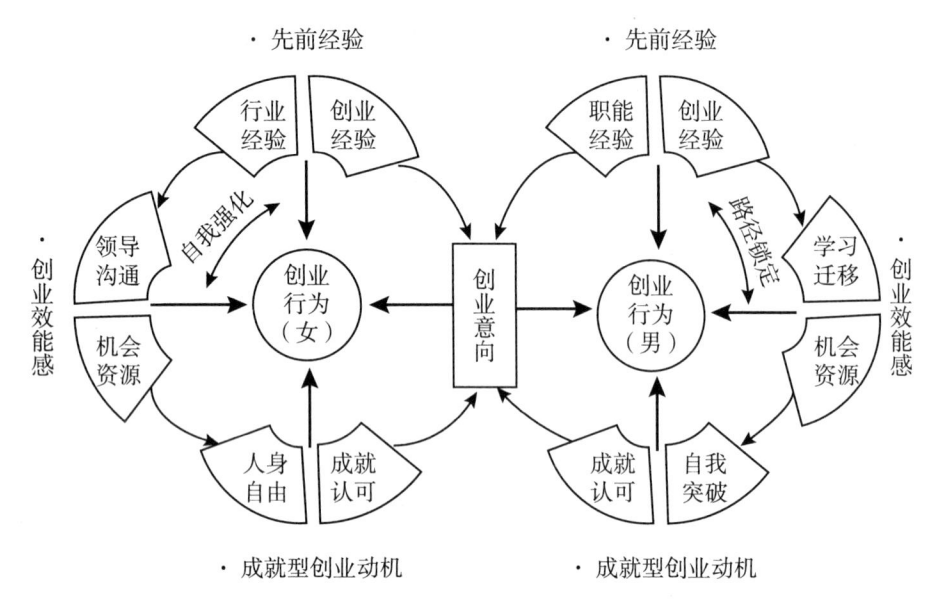

图15-4 女性/男性创业者创业行为影响因素及路径模型

注:粗线箭头代表影响因素;细线箭头代表影响路径。

(四)饱和度检验

作为决定何时停止采集样本与资料素材的鉴定标准,饱和度检验是指无法得到额外资料以使扎根分析进一步发展某一范畴之维度的时刻。本书为了检验扎根过程的理论饱和度,在编码之前预留了四个研究样本,并在选择性编码完成后,对预留的四个研究样本进行开放性编码分析,但并未扎根出新的概念与范畴,故理论饱和度通过检验,停止采样。

第三节 "三明治创业"行为影响因素

一、先前工作经验积累,奠定创业行为基石

创业者以往的工作和创业经历对创业机会识别、创业资源整合等创业行为产

生了重要的推动作用。创业者先前经验中的绝大多数的技能、知识和能力来源于创业者创业前的日常工作内容和与别人之间的沟通交流。麦克米兰（MacMillan, 1986）将先前经验定义为创业者在以往的经历中获得的各种理性与感性的知识、观念和技能。目前大多数学者也都认同创业者先前经验是创业者在先前创业、工作、行业等经历中积累起来的一种内化的潜在的知识。同时，创业者先前经验与创业行为的关系研究一直都是创业领域研究学者们研究的重点与热点，基本上都肯定了先前经验对诸如机会识别、资源获取与利用以及创业绩效等行为的影响作用，但研究结论却不尽相同，有时甚至相互矛盾。

"三明治"创业者群体的独特点之一就是其具有丰富的先前经验，他们在数年高质量的职场生涯中，积累了丰富的工作和管理知识、人脉和社会网络，有些"三明治"创业者还具有创业的经历，在效能感以及机会识别等方面积累了丰富的经验，这些经验有机地结合在一起使他们下一步的创业行为表现出有别于其他创业群体的独特之处。

值得指出的是，先前经验中，一些是能表达、展现出来的显性知识，而相比之下，有些则很难直观地表达和分享，是创业者的隐性知识，这些知识只有在具体的学习和实践过程中创业者才能深入地领悟。因此，由于隐性知识难以表达与度量的问题，有关先前经验研究的文献大多以先前经验的显性形式来衡量其隐性的内涵。因此，本书借鉴前人的研究经验在用事例验证结论时都以先前经历的显性形式来侧面凸显先前经验三个维度对创业行为的影响作用。

（一）职能经验

职能经验即创业者在创业之前的职能工作经验，包括管理经验和技术经验两个方面，职能经验有助于新企业的正常运营和逐步实现管理正规化。职能经验中管理类的职能经验具有普遍适用性，其在内容和范围在大部分行业和企业中是相似的，因而具有同质性；而技术类的职能经验往往只能适用于特定行业和企业，具有专业性。

"三明治"创业者群体在先前经历中积累的管理和技术经验对创业行为产生了影响，主要表现在新创企业的管理和技术升级等方面。

> 事例：
> CL："随着新企业规模的扩大，之前的管理经验就体现价值了，包括团队如何设置、管理的细节如何执行等等。比起没有在大型企业工作过的创业者，这方面我们想必是少走了些弯路。毕竟之前服务的是相当有规模的外企，如何设置架构、如何管理是企业积累多年的经验，是很有道理的。"

(二) 行业经验

行业经验指创业者创业之前在各种行业的工作经历，先前行业经验是创业者对特定行业内顾客、市场、产品与服务等隐性知识的积累，是创业者与特定行业内供应商、分销商、顾客和其他利益相关者关系的扩展。因此，行业经验会在一定程度上影响创业者意向进入的行业领域。

"三明治"创业者群体在行业经验积累方面，主要集中在社会资本以及工作行业与创业行业的波动程度方面。他们在先前工作行业中积累的丰富的社会关系网络等对创业行为产生了影响，主要表现在新创企业过程中对社会关系网络的利用等方面。

> 事例：
> LR："在做《旅游天地》《携程自由行》多家知名旅游媒体类杂志主编过程中，认识了很多人，在做新企业过程中，他们帮助了很多。"

(三) 创业经验

创业经验是创业者以往创建和管理新企业（组织）的经验，创业经验为创业者提供了最为直接的创业知识、信息、经验和能力。由于"三明治"创业者群体其在创业前高质量的职场生涯的特点，大多数创业者并没有先前的创业经验，但在先前多年的工作过程中参加并主导过新业务的建立、技术创新等活动，在这些活动中积累的知识经验与技能与那些有过创业经验的"三明治"创业者相比较对接下来的创业行为产生的影响具有相似性。基于此，本书将创业经验的范围扩大进一步包括"三明治"创业者在先前职场生涯中内创业（即在一个现存组织内，个体或团队进行新业务建立、技术创新、组织创新和战略更新等创造或创新活动的过程）过程中所累积的经验。缪勒和谢泼德（Mueller & Shepherd，2014）指出创业者先前创业经验会直接影响着创业者推理逻辑。

"三明治"创业者群体先前积累的创业经验主要表现在创业的频率和质量以及在新创企业过程中这些经验对运营和机会识别等方面的影响中。

> 事例：
> LZ："他们想一起做事，先是在 2013 年夏天尝试了一款记事本类 App，先磨合一下团队，但因为这款 App 没什么商业化空间，他们研发了'食色'。"
> CH："CH 和 GD 就一起做了个经费众筹平台。当时还没有众筹这一说法，Crowdsourcing 也才刚刚开始。"

因此，本书总结得到第一个推论：

推论1：先前经验包括职能经验、行业经验和创业经验三个维度，分别对创业行为产生影响。

二、创业效能感多维感知，点燃创业行为引线

创业效能感对于潜在创业者来说是决定是否开始创业的重要先决条件。博伊德等（Boyd et al.，1994）将创业效能感定义为"个体相信自己能够成功扮演各种创业角色，并完成各项创业任务的信念强度"。陈等（Chen et al.，1998）通过实证研究发现，效能感非常适合引入创业领域进行研究，他认为在充满风险和不确定的情景下——创业效能感和行为两者的关系能够最好地被论证。创业效能感的概念与自我效能感的概念相同，它是指在参考大量信息后，对自身某种创业行为能力的判断、评估和感知所产生的对自身能力的信心或信念，而并非指某类人格特质或个体的创业行为能力。

"三明治"创业者群体，他们独特的知识存量形成了有别于其他创业群体的创业效能感，基于其丰富的先前经验，将认知、社会与行为等各方面统合成实际行为，他们对自己的能力和行为有积极正确的评价，并相信自己可以克服环境中的困难，清楚地知道自己"能做什么"。每次行为的进行均能够激发自身动机、调动认知能力，增强其自我效能感，促使他们设立更高的创业意向，并不断为之努力，如此往复循环，有效促进了"三明治"创业者创业的持续发展。

然而，随着个体自我效能感的不断升高，自我效能感同时也会导致一些负面的影响。例如，创业者必须比非创业者具有更高的坚韧性和忍耐力，因为他们会不断面临超负荷的工作、财务的风险和压力等，但这种对事业的"忍耐与坚韧"的付出往往会导致创业者承受一些损失与代价，诸如会产生并不断加强的失望和不满等情绪。比如在创业过程中创业者需要进行一项自己并不喜欢的任务或工作时，就会产生强烈的失望感并会进一步责备自己或他人；例如在机会渺茫的情况下创业、在与竞争对手的博弈中失败、被迫改变创业初衷导致创业失败公司破产等，这些会导致创业者对自身产生了强烈的挫败感，陷入自我否定的状态中。

> **事例：**
> CH："这次失败经历对他的打击很大。他质疑自己适不适合创业，甚至连学业也不想继续了。陷入了不自信的CH退学离开了芝加哥大学，在上海休整了一年。"

马克曼（Markman）的研究也证实，相比较于非创业者，创业者会感受到更

为强烈的失望感,并且两个群体所感受的并不是同一类型的失望感:创业者往往侧重于能否有效地把握住机遇,而非创业者大多集中在如何规划一个成功的职业生涯方面。苗青(2005)也指出创业者身上存在一种"膨胀了的控制错觉",他们往往习惯于通过知觉系统把风险弱化,以达到他们心目中对风险的可控范围内。因此,"三明治"创业者在判断周围环境来做决策时,往往对困难和风险的估计不足,常常去做一些在他人看来超出自身能力范围的事情,这种判断和认知会进一步增强创业者的心理压力,导致他们陷入自我否定的死循环中。

(一) 创业学习与迁移效能感

在创业活动过程中,创业者对创业学习的能力和将经验转化为实践的能力的感知很重要。创业学习效能感是个体对创业活动知识积累与持续学习能力的评估。创业学习迁移效能感是个体对隐性知识解析、显性知识转化、经验知识到实践能力转化的评估与判断。

> **事例:**
> WL:"经验其实不是最重要的,尤其是在互联网时代,大家都很浮躁,所以,所谓的大家之前走过的路,没有人是可以复制的。大家现在做互联网的,做自媒体的,非常热衷于炒作,就像之前的冰桶一样,来到中国就变成了作秀,我们还是应该踏实做好产品,让用户真正感受到我们的用心。"

(二) 创业领导与沟通效能感

威尔逊(Wilson,2007)、克里斯蒂安森和印达蒂(Kristiansen & Indarti,2004)指出,创业者不能忽视对决策、领导与沟通管理能力的感知。创业领导效能感是个体对未知市场洞察与决策能力的评估。创业沟通效能感是个体对人员有效沟通能力的评估。

> **事例:**
> HW:"要在客户、军方等方面多方协调,更大程度上是个八面玲珑的角色,如果我的客户说,他的飞机下午三点半必须从首都机场起飞,五点二十要在丽江降落,所有事情必须要处理,我没有任何理由不去执行。"

(三) 创业机会、资源识别与利用效能感

创业机会识别与利用效能感是个体对创业机会识别、评估和利用,以及认

可、精练和引发创业机会能力的感知。创业资源识别与利用效能感是个体对创业资源识别、评估和利用，获取和配置追求创业机会所需的资源能力的感知。

> **事例：**
> CH："有想法要告诉别人，但自己做网站要花很长时间，还要找人设计。整个过程很痛苦，我觉得不应该这么难啊。做网站是互联网最基础的功能之一的吧，但互联网都发展了三十年了居然连这个问题还没解决，真是不可理喻。"

因此，本书总结得到第二点推论：

推论2：创业效能感包括创业学习与迁移效能感、创业领导与沟通效能感以及创业机会资源识别与利用效能感三个维度，分别对创业行为产生影响。

三、成就型创业动机激励，激发创业行为火花

创业动机是从创业者的需求与意愿的角度出发，促使有创业能力与创业条件的潜在创业者，进行机会搜寻、识别、评价与利用的必要前提。瑞恩和德西（Ryan & Deci，2000）认为，创业动机与创业意向一样也包含着能量和持久的激励作用，是个体、认知以及社会规范的核心驱动力。鲍姆和洛克（Baum & Locke，2004）认为，创业动机是创业者头脑意识在其完成任务与目标的过程中形成的一种内部驱动力。窦大海等指出，创业动机源于创业者的内在或外在需要，是创业者在创业过程中展现出的愿景或目标。本书在整合前人研究基础上认为，创业动机是创业者个体的一种自发性内驱动力，这种驱动力会影响人们去发现机会、获取资源以及转换为创业行为等活动。

曾照英和王重鸣（2009）指出，创业动机是创业者个性特点与环境因素共同作用的产物。在不同的创业区域或者相同区域的不同时间点，创业动机也各不相同。因此，其将中国创业者的创业动机分为生存需求型和事业成就型两大类型。学者们普遍认为每个创业者个体都具有成就动机这个心理特征，但是不同个体成就动机所表现出来的强度存在着明显的差异。而"三明治"创业者群体具备高强度的成就动机，因此，本书在总结前人对创业动机研究的基础上，参考"三明治"创业者自身特点，总结出这一特殊群体的创业动机为成就型创业动机，并具体包含获得成就认可、人身自由、自我突破三个维度。

（一）成就认可

与一般创业者群体不同，"三明治"创业者群体的创业动机之一是获得成就

认可，证明自身价值。在这一特殊群体中，他们往往在先前的工作中壮志未酬，能力无法充分展现，从而感受到一种失落感。一方面，他们想要证明自己，寻求自身价值的体现；另一方面，也想实现追寻梦想。因此，他们在数年的职场生涯，积累了丰富的先前经验之后，开始想拥有一份自己能完全掌控的事业。

> 事例：
> LK："我想当小米的CEO，后来发现不太现实，那干脆我出去干一个吧。"
> LZ："只是为了有'一份属于自己的代表作'，LSN对创业初衷的概括就这么简单。"

（二）人身自由

在"三明治"创业者群体的创业动机中，人身自由意味着"三明治"创业者通过创业的方式从而获得自由，其包括两个方面：独立自主与时间自由。一方面，"三明治"创业者在数年的职场生涯工作中厌倦了被人指派任务，制定标准小心翼翼执行，无法随心所欲地独立处理并解决问题的工作内容，进而为了能脱离工作环境中来自知识、心理、经济或社会等的约束，寻求能够自主做决策，充分发挥能力的工作环境，从而转而投身于高风险高挑战的创业活动；另一方面，一些女性"三明治"创业者，在生育之后不再想继续从事朝九晚五甚至"996"的工作制，转而希望寻求时间更为灵活自由的创业活动。

> 事例：
> ZX："不想再临摹别人的东西，或是被别人派任务。ZJ说，这样确实痛快。"

（三）自我突破

"三明治"创业者群体在先前的数年职场生涯中，发现所被指派或日常任务不再具有挑战性，自身能力无法得到持续的提升，开始厌倦没有"新意"的工作内容，一方面，他们迫切地想脱离现在安逸的工作环境；另一方面，也想要面对新的挑战，因此转而寻求自我突破，在不断的挑战中继续提升自己，从而开始进行创业，在持续提升能力的同时，实现自身的理想。

> 事例：
> LK："因为我们但凡放弃原来的事情来做这个事情，肯定不是小富即安，我挣个几千万就够了，那不是我目标，我也不希望团队是这个目标。"

因此，本书总结得到第三点推论：

推论3：成就型创业动机包括成就认可、人身自由以及自我突破三个维度，分别对创业行为产生影响。

四、创业意愿付诸行动，迸发创业行为子弹

创业意向是潜在创业者群体从事创业活动等行为的承诺与态度，被认为是创业行为的关键预测指标与解释标准。学者指出，预测创业行为是否发生的最佳预测指标以及创业行为能否实现的必要前提就是创业者表现出的创业意向程度。同时研究也指出，创业意向是创业者创办新企业的承诺程度。意向越明显，行为就越有可能发生。本书基于史容等（2016）的总结归纳，认为创业意向是个体计划与准备从事机会识别、评价、追求与利用过程活动时主观的态度与承诺。

以往研究较多聚焦在创业意向的影响因素以及影响机制方面，如代表性的夏皮罗和索科尔（Shapero & Sokol）创业事件理论（1982）、伯德（Bird）实施创业想法模型（1988）、阿杰恩（Ajzen）的计划行为理论（1991）、夏皮罗和索科尔SKM模型及建立在班德拉（Bandura）的自我效能理论基础上的创业自我效能理论等，较少关注创业意向本身的维度与构成，本书基于利南和陈（Liñán & Chen，2009）、彼得曼和肯尼迪（Peterman & Kennedy，2003）以及史容等（2016）研究的问卷量表，以及"三明治"创业者访谈资料的扎根分析，将创业意向划分为以下两个维度。

（一）产生念头的意向

伴随着"三明治"创业者数年的职场生涯，积累了丰富的先前经验之后，开始想拥有一份自己能完全掌控的事业。还有很多女性，因为生育之后决定不再重返冲锋陷阵的职场，转而开始时间更灵活自由的创业。创业念头的产生是指"三明治"创业者在工作以及生活过程中，产生的创业意愿及想法，主要表现在想要独立创业的想法和发现商机的念头两个方面。

> 事例：
> LK："我想当小米的CEO，后来发现不太现实，那干脆我出去干一个吧。"

（二）行动/准备的意向

在创业念头及意愿产生的过程中，创业者同时会对其创业念头、进一步的行

动与自身的能力以及个体价值是否匹配进行相应地规划以及判断，即创业者个体关于自己是否有能力、如何将创业念头实施、创业是否符合自身的"心灵需求"以及如何提升自身价值进行准备与规划。因此，本书中行动/准备的意向是指在"三明治"创业者产生创业念头后希望将念头实施并付诸行动以及为具体实施创业活动所做出的准备的意愿及态度。

> 事例：
> HC："我们想提供给用户的不只是工具，而是做他们的技术合伙人。"
> XS："选什么样的一门生意来做？我的态度是'做大池塘里的小鱼，而不是小池塘里的大鱼'。"
> LZ："很多App提供的是饭前的价值，去哪里吃？吃什么？有什么优惠？而我们处理的吃之后的事，更多的是情感的积淀。"

因此，本书总结得到第四点推论：

推论4：创业意向包括产生念头和行动/准备两个维度，分别对创业行为产生影响。

第四节 "三明治创业"认知转换箴规

一、多渠道提升认知转换层次，驱动产生创业行为

通过编码与分析，本书发现，在创业认知视角下，"三明治"创业者群体先前的工作、创业等经历构建了创业者独特的知识存量——先前经验；这一独特的先前经验进一步转换成创业者对自身的创业行为能力的判断和评估所形成的对自身能力的信心或信念——创业效能感；在成就型创业动机的作用下进一步强化创业意向的形成，从而对创业行为产生影响。

创业认知强调创业者所处的创业环境存在许多不确定性的条件，在这些不确定性影响下创业者个体是如何进行特定信息和经验的认知加工，进而做出相应的决策等创业行为，创业认知注重提炼创业者与创业环境等情境互动过程中的思维转换过程以及其背后创业者的认知能力。创业效能感，因其具有发现、识别与利用机会所必备的认知属性，因此是一个潜在创业者决定是否开始创业的重要先决条件。但受诸多内、外部因素的影响，如个体的成长环境、经济条件、性格、价

值观、先前的经验、工作经历、家庭背景、所受的教育等。而创业者以往的成败经验是其创业效能感形成的主要来源之一。在"三明治"创业者群体中,他们独特的"知识存量"——先前经验形成了其对自身的创业行为能力的评估和判断所形成的对自身能力的信念或信心——创业效能感。

创业效能感在创业意向中扮演着重要的角色,影响着创业目标能否实现。克里斯蒂安森和印达蒂(Kristiansen & Indarti)认为创业效能感是创业意向的直接先决变量。相较于其他创业群体,"三明治"创业者群体在学习与迁移、领导与沟通和机会、资源识别与利用方面具有较高的创业效能感。特别的是,"三明治"创业者所具备的高创业效能感不仅对其创业意向的产生发挥了积极的作用,同时还带来了一些负面的影响——"膨胀了的错觉","三明治"创业者通过其认知系统在潜移默化中弱化了其所面对的风险,导致对风险和困难估计不足,从而做出一些超出自己能力范围的事情,致使产生了对一些决定和判断的误差,最终给"三明治"创业者自身带来信心上的打击;比如他们在进行并从事一项自己并不完全喜欢的任务或工作过程中会产生强烈的失望感并可能去责备他人;在机会渺茫的情况下进行创业、在竞争中错失机会导致失败等行为都会使他们产生强烈的失望感。这些负面影响往往体现在"三明治"创业者在随后将其创业意向付诸于创业行为活动时的表现。

卡斯鲁德和布兰巴克(Carsrud & Brännback, 2011)认为,创业动机是创业认知和创业意向转换成创业行为的"火花"和关键。在创业效能感正向积极的作用于创业意向产生的过程中,"三明治"创业者独特的成就型创业动机放大着这一影响程度。已有研究指出,创业者个体的成就动机是驱动个体创业意向提升的重要因素。"三明治"创业者具备高创业效能感,正向作用于其创业意向的产生,而作为这一特殊群体的标志性标签——成就型创业动机,进一步强化这一正向影响,体现在创业"内驱力"进一步强化创业者相信自身能力的信念程度,更加确信自己具备创业所要求的知识、能力与经验,确信自己能够成功地扮演各种创业角色,并确定自己可以完成创业过程中的各项创业任务。

作为创业行为重要的驱动因素之一,创业意向解释了"为什么一些人最终选择自我雇佣并创建自己的事业,而另一些人却甘愿受雇于他人"这一创业研究领域的基本命题。学者普遍认为个体进行某项行为的意向越显著,其实际进行这项行为的可能性就越大。"三明治"创业者产生了强烈的创业意向,正向强化了创业行为的产生与发展。

因此,本书总结得到第五点推论:

推论5:先前经验的认知转换路径,如图15-5所示。

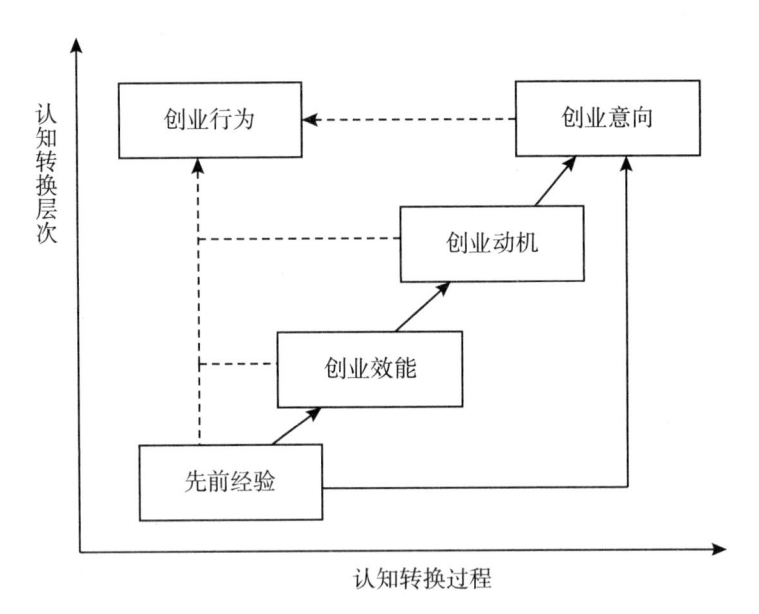

```
          创业行为 ←---- 创业意向
认              ↑          ↑
知              |          |
转           创业动机-------+
换           ↑    ↑
层           |    |
次        创业效能
          ↑    ↑
          |    |
       先前经验
                     认知转换过程 →
```

图 15-5　先前经验的认知转换路径

注：虚线箭头代表影响因素；实线箭头代表影响路径。

二、从先前经验到创业效能感，把握路径依赖边界

路径依赖理论最早是用来描述社会经济下技术变迁过程中的自我积累、自我强化的依赖性质。而创业者在创业过程中的活动行为也会呈现出惯例化的特征，从而产生路径的依赖现象。本书以先前经验为例阐述影响路径的边界条件——路径依赖的调节作用，创业效能感逻辑同理。

对于具有丰富先前经验的创业者个体来说，其在先前的学习、工作、创业等经验中积累起来的知识存量会影响其认知模式的形成，而具有差异的认知模式的创业者个体在挖掘市场潜力、识别创业机会、制定创业发展战略等方面具有不同的观点。一般来说，成功的先前经验有利于创业者个体按照成功的惯例应对环境的不确定性与变化，通过社会网络和知识技能克服新进入缺陷的问题，并在这个过程中不断积累新的经验，从而实现路径的依赖效应提高创业的成功率。

推论 6a：路径依赖效应作用于先前经验对创业行为的影响路径中，调节着先前经验对创业行为的影响程度。

推论 6b：路径依赖效应作用于创业效能感对创业行为的影响路径中，调节着创业效能感对创业行为的影响程度。

三、有效技术转移和人脉继承,发挥自我强化作用

路径依赖理论是探讨因果的过程,该理论认为社会经济系统的发展对其发展的初始条件异常的敏感,并且会被发展过程中的随机过程所影响,其发展的轨迹往往由微小的事件所触发,起初不明显的差异发展到最终可能会呈现出迥然不同的结果。一些学者因此认为路径依赖理论可以被解释为一种由一系列的事件序列一个个发生所构成的自增强的过程。赛多(Sydow)也指出,路径依赖过程是一个连续渐进的过程,在正反馈的影响机制作用下,由于个人的偏好或偶然的因素从而进入自我强化的正反馈阶段。

本书基于对"三明治"创业者材料的编码分析,将这一"自增强"过程归纳为自我强化阶段,自我强化作用主要体现在技术转移和人脉继承两个方面的行为特征中,即创业者在创业过程中不断强化其通过先前的知识存量所形成独特的先前经验,比如在技术方面得到了有效的转移,在人脉方面得到了有效的继承等。这样一种"依赖"作用影响到创业行为的进行,实现了业务的拓展以及公司未来的规划。

> **事例:**
> WL:"基于我多年的媒体经验和目的地旅游局的合作关系,我还一直致力于将传统旅游目的地的线下运营和网络营销有机结合。"

因此,本书总结得到如下推论:

推论 6.1a:当自我强化效应时,先前经验对创业行为的促进作用随着自我强化效应的提高而增加。

推论 6.1b:当自我强化效应时,创业效能感对创业行为的促进作用随着自我强化效应的提高而增加。

四、克服经验陷阱和认知惰性,避免锁定偏离路径

路径依赖理论强调在系统的变迁过程中历史和时间因素的"滞后"作用,但这种滞后作用一旦达到某个临界点时,在自增强的正反馈过程的作用下,系统的发展就会被锁定在某一状态而较难逃脱其现有的发展路径。凯尔曼(Kelman)指出先期事项会诱发一种特殊产出,这一产出会使整个进程偏离理想设计,且即便诱发因素已不存在,这种特殊产出仍会不断产生作用,使其"锁定"在偏离路径中。这种"锁定"常常是低效率甚至无效率的。本书基于

对"三明治"创业者材料的编码分析,将这一"锁定"过程归纳为路径锁定阶段,即创业者在创业过程中无意识地陷入"经验陷阱"当中,过于依赖其先前经验,从而形成"惯性",将经验盲目地带到新创企业中,"锁定"其资源与经验,导致过快地进行融资、盲目扩张以及团队人才的大量流失,甚至最终导致创业的失败。德瓦尔德和博文(Dewald & Bowen,2010)也指出,源于创业者先前经验的认知惰性是导致其在面临环境突变时未能采取商业模式变革行动的重要原因。

> **事例:**
> PT:"最大的担心还是信任问题,但这方面的风险任何一家企业都会面对,只能和所有人一样,摸着石头过河,兵来将挡,水来土掩。"

因此,本书总结得到如下推论:

推论6.2a:当路径锁定效应时,先前经验对创业行为的抑制作用随着路径锁定效应的提高而增加。

推论6.2b:当路径锁定效应时,创业效能感对创业行为的抑制作用随着路径锁定效应的提高而增加。

总结来说,"三明治"创业者长期积累的"知识存量"造就了其特有的先前经验,同时产生了对路径的"依赖"作用,在惯性的影响下使得创业者在面临同样的机会信息时,解读出与其先前知识存量紧密相关的机会。本书引入路径依赖这一经济学领域的概念来解释这样一种"依赖"的"惯性"现象,路径依赖是指在特定的组织行为过程中不能从它的过去状态或行动的影响中摆脱出来,即创业者在创业过程中一直受到其先前经验的影响,这样的影响体现在自我强化和路径锁定两个角度,即创业初期创业者对先前经验的"依赖"对新创企业的运营与发展产生了促进作用,体现在先前经验中的管理、技术等能力在新创企业中的运用与继承,然而当这样一种"依赖"进一步加深从而陷入"锁定"时,其原本所产生的促进作用转变为抑制,体现在创业者盲目相信先前经验,包括管理技能、知识解析,从而排斥新思维、新知识的摄取,导致思维禁锢做出错误决策,如盲目融资扩张导致丧失企业主导权等,最终抑制了新创企业的运营与发展。因此,本书在总结以上推论的基础上,得到如图15-6所示路径依赖效应的曲线示意图。布鲁德尔(Brüderl)认为创业者先前的工作经验与新创企业的死亡率呈现为倒"U"形的曲线关系。

图 15-6　路径依赖效应的曲线

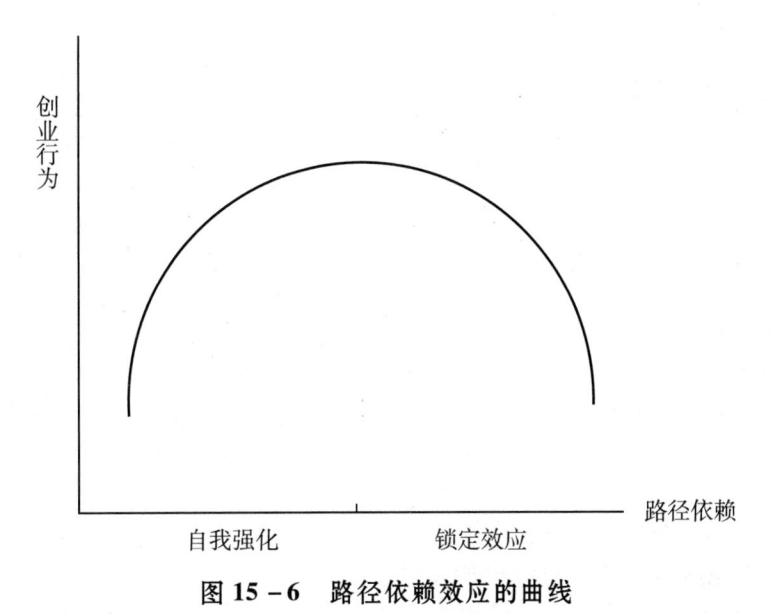

第五节　"三明治创业者"性别差异对比

通过编码与分析发现，在"三明治"创业者群体中，性别因素的差异作用体现在先前经验对创业行为的整个影响逻辑过程中，主要表现在"先前经验""创业效能感""成就型创业动机"以及"路径依赖"四个方面。

一、先前经验的性别差异

本书研究发现，在"三明治"创业群体中，相对于男性创业者，女性创业者先前经验构成中更加侧重于行业经验的积累，而相对缺乏职能经验的汲取，主要体现在女性创业者具有较好的社会资本与行业波动程度方面，这是由于女性创业者所进行的创业领域往往与之前工作行业职能不相关。阿尔索斯（Alsos，2006）也认为，女性与男性相比创业处于劣势一方只是因为女性所具有的工作经验与她们创业所应用的经验间相关性较低。如 DD 原来工作是四大审计部门主管，而创业领域则是蛋糕定制，创业领域与其自身兴趣有一定的关系，先前工作领域与新创业领域两个行业的相关性较低，波动程度相对较大。但女性"三明治"创业者并没有因此处于劣势地位，相反其兴趣型创业成功率较男性创业者更为显著。阿尔索斯也认为，目前的实证研究并没有发现有说服力的结论和证据来证明两性创业者在创业能力方面存在显著的差异。

此外，奥德里奇等（Aldrich et al.，1996）指出女性与男性创业者在工作经历上存在很大的行业差异性。许艳丽和郭达（2015）也指出女性创业者对于社会关系网络会更加重视和依赖，同时女性创业者也可以从社会关系网络中得到更多的益处。这也再次验证了本书对女性"三明治"创业者具有较好的社会资本与行业波动程度的发现。

> 事例：
> LR："在做《旅游天地》《携程自由行》多家知名旅游媒体类杂志主编过程中，认识了很多人，在做新企业过程中，他们帮助了很多。"

凯莉等（Kelly et al.，2010）学者指出相比于男性，女性更加具有包容心、善于培养下属、乐于帮助人、善于分享权力与合作、具有同情心，这些特征会导致创业过程中创业行为执行得更加有效。这在一定程度上也支持了本书的观点。相反，男性创业者却更加关注其职能经验的构建，体现在管理能力与技术能力方面。阿尔索斯（2006）指出，男性在私营部门的工作经历使他们积累了丰富的市场经验和管理经验。

> 事例：
> CL："随着新企业规模的扩大，之前的管理经验就体现价值了，包括团队如何设置、管理的细节如何执行等。之前服务的是相当有规模的外企，如何设置架构、如何管理是企业积累多年的经验，是很有道理的。"

需要指出的是，女性创业者并非摒弃了职能经验的积累，而是与男性创业者相比更加偏向于行业经验的累积，但是并不缺乏职能经验的获取，如技术能力很强的 ZX，新浪博客就是她一手培养出来成为"风靡一时的 Web 2.0 代表作"，同样拥有丰富的职能经验。

二、创业效能感的性别差异

本书研究发现，在"三明治"创业群体中，相对于男性创业者，女性创业者在创业效能感构成中更加侧重于领导与沟通效能感的感知，而相对缺乏学习与迁移效能感的感知，主要体现在女性创业者更加强调沟通、协调人际关系和集体的成功。女性创业者更富有同情心，能够更加设身处地为团队成员着想、善于倾听，对待员工不是简单地发号施令、以权压人或控制他人、一味追求绩效与产出，而是努力通过引导、说服、合作、影响和标杆等方式来达到管理的目的。加德纳和提格曼（Gardiner & Tiggemann，1999）认为，女性创业者更注重人际关系，因此更容易在创业领导与沟通方面获得感知。

> **事例：**
> ZL："其实站在我的角度上，公司的每一个员工都是我的 partner，哪怕是配送员。我对 partner 的定义，不只是金钱上的，更是和我为共同目标一起努力的。现在团队规模上去了之后，我觉得有一点做得不太好，以前公司小的时候，我每个人的名字都能叫得出，现在可能别人对我笑，我都不能叫出她的名字。我未来还是会努力去记住大家的名字，这对一个 CEO 来讲很重要，是对员工的一种关怀。"

而男性"三明治"创业者则更加注重创业学习与迁移效能感的感知，体现在其对经验转换的强烈信念，对创业知识的积累、持续的学习、对隐性知识的解析、显性知识的转化、知识经验向实践能力转化的重视与感知。伦祖利（Renzulli et al.，2000）认为在社会关系网络上，女性比男性具有更多的同质性（homogeneity）。相关的研究也发现，与那些具有同质性社会关系网络的个体相比，从异质性社会关系网络中获取知识的个体，他们进行创业的可能性更高。因此，男性创业者由于其异质性的知识积累与解析转换，具有较高的创业学习与迁移效能感。

> **事例：**
> LZ："从百姓网的工作跳出来自己创业是一个很大的转变，最大的感受就是'痛快'，在公司里面工作和自己创业是很不同的。遇到困难的时候，那种痛苦和挣扎也更加真实。在冥思苦想解决方案的时候压力很大。当然，解决问题后的快乐也很真实。"

值得指出的，男性创业者同样注重创业领导与沟通效能感，特别是由于其创业行业与活动较女性创业者更加庞大，团队组成更为复杂与丰富，其对领导与沟通能力的感知也逐渐提升。男性创业者也逐渐倾向于采用参与性领导方式，更多地运用互动性更强的交互式领导风格，更多地与下属互动、关注下属的反馈、鼓励下属参与、乐于授权和分享信息等方式来管理和领导团队。因此，这一由性别因素引起的差异在不断缩小。

> **事例：**
> LZ："大家管产品，管营销，负责自己的事情，我们也不会过多地去管，让他们自由发挥。我们对每个同事没有特别的要求，但不代表他们没有追求。我们还是要把这个事情做得更好，不会刻意地去要求你要怎样。"

三、成就型创业动机的性别差异

作为"三明治"创业者群体区别其他创业群体的标志,成就型创业动机完美诠释了这一特殊群体的人生、职业以及生活追求;更为值得关注的是,在这一特殊的创业群体中,成就型创业动机同样受到性别差异的影响,表现出不一样的要素构成。

在寻求成就认可作为成就型创业动机的基础前提下,男性与女性创业者在获得人身自由和追寻自我突破方面各有不同的侧重。具体来说,女性创业者更加注重人身自由的获得,一方面,她们厌倦了被人指派任务,无法随心所欲地处理问题的工作内容;另一方面,在生育之后她们不再想继续从事朝九晚五的工作,而是需要灵活的工作时间安排,将更多的时间投入家庭生活中,从而获得家庭与生活的平衡。梅斯(Maes)认为,女性的创业动机通常是实现有效地平衡工作与家庭之间的关系并同时获得独立。

> **事例:**
> DD:"虽然薪资条件诱人,但如果接受了这份工作,就要面对每周出差四天的工作安排,也意味着要放下家中的女儿,这对刚刚成为妈妈的我来说是不可能的。"

而男性创业者则更加注重自我突破的追求,他们在先前的数年职场生涯中,发现所被指派或日常任务不再具有挑战性,导致自身能力无法得到持续的提升,进而开始厌倦没有"新意"的工作内容,转而寻求自我突破,想要在不断的挑战中继续提升自己。梅斯指出,男性的创业动机则更多是为了寻求有挑战性的工作并同时获得财富。谢恩(Shane, 2000)也认为,女性的创业动机更多是希望提高自身和家庭的社会地位,而男性更多是希望获得突破和认可。

> **事例:**
> YX:"第三份工作是从事新市场进入咨询的咨询业务。咨询公司项目一个接一个,虽实现了不同行业的经验积累和项目能力的提高,但说实在都有些麻木了。当时,一边在找工作,一边也在思考。我发现做自己提供咨询服务这条路走不通。正好又看到这个技术,觉得很不错,也很希望它能成长为一家企业。2012年5月,我就辞职出来了。"

四、路径依赖作用的性别差异

（一）"经验陷阱"

性别因素体现在女性创业者较好地规避了路径"锁定"阶段先前经验对创业行为带来的负面影响，而男性创业者则相对陷入这种"锁定"当中，对创业行为的进行产生了抑制作用，甚至导致创业失败，如 XS，纵使发现行业当中面临着可以规避的风险，但由于深陷其行业思维中，认为只能和其他人一样，从而并未做出正确的决策。许艳丽等（2015）也指出，由于男性创业者通常在制造业、技术行业和金融业等领域有丰富的工作经验，因此，男性更有可能进入此类领域进行创业，这与其工作经验密切相关，因而更易陷入"经验陷阱"。

> **事例：**
> HC："前期已经做了那么多准备，轻易地放弃，去做一份自己不想做的工作，将来一定会后悔的，所以放弃是不行的。"

笔者认为，男性"三明治"创业者深陷于这种路径"锁定"当中，主要是由于其过硬的职能经验，如管理与技术经验，盲目地信任这些能力与经验，使其在面对新的问题与行为方式时产生了固化的思维方式，创业者在创业过程中无意识地陷入"经验陷阱"当中，过于依赖其先前经验，从而形成"惯性"，将经验盲目地带到新创企业中，"锁定"其资源与经验。

相反，女性创业者由于创业领域与先前工作领域的低相关性，即前后行业波动性较大，相关的管理与技术经验较难继承与转移，从而较好地摆脱了这一"经验陷阱"，在面对新的问题与决策时并未思维固化，发散思维，在创业过程中不断强化其通过先前的知识存量所形成独特的先前经验，保持开放的心态，善于撬动工作创业领域之外的广泛的社会网络关系和资源来汲取新的知识和信息，而非"锁定"其先前经验之中，使得这一消极影响更为平缓。这一关系如图 15－7 AB 两条曲线所示。

（二）"膨胀的控制错觉"

性别因素体现在男性创业者较好地规避了路径"锁定"阶段创业效能感对创业行为带来的负面影响——膨胀的控制错觉，而女性创业者则相对陷入这种"锁定"当中，对创业行为的进行产生了抑制作用，甚至导致创业失败。苗青（2005）

图 15-7 "经验陷阱"的性别差异

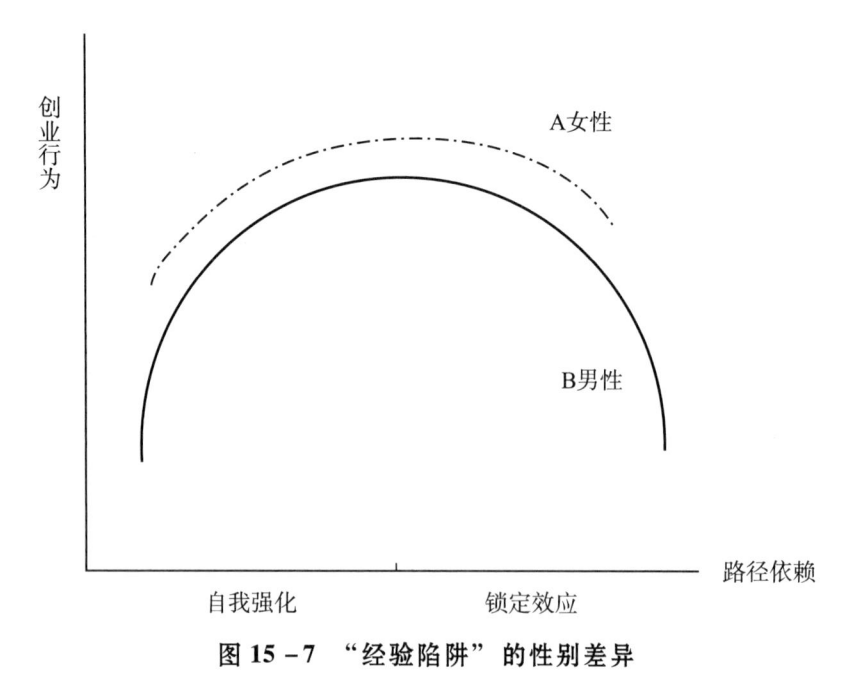

指出，创业者身上存在一种"膨胀了的控制错觉"，他们往往习惯于通过知觉系统把风险弱化，以达到他们心目中对风险的可控范围。

> **事例：**
> BL："这就是我这些年的成果——我想，我需要的产品就是这么一个平台，一个帮助成千上万的人找到自我、追求自己想做事情的平台！这将比我做一个摄影册子更有意思。"

笔者认为，女性"三明治"创业者深陷于这种路径"锁定"当中，主要是由于其过于侧重创业领导与沟通效能感，如自身对未知市场洞察与决策能力的信心，以及对团队成员管理沟通能力的盲目自信，注重感性交流，使其无意识地产生对自身创业、领导、沟通与决策等能力盲目自信的信念，进而陷入"膨胀了的控制错觉"当中，通过知觉系统将风险弱化，进而做出一些他人看来超出自身能力范围的事情。

相反，男性创业者由于其在创业领导与沟通效能感的感知过程中，更多地采用通过衡量绩效与产出等相关指标的方式感知自身在领导能力与沟通能力方面的自信程度，而非感性方式的感知，从而较好地摆脱了这一"经验陷阱"，在面对新的状况和新的决策时并未盲目地相信自身的能力进而弱化风险，而是根据过往团队的产出与绩效等指标作为指导，对风险有系统性地判断，进而一定程度上规避了"锁定"阶段的消极作用，使得这一消极影响更为平缓。这一关系如图 15-8 AB 两条曲线所示。

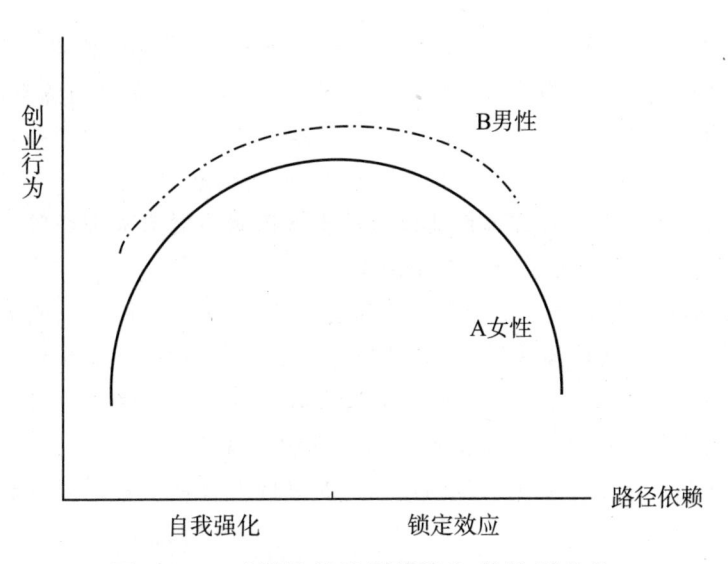

图 15-8 "膨胀的控制错觉"的性别差异

笔者以"三明治"创业者这一独特群体为研究对象,运用扎根理论的研究方法,在对国内外关于创业研究方法、创业行为及其影响因素和创业性别差异等概念梳理的基础上,结合本书的研究问题与研究目的,构建出了理论研究模型,整理如图15-9所示。

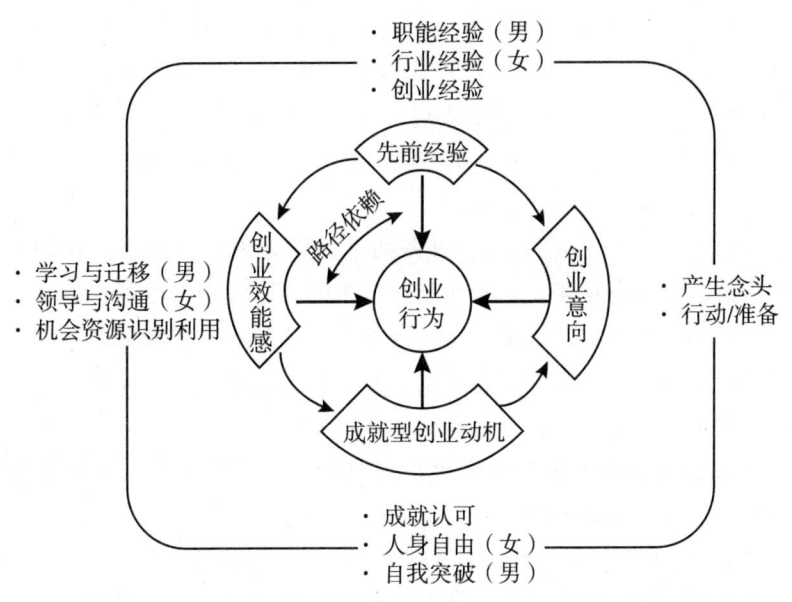

图 15-9 "三明治"创业者创业行为影响因素及机制模型

注:粗线箭头代表影响因素;细线箭头代表影响路径。

主要从三个方面对"三明治"创业者群体创业行为的影响因素及影响过程进行分析：(1) 从整合视角分析创业者自身有哪些因素对其创业行为有影响作用；(2) 这些影响因素是如何对创业行为产生怎样的影响；(3) 性别差异在这些影响路径中扮演一个怎样的作用，如何影响这些影响因素。

1. "三明治"创业者群体创业行为的影响因素主要有先前经验、创业效能感、成就型创业动机和创业意向四个因素

先前经验包括职能经验、行业经验和创业经验三个方面。"三明治"创业者群体的独特点之一就是其具有丰富的先前经验，他们在数年高质量的职场生涯中，积累了丰富的工作和管理知识、人脉和社会网络，有些"三明治"创业者还具有创业经历，在效能感以及机会识别等方面积累了丰富的经验，这些经验有机地结合在一起使他们下一步的创业行为表现出有别于其他创业群体的独特之处。

创业效能感包括创业学习与迁移效能感、创业领导与沟通效能感和创业机会资源识别与利用效能感三个方面。"三明治"创业者群体独特的知识存量形成了有别于其他创业群体的创业效能感，基于其丰富的先前经验，将认知、社会与行为等各方面统合成实际行为，每次行为的进行均能够激发自身动机、调动认知能力，增强其自我效能感，促使他们设立更高的创业意向，并不断为之努力，如此往复循环，有效促进了"三明治"创业者创业的持续发展。

成就型创业动机包括成就认可、人身自由和自我突破三个方面。"三明治"创业者群体的第二个独特点就是其创业动机有别于一般创业者群体的机会导向型，大多数的"三明治"创业者都表现出成就导向型的动机，它驱动和激发这些富有丰富经验、卓越能力和强信念的"三明治"创业者进行机会追求、识别、评价与利用等创业行为的准备活动中。

创业意向包括产生念头和行动/准备两个方面。创业意向是潜在创业群体对实施创业活动的态度与承诺，被看作创业行为的关键解释与预测指标。"三明治"创业者群体，在先前的知识存量、对自身能力和经验的高感知以及独特于其他群体的成就导向型动机，统合在一起激发了异于他人的强烈的创业意愿，进而促使其创业行为表现出有别于其他创业群体的独特之处。

2. 路径依赖效应调节着先前经验和创业效能感对创业行为的影响作用，使之产生积极和消极的双重影响

"三明治"创业者的先前经验和创业效能感在路径依赖的作用下对创业行为呈曲线式倒"U"形的影响过程。借助先前的行业、创业以及职能经验，"三明治"创业者收获积累了与他人不同的知识和信息存量，从而形成了独特的先前经验和对机会、资源、沟通和学习感知的高创业效能感，产生了对问题以及行为方式的独到观点和认知,这种"知识存量和认知效能"通过路径依赖效应影响着创业行为:在自我强化效应下,"三明治"创业者借鉴先前经验中的积累的知识,相信自己对机会把握资源利用的能力,继承并且自我强化先前经历中的资源与人脉,从而促进创业行为的进行。然而,当这种"借鉴"上升到"惯性"从而导致创业者过度依赖先前经验,盲目相信自身能力,产生了"经验陷阱"和"膨胀了的控制错觉",以致陷入"路径锁定效应"时,则会减少其对创业行为的积极影响,甚至会产生负面的抑制作用,从而使得先前经验和创业效能感对创业行为的影响过程呈现一种曲线路径。

3. 通过扎根理论研究方法分析,本书得出影响因素间的转换路径,即先前经验的认知转换过程

在创业认知视角下,"三明治"创业者群体先前的工作、创业等经历构建了创业者独特的知识存量——先前经验;这一独特的先前经验进一步转换成创业者对自身的创业行为能力的判断和评估所形成的对自身能力的信心或信念——创业效能感;进一步刺激创业者想要实现梦想、获得自由发展并得到成就认可的成就型创业动机的产生,强化了"三明治"创业者相信自己能力的信念程度,更加确信自身具备创业所要求的经验与能力,自己能够成功扮演各种创业角色,并可以完成随后创业过程中的各项创业任务,进而驱动了创业念头等创业意向的形成,从而对创业行为产生影响。

4. 性别因素在先前经验、创业效能感和成就型创业动机的构成方面产生影响,同时在路径依赖效应的程度方面产生影响

在先前经验的构成中,女性"三明治"创业者更加侧重于行业经验的积累。这是由于女性"三明治"创业者所进行的创业领域往往与其自身兴趣有关,而与之前工作职能有较低的相关性。相反男性"三明治"创业者则更加关注其职能经验的构建,这主要是因为男性"三明治"创业者的创业领域与其先前工作职能具有较强的相关性,其先前的积累的职能经验体现得更为突出。

在创业效能感的构成中,相对于男性创业者,女性创业者更加侧重于领导与沟通效能感的感知,主要体现在女性创业者更加强调沟通、协调人际关系和集体的成功;而男性三明治创业者则更加注重创业学习与迁移效能感的感知,体现在其对经验转换的强烈信念,对创业知识的积累、持续的学习,对隐性知识解析、显性知识转化、经验知识到实践能力转化的重视与感知。

在成就型创业动机的构成中,在寻求成就认可作为成就型创业动机的基础前提下,男性与女性创业者在获得人身自由和追寻自我突破方面各有不同的侧重。具体来说,女性创业者更加注重人身自由的获得,而男性创业者则更加注重自我突破的追求。

在路径依赖效应中，男性"三明治"创业者由于其侧重职能经验的积累更易陷入"路径锁定"的"经验陷阱"负面影响中。而女性"三明治"创业者由于其侧重创业领导与沟通效能感的感知而更易陷入"路径锁定"的"膨胀的控制错觉"负面影响中。

第十六章

中国女性高层次人才发展对策

本书着眼于女性高层次人才的成长,研究了女性高层次人才的发展状况。一方面是作为女性人才个体,关注其如何在自己领域内突破现有的个人局限、组织与社会的性别情境,而获得较高职位与职业成就;另一方面更是关注女性高层次人才的社会属性,探索其成长环境、职业生涯中呈现的职业发展特征、发展路径与成长规律,以及在不同的职业发展阶段所遇到的职场境遇,强调女性高层次人才群体发挥的关键作用、影响力与社会贡献。

研究发现,随着男女平等政策的逐步完善、女性人才教育事业的发展推动着女性人才队伍的逐步扩大,女性经济参与在企业绩效与经济发展中发挥着愈发显著的作用,社会对女性人才的关注度逐步提高,公众以及企业也意识到女性人才的重要性。无论在商界、政界、科技界,都有一大批优秀杰出的女性高层次人才成为自己所在领域的佼佼者,在她们身上呈现出的女性高层次人才群体的成长规律,例如,职业价值观与自我效能感对其职业行为的增强作用;个体在职业发展中,寻求个体与组织的多方面匹配来提高职业成功几率的职业行为;在职业成长过程中呈现出双重结合、时空耦合与过程转化的进阶规律;同时变革警觉逐渐成为其面临风云莫测的职场的制胜法宝。

但从全球背景下看,世界范围内的"性别偏见"对女性人才的发展还会制约女性的职业发展,女性人才发展面临诸多难题,发展道路仍然艰难,诸如女性经营管理人才的工作—家庭平衡挑战不减、女性科技人才尖端缺位和女性政治人才地区不均、关键岗位比例甚微等,但我国的女性企业高层次人才发展趋势稳中有进,同时在双创时代,女性创业人才迅速崛起,创业动机在职业成长中不断成熟。性别多样化的推进、女性领导力的不断开发、性别平等化带来的经济潜力并没有改变社会传统的性别角色定位与组织中男性主导的格局。女性高层次人才在性别不平等和传统女性角色潜移默化的影响中成长，尽管她们突破了"天花板"，上升到较高的岗位，但仍没有摆脱个体的自我怀疑与身份构建的困境，组织性别化的情境使得身处高位的女性面临着自我发展与同性群体疏离、勇敢做自己与被环境压力同化的抗争。女性高层次人才的职业发展面临诸多问题还需要根据女性高层次人才职业成长的规律、职业发展的路径及女性特征，依靠社会、政府、组织及女性自身等多方努力，才能逐渐解构性别偏见的影响，为女性高层次人才梯队建设创造良好的政策环境、社会舆论环境、组织支持环境，促进女性经营管理、政治、科技及创新人才的职业发展，实现女性高层次人才的自我价值、社会价值。

第一节 社会环境引导女性高层次人才的积极发展

全球化和多元文化下的 21 世纪，女性的"网状思维"比男性的"阶梯思维"方式更适应社会需求，女性的诸多独特优势将使其社会影响力越来越大。管理大师杜拉克预言：社会的发展以及组织的变革，引发管理思想、领导特质及管理风格发生了变化。时代的转变正好符合女性的特质，对人的关注和关爱将越来越被重视，而这正是女性的天性。奈斯比特认为，女性领导者是未来组织发展最需要的力量。一方面，女性高层次人才适应知识经济时代下的组织发展需要，21世纪以"人性化"为标志，强调跳跃和变化、灵敏和弹性，注重平等和尊重、创造和直觉、主动和企业精神，依据信息共享、虚拟整合、竞争性合作、差异性互补等，实现知识由隐到显的转化；另一方面，当前女性高层次人才的职业成长过程仍面临着诸如性别刻板印象、职业成长路径单一等阻碍和困难，需要社会土壤为其成长和发展提供养分和支持。另外，女性领导者的数量较之以前大量增长，但女性人才结构性的失衡仍未能满足于时代发展的需要，因此，仍需积极有效地引导与鼓励更多优秀的女性领导者参与社会的贡献中，实现人才的合理利用。

一、营造有利于女性人才成长的社会氛围

通过宣传和引导等手段，建立公平的竞争环境。改变社会上过去普遍存在那种"任人唯亲、唯私"的观念、"枪打出头鸟""按资排辈"的传统思想。通过

建立公平、开放、平等、择优的竞争环境，让那些有能力、有胆识、有魄力的人才脱颖而出。

利用积极的媒体报道，扩展女性领导力的舆论空间。一方面可以淡化社会上对女性的刻板印象，另一方面可以给女性人才的培养创造有利的社会环境。加强对媒体的引导和监管，建立传媒性别歧视的审查制度，将性别意识纳入传媒管理的政策领域。通过倡导社会性别公正意识来营造尊重女性、男女平等的舆论氛围。中国主流媒介也应提高社会性别平等意识的认知程度，改造传统两性角色分工的刻板定型，颠覆传统对女性的评判定位，大力宣扬提倡两性角色和形象向多元化发展，为女性领导的发展创造优良的舆论空间。

构建男女平等的社会整体价值观。对优秀的职业女性不可妄加评判，而应持宽容、鼓励、赞许的态度，营造健康的社会环境，免除其后顾之忧。政府对劳工制度的完善、对妇女弱势群体特殊保护政策的制定、加大执法力度等都有助于良好的社会氛围的形成。

二、加快有益于女性经济参与的市场转型

推进女性劳动参与经济结构的转型。当前女性劳动参与的比例已经基本和男性持平，但是在高管比例方面却还有相当大的差距。当女性及高管参与的比例高于20%时会产生正向的影响效应，因此，我国应该鼓励女性劳动者从第一、第二产业从业向第三产业转变，同时严格要求企业必须保证高管团队女性人员的比例，微观上会提高企业的绩效，宏观上会有利于我国经济的和谐发展。

适当提高女性的薪酬水平。无论在经济发展层面还是企业绩效层面，女性的薪酬都能产生正向影响。在社会及家庭中女性担当的角色与男性有所不同，所以在企业中往往存在这样的现象：为了能够获得相同的薪酬回报或得到相同的工作机会，以及在发展中得到重用，女性往往要付出更多的努力以及更多的时间成本，来获取同样的认可。所以从学校到职场中，都能看到很多出色女性的身影，她们付出更多的努力让自己变得更加优秀从而得到相应的工作机会。在企业中，女性职员想晋升为管理者就需要从各方面提升自己的技能水平，提高自己的技术水平。所以在工作中女性能够更努力地提高效率，带动其他同事一起努力，形成良性竞争提高企业员工的综合素质。在高层管理团队中，女性管理者也能够更优秀地完成工作内容，能够对高管团队中的男性管理者起到刺激的作用，使得高管团队整体上良性发展，进一步提高企业的管理团队工作效率，达到更好的效果，促进企业绩效的提高，带动企业在竞争中处于不败之地。

第二节　政府指导推动女性高层次人才的队伍建设

女性高层次人才作为女性人才中的佼佼者，她们的职业成长过程、职业成功对中国广大女性起到了示范带头作用，也会影响社会经济的发展水平与速度。所以，政府应当从宏观上引导男女平等的社会氛围，发挥企业的主体作用；相关部门应当制定相应的支持政策来推动男女平等，保障女性权益，推动女性高层次人才流动的柔性倾斜政策，鼓励并支持女性创业者创新创业的事业发展。

一、宏观引导，完善社会建制

政府首先是要加大男女平等的舆论宣传力度，在女性社会和谐发展的过程中起带头作用，保障女性参与社会竞争中的权利，推动公平的竞争环境与和谐的社会环境。重视女性高层次人才队伍建设，树立"人才资源是第一资源"的观念，营造"尊重知识、尊重人才"的浓厚氛围，将"引资"与"引智""物资"与"智力"投入、"培养"与"使用"放在同等重要的高度。把"引才、育才、用才、留才"作为加快推进区域经济发展的重大战略任务抓好做实。

其次要建立与发布女性高层次人才队伍建设的指导原则与目标，明确发展重点与任务，为企业女性高层次人才培养提供方向与引导，调动企业对女性高层次人才培养的积极性，改变企业陈旧的人才观，鼓励与支持他们开展女性高层次人才培养工作，为那些人才培养工作完成好的企业提供一定奖励，充分发挥企业在女性高层次人才培养、吸引、使用中的主体作用。2016年发布的《国际商业调查报告》显示，女性领导者的最大任职动因是推动企业的战略发展和变革，政府要完善女性高层次人才库，为引导处在成长阶段和转型发展阶段的企业聘用一定比例的女性经营管理人才提供参考性意见。

最后要加快女性人力资本投资国家与各级政府要加大对教育的投入，大力宣传男女平等、教育公平的思想观念，为女性扫除人力资本投资障碍。加强妇联与当地企业、机关、事业单位的联系与合作，创新女性高层次人才培养机制。不断增加决策层女性高层次人才的话语权，提高女性劳动力价值和参政议政的能力，通过发展各种形式的社会化家庭服务，将陷于家庭"围城"的女性真正解放出来。在有条件的情况下可考虑推行弹性的退休政策，女性人才可以自主选择退休的年龄，延长女性高层次人才的职业周期，延续女性人才的人力资本优势与作用。

二、政策支持，助力女性成长

推行无性别意识的公共政策，加强对政策的有效实施与管理。政策的制定与实施对于女性来说具有了可以依靠的法律依据与保障，对于国家未来经济的走向也具有一定的影响。在制定政策时需要充分考虑当今中国所处的特殊国情，结合当今社会所处的发展环境，考虑男女事实上生理上的不同，经过不断的讨论研究，并不断随着时代的发展做出相应的修正，制定出男女平等发展的公共政策。地方一级需要确保所制定的政策得到具体的实施，这就需要我们加强审查和监督能力，避免政策停留于表面上，国家性别平等机构可以建立一个评判指标，用于掌握整个国家和地方上的性别平等情况，了解政策及实施过程中所存在的问题并加以改正。

随着女性受教育程度的进一步提高，要给予女性高层次人才就业政策的支持，以适应全球企业的领导模式不断转变。在发挥企业的主体作用的同时，各级主管部门要主动搭建服务平台，多角度地优化女性高层次人才的成长环境，制定具有倾向性的人才流动政策，优化资源配置，通过完善相关法律和规范，保障女性的合法权益，如股票期权、知识产权等问题进行有效保护，对企业竞业禁止、违约补偿等问题进行有效监管。对于女性创业人才提供良好的创业环境与政策支持，对于女性"三明治"创业者，应当根据其特殊身份和处境，提供政策和资金上的帮助和扶持，在实践中鼓励女性高层次人才职业成长路径突破的新选择。

对于高校女教授，政策制定者应制定完善的支持高校女教授职业成长的相关政策，通过使高校女教授成长体系制度化、规范化，达到系统地提高高校教授水平，增加高校中女性教授的比重，保障高等教育质量的目标。对于女性政策人才，作为政府部门应该致力于构建良好的宏观环境，符合女性政治人才的实际需求。要将社会性别纳入决策主流。在各项法律、政策法规等做出决定之前，研究对两性的影响，客观评价各方受益情况，对于有失偏颇的决定要及时予以修正；建立健全促进良性公平合理发展的法规政策，加强各项关于性别平等的法律法规的可操作性，建立合理、弹性的最低比例制，使广大女性人才获得公平的晋升机会；优化女性人才的组织化制度，通过妇联及各类非政府组织的力量和作用，开展各类活动，提高女性人才的能力和素质，争取更多的发展机会。

第三节　组织支持打通女性高层次人才的成长通道

在男性占优的组织实践并不是性别中立的，隐性的性别歧视贯穿在组织日常工作和文化氛围当中，应该重新审视组织现有的正式的规章制度及工作程序、非正式的工作规范、职场互动、组织代表性语言表达与文化氛围等，关注组织实践的转变在女性高层次人才职业成长过程中的作用，探索组织结构、组织规范和组织文化等实践的变革，为女性高层次人才成长提供良好的环境保障与支持。

这些变革需要对组织实践进行长时间的激发与转化，组织应当通过结合时代背景和组织现状，帮助女性高层次人才发现工作的意义，充分提高工作的动力与自信，清除女性高层次人才职业成长过程中的障碍。首先是对组织结构的调整，包括工作结构、组织各层级男性和女性职员比例的平衡、组织决策层女性高管的比例等；其次是对组织规范的重塑，完善关键职位晋升标准，为女性提供更多弹性时间与工作地点、家庭—工作平衡计划、更富挑战性的工作、提供多种类型的职业发展路径选择、培训和组织支持等；最后是对组织文化的变革，营造家庭友好型的组织文化、支持型的组织氛围和良好的组织环境，为女性高层次人才成长提供充分的资源支持，从而提高女性的归属感以及组织承诺水平，最大发挥组织中女性人才的价值，促进女性获得生活的完整意义，实现职业成功。

一、根据女性高层次人才成长规律，优化权力结构

依据职业发展规律，适时调整权力结构。组织应当基于女性职业成功强调自我实现和心理满足感，在进行工作设计和任务分配的过程中加强对挑战性、成就感、成长和发展以及工作意义等方面的关注。认识到女性高层次人才职业生涯发展的动态规律，对组织结构进行适当调整。比如，处于职业早期的女性需要具有挑战性的工作任务、导师和自我管理；处于职业中期的女性需要的是具有弹性的工作安排，需要组织调整工作结构从而为自己承担多重角色提供所需的帮助；职业后期的女性已经拥有很多知识和关系技能，这些都是很好的经验，可以用来指导组织中其他女性的职业成长，从而为组织发挥应有的作用。

完善组织管理制度，推动层级性别平衡。性别的多样性对于企业的发展具有重要的意义，企业或其他组织应当确保高层中的女性高管数量，推动组织内部各层级的男女性别比例平衡。因为企业中的大多数的高层管理者都是男性，企业的

管理文化倾向于被男性所拥有的价值观和标准统治，从而让女性在工作中面临着模式化和偏见的排除机制，不利于女性的职业发展（Van & Fischer, 2002）。高层管理者中稀少的女性比例使得女性失去了组织话语权，女性职业成长经历或经验不仅被她们自身所接纳，更重要的是具有组织合法性，企业都应摒弃性别刻板印象，平衡决策层男女比例，对男女雇员进行平等、客观、公正的评价，给予能够胜任的女性晋升高层的机会，可有效促进员工积极性，营造融洽的工作环境。当女性不再是少数派时，她们的性别身份就不会那么明显，人们会更多地还原女性领导力的本质；女性在组织中的关系实践得到认同和奖赏后，才能进一步推进其创建关系网、鼓励合作、进行赋权和开发潜能等管理行为的实现。

越来越多的研究表明，女性高层次人才的特质对组织的发展有较大的推动作用，组织能够合理地激发女性员工的工作热情、提高她们的工作满意度，会有效地提高其工作绩效，同时她们会更加愿意承担组织交给她们额外的工作任务，并帮助组织实现目标。结合时代背景和组织现状，组织应该帮助女性高层次人才发现工作的意义，充分利用其工作自信和动力，消除女性职业成长过程中的体制化的障碍。总而言之，组织应该致力于建立体现兼具时代化和人性化的组织制度，使其符合企业和女性高层次人才的实际需求，以具有特色的组织文化吸引人才，为组织的成长发展积蓄人才储备。

此外，在团队合作中应当避免仅有一名女性成员，当一个团队中男性的比例较高时，女性往往会被忽视。如果组织在每一个层级注重性别比例的平衡，将为女性领导力发展提供更大的空间。

二、根据女性高层次人才职业路径，重塑组织规范

公开录用的招募方式，强调个体—组织匹配。讲究透明性的组织招聘，增加女性管理者数量，在女性员工进入组织之时充分考虑个体—组织匹配问题，一方面可以为她们的职业发展提供有意义的考虑，另一方面也可以为组织根据岗位的需求挑选适合组织的人才。在新员工的招聘过程中，组织应该从组织价值观和个体价值观是否一致、组织目标是否和个人目标相似、组织氛围是否与个体特质相符合等角度进行考虑，以保证新员工与组织匹配。由于价值观和个体特质等是个体较为稳定的和持久的方面，对于进入组织之后维持较高的满意度较为有效。如果招进的女性只希望每天仅仅拿到属于自己的薪资，只是做好本职的工作，过较为平淡的生活，而不会关心组织的文化或价值观等情况，那么这样的女性必然不会为组织做出多大的贡献；相反，如果招进的女性员工与组织匹配程度较高，那么她们便能与组织很好地融合，考虑到她们的个体特质，这些女性会愿意为组织

的各项目标的实现而付出，与组织共进退、共发展，则不仅对于其自身的职业成长有促进作用，同时也会为组织提供较大的贡献。而转型变革背景下，企业要把具有相关性变革经验和利他性内驱动力作为挑选领导者的重要标准。

降低绩效评估中的主观性。为了保证公平公正，绩效评估的标准应当明确，绩效评估的过程也应尽量减少决策者有意无意地偏见影响，通过增强评估的客观性帮助消除雇佣和晋升环节中的偏见；改变以工时为基础的绩效考核标准。如果管理者将"工作时间"作为评判个人对组织贡献的主要指标，那么需要更多时间照顾家庭却一直保持高效的工作习惯的女性员工就很难得到应有的回报和奖励，组织可以考虑采用生产率这样更为科学的绩效考核指标，分配给女性适度要求的工作任务。让女性从封闭的支持性工作领域解放出来，更多地参与实际业务管理中，接受工作的历练，提高女性员工的留职率。

给予充分的培训机会，加强组织支持力度。提高女性员工的职业技能，提高女性员工素质，让女性员工进入公司高管层在专业领域有发挥的空间。组织可以通过培训、轮岗或下基层的锻炼方式，让女性高层次人才获得更多接触实际工作的机会，加强锻炼其处理复杂问题和突发事件的能力。组织在工作过程，给予她们平等的机会，考虑到女性的多角色的特点，组织也需要对女性员工更多的关怀，让她们能够专心地工作，不被其他的事情烦扰。对于女性员工给予足够的重视，重视女性员工的培训及其未来发展，提高女性员工的综合素质，充分发挥女性所具有的独特优势。组织通过加强支持力度，提供职业发展机会是企业可持续发展的动力与引擎。组织要坚持以人为本，在工作上支持他们，在生活上关怀他们，在人格上尊重他们，在心理上满足他们。采取有效措施，切实解决好住房、家属就业、子女入学等问题，为他们提供进修深造、带薪休假的宽松环境，让他们充分感受到组织的关怀与温暖，使他们能够全身心地投入工作中去，消除他们的顾虑与后顾之忧，在经济建设中充分利用与发挥他们的创造性思维与聪明才智。组织还要创造条件为高层次人才提供各种职业发展信息，让他们及时了解组织内部的各种职位流动态势，及时寻找适合自己的职业发展机会。同时在设计组织变革相关的女性领导力培训内容时，应该充分考虑女性领导聚焦关系行为的"交互导向"变革推动特征，聚焦任务行为的"个体导向"变革推动特征，区分变革动力激发、变革信息传递、变革阻力化解、变革成果巩固四个维度下的女性领导策略与方式的差异，有针对性地进行培训与开发，提升女性领导在组织变革实施过程中的推动力，增强组织变革氛围。

参与国际竞争，吸引国内外优秀人才和留学人员，加强女性高层次人才的流动机制，企业内形成专职与兼职、固定与流动的宽松人力资源管理制度。加强与国内外知名科研院所与高校机构的合作，一方面帮助企业取得优秀的科研成果；

另一方面也为企业造就一大批优秀的科研人才，使企业获得人才与效益的双赢。高校应给予其中女教授足够的重视，认识到个人和组织的动态匹配和协调是两者共同发展的基础，为女教授提供平等、公平的工作环境及必要的支持；同时，在引进跨文化女教授时，应注意到因文化差异引起的高校女教授职业成长过程中的差异，给予理解与支持。

帮助女性实行工作—家庭平衡计划。家庭对于女性具有特别重要的意义，协调好工作与家庭的冲突也是帮助女性高层次人才成长的有效途径。组织可以依据女性员工的职业生命周期与家庭生命周期的特点，提供满足不同女性员工需要的一揽子工作——家庭支持计划（闫淑敏，胡志鹏，2015）。如对于处在生育期或需要照顾家庭的女性，可以考虑为她们提供弹性工作时间，由女性员工自主选择工作与休息时间；对于处在职业发展期的女性，可以为她们提供家庭指导与服务，使她们能以更好的状态投入工作岗位中；对于处于职业退出期的女性，可以为她们提供及时的心理辅导与咨询，帮助她们正确面对工作的变化，以更好的心态迎接新生活的到来，帮助组织做好新老女性高层次人才的交接工作。

鼓励组织内部创新，丰富职业发展路径。创业技能在组织内部实践中对女性职业成长有着重要作用。研究表明，女性会寻找各种可能的机会，通过创新、变革的方式开发自己的潜能，因此，组织可以通过将多种职业路径和选择合法化的方式满足她们的需求。如果组织不为她们提供诸多弹性和挑战，这种女性离开所在组织开创自己事业的趋势还将继续。组织可以进一步探索多种职业发展机会和发展路径来增强组织内女性高层次人才的组织承诺，向她们提供激发其创造力的机会。

三、根据女性高层次人才发展特征，变革组织文化

提供支持性的组织文化氛围，建立能够使女性体验到认同感和归属感的群体，女性群体包括处于组织高层的女性和来自中低层级的女性，而中低层级的女性又是女性人才梯队中的重要成员，也应给予充分的重视。组织应当为女性群体成员提供彼此联系的平台以及分享生活经验的机会，并且能够为她们弄清"我是谁"以及"我想成为谁"提供支持和社会比较对象。一方面，使处于组织高层的女性能够发挥职业优势和特长，调节女性领导与组织内其他女性之间的关系，为将来可能成为组织高层次人才的女性提供职业发展的建议和帮助；另一方面，使处于中低层的女性能够向高层女性学习，实现群体成员之间彼此认同、意见反馈、共担风险和共同进步，从而减少女性职业成长的干扰因素，为女性的学习和成长提供支持性的组织文化氛围。

加强心理契约管理，构建家庭友好型组织文化。伴随科学技术的快速发展与企业的深刻变革，现代女性在获得经济地位的同时，出于对家庭的考虑，她们更愿意选择稳定就业。为此，组织应把基于就业安全感、就业能力的心理契约管理纳入女性职业生涯管理策略之中，营造有利于女性高层次人才成长的组织支持氛围，采取"自下而上"的柔性人力资源管理方式激励女性高层次人才全身心地投入工作，创造组织与女性高层次人才双方满意的心理契约环境，为女性高层次人才提供公平竞争的发展空间，使其为组织创造最大的价值。实行多样化的人力资源管理举措，包括弹性工作、工作分享、远程办公、子女照顾服务、托养服务、托儿服务等，使得女性员工就能在孩子最需要照顾的那几年时间里继续从事自己的工作，发展自己的职业生涯。给予子女抚养压力大的女性员工更多的时间。许多升级为母亲的女性员工其实完全能够达到公司要求的晋升水准，只是需要更多的时间来证明自己的晋升能力和资格。所以不应当强迫这些人中断职业晋升之路。鼓励男性参与家庭友好的员工福利。任何旨在体现家庭友好的政策和福利都应积极邀请男性加入，以免不经意间反而增加女性走上重要管理岗位的难度。

提供充分的资源支持，营造关系良好型组织环境。关系支持作为一种重要的价值和心理需求，在男性占优势的组织环境下创建有利于女性职业发展的组织氛围对女性职业成功感的影响中起到中介作用。一方面，与他人相联系的内在意义是女性职业发展的核心特征之一，女性生活实践中的很大部分内容都和积极参与他人的成长有关，女性的自我意义和价值扎根于与他人建立并维持联系中；另一方面，彼此相互理解，与他人"在一起"的感觉能够给女性带来心理满足感、自我效能和自我清晰感的提升，事实上是一种协同发展。组织应当为部门、团队内的女性提供充分的资源支持，提高内部的关系质量，构建和维护多种正式或非正式的师徒关系、创建相互尊重与彼此包容的同事关系，为女性的职业成长、发展及成功提供友好的组织环境，为中国女性高层次人才的发展构建良好的关系网络和环境支持。

第四节　自我认知以实现女性价值与职业成功

女性高层次人才获得职业成功，其自我实现的内在动力是首要条件。树立职业目标，建立相对稳定的工作价值观，加强对自己的认识、自我职业身份的认知和不同职业阶段对自我身份的建构，重视自身的自信心、自我效能感和职业能力的塑造，形成成熟的职业心智，在面临决策困境时，能够进行有效的自我引导勇于面对职场内的磨炼；在职场变化中，能够审视和反思，善于学习、注重自己的专业知识和各种能力，善于运用自己的优势，把握机会。同时在职业成长的过程中，还需要克服传统价值观的影响，积累自身的职业资本，获取其他志同道合朋友的支持和帮助，才能实现女性高层次人才在职场中把握主动性和掌控性，平衡多重角色身份，实现职业成长与成功。

一、清晰自我定位，培养自信心理

清晰自我定位，建立积极心态。伴随着社会的发展，女性高层次人才需要不断地解放观念和思想，充分开发自身的头脑和胆量，发挥自身的智慧和潜能。不论在什么时候，都要坚信男性和女性唯一的差别就是性别差异，在能力或智力等方面，两者没有不同，甚至在一些方面女性可以超群男性，要敢于冲破传统观念的束缚，完善自我人格，发扬自尊、自信、自爱、自强、自立以及"巾帼不让须眉"的精神。女性高层次人才要善于将自身的性别优势转化为领导优势，赢得被领导者的认可与尊重。并在实际工作中，注重建立积极的心理状态，特别需要不断增强或强化自我效能感，真正地了解自我，进而发现工作或职业的意义，树立正确的职业价值观与切实的职业目标。具备积极心理状态的人，可以通过把对世界的认知理解成为是自己可以控制的和清晰的，进而有助于完成工作任务，享受在此过程中的成就感与满足感，发现工作的意义，从而形成良性循环。

培养自信心理，发现工作意义，实现价值观匹配。在以知识、创新、服务、体验等为主要内容的现代经济模式下，金融、服务、科技、互联网等多个领域为女性提供了越来越广阔的舞台，女性受教育程度也越来越高，知识丰富、自信独立与卓越的能力，是女性高层次人才的典型特征，也是未来万千职场女性期望自己拥有的人格特质。但近期智联发布的《2017年中国女性职场现状调查报告》显示，61%的女性倾向于在自身与岗位匹配度达到70%以上进行求职申请，行为更为保守，而且21%的女性在职场上对自己的能力缺乏信心，其比例都显著高于男性。现代职场女性面临着多重压力，自信方面的表现不佳。可见，未来职场女性应当需要在职场中表现出更多的自信，相信自己的潜力与能力，勇于尝试和挑战。在职业发展过程中，按照自己的核心价值观推进工作，成为最真实的自己，而不是受男性建立的游戏规则的束缚，并且不以自己是女性为借口而减少自己在工作上的努力，或依附于别人，女性更应该做的是抛弃传统的观念，摆脱思想的束缚，从女性内心要解除歧视、偏见、害怕和胆怯的障碍，不论在什么时候，都要坚信男性和女性唯一的差别就是性别差异，在能力或智力等方面，两者没有不同，甚至在一些方面女性可以超越男性，脚踏实地完成工作中的任务和挑战。

随着越来越多的女性人才进入职场中，在充当传统角色的同时，其职业角色身份也在不断的强化，由此引发的角色冲突不可避免，女性自身要学会积极地调适，以积极的心理状态，通过学习、沟通、反思和平衡的职业行为，实现心理进阶，提高自我效能感和增强有利于职业成长的角色认同，从而形成良性循环，推动职位进阶（李鲜苗等，2014）。保持积极进取的心态，有了这样清晰的自我定位，在充分评估了自己的能力和水平，并拥有较强的成就事业的愿望，同时发挥女性自身的优势和魅力，女性才有可能更好地在职业生涯发展的道路上脱颖而出，并能够获得组织和社会的认可和尊重。

二、树立独立意识，坚持终身学习

树立独立意识，重塑女性职业形象。女性人才应从点滴做起，突破自我的内心障碍，相信自己的能力，克服自我怀疑，关爱自己，同时注意对自身素质的培养，树立终身学习的理念，提高自己的业务知识与沟通技巧，重塑女性的职业形象，实现自身人力资本价值的增值。女性高层次人才在工作中应不断培养强烈的职业呼唤感、使命感与责任感，勇于承担组织交付的重要任务，在工作中不断锤炼与提高自己的业务素质。为自己树立长远梦想与短期目标，培养面对挫折的勇气以及解决问题的能力，始终保持理性与平和的心态解决工作与家庭的冲突，在本职岗位上建功立业，努力创新，创造属于女性的职业辉煌。

拓宽自己的知识面，坚持终身学习。科学技术知识呈现爆炸式增长态势，任何人都不可能一劳永逸地占有知识，高层次人才通过职前培养获得的知识和能力极其有限。因此，高层次人才要树立终身学习的理念，通过不断的学习、沟通、反思以及平衡的职业行为，实现自我效能感强化、知识经验的积累、工作价值取向的升级。根据自己所从事的行业与岗位特点，分别从领导能力、人际关系能力、沟通能力、专业能力、规划能力、问题解决能力、研究与开发能力、压力承受能力、学习提高能力、开拓创新能力、演绎思维和归纳思维能力、书面表达能力、信息搜集分析能力等多个方面加强学习，不断吸收新的信息与工具性知识，学习与掌握一些新理念与新技术，拓宽自己的知识视野，使自己的知识与技能如泉水一样源源不断，提高个体的职业胜任力，促进个体的全面发展。对于变革警觉能力的培养需领导者在提高自身警觉性来迅速响应环境变化，还需要及时发觉组织内部变革意识并密切关注外部变革讯息。女性人才更要善于发挥变革警觉的优势特征：细微性观察与敏锐识别力、多渠道构建与处理谨慎性、直觉性思维与超前预见力、组织危机感与行动紧迫感，避免情绪化展露与支配性传递的劣势特征影响，识别组织内外部的异常现象与潜在威胁，合理做出变革决策。

三、唤醒开放心态，勇敢向前一步

唤醒女性开放心态，勇敢向前再进一步。Facebook 首席运营官谢丽尔·桑德伯格（Sheryl Sandberg）作为全球最成功的女性之一，在《向前一步》中鼓励女性开放自己的心态，勇敢地往桌前坐，敢于尝试事业上的冒险，通过积极地寻求不同的职业经验来培养挖掘自己的领导力，只有接受风险、选择挑战自我，更加积极主动地争取更好的工作与岗位，才能实现自我的职业管理与职业成功。在职业生涯发展中，要将职业生涯当作方格架，而不是竖梯，寻求多种爬到顶端的方式，而不是只能往上爬才能到达顶端。探索自我的多种可能，退一步或者左右移动都可以有新的职业发展路径，为自己提供更好的职业发展机会。

主动寻求伴侣的支持，平衡工作—家庭关系。这种平衡这不是简单平均分配，而是使得让自己有限的时间、精力等资源分配在工作与生活之中，使资源效应发挥最大化。这首先就需要明确工作和生活对自我的要求、工作的意义是什么、生活的目的是什么。尽管现实生活中，并不能将两者非常的"边界化"，因此就需要以正确的处理方式平衡两者之间的关系，是将工作作为生活的"调节剂"，还是将生活作为工作的"调节剂"，取决于自身的价值取向。许多被访的女性领导者除了有所在企业的高管任职外，拥有多种社会角色并获得社会授予的荣誉。由于身份的特殊性以及受时代特征影响，她们需要更多地融入社会中，寻求个人与企业的可持续发展。她们在家庭角色与工作角色之外，还需扮演社会角色，积极地参加社会活动和社会竞争，进而得到社会的关注和认可。她们正在实现从工作—家庭角色向工作—家庭—社会三重角色的转换。工作—家庭平衡是所有职场女性的追求，女性领导者在职业发展的后期更加注重自己的社会角色，工作—家庭—社会平衡已成为她们新的追求和职业生涯成功的重要评价标准。

四、加强人际互动，凝聚职业力量

发展良好的人际关系，加强多种人际互动。在知识快速更迭的时代，高层次女性仍需要投入大量的时间与精力努力学习各种与职业相关的知识与技能，以增加自身人力资本的存量，提高人力资本的价值与自身的职业影响力。同时，现代女性要勇于走出家庭，积极参加各种社会活动与企业组织的团体活动，增加自己的社交圈与工作交际圈，培养职场中"巾帼不让须眉""敢为天下先"的精神，冲破中国几千年"男尊女卑"思想传统的束缚，建立与寻找各种有利于自身职业发展的社会网络，实现自身的价值。职场女性要充分发挥女性的独特优势，协调好与上下级、同事的关系，积极参加各种社会活动与企业组织的团体活动，提高人际交往能力，增加自己的社交圈与工作交际圈，拓展有利于自身职业发展的社会网络，加快个人的职业发展与成长。加强社会关系力量，增加社会资本储量。"世事洞明皆学问，人情练达即文章"，在中国这个"关系主义"社会里，一个人拥有的社会关系越多、越和谐，其社会行为就越容易成功。女性高层次人才要善于建立与寻找各种有利于企业发展的社会网络，获取企业发展所需的人力资本与社会资源，有目的地扩张强、弱社会关系网络，不断缩小男女在社会网络建构上的性别差异，使社会资本成为自己职业成功的助力。

女性经营管理人才要注重将工作中的有效资源进行整合，不断借鉴他人的经验，不断学习，充分利用企业提供的培训、学习机会。在男性为主导的组织中，学习男性管理者优点的同时，要善于向成功的企业女性领导学习，倾听她们的职业发展路径与成长经历，与她们交流，工作中尽量客观理性、果断决策，以战略的眼光看问题，结合女性自身特点，做到刚柔并济。高校女教授作为女性科技人才的典型代表，应当根据入职时对自己未来的职业成长的预期，结合已有的高校女教授职业成长路径，对自己在职业中即将面临的问题与机遇有所准备；同时，随着高校女教授跨文化交流的机会增多，可在交流过程中多关注其他国家高校女教授的职业成长相关信息，借鉴经验，取长补短。针对想要成为优秀的女性高层次政治人才的女性而言，首先要积累丰富的政治参与经验，在早期的工作中，不断提高自己的组织能力和全局掌控能力。通过积极地参政活动为以后的从政工作奠定坚实的群众基础，获得群众的支持和拥护。其次要塑造积极的学习和实践行为，不仅要加强理论知识的学习，拓宽知识面，还要不断向群众学习、向实践学习。最后还要培养良好的心理素质，由于历史原因，女性往往容易受到外界对自己评价的影响，要想获得职业成功，就要克服心理障碍，以健康良好的心理状态，正确处理好工作中的各种挑战，平衡好工作和家庭的关系，努力完成工作任务，并积极迎接各种困难和挑战，不断进行知识和经验的积累，适应自己的岗位需要。

五、主动匹配组织，明确工作目标

对于女性高层次人才要选择与自己匹配的组织，并不断融入其中。管理大师曾经预言"女性化的管理模式是未来的发展趋势"，即预示着女性化、情感型的管理模式将代替权威型、命令型的男性管理模式。其实，女性的很多特质还没有被充分挖掘出来，这不仅与女性自身的原因有关，还与其工作的组织有关。当女性个体与组织之间能够在各个方面达到较高的匹配度，即组织的制度、文化氛围等均能有效地给予女性人才以更好的发展空间和机会，那么女性必然会充分发挥其特长，为组织做出贡献的同时也能促进其自身成长。换个角度说，女性为了获得更好的发展，也应该学会理解和认同组织的文化，并不断地融入组织之中，从而实现个体与组织的匹配，在此基础上，女性员工可以将组织中相关的要素转化为自身发展的动力和支持，并获得更好的发展。

新时代的女性高层次人才除了需要清晰自己的定位之外，还需要为自己设立明确的工作目标，即自己渴望获得的事业成就和达到的职业高度。设立了工作目标意味着有一个清晰的工作方向。同时，女性还应该在工作中有效地整合各种可用的资源，努力完成工作任务，并积极迎接各种困难和挑战，不断进行知识和经验的积累，为自己所设立的目标而努力。在此过程中，女性还应该无论在何种情况下都能够表现出自信、乐观、坚韧的情绪，积极独立，坚定意志，坦然自如地面对现实中的挫折，克服自身缺点，这样才能实现自己的目标，同时实现自身的社会价值。

参 考 文 献

[1] E. H. 施恩著，仇海清译：《职业的有效管理》，北京三联书店1996年版。

[2] Lnthans F. 著，李超平译：《心理资本——打造人的竞争优势》中国轻工业出版社2008年版。

[3] 白春礼：《杰出科技人才成长历程——中国科学院科技人才成长规律研究》，科学出版社2007年版。

[4] 白凯：《党政管理人才胜任特征模型的实证研究》，载于《电子科技大学学报（社科版）》2008年。

[5] 蔡璧如：《十七位女老板的故事——对父权、商场文化及"企业家精神"的性别反思》，政治大学中山人文社会科学研究所硕士学位论文，1999年。

[6] 蔡莉、赵镝、朱秀梅：《女性创业特性研究》，载于《科学学与科学技术管理》2005年第26卷第9期。

[7] 蔡学军、丁向阳、韩继园：《我国高层次人才队伍建设现状、问题与对策》，载于《中国人才》2003年第10期。

[8] 曹雁翎：《组织氛围、组织变革以及两者关系研究》，载于《东北财经大学学报》2008年。

[9] 曾建国：《有关性别角色社会化问题的研究及进展》，载于《心理科学》1989年第6期。

[10] 查抒佚、许百华：《领导变革过程模型：组织变革的流程与策略》，载于《人类工效学》2006年第2期。

[11] 陈婵、王国安：《有效运用股权激励促进企业高层次人才队伍建设》，载于《中国人才》2009年第12期。

[12] 陈超：《国际化经营管理人才适应性模型研究——以油气采输业务为例》，成都理工大学硕士论文，2011年。

[13] 陈方：《也谈女性领导能力建设》，载于《中国妇女报》2005年。

[14] 陈敏、时勘：《工作满意度评级及其在企业诊断中的应用》，载于《中

外管理导报》2001 年。

[15] 陈向明：《质的研究方法与社会科学研究》，教育科学出版社 2000 年版。

[16] 陈许亚、张丽华：《女性领导力开发的困境及对策》，载于《领导科学》2010 年第 34 期。

[17] 陈尧：《当代中国政府体制》，上海交通大学出版社 2005 年版。

[18] 程芳、周二华：《我国高校女教师的职业发展研究——基于 10 种管理期刊的实证研究》，载于《现代教育管理》2010 年第 2 期。

[19] 初秋月：《女科学家群体崛起对我国女科学人才培养的启示》，郑州大学硕士论文，2013 年。

[20] 丁述磊：《女性高层次人才成长发展规律因素分析——基于辽宁省微观调查数据》，载于《东北财经大学学报》2018 年第 1 期。

[21] 董丽娟、徐飞：《中国女性科技人才政策的若干评价与思考》，载于《科学学研究》2016 年第 34 卷第 2 期。

[22] 段锦云、王娟娟、朱月龙：《组织氛围研究：概念测量、理论基础及评价展望》，载于《心理科学进展》2014 年。

[23] 费涓洪：《女性创业动因浅析——上海 30 位私营企业女性业主的个案调查》，载于《宁波党校学报》2005 年第 2 期。

[24] 费涓洪：《女性创业特征素描——对上海私营企业 30 位女性业主的个案调查》，载于《社会》2004 年第 8 期。

[25] 费涓洪：《社会资本与女性创业——上海 30 位私营企业女性业主的个案调查》，载于《中华女子学院学报》2005 年。

[26] 冯淑华：《上市公司经营管理人才的业绩评价与激励研究》，武汉理工大学博士论文，2005 年。

[27] 冯颖：《职业女性角色定位、工作家庭冲突与工作生活质量的关系研究》，浙江大学硕士论文，2004 年。

[28] 关培兰、郭云菲：《女企业家人力资源开发障碍分析》，载于《中国人力资源开发》2003 年第 5 期。

[29] 关培兰、罗东霞：《女性创业者积极心理资本与创业发展》，载于《经济管理》2009 年第 8 期。

[30] 关培兰：《中外女企业家发展问题研究》，武汉大学出版社 2003 年版。

[31] 郭爱妹：《性别与领导力研究的范式转变》，载于《妇女研究论丛》2016 年。

[32] 郭群英：《改革开放以来调整党政关系研究》，武汉大学硕士论文，2004 年。

[33] 何建华：《组织环境对女性职业生涯发展的影响：基于保险业的实证研究》，载于《软科学》2007年。

[34] 何良伟：《论社会文化环境对个体人才成长的影响》，载于《人才资源开发》2011年。

[35] 何雪莲：《让高等教育奏响和谐之音——女性主义视角下的中国女子高等教育》，载于《高等教育研究》2004年第5期。

[36] 胡爱清：《涉外导游人才成长规律研究》，载于《当代经济》2010年。

[37] 胡蓓、翁清雄：《人才成长问题研究进展及评述》，载于《人才开发》2007年第6期。

[38] 胡桂华：《我国党政机关女性领导人才开发对策研究》，大连理工大学硕士论文，2005年。

[39] 胡洪浩、王重鸣：《创业警觉研究前沿探析与未来展望》，载于《外国经济与管理》2013年。

[40] 胡怀敏、肖建忠：《不同创业动机下的女性创业模式研究》，载于《经济问题探索》2007年。

[41] 胡怀敏、朱雪忠：《我国女性创业特点：一个学习的过程》，载于《中华女子学院学报》2006年第18卷第3期。

[42] 胡雪梅：《大国崛起制高点——科学人才观的理论与实践》，人民出版社2011年版。

[43] 胡志鹏、闫淑敏：《女性高管成长中的三重玻璃天花板及其突破路径》，载于《中国人力资源开发》2014年。

[44] 黄丽蓉：《组织中的女性领导》，政治大学，教育研究所硕士论文，1996年。

[45] 黄伟：《贵州省国有企业经营管理人才科学选配问题研究》，贵州大学硕士论文，2008年。

[46] 黄希庭、张蜀林：《562个人格特质形容词的好恶度、意义度和熟悉度的测定》，载于《心理科学》1992年第5期。

[47] 黄逸群：《创业女性工作家庭平衡及其对绩效影响机制研究》，浙江大学博士论文，2007年。

[48] 霍红梅：《社会资本对高层次人才政治参与的影响及其性别差异——基于"第三期中国妇女社会地位调查"辽宁省数据的分析》，载于《广东行政学院学报》2016年第28卷第3期。

[49] 贾小明、赵曙明：《成功企业家内在素质研究》，载于《现代经济探讨》2005年第6期。

[50] 贾旭东、谭新辉：《经典扎根理论及其精神对中国管理研究的现实价值》，载于《管理学报》2010年第5期。

[51] 贾增科：《我国女性科技人才高端缺失原因分析》，载于《科技管理研究》2017年第37卷第2期。

[52] 蒋莱：《多维视野下的女性领导力特征分析》，载于《领导科学》2010年。

[53] 蒋莱：《性别红利的现实困境与未来走向》，载于《云南民族大学学报（哲学社会科学版）》2014年第31卷第2期。

[54] 蒋美华：《当代中国社会转型过程中女性职业变动的影响因素分析》，载于《中州学刊》2009年第6期。

[55] 金宏章：《浅谈人才成长的阶越现象》，载于《中国人才》1996年。

[56] 金瑾：《基于创业动机的中国女性创业模式研究》，合肥工业大学硕士学位论文，2010年。

[57] 景木南：《我国女性创业者社会资本禀赋问题研究》，吉林大学硕士学位论文，2016年。

[58] 李超、刘伟娜、陈红晶：《浅论科研人才的激励机制》，载于《科技资讯》2015年。

[59] 李成彦、王重鸣、蒋强：《性别角色认定对领导风格的影响：以女性创业者为例》，载于《心理科学》2012年第5期。

[60] 李福英：《女性企业家领导风格：引领21世纪领导风格的主流模式》，载于《长沙大学学报》2006年。

[61] 李光红、杨晨：《高层次人才评价指标体系研究》，载于《科技进步与对策》2007年第4期。

[62] 李江雁：《女性参与公司治理如何影响公司绩效？——论公司性别歧视和市场化程度的调节作用》，第九届（2014）中国管理学年会——会计与财务分会场论文集，2014年。

[63] 李琳、陈维政：《女性是更好的领导吗？——变革型领导的性别差异研究回顾与展望》，载于《妇女研究论丛》2014年。

[64] 李玲玉：《女性高层次人才个人——组织价值观匹配与职业成功的关系研究——组织支持的调节作用》，2013年吉林大学硕士学位论文。

[65] 李苗苗、孟勇：《基于扎根理论的女性领导力影响因素模型构建》，载于《领导科学》2016年。

[66] 李树鑫：《胜利油田经营管理人才队伍建设研究》，中国石油大学（华东）硕士学位论文，2014年。

［67］李鲜苗、罗瑾琏、霍伟伟：《基于 Cross-Temporal Meta-Analysis 方法的性别特征与领导风格及跨文化比较研究》，载于《科学学与科学技术管理》2012 年。

［68］李晓燕、郭玮：《我国女性高层次人才内涵、类型及其成长的影响：基于文献研究》，载于《荆楚理工学院学报》2010 年第 25 卷第 12 期。

［69］李亚明：《已婚妇女心理健康状况调查分析》，载于《健康心理学杂志》2002 年第 10 卷第 5 期。

［70］李祖超、尹伶俐、马丹：《我国女性科技人才成长的问题分析与应对策略》，载于《科协论坛》2010 年。

［71］梁红静：《浅谈青年科技人才成长规律》，载于《科技创业月刊》2008 年第 7 期。

［72］梁巧转、杨林、狄桂芳：《社会性别特征与领导风格性别差异实证研究》，载于《妇女研究论丛》2006 年。

［73］梁星晖：《从"女性"领导力到"女性化"领导力》，载于《商学院》2016 年。

［74］廖泉文：《人力资源管理》，高等教育出版社 2003 年版。

［75］林桂安：《试论我国女性科技人才培养战略》，广西大学硕士学位论文，2007 年。

［76］凌文辁、张治灿、方俐洛：《影响组织承诺的因素探讨》，载于《心理学报》2001 年。

［77］刘伯红：《半边天要顶破"玻璃天花板"——中外女性参政的进展与对策》，载于《中国行政管理》2003 年第 213 卷第 3 期。

［78］刘德中、牛变秀：《中国的职业性别隔离与女性就业》，载于《妇女研究论丛》2000 年。

［79］刘洪德、王璐璐：《高层次创造性人才的内涵及特征分析》，载于《科技管理研究》2010 年第 1 期。

［80］刘津言：《社会网络对企业女性高层次管理人才成长的作用机制研究——基于宜人性的调节作用》，吉林大学硕士学位论文，2012 年。

［81］刘利群：《媒体职业女性的困境》，载于《妇女研究论丛》2003 年。

［82］刘孟超：《希望：心理学的研究述评》，载于《心理科学进展》2013 年。

［83］刘楠：《女大学生就业心理分析》，载于《沈阳工程学院学报（社会科学版）》2009 年。

［84］刘宁：《社会网络对企业管理人员职业生涯成功影响的实证研究》，载于《南开管理评论》2007 年。

［85］刘宁：《社会网络对企业管理人员职业生涯成功影响的实证研究》，载于《南开管理评论》2007年。

［86］刘筱红、陈奕：《湖北省女性科技人才差异化发展现状及对策研究》，载于《科技进步与对策》2012年第29卷第12期。

［87］刘燕、张秋惠：《女性高层次人才职业成功模型改进》，载于《社会科学家》2014年第8期。

［88］龙立荣：《企业员工自我职业生涯管理的影响因素》，载于《心理学报》2003年第4期。

［89］卢嘉、时勘、杨继锋：《工作满意度的评价结构和方法》，载于《中国人力资源开发》2001年。

［90］陆艳：《女性管理者的个性特征及其对管理风格的影响》，载于《广西大学梧州分校学报》2006年。

［91］路兴永：《A企业经营管理人员需求预测模型研究》，首都经济贸易大学硕士论文，2006年。

［92］罗瑾琏、孙彩霞、朱盼盼、钟竞：《职业价值观与自我效能感：如何驱动企业女性高管职业成长》，载于《中国人力资源开发》2013年。

［93］罗瑾琏、肖薇：《女性职业生涯研究共识与现实矛盾梳理及未来研究展望》，载于《外国经济与管理》2012年第34卷第8期。

［94］罗瑾琏、杨光华：《性别视角下"中国三明治"创业者创业行为研究》，载于《科学学与科学技术管理》2015年第36卷第5期。

［95］罗青兰、孙乃纪、于桂兰：《高层次人才成长规律与成长路径研究》，载于《现代经济探讨》2012年第4期。

［96］罗英：《国有事业单位专业技术人才流动的问题及对策》，西南大学硕士学位论文，2013年。

［97］马冬玲：《新时期中国女性高层人才成长规律——基于第三期中国妇女社会地位调查数据》，载于《中国妇运》2014年第7期。

［98］马士斌：《企业经营管理人才的界定、价值与开发》，载于《南京理工大学学报（社会科学报）》2004年第17卷第4期。

［99］马振华：《高技能人才成长规律探寻》，载于《人才资源开发》2010年。

［100］孟祥斐、徐延辉：《高层次女性人才的性别意识及其影响因素研究——基于福建省的调查》，载于《妇女研究论丛》2012年第1期。

［101］莫寰：《女性创业胜任力的阶段特征及其与成长绩效的关系研究》，浙江大学博士学位论文，2013年。

［102］穆雨栋：《乌兰察布市县处级党政人才队伍建设研究》，内蒙古大学

硕士学位论文，2013年。

[103] 倪陈明、马剑虹：《企业职工的工作价值观与组织行为关系分析》，载于《人类工效学》2000年第4期。

[104] 聂志毅：《女性的职业优势与领导力》，载于《学术界》2010年第3期。

[105] 宁甜甜：《人力资本与社会资本对高层次人才职业生涯发展的影响研究》，载于《天津大学》2014年。

[106] 牛珩、周建中：《基于CV分析方法对中国高层次科技人才的特征研究——以"百人计划"、"长江学者"和"杰出青年"为例》，载于《北京科技大学学报（社会科学版）》2012年。

[107] 钱永红：《女性创业意向与创业行为及其影响因素研究》，浙江大学博士学位论文，2007年。

[108] 任颋、王峥：《女性参与高管团队对企业绩效的影响：基于中国民营企业的实证研究》，载于《南开管理评论》2010年第13卷第5期。

[109] 石凌：《基层党政人才能力建设的研究——以郫县为例》，西南财经大学硕士学位论文，2006年。

[110] 史清琪：《中国女企业家的创业、发展与创新》，载于《管理观察》2008年。

[111] 斯蒂芬·P. 罗宾斯著，孙建敏等译：《组织行为学》，中国人民大学出版社2012年版。

[112] 宋铁鹏：《黑龙江省机关党政人才资源问题研究》，哈尔滨工业大学硕士学位论文，2006年。

[113] 苏珊：《女性特质》，江苏人民出版社2006年版。

[114] 孙嫄：《应用型高级专门人才成长规律研究》，西安工业大学硕士学位论文，2011年。

[115] 孙亮、周琳：《女性董事、过度投资与绩效波动——基于谨慎性视角的研究》，载于《管理评论》2016年。

[116] 孙欣：《高层次女性人才发展现状与对策分析》，载于《学理论》2011年第24期。

[117] 孙元、邱永渠：《扬起女性管理的风帆》，载于《重庆邮电大学学报（社会科学版）》2008年第1期。

[118] 所静、肖凤翔、罗曦：《女性高层次人才男女同龄退休意愿影响因素实证分析——基于文化部门的调研数据》，载于《西安交通大学学报（社会科学版）》2015年第35卷第3期。

[119] 覃红霞：《求异与趋同：中国女性高等教育的变迁与反思》，载于

《江苏高教》2009 年第 3 期。

［120］唐祯、张玮琳：《中国青年科技奖统计分析》，载于《科技导报》2016 年第 34 卷第 10 期。

［121］陶宝山、徐隽：《高管团队特征与公司绩效的关系——基于中小企业板上市公司的经验证据》，载于《会计之友》2012 年第 20 期。

［122］田秋芬：《我国企业女性领导力提升研究》，大连海事大学硕士学位论文，2013 年。

［123］田蕴祥：《科技领域的性别研究：女性科技人才研究回顾与展望》，载于 Proceedings of Conference on Web Based Business Management（WBM 2012），2012 年。

［124］佟新：《社会性别研究导论——两性不平等的社会机制分析》，北京大学出版社 2005 年版。

［125］童亮、陈劲：《女企业家的创业动机研究》，载于《中国地质大学学报（社会科学版）》2004 年第 8 期。

［126］童兆颖：《女性领导力与柔性化管理》，载于《领导科学》2004 年第 20 期。

［127］王丹丹：《高校高层次女性人才职业发展与社会支持状况分析——以徐州地区高校高层次女性为例》，载于《前沿》2012 年第 17 期。

［128］王辉、武朝艳、张燕、陈昭全：《领导授权赋能行为的维度确认与测量》，载于《心理学报》2008 年。

［129］王鉴忠、宋君卿：《成长型心智模式与职业生涯成功研究》，载于《外国经济与管理》2008 年第 6 期。

［130］王金玲：《社会学视野下的女性研究：十五年来的建构与发展》，载于《社会学研究》2000 年第 1 期。

［131］王垒、马洪波等：《当代北京大学生工作价值观结构研究》，载于《心理与行为研究》2003 年。

［132］王通讯：《人才成长的八大规律》，载于《决策与信息》2006 年。

［133］王崴、芦青、宋继文：《组织变革不同阶段的领导风格特点——我国国有大型企业的多案例分析》，载于《管理学家》2010 年。

［134］王文静：《企业专业技术人才发展环境因素研究》，河南大学硕士学位论文，2014 年。

［135］王湘栗：《国民小学教师关注与教师效能感之研究》，台北市立师范学院国民教育研究所硕士论文，1997 年。

［136］王晓燕、刘娟：《首都高校高层次人才队伍建设的现状分析及对策研

究》，载于《高教发展研究》2007年第2期。

[137] 王雪莉：《领导变革矩阵：企业组织变革成功的因素分析》，载于《经济管理》2002年。

[138] 王语：《我国女性创业者的企业创业特征综述》，载于《商场现代化》2014年。

[139] 王圆圆：《中国现代女性党政领导干部的培养与选拔研究》，辽宁师范大学硕士学位论文，2014年。

[140] 王震、王萍：《人－组织匹配：三维模型的验证及其与个体结果变量的关系》，载于《科技与管理》2009年。

[141] 王忠军、龙立荣：《知识经济时代社会资本与职业生涯成功关系探析》，载于《外国经济与管理》2005年第27卷第2期。

[142] 韦惠惠：《女性科技人才开发的问题、原因及对策——基于国内文献的概述研究》，载于《创新科技》2013年第3期。

[143] 文魁、吴冬梅：《科技创新人才环境研究报告》，载于《经济与管理研究》2006年第2期。

[144] 翁清雄、席酉民：《动态职业环境下职业成长与组织承诺的关系》，载于《管理科学学报》2011年。

[145] 吴道友：《组织变革多阶段协同行为策略及其影响机制研究：国际创业的视角》，浙江大学博士学位论文，2009年。

[146] 吴贵明：《职业生涯发展的路径与运动形式》，载于《福建商业高等专科学校学报》2004年第2期。

[147] 肖军飞：《科技政策视野下的女性科技人才发展研究：以H省为例》，华中师范大学博士学位论文，2013年。

[148] 肖鸣政：《党政领导人才评价标准问题研究》，载于《北京大学学报（哲学社会科学版）》2005年第42卷第3期。

[149] 肖薇、罗瑾琏：《第二代性别偏见与女性领导力开发》，载于《中国人力资源开发》2013年。

[150] 谢朝晖：《高层次人才价值观调查研究》，载于《重庆文理学院学报（自然科学版）》2010年。

[151] 谢焕男：《中国女性高层次人才群体发展状况研究——基于山西省的调查》，太原理工大学硕士学位论文，2014年。

[152] 谢菊兰、马红宇、唐汉瑛，等：《性别对工作—家庭冲突的影响机制：基于社会角色理论的实证分析》，载于《心理科学》2015年第1期。

[153] 谢雅萍、周芳：《女性创业特征及其促进策略——基于福建省女性创

业者的实证研究》，载于《广西大学学报（哲学社会科学版）》2012年。

［154］徐大真：《性别刻板印象之性别效应研究》，载于《心理科学》2003年第26卷第4期。

［155］许典利：《少数民族女性高层次人才的发掘和培养》，载于《百色学院学报》2017年第30卷第5期。

［156］许美娜：《我国女性领导者的特质及其发展》，吉林大学硕士学位论文，2008年。

［157］许艳丽、谭琳：《论性别化的时间配置与女性职业发展》，载于《中华女子学院学报》2002年第6期。

［158］杨静、王鲲：《女性领导研究回顾与展望》，载于《山东财经大学学报》2015年。

［159］杨静、王重鸣：《女性创业型领导：多维度结构与多水平影响效应》，载于《管理世界》2013年。

［160］杨丽：《大数据下的中国女性高端科技人才管理计量与对策分析》，载于《科技管理研究》2017年第37卷第4期。

［161］杨蓉：《人力资源管理》，东北财经大学出版社2002年版。

［162］叶忠海：《高层次科技人才的特征和开发》，载于《中国人才》2005年。

［163］荫海龙：《农林领域拔尖创新人才成长规律与本科教育改革研究》，华中农业大学硕士学位论文，2015年。

［164］悠然：《关于政治人才及其选拔机制的座谈》，载于《现代人才》2006年。

［165］于海波、张进辅：《从职业价值观中分析当代大学生需要的特点》，载于《广西民族学院学报（自然科学版）》2003年第9卷第2期。

［166］于海波：《高师生职业价值观研究》，西南师范大学出版社2001年版。

［167］于娟英：《北京市宣武区专业技术人才流动意愿影响因素研究》，首都经济贸易大学硕士学位论文，2006年。

［168］余琛：《知识型员工的职业价值观及其与职业成功的关系研究》，载于《人力资源管理》2011年。

［169］袁庆宏、王双龙、张田：《雇员职业生涯发展中职业成长的驱动作用研究——基于MBA学员深度访谈与自传资料的案例分析》，载于《管理案例研究与评论》2009年。

［170］袁曦临、曹春和：《基于学术生命周期理论的高校人才价值评价》，载于《科技管理研究》2009年第8期。

[171] 张丹丹：《市场化与性别工资差异研究》，载于《中国人口科学》2004年。

[172] 张今杰、张冬烁：《科学研究中的女性"相对不在场"现象——自然科学中的性别不平等问题研究》，载于《科技进步与对策》2008年第1期。

[173] 张琨、杨丹：《董事会性别结构——市场环境与企业绩效》，载于《南京大学学报：哲学·人文科学·社会科学》2013年第5期。

[174] 张丽棉：《企业专业技术人才激励机制研究——以北京近郊县企业为例》，首都经济贸易大学硕士学位论文，2009年。

[175] 张丽霞：《积极心理学视域下女性领导自我效能的开发》，载于《女性领导》2016年。

[176] 张利华、陈钢、何革华：《中国科学界的女性：现状与发展科学对社会的影响》，载于《科学对社会的影响》2006年第4期。

[177] 张素玲：《现代社会女性领导的发展优势分析》，载于《领导科学》2010年。

[178] 张万英：《浅析当今女性领导干部的人格特征状况》，载于《四川精神卫生》2007年。

[179] 张小莉：《社会性别视角下当代中国女性党政领导人才职业发展研究》，辽宁师范大学博士学位论文，2014年。

[180] 张延君、张再生：《女性科技工作者职业生涯发展模式与对策研究——基于天津调查》，载于《妇女研究论丛》2009年第5期。

[181] 张艳：《试论女性高层次人才资源贫乏现象及成因》，载于《教育探索》1998年第4期。

[182] 张烨：《文献计量视角下高层次人才学术成长特征研究——以管理学部杰青基金获得者为例》，东南大学硕士学位论文，2016年。

[183] 张玉利：《企业家型企业的创业与快速成长》，南开大学出版社2003年版。

[184] 赵地：《女性社团为高层次人才成长建言献策——全国妇联女性高层次人才成长工作座谈会侧记》，2009年。

[185] 赵光辉：《高层次人才宏观管理的现状与对策——以湖北省高层次人才的宏观管理为例》，载于《中国人力资源开发》2005年第9期。

[186] 赵毅、朱晓雯：《组织文化构建过程中的女企业家领导力特征研究——以董明珠的创新型组织文化构建为例》，载于《中国人力资源开发》2016年。

[187] 赵云：《黑龙江省女性高层次人才社会地位调查与研究》，载于《成才之路》2015年第34期。

[188] 郑代良、钟书华：《中国高层次人才政策现状、问题与对策》，载于《科研管理》2012 年第 33 卷第 9 期。

[189] 郑敏芝：《女性高层次人才发展探析》，载于《兰州学刊》2008 年第 11 期。

[190] 《政策助力，自我奋飞——解析女性高层次人才成长之路》，载于《中国妇女报》2011 年。

[191] 周文霞、谢宝国、辛迅、白光林、苗仁涛：《人力资本、社会资本和心理资本影响中国员工职业成功的元分析》，载于《心理学报》2015 年第 2 期。

[192] 周泽将、刘文惠、刘中燕：《女性高管对公司财务行为与公司价值的影响研究述评》，载于《外国经济与管理》2012 年第 2 期。

[193] 朱春奎：《社会性别主流化与国家治理现代化》，载于《中国行政管理》2015 年第 3 期。

[194] 朱江：《云南党政领导人才成长规律及对策探索》，载于《中共云南省委党校学报》2003 年。

[195] 祝继高、叶康涛、严冬：《女性董事的风险规避与企业投资行为研究——基于金融危机的视角》，载于《财贸经济》2012 年第 4 期。

[196] 庄洁：《"社会资本"理论研究综述》，载于《发展论坛》2003 年第 1 期。

[197] Aarum Andersen, J., & Hansson, P. H. At the End of the Road? On Differences between Women and Men in Leadership Behaviour [J]. *Leadership & Organization Development Journal*, 2011, 32 (5): 428 – 441.

[198] Abdullah, S. N.. The Causes of Gender Diversity in Malaysian Large Firms [J]. *Journal of Management & Governance*, 2013, 18 (4): 1137 – 1159.

[199] Adams R B, Ferreira D. Women in the Boardroom and Their Impact On-governance and Performance [J]. *Journal of Financial Economics*, 2009, 94 (2): 291 – 309.

[200] Adams, S. M., Gupta, A., & Leeth, J. D. Are Female Executives Over-represented in Precarious Leadership Positions? [J]. *British Journal of Management*, 2009, 20: 01 – 12.

[201] Adler, N. J., Izraeli, D. N. Competitive Frontiers: Women Managers in a Global Economy [J]. *Journal of Management Development*, 1994, 13 (2): 24 – 41.

[202] Ajzen I. The Theory of Planned Behavior [J]. *Organizational Behavior and Human Decision Processes*, 1991, 50 (2): 179 – 211.

[203] Alice H. Eagly, Mary C. Johannensen – Schmidt, Marloes L. Van Engen.

Transformational, Transactional, and Laissez-Faire Leadership Styles, 2003.

[204] Alkadry M G. Unequal Pay: The Role of Gender [J]. *Public Administration Review*, 2006, 66 (6): 888-898.

[205] Appelbaum S. H, Hare A. Self-efficacy as a Mediator of Goal Setting and Performance Some Human Resource Applications [J]. *Journal of Managerial Psychology*, 1996, 11 (3): 33-47.

[206] Appelbaum, S. H., Habashy, S., Malo, J. L., & Shafiq, H. Back to the Future: Revisiting Kotter's 1996 Change Model [J]. *Journal of Management Development*, 2012, 31 (8): 764-782.

[207] Armenakis, A. A., Harris, S. G., & Feild, H. S. Paradigms in Organizational Change: Change Agent and Change Target Perspectives [J]. *Public Administration and Public Policy*, 2001: 631-658.

[208] Aryee S, Srinivas E S, Tan H H. Rhythms of Life: Antecedents and Outcomes of Work-family Balance in Employed Parents [J]. *Journal of Applied Psychology*, 2005, 90 (1): 132.

[209] Asch, S. E. Effects of Group Pressure Upon the Modification and Distortion of Judgments [J]. *Groups, Leadership, and Men*, 1951: 222-236.

[210] Ashby, J., Ryan, M. K., Haslam, S. A. Legal Work and the Glass Cliff: Evidence that Women are Preferentially Selected to Lead Problematic Cases [J]. *William and Mary Journal of Women and the Law*, 2007 (13): 775-794.

[211] Ashforth, B. E., & Mael, F. Social Identity Theory and the Organization [J]. *Academy of Management Review*, 1989, 14 (1): 20-39.

[212] Astin H. S. The Meaning of Work in Women's Life: A Socio Psychological Model of Career Choice and Work Behavior [J]. *The Counseling Psychologist*, 1984, 12: 117-126.

[213] Ayman, R. Situational and Contingency Approaches Toleadership. In J. Antonakis, A. T. Cianciolo, &R. J. Sternberg (Eds.), *The Nature of Leadership*, 2004.

[214] B. R., & Sundstrom, E. "Gender and Power in Organizations: A Longitudinal Perspective" [J]. *Psychological Bulletin*, 1989, 5: 51-88.

[215] Bandura A. Self-efficacy: Toward a Unifying Theory of Behavioral Change [J]. *Psychological Review*, 1977, 84 (2): 191.

[216] Bandura A. Social Foundations of Thought and Action [J]. *Journal of Applied Psychology*, 1986, 12 (1): 169.

[217] Barbara White. The Career Development of Successful Women [J]. *Women*

in Management Review, 1995, 10 (3): 4 – 15.

［218］Barnakovam, Y., Franklin, S., & Steven., K. Women as Strategic Leaders ［J］. *MWorld. Winter*, 2015, 13 (4): 16 – 22.

［219］Barreto, M. The Backlash of Token Mobility: The Impact of Past Group Experiences on Individual Ambition and Effort ［J］. *Personality and Social Psychology Bulletin*, 2004, 30 (11): 1433 – 1445.

［220］Barreto, M., & Ellemers, N. Detecting and Experiencing Prejudice: New Answers to Old Questions ［J］. *Advances in Experimental Social Psychology*, 2015, 52 (52): 139 – 219.

［221］Bass & Stogdill's Handbook of Leadership: Theory, Research, and Managerial Applications, 3rd Edition, Bernard M. Bass, 1990. Developing Transformational Leadership: 1992 and Beyond, Bernard M. Bass and Bruce J. Avolio, 1990.

［222］Bass, B & Riggio, R. E. *Transformational Leadership*. Mahwah, NJ: Lawrence Erlbaum, 2006.

［223］Becker H. S. Notes on the Conceal of Commitment ［J］. *American Journal of Sociology*, 1960 (66): 32 – 40.

［224］Becker, B., & Huselid, M. High Performance Work Systems and Firm Performance: A Synthesis of Research and Managerial Implications. In Ferris G R. Research in Personnel and Human Resource Management ［C］. 1998: 53 – 101.

［225］Bellah R N, Madsen R, Sullivan W M, Swidler A and Tipton S *M. Habits of the Heart: Individualism and Commitment in American Life* ［M］. Berkeley: University of California Press, 1986.

［226］Betz & Fitzgerald. *The Career Psychology of Women* ［M］. New York Academic, 1987.

［227］Betz D. C., Hackett G. The Relationship of Career-related Self-efficacy Expectations to Perceived Career Options in College Men and Women ［J］. *Journal of Counseling Psychology*, 1981 (28): 399 – 410.

［228］Blake, R. R., & Mouton, J. S. The Management Grid. Houston: Gulf 1964.

［229］BM Bass, BJ Avolio. Transformational Leadership Development: Manual for the Multifactor Leadership Questionnaire ［J］. *Consulting Psychologists Press*, 1990: 121 – 139.

［230］Bohren, O., & Strom, R. O. Governance and Politics: Regulating Independence and Diversity in the Board Room ［J］. *Journal of Business Finance & Accounting*, 2010, 37 (9 – 10): 1281 – 1308.

[231] Boin, A. tHart P. McConnell, A. Preston, T. Leadership Style, Crisis Response and Blame Management: The Case of Hurricane Katrina [J]. *Public Administration*, 2010 (88): 706 – 723.

[232] Borman W. C., Motowidlo S. J. *Expanding the Criterion Domain to Include Elements of Contextual Performance*, In N. Schmitt, W. C. Borman (Eds.). Personnel Selection in Organizations, San Francisco: Jossey – Bass, 1993.

[233] Boud D, Keogh R, Walker D. *What is Reflection in Learning?* [M] // Boud D, Keogh R, Walker D. Reflection: Turning Experience into Learning. London: Kogan Page, 1985: 7 – 17.

[234] Bourdieu P. The Force of Law: Toward a Sociology of the Juridical Field [J]. *Hastings LJ*, 1986 (38): 805.

[235] Braynion P. Power and Leadership [J]. *Journal of Health, Organization, and Management*, 2004, 18 (6): 447 – 463.

[236] Breesch D, Branson J. The Effects of Auditor Gender on Audit Quality [J]. *IUP Journal of Accounting Research & Audit Practices*, 2009, 8 (3 – 4): 78 – 107.

[237] Brescoll, V. L. Leading with Their Hearts? How Gender Stereotypes of Emotion Lead to Biased Evaluations of Female Leaders [J]. *Leadership Quarterly*, 2016, 27 (3): 415 – 428.

[238] Brescoll, V. L., Uhlmann, E. L., Moss – Racusin, C., & Sarnell, L. Masculinity, Status, and Subordination: Why Working for a Gender Stereotype Violator Causes Men to Lose Status [J]. *Journal of Experimental Social Psychology*, 2012, 48 (1): 354 – 357.

[239] Brickson S. The Impact of Identity Orientation On Individual and Organizational Outcomes in Demographically Diverse Settings [J]. *Academy of Management Review*, 2000: 82 – 101.

[240] Brown, E. R., & Diekman, A. B. Differential Effects of Female and Male Candidates on System Justification: Can Cracks in the Glass Ceiling Foster Complacency? [J]. *European Journal of Social Psychology*, 2013, 43 (4): 299 – 306.

[241] Brown, E. R., Diekman, A. B., Schneider, M. C. A Change Will Do Us Good: Threats Diminish Typical Preferences for Male Leaders [J]. *Personality and Social Psychology Bulletin*, 2011 (37): 930 – 941.

[242] Bruckmüller, S., Ryan, M. K., Haslam, S. A., & Peters, K. Ceilings, Cliffs, and Labyrinths: Exploring Metaphors for Workplace Gender Discrimina-

tion [J]. *The Sage Handbook of Gender and Psychology*, 2013: 450 – 465.

[243] Bruckmuller, S., Branscombe, N. R. The Glass Cliff: When and Why Women are Selected as Leaders in Crisis Contexts [J]. *British Journal of Social Psychology*, 2010 (49): 433 – 451.

[244] Bruckmuller, S., Hegarty, P., & Abele, A. E. Framing Gender Differences: Linguistic Normativity Affects Perceptions of Power and Gender Stereotypes [J]. *European Journal of Social Psychology*, 2012 (42): 210 – 218.

[245] Burke R J. Are Families a Career Liability? [J]. *Women in Management Review*, 1999, 14 (5): 159 – 163.

[246] Butterfield, D. A., & Grinnell, J. P. "Re – viewing" Gender, Leadership, and Managerial Behavior: Do Three Decades of Research Tell Us Anything [J]. *Handbook of Gender and Work*, 1999: 223 – 238.

[247] Buttner, E. H, D. Moore. Women's Organizational Exodus to Entrepreneurship: Self-reported Motivations and Correlates with Success [J]. *Journal of Small Business Mangement*, 1997 (35): 34 – 46.

[248] C Blaser. Women and Entrepreneurship: Female Durability, Persistence and Intuition at Work [J]. *Journal of International Womens Studies*, 2013, 15 (1 – 2): 115 – 116.

[249] Caleo, S. Are Organizational Justice Rules Gendered? Reactions to Men's and Women's Justice Violations [J]. *Journal of Applied Psychology*, 2016, 101 (10): 1422 – 1435.

[250] Campbell, J. P. An Overview of the Army Selections and Classification Project [J]. *Personnel Psychology*, 1990, 43 (2): 231 – 239.

[251] Campbell, K., & Minguez – Vera, A. Gender Diversity in the Boardroom and Firm Financial Performance [J]. *Journal of Business Ethics*, 2008, 83 (3): 435 – 451.

[252] Carmeli, A., Schaubroeck, J. Organisational Crisis-preparedness: The Importance of Learning from Failures [J]. *Long Range Planning*, 2008 (41): 177 – 196.

[253] Carmeli, A., & Sheaffer, Z. How Leadership Characteristics Affect Organizational Decline and Downsizing [J]. *Journal of Business Ethics*, 2009, 86 (3): 363 – 378.

[254] Carter, D. A., D'Souza, F., Simkins, B. J., & Simpson, W. G. The Gender and Ethnic Diversity of US Boards and Board Committees and Firm Financial

Performance [J]. *Corporate Governance – an International Review*, 2010, 18 (5): 396 – 414.

[255] Catalyst, Inc. *Census of Women Corporate Officers and Top Earners* [M]. Catalyst, 1997.

[256] Child, J. Organizational Structure, Environment and Performance: The Role of Strategic Choice [J]. *Sociology*, 1972, 6 (1): 1 – 22.

[257] Chirwa, E. W. Effects of Gender on the Performance of Micro and Small Enterprises in Malawi [J]. *Development Southern Africa*, 2008, 25 (3): 347 – 362.

[258] Cho, T. S., & Hambrick, D. C. Attention as the Mediator Between Top Management Team Characteristics and Strategic Change: The Case of Airline Deregulation [J]. *Organization Science*, 2006, 17 (4): 453 – 469.

[259] Collins, R. L. For Better or Worse: The Impact of Upward Social Comparisons on Self-evaluation [J]. *Psychological Bulletin*, 1996 (119): 51 – 69.

[260] Collins, R. L. Among the Better Ones: Upward Assimilation in Social Comparison. In J. Suls & L. Wheeler (Eds.) [J]. *Handbook of Social Comparison*, 2000: 159 – 172.

[261] Collins, S. M. Black Mobility in White Corporations: Up the Corporate Ladder But Out on a Limb [J]. *Social Problems*, 1997, 44 (1): 55 – 67.

[262] Cook, A., & Glass, C. Women and Top Leadership Positions: Towards an Institutional Analysis [J]. *Gender Work and Organization*, 2014, 21 (1): 91 – 103.

[263] Cope J. Entrepreneurial Learning From Failure: An Interpretive Phenomenological Analysis [J]. *Journal of Business Venturing*, 2010, 26 (6): 601 – 623.

[264] Courtney Von Hippel, Alice M. Walsh, and Ariane Zouroudis. Identity Separation in Response to Stereotype Threat [J]. *Social Psychological and Personality Science*, 2011, 2 (3): 317 – 324.

[265] Cran, C. The Art of Change Leadership: Driving Transformation in a Fast - Paced World [J]. *Talent Development*, 2016, 70 (5): 75.

[266] Crant J M. Proactive Behavior in Organizations [J]. *Journal of Management*, 2000, 26 (3): 435 – 462.

[267] Crusius J, Calvert S, Pedersen T, et al. Rhenium and Molybdenum Enrichments in Sediments as Indicators of Oxic, Suboxic and Sulfidic Conditions of Deposition [J]. *Earth and Planetary Science Letters*, 1996, 145 (1 – 4): 65 – 78.

[268] Crystal L. Hoyt and Stefanie Simon. Female Leaders: Injurious or Inspir-

ing Role Models for Women? [J]. *Psychology of Women Quarterly*, 2011, 35 (1): 143 –157.

[269] Crystal L. Hoyt, Jeni L. Burnette, and Audrey N. Innella. I Can Do That: The Impact of Implicit Theories on Leadership Role Model Effectiveness [J]. *Personality and Social Psychology Bulletin*, 2012, 38 (2): 257 –268.

[270] Crystal L. Hoyt. Inspirational or Self – Deflating: The Role of Self – Efficacy in Elite Role Model Effectiveness [J]. *Social Psychological and Personality Science*, 2012, 4 (3): 290 –298.

[271] Cuadrado, I., Navas, M., Molero, F., Ferrer, E., & Morales, J. Gender Differences in Leadership Styles as a Function of Leader and Subordinates' Sex and Type of Organization [J]. *Journal of Applied Social Psychology*, 2012, 42 (12): 3083 –3113.

[272] Darmadi, S. Board Diversity and Firm Performance: The Indonesian Evidence [J]. *Corporate Ownership and Control Journal*, 2011.

[273] Daron Acemoglu, David H. Autor. *Women, War, and Wages: The Effect of Female Labor Supply on the Wage Structure at Midcentury* [M]. Massachusetts Institute of Technology and National Bureau of Economic Research, 2004.

[274] David M. Marx Jasmin S. Roman. Female Role Models: Protecting Women's Math Test Performance [J]. *Personality and Social Psychology Bulletin*, 2002, 28 (9): 1183 –1193.

[275] Deborah A. O'Neil, Diana Bilimoria. Women's Career Development Phases [J]. *Career Development International*, 2005 (10): 168 –189.

[276] Derks, B., Ellemers, N., Van Laar, C., & De Groot, K. Do Sexist Organizational Cultures Create the Queen Bee? [J]. *British Journal of Social Psychology*, 2001. 50: 519 –535.

[277] Derks, B., Van Laar, C., & Ellemers, N. The Queen Bee Phenomenon: Why Women Leaders Distance Themselves From Junior Women [J]. *Leadership Quarterly*, 2016, 27 (3): 456 –469.

[278] Derks, B., Van Laar, C., Ellemers, N., & Raghoe, G. Extending the Queen Bee Effect: How Hindustani Workers Cope with Disadvantage by Distancing the Self From the Group [J]. *Journal of Social Issues*, 2015, 71 (3): 476 –496.

[279] Dijksterhuis, A., Spears, R., Postmes, T., Stapel, D., Koomen, W., Knippenberg, A., et al. Seeing One Thing and Doing Another: Contrast Effects in Automatic Behavior [J]. *Journal of Personality and Social Psychology*, 1998 (75): 862 –871.

［280］Douglas T. Hall & Down E. Chandler. Psychological Success: When the Career is a Calling [J]. *Journal of Organizational Behavior*, 2005 (26): 155-176.

［281］Drew E, and Murtagh E M. Work/Life Balance: Senior Management Champions or Laggards? [J]. *Women in Management Review*, 2005, 20 (4): 262-278.

［282］Drucker PF. *The Effective Executive* [M]. Harper Collins Publishers, Inc, 2002: 23-24.

［283］Duguid, M. Female Tokens in High-prestige Work Groups: Catalysts or Inhibitors of Group Diversification? [J]. *Organizational Behavior and Human Decision Processes*, 2011, 116 (1): 104-115.

［284］Dulewicz, V., & Higgs, M. Assessing leadership Styles and Organisational Context [J]. *Journal of Managerial Psychology*, 2005, 20 (2): 105-123.

［285］Dwyer, S., Richard, O. C., & Chadwick, K. Gender Diversity in Management and Firm Performance: The Influence of Growth Orientation and Organizational Culture [J]. *Journal of Business Research*, 2003 (56): 1009-1019.

［286］Eagle, A. H., Johannesen—Schmidt, M. C. & Van Engen, M. L., Transformational, Transactional, and Laissez—Faire Leadership Styles: A Meta—Analysis Comparing Women and Men [J]. *Psychological Bulletin*, 2003: 569-591.

［287］Eagly, A. H., & Szcesny, S. Stereotypes About Women, Men, and Leaders: Have Times Changed? [J]. *The Glass Ceiling in the 21st Century: Understanding Barriers to Gender Equality*, 2009: 21-47.

［288］Eagly, A. H., & Carli, L. L. The Female Leadership Advantage: An Evaluation of the Evidence [J]. *Leadership Quarterly*, 2003, 14 (6): 807-834.

［289］Eagly, A. H., & Carli, L. L. Women and the Labyrinth of Leadership [J]. *Harvard Business Review*, 2007, 85 (9): 62.

［290］Eagly, A. H., & Heilman, M. E. Gender and Leadership: Introduction to the Special Issue [J]. *The Leadership Quarterly*, 2016, 3 (27): 349-353.

［291］Eagly, A. H., & Karau, S. J. Role Congruity Theory of Prejudice Toward Female Leaders [J]. *Psychological Review*, 2002, 109 (3): 573-598.

［292］Eagly, A. H., Eaton, A., Rose, S. M., Riger, S., & McHugh, M. C. Feminism and Psychology: Analysis of a Half-century of Research on Women and Gender [J]. *American Psychologist*, 2012, 67 (3): 211.

［293］Eagly, A. H., Female Leadership Advantage and Disadvantage: Resolving the Contradictions [J]. *Psychology of Women Quarterly*, 2007, 31 (1): 1-12.

[294] Eagly, A. H., The Science and Politics of Comparing Women and Men [J]. *American Psychologist*, 1995 (50): 145 – 158.

[295] Eisenberger, R., Huntington, R., Hutchison, S., & Sowa, D. Perceived Organizational Support [J]. *Journal of Applied Psychology*, 1986: 500 – 507.

[296] Elizabeth J. Parks – Stamm, Madeline E. Heilman and Krystle A. Hearns. Motivated to Penalize: Women's Strategic Rejection of Successful Women [J]. *Personality and Social Psychology Bulletin*, 2008 (34): 237.

[297] Elizur D: Facts of Work Values: a Structural Analysis of Work Outcomes [J]. *Journal of Applied Psychology*, 1984.

[298] ELL IS, A. *Overcoming Resistance: Rational Emotive Therapy with Difficult Clients* [M]. New York: Springer, 1985.

[299] Ellemers, N. *Individual Upward Mobility and the Perceived Legitimacy of Intergroup Relations*, 2001.

[300] Ellemers, N., & Barreto, M. Collective Action in Modern Times: How Modern Expressions of Prejudice Prevent Collective Action [J]. *Journal of Social Issues*, 2009, 65 (4): 749 – 768.

[301] Ellemers, N., Heuvel, H., de Gilder, D., Maass, A., & Bonvini, A. The Underrepresentation of Women in Science: Differential Commitment or the Queen Bee Syndrome? [J]. *British Journal of Social Psychology*, 2004 (43): 315 – 338.

[302] Ellemers, N., Rink, F., Derks, B., & Ryan, M. K. Women in High Places: When and Why Promoting Women into Top Positions Can Harm Them Individually or as a Group (and How to Prevent This) [J]. *Research in Organizational Behavior*, 2012 (32): 163 – 187.

[303] Ely R J, Meyerson D E. Theories of Gender in Organizations: A New Approach to Organizational Analysis and Change [J]. *Research in Organizational Behavior*, 2000 (22): 103 – 151.

[304] Ely R J. The Effects of Organizational Demographics and Social Identity on Relationships Among Professional Women [J]. *Administrative Science Quarterly*, 1994 (39): 203 – 238.

[305] Ely R J. The Power in Demography: Women's Social Constructions of Gender Identity at Work [J]. *Academic of Management Journal*, 1995, 38 (3): 589 – 634.

[306] Epstein C F. Olivares F. Ways Men and Woman Lead [J]. *Harvard Business Review*, 1991, 69 (1): 150.

［307］Ertac, S., & Gurdal, M. Y. Deciding to Decide: Gender, Leadership and Risk-taking in Groups ［J］. *Journal of Economic Behavior & Organization*, 2012, 83 (1): 24-30.

［308］Evans, A. J., & Friedman, J. "Search" vs. "Browse": A Theory of Error Grounded in Radical (Not Rational) Ignorance ［J］. *Critical Review*, 2011, 23 (1-2): 73-104.

［309］Extending the Queen Bee Effect: How Hindustani Workers Cope with Disadvantage by Distancing the Self From the Group ［J］. *Journal of Social Issues*, 2015 (71): 476-496.

［310］Fama E. F., Jensen M. C. Separation of Ownership and Control ［J］. *Journal of Law and Economics*, 1983 (26): 301-325.

［311］Farmer H S. Model of Career and Achievement Motivation for Women and Men ［J］. *Journal of Counseling Psychology*, 1985 (3): 363-390.

［312］Felton, J., Gibson, B., & Sanbonmatsu, D. M. Preference for Risk in Investing as a Function of Trait Optimism and Gender ［J］. *The Journal of Behavioral Finance*, 2003, 4 (1): 33-40.

［313］Ferris S. P., Jagannathan M. Pritchard A. C. Too Busy to Mind the Business? Monitoring by Directors with Multiple Board Appointments ［J］. *The Journal of Finance*, 2003 (58): 1087-1112.

［314］Festinger, L. A Theory of Social Comparison Processes ［J］. *Human Relations*, 1954 (7): 117-140.

［315］Fitzgerald L. F. & Cherpas C. C. On the Reciprocal Relationship Between Gender and Occupations: Rethinking the Assumptions Concerning Masculine Career Development ［J］. *Journal of Vocational Behavior*, 1985 (27): 109-122.

［316］Fitzgerald L. F. & Betz N. E. *Issues in the Vocational Psychology of Women. In: Handbook of Vocational Psychology* (Walsh W. B. & Osipow S. H. eds), Hillsdale, Erlbaum, 1983: 181-199.

［317］Fletcher J. K. *A Relational Approach to the Protean Worker*. In D. T. Hall (ed). The Career is Dead-long Lire the Career. San Francisco: Jessev-Bass, 1996.

［318］Fletcher, J. K. The Paradox of Postheroic Leadership: An Essay on Gender, Power and Transformational Change ［J］. *The Leadership Quarterly*, 2004, 15 (5): 647-661.

［319］Foo, M. D., Uy, M. A., & Murnieks, C. Beyond Affective Valence: Untangling Valence and Activation Influences on Opportunity Identification ［J］. *Entre-*

preneurship Theory and Practice, 2015, 39 (2): 407-431.

[320] Forret M. L., Dougherty T. W. Correlates of Networking Behavior for Managerial and Professional Employees [J]. Group & Organization Management, 2001, 26 (3): 283-311.

[321] Forsyth, R., & Nye, L. Seeing and Being a Leader: The Perceptual, Cognitive, and Interpersonal Roots of Conferred Influence Leadership at the Crossroads [J]. Leadership and Psychology, 2008 (1): 116-131.

[322] Franck A K. Factors Motivating Women's Informal Micro-entrepreneurship: Experiences From Penang, Malaysia [J]. International Journal of Gender and Entrepreneurship, 2012, 4 (1): 65-78.

[323] Friedman S D, Greenhaus J H. Work and Family—allies or Enemies? [J]. Academy of Management Executive, 2000, 47 (7): 358-364.

[324] Frone, M. R., Russell, M., & Cooper, M. L. Antecedents and Outcomes of Work-family Conflict: Testing a Model of the Work-family Interface [J]. Journal of Applied Psychology, 1992 (77): 65-78.

[325] Galpin, T. J. The Human Side of Change: A Practical Guide to Organization Redesign [M]. Jossey-Bass Publishers, 1996.

[326] Gartzia, L., & Van Engen, M. Are (Male) Leaders "Feminine" Enough? Gendered Traits of Identity as Mediators of Sex Differences in Leadership Styles [J]. Gender in Management: An International Journal, 2012, 27 (5): 296-314.

[327] Gartzia, L., Ryan, M. K., Balluerka, N., Aritzeta, A. Think Crisis-Think Female: Further Evidence [J]. European Journal of Work and Organizational Psychology, 2012 (21): 603-628.

[328] Gaziel H H. Sabbatical Leave, Job Burnout and Turnover Intentions Among Teachers [J]. International Journal of Lifelong Education, 1995, 14 (4): 331-338.

[329] Gehart B C. Voluntary Turnover and Alternative Job Opportunities [J]. Journal of Applied Phycology, 1990 (75): 467-476.

[330] Geis F L, Brown V, Jennings J, et al. TV Commercials as Achievement Scripts for Women [J]. Sex Roles, 1984, 10 (7-8): 513-525.

[331] Gersick C, Kram K E. High-Achieving Women at Mid-Life: An Exploratory Study [J]. Journal of Management Inquiry, 2002 (3): 124-135.

[332] Gilligan, C, In a Different Voice [M]. Cambridge, MA: Harvard University Press, 1982.

［333］ Ginzberg E, Ginsburg S W, Axelrad S, et al. Occupational Choice ［J］. *New York*, 1951.

［334］ Glaser B, Strauss A L. *The Discovery of Grounded Theory*: *Strategies for Qualitative Research* ［M］. Chicago: Aldine Pub. Co, 1967: 4 – 6.

［335］ Glaser, B. G. *Basics of Grounded Theory Analysis*: *Emergence VS Forcing* ［M］. Sociology Press, 1992.

［336］ Glass, C., & Cook, A. Leading at the Top: Understanding Women's Challenges Above the Glass Ceiling ［J］. *Leadership Quarterly*, 2016, 27 (1): 51 – 63.

［337］ Goffee, R., Scase, R. *Women in Charge*: *The Experiences of Female Entrepreneurs* ［M］. London: George Allen and Unwin Publishers, 1985.

［338］ Goodman J S, Fields D I, Blum T C. Cracks in the Glass Ceiling: In What Kinds of Organizations do Women Make it to the Top? ［J］. *Group and Organization Management*, 2003 (28): 475 – 501.

［339］ Gordini, N., & Rancati, E. Gender Diversity in the Italian Boardroom and Firm Financial Performance ［J］. *Management Research Review*, 2017, 40 (1): 75 – 94.

［340］ Graham, J. F., Stendardi Jr, E. J., Myers, J. K., & Graham, M. J. Gender Differences in Investment Strategies: An Information Processing Perspective ［J］. *International Journal of Bank Marketing*, 2002, 20 (1): 17 – 26.

［341］ Greenhaus J H, Bedeian A G, Mossholder K W. "Work Experiences, Job Performance, and Feelings of Personal and Family Well – being" ［J］. *Journal of Vocational Behavior*, 1987, 31 (2): 200 – 215.

［342］ Greenhaus, J. H., & Beutell, N. J.: Sources of Conflict Between Work and Family Roles ［J］. *Academy of Management Review*, 1985 (10): 76 – 88.

［343］ Groot W, & Van Den Brink H M. Glass Ceiling or Dead Ends: Job Promotion of Men and Women Compared ［J］. *Economics Letters*, 1996 (53): 221 – 226.

［344］ Grzywacz J G, Bass B L. Work, Family, and Mental Health: Testing Different Models of Work-family Fit ［J］. *Journal of Marriage and Family*, 2003, 65 (1): 248 – 261.

［345］ Grzywacz J G, Marks N F. Reconceptualizing the Work-family Interface: An Ecological Perspective on the Correlates of Positive and Negative Spillover Between Work and Family ［J］. *Journal of Occupational Health Psychology*, 2000, 5 (1): 111.

［346］ Hackett G, Betz N E. A Self-efficacy Approach to the Career Development of Women ［J］. *Journal of Vocational Behavior*, 1981 (18): 326 – 339.

［347］ Hage, J. Organization Innovation and Organization Change ［J］. *Annual Review of Sociology*, 1999 (25): 597–622.

［348］ Hall D T, and Mirvis P H. The New Career Contract: Developing the Whole Person at Midlife and Beyond ［J］. *Journal of Vocational Behavior*, 1995, 47 (3): 269–289.

［349］ Hall, D. T. *Careers in and Out of Organization* ［M］. California: Sage Publications, 2002.

［350］ Hansard Society, *The Report of the Hansard Society Commission on Women at the Top*, Hansard Society, London, 1990.

［351］ Haslam, S. A., Ryan, M. K., Kulich, C., Trojanowski, G., & Atkins, C. Investing with Prejudice: The Relationship Between Women's Presence on Company Boards and Objective and Subjective Measures of Company Performance ［J］. *British Journal of Management*, 2010 (21): 484–497.

［352］ Haslam, S. A. & Ryan, M. K. The Road to the Glass Cliff: Differences in the Perceived Suitability of Men and Women for Leadership Positions in Succeeding and Failing Organizations ［J］. *The Leadership Quarterly*, 2008, 19 (5): 530–546.

［353］ Hassan M H A. Building Capacity in the Life Sciences in the Developing World ［J］. *Cell*, 2007, 131 (3): 433–436.

［354］ Haveman, H. A., Rao, H., & Paruchuri, S. The Winds of Change: The Progressive Movement and the Bureaucratization of Thrift ［J］. *American Sociological Review*, 2007, 72 (1): 117–142.

［355］ Heath H, Cowley S. Developing a Grounded Theory Approach: A Comparison of Glaser and Straus ［J］. *International Journal of Nursing Studies*, 2004, 41 (2): 141–150.

［356］ Heckman, D. R., & Foo, M. D. *Does Valuing Diversity Result in Worse Performance Ratings for Minority and Female Leaders?* 2014.

［357］ Heilman M E, Herlihy J M. Affirmative Action, Negative Reaction? Some Moderating Conditions ［J］. *Organizational Behavior and Human Performance*, 1984, 33 (2): 204–213.

［358］ Heilman, M. E., & Chen, J. J. Entrepreneurship as a Solution: The Allure of Self-employment for Women and Minorities ［J］. *Human Resource Management Review*, 2003, 13 (2): 347–364.

［359］ Helfat C E, Harris D, and Wolfson P J. The Pipeline to the Top: Women and Men in the Top Executive Ranks of U. S. Corporations ［J］. *Academy of Management*

Perspectives, 2006, 20 (4): 42 – 64.

[360] Helgesen, S. *The Female Advantage: Women's Ways of Leadership*. Crown Business, 1995.

[361] Henry Minzberg. *Ten Meditation an the Management* [C]. The Davos World Economic Forum, Switzerland, 1995: 10 – 15.

[362] Hewlett S A. Creating a Life: Professional Women and the Quest for Children [J]. 2002.

[363] Higgs, M., & Rowland, D. Developing Change Leaders: Assessing the Impact of a Development Programme [J]. *Journal of Change Management*, 2001, 2 (1): 47 – 64.

[364] Hobfoll S E. Social and Psychological Resources and Adaptation [J]. *Review of General Psychology*, 2002, 6 (4): 307.

[365] Hofstede, G., Neuijen, B., Ohayv, D. D., & Sanders, G. Measuring Organizational Cultures: A Qualitative and Quantitative Study Across Twenty Cases [J]. *Administrative Science Quarterly*, 1990 (35): 286 – 316.

[366] Hopkins, M. M., Bilimoria, D. Social and Emotional Competencies Predicting Success for Male and Female Executives [J]. *Journal of Management Development*, 2008, 27 (1): 13 – 35.

[367] Hoyt, C. L., & Murphy, S. E Managing to Clear the Air: Stereotype threat, Women, and Leadership [J]. *Leadership Quarterly*, 2016, 27 (3): 387 – 399.

[368] Hoyt, C. L., & Simon, S. Female leaders: Injurious or Inspiring Role Models for Women? [J]. *Psychology of Women Quarterly*, 2011 (35): 143 – 157.

[369] Huang Q, Sverke M. Women's Occupational Career Patterns Over 27 Years: Relations to Family of Origin, Life Careers, and Wellness [J]. *Journal of Vocational Behavior*, 2007 (70): 369 – 397.

[370] Hughes E C. Institutional Office and the Person [J]. *American Journal of Sociology*, 1937, 43 (3): 404 – 413.

[371] Hulin C L. Job Satisfaction and Turnover in a Female Clerical Population [J]. *Journal of Applied Psychology*, 1966: 280 – 285.

[372] Hurley A E, Sonnenfeld J A. A Study of the Tournament Model with Female Managers [J]. *Women in Management Review*, 1997, 12 (1): 3 – 10.

[373] Hussain, S. A., Ibrahim, M., & Waqas Balouch, S. Impact of Women Behavior on Financial Decision Making [J]. *Global Journal of Management and Business Research*, 2015.

［374］Ibarra H. Homophily and Differential Returns: Sex Differences in Network Structure and Access in an Advertising Firm［J］. *Administrative Science Quarterly*, 1992: 422–447.

［375］Ibarra H. Provisional selves: Experimenting with Image and Identity in Professional Adaptation［J］. *Administrative Science Quarterly*, 1999, 44: 764–791.

［376］Ibarra, H. Paving an Alternative Route: Gender Differences in Managerial Networks［J］. *Social Psychology Quarterly*, 1997, 60 (1): 91–102.

［377］Ioana M. Latu a, Marianne Schmid Mast, Joris Lammers, Dario Bombari. Successful Female Leaders Empower Women's Behavior in Leadership Tasks［J］. *Journal of Experimental Social Psychology*, 2013 (49): 444–448.

［378］Ireland, R. D., & Miller, C. C. Decision–making and Firm Success［J］. *The Academy of Management Executive*, 2004, 18 (4): 8–12.

［379］Ireland, R. D., Covin, J. G., & Kuratko, D. F. Conceptualizing Corporate Entrepreneurship Strategy［J］. *Entrepreneurship Theory and Practice*, 2009, 33 (1): 19–46.

［380］Javidan, M., Bemmels, B., Devine, K. S., & Dastmalchian, A. Superior and Subordinate Gender and the Acceptance of Superiors as Role Models［J］. *Human Relations*, 1995 (48): 1271–1284.

［381］Jessica J. Good, Julie A. Woodzicka & Lylan C. Wingfield. The Effects of Gender Stereotypic and Counter–Stereotypic Textbook Images on Science Performance［J］. *Journal of Social Psychology*, 2010, 150 (2): 132–147.

［382］Joecks, J., Pull, K., & Vetter, K. Gender Diversity in the Boardroom and Firm Performance: What Exactly Constitutes a "Critical Mass?"［J］. *Journal of Business Ethics*, 2013, 118 (1): 61–72.

［383］Johansson U. *Constructing the Responsible Worker: Changing Structure, Changing Selves*［R］. Paper Presented at the Academy of Management Meeting, Vancouver, British Columbia, Canada, 1995.

［384］Jones, K., & Tullous, R. Behaviors of Pre-venture Entrepreneurs and Perceptions of Their Financial Needs［J］. *Journal of Small Business Management*, 2002, 40 (3): 233–248.

［385］Judge T A, Higgins C A, Thoresen C J, et al. The Big Five Personality Traits, General Mental Ability, and Career Success Across the Life Span［J］. *Personnel Psychology*, 1999, 52 (3): 621–652.

［386］Kanter, R. M. Men and Women of the Corporation. New York: Basic

Books, 1977.

[387] Kanter, R. M. Some Effects of Proportions on Group Life – Skewed Sex Ratios and Responses to Token Women [J]. *American Journal of Sociology*, 1977.

[388] Karakowsky, L., & Siegel, J. P. The Effects of Proportional Representation and Gender Orientation of the Task on Emergent Leadership Behavior in Mixed-gender Work Groups [J]. *Journal of Applied Psychology*, 1999, 84 (4): 620.

[389] Kark, R., Waismel–Manor, R., & Shamir, B. Does Valuing Androgyny and Femininity Lead to a Female Advantage? The Relationship Between Gender-role, Transformational Leadership and Identification [J]. *The Leadership Quarterly*, 2002, 23 (3): 620 – 640.

[390] Katz, D., R. L. Kahn. *The Social Psychology of Organizations* [M]. New York: John Willy & Sons, Inc, 1966.

[391] Kearney M H. Ready-to-wear: Discovering Grounded Formal Theory [J]. *Research in Nursing Health*, 1998, 21 (2): 179 – 18.

[392] Keeton K B. Characteristics of Successful Women Managers and Professionals in Local Government: A National Survey [J]. *Women in Management Review*, 1996, 11 (3): 27 – 34.

[393] Kempster, S., & Parry, K. W. Grounded Theory and Leadership Research: A Critical Realist Perspective [J]. *The Leadership Quarterly*, 2011, 22 (1): 106 – 120.

[394] Keziah Hunt – Earle. Falling Over a Glass Cliff: A Study of the Recruitment of Women to Leadership Roles in Troubled Enterprises [J]. *Global Business & Organizational Excellence*, 2012, 31 (5): 44 – 53.

[395] Kilduff, M., Tasi, W. *Social Networks and Organizations* [M]. London: Sage Publication, 2003.

[396] Kilic, M., & Kuzey, C. The Effect of Board Gender Diversity on Firm Performance: Evidence From Turkey [J]. *Gender in Management*, 2016, 31 (7): 434 – 455.

[397] Kimberly A Eddleston, David C Baldridge, John F Veiga. Toward Modeling the Predictors of Managerial Career Success: Does Gender Matter? [J]. *Journal of Managerial Psychology*, 2004, 19 (4): 360 – 375.

[398] King, E. B., Hebl, M. R., George, J. M., & Matusik, S. F. Understanding Tokenism: Antecedents and Consequences of a Psychological Climate of Gender Inequity [J]. *Journal of Management*, 2010, 36 (2): 482 – 510.

［399］ Kirchmeyer C. Determinants of Managerial Career Success: Evidence and Explanation of Male/Female Differences ［J］. *Journal of Management*, 1998, 24 (6): 673–692.

［400］ Kizner, I. M. *Competition and Entrepreneurship* ［M］. Chicago, IL: University of Chicago Press, 1973.

［401］ Koenig, A. M., Eagly, A. H., Mitchell, A. A., & Ristikari, T. Are Leader Stereotypes Masculine? A Meta–analysis of Three Research Paradigms ［J］. *Psychological Bulletin*, 2011, 137 (4): 616–617.

［402］ Kotter, J. P. Leading Change: Why Transformation Efforts Fail ［J］. *Harvard Business Review*, 1995, 73 (2): 59–67.

［403］ Kotter, J. How the Most Innovative Companies Capitalize on Today's Rapid-fire Strategic Challenges-and Still Make Their Numbers ［J］. *Harvard Business Review*, 2012, 90 (11): 43–58.

［404］ Kriebel M E, Llados F, Matteson D R. Spontaneous Subminature Endplate Potentials in Mouse Diaphragm Muscle: Evidence for Synchronous Release ［J］. *The Journal of physiology*, 1976, 262 (3): 553–581.

［405］ Kristof, A. L. Person–organization Fit: An Integrative Review of Its Conceptualizations, Measurement, and Implications ［J］. *Personnel Psychology*, 1996.

［406］ Kuchinke, K. P., Kang, H. S., Oh, S. Y. The Influence of Work Values on Job and Career Satisfaction, and Organizational Commitment Among Korean Professional Level Employees ［J］. *Asia Pacific Education Review*, 2008, 9 (4): 552–564.

［407］ Larson, M D and Luthaus, F. Potential Added Valueofpsychological Capitalinpredicting Work Attitude ［J］. *Journal of Leadership & Organizational Studies*, 2006, 13 (2): 75–92.

［408］ Lavoie, D. National Economic Planning: What is Left? ［M］. Ballinger Pub. Co, 1985.

［409］ Laws, J. L. Psychology of Tokenism–Analysis ［J］. *Sex Roles*, 1975, 1 (1): 51–67.

［410］ Lee, P. M. James, E. H. She'–E–OS: Gender Effects and Investor Reactions to the Announcements of Top Executive Appointments ［J］. *Strategic Management Journal*, 2007 (28): 227–241.

［411］ Lefkowitz J. Sex–Related Differences in Job Attitudes and Dispositional Variables: Now You See Them ［J］. *Academy of Management Journal*, 1994, 37 (2): 323–349.

[412] Letcher, L, and Niehoff, B1Psychological Capital and Wages: A Behavioral Economic Approach [R]. Paper Submitted to be Considered for Presentation at the Midwest Academy of Management, Minneapolis, MN, 2004.

[413] Lewin, K. Frontiers in Group Dynamics: Concept, Method and Reality in Social Science; Social Equilibria and Social Change [J]. *Human Relations*, 1947, 1(1): 5 –41.

[414] Lewis, P., & Simpson, R. Kanter Revisited: Gender, Power and (In) Visibility [J]. *International Journal of Management Reviews*, 2012, 14 (2): 141 –158.

[415] Linden R C, Seibert S E, Kraimer M L. A Social Capital Theory of Career Success [J]. *Academy of Management Journal*, 2001, 44 (2): 219 –237.

[416] Locke E A, Henne D. Work Motivation Theories [J]. *International Review of Industrial and Organizational Psychology*, 1986 (1): 1 –35.

[417] Lockwood, P., & Kunda, Z. Superstars and Me: Predicting the Impact of Role Models on the Self [J]. *Journal of Personality and Social Psychology*, 1997 (73): 91 –103.

[418] London M, Stumpf S A. Manageing Careers. Reading, MA: Addison – Wesley, 1982.

[419] Longstreth, M., Stafford, K. Mauldin, T. Self – employed Women and Their Families: Time Use and Socioeconomic Characteristics [J]. *Journal of Small Business Management*, 1987, 25 (3): 30 –37.

[420] Luthan F. Managemen Sumber Daya Manusia [J]. 2005.

[421] Luthan R. Olahraga, Kebijakan Dan Politik [J]. 2003.

[422] Luthan, F B. Avolio, B J, Walumbwa F O and Li. Weixing. The Psychological Capital Chinese Workers: Exploring the Relationship [J]. *Management and Organization Review*, 2005 (2): 249 –271.

[423] Luthans F, Luthans K W, Luthans B C. Positive Psychological Capital: Beyond Human and Social Capital [J]. *Business Horizons*, 2004, 47 (1): 1 –50.

[424] Luthans F, Hodgetts R M, Rosenkrantz S A. Real Managers. Cambridge, MA, 1988.

[425] Luthans F, Rosenkrantz S A, Hennessey H W. What Do Successful Managers Really Do? An Observation Study of Managerial Activities [J]. *The Journal of Applied Behavioral Science*, 1985, 21 (3): 255 –270.

[426] Luthans F. Successful vs. Effective Real Managers [J]. *The Academy of*

Management Executive, 1988, 2 (2): 127 - 132.

[427] Lyness K S, and Thompson D E. Climbing the Corporate Ladder: Do Female and Male Executives Follow the Same Route? [J]. *Journal of Applied Psychology*, 2000, 85 (1): 86 - 101.

[428] Lyness, K. S., & Thompson, D. E. Above the Glass Ceiling? A Comparison of Matched Samples of Female and Male Executives [J]. *Journal of Applied Psychology*, 1997, 82 (3): 359.

[429] M Savage, A. Witz. Gender and Bureaucracy [J]. *Sociological Review Mongragh*, 1992: 3 - 62.

[430] Mainiero L A, Sullivan S E. Kaleidoscope Careers: An Alternate Explanation for the Opt Out Revolution [J]. *The Academy of Management Executive*, 2005, 19 (1): 106 - 123.

[431] Major, B., Quinton, W. J., & Schmader, T. Attributions to Discrimination and Self-esteem: Impact of Group Identification and Situational Ambiguity [J]. *Journal of Experimental Social Psychology*, 2003, 39 (3): 220 - 231.

[432] Major, B., Testa, M., & Bylsma, W. H. Responses to Upward and Downward Social Comparisons: The Impact of Esteemrelevance and Perceived Control. In J. Suls & T. A. Wills (Eds.) [J]. *Social Comparison: Contemporary Theory and Research*, 1991: 237 - 260.

[433] Marloes L E, Rein L, and Tineke M W. Gender, Context and Leadership Style: A Field Study [J]. *Journal of Occupational and Organizational Psychology*, 2001, 72 (2): 301 - 331.

[434] Martell, R. F., & DeSmet, A. L. A Diagnostic-ratio Approach to Measuring Beliefs About the Leadership Abilities of Male and Female Managers [J]. *Journal of Applied Psychology*, 2001, 86 (6): 1223.

[435] Marx, D. M. & Roman, J. S. Female Role Models: Protecting Women's Math Test Performance [J]. *Personality and Social Psychology Bulletin*, 2002 (28): 1183 - 1193.

[436] Mattis M C. Women Entrepreneurs: Out From Under the Glass Ceiling [J]. *Women in Management Review*, 2004, 19 (3): 154 - 163.

[437] Maula, M. V., Keil, T., & Zahra, S. A. Top Management's Attention to Discontinuous Technological Change: Corporate Venture Capital as an Alert Mechanism [J]. *Organization Science*, 2013, 24 (3): 926 - 947.

[438] Mavin S. Women's Careers in Theory & Practice: Time for Change? [J].

Women in Management Review, 2001, 16 (4): 183 – 192.

[439] Mayer, C. H., & Surtee, S. The Leadership Preferences of Women Leaders Working in Higher Education [J]. *Multidisciplinary Journal of Gender Studies*, 2015, 4 (1): 612 – 636.

[440] McCaffrey, M. On the Theory of Entrepreneurial Incentives and Alertness [J]. *Entrepreneurship Theory and Practice*, 2014, 38 (4): 891 – 911.

[441] McDonald P, Brown K, Bradley L. Have Traditional Career Paths Given Way to Protean Ones? [J] *Career Development International*, 2005, 10 (2): 109 – 129.

[442] McGuire, G. M. Gender, Race, and the Shadow Structure – A Study of Informal Networks and Inequality in a Work Organization [J]. *Gender & Society*, 2002, 16 (3): 303 – 322.

[443] McMillin, R. *Customer Satisfaction and Organization Support for Service Providers* [D]. USA: University of Florida, 1997.

[444] MD Mumford, SB Gustafson. Creativity Syndrome: Integration, Application, and Innovation [J]. *Psychological Bulletin*, 1988: 27 – 43.

[445] Medoff, Brown. The Employer Size-wage Effect [J]. *Journal of Political Economy*, 1989, 485 – 516.

[446] Meghna Sabharwal. From Glass Ceiling to Glass Cliff: Women in Senior Executive Service [J]. *Journal of Public Administration Research & Theory*, 2013, 25 (2): 399 – 426.

[447] Meindl, J. R. The Romance of Leadership as a Follower-centric Theory: A Social Constructionist Approach [J]. *The Leadership Quarterly*, 1995 (6): 329 – 341.

[448] Meindl, J. R., Ehrlich, S. B., Dukerich, J. M. (1985). The Romance of Leadership [J]. *Administrative Science Quarterly*, 1985 (30): 78 – 102.

[449] Melamed M L, Michos E D, Post W, et al. 25 – hydroxyvitamin D Levels and the Risk of Mortality in the General Population [J]. *Archives of Internal Medicine*, 2008, 168 (15): 1629 – 1637.

[450] Melamed T. Career Success: The Moderating Effect of Gender [J]. *Journal of Vocational Behavior*, 1995 (47): 35 – 60.

[451] Merchant, K. How Men and Women Differ: Gender Differences in Communication Styles, Influence Tactics, and Leadership Styles. CMC Senior Theses, 2012.

[452] Metz I, Tharenou P. Women's Career Advancement: The Relative Contribution of Human and Social Capital [J]. *Group & Organization Management*, 2001,

26（3）：312-342.

［453］Meyer, J. P. & Allen, N. J., *Commitment in the Workplace: Theory, Research and Application* [M]. Thousand Oaks: Sage Publications, 1997.

［454］Meyer, P. J., Allen, N. J., & Smith, C. A.. Commitment to Organizations and Occupations: Extension and Test of a Three-component Conceptualization [J]. *Journal of Applied Psychology*, 1993: 538-511.

［455］Michelle K. Ryan, S. Alexander Haslamc, Thekla Morgenroth, Floor Rink, Janka Stoker, Kim Peters. Getting on Top of the Glass Cliff: Reviewing a Decade of Evidence, Explanations, and Impact [J]. *The Leadership Quarterly*, 2016, 27: 446-455.

［456］Miller, D. The Correlates of Entrepreneurship in Three Types of Firms [J]. *Management Science*, 1983, 29（7）：770-791.

［457］Minguez-Vera, A., & Martin, A. Gender and Management on Spanish SMEs: An Empirical Analysis [J]. *International Journal of Human Resource Management*, 2011, 22（14）：2852-2873.

［458］Mirabeau, L., & Maguire, S. From Autonomous Strategic Behavior to Emergent Strategy [J]. *Strategic Management Journal*, 2014, 35（8）：1202-1229.

［459］Moore M, Hofman J E. Professional Identity in Institutions of Higher Learning In Israel [J]. *Higher Education*, 1988, 17（1）：69-79.

［460］Morrison A M, White R P, Van Velsor E, and the Center for Creative Leadership. *Breaking the Glass Ceiling: Can Women Reach the Top of Americas Largest Corporations?* [M]. Addison-Wesley, Reading, MA, 1992.

［461］Moskal B S. Women Make Better Managers [J]. *Industry Week*, 1997（3）：17-19.

［462］Motowidlo, S. J., Van Seotter, J. R. Evidence That Task Performance Should be Distinguished From Contextual Performance [J]. *Journal of Applied Psychology*, 1994：475-480.

［463］Mowday, R. T., Reflections on the Study and Relevance of Organizational Commitment [J]. *Human Resource Management Review*, 1998, 8：387-401.

［464］Muchinsky, P. M., Monahan, C. J. What is Person-environment Congruence? Supplementary Versus Complementary Models of Fit [J]. *Journal of Vocational Behavior*, 1987.

［465］Murnford, Gustafson S. Creativity Syndrome: Integration, Application, and Innovation [J]. *Psychological Bulletin*, 1988：27-43.

［466］Murphy, K. R. Is the Relationship Between Cognitive Ability and Job Performance Stable Over Time? [J]. *Human Performance*, 1989: 183 – 200.

[467] NG T W, Sorensen K L, et al. Predictors of Objective and Subjective Career Success: A Meta-analysis [J]. *Personnel Psychology*, 2005, 58 (2): 367 – 408.

[468] Nguyen, H. , & Faff, R. Impact of Board Size and Board Diversity on Firm Value: Australian Evidence [J]. *Corporate Ownership and Control*, 2007, 4 (2): 24 – 32.

[469] Nielsen K, Kjeldsen J. *Woman Entrepreneurs Now and in the Future* [R]. Rapport Fra Erhvervsministeriet Danmark, 2000.

[470] Nigel Carter et al. *When Women Thrive: Financial Services Perspective* [R]. 2016.

[471] O'Brien, K. E. , Biga, A. , Kessler, S. R. et al. A Meta-analytic Investigation of Gender Differences in Mentoring [J]. *Journal of Management*, 2010, 36 (2): 537 – 554.

[472] O'Neil D. A. , Bilimoria D. and Saatcioglu A. Women's Career Types: Attributions of Satisfaction with Career Success [J]. *Career Development International*, 2004, 19 (5): 478 – 500.

[473] O'Neil D. A. , Bilimoria D. Women's Career Development Phases: Idealism, Endurance, and Reinvention [J]. *Career Development International*, 2005, 10 (3): 168 – 189.

[474] O'Reilly, C. A. , Chatman J. , Caldwell, D. F. People and Organizational Culture: A Profile Comparison Approach to Assessing Person-organization Fit [J]. *Academy of Management Journal*, 1991.

[475] Orser B. , Hogarth – Scott S. Opting for Growth: Gender Dimensions of Choosing Enterprise Development [J]. *Canadian Journal of Administrative Sciences*, 2002, 19 (3): 284.

[476] Osiyevskyy, O. , & Dewald, J. Explorative Versus Exploitative Business Model Change: The Cognitive Antecedents of Firm-level Responses to Disruptive Innovation [J]. *Strategic Entrepreneurship Journal*, 2015, 9 (1): 58 – 78.

[477] Pan, S. L. , & Tan, B. Demystifying Case Research: A Structured-pragmatic-situational (SPS) Approach to Conducting Case Studies [J]. *Information and Organization*, 2011, 21 (3): 161 – 176.

[478] Pathak, A. A. , & Purkayastha, A. More Women on Indian Boards: Moving Beyond Mere Regulations and Tokenism [J]. *Strategic Direction*, 2016, 32 (3): 13 – 15.

[479] Patton M Q. Qualitative Evaluation and Research Methods (2nd ed.) [M]. CA: SAGE Publications, 1990.

[480] Paustian–Underdahl, S. C., Walker, L. S., & Woehr, D. J. Gender and Perceptions of Leadership Effectiveness: A Meta–Analysis of Contextual Moderators [J]. *Journal of Applied Psychology*, 2014, 99 (6): 1129–1145.

[481] Pearson, C. M., Mitroff, I. I. From Crisis Prone to Crisis Prepared: A Framework for Crisis Management [J]. *The Academy of Management Perspectives*, 1993 (7): 48–59.

[482] Pettigrew, A. M. Longitudinal Field Research on Change: Theory and Practice [J]. *Organization Science*, 1990, 1 (3): 267–292.

[483] Pillai, R. Crisis and the Emergence of Charismatic Leadership in Groups: An Experimental Investigation [J]. *Journal of Applied Social Psychology*, 1996 (26): 543–562.

[484] Post, C., & Byron, K. Women on Boards and Firm Financial Performance: A Meta-analysis [J]. *Academy of Management Journal*, 2015, 58 (5): 1546–1571.

[485] Powell G N, Mainiero L A. Cross–currents in the River of Time: Conceptualizing the Complexities of Women's Careers [J]. *Journal of Management*, 1992, 18 (2): 215–237.

[486] Powell, G. N. Six Ways of Seeing the Elephant: The Intersection of Sex, Gender, and Leadership [J]. *Gender in Management: An International Journal*, 2012, 27 (2): 119–141.

[487] Powell, G. N., & Butterfield, D. A. The "Good Manager": Masculine or Androgynous? [J]. *Academy of Management Journal*, 1979, 22 (2): 395–403.

[488] Prime, J. L., Carter, N. M., & Welbourne, T. M. Women "Take Care," Men "Take Charge": Managers' Stereotypic Perceptions of Women and Men Leaders [J]. *The Psychologist–Manager Journal*, 2009, 12 (1): 25–49.

[489] Pringle J. K., & Dixon K. M. Re–Incarnating Life in the Careers of Women [J]. *Career Development International*, 2003, 8 (6): 291–300.

[490] Rapoport, R. & Rapoport, R. N. *Balancing Work, Family and Leisure: A Triple Helix Model*, in Derr, C. B. (Ed.), *Work, Family and the Career* [M]. Praeger Publishing, 1980.

[491] Reichers, A. E. Conflict and Organizational Commitments [J]. *Journal of Applied Psychology*, 1986.

[492] Rerup, C. Attentional Triangulation: Learning From Unexpected Rare Crises [J]. *Organization Science*, 2009, 20 (5): 876–893.

[493] Richard, N. T., & Wright, S. C. Advantaged Group Members' Reactions to Tokenism [J]. *Group Processes & Intergroup Relations*, 2010, 13 (5): 559–569.

[494] Richie B. S., Fassinger R. E., Linn S. G., et al. Persistence, Connection, and Passion: A Qualitative Study of the Career Development of Highly Achieving African American – black and White Women [J]. *Journal of Counseling Psychology*, 1997, 44 (2): 133.

[495] Riggio, R. E., & Reichard, R. J. The Emotional and Social Intelligences of Effective Leadership: An Emotional and Social Skill Approach [J]. *Journal of Managerial Psychology*, 2008, 23 (2): 169–185.

[496] Rink, F., Ryan, M. K., & Stoker, J. I. Social Resources at a Time of Crisis: How Gender Stereotypes Affect the Evaluation of Leaders in Glass Cliff Positions? [J]. *European Journal of Social Psychology*, 2013 (43): 381–392.

[497] Rink, F., Ryan, M. K., Stoker, J. I. Influence in Times of Crisis: Exploring How Social and Financial Resources Affect Men's and Women's Evaluations of Glass Cliff Positions [J]. *Psychological Science*, 2012, 11: 1306–1313.

[498] Rivers, C. & Barnett, R. C. *When Wall Street Needs Scapegoats, Women Beware* [R]. Women's eNews, 2013.

[499] Roe A. The Psychology of Occupations [J]. *American Journal of Psychology*, 1956, 8 (2): 34–36.

[500] Rose, C. Does Female Board Representation Influence Firm Performance? The Danish Evidence [J]. *Corporate Governance – an International Review*, 2007, 15 (2): 404–413.

[501] Rothbard N P. Enriching or Depleting? The Dynamics of Engagement in Work and Family Roles [J]. *Administrative Science Quarterly*, 2001, 46 (4): 655–684.

[502] Rowe, G., & Nejad, M. H. Strategic Leadership: Short Term Stability and Long-term Viability [J]. *Ivey Business Journal*, 2009, 73 (5): 2–6.

[503] Roziah Mohd Rasdi, Maimunah Ismail and Jegak Uli. Towards Developing a Framework for Measuring Public Sector Managers' Career Success [J]. *Journal of Theoretical European Industrial Training*, 2009, 33 (3): 232–254.

[504] Ruggiero, K. M., & Taylor, D. M. Why Minority Group Members Perceive or Do Not Perceive the Discrimination That Confronts Them: The Role of Self-es-

teem and Perceived Control [J]. *Journal of Personality and Social Psychology*, 1997, 72 (2): 373 – 389.

[505] Rusty B. McIntyre, Ren e M. Paulson, and Charles G. Lord. Alleviating Womens Mathematics Stereotype Threat Through Salience of Group Achievements [J]. *Journal of Experimental Social Psychology*, 2003 (39): 83 – 90.

[506] Ryan, K. M., King, E. B., Adis, C., Gulick, L. M. V., Peddie, C., & Hargraves, R. Exploring the Asymmetrical Effects of Gender Tokenism on Supervisor-subordinate Relationships [J]. *Journal of Applied Social Psychology*, 2012 (42): 56 – 102.

[507] Ryan, M. K. & Haslam, S. A. The Glass Cliff: Exploring the Dynamics Surrounding Women's Appointment to Precarious Leadership Positions [J]. *Academy of Management Review*, 2007 (32): 549 – 572.

[508] Ryan, M. K. and Haslam, S. A. "The Glass Cliff: Evidence That Women are Over-represented in Precarious Leadership Positions" [J]. *British Journal of Management*, 2005, 16 (2): 81 – 90.

[509] Ryan, M. K., Haslam, S. A., & Kulich, C. Politics and the Glass Cliff: Evidence That Women are Preferentially Selected to Contest Hard-to-win Seat [J]. *Psychology of Women Quarterly*, 2010 (34): 56 – 64.

[510] Ryan, M. K., Haslam, S. A., Hersby, M. D., & Bongiorno, R. Think Crisis-think Female: Glass Cliffs and Contextual Variation in the Think Manager-think Male Stereotype [J]. *Journal of Applied Psychology*, 2011 (96): 470 – 484.

[511] Ryan, M. K., Haslam, S. A., Postmes, T. Reactions to the Glass Cliff: Gender Differences in the Explanations for the Precariousness of Women's Leadership Positions [J]. *Journal of Organizational Change Management*, 2007 (20): 182 – 197.

[512] S Bruckmüller, MK Ryan, F Rink, SA Haslam. Beyond the Glass Ceiling: The Glass Cliff and Its Lessons for Organizational Policy [J]. *Social Issues & Policy Review*, 2014, 8 (1): 202 – 232.

[513] S Lawson, DB Gilman. The Power of the Purse: Gender Equality and Middle – Class Spending [J]. *Power of the Purse – Business Summaries*, 2009 (20): 354 – 381.

[514] Sagie A, Elizur D, Koslowsky M. Work Values: A Theoretical Overview and a Model of Their Effects [J]. *Journal of Organizational Behavior*, 1996, 17 (S1): 503 – 514.

[515] Sakesa M, Ashforth B E, A Longitudinal Investigation of the Relationships Between Job Information Sources, Applicant Perceptions of Fit, and Work Outcomes [J]. *Personnel Psychology*, 1997: 395–426.

[516] Sambrook, S., & Roberts, C. Corporate Entrepreneurship and Organizational Learning: A Review of the Literature and the Development of a Conceptual Framework [J]. *Strategic Change*, 2005, 14 (3): 141–155.

[517] Sandberg, S. Lean In: Women, Work and the Will to Lead. New York: Alfred A Knopf, 2013.

[518] Schein E. H. *Organizational Culture and Leadership: A Dynamic View* [M]. San Francisco: Jossey-Bass, 1985.

[519] Schein, E. H. Career Dynamics: Matching Individual and Organizational Needs [M]. Addison-Wesley Publishing Company, Reading, 1978.

[520] Schein, V. E. The Relationship Between Sex Role Stereotypes and Requisite Management Characteristics [J]. *Journal of Applied Psychology*, 1973 (57): 95–105.

[521] Schein, V. E. Sex Role Stereotyping. Ability and Performance: Prior Research and New Directions [J]. *Personal Psychology*, 1978 (31): 259–268.

[522] Schein, V. E. The Relationship Between Sex Role Stereotypes and Requisite Management Characteristics [J]. *Journal of Applied Psychology*, 1973 (57): 95–100.

[523] Schein, V. E. The Relationship Between Sex Role Stereotypes and Requisite Management Characteristics Among Female Managers [J]. *Journal of Applied Psychology*, 1975: 340–344.

[524] Scheins V E. Women in Management: Reflections and Projections [J]. *Women in Management Review*, 2007, 22 (1): 6–18.

[525] Schneer J A, and Reitman F. Managerial Life Without a Wife: Family Structure and Managerial Career Success [J]. *Journal of Business Ethics*, 2002 (37): 25–38.

[526] Schneider B. The People Make the Place [J]. *Personnel Psychology*, 1987, 23 (5): 773–795.

[527] Schulte, M., Ostroff, C., & Kinicki, A. J. Organizational Climate Systems and Psychological Climate Perceptions: A Cross-level Study of Climate-satisfaction Relationships [J]. *Journal of Occupational and Organizational Psychology*, 2006, 79 (4): 645–671.

[528] Schwartz D B. The Impact of Work-family Policies on Women's Career

Development: Boon or Bust? [J]. *Women in Management Review*, 1996, 11 (1): 5-19.

[529] Schwartz F N. Women as a Business Imperative [J]. *Harvard Business Review*, 1992, 70 (2): 105-114.

[530] Schwartz, S. H. Universals in the Content and Structure of Values: Theoretical Advances and Empirical Tests in 20 Counties. In M. Zanna (Ed.) [J]. *Advances in Experimental Social Psychology*. Orlando. FL: Academic Press, 1992: 21-65.

[531] Schwartz, E. B. Entrepreneurship: A New Female Frontier [J]. *Journal of Contemporary Business*, 1976 (4): 47-76.

[532] Schwartz. A Theory of Cultural Values and Some Implications for Work [J]. *Applied Psychology: An International Review*, 1999, 48 (1): 23-47.

[533] Scott, C. E. Why More Women are Becoming Entrepreneurs [J]. *Journal of Small Business Mangement*, 1986, 24 (4): 37-44.

[534] Seibert S E, Kraimer M L, Liden R C. A Social Capital Theory of Career Success [J]. *Academy of Management Journal*, 2001, 44 (2): 219-237.

[535] Shapiro, J. R., & Neuberg, S. L. From Stereotype Threat to Stereotype Threats: Implications of a Multi-threat Framework for Causes, Moderators, Mediators, Consequences, and Interventions [J]. *Personality and Social Psychology Review*, 2007, 11 (2): 107-130.

[536] Shinar, E. H. Sexual Stereotypes of Occupations [J]. *Journal of Vocational Behavior*, 1975, 7 (1): 99-111.

[537] Shrader, C. B., Blackburn, V. B., & Iles, P. Women in Management and Firm Financial Performance: An Exploratory Study [J]. *Journal of Managerial Issues*, 1997: 355-372.

[538] Siggelkow, N. Persuasion with Case Studies [J]. *Academy of Management Journal*, 2007, 50 (1): 20-24.

[539] Simsek, Z., Lubatkin, M. H., Veiga, J. F., & Dino, R. N. The Role of an Entrepreneurially Alert Information System in Promoting Corporate Entrepreneurship [J]. *Journal of Business Research*, 2009, 62 (8): 810-817.

[540] Singh, V., Vinnicombe, S., & Johnson, P. Women Directors on Top UK Boards [J]. *Corporate Governance - an International Review*, 2001, 9 (3): 206-216.

[541] Smith, A. E. On the Edge of a Glass Cliff: Women in Leadership in Local Government [J]. *Academy of Management Annual Meeting Proceedings*, 2014, (1): 15-46.

[542] Souchon, N., Cabagno, G., Traclet, A., Dosseville, F., Livingstone, A., Jones, M., & Maio, G. R. Referees' Decision-making and Player Gender: The Moderating Role of the Type of Situation [J]. *Journal of Applied Sport Psychology*, 2010, 22 (1): 1-16.

[543] Staines, G., Tavris, C., & Jayaratne, T. E. The Queen Bee Syndrome [J]. *Psychology Today*, 1974, 7 (8): 55-60.

[544] Steele, C. M. A Threat in the Air: How Stereotypes Shape Intellectual Identity and Performance [J]. *American Psychologist*, 1997 (52): 613-629.

[545] Steele, Claude M. Aronson, Joshua. Stereotype Threat and the Intellectual Test Performance of African Americans [J]. *Journal of Personality and Social Psychology*, 1995, 69 (5): 797-811.

[546] Stefanie Simon and Crystal L. Hoyt. Exploring the Effect of Media Images on Women's Leadership Self-perceptions and Aspirations [J]. *Group Processes & Intergroup Relations*, 2013, 16 (2): 232-245.

[547] Steven H. Appelbaum. Alan Hare. Self-efficacy as a Mediator of Goal Settingand Performance Some Human Resource Applications [J]. *Journal of Managerial Psychology*, 1996, 11 (3): 33-47.

[548] Stout, J. G., Dasgupta, N., Hunsinger, M., & McManus, M. A. STEMing the Tide: Using In Group Experts to Inoculate Women's Self-concept in Science, Technology, Engineering, and Mathematics (STEM) [J]. *Journal of Personality and Social Psychology*, 2011, 100 (2): 255-270.

[549] Strauss A, J Corbin. *Grounded Theory Methodology-an Overview* [M]. 1994.

[550] Suddaby, R. From the Editors: What Grounded Theory is Not [J]. *Academy of Management Journal*, 2006, 49 (4): 633-642.

[551] Sullivan S. E. The Changing Nature of Careers: A Review and Research Agenda [J]. *Journal of Management*, 1999, 25 (3): 457-484.

[552] Super D. E. A Life-span, Life-space Approach to Career Development [J]. *Journal of Vocational Behavior*, 1980 (16): 282-298.

[553] Super D E. A Theory of Vocational Development [J]. *American Psychologist*, 1953, 8 (5): 185.

[554] Super D E. The Psychology of Careers; An Introduction to Vocational Development [J]. 1957.

[555] Super D E. *Manual for the Work Values Inventory* [M]. Chieago: River-

side Publishing Company, 1970.

［556］Susan Dann. Gender Differences in Self-perceived Success ［J］. *Women in Management Review*, 1995: 11 – 18.

［557］Tajfel, H., & Turner, J. C. An Integrative Theory of Inter-group Conflict ［J］. *The Social Psychology of Intergroup Relations*, 1979: 33 – 47.

［558］Tanford, S., & Penrod, S. Social-influence Model-a Formal Integration of Research on Majority and Minority Influence Processes ［J］. *Psychological Bulletin*, 1984, 95 (2): 189 – 225.

［559］Taylor, C. J. Occupational Sex Composition and the Gendered Availability of Workplace Support ［J］. *Gender & Society*, 2010, 24 (2): 189 – 212.

［560］Taylor, C. A., Lord, C. G., McIntyre, R. B., & Paulson, R. M. The Hillary Clinton Effect: When the Same Role Model Inspires or Fails to Inspire Improved Performance Under Stereotype Threat ［J］. *Group Processes & Intergroup Relations*, 2011, 14 (4): 447 – 459.

［561］Tenbrunsel A E, Brett J M, Maoz E, et al. Dynamic and Static Work-family Relationships ［J］. *Organizational Behavior and Human Decision Processes*, 1995, 63 (3): 233 – 246.

［562］Terjesen, S., Sealy, R., & Singh, V. Women Directors on Corporate Boards: A Review and Research Agenda ［J］. *Corporate Governance-an International Review*, 2009, 17 (3): 320 – 337.

［563］Tesser, A. Some Effects of Self-evaluation Maintenance on Cognition and Action. In R. M. Sorrentino & E. T. Higgins (Eds.), Handbook of Motivation and Cognition: Foundations of Social Behavior, 1986: 435 – 464.

［564］Tharenou P., Latimer S., Conroy D. How Do You Make It to the Top? An Examination of Influences on Women's and Men's Managerial Advancement ［J］. *Academy of Management Journal*, 1994, 37 (4): 899 – 931.

［565］Tharenou P. Going up? Do Traits and Informal Social Processes Predict Advancing in Management? ［J］. *Academy of Management Journal*, 2005, 44 (5): 1005 – 1017.

［566］Thomas W H, Eby L T, Soren k l, et al. Predictions of Objective and Subjective Career Success: A Meta – analysis ［J］. *Personal Psychology*, 2005, 58: 367 – 408.

［567］Thompson C A, Beauvais L L, and Lyness K S. When Work-family Benefits are Not Enough: The Influence of Work-family Culture on Benefit Utilization, Organizational Attachment, and Work-family Conflict [J]. *Journal of Vocational Behavior*, 1999 (54): 392 – 415.

[568] Thompson, M., & Sekaquaptewa, D. When Being Different is Detrimental: Solo Status and the Performance of Women and Racial Minorities [J]. *Analyses of Social Issues and Public Policy*, 2002, 2 (1): 183 – 203.

[569] Tomlinson J. Perceptions and Negotiations of the Business Case for Flexible Careers and the Integration of Part Time Work [J]. *Women in Management Review*, 2004, 19 (8): 413 – 420.

[570] Tompson H B, Werner J M. The Impact of Role Conflict/Facilitation on Core and Discretionary Behaviors: Testing a Mediated Model [J]. *Journal of Management*, 1997, 23 (4): 583 – 601.

[571] Torchia, M., Calabro, A., & Huse, M. Women Directors on Corporate Boards: From Tokenism to Critical Mass [J]. *Journal of Business Ethics*, 2011, 102 (2): 299 – 317.

[572] Turco, C. J. Cultural Foundations of Tokenism: Evidence From the Leveraged Buyout Industry [J]. *American Sociological Review*, 2010, 75 (6): 894 – 913.

[573] Van de Ven, A. H., & Poole, M. S. Alternative Approaches for Studying Organizational Change [J]. *Organization Studies*, 2005, 26 (9): 1377 – 1404.

[574] Van Den Berg R. Teachers' Meanings Regarding Educational Practice [J]. *Review of Educational Research*, 2002: 577 – 625.

[575] Van Engen, M. L., & Willemsen, T. M. Sex and Leadership Styles: A Meta-analysis of Research Published in The 1990s [J]. *Psychological Reports*, 2004, 94 (1): 3 – 18.

[576] Van Engen, M., Van Knippenberg, A., & Willemsen, T. M. Sex, Status, and the Use of Strategies: A Field Study on Influence in Meetings [J]. *Psychologie*, 1996, 51 (2): 72 – 85.

[577] Van Vianen, A E M. & Fischer A H. Illuminating the Glass Ceiling: The Role of Organvational Culture Preferences [J]. *Journal of Occupational & Organisational Psychology*, 2002, 75 (3): 315 – 337.

[578] Vinnicombe, S., Singh, V., & Kumra, S. *Making Good Connections: Best Practice for Women's Corporate Networks* [D]. London: Cranfield University School of Management, 2004.

[579] Vroom, V. H. *Work and Motivation* [M]. New York: Wiley, 1964.

[580] Wang Z M, Zang Z. Strategic Human Resources, Innovation and Entre-

preneurship Fit: A Cross-reginal Comparative Model [J]. *International Journal of Manpower*, 2005, 26 (6): 544–559.

[581] Wang Z M. Managerial Competency Modeling and the Development of Organizational Psychology: A Chineses Approach [J]. *International Journal of Psychology*, 2003, 38 (5): 323–334.

[582] Wang, A. C., Liu, Y. Y., & Cheng, B. S. 2015. Learning From the Opposite: A Qualitative Examination of Male and Female Leadership Advantage [J]. *Academy of Management Proceedings*, 2015 (1): 14–59.

[583] Wayne, J. H., Musisca, N., & Fleeson, W. Considering the Role of Personality in the Work–family Experience: Relationships of the Big Five to Work-family Conflict and Facilitation [J]. *Journal of Vocational Behavior*, 2004 (64): 108–130.

[584] Weick, K. E., & Quinn, R. E. Organizational Change and Development [J]. *Annual Review of Psychology*, 1999, 50 (1): 361–386.

[585] Weick, K. E. Reflections on Enacted Sensemaking in the Bhopal Disaster [J]. *Journal of Management Studies*, 2010, 47 (3): 537–550.

[586] What Successful Transformations Share: McKinsey Global Survey Results; https://www.mckinseyquarterly.com/.

[587] White B. The Career Development of Successful Women [J]. *Women in Management Review*, 1995, 10 (3): 4–15.

[588] Whitely W., Dougherty T. W., & Dreher G. F. The Relationship of Careermentoring and Socioeconomic Origin to Managers and Professional Earlycareer Progress [J]. *Academy of Management Journal*, 1991 (34): 331–351.

[589] Wiersema M. F., Bantel K. A. Top Management Turnover as an Adaptation Mechanism: The Role of the Environment [J]. *Strategic Management Journal*, 1993 (7): 485–504.

[590] Williams, J. E., & Best, D. L. Measuring Sex Stereotypes: A Multinational Study (revised) [M]. Newbury Park, 1990.

[591] Wolff H. G., Moser K. Effects of Networking on Career Success: A Longitudinal Study [J]. *Journal of Applied Psychology*, 2009, 94 (1): 196.

[592] Wood, J. V. Theory and Research Concerning Social Comparisons of Personal Attributes [J]. *Psychological Bulletin*, 1989 (106): 231–248.

[593] Wright, S. C. Ambiguity, Social Influence, and Collective Action: Generating Collective Protest in Response to Tokenism [J]. *Personality and Social Psychol-*

ogy Bulletin, 1997, 23 (12): 1277-1290.

[594] Wright, S. C. Restricted Intergroup Boundaries: Tokenism, Ambiguity, and the Tolerance of Injustice, 2001.

[595] Yoder, J. D. 2001 Division 35 Presidential Address: Context Matters: Understanding Tokenism Processes and Their Impact on Women's Work [J]. *Psychology of Women Quarterly*, 2002, 26 (1): 1-8.

[596] Yoder, J. D. Looking Beyond Numbers-the Effects of Gender Status, Job Prestige, and Occupational Gender-typing on Tokenism Processes [J]. *Social Psychology Quarterly*, 1994, 57 (2): 150-159.

[597] Yoder, J. D. Rethinking Tokenism-looking Beyond Numbers [J]. *Gender & Society*, 1991, 5 (2): 178-192.

[598] Yukl, G. A. Leadership in Organizations. 5th Ed. Upper Saddle River, NJ: Prentice Hall, 2002.

[599] Zytowski D. G. Kuder. Occupational Interest Survey Scores and Self-descriptive Information on 348 Women Police [J]. *Unpublished Raw Data*, 1989.

后 记

老子说"天下之至柔，驰骋于天下之坚"，女性似水般柔性的品格无论在任何领域都如清风拂面般柔和，然攻坚强者也莫过于至柔。女性的价值自人类文明发源伊始一直被低估，然人类文明之灿烂离不开女性的贡献，新的时代特征和发展趋势，经济、科技、教育、文化、性别平等事业的蓬勃发展，让越来越多的女性不断认识自我，突破自我，努力追求自我价值和社会价值。人类文明的发展也让我们开始正视女性为社会带来的价值，女性的发展绝不仅仅局限和有益于家庭，女性人才的发展还有很长的路要走。女性人才的研究还应随着时代的发展、经济的转型与市场的变化而不断深入，继续关注各领域女性人才的职场境况与职业发展，使得女性高层次人才的相关研究推向更深。未来研究可以进一步追踪女性典型案例，进行动态性研究，从而印证并检验研究结论的有效性，使得研究成果裨益女性人才在日趋紧张的市场竞争中获得职业成功。

我们相信女性力量能泽备社会！我们相信未来女性至关重要！女性高层次人才至关重要。

教育部哲学社会科学研究重大课题攻关项目成果出版列表

序号	书　名	首席专家
1	《马克思主义基础理论若干重大问题研究》	陈先达
2	《马克思主义理论学科体系建构与建设研究》	张雷声
3	《马克思主义整体性研究》	逄锦聚
4	《改革开放以来马克思主义在中国的发展》	顾钰民
5	《新时期　新探索　新征程——当代资本主义国家共产党的理论与实践研究》	聂运麟
6	《坚持马克思主义在意识形态领域指导地位研究》	陈先达
7	《当代资本主义新变化的批判性解读》	唐正东
8	《当代中国人精神生活研究》	童世骏
9	《弘扬与培育民族精神研究》	杨叔子
10	《当代科学哲学的发展趋势》	郭贵春
11	《服务型政府建设规律研究》	朱光磊
12	《地方政府改革与深化行政管理体制改革研究》	沈荣华
13	《面向知识表示与推理的自然语言逻辑》	鞠实儿
14	《当代宗教冲突与对话研究》	张志刚
15	《马克思主义文艺理论中国化研究》	朱立元
16	《历史题材文学创作重大问题研究》	童庆炳
17	《现代中西高校公共艺术教育比较研究》	曾繁仁
18	《西方文论中国化与中国文论建设》	王一川
19	《中华民族音乐文化的国际传播与推广》	王耀华
20	《楚地出土戰國簡册［十四種］》	陈　伟
21	《近代中国的知识与制度转型》	桑　兵
22	《中国抗战在世界反法西斯战争中的历史地位》	胡德坤
23	《近代以来日本对华认识及其行动选择研究》	杨栋梁
24	《京津冀都市圈的崛起与中国经济发展》	周立群
25	《金融市场全球化下的中国监管体系研究》	曹凤岐
26	《中国市场经济发展研究》	刘　伟
27	《全球经济调整中的中国经济增长与宏观调控体系研究》	黄　达
28	《中国特大都市圈与世界制造业中心研究》	李廉水

序号	书名	首席专家
29	《中国产业竞争力研究》	赵彦云
30	《东北老工业基地资源型城市发展可持续产业问题研究》	宋冬林
31	《转型时期消费需求升级与产业发展研究》	臧旭恒
32	《中国金融国际化中的风险防范与金融安全研究》	刘锡良
33	《全球新型金融危机与中国的外汇储备战略》	陈雨露
34	《全球金融危机与新常态下的中国产业发展》	段文斌
35	《中国民营经济制度创新与发展》	李维安
36	《中国现代服务经济理论与发展战略研究》	陈 宪
37	《中国转型期的社会风险及公共危机管理研究》	丁烈云
38	《人文社会科学研究成果评价体系研究》	刘大椿
39	《中国工业化、城镇化进程中的农村土地问题研究》	曲福田
40	《中国农村社区建设研究》	项继权
41	《东北老工业基地改造与振兴研究》	程 伟
42	《全面建设小康社会进程中的我国就业发展战略研究》	曾湘泉
43	《自主创新战略与国际竞争力研究》	吴贵生
44	《转轨经济中的反行政性垄断与促进竞争政策研究》	于良春
45	《面向公共服务的电子政务管理体系研究》	孙宝文
46	《产权理论比较与中国产权制度变革》	黄少安
47	《中国企业集团成长与重组研究》	蓝海林
48	《我国资源、环境、人口与经济承载能力研究》	邱 东
49	《"病有所医"——目标、路径与战略选择》	高建民
50	《税收对国民收入分配调控作用研究》	郭庆旺
51	《多党合作与中国共产党执政能力建设研究》	周淑真
52	《规范收入分配秩序研究》	杨灿明
53	《中国社会转型中的政府治理模式研究》	娄成武
54	《中国加入区域经济一体化研究》	黄卫平
55	《金融体制改革和货币问题研究》	王广谦
56	《人民币均衡汇率问题研究》	姜波克
57	《我国土地制度与社会经济协调发展研究》	黄祖辉
58	《南水北调工程与中部地区经济社会可持续发展研究》	杨云彦
59	《产业集聚与区域经济协调发展研究》	王 珺

序号	书名	首席专家
60	《我国货币政策体系与传导机制研究》	刘 伟
61	《我国民法典体系问题研究》	王利明
62	《中国司法制度的基础理论问题研究》	陈光中
63	《多元化纠纷解决机制与和谐社会的构建》	范 愉
64	《中国和平发展的重大前沿国际法律问题研究》	曾令良
65	《中国法制现代化的理论与实践》	徐显明
66	《农村土地问题立法研究》	陈小君
67	《知识产权制度变革与发展研究》	吴汉东
68	《中国能源安全若干法律与政策问题研究》	黄 进
69	《城乡统筹视角下我国城乡双向商贸流通体系研究》	任保平
70	《产权强度、土地流转与农民权益保护》	罗必良
71	《我国建设用地总量控制与差别化管理政策研究》	欧名豪
72	《矿产资源有偿使用制度与生态补偿机制》	李国平
73	《巨灾风险管理制度创新研究》	卓 志
74	《国有资产法律保护机制研究》	李曙光
75	《中国与全球油气资源重点区域合作研究》	王 震
76	《可持续发展的中国新型农村社会养老保险制度研究》	邓大松
77	《农民工权益保护理论与实践研究》	刘林平
78	《大学生就业创业教育研究》	杨晓慧
79	《新能源与可再生能源法律与政策研究》	李艳芳
80	《中国海外投资的风险防范与管控体系研究》	陈菲琼
81	《生活质量的指标构建与现状评价》	周长城
82	《中国公民人文素质研究》	石亚军
83	《城市化进程中的重大社会问题及其对策研究》	李 强
84	《中国农村与农民问题前沿研究》	徐 勇
85	《西部开发中的人口流动与族际交往研究》	马 戎
86	《现代农业发展战略研究》	周应恒
87	《综合交通运输体系研究——认知与建构》	荣朝和
88	《中国独生子女问题研究》	风笑天
89	《我国粮食安全保障体系研究》	胡小平
90	《我国食品安全风险防控研究》	王 硕

序号	书名	首席专家
91	《城市新移民问题及其对策研究》	周大鸣
92	《新农村建设与城镇化推进中农村教育布局调整研究》	史宁中
93	《农村公共产品供给与农村和谐社会建设》	王国华
94	《中国大城市户籍制度改革研究》	彭希哲
95	《国家惠农政策的成效评价与完善研究》	邓大才
96	《以民主促进和谐——和谐社会构建中的基层民主政治建设研究》	徐　勇
97	《城市文化与国家治理——当代中国城市建设理论内涵与发展模式建构》	皇甫晓涛
98	《中国边疆治理研究》	周　平
99	《边疆多民族地区构建社会主义和谐社会研究》	张先亮
100	《新疆民族文化、民族心理与社会长治久安》	高静文
101	《中国大众媒介的传播效果与公信力研究》	喻国明
102	《媒介素养：理念、认知、参与》	陆　晔
103	《创新型国家的知识信息服务体系研究》	胡昌平
104	《数字信息资源规划、管理与利用研究》	马费成
105	《新闻传媒发展与建构和谐社会关系研究》	罗以澄
106	《数字传播技术与媒体产业发展研究》	黄升民
107	《互联网等新媒体对社会舆论影响与利用研究》	谢新洲
108	《网络舆论监测与安全研究》	黄永林
109	《中国文化产业发展战略论》	胡惠林
110	《20世纪中国古代文化经典在域外的传播与影响研究》	张西平
111	《国际传播的理论、现状和发展趋势研究》	吴　飞
112	《教育投入、资源配置与人力资本收益》	闵维方
113	《创新人才与教育创新研究》	林崇德
114	《中国农村教育发展指标体系研究》	袁桂林
115	《高校思想政治理论课程建设研究》	顾海良
116	《网络思想政治教育研究》	张再兴
117	《高校招生考试制度改革研究》	刘海峰
118	《基础教育改革与中国教育学理论重建研究》	叶　澜
119	《我国研究生教育结构调整问题研究》	袁本涛 王传毅
120	《公共财政框架下公共教育财政制度研究》	王善迈

序号	书　名	首席专家
121	《农民工子女问题研究》	袁振国
122	《当代大学生诚信制度建设及加强大学生思想政治工作研究》	黄蓉生
123	《从失衡走向平衡：素质教育课程评价体系研究》	钟启泉 崔允漷
124	《构建城乡一体化的教育体制机制研究》	李　玲
125	《高校思想政治理论课教育教学质量监测体系研究》	张耀灿
126	《处境不利儿童的心理发展现状与教育对策研究》	申继亮
127	《学习过程与机制研究》	莫　雷
128	《青少年心理健康素质调查研究》	沈德立
129	《灾后中小学生心理疏导研究》	林崇德
130	《民族地区教育优先发展研究》	张诗亚
131	《WTO主要成员贸易政策体系与对策研究》	张汉林
132	《中国和平发展的国际环境分析》	叶自成
133	《冷战时期美国重大外交政策案例研究》	沈志华
134	《新时期中非合作关系研究》	刘鸿武
135	《我国的地缘政治及其战略研究》	倪世雄
136	《中国海洋发展战略研究》	徐祥民
137	《深化医药卫生体制改革研究》	孟庆跃
138	《华侨华人在中国软实力建设中的作用研究》	黄　平
139	《我国地方法制建设理论与实践研究》	葛洪义
140	《城市化理论重构与城市化战略研究》	张鸿雁
141	《境外宗教渗透论》	段德智
142	《中部崛起过程中的新型工业化研究》	陈晓红
143	《农村社会保障制度研究》	赵　曼
144	《中国艺术学学科体系建设研究》	黄会林
145	《人工耳蜗术后儿童康复教育的原理与方法》	黄昭鸣
146	《我国少数民族音乐资源的保护与开发研究》	樊祖荫
147	《中国道德文化的传统理念与现代践行研究》	李建华
148	《低碳经济转型下的中国排放权交易体系》	齐绍洲
149	《中国东北亚战略与政策研究》	刘清才
150	《促进经济发展方式转变的地方财税体制改革研究》	钟晓敏
151	《中国—东盟区域经济一体化》	范祚军

序号	书名	首席专家
152	《非传统安全合作与中俄关系》	冯绍雷
153	《外资并购与我国产业安全研究》	李善民
154	《近代汉字术语的生成演变与中西日文化互动研究》	冯天瑜
155	《新时期加强社会组织建设研究》	李友梅
156	《民办学校分类管理政策研究》	周海涛
157	《我国城市住房制度改革研究》	高 波
158	《新媒体环境下的危机传播及舆论引导研究》	喻国明
159	《法治国家建设中的司法判例制度研究》	何家弘
160	《中国女性高层次人才发展规律及发展对策研究》	佟 新
161	《国际金融中心法制环境研究》	周仲飞
162	《居民收入占国民收入比重统计指标体系研究》	刘 扬
163	《中国历代边疆治理研究》	程妮娜
164	《性别视角下的中国文学与文化》	乔以钢
165	《我国公共财政风险评估及其防范对策研究》	吴俊培
166	《中国历代民歌史论》	陈书录
167	《大学生村官成长成才机制研究》	马抗美
168	《完善学校突发事件应急管理机制研究》	马怀德
169	《秦简牍整理与研究》	陈 伟
170	《出土简帛与古史再建》	李学勤
171	《民间借贷与非法集资风险防范的法律机制研究》	岳彩申
172	《新时期社会治安防控体系建设研究》	宫志刚
173	《加快发展我国生产服务业研究》	李江帆
174	《基本公共服务均等化研究》	张贤明
175	《职业教育质量评价体系研究》	周志刚
176	《中国大学校长管理专业化研究》	宣 勇
177	《"两型社会"建设标准及指标体系研究》	陈晓红
178	《中国与中亚地区国家关系研究》	潘志平
179	《保障我国海上通道安全研究》	吕 靖
180	《世界主要国家安全体制机制研究》	刘胜湘
181	《中国流动人口的城市逐梦》	杨菊华
182	《建设人口均衡型社会研究》	刘渝琳
183	《农产品流通体系建设的机制创新与政策体系研究》	夏春玉

序号	书名	首席专家
184	《区域经济一体化中府际合作的法律问题研究》	石佑启
185	《城乡劳动力平等就业研究》	姚先国
186	《20世纪朱子学研究精华集成——从学术思想史的视角》	乐爱国
187	《拔尖创新人才成长规律与培养模式研究》	林崇德
188	《生态文明制度建设研究》	陈晓红
189	《我国城镇住房保障体系及运行机制研究》	虞晓芬
190	《中国战略性新兴产业国际化战略研究》	汪　涛
191	《证据科学论纲》	张保生
192	《要素成本上升背景下我国外贸中长期发展趋势研究》	黄建忠
193	《中国历代长城研究》	段清波
194	《当代技术哲学的发展趋势研究》	吴国林
195	《20世纪中国社会思潮研究》	高瑞泉
196	《中国社会保障制度整合与体系完善重大问题研究》	丁建定
197	《民族地区特殊类型贫困与反贫困研究》	李俊杰
198	《扩大消费需求的长效机制研究》	臧旭恒
199	《我国土地出让制度改革及收益共享机制研究》	石晓平
200	《高等学校分类体系及其设置标准研究》	史秋衡
201	《全面加强学校德育体系建设研究》	杜时忠
202	《生态环境公益诉讼机制研究》	颜运秋
203	《科学研究与高等教育深度融合的知识创新体系建设研究》	杜德斌
204	《女性高层次人才成长规律与发展对策研究》	罗瑾琏
	……	